庆祝中国共产党成立100周年

The 100th Anniversary of the Founding of The Communist Party of China

谨以此书献给中国共产党成立100周年

昔阳统战志

XI YANG TONG ZHAN ZHI

中共昔阳县委统战部　编

中国文史出版社
CHINA CULTURAL AND HISTORICAL PRESS

《昔阳统战志》编纂委员会

顾　　问：许利伟　侯文亮

名誉主任：王富来　李怀文　李保国　李鹏飞　张　驰　裴素青

主　　任：李怀仁

副 主 任：李丽萍　张东锋　王志刚　耿建明　杨晓君　韩旭鹏　卜晓娟　王晓丽　张　伟

委　　员：翟章信　吴根柱　李兰荣　张青润　来连和　程海滨　翟素明　尹彦斌　刘立斌

《昔阳统战志》编纂人员

主　　编：李怀仁

责任编辑：卜晓娟　张　伟　梁永胜

采　　编：张东锋　耿建明　杨晓君　韩旭鹏　王晓丽　李有为　李　鹏　梁如英　张美芳　张瑞娟　周　袁　张苏宏

摄　　影：聂志明　耿庆华

2010 年 4 月 13 日，中央统战部副部长陈喜庆视察大赛

1994 年 6 月，山西省政协副主席、省委统战部部长吴慧琴在昔阳调研

2014 年 6 月 22 日，山西省政协副主席、民进山西省委主委张正明在昔阳调研

2016 年 7 月 27 日，山西省委常委、统战部部长孙绍骋在昔阳调研

2019 年 9 月 5 日，山西省副省长、民革山西省委主委张复明在昔阳调研

2009 年 3 月 11 日，山西省委统战部常务副部长王大高在昔阳调研

2016年5月20日，山西省委统战部副部长、山西社会主义学院党委书记张云泽参加山西社会主义学院大寨现场教学基地揭牌仪式

2017年9月29日，山西省委统战部副部长王云龙参加晋中市统一战线加强“三基建设”暨“强基固本行动”昔阳现场会

2017年10月29日，山西省委统战部副部长赵雁峰在昔阳调研

2017 年 12 月 6 日，山西省委统战部副巡视员王晓霞在昔阳调研

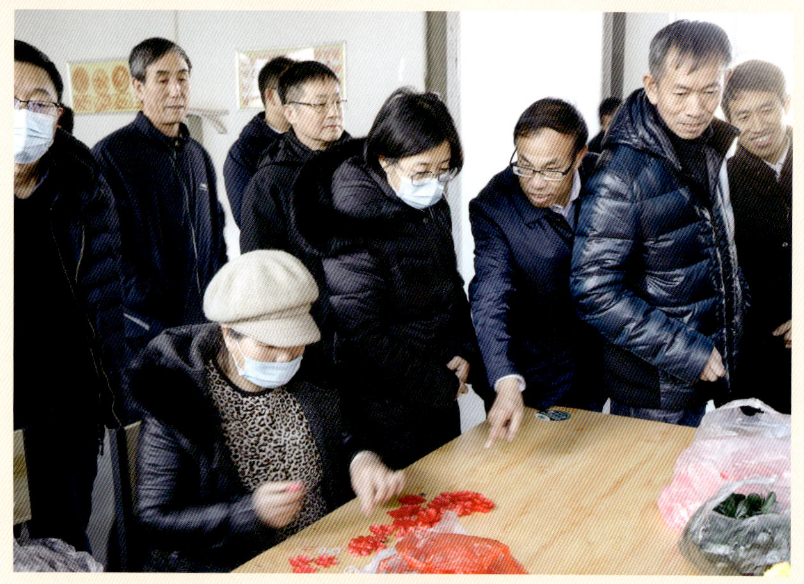

2020 年 12 月 15 日，山西省委统战部副部长白源在昔阳调研

2017 年 3 月 8 日，山西省侨联副主席李德增在昔阳调研

2003 年 7 月，晋中市政协副主席、统战部部长李逢达在昔阳调研

2011 年 7 月 5 日，晋中市委常委、统战部部长郭光明在昔阳调研

2012 年 11 月 5 日，晋中市委常委、统战部部长孙光堂在昔阳调研

2017 年 6 月 20 日，晋中市委常委、统战部部长王建林在昔阳调研

2020 年 10 月 16 日，晋中市委常委、秘书长、统战部部长鹿建平在昔阳调研

2019 年 5 月 18 日，晋中市政协副主席、工商联主席杨定旺参加新城小学揭牌仪式

县委书记高起祥在县委统战工作会议上讲话

县委书记傅一元在全县统战工作会议上讲话

县委书记李晓平在全县统战工作会议上讲话

县委书记李逢达在全县统战工作会议上讲话

县委书记张煌珠在全县统战工作会议上讲话

县委书记刘志宏在全县统战工作会议上讲话

县委书记孟希雄在全县统战工作会议上讲话

晋中市委副书记、昔阳县委书记刘润民在县工商联（总商会）第八次会员代表大会上讲话

县委书记丁雪钦在全县党务工作会议上讲话

县委书记王根元在昔阳县工商联（总商会）第九次会员代表大会上讲话

县委书记许利伟在昔阳县云创孵化中心调研统战工作

县委副书记、县长侯文亮在山西常相伴食品有限公司调研民营企业工作

白万来（1931—2008），1984.3—1986.9 担任昔阳县政协副主席、统战部部长

王富来（1942— ），1986.9—1998.4 担任昔阳县政协副主席、统战部部长

李怀文（1945— ），1998.4—2002.4 担任昔阳县委统战部部长，2002.4—2002.6 担任昔阳县政协副主席、统战部部长

李保国（1954— ），2002.6—2003.8 担任昔阳县委统战部部长

李鹏飞（1967— ），2003.8—2006.5 担任昔阳县委常委、统战部部长

张 驰（1972— ），2006.5-2009.8 担任昔阳县委常委、统战部部长

李怀仁（1962— ），2011.5—2016.9 担任昔阳县政协副主席、统战部部长，2016.9—2021.4 担任昔阳县委常委、统战部部长

裴素青（1973— ），2021.4 担任昔阳县委常委、县政协党组副书记、统战部部长

1991 年 2 月 26 日，昔阳县工商联第四届会员代表大会召开

2008 年 2 月 5 日，昔阳县工商联举行迎新春团拜会

2012 年 7 月 31 日，昔阳县工商联开展庆“八一”军事活动日

2013 年 7 月 25 日，昔阳县工商联召开八届二次执委会暨非公经济人士理想信念教育推进会

2014 年 5 月 30 日，县工商联举行“善行昔阳，爱心传递”大型公益活动启动仪式

2018 年 6 月 1 日，县工商联举行“关爱困境儿童　庆六一献爱心”活动

2018 年 11 月 1 日，昔阳县工商联九届二次执委会暨非公企业助力脱贫攻坚和乡村振兴推进会召开

2019 年 12 月 21 日，昔阳总商会北京联络站在京成立

2020 年 8 月 19 日，昔阳县检察院派驻县工商联检察联络室挂牌仪式暨护航民企发展座谈会举行

2011年11月17日，香港华革会资助晋中市28所新农村卫生所冠名揭牌启动仪式在昔阳县新口上村举行

2015年7月3日，昔阳县第一次归侨侨眷代表大会召开

2018年7月，昔阳县示范中学赵展同学获第十九届世界华人作文大赛特等奖

2012 年 8 月 24 日，昔阳县宗教界“慈爱人间、五教同行”宗教慈善周活动启动仪式在池塘寺举行

2018 年 5 月 16 日，晋中市佛教教职人员昔阳培训班在金刚禅寺举行

2019 年 5 月 9 日，昔阳县基督教协会举办《宗教事务条例》培训班

昔阳县新的社会阶层人士联谊会成立暨第一次会员代表大会合影 2017年7月

2017 年 8 月 1 日，昔阳县新的社会阶层人士联谊会成立暨第一次会员代表大会合影

2020 年 5 月 13 日，晋祥新天地活动站举行授牌仪式

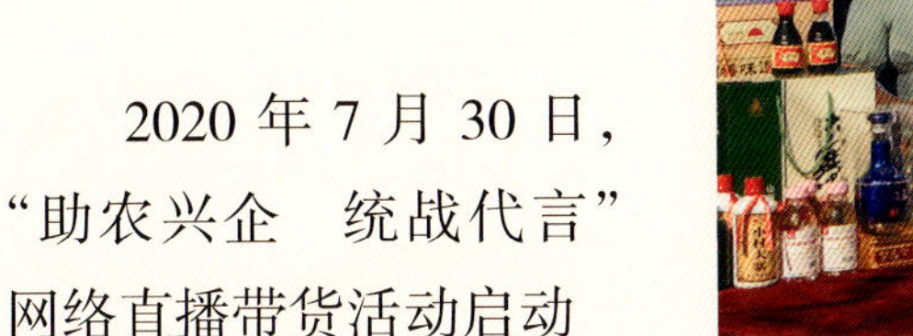

2020 年 7 月 30 日，“助农兴企 统战代言”网络直播带货活动启动

昔阳县党外知识分子联谊会成立暨第一次会员代表大会合影 2017.8.1

2017 年 8 月 1 日，昔阳县党外知识分子联谊会成立暨第一次会员代表大会合影

2018 年 1 月 25 日，昔阳县光彩事业促进会第一次会员代表大会暨成立大会召开

1989 年 8 月，赵家沟村籍台胞杨贵荣回乡探亲

2004 年 9 月 11 日，赵壁乡东寨村籍台胞王素珠一家回乡省亲

2020 年 7 月 15 日，昔阳县首家乡贤联谊会在三都乡成立

昔阳县峡谷风情旅游公司获山西省非公企业和商协会组织党建示范党支部

昔阳县四通一轩综合医院获山西省新侨创新创业示范基地

石马寺获晋中市创建和谐寺观教堂示范单位

大寨村获晋中市民族红色文化传承基地

统战之家

统战之家
TONG ZHAN ZHI JIA

中國夢
共筑
CHINESE DREAM
寻求最大公约数
画出最大同心圆
汇聚最大正能量
光彩精神

新時代
奋斗
NEW AGE OF STRUGGLE
凝聚人心
凝聚力量
凝聚智慧
凝聚共识
光彩精神
寻求最大公约数
画出最大同心圆
汇聚最大正能量
共筑
中國夢
CHINESE DREAM

民进昔阳支部会史馆

昔阳县工商联（总商会）活动之家

民进昔阳支部
MIN JIN XI YANG ZHI BU
荣誉墙

昔阳县光彩事业促进会活动中心

昔阳县新的社会阶层人士联谊会活动站

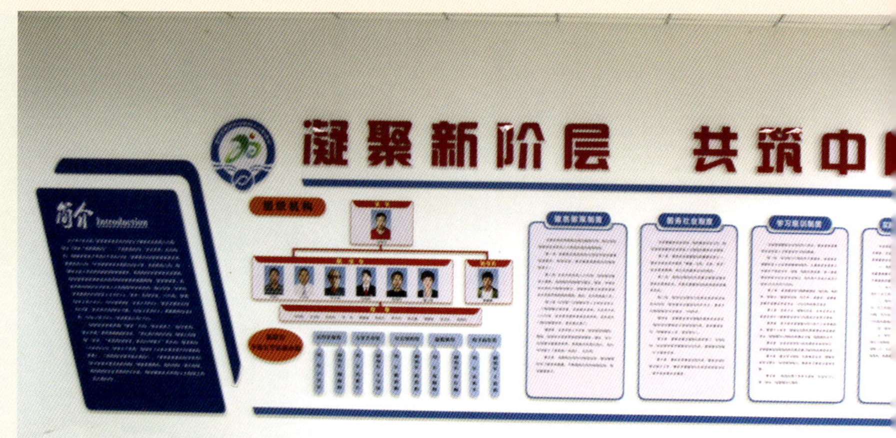

环境整治光彩行
社会公益光彩行
奉献
博爱

会员企业风采录

新时代 新阶层 新力量 新作为
领导关怀
工作掠影
活动花絮
会员风采

2012 年 11 月 5 日，晋中市民营企业转型跨越 · 服务“三农”昔阳座谈会召开

2017 年 9 月 29 日，晋中市统一战线加强“三基建设”暨强基固本行动昔阳现场推进会召开

2020 年 11 月 13 日，晋中市统一战线“汇聚新力量 · 助力新发展”基层统战工作昔阳现场推进会召开

2006年9月29日，昔阳县“民企帮村”共建社会主义新农村活动启动仪式在井沟村举行

2007年8月28日，昔阳县阳光助学工程基金会成立暨阳光助学工程启动仪式举行

2007年11月20日，昔阳县统一战线学习十七大精神落实县委“三大行动”活动知识竞赛举行

2016 年 7 月 25 日，昔阳县举行非公经济人士抗洪赈灾现场募捐仪式

2016 年 12 月 19 日，昔阳县在温州党校举办非公经济人士（温州）培训班

2017 年 5 月 2 日，第三届石马寺古庙会文化旅游活动启动仪式举行

2017 年 5 月 2 日，昔阳县举办统一战线书画展

2017 年 7 月 19 日，县委统战工作领导小组会议暨全县统战基层基础建设提升年活动推进会召开

2017 年 7 月 19 日，全县宗教工作会议召开

2017 年 7 月 19 日，昔阳县“丰汇杯”统一战线“学讲话学条例”知识竞赛抽奖仪式举行

2017 年 10 月 17 日，昔阳县举行“精准扶贫，你我同行”“扶贫日”募捐活动

2018 年 5 月 9 日，昔阳县统战成员赴陕西梁家河开展统一战线“不忘初心、与党同行”主题教育活动

2018 年 6 月 8 日，昔阳县举行政银企对接暨培育资本市场推进会

2018 年 8 月，昔阳县“统一战线”智库成立

2019 年 4 月 24 日，昔阳县召开支持民营企业发展座谈会

2019 年 6 月 27 日，昔阳县统战成员赴西柏坡开展统一战线“不忘初心 牢记使命”主题教育活动

2019 年 7 月 16 日，昔阳县召开中共昔阳县委与党外代表人士“季度协商座谈会”

2020 年 2 月 12 日，昔阳县非公经济人士举行抗疫捐款活动

2005 年 3 月，昔阳县委统战部全体人员赴延安接受红色教育

昔阳县委统战部举办统一战线学习贯彻党的十九大精神宣讲会

昔阳县委统战部全体人员开展集体学习

2019 年 4 月 25 日，昔阳县委统战部党员干部赴寿阳县尹灵芝纪念馆开展党性实践教育活动

2019 年 6 月 27 日，昔阳县委统战部全体人员赴西柏坡参观中央统战部旧址

2019 年 10 月 9 日，昔阳县委统战部赴全国劳模张老太故居接受革命传统教育

昔阳县委统战部组织统战成员开展统一战线“不忘初心 牢记使命”主题教育专题党课

昔阳县委统战部全体人员在所帮扶贫困村赵壁乡巩家庄村参加义务劳动

昔阳县委统战部全体人员开展“保护生态环境 关爱守护生命”志愿服务活动

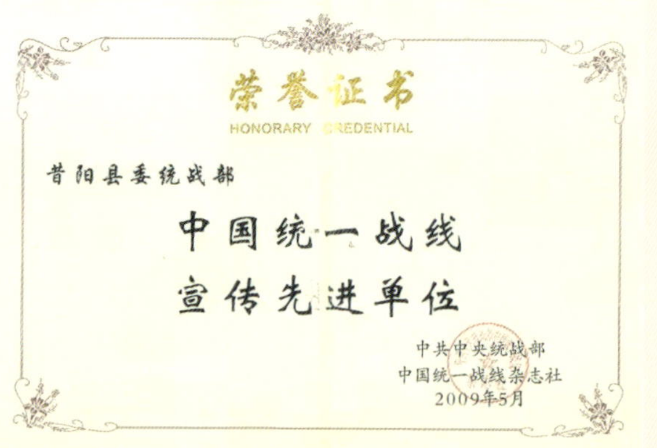

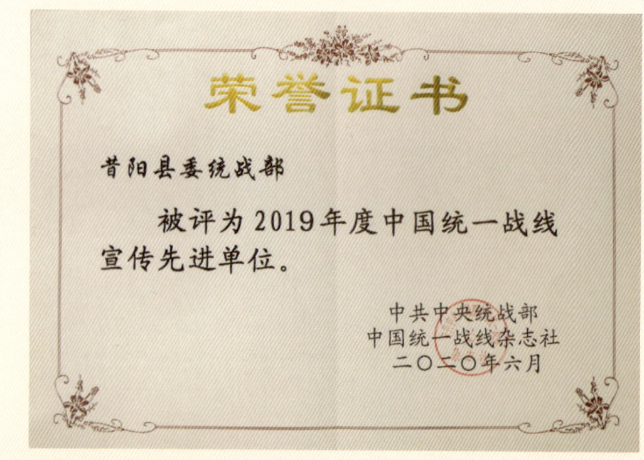

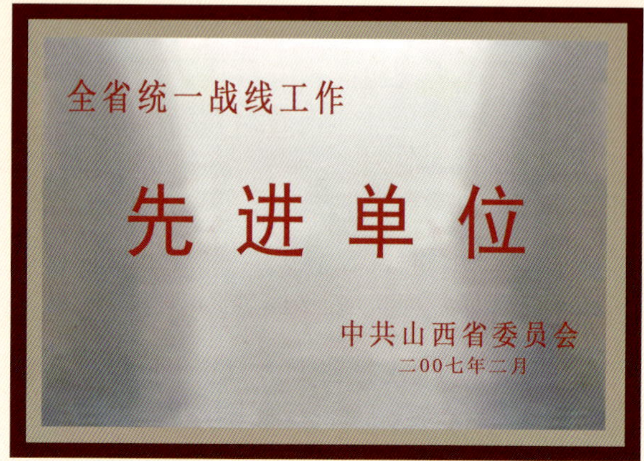

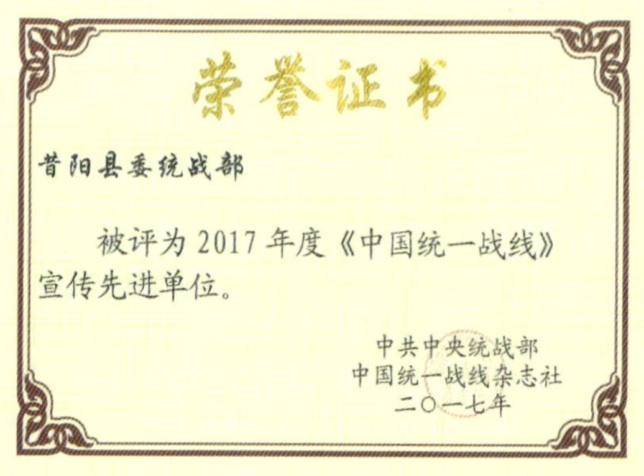

2019-2020年度

文明单位

晋中市精神文明建设指导委员会

二〇二一年一月

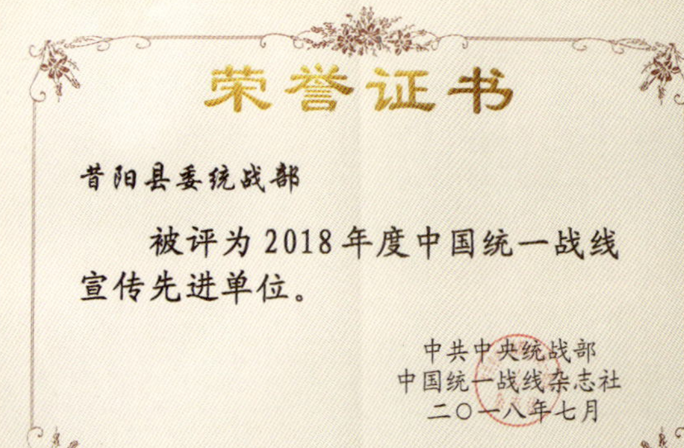

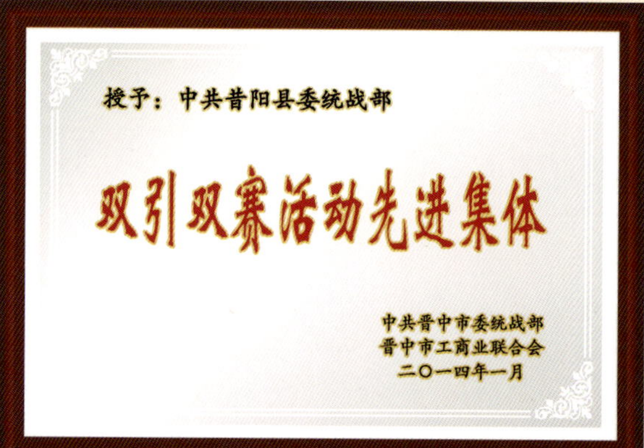

昔阳县委统战部：
2012年度统战工作
先进单位
中共晋中市委统战部
二〇一三年三月二十九日

荣誉证书
HONORARY CREDENTIAL
昔阳县委统战部：
2016年度统战工作
先进单位
中共晋中市委统战部

荣誉证书
昔阳县委统战部：
2013年度统战工作
先进单位
中共晋中市委统战部
二〇一四年二月

荣誉证书
HONORARY CREDENTIAL
昔阳县委统战部：
2017年度统战工作
先进单位
中共晋中市委统战部

荣誉证书
中共昔阳县委统战部
2014年度
统战工作优秀单位
中共晋中市委统战部

荣誉证书
HONORARY CREDENTIAL
昔阳县委统战部：
2018年度统战工作
先进单位
中共晋中市委统战部

荣誉证书
中共昔阳县委统战部
2015年度
统战工作优秀单位
中共晋中市委统战部

荣誉证书
HONORARY CREDENTIAL
昔阳县委统战部：
2020年度统战工作
先进单位
中共晋中市委统战部
二〇二一年三月

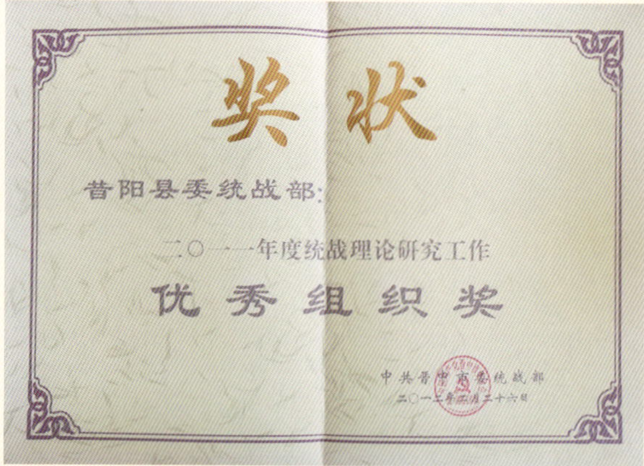
奖状
昔阳县委统战部：
二〇一一年度统战理论研究工作
优秀组织奖

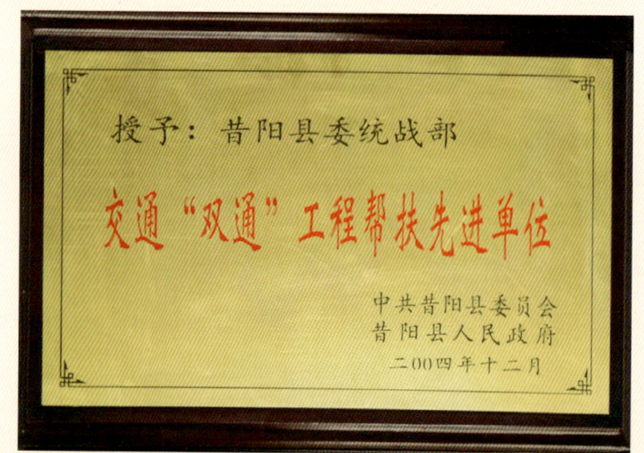
授予：昔阳县委统战部
交通“双通”工程帮扶先进单位
中共昔阳县委员会
昔阳县人民政府
二00四年十二月

荣誉证书
中共昔阳县委统战部：
2014年度统战宣传工作
先进单位
中共晋中市委统战部
二〇一五年二月

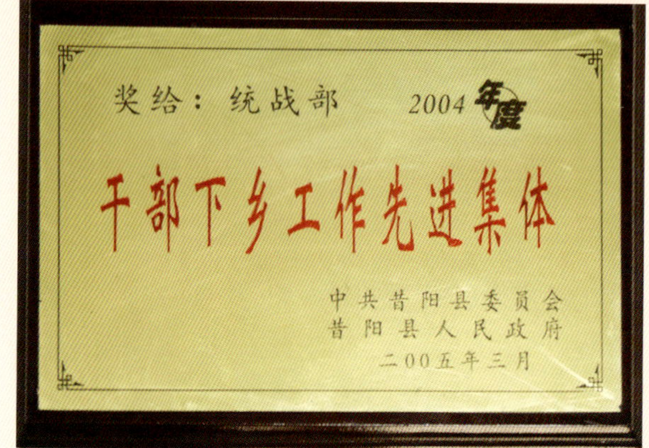
奖给：统战部 2004年度
干部下乡工作先进集体
中共昔阳县委员会
昔阳县人民政府
二00五年三月

荣誉证书
中共昔阳县委统战部：
2014年度
党外代表人士队伍建设工作先进县
中共晋中市委统战部
二〇一五年二月

县统战部党支部
先进基层党组织
中共昔阳县委员会
二〇一一年六月

荣誉证书
HONORARY CREDENTIAL
昔阳县委统战部：
2020年度统战信息工作
先进单位
中共晋中市委统战部

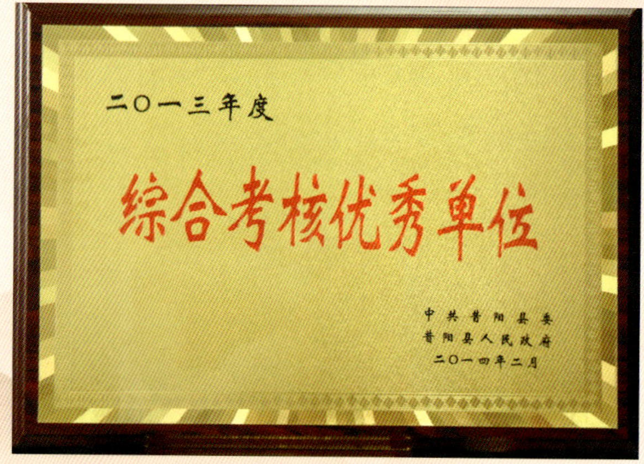
二〇一三年度
综合考核优秀单位
中共昔阳县委
昔阳县人民政府
二〇一四年二月

昔阳统战志编纂委员会成员

昔阳统战志编纂人员

序一

修志乃为识史。由中共昔阳县委统战部历经三年多时间编撰的《昔阳统战志》即将付梓出版，这是昔阳统一战线历史上的一件大事、喜事，是昔阳统一战线历史研究的一项重大成果，是昔阳接续统战法宝、传承统战文化的一大重要举措，也是向中国共产党百年诞辰献上的一份厚礼，必将起到以史鉴今、彰往昭来的重要作用。

昔阳统一战线历史悠久，波澜壮阔。抗日战争初期，昔阳县牺盟会的组建，标志着昔阳抗日民族统一战线的形成和建立；1953 年 7 月至 10 月，昔阳县委统战部短暂成立与撤并，昔阳统一战线经历了曲折的发展过程；1982 年 12 月，昔阳县委统战部的恢复，重新开启了昔阳统一战线承前启后、续写辉煌的历史篇章。《昔阳统战志》以志为主、以事分类、以时为序，用 7 篇 26 章 68 节 80 万余字，比较客观、全面、真实、系统地反映了昔阳统一战线 80 多年（1936—2020 年）的发展历程，再现了昔阳统一战线的辉煌历史。

《昔阳统战志》是一部史料翔实，可资可鉴的县级地方统战志。本志通过志、述、记、图、表、录并用的形式，清晰记述了昔阳统一战线的光辉历史，它不仅是 80 多年来昔阳统战工作的总结和缩影，也是昔阳党的建设进程的历史见证和有机组成；不仅集中展示了一代又一代昔阳统战人的耕耘与付出，也是奉献给所有关心、支持昔阳统战工作的各级领导和社会各界的珍贵纪念。《昔阳统战志》的出版必将更好地发挥知古鉴今、咨政育人的作用。

《昔阳统战志》编撰工作得到了各级领导和有关部门的关心支持和指导帮助，全体编撰人员本着对历史负责，对统战工作负责的精神，广征博采，取精用宏，续前人之遗失，补断章之空白，集众人之识，仗众手之笔，过众目之关，数易其稿，乃成斯志。通览全志，难免有不尽如人意之处，诚请广大读者不吝赐教。

此志今日面世，备感欣慰，书此数言，是以为序。

原中共昔阳县委常委、统战部部长

2021 年 4 月

序二

盛世修志，以史鉴今。《昔阳统战志》的出版，适逢中国共产党成立100周年之际，适逢全党开展党史学习教育之时，修志与学史融为一体，互促互进，确是接续统战历史、传承统战文化的一大盛举，对于充分展示昔阳统战历史风貌、总结统战工作经验、开创统战事业新局面都有着重要历史价值和现实意义。

昔阳是一块红色热土，有着辉煌历程和光荣传统，昔阳统一战线因党而生、伴党而行、与党同兴、为党服务，在我县革命、建设和改革开放各个历史时期，都发挥了极其重要、不可替代的作用，其80多年（1936—2020年）波澜壮阔的历史是昔阳党史的重要组成部分。长期以来，昔阳统一战线工作在历届中共昔阳县委的正确领导下，始终高举爱国主义、社会主义伟大旗帜，积极发挥争取人心、凝聚力量的职能作用，围绕中心，服务大局，团结奋斗，锐意进取，为全县经济社会发展做出了重要贡献。《昔阳统战志》全稿，洋洋80余万言，字里行间处处彰显着昔阳统战对党忠诚、不负人民之情怀，展现着不忘初心、践行使命之风骨，凝聚着开拓奋进、守正创新之力量。在此，作为统战工作的一名后来者，我谨对原中共昔阳县委常委、统战部部长李怀仁同志及全体编纂人员历时三年多的辛勤付出表示崇高敬意和衷心感谢！

大道健行，驰而不息。历史告诉我们，一个时代有一个时代的历史使命，一个时代有一个时代的路径抉择。《昔阳统战志》以史实为经，以门类为纬，时间线索贯通，章节层次分明，用厚重的史料凸显了统一战线的巨大政治优势，再次印证了统一战线是党的事业不断取得胜利的重要法宝。当前，站在“两个大局”的时代高度，纵观昔阳统战发展轨迹，更能深刻领会习近平总书记“统一战线是做人的工作，搞统一战线是为了壮大共同奋斗的力量”这一论述的重大意义。全县统一战线将始终高举习近平新时代中国特色社会主义思想伟大旗帜，发挥统战优势，彰显统战力量，不断搭建新载体、推出新举措、探索新经验，为走实走好昔阳高质量转型发展金光大道凝心聚力，在续写昔阳践行新时代中国特色社会主义新篇章的伟大实践中作出新的更大贡献！

谨此为序。

中共昔阳县委常委、县政协党组副书记、统战部部长 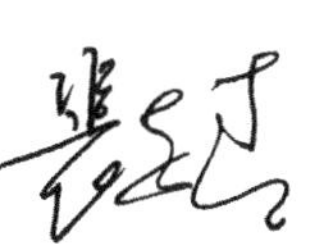

2021年4月

凡　例

一、本志坚持以马克思列宁主义、毛泽东思想、邓小平理论、“三个代表”重要思想、科学发展观和习近平新时代中国特色社会主义思想为指导，坚持辩证唯物主义和历史唯物主义的立场、观点和方法，实事求是地记述昔阳统一战线的发展历程。

二、本志时间上限自1936年12月，下限至2020年12月。为记事周全，部分内容的时间适当上溯。

三、本志采用公元纪年法，凡涉及中国历史传统纪年时，括注公元纪年。

四、本志坚持横排竖写的原则，按篇、章、节结构层次排列。

五、本志采用志、述、记、图、表、录等体裁，以志为主。全志语言采用规范的语体文记述体。

六、本志所涉及的机关、团体和文件、会议等名称，一般在首次出现时用全称，以后酌情略写。

七、本志人物传遵循“生不立传”原则。入传人物排列先后以卒年为序，在世人物以人物简介（排列以生年为序）、人物表（人物录）记载。

八、本志坚持详近略远的原则，资料主要源于原始档案和考证的史实。所选照片，不求齐、求全，同一级别按时间为序。

目　录

大事记

1936年

12月，山西省牺盟总会派赵光寅等5人以临时村政协助员的身份来到昔阳，动员有识之士和进步青年参加牺盟会。同年，全县共发展牺盟会员3000余名。

1937年

3月，山西省牺牲救国同盟会昔阳县分会（简称牺盟昔阳分会）组建成立，直属山西牺盟总会领导，下辖4个区牺盟分会，负责人为赵光寅。

6月，赵光寅、李之实先后任昔阳县牺盟分会特派员，由5人组成牺盟分会执行委员会，改属平定牺盟中心区领导。

10月，昔阳县民族革命战争动员委员会（简称动委会）成立。动委会主任由县长阎聚宝兼任，副主任由牺盟会特派员赵光寅兼任。县城失守前夕，牺盟分会机关迁往东冶头，后随县动委会机关迁往皋落。昔阳县动委会易名为昔（阳）东县动委会。

11月5日，在八路军代表和牺盟会的主持下，昔阳县抗日民主政府成立大会在皋落召开。抗日民主政府在体现统一战线政策基础上，基本保存原县政府机构，县长、公安局长、公道团长仍分别由原政府的阎聚宝、符文翰、郭玉润担任。

11月，中共昔阳县委员会成立，赵武成任县委书记。昔阳县第一个中共基层党支部在皋落村成立，赵邦汉任支部书记。

12月，全县牺盟会会员发展到5000名，大部分行政村都建立了牺盟会组织。

1938年

4月，昔阳县委在皋落镇东沟村召开党的积极分子会议，各区区委书记和县级机关积极分子共30余人参加。县委书记赵武成主持会议并传达省委在辽县召开的建立太行山根据地会议精神，提出创建根据地要坚持统一战线中的独立自主原则，组织自己的力量，成为统一战线的核心力量。

5月，昔阳分为昔（阳）东、昔（阳）西两县后，昔阳县牺盟分会易名为昔（阳）东县牺盟分会，其隶属关系、内部机构、机关驻地不变。

12月，昔（阳）东抗日民主政府改组，共产党员赵邦藩为昔（阳）东县抗日民主政府县长。

1939 年

8 月，昔东（西）民族革命战争动员委员会撤销。

1940 年

1 月 21 日，昔（阳）西县抗日民主政府在柳林背成立，任松筠任县长。

3 月，昔（阳）东、昔（阳）西两县分别成立各界抗日救国联合会（简称各救会），统一领导所在县的工、农、青、妇各个群众组织。

4 月，根据 1939 年 12 月山西省牺盟代表大会精神，昔东（西）牺盟会撤销。

1942 年

9 月，根据晋冀鲁豫工农青妇总会关于工、农、青、妇统一组织的决定，县各救会易名为工农青妇救国联合会（简称救联会）。

1944 年

11 月，昔（阳）西、昔（阳）东两县选出张国震、赵邦藩、凌存实等 4 人为晋冀鲁豫边区参议员。

1945 年

7 月 27 日至 28 日，昔（阳）东县参议会在库城村老庙正殿召开，280 名代表出席，选举张元善为昔（阳）东县参议会议长，师俊履为副议长。

8 月，昔阳县城解放。

9 月 1 日，昔（阳）东、昔（阳）西县委合并为中共昔阳县委员会，陈洁任县委书记，昔（阳）东、昔（阳）西县政府合并为昔阳县民主政府，陈子万任县长。

11 月，昔（阳）东、昔（阳）西救联会合并易名为昔阳县各界联合会。

1946 年

10 月，昔阳县第一届参议会召开，300 余名代表参加，张元善被选举为参议会议长，师俊履为副议长。陈子万为昔阳县民主政府县长，尹兴仁为副县长。

1947 年

3 月，中共昔阳县委决定成立昔阳县工商业联合会（简称工商联）筹委会，拟定《工商业联合会章程》，年底召开了成立大会，设主席、副主席、秘书长各 1 人。

1949年

3月，全县开展取缔反动“会道门”工作，重点打击首恶反动头子。

9月，昔阳县各界联合会撤销。

11月10日至12日，昔阳县第一届各界人民代表会议第一次会议在县城召开。大会选举陈子万为昔阳县第一届各界人民代表会议主席，党外人士王希圣为副主席。

1950年

2月27日至3月2日，昔阳县第一届各界人民代表会议第二次会议召开。

9月11日至14日，昔阳县第一届各界人民代表会议第三次会议选举陈子万为各代会常务委员会主席，尹兴仁和党外人士王希圣为副主席。

11月26日至30日，昔阳县第一届各界人民代表会议第四次会议选举赵忠善为常务委员会主席，尹兴仁和党外人士李棣园为副主席。

1951年

3月22日至25日，昔阳县第一届各界人民代表会议第五次会议召开。

6月20日至23日，昔阳县第一届各界人民代表会议第六次会议召开。

8月，党外人士王希圣任昔阳县人民政府副县长。

9月12日至16日，昔阳县第一届各界人民代表会议第七次会议召开。

1952年

2月，昔阳县工商联第一届会员代表大会召开，出席会议的代表160名，代表着340户会员。大会选出执行委员13人，秘书长1人。第一届执委会领导广大会员学习《共同纲领》《工商联合会组织通则》及政府的各项政策法令，开展“五反”运动，落实国家对私营工商业者的“利用、限制、改造”政策。

3月9日，昔阳县第一届各界人民代表会议第八次会议召开。

6月，昔阳县第一届各界人民代表会议第九次会议召开。

9月10日至15日，昔阳县第二届各界人民代表会议第一次会议在县城召开。会议选举刘印龙为昔阳县各界人民代表会议常务委员会主席，党外人士李棣园为副主席，侯有智为昔阳县人民政府县长，党外人士王希圣、李俊昌为副县长。

1953年

3月24日至26日，昔阳县第二届各界人民代表会议第二次会议召开。

7月，县委设立统一战线工作部，高如晓担任副部长。

10月，县委统战部撤销。统战工作由县委宣传部代管。

11月29日，昔阳县第二届各界人民代表会议第三次会议召开。

1954年

6月，昔阳县工商联第二届会员代表大会召开，选举产生13人组成的第二届执行委员会。第二届执委会组织会员学习《中华人民共和国宪法》及国家的统购统销政策，积极参加物资交流和市场管理，引导私营工商业者自觉接受社会主义改造，顺利完成全县公私合营。

6月24日至26日，昔阳县第一届人民代表大会召开。党外人士王希圣当选为昔阳县人民政府副县长。

同年，对全县私营商业进行社会主义改造，提倡私营商业实行经销、代销和包销。除县城保留一部分小商小贩外，乡村货郎摊贩一律停止营业，参加农业生产。

1955年

将全县范围内的私商组织起来，全部实行经销、代销和包销。城关、皋落、东冶头、沾尚等集镇的私营商店一部分转为供销社的代销店，私商转为供销社的售货员，一部分停止营业，弃商转农。

1956年

1月16日，昔阳县工商业实现公私合营，全体工商业者在新市场举行庆祝大会，全县私营工商业改造顺利完成。全县公私合营门店及货摊17家，从业者44人。

12月26日至29日，昔阳县第二届人民代表大会第一次会议召开，党外人士李棣园当选为昔阳县人民政府副县长。

1957年

反右斗争扩大化，一批知识分子、爱国人士和党外干部被错划为右派，削弱了党领导下的统一战线。

1958年

5月27日至30日，昔阳县第三届人民代表大会第一次会议召开，党外人士刘官印当选为昔阳县人民政府副县长。次年，其加入中国共产党。

1961 年

8 月，昔阳县工商联第三次代表大会召开，选举产生 8 人组成的第三届执行委员会。

1966 年

5 月，“文化大革命”开始，全县统一战线工作受到严重干扰和破坏。

1968 年

8 月，昔阳县工商联被查封。

1974 年

9 月 27 日，原国民党第六战区司令长官、总统府参事长、山西省政府主席、日籍华人商震访问大寨。

1975 年

5 月 15 日，全国人大常委会副委员长乌兰夫陪同柬埔寨民族统一阵线政治局主席、民族团结政府首相宾努亲王和夫人等一行 45 人访问大寨。

1976 年

5 月 21 日，以道端良秀为团长的日中友好佛教协会访华团一行 18 人参观大寨。

1978 年

6 月，中共中央批转中央统战部、国家公安部《关于全部摘掉右派分子帽子的请示报告》下发后，昔阳县对右派摘帽安置、错划改正及死亡人员的抚恤安置工作全面展开。

9 月 24 日，全国人大常委会副委员长阿沛·阿旺晋美陪同乍得共和国总统费列克斯·马卢姆等一行 44 人访问大寨。

1979 年

3 月，对全县错划右派的 54 人进行了摘帽安置、错划改正及死亡人员抚恤工作，其中教员 37 人，工业系统 2 人，农业系统 1 人，卫生系统 4 人，商业系统 3 人，供销系统 4 人，粮食系统 3 人，补发抚恤费 10 人。

同年，根据中共中央《批转〈关于落实对国民党起义、投诚人员政策的请示报告〉

的通知》(中发〔1979〕6号)精神，县里成立了“落实起义、投诚人员政策领导组”，开始为起义投诚人员落实政策。

1980年

1—5月，完成把原工商业者中的劳动者区别出来的工作，全县原78名工商业者中，区别出劳动者76名，充分调动了他们建设“四化”的积极性，促进和发展了安定团结的政治局面。

十一届三中全会以来，全县共为1940人落实政策，予以平反。

1981年

9月，全面完成对国民党起义、投诚人员(包括日伪时期起义投诚人员)的政策落实工作。恢复公职12人，恢复党籍8人，撤判10人，摘掉“历史反革命”帽子5人，死亡抚恤1人，办理离退休手续16人，救济20人。

1982年

12月2日，中共昔阳县委统一战线工作部恢复成立，核定行政编制3名，翟丙午任副部长。

12月8日，中共昔阳县委召开各界能人座谈会，共商昔阳发展大计。

1982年底，全县右派摘帽安置、错划改正及死亡人员抚恤工作全面结束，54人全部改正。其中撤判12人，重新安排工作29人，办理退休1人，死亡抚恤12人。

1983年

10月，白万来任县委统战部部长。

11月3日、11月15日，县委统战部召开两个半天的党外知名人士座谈会。参加会议的有文艺界、教育界、卫生界、科技界的知名人士、起义投诚人员、华侨和台属共计39人。县委书记金启昭出席会议并讲话。

1984年

3月5日，中国人民政治协商会议昔阳县筹备委员会成立。

3月10日，经中共山西省委批准，中国人民政治协商会议昔阳县委员会正式成立。

3月18日至23日，中国人民政治协商会议昔阳县第一届委员会第一次会议在县城召开，葛美林当选县政协主席，县委统战部部长白万来、党外人士尹澄当选副主席。

3月19日，县委成立落实知识分子政策领导小组，为知识分子的生活、工作、学习排忧解难，调动了知识分子的积极性。

3月20日，党外人士孙淑贞当选为县人大副主任。

6月，昔阳二中教师张振华经山西大学原校长、民进山西省委主委陈舜礼介绍加入民进组织，成为昔阳县最早的民进会员。

7月，中共政协昔阳县委员会党组成立。

9月，昔阳县政协、统战部召开各界代表人士座谈会，县委书记金启昭出席会议并讲话。

1985年

4月9日至12日，昔阳县政协副主席、县委统战部部长白万来，政协副主席尹澄参加晋中地区各界人士为“四化”服务经验交流会。

8月14日，昔阳县政协副主席、统战部部长白万来，政协副主席尹澄陪同赵冠英、黄国光为正、副团长的全国政协赴山西参观考察团一行14人视察大寨、昔阳工作。

10月20日，中共昔阳县委召开各界人士座谈会，昔阳县政协副主席、县委统战部部长白万来通报全县整党情况。

1986年

3月，根据中办发〔1984〕17号文件精神，昔阳县人民政府向已认定的93名起义投诚人员颁发了证明书，并召集30多名起义投诚人员进行了座谈，副县长阎守毓出席会议并讲话。

5月，县五大班子召开会议传达地委统战理论工作会议精神，学习贯彻中央领导同志关于新时期统一战线工作的重要讲话精神。

6月，晋中地区统战工作展览在我县巡回展出。

7月，县委统战部在全县范围内开展统一战线政策宣传活动。

8月，昔阳县政协副主席、县委统战部部长白万来陪同全国政协考察团视察大寨。

9月，王富来任县委统战部部长。

12月，县委统战部会同县政协召开各界人士为“四化”服务经验交流会，县委书记高起祥出席会议并讲话。

1987年

5月，县委统战工作会议召开，各乡镇党委副书记、县直单位党支部书记、各部委局室负责人共计200余人参加会议，会期三天。县委副书记刘万玉主持会议，县委书记高起祥做了题为《提高全党认识，加强党对统战工作的领导》的重要讲话。会议决定由县委书记高起祥直接分管统战工作，县委副书记刘万玉专管统战工作。各乡镇确定一名副书记或党委委员分管统战工作，县直单位党支部均明确一名副书记或支部委员分管统战工作，做到了统战工作层层有人抓、有人管。

5 月 26 日至 31 日，政协昔阳县第二届委员会第一次会议召开。赵怀瑞当选主席，县委统战部部长王富来，民进会员张振华，党外代表人士曲正来、孙润荣、米西龙当选为政协副主席。

5 月 31 日，党外人士王玉茹当选为县人大副主任，党外人士孙淑贞当选为县政府副县长。

10 月，县统战理论研究会成立，会员 50 名，其中常务理事 15 名，并于 10 月 16 至 18 日召开了首次会议。研究会成立后，在全县范围内集中开展了第二个“统战政策宣传月”活动。

1988 年

2 月，在全县开展“十三大对统一战线意味着什么”大讨论，邀请全县统战成员、部分政协委员召开座谈会，组织统战干部深入各乡镇和县直单位进行政策宣讲和集中讨论。

3—5 月，组织开展为期 3 个月的统战工作大调研，深入各乡镇和统战对象较多的党政机关、企事业单位进行调查摸底，掌握全县统战对象和统战工作开展的情况，制定基层统战工作计划。

6 月，县政协副主席、统战部部长王富来参加全省统战工作会议和统战干部培训班。

8 月 23 日至 24 日，全县统战工作会议召开，会议传达了中央统战部部长阎明复和省委副书记卢功勋的讲话，县委副书记刘万玉、副县长牛吉善分别代表县委、县政府做了讲话。

12 月 26 日，召开全县各界人士座谈会。

1989 年

3 月 7 日，全县统战理论研究会召开座谈会，安排年度统战理论研究工作。

3 月下旬、4 月上旬，县委统战部分别举办了两期统战干部培训班，参加培训人数共 260 人次。

4 月 20 日，昔阳县台属王会荣、王素珍兄妹获准赴台湾探视病母，为建国以来晋中地区首次公开赴台人员。

5 月 15 日至 16 日，县委统战工作会议召开，各乡镇党委副书记、县直各单位党委（总支、支部）副书记共计 200 余人参加了会议，县五大班子领导高起祥、王桂宁、赵怀瑞、刘万玉、孔令贤、马林贺、王银宾、尹澄出席了会议。县委书记高起祥作了题为《加强党对统战工作领导》的报告。

6月7日，中共昔阳县委决定恢复昔阳县工商联，成立恢复工商联领导组。

6月、8月，县委统战部先后两次组织统战工作宣讲活动。

8月23日，县委统战部在东冶头镇举行统战工作报告会。

1990年

2月19日，县政协、县委统战部组织召开各界知名人士座谈会，县领导高起祥、刘万玉、赵怀瑞、李锁寿、孙润荣、米西龙参加了会议。会议学习贯彻了中发〔1989〕14号文件，县委书记高起祥做了重要讲话。

4月12日，县政协副主席、统战部部长王富来接见回乡探亲的台胞张武子先生。

5月，台属王会荣赴台探亲。

6月9日至12日，政协昔阳县第三届委员会第一次会议召开。赵怀瑞当选主席，县委统战部部长王富来，党外代表人士曲正来、孙润荣、米西龙当选政协副主席。

6月14日，党外人士王玉茹当选为县人大副主任，党外人士孙淑贞当选为县政府副县长。

11月13日，县委常委会议专题研究统战工作。会议讨论通过了《中共昔阳县委关于贯彻落实全国及省、地统战工作会议精神的实施意见》。

11月30日至12月1日，全县统战工作会议召开。县五大班子领导高起祥、刘万玉、牛吉善、王富来出席会议，各乡镇党委副书记、县直机关党委书记、县直有关单位党支部书记130人参加会议。会议要求全县各级党组织要认真贯彻落实全国及省、地统战工作会议精神，进一步加强和改善党对统战工作的领导，努力形成我县全党抓统战的新局面。

12月26日，县委统战部召开各界人士座谈会，县委副书记刘万玉主持会议，县长王桂宁通报全县工作情况。

1991年

2月9日，县政协、县委统战部举行各界人士新春联谊会。

2月26日，昔阳县工商联第四届会员代表大会召开，选举产生了新一届工商联领导班子。

7月8日，县委统战部组织召开党外知名人士座谈会，学习江泽民总书记“七一”讲话精神。县委副书记孔令贤参加会议，并向党外人士通报了全县各项工作情况。

9月9日至12日，县政协副主席、统战部部长王富来率领工商联人员应邀参加呼和浩特市新城区和土默特左旗联谊会。

1992年

10月19日、11月6日、11月13日，县委统战部先后三次召集各界党外人士开展了“贯彻党的十四大精神、促进经济上台阶”大讨论。县委副书记孔令贤，县委常委、宣传部长张世英应邀参加了讨论会。

1993年

4月，台胞李玉玺向县里捐赠《杜庄李氏族谱》一册。

5月28日，昔阳县佛教协会第一届代表会议召开，大会选举产生了昔阳县佛教协会第一届理事会。寒声任名誉会长，释悲实任佛教协会会长。

6月20日至24日，政协昔阳县第四届委员会第一次会议召开，赵怀瑞当选主席，县委统战部部长王富来，党外代表人士曲正来、米西龙、李观万当选政协副主席。

6月25日，党外人士王秀英当选为县人大副主任。

10月6日，全县统战工作会议召开，县委书记傅一元出席会议，县委副书记康蝉锁作了题为《新时期、新特点，统战工作要发挥新作用》的工作报告。

1994年

4月，全县统战工作会议召开。县委书记李晓平出席会议并作重要讲话，县政协副主席、统战部部长王富来作统战工作报告。

5月16日，昔阳县人民政府出台了《昔阳县人民政府同党外人士和工商联联系制度》《昔阳县人民政府有关部门同政协各工作委员会和工商联对口联系制度》。

6月23日，全国政协副主席杨汝岱访问大寨。

1995年

9月1日，中共昔阳县委做出《关于进一步加强人民政协工作的决定》。

同年，在全县开展党外知识分子统战工作大调研活动，先后召开座谈会4次，县五大班子党员领导成员和各乡镇、部门主要领导每人联系1名党外知识分子。

1996年

1月17日至18日，昔阳县工商联第五届会员代表大会召开，郭壮生当选会长。

6月，民进昔阳第一次会员大会组建中国民主促进会昔阳小组，张振华任小组长。

7月14日，全国人大副委员长铁木尔·达瓦买提视察大寨。

8月，我县遭受“8·4”特大洪灾，积极组织非公有制经济人士向灾区捐款2450元，捐物百余件，义卖物资1.5万元。

12月6日，经县委常委会议研究决定，批准将崇教寺划归县佛教协会管理。

1997年

4月，根据《昔阳县党政机构改革方案》确定了中共昔阳县委统战部职能配制和人员编制，行政编制3名，其中部长1名、副部长2名。

8月，建立县五大班子领导与无党派代表人士对口联系制度，并通过昔办函字〔1997〕01号下发对口联系名单。

9月5日，全县统战工作会议召开会议，县委书记李逢达出席会议并作重要讲话。

10月6日，县政府批准设立福音堂为基督教活动点，依法开展宗教活动。

11月15日，成立昔阳县光彩事业促进会，县委副书记张世英任名誉会长，县政协副主席、统战部部长王富来任会长，翟章信、王怀荣、焦瑞江、李春晓任副会长。

1998年

4月，李怀文任县委统战部部长。

4月2日，昔阳县印刷厂整体出售给个人，是昔阳第一家整体出售的国有小型工业企业。

5月14日，全国政协副主席、民革中央常务副主席周铁农视察我县农科教结合工作，山西省政协常委、民革副主席张文郁陪同。

6月15日至16日，政协昔阳县第五届委员会第一次会议召开，张世英当选县政协主席，县工商联会长王怀荣当选县政协副主席。

7月1日，党外人士王秀英当选为县人大副主任。

8月18日，昔阳县委统战部、昔阳县工商联开展“向南方灾区人民献爱心、做贡献”活动，统战系统成员共捐资9926元。

11月2日，国务委员司马义·艾买提视察大寨。

1999年

1月8日，县委统战部、工商联召开民营企业代表人士座谈会纪念党的十一届三中全会召开20周年。县委书记张煌珠、县长刘志宏参加座谈并讲话。会上，昔阳县民营企业家协会成立。

4月，党外人士王怀荣任县政府副县长。

5月11日，县委统战部召开全县各界人士座谈会，严厉声讨北约袭击我驻南使馆的野蛮行径。

7月11日，县政府决定成立“昔阳县民族宗教事务办公室”，编制2人，隶属于县政府办公室。同时批准成立“昔阳县基督教协会”“昔阳县基督教三自爱国运动委员会”。

7月24日，县委统战部组织各界人士召开座谈会，深入揭批“法轮功”的政治本质和严重危害。

9月17日，昔阳县召开基督教第一届代表会议，选举张怀祥为县基督教协会会长、基督教三自爱国运动委员会主任。

11月，县委下发《关于成立昔阳县天主教工作领导组的通知》（昔办发〔1999〕66号），县委副书记王友文任组长、县政府顾问刘宝棠、县委统战部部长李怀文任副组长。

2000年

3月21日，昔阳县人民政府批准斜峪沟村设立佛事活动点。

3月，县民宗办首次对全县佛事活动点进行年检。

8月25日，昔阳县人民政府批准开放东丰稔村石门寺为佛教活动场所。

10月，工商联五届四次执委会召开，调整充实了工商联执委会班子，其中新增副会长3人，常委3人，调整执委5人。县工商联执委成员由27人增至31人。

12月12日，昔阳县私营企业工业联合会第一次代表大会召开。

同年，省民宗局拨付5万元资金用于石马寺修复。卜银福当选民进昔阳小组组长。

2001年

1月，民进昔阳小组派代表参加民进晋中市委一届一次会议，接受民进晋中市委领导。

3月，全县统战系统集中学习江泽民总书记在全国统战工作会议上的重要讲话和《中共中央关于加强统一战线工作的决定》，组织参与“全国统一战线知识竞赛活动”。

4月11日，政协昔阳县第五届第四次会议召开，党外人士毛新明、潘占喜当选县政协副主席。

4月27日，昔阳县委、县政府出台《关于进一步加强民营经济发展的意见》。

5月，县工商联与团县委、县质量技术监督局举办“青年文明号单位”创建活动，6户民营企业被授予“青年文明号”荣誉称号。

5月，全省开展万户民营企业问卷调查，县工商联获得省工商联表彰。

6月，县委统战部召开“昔阳县非公有制经济代表人士纪念中国共产党成立80周年座谈会”，县委、县政府主要领导参加会议。

11月，总投资12万元的省级重点文物保护单位石马寺维修工程完成。

2002年

4月，政协昔阳县五届五次会议上，统战部部长李怀文当选为县政协副主席。

6月，李保国任县委统战部部长。

6月，台湾五大媒体新闻记者参观大寨，并在联合报上对大寨进行了全面报道。

6月，根据《昔阳县党政机构改革方案》，核定县委统战部编制为3人，其中部长1名，副部长2名。政府民族宗教事务办公室和对台办的职能划入县委统战部，与其合署办公。

9月19日，昔阳县召开党外领导干部座谈会，县委副书记贾怀柱、县政协主席张世英出席会议。

9月22日至27日，县委统战部与县委组织部、县委党校联合举办了为期六天的全县中青年干部培训班，17名党外后备干部参加了培训。

9月3日，全国政协副主席、台盟中央主席张克辉率澳门特别行政区政协委员考察团到大寨考察。

11月11日至12日，昔阳县工商联第六次会员代表大会召开，毛新民当选为会长。

2003年

3月21日，中国民主促进会昔阳小组召开第三次全体大会，成立民进昔阳支部，赵怀瑞任主任委员。

6月，积极组织全县非公经济代表人士抗击“非典”，共捐款24.8万元。

8月，李鹏飞任县委常委、统战部部长。

8月27日至30日，政协昔阳县第六届委员会第一次会议召开，张世英当选县政协主席，党外人士潘占喜、耿计良当选县政协副主席。

8月31日，昔阳县第十四届人民代表大会第一次会议，县工商联会长毛新民当选为县人大副主任。

10月16日，县委统战部组织召开党外代表人士议政建言会议，围绕县委提出的“跃升战略”“倍增计划”目标进行深入探讨，建言献策。

10月28日，全国人大常委会副委员长布赫视察大寨。

11月，在全市统战理论理事会成立大会上，县委统战部报送的《基层统战工作实践与思考》《县级统战工作贵在落实重在落实》《关于加快我县民营经济发展问题的思考》三篇调研文章被市委统战部收录到统战理论丛书。

2004年

3月25日至4月1日，县工商联组织部分民营企业家赴浙江温州考察民营企业发展。

4月，县委统战部向全县非公有制经济和社会各界人士发出争做“优秀社会主义事业建设者”的倡议，受到广大非公经济人士的积极响应。

5月，县委下发《关于建立三级统战工作网络的通知》(昔办发〔2004〕35号)，要求在乡镇、县直机关以及重点单位和村建立统战工作三级网络。

5月9日，昔阳县召开各界人士座谈会，民主党派、工商联、无党派人士、非公经济代表人士、宗教和侨眷代表人士参加了座谈会。

5月18日，西藏第十一世班禅额尔德尼·确吉杰布访问大寨。

6月，台胞王素珠在东寨村设立奖学金。

6月2日，昔阳县温州商会挂牌成立，黄祥苗当选会长。

6月17日，国家民委纪检组长郝文明、监察部驻国家民委监察局局长唐建新、国家民委办公厅处长谭传位到大寨视察。

6月23日，昔阳县召开全县统战工作会议，县委书记孟希雄出席会议并作重要讲话。

7月16日，昔阳县首个民营企业党支部——中共昔阳县四通工贸有限公司支部委员会成立。

7月16日，昔阳县首家民营企业工会组织——昔阳县四通工贸有限公司工会成立。

9月8日，市政协副主席、市委统战部部长李逢达，市委统战部常务副部长张春亭和晋中市各民主党派到昔阳考察。

9月16日，县委统战部召开昔阳县促进非公经济发展议政会，会议形成《促进全县非公经济发展建议》，由县委转发全县。

11月1日，中共昔阳县委制定出台《中共昔阳县委关于加强非公有制经济组织党建工作的意见》(昔发〔2004〕16号)。

11月30日，根据《昔阳县人民政府机构改革方案》，统战部核定行政编制3名，事业编制2名。县民族宗教事务办公室更名为民族宗教事务局，与统战部合署办公，列入政府机构序列。

2005年

1月25日，县委统战部举办各界人士迎新年茶话会。县四大班子领导同民主党派、工商联、无党派和各界代表人士80余人欢聚一堂，共迎新春。

1月27日，县委副书记贾怀柱，县委常委、统战部部长李鹏飞带领县台办、宗教局负责同志深入各统战成员单位走访慰问。

2月3日，县委统战部召开“保持共产党员先进性教育活动”动员大会，全面启动保持共产党员先进性教育活动。

2月25日，新加坡国际汉高集团与昔阳县工商联举行经贸合作签约仪式。

3月8日至10日，全市统战工作现场会在我县召开。

3月22日，县委统战部组织各统战成员单位共同学习新颁布的《反分裂国家法》。

3月30日至4月1日，县委统战部组织机关全体党员和离退休老干部赴革命圣地延安进行红色教育。

5月10日，晋中市《宗教事务条例》宣讲活动在昔阳正式启动。

6月3日，县委统战部召开各界代表人士座谈会，发出“我为昔阳发展献良策”的倡议。

7月，县委决定在县委办加挂“中共昔阳县委台湾工作办公室（昔阳县人民政府台湾事务办公室）牌子，原县委统战部内设的县委台湾工作办公室、政府台湾事务办公室相应撤销。

7月18日，台胞王素珠捐赠的“东寨村学生奖学金”颁发仪式在东寨村举行。

7月20日，昔阳县在沾尚镇召开民营经济发展现场会，县直有关单位负责人、各乡（镇）党委书记、乡（镇）长参加了会议。县委副书记、县长李非忠出席会议并讲话。

7月25日，昔阳县召开全县民营经济座谈会，县委副书记、县长李非忠及分管民营企业的四套班子领导出席会议。

8月3日，农工党山西省委秘书长王喜华一行五人来我县调研农村医疗卫生现状。

9月18日，全国人大常委会副委员长乌云齐木格率农业执法监察组到大寨调研。

12月6日，全省第一家工商联民营企业文化建设委员会在昔阳县四通集团公司成立。

12月22日，昔阳县委统战部召开“我为昔阳发展献良策”专题会，收录调研文章18篇，整理汇编形成《我为昔阳发展献良策》文集。

2006年

1月10日，县委副书记贾怀柱，县委常委、统战部部长李鹏飞深入各统战成员单位进行春节前的走访慰问。

2月10日，晋中日报刊载文章《昔阳县统战工作跃上新台阶》。

2月16日，县委、县政府召开全县经济工作会议，重奖非公企业纳税大户。

4月15日，太原昔阳商会在并成立，省工商联常委、省中小企业局副局长王怀荣，市工商联会长杨定旺，县人大副主任、工商联会长毛新民和太原市委统战部、工商联有关部门负责人出席了会议。

5月11日，全县统一战线各界人士学习“社会主义荣辱观”座谈会召开。

5月30日，晋中市民营企业参与社会主义新农村建设现场会在我县召开。

6月20日，民进中央青年干部调研组王强等一行7人到大寨调研。

6月23日，昔阳县中小企业信用担保有限公司成立，以解决中小企业融资困难。

7月，张驰任县委常委、统战部部长。

8月23日，昔阳县举行非公经济代表人士资助贫困学生捐赠仪式，县委书记孟希雄，县委副书记、县长李非忠，县委常委、统战部部长张驰出席活动并讲话。

9月29日，昔阳县在三都乡井沟村举行“民企帮村”共建社会主义新农村活动启动仪式。全国人大常委会委员、大寨党总支书记郭凤莲，省工商联秘书长牛定远，市工商联副会长乔维恒，县委副书记杜建刚，县人大主任李爱民，县政协主席张世英，县委常委、组织部长王根元，县人大副主任、工商联会长毛新民，副县长陈峰出席。会议号召民营企业家积极投身新农村建设，争做“民企帮村”带头人。

12月28日，中共昔阳县委出台《关于贯彻〈中共中央关于进一步加强中国共产党领导的多党合作和政治协商制度建设的意见〉的实施意见》(昔发〔2006〕29号)，进一步加强统一战线工作。

2007年

2月，县委统战部被山西省委统战部授予2006年度“全省统战工作先进集体”荣誉称号。

5月25日至28日，政协昔阳县第七届委员会第一次会议召开，王录文当选政协主席，党外人士王秀英、潘占喜当选为政协副主席。

5月28日，县委出台《关于加强非公有制经济组织党建工作的意见》，成立非公有制经济党建工作领导组。

5月30日，昔阳县第十五届人民代表大会第一次会议毛新明当选为县人大副主任，耿计良当选为县政府副县长。

6月29日，县委统战部与政协联合举办全县各界人士庆“七一”茶话会。

7月26日，全国工商联宣传教育部正局级巡视员史泽鄱一行在我县调研。

8月5日，全国人大常委会委员、民建中央副主席、重庆市人大常委会副主任程贻到大寨考察新农村建设。

8月8日，县委统战部在孔氏村举行“昔阳县统一战线成员单位及各界人士参与新农村建设启动仪式”。

8月28日，昔阳县阳光助学工程基金会暨阳光助学工程启动仪式在县市政广场举行，26名民营企业家向阳光助学基金会注入资金30余万元，县委书记孟希雄、县长李非忠为50名受助贫困学生发放助学金，向民营企业家颁发荣誉证书。

9月4日，全国人大常委会委员、民族委员会委员、广西壮族自治区人民政府原副主席奉恒高参观考察大赛。

10月28日至29日，昔阳县工商联第七届会员代表大会召开，毛新民当选主席，翟素明任党组书记。

11月7日，新加坡连氏援助组织援助的界都乡里安阳沟人畜饮水工程竣工并举行庆典仪式。

11月20日，县委统战部举办昔阳县统战系统学习党的十七大精神、落实县委“三大行动”知识竞赛活动。

12月27日，晋中鑫阳顺建筑公司荣获国家级“守合同、重信用”企业称号。

12月28日，县委统战部举行昔阳县各界人士迎新年茶话会。

2008年

2月，县委常委、统战部部长张驰带队对全县统战成员和单位进行了春节走访慰问。

3月25日，县委统战部召开各界人士座谈会，通报省市统战工作会议精神和全县经济工作会议精神。

4月2日，县委统战部召开民族宗教界人士座谈会，通报“3·14拉萨事件”的真相，共同谴责达赖反动集团的罪恶行径。

4月2日，昔阳县民族宗教界人士开展“迎奥运、美家乡”义务植树活动，在石马寺植树300余株。

5月10日，农工山西省人民医院总支委员会组织23名专家到昔阳县开展“凝聚力工程基层行扶贫义诊”活动。

5月，“5·12”汶川地震发生后，县委统战部、县工商联向全县统战成员发出了“向灾区人民奉献爱心”的紧急倡议。全县非公经济人士共捐款313万元、基督教协会捐款14000元、佛教协会捐款2000元。

5月20日，县民宗局核定科级领导职数1正1副。

6月，昔阳县工商联在全县广大非公经济人士中开展“走中国特色社会主义道路，做优秀中国特色社会主义建设者”主题教育活动。

7月4日，昔阳县无党派人士主题教育活动动员会召开。县委副书记杜建刚，县委常委、统战部部长张驰出席会议并作动员讲话。

7月16日至17日，县委统战部举办“国土杯”统一战线知识竞赛，来自全县12个乡镇、8大系统的20支代表队，60名选手参加了比赛。最终大寨镇代表队荣获一等奖，发改系统、皋落镇代表队荣获二等奖，李家庄乡、三都乡、政法系统代表队荣获三等奖。

9 月 25 日，县委统战部代表队晋级晋中市“万豪”杯统战知识竞赛决赛，荣获全市第二名。

10 月 16 日至 17 日，县委统战部组织无党派人士赴左权、黎城、武乡等地开展“自觉接受中国共产党领导、坚持走中国特色社会主义道路”主题教育活动。

10 月 30 日，全国工商联授予昔阳县工商联“全国工商联系统先进单位”荣誉称号。

12 月 23 日至 24 日，山西省工商联党组成员、副主席郎宝山率领调研考核组一行 9 人来昔调研，县人大副主任、工商联主席毛新民陪同调研。

12 月 26 日，召开全县无党派人士主题教育活动总结交流会暨统一战线各界人士纪念改革开放 30 周年座谈会。县委常委、组织部长冯耀黎，县委常委、统战部部长张驰出席会议。

12 月 29 日，昔阳县总商会成立揭牌仪式在县政府南院举行，晋中市工商联主席杨定旺以及县四套班子有关领导参加。

同年，县委统战部被县委、县政府授予“企业、机关帮扶新农村建设先进单位”。

2009 年

2 月 19 日，昔阳县工商联被山西省“凝聚力工程”领导组授予山西省“新晋商、新形象”先进集体。

3 月 11 日，省委统战部常务副部长王大高一行 5 人在市委常委、统战部部长郭光明、副部长普茂仙等陪同下到我县视察调研。

3 月 17 日，全市统战部长会议召开。县委统战部被市委统战部授予“2008 年度统战宣传工作先进单位”“2008 年度统战信息工作三等奖”。其中，县委常委、统战部部长张驰撰写的《用科学发展观指导统一战线工作》理论调研文章获一等奖，民进昔阳主委赵怀瑞撰写的《加强自身建设，促进社会和谐》调研文章获三等奖，县委办副主任丁怀斌撰写的《一位县委书记的统战故事》和县委统战部副部长程海滨撰写的《全面实施“凝聚力工程”，为和谐昔阳建设做贡献》获统战宣传工作优秀作品。我县鑫阳顺建设公司董事长邢丑锁荣获“晋中市优秀中国特色社会主义事业建设者”荣誉称号。

3 月 20 日，昔阳县基督教协会、昔阳县基督教三自爱国运动委员会举行第三届代表大会。县委常委、统战部部长张驰出席。

3 月 26 日，县委统战部支部召开学习实践科学发展观动员会，全面启动学习实践科学发展观活动。

4 月 17 日，县委统战部召开昔阳县统一战线情况通报会。县委常委、统战部部长张驰向各界代表人士通报了 2008 年全县经济社会发展情况和省、市统战部长会议精神以及2009年全县统战工作重点，并表彰了2008年度统战理论研究、宣传、信息先进工作者。

5月12日，昔阳县工商联召开参政议政工作会议。

5月14日，全国人大常委会副委员长司马义·铁力瓦尔地到大寨参观考察。

5月29日至30日，县委常委、统战部部长张驰赴山东德州参加山东农村大众报和昔阳富邦肥业有限公司联合举办的“质量服务齐鲁行”农化服务活动。

7月16日，昔阳县非公经济人士帮扶新农村建设现场会在大寨举行。晋中市委统战部副部长姚素萍以及县委常委、统战部部长张驰，人大副主任毛新民，副县长耿计良，政协副主席翟书棠出席会议。会议对全县非公经济人士帮扶新农村建设工作进行了总结，对下一阶段工作做出安排部署。

8月2日，国民党中央评议委员会主席团主席赵守博访问大寨。

8月，县委副书记杜建刚兼管统战工作，副部长程海滨主持日常工作。

8月29日，全国人大常委会副委员长、民革中央主席周铁农赴大寨调研。

9月23日，县委统战部召开昔阳县统一战线各界人士庆祝建国60周年座谈会，县委副书记杜建刚参加。

9月24日，县工商联举行庆祝建国60周年文艺演出活动。县四套班子领导参加。

10月16日，县工商联组织民营企业家参加山西民营企业科学发展论坛。同日，抗日民主县政府纪念碑揭牌仪式在皋落村举行，县委书记孟希雄出席活动。

11月，县政府拨专款为统战部购置工作用车一辆。

11月5日，晋中市民族宗教事务局同意设立昔阳县兴盛寺为佛教活动场所。

2010年

1月12日至13日，民建晋中市委在昔阳开展农村沼气建设专题调研。

4月1日，晋中市召开全市统战部长会议，昔阳县统战部被晋中市委统战部授予“2009年度统战理论研究优秀组织奖”“2009年度全市统战信息工作二等奖”。县委常委、统战部部长张驰撰写的《昔阳县非公经济人士帮扶新农村建设启示》获统战宣传优秀成果奖，县委统战部副部长程海滨撰写的《党外代表人士综合评价体系初探》获统战理论研究优秀成果二等奖，统战部副部长、工商联党组书记翟素明被评为优秀信息员二等奖。

4月8日，县委统战部、县工商联联合召开会议，安排部署“万企联万户感恩行动”特困户摸底调查工作。

4月13日，中央统战部副部长陈喜庆一行在省委常委、统战部部长李政文，市委常委、统战部部长郭光明的陪同下到昔阳调研。

4 月 23 日，国务院侨务办公室副主任任启亮到大寨参观考察。

4 月 30 日，昔阳县工商联在昔阳县电视台演播大厅举行向青海玉树灾区献爱心募捐活动，县人大副主任、工商联主席毛新民出席，150 余名非公经济人士参加，共募捐善款 609755 元。

6 月 29 日，昔阳县举行“新晋商万企联万户感恩行动”动员会，向全县广大非公经济人士发出倡议。三都煤业、安顺煤业等 19 家非公企业深入 12 个乡镇对 65 名特困老党员、老八路进行慰问，共发放慰问金 32500 元。

9 月 15 日，山西农业大学统战部部长冯迎新、民革山西省委提案委副主任、民革农大支部主委王跃进带领民革农大支部的专家、教授在昔阳大寨调研新农村建设。

10 月 9 日，晋中市委常委、统战部部长郭光明陪同山西省政协副主席郭良孝、韩儒英在我县调研。

10 月 29 日，县委统战部在赵壁乡召开感恩行动现场会，三都煤业向赵壁乡 28 位老党员现场发放慰问金 8400 元。

11 月 19 日，山西厚基伟业商贸有限公司在全省民营经济转型跨越发展大会上被省委、省政府授予“优秀民营企业”荣誉称号。

11 月 26 日，市委统战部副部长邵中前、市侨联书记刘顺天在我县调研香港凤凰卫视集团捐建的新农村卫生所改造情况，并与沾尚镇沾尚村、赵壁乡凤居村签订了捐建协议书。

2011 年

3 月 2 日，县委统战部获 2010 年全市统战信息工作三等奖，翟素明副部长获优秀统战信息员，其撰写的《关于加快非公经济转型发展的调研报告》获全市统战理论研究优秀成果三等奖。

5 月 6 日，晋中市委统战部召开“新晋商万企联万户感恩行动表彰大会”，县工商联荣获“优秀组织奖”，昔阳县安顺三都煤业总经理梁清林获“突出贡献奖”。

5 月，李怀仁任统战部部长，刘立斌任统战部副部长、工商联副主席、党组书记，李丽萍任民族宗教事务局长。

6 月 21 日，政协昔阳县第八届委员会第一次会议召开，县委统战部部长李怀仁、党外人士潘占喜、杨海燕当选为政协副主席。

6 月 23 日，昔阳县第十六届人民代表大会第一次会议选举党外人士毛新民为县人大副主任，耿计良为县政府副县长。

7 月，悟道寺释印悟书法作品在《山西省宗教界庆祝中国共产党成立 90 周年书画摄影作品展》活动中荣获二等奖。

8月，张明柱撰写的《我沐浴在党的光辉中成长》在晋中统一战线“风雨同舟我与党和人民同心”百句千言征评活动中荣获二等奖；王春鲜撰写的《西峪感怀》荣获三等奖。

9月7日，由香港宝莲禅寺牵头，香港黄华威、余小燕夫妇捐资，县政府配套筹资共同建设的武家坪黄余小燕希望小学举行落成庆典，县政协副主席、统战部部长李怀仁参加。

9月21日，县政协副主席、统战部部长李怀仁陪同海南省昌江黎族自治县考察团在大寨参观考察。

9月26日，昔阳县佛教协会第二届代表会议召开，金刚禅寺释一然法师当选为县佛教协会会长。

9月30日，晋中市委副书记、昔阳县委书记刘润民到县委统战部进行专题调研。

11月9日，全国政协委员、黄埔军校同学会会长林上元携夫人及黄埔军校同学会秘书长朱京光来我县考察，省委统战部联络处处长李志兰，市统战部副部长邵中前，县政协副主席、统战部部长李怀仁等陪同考察。

11月17日，香港华革会资助晋中市28所新农村卫生所冠名揭牌启动仪式在昔阳县沾尚镇新口上村隆重举行。中联办港岛工作部陈帜彬副部长，华革会主席陈树标先生，华革会名誉会长，捐赠人吴祺光先生和夫人吴李筱玲女士，晋中市委副书记、昔阳县委书记刘润民，市委常委、统战部部长孙光堂，市政协副主席郭光明以及李秀明、翟书棠、李怀仁等县委、政府领导，香港观礼团全体团员，沾尚镇沾尚村、口上村、北头村群众和全体医务人员200余人参加了启动仪式。陈树标、吴祺光及郭光明、陈帜彬等为新口上村卫生所揭牌，刘润民书记向吴祺光夫妇颁发了荣誉证书。

11月21日，昔阳县工商联（总商会）第八次会员代表大会召开，黄祥苗当选为县工商联主席。

11月21日，昔阳县组织召开全县加快民营经济发展座谈会。县政协主席王录文，县政协副主席、统战部部长李怀仁出席会议。

12月22日，昔阳县召开依法治理基督教私设聚会点集中行动动员会。县委常委、政法委书记马成毅，县政府分管副县长李显鸣，县政协副主席、统战部部长李怀仁以及各乡（镇）、城区社区管委会等相关单位负责人参加了会议。

12月29日，县委统战部、县政协办公室、县工商联联合举办昔阳县各界人士迎新年茶话会。晋中市委副书记、昔阳县委书记刘润民，县人大主任郭爱生，县政协主席王录文等领导与全县各界人士代表欢聚一堂，喜迎新年。

12月30日，县政协副主席、统战部部长李怀仁带领统战部机关干部走访慰问非公经济、民主党派、党外知识分子、民族宗教等统战代表人士以及统战部离退休老干部。

2012 年

1月，县委统战部荣获2011年度“晋中市统战理论研究优秀组织奖”“晋中市统战信息工作三等奖”；统战部部长李怀仁撰写的《活跃资本市场推进全民创业，加快昔阳民营经济健康发展》调研文章获“统战理论研究优秀成果二等奖”；卜晓娟获2011年度优秀信息员。

2月18日，县委统战部召开全县统战系统传达学习县委十四届二次全会暨全县经济工作会议精神大会，耿计良副县长主持，县委副书记、组织部长冯耀黎，人大副主任毛新民，政协副主席潘占喜，政协副主席、统战部部长李怀仁参加会议。

3月20日，县委统战部召开昔阳县统一战线服务社会管理创新座谈会。县政协主席王录文，县政协副主席、统战部部长李怀仁及十二乡镇党委副书记、政协联络组长出席会议。

3月27日，县委统战部、县工商联、县农委联合召开“民企联三农”项目对接座谈会。县政协主席王录文，县委常委杜占生，县政协副主席、统战部部长李怀仁和各涉农部门负责人以及工商联部分会员企业代表50余人参加了会议。

4月2日，全国人大常委会委员、教科文卫副主任、民进中央副主席王佐书视察大寨。

7月11日，县委召开昔阳县党外干部工作会议，县委副书记、组织部长冯耀黎，政协副主席、统战部部长李怀仁出席会议，十二乡镇党委副书记、八大系统工委委员、全县副科以上党外干部参加。

7月，昔阳县委统战部被评为2011年度《中国统一战线》宣传先进单位。卜晓娟被评为2011年度《中国统一战线》宣传先进个人。

7月31日，县工商联组织70多名民营企业家举行庆“八一”军事日活动。

8月18日至19日，县政协副主席、统战部部长李怀仁出席首届晋商大会晋中签约仪式。

8月24日，昔阳宗教界“慈爱人间、五教同行”宗教慈善周活动启动仪式在洪水村池塘寺举行，县政协副主席、统战部部长李怀仁，县民族宗教局局长李丽萍出席。

8月25日，县委统战部召开“民企联三农，共建新农村”流动现场会，县政协主席王录文、副主席、统战部部长李怀仁参加会议，并向各示范基地授牌。

9月18日，邀请山西省社会主义学院副院长王解峰教授在县委中心组学习扩大会议上就新时期统一战线工作进行专题辅导。县四套班子领导、县直副科以上单位一把手、部分政协委员和全体党外干部共计200余人参加了学习。

10月2日，中央统战部办公厅副主任申占华到大寨参观考察。

11月5日至6日，晋中市民营企业转型跨越·服务“三农”昔阳座谈会在大寨召开。晋中市委副书记、昔阳县委书记刘润民，省工商联党组成员、副主席赵淑芊，市委常委、统战部部长孙光堂，市政协副主席、市工商联主席杨定旺，昔阳县委副书记、县长丁雪钦出席会议。晋中各县（区）统战部长、工商联主席、党组书记、民营企业代表共计100余人参加会议。县政协副主席、统战部部长李怀仁在会上做经验介绍。

11月23日，县委统战部召开昔阳县统一战线传达贯彻党的十八大会议精神。人大副主任毛新民，政协副主席、统战部部长李怀仁出席。

12月，在山西省工商联成立六十周年大会上，县工商联主席黄祥苗被授予“先进会员”称号。

2013年

1月23日，县委统战部将第一批63部山西省“科普惠三老”手机发放到老八路、老党员手中。

1月，县委统战部副部长、工商联党组书记刘立斌被中共晋中市委、晋中市人民政府授予“2012年度定点扶贫工作模范队员”。

1月，昔阳县工商联被晋中市工商联授予“2012年度先进单位”。

2月28日，县委统战部获2012年度全市统战工作先进单位、统战宣传工作先进单位、统战信息工作二等奖。县政协副主席、统战部部长李怀仁发表于2012年9月《中国统一战线》的调研报告《靠制度机制推进党外干部队伍建设》获国家级统战宣传优秀成果奖。卜晓娟被评为全市统战宣传优秀信息员。

3月2日，香港华革会吴祺光夫妇资助昔阳县贫困生助学金发放仪式在昔阳中学举行。晋中市委统战部副部长、工商联党组书记王晓丽，市侨联党组书记李德增为受助的30名贫困生每人发放助学金1000元。

4月11日，昔阳县洪水村香港华革会李建培英小学竣工。中联办港岛工作部陈伟峰副部长、庄福伍处长、香港华革会主席林耀文先生、华革会名誉主席吴祺光先生及夫人吴李筱玲女士以及香港华革会爱心工程观礼团的全体成员参加了落成剪彩仪式，并专程赴昔阳中学与30名受助学生进行座谈。

4月19日，民进昔阳支部第四次会员大会在大寨召开，昔阳县政协主席王录文，介休市副市长、民进晋中市委主委李兴国，昔阳县政协副主席、统战部部长李怀仁出席会议，民进晋中市委、民进榆次区委、介休支部、昔阳县工商联等有关领导到会祝贺。大会选举产生了新一届民进昔阳支部班子成员，崔海军当选为民进昔阳支部主委，史董平、王新如当选为副主委。

6月17日，民进昔阳支部“同心·三下乡活动”在孔氏乡孔氏小学举行。本次活动向孔氏小学捐赠科普读物、儿童文学经典图书400余册，价值1万余元，发放农业科技宣传资料1000余份，为孔氏村及周边村民义诊及医疗咨询100余人，发放药品1000余元。

6月25日，台湾积联科技股份有限公司董事长徐希民一行在我县考察农业项目。

7月1日，民进昔阳支部召开纪念中国共产党建党92周年座谈会。

7月24日，全国人大常委、华侨委副主任、致公党中央副主席杨邦杰一行就“创新驱动推动绿色低碳循环经济发展”到大寨调研。全国人大常委、大寨村党总支书记郭凤莲，省委统战部常务副部长郭海刚，市委统战部常务副部长杜建刚，县政协副主席、统战部部长李怀仁陪同调研。

7月25日，县工商联召开八届二次执委会暨非公经济人士理想信念主题教育推进会。会议对在“双引双赛”和光彩慈善活动中涌现出的先进非公企业和非公经济人士进行了表彰。

8月2日，昔阳县工商联组织150余名民营企业家举行非公经济人士理想信念暨国防教育活动。县工商联向县人武部捐赠慰问金、慰问品共计5万元。

8月26日，香港华革会名誉主席吴祺光先生及夫人吴李筱玲女士委托市委统战部副部长、工商联党组书记王晓丽将每人4000元的大学第一学期学费交到我县15名考上大学（一本13名、二本2名）的学生手中。

9月1日至5日，县政协副主席、统战部部长李怀仁带领厚基伟业、安顺煤业、龙翔贸易等企业负责人赴湖北襄阳开展招商引资活动。

9月15日，省工商联党组成员、副主席王建华一行深入晋祥敬老院、四通润农菌业、松溪河食品有限公司就企业投身光彩事业、承担社会责任进行专题调研。

10月31日，晋中市召开和谐寺观教堂创建活动现场会，基督教福音堂被授予“先进宗教活动场所”，昔阳县佛教协会被授予“先进宗教团体”，金刚禅寺释一然法师被授予“先进个人”。

11月11日，市侨联党组书记李德增受吴祺光夫妇委托为昔阳中学30名贫困生发放助学金30000元。

2014年

2月10日，晋中市委、市政府在市委二楼报告厅召开“全市民营经济转型跨越座谈会”，县政协副主席、统战部部长李怀仁，县工商联主席黄祥苗参加。山西昔阳丰汇煤业有限责任公司董事长黄祥苗被授予“晋中市十大功勋民营企业家”称号。昔阳县委统战部荣获全市“双引双赛”主题活动先进集体，县政协副主席、统战部部长李怀仁，四通工贸有限责任公司董事长王维银，山西厚基伟业商贸有限公司董事长宋以斌等三人荣获全市“双引双赛”主题教育活动先进个人。

2月17日，全市统战部长会议召开。昔阳县委统战部被评为2013年度统战工作先进单位、统战信息工作二等奖。县政协主席王录文撰写的《关于确保双孢菇产业健康发展的思考》调研文章获统战理论优秀成果一等奖；县政协副主席、统战部部长李怀仁撰写的《关于合理有效推进我县城镇化建设的思考》调研文章获统战理论优秀成果三等奖；县工商联党组书记刘立斌撰写的《优化民营企业成长环境，推进民营经济转型发展》、县就业指导中心副主任乔红芳撰写的《昔阳县促进创业带动就业效果分析调研》、团县委副书记翟晓梅撰写的《关于加强非公有制经济组织党建工作的对策建议》获统战理论研究成果优秀奖；县政协副主席、统战部部长李怀仁在2013年第5期《山西统一战线》发表的《民企联“三农”共建新农村》文章获省级优秀宣传成果；卜晓娟被评为全市统战系统优秀信息员。

2月19日，昔阳县三级干部大会召开，县委统战部被评为“昔阳县2013年度综合考核优秀单位”。

3月26日，省委统战部海联处调研员刘强、副调研员蔚志强、中远威药业负责人一行到昔阳验收海联会捐建的新农村卫生室。

4月30日，县委统战部组织统一战线成员赴西柏坡开展“坚持和发展中国特色社会主义学习实践活动”主题党日活动。

5月8日，县委统战部召开“坚持和发展中国特色社会主义学习实践活动”动员暨专题培训会，县委常委、组织部长郭春林作了题为《继承优良传统坚定理想信念，努力做一名优秀党外干部》的动员报告。

5月9日，农工党山西省委执委、山西中医学院主委阎润红一行8人到大寨开展“坚持和发展中国特色社会主义学习实践活动”。

5月21日，市政协副主席、市工商联主席杨定旺就强化依法行政减轻企业负担专项工作在昔阳进行调研。

5月30日，县工商联、残联、就业指导中心联合举行的“善行昔阳，爱心传递”大型公益活动在昔阳县好人广场启动。

6月19日，省委统战部二处调研员王瑜带队在石马寺就宗教活动场所安全、财务管理等工作进行专项督查。

6月22日，原省政协副主席、民进山西省委主委张正明带领民进山西省委调研组一行14人在我县进行考察调研。

7月21日，中国统一战线杂志社采编部主任靳贤锋、发行部主任赵建英一行到大寨考察调研。

9月25日，由县政府主办、县委统战部承办的大寨农产品展销中心正式挂牌运营。

9 月，县委统战部被中央统战部宣传办评为 2014 年度《中国统一战线》宣传先进单位，副部长刘立斌被评为宣传先进个人。

10 月 30 日至 11 月 1 日，县工商联联合县中小企业局举办了企业经营管理培训班，聘请清华大学教授、北大纵横管理咨询公司合伙人潘亦藩教授为 250 余名中小企业负责人授课。

11 月 20 日，县委成立由县委书记丁雪钦挂帅的昔阳县推进统战部门合署办公领导组，制定出台了昔阳县推进统战部门合署办公工作方案。

12 月，县委统战部、县工商联、民宗局、侨联四家单位正式合署办公。

12 月 11 日，县委召开中心组学习扩大会议，邀请市委常委、统战部部长孙光堂作题为《生态庄园经济：发展现代农业的一条新路》的报告。县四套班子领导、各乡（镇）党委书记、县直单位一把手、全县党外干部、部分非公经济人士等 240 余人参加了会议。

12 月 10 日至 12 日，县委统战部举办全县党外干部和优秀党外后备干部培训班，县委常委、组织部长郭春林进行了开班动员，邀请市委常委、统战部部长孙光堂，省社会主义学员教务长张健群，晋中市委党校温艳燕等专家教授进行授课。县政协副主席，统战部部长李怀仁参加培训班。

2015 年

1 月 7 日，晋中市委统战部副部长、民宗局长王理深入我县崇教寺、基督教福音堂调研和谐寺观教堂建设情况。

2 月 6 日，民进昔阳支部荣获民进中央委员会授予的“全国先进基层组织”荣誉称号。

3 月，昔阳县委统战部被市委统战部评为 2014 年度“统战工作优秀单位”“党外代表人士队伍建设工作先进县”“统战宣传工作先进单位”和“统战信息工作三等奖”。

3 月 8 日，县工商联联合民进昔阳支部开展“关爱女会员”健康体检活动。

3 月 9 日，县委统战部在全县三级干部大会上荣获 2014 年度综合考核优秀单位。

3 月 22 日，县工商联“善行昔阳、爱心传递”公益群在第二届“昔阳好人”颁奖仪式上被昔阳好人评选委员会授予“优秀公益组织”称号。

3 月 31 日，县工商联、残联、就业指导中心联合组织的 2015 年度“昔阳工商联公益群”大型公益活动在昔阳好人广场启动。

4 月 15 日，上海市委统战部党外干部工作处王杰弘副处长调研昔阳县党外代表人士综合评价工作。

5 月 24 日至 26 日，石马寺举行传统古庙会，昔阳县佛教协会组织全县各寺院僧人齐聚石马寺，举办浴佛法会、放生积德、慈善公益活动。

6月，县委统战部增加行政编制1名（共4名）。县工商联增加事业编制1名（共5名），核定科级领导职数1正1副。

6月14日，民进昔阳支部组织医疗专家在乐平镇崇家岭村开展“走基层为民服务”义诊活动。

6月18日，市委常委、统战部部长孙光堂带领调研组来我县调研统战部门合署办公情况，县委书记丁雪钦，县委副书记、县长王根元，县委副书记张驰陪同调研。

7月，昔阳县归国华侨联合会成立，核定正科级领导职数1名，事业编制3名。

7月3日，昔阳县举行第一次归侨侨眷代表大会，会议选举产生了昔阳县侨联第一届委员会，王乃凤当选为第一届昔阳县侨联主席，王静、廷惠当选为副主席，廷惠兼任秘书长。

8月，韩旭鹏任昔阳县归国华侨联合会党组书记。

8月，《昔阳工商联》杂志正式创刊发行。

8月22日，香港吴祺光夫妇到昔阳中学为2015年考入大学的贫困生新生发放助学金并进行座谈，为考入大学的13名贫困生发放每人4000元助学金。

9月10日，全市优秀民营企业家巡回报告会在我县举行，来自祁县、太谷、和顺的3名优秀民营企业家为全县副科以上单位一把手以及非公经济人士介绍创业历程，讲述成功经验。

11月26日，县工商联八届五次执委会暨全县民营经济发展推进会召开。增补工商联副主席3名，并对在全县非公经济人士理想信念活动中涌现出来的光彩事业先进集体、爱心店和优秀会员进行了表彰奖励。

12月26日，昔阳县工商联与团县委联合开展了“关爱留守儿童，一对一献爱心”活动，县工商联9名民营企业家及个体工商户与皋落小学的9名留守儿童结成帮扶对子。

2016年

1月2日，县委组织部、宣传部、统战部联合举办“习近平论党建书画展”。

1月8日，县工商联、团县委、民营企业爱心人士携手皋落小学、王寨小学举行了关爱留守儿童回访活动暨“许心愿 圆梦想”现场捐助仪式。

2月29日，全市统战部长会议召开，昔阳县委统战部被市委统战部评为2015年度“统战工作优秀单位”“统战理论政策研究先进单位”“统战宣传工作先进单位”。

5月1日，昔阳县工商联“幸福圆梦”关爱留守儿童大型公益活动正式启航。此次活动以“凝聚爱心力量守护成长天空”为主题，20多家商户积极参与，共募集善款1万余元，为60名留守儿童实现了微心愿。

5月13日，市委常委、统战部部长孙光堂在昔阳县调研宗教工作。市委统战部副部长、市民族宗教局局长王理，昔阳县委副书记、县长王根元陪同调研。孙光堂部长出席昔阳县第二届石马寺古庙会文化旅游活动启动仪式，听取了昔阳县民宗局负责同志的汇报，并与市佛协、县佛协、县基督教“两会”负责人进行了座谈。

5月20日，山西省社会主义学院大寨现场教学基地揭牌。省委统战部副部长、山西省社会主义学院党委书记张云泽，广东省社会主义学院党组书记、常务副院长吴显标，昔阳县委副书记张驰，大寨村党支部书记、村委会主任贾春生共同为山西省社会主义学院大寨现场教学基地揭牌。

6月19日，县委统战部组织全县30余名党外代表人士赴延安缅怀历史，追忆先烈，接受教育。

7月25日，县委统战部、工商联组织非公经济人士举行“双学一跟”抗洪救灾募捐活动。全县非公经济人士积极响应、踊跃捐款，现场共募捐善款29万元。

7月27日至28日，省委常委、统战部部长、省促进民营经济发展工作领导小组组长孙绍聘率省工商联、省中小企业局、省政府发展研究中心负责人一行，在昔阳就县域经济、税费结构、民营经济、民间投资等情况进行调研。市委常委、统战部部长孙光堂，副市长任忠，市政协副主席、市工商联主席杨定旺，昔阳县委书记王根元等陪同调研。

8月18日，吴祺光夫妇为昔阳中学2016年考入大学13名新生发放每人4000元的助学金。

9月7日，中国共产党昔阳县第十五次代表大会召开，统战部部长李怀仁当选为中共昔阳县委常委。

9月9日，由中央统战部研究室副主任夏畦带队的中央统一战线工作领导小组检查调研组到昔阳考察调研。

9月17日，昔阳县第十七届人民代表大会召开，无党派人士李丽萍当选县政府副县长，耿计良当选县人大副主任。

9月18日，政协昔阳县第九届第一次会议召开，无党派人士杨海燕、梁素平当选县政协副主席。

10月20日，昔阳富格林金业小学落成揭牌仪式在昔阳县乐平镇瑶头村举行。市侨联党组书记李德增，县委常委、统战部部长李怀仁，副县长张建岗，香港华革爱心工程有限公司陆永康先生，吴祺光夫妇、华革会观礼团成员以及富格林金业小学全体师生参加。

10月20日，中共昔阳县委出台了《中共昔阳县委关于进一步加强统一战线工作的实施意见》。

10月24日，晋中市委常委、统战部部长王建林深入下乡驻村帮扶点昔阳县沾尚镇中山村调研脱贫攻坚工作。市委统战部常务副部长杜建刚，市农委负责人，县委常委、统战部部长李怀仁陪同调研。

10月31日，县委召开统一战线工作领导小组第一次会议。县委副书记郭丰慧，县委常委、统战部部长李怀仁，县政府副县长李丽萍出席。十二乡镇、城区社区党委副书记、八大系统分管党务的副职、统一战线工作领导小组各成员单位负责人以及统战部门各单位参加。会议深入学习贯彻了习近平总书记关于统战工作的重要讲话精神和全国、全省统战部长会议精神，并对今后一段时期全县的统战工作进行了研究部署。

11月22日，重庆市工商联副主席张莉率全国工商联互查领导组在我县验收全国“五好”工商联创建工作。

11月23日，市委统战部副部长张汲率市督导组在我县督查调研昔阳县贯彻落实统一战线重大决策部署工作。

12月14日，昔阳县工商业联合会（总商会）第九次会员代表大会隆重召开，选举产生了县工商联新一届领导班子，黄祥苗再次当选县工商联主席（总商会会长）。

12月19日至24日，昔阳县非公经济人士温州培训班在温州市委党校举行开班仪式。县委常委、统战部部长李怀仁，县政府副县长李丽萍，部分非公企业负责人共36人参加。

2017年

1月，昔阳县委统战部荣获2016年度全市统战工作先进单位，县委常委、统战部部长李怀仁撰写的《新时期基层统战工作现状与思考》调研文章获统战理论政策研究优秀成果一等奖；县人大副主任耿计良撰写的《关于发展养老服务业的思考与对策》调研文章获统战理论政策研究优秀成果三等奖；卜晓娟撰写的《关于对基层宗教界代表人士队伍建设的思考》文章获优秀奖。

2月27日，全县党务工作会议召开。会上，县委常委、统战部部长李怀仁对2016年统战工作进行了总结，对2017年工作做了安排部署。

3月3日，县委统战部、县工商联、乐平信用社共同召开政银企对接会，乐平信用社共与5家工商联会员企业签订融资意向2500万元。

3月6日，县委统战部召开《昔阳统战志》编纂工作座谈会，启动了《昔阳统战志》编纂工作。

3月8日，香港华革会吴祺光夫妇携香港华革会狮子山下合唱团一行到昔阳县慰问晋祥养老院和贫困中学生。市侨联党组书记李德增，县政府副县长、民宗局局长李丽萍等陪同慰问。

3 月 25 日，民进昔阳支部组织部分民进会员在昔阳县皋落镇瓮山风景区开展义务植树造林活动。

4 月 20 日，市委统战部副部长田跃锋率晋中市调研组一行 9 人在我县开展新的社会阶层人士普通公众抽样入户调查。

5 月 2 日，为期一周的石马寺古庙会文化旅游活动启动。

5 月 2 日，由县委统战部、县非公经济和社会组织党工委主办，昔阳县工商业联合会协办，昔阳县古玩城具体承办的“昔阳县统一战线书画展”在县古玩城开展。

5 月 25 日，县侨联一届二次全委会召开，增补韩旭鹏为县侨联一届委员会委员、常委，郭志强当选为县侨联主席，韩旭鹏任党组书记。

6 月，县委统战部在全县开展“丰汇杯”统一战线“学讲话、学条例”有奖知识竞赛，印制发放“昔阳报”统战专刊 1000 份，社会各界人士踊跃参加。

6 月 14 日，我县金刚禅寺、石马寺被命名为首批“晋中市创建和谐寺观教堂示范单位”。

6 月 20 日，市委常委、统战部部长王建林深入昔阳县调研指导统战工作。

7 月 19 日，县委统战工作领导小组扩大会议暨全县统战基层基础建设提升年活动推进大会召开，县委书记王根元做重要讲话。

7 月 19 日，全县宗教工作会议召开，县委书记王根元做重要讲话。

7 月 19 日，昔阳县“丰汇杯”统一战线“学讲话学条例”知识竞赛抽奖仪式举行，县委王根元书记、郭丰慧副书记、县人大耿计良副主任、县政协李丽萍副县长、县政协梁素平副主席、丰汇煤业公司总经理郭建周共抽出一等奖 10 名、二等奖 20 名、三等奖 30 名、优秀奖 40 名。

7 月 26 日，昔阳县新的社会阶层人士联谊会第一次会员代表大会暨成立大会召开，宋希平当选为会长。

7 月 28 日，中共昔阳县委、昔阳县人民政府出台《关于加强和改进新形势下宗教工作的实施意见》。

8 月 1 日，昔阳县党外知识分子联谊会第一次会员代表大会暨成立大会召开，张秋胜当选为会长。

8 月 31 日，昔阳县党外人士情况通报会召开，县委常委、统战部部长李怀仁主持会议，县委副书记郭丰慧通报了县委十五届四次全委会精神，副县长李丽萍、县政协副主席杨海燕、梁素平等 30 余名党外代表人士出席会议，同时会上还传达学习了习近平总书记视察山西和在省部级主要领导专题研讨班重要讲话精神。

9 月 29 日，晋中市统一战线加强“三基建设”暨“强基固本行动”现场会在我县召开。省委统战部副部长王云龙，市委常委、统战部部长王建林出席。县委书记王根元，县委副书记、县长许利伟参加会议。与会人员对大寨镇、县医院、厚基伟业、洪水村、石马寺进行了实地观摩，观看了昔阳县统战工作专题片，县委常委、统战部部长李怀仁在会上进行了经验交流。

10月17日，县委统战部举办“精准扶贫　你我同行”光彩募捐晚会。全县40余家非公企业慷慨解囊，共募捐扶贫善款1645万元。

同日，昔阳县召开民营企业家助力县域经济发展座谈会，学习贯彻中共中央、国务院《关于营造企业家健康成长环境弘扬优秀企业家精神更好发挥企业家作用的意见》精神，县四套班子领导与全县30多名企业家进行座谈。县委常委、统战部部长李怀仁主持会议。

10月29日，省委统战部副部长赵雁峰到我县调研基层统战工作，市委常委、统战部部长王建林，市委统战部常务副部长杜建刚，县委副书记、县长许利伟，县委常委、统战部部长李怀仁陪同调研。

12月6日，省委统战部副巡视员王晓霞带队，省委统战部20余名党员干部就我县统战“三基建设”等方面工作进行考察调研。市委统战部常务副部长杜建刚，县委书记王根元，县委副书记、县长许利伟，县委常委、统战部部长李怀仁陪同调研。

12月20日，县委统战部举办统一战线学习贯彻十九大精神宣讲会，县委常委、统战部部长李怀仁主持会议并讲话，山西职工医学院刘燕娥副教授做了十九大报告专题辅导。

12月29日，昔阳县佛教协会第三次代表会议在金刚禅寺召开。县政府副县长李丽萍、市佛教协会会长释圣翔法师到会致贺辞，释一然法师代表县佛教协会第二届理事会做工作报告。大会选举产生了县佛协新一届领导班子。释一然当选为昔阳县第三届佛教协会会长；释仁德、释汇果当选为副会长；释空晟当选为秘书长。县委常委、统战部部长李怀仁参加会议。

2018年

1月25日，昔阳县光彩事业促进会第一次会员代表大会召开。山西昔阳丰汇煤业有限公司副董事长唐绍袍当选为第一届理事会会长。

2月28日，全市统战部长会议召开，昔阳县委统战部被市委统战部评为“2017年度全市统战工作先进单位”。

3月25日，县委常委、统战部部长李怀仁为昔阳县农村“领头雁”支部书记培训班作《学习贯彻党的十九大精神，做好新时代农村统战工作》专题辅导报告。

3月21日，全县党务工作会议召开，县委常委、统战部部长李怀仁对全县统战工作进行了安排部署。

4 月，在民进山西省八届二次全委（扩大）会议上，民进昔阳支部被授予“五星级基层组织”称号。

4 月 16 日，昔阳县非公经济代表人士培训班在山东肥城市委党校开班，来自全县 35 名非公经济人士参加培训。

4 月 19 日，昔阳县脱贫攻坚暨乡村振兴动员会召开。会议出台了《昔阳县非公有制企业助力脱贫攻坚和乡村振兴行动实施方案》，全县 75 家民营企业精准对接 12 乡镇 112 个重点村开展脱贫攻坚和乡村振兴帮扶工作。

4 月 19 日，香港华革会名誉会长吴祺光夫妇携香港华革会狮子山下合唱团一行 18 人莅临我县，在昔阳中学和晋祥养老院开展慰问活动。市侨联副主席郑荣辉，昔阳县委常委、统战部部长李怀仁参加活动。

4 月 26 日，根据《山西省清真食品监督管理条例》及行政许可法有关规定，县民宗局为昔阳县东合丰牧农业开发有限公司核发了昔阳县第一张山西省清真食品生产经营许可证和清真标志牌。

4 月 27 日，昔阳县举行 2018 年“五一”劳动表彰大会，山西昔阳丰汇煤业集团有限公司等 14 家非公企业荣获脱贫攻坚“特别贡献奖”。

5 月 6 日，县工商联组织 10 余名贫困儿童赴山西省科技馆参观学习。

5 月 9 日至 11 日，县委统战部组织民进昔阳支部、党外干部、党外知识分子联谊会等统战领域代表人士赴延安、梁家河开展“不忘初心，与党同行”主题教育活动。

5 月 16 日，由晋中市佛教协会主办、昔阳县佛教协会承办的全市 2018 年佛教教职人员昔阳培训班在金刚禅寺开班。县政府副县长李丽萍、晋中市佛教协会会长释圣翔、县委统战部常务副部长张东锋、县民宗局长尹华勇出席开班仪式。全县 30 余名佛教教职人员参加了培训。

5 月 18 日至 23 日，昔阳县第四届石马寺古庙会文化旅游活动举行。

5 月 25 日，县委统战部举办“习近平新时代中国特色社会主义宗教理论”专题讲座，各乡镇、系统分管统战、宗教工作的领导，县委统战工作领导小组、宗教工作领导小组成员单位负责人参加。县委常委、组织部长郭春林就“学习十九大精神，正确认识宗教，坚定理想信念”进行专题辅导。

6 月 1 日，县工商联组织爱心企业家赴皋落小学开展“关爱困境儿童，庆六一献爱心”活动，12 位“1+1”结对帮扶民营企业家和相关社会爱心人士参加了此次活动。

6 月 6 日，山西省海联会新任港澳理事一行 18 人到昔阳县参观考察。省委统战部港澳台海外处处长狄秀英，市委统战部副部长、工商联党组书记王晓丽，县委常委、统战部部长李怀仁等陪同考察。

6 月 8 日，我县召开政银企对接暨培育资本市场推进会。县委副书记、县长许利伟，县委常委、常务副县长李军，县委常委、统战部部长李怀仁，副县长张瑞芳出席会议。会上，昔阳县人民政府与中国农业发展银行晋中分行签订了《关于农业政策性金融支持昔阳实施乡村振兴战略合作协议》，建立了长期的战略合作关系。15 家非公企业与相关银行签订了贷款意向书，签约金额 70330 万元。5 家企业与相关银行签订了金融服务协议书。

7 月，“第十九届世界华人学生作文大赛”评比揭晓，我县共有 30 名同学获奖，其中一等奖 2 名，二等奖 12 名，三等奖 16 名，27 名教师获得辅导奖。县委统战部获大赛组织奖。县示范中学赵展同学的《乡胃情结》获得山西省唯一特等奖。

7 月 10 日，山西省政协副主席、工商联主席李武章率队在我县就乡村振兴规划工作进行调研，市委副书记尹乃明、县委书记王根元陪同调研。

7 月 25 日，市委常委、统战部部长王建林深入我县调研新的社会阶层人士统战工作，县委常委、统战部部长李怀仁陪同调研。同日，市委常委、统战部部长王建林到昔阳县大寨干部学院为晋中市选拔培养年轻化、专业化副处级干部党性锻炼培训班学员进行统战工作专题授课。县委书记王根元，县委常委、组织部长郭春林，县委常委、统战部部长李怀仁等县领导和全县 30 余名党外干部，统战部机关人员参加了培训学习。

7 月 31 日，昔阳县丰汇煤业副董事长、县光彩事业促进会会长唐绍袍在昔阳中学阶梯教室为贫困学生捐资 12 万元。

8 月 22 日，昔阳县召开统一战线助力脱贫攻坚推进“双百”工程动员会。

8 月，昔阳县“统一战线智库”正式成立，首批入库党外专家 30 名。

9 月，全县 17 处宗教活动场所统一社会信用代码赋码工作和基督教教职人员身份信息审核、登记工作全部完成。

9 月 5 日，山西省副省长、民革山西省委会主委张复明就昔阳旅游产业发展进行调研，副市长辛琰，县委书记王根元，县委常委、统战部部长李怀仁陪同调研。

9 月 12 日，昔阳县召开党外代表人士情况通报会。会议向党外代表人士分别通报了全县生态环境治理工作和扫黑除恶工作情况。县委常委、统战部部长李怀仁主持会议，县人大副主任耿计良、县政府副县长李丽萍、县政协副主席梁素平参加会议。

9 月 12 日，昔阳县 2018 年度第三季度协商座谈会召开，会议向党外代表人士通报了全县脱贫攻坚工作情况，围绕推进县乡医疗卫生机构一体化工作进行了专题民主协商。

10 月 17 日，县委统战部组织各领域统战社会组织分别在昔阳县赵壁乡 8 个村开展“同心·助力脱贫攻坚”扶贫日系列活动。

11 月 1 日，昔阳县召开工商联九届二次执委会暨助力脱贫攻坚和乡村振兴推进会。县委书记王根元，市委统战部副部长、工商联党组书记郭宇佳出席会议并作重要讲话，县委常委、统战部部长李怀仁主持会议。各乡（镇）、系统、城区社区管委会分管统战工作的副职，县工商联九届二次执委会执委、县光彩事业促进会全体会员和参与脱贫攻坚和乡村振兴的民营企业家150多人参加会议。

11月2日，由国家宗教局监制，山西省宗教局统一制作的第一批佛教活动场所标识牌在池塘寺、崇教寺、金刚禅寺、悟道寺、普宁寺、卧佛寺完成挂牌。

11月，大寨村被命名为“晋中市民族红色文化传承基地”。

12月，金刚禅寺获得晋中市宗教活动场所维修项目补助资金4.5万元。

同年，全县宗教活动场所全部开展了“国旗、宪法和法律法规、社会主义核心价值观、中华优秀传统文化”四进活动。

2019年

1月8日，中共昔阳县委、昔阳县人民政府出台《支持民营经济发展二十条意见》。

1月11日，民进昔阳支部被民进晋中市委员会授予“社会服务先进组织”。

2月，根据昔办发〔2019〕4号《昔阳县机构改革方案》，县委统战部统一管理民族宗教、侨务工作。将县政府办公室（县民族宗教事务局）的民族事务、宗教事务等职责划入县委统一战线工作部，对外加挂县民族宗教事务局牌子。

2月20日，全市统战部长会议召开，昔阳县委统战部被市委统战部评为2018年度“统战工作先进单位”“统战宣传工作先进单位”“统战信息工作先进单位”。

2月21日，昔阳县丰汇煤业有限公司召开“改革创新、奋发有为”大讨论动员部署会，县委常委、统战部部长李怀仁参会并对《昔阳县支持民营经济发展二十条意见》进行了详细解读。

2月26日，县委统战部、县侨联协助山西欧美同学会、晋中欧美同学会与明日之星基金管委会开展“同心助学”精准扶贫助学活动，为我县12所中小学校捐赠了教育信息化物品及创客空间设备。

3月18日，昔阳县2019年度农村（社区）党支部书记培训班在晋中市农业农村干部学院开班，县委常委、统战部部长李怀仁围绕“学习贯彻习近平关于宗教工作的重要论述，认真做好新时代农村宗教工作”主题为培训班专题授课。

3月，县委印发《中共昔阳县委统一战线工作部职能配置、内设机构和人员编制的规定》（昔办发〔2019〕12号），明确中共昔阳县委统一战线工作部为正科级，对外加挂昔阳县民族宗教事务局牌子，县委统一战线工作领导小组办公室设在县委统战部。内设机构为综合办公室（党建办公室）、一股（民主党派、无党派、非公经济及党外知识分子和新的社会阶层人士工作股）、二股（民族宗教和港澳台侨工作股）。统战部机关行政编制6名。设部长1名，由县委常委兼任（编制单列），副部长3名，其中主持日常工作的副部长1名，为正科级，股级领导职数3名。

4月22日，全县统一战线领导小组会议召开，县委常委、统战部部长李怀仁主持会议，县委统一战线工作领导小组成员参加会议。会议总结2018年统战工作，部署2019年统战工作。

4月22日，昔阳县宗教工作领导小组会议召开，县委常委、统战部部长李怀仁主持会议。会议分析了我县宗教工作面临的总体形势，对调整后的宗教工作领导小组和各成员单位工作职责进行了安排部署。

4月22日，昔阳县新的社会阶层人士统战工作联席会议召开，10家联席会议成员部门和团体参加会议，县委常委、统战部部长李怀仁主持会议。

4月24日，昔阳县召开支持民营企业发展座谈会。县委常委、统战部部长李怀仁主持会议，县委书记许利伟，县委副书记、县长侯文亮等县四套班子领导出席会议，30余家民营企业负责人参加会议。

4月29日，在山西省庆祝“五一”国际劳动节暨劳动模范表彰大会上，我县工商联主席、丰汇煤业有限公司董事长黄祥苗，县工商联副主席、大寨镇毕家岭村、安家沟村党支部书记宋以斌，党外代表人士、县医疗集团人民医院工会主席乔乃曦荣获山西省劳动模范殊荣。

4月25日至28日，县委统战部全体人员赴晋中平川5县开展对标一流学习活动。

4月，民进昔阳支部被民进山西省委授予“山西民进五星级基层组织”。

5月9日，昔阳县基督教第五届代表大会在县基督教福音堂隆重召开。县委常委、统战部部长李怀仁，常务副部长张东锋，副部长、民宗局长杨晓君出席会议，张怀祥当选为县基督教协会会长、基督教三自爱国运动委员会主任。

5月10日至14日，在昔阳县第五届石马寺古庙会文化旅游活动期间，县委统战部积极开展民族宗教政策法规宣传咨询活动。

5月13日，昔阳县召开县委理论学习中心组2019年第九次集中学习会议，县委常委、统战部部长李怀仁就《习近平关于宗教工作的重要论述》进行了解读。

5月15日，省委宣传部副巡视员秦广胜、省委统战部宁晋平处长到我县开展宗教工作督查调研，市委统战部副部长张德胜，县委常委、统战部部长李怀仁陪同调研。

5月17日，省小企业发展促进局清华大学研修班到昔阳县开展“我为脱贫攻坚做贡献”专题交流活动，12家昔阳县民营企业负责人参与了交流活动，县委常委、统战部部长李怀仁出席活动。

5月18日，昔阳县侨联“金桥爱心工程”项目——昔阳新城香港华革会学校竣工揭牌。市政协副主席杨定旺，市侨联党组书记孙成竹，县委常委、统战部部长李怀仁，香港华革会会长林耀文和观礼团来宾参加揭牌仪式。

6月，县委统战部被中央统战部中国统一战线杂志社评为“2019年度中国统一战线宣传先进单位”。

6月18日，我县非公经济组织和社会组织党组织书记培训班在苏州干部学院开班。全县非公经济组织和社会组织党组织书记、县委组织部相关人员共36人参加培训。

6月27日，县委统战部组织机关干部和统战成员赴西柏坡开展“不忘初心　牢记使命”主题教育活动。

8月11日，民进昔阳支部组织20余名会员赴延安开展“不忘合作初心，继续携手前进”暨纪念建国70周年红色行教育活动。

8月29日，昔阳县召开政法机关助力民营企业发展座谈会，邀请部分民营企业家进行座谈，征求民营企业家对政法机关如何更好服务民营经济发展的意见和建议。

8月，山西昔阳丰汇煤业有限责任公司开展金秋助学活动，为32名困难大一新生每人发放助学金1000元。

9月，县委统战部选送的作品《大爱如山》荣获“不忘初心　牢记使命”晋中统一战线庆祝新中国成立70周年“我和我的祖国”经典诵读活动优秀奖。

9月12日，县委统战部“不忘初心、牢记使命”主题教育活动动员会召开。

9月16日，山西昔阳丰汇煤业有限责任公司入围2019山西民营企业100强，位列第75名。

9月，昔阳县四通一轩综合医院入选山西省侨联新侨创新创业联盟理事单位，并荣获2019年度“山西省新侨创新创业示范基地”荣誉称号。

9月，我县11名学生在第二十届世界华人学生作文大赛中获奖，其中一等奖2名，二等奖3名，三等奖6名，11名教师获得辅导奖。

9月28日，民进昔阳支部召开“不忘合作初心，继续携手前进”主题教育座谈会。

10月，昔阳工商联会员单位安顺三都煤业有限责任公司捐资255万元，助力2019中国大寨红色国际山地马拉松赛和汽车拉力赛，为企业履行社会责任发挥了表率作用。

10月9日，县委统战部机关全体党员干部前往孔氏乡刀把口村全国劳模张老太故居接受革命传统教育。

10月16日，民进昔阳支部被民进中央授予“全国先进基层组织”。

10月17日，昔阳县召开2019年政银企对接推进会，7家金融机构和21家企业现场签订了意向书。

10月21日，河南省洛宁县工商联和企业家代表来昔阳县交流考察，并与昔阳县工商联签订友好商会协议，缔结为友好商会。

10月23日，晋中市侨联党组书记孙成竹一行12人到昔阳县深入侨胞之家、侨企开展“不忘初心、牢记使命”专题调研。

11月，县工商联被全国工商联办公厅评为“全国工商联2019年民营企业调查点工作示范单位”。

11月，县委统战部增加行政编制2名，部机关行政编制增至8名。

12月5日，晋中市侨联党组书记孙成竹到昔阳中学为35名贫困学生发放2019年度香港华革会吴祺光夫妇助学金5.25万元。

12月21日，县委常委、统战部部长李怀仁，常务副部长张东锋赴北京参加昔阳在京人士“助力家乡发展恳谈会”，并为“昔阳县总商会北京联络站”授牌。

12月，昔阳县工商联被全国工商联授予2018—2019年度全国“五好”县级工商联。

2020年

1月8日至9日，昔阳县委统战部深入乡镇（社区）走访慰问党外代表人士、工商联会员、民族宗教代表人士、归侨侨眷等统战成员。

1月10日，昔阳县委统战部联合民进昔阳支部、县书法家协会到结对帮扶村赵壁乡巩家庄村开展“迎新春、送春联”慰问活动。

2月1日，晋中市举行“同舟共济献爱心，众志成城抗疫情”捐赠活动，我县3家非公企业向晋中市红十字会捐赠130万元。

2月2日，昔阳县举行“同舟共济献爱心，众志成城抗疫情”捐赠仪式，8家非公企业捐款40万元和价值60余万元的医用物资。

2月4日，昔阳县委统战部向全县广大统战成员、统战干部发出《致全县统一战线成员的倡议书》，动员广大统战成员积极投身抗疫一线。

2月11日，昔阳县人民政府出台《关于推动省、市应对疫情支持中小微企业共渡难关若干措施加快落实的通知》。

2月12日，昔阳县举行“同舟共济献爱心，众志成城抗疫情”第二次捐赠仪式，27家非公企业向县红十字会捐赠261.54万元防疫款物。

2月19日，我县举行抗击新冠肺炎疫情第三次捐款仪式，全县13家非公企业及社会爱心人士通过县红十字会捐款捐物，总价值127.8万元。其中民营企业和昔阳在京爱心人士捐款94.8万元。

2月27日，昔阳县宗教界向抗击新冠肺炎疫情捐款8.54万元。

2月28日，县委统战部机关干部职工自发为抗击疫情进行捐款。部领导班子成员率先垂范、带头捐款，广大干部职工踊跃响应、慷慨解囊，14名干部职工共捐款2800元。

2月，李丽萍撰写的《昔阳县基本公共卫生服务情况调研报告》一文荣获2019年度统战理论政策研究优秀成果二等奖，李鹏撰写的《加大专业合作社的扶持力度进一步提升全县农业产业化经营水平》、吴建国撰写的《大寨的特色小镇建设与旅游产业发展》荣获 2019 年度统战理论政策研究优秀成果优秀奖，昔阳县委统战部撰写的专题《凝聚新力量，推动县域经济发展》、张婷婷撰写的通讯《发挥统战优势　助力脱贫攻坚》荣获 2019 年度统战宣传优秀成果。

3 月 20 日，昔阳县召开县委统一战线工作领导小组会议，县委常委、统战部部长李怀仁主持会议并讲话。

4 月 16 日，县委统战部、县工商联、县检察院相关负责人前往山西厚基伟业商贸有限公司、昔阳裕丰供热公司、昔阳县普济医院等民营企业进行实地走访，并为各企业主要负责人送去《疫情防控期间企业复工复产法律风险防范和政策指引》，并现场对各企业负责人耐心讲解《指引》，为企业抗击疫情、合规依法经营提供有益参考。

5 月 12 日，县新联会开展“献礼护士节，最美天使心”公益活动，向昔阳县医疗集团捐助价值 7000 元的赛琪女士运动鞋 50 双。

5 月 13 日，市委统战部副部长田跃峰、市知联办主任刘丽红对我县党外知识分子和新的社会阶层人士统战工作进行调研督导，并为我县第二批市级新阶层人士活动站——“晋祥新天地”活动站授牌。

6 月，昔阳县宗教工作领导小组印发《关于进一步深化宗教活动场所规范化管理的实施意见》，明确管理组织健全、规章制度完善、教风教务正规、宗教活动有序、安全措施有效、场所环境优美、服务社会积极 8 方面任务要求，强化依法管理，提升管理水平。

6 月 10 日，县工商联邀请山西省工商联（总商会）副会长、山西省茶业商会会长韩存兴一行 7 人来昔阳指导药茶产业。县委副书记、县长侯文亮，县政协主席焦耀中，县委常委、统战部部长李怀仁，县政协副主席陈振林，统战部、工商联相关负责人参加活动。

6 月 11 日，在晋中农业农村干部学院举行全县基层干部民族宗教政策培训。

6 月，黄祥苗撰写的《关于解决民营企业融资难融资贵问题的调查研究》荣获山西省工商联系统优秀调研成果三等奖。王晓丽撰写的《构建亲清政商关系之我见》荣获山西省工商联系统优秀调研成果三等奖。

7 月 15 日，三都乡召开了乡贤联谊会第一次会员代表大会，选举产生了三都乡乡贤联谊会一届一次理事会，白孔元当选为会长，全县首家乡贤联谊会成立。

7 月 27 日，民进昔阳支部召开五届四次会员大会，选举王海鑫为副主委，赵建国为支部委员。市委统战部常务副部长杜建刚，县委常委、统战部部长李怀仁，民进晋中市委副主委冯金海，市委统战部党派科长郭晓伟，民进晋中市委副主委兼秘书长李晓欣出席会议。

7 月 27 日，市委统战部常务副部长杜建刚在我县调研指导乡贤统战工作。

7月28日，县委书记许利伟调研我县统战工作。县委常委、统战部部长李怀仁陪同，实地查看三都乡“五地一产”入市改革项目建设情况和新乡贤统战工作，随后到统战之家和新阶层云创孵化中心进行了调研。

7月30日，由县委统战部主办，昔阳县工商业联合会、昔阳县光彩事业促进会、昔阳县新的社会阶层联谊会联合承办的“助农兴企、统战代言”大赛品牌专场带货直播在昔阳农村淘宝举行。

8月14日，昔阳县第二次归侨侨眷代表大会召开，市侨联党组书记孙成竹，县委常委、统战部部长李怀仁，市侨联海外联谊部副部长安鹏出席会议。选举产生了县侨联第二届委员会领导班子，四通一轩综合医院院长肖雷当选新一届侨联主席。

8月19日，县工商联、县检察院联合举行昔阳县检察院派驻县工商联检察联络室挂牌仪式暨“护航民企”发展座谈会，为4名“护航民企”特约监督员颁发了聘书，县委常委、统战部部长李怀仁，县检察院检察长宋玉海参加。

9月16日，由山西省工商联主办的“2020山西民营企业100强”发布会在太原召开。山西昔阳丰汇煤业有限责任公司入围2020山西民营企业100强，位列第85位。

9月17日至23日，香港华革会吴祺光夫妇与昔阳县2020年度大一受助学生座谈活动在昔阳中学举行，全程通过网络视频连线的方式座谈交流。市侨联党组书记孙成竹，市侨联党组成员、副主席郑荣辉，市侨联海外联谊部部长安鹏，县侨联、昔阳中学领导和受助学生共计30余人参加。36名大学生每人接受捐助4000元，共发放助学金144000元。

10月9日，县侨联选送我县2所高中201篇作文参加第二十一届世界华人学生作文大赛。

10月10日，县工商联联合非公企业党委组织我县非公企业骨干党员在峡谷风情教育培训基地开班，全县非公党组织骨干党员40余人参加活动。

10月15日，悟道寺向我县孤儿和事实无人抚养儿童捐赠助学金2万元。

10月16日，市委常委、秘书长、统战部部长鹿建平在我县开展“发挥统战优势，助力乡村振兴”专题调研，先后深入昔阳县晋祥大厦统战之家、石马寺、丰汇煤业、民进昔阳支部、云创孵化中心活动站及三都乡乡贤联谊会详细了解我县宗教活动场所规范化建设、民主党派、统战团体建设和乡贤统战工作，县委书记许利伟，县委副书记、县长侯文亮，县委常委、统战部部长李怀仁参加调研。

10月17日，昔阳县开展扶贫日系列活动暨扶贫产品展销推介会。县工商联组织15家民营企业参加活动，共计购买农副产品13万元，现场签约农产品5万元。

10月20日，昔阳县工商联、县检察院联合召开“服务‘六稳’、‘六保’护航民企发展”座谈会。县检察院党组书记、检察长宋玉海，县委统战部副部长、工商联党组书记耿建明，县检察院、工商联相关负责人，部分人大代表、政协委员、律师及民营企业家参加了座谈会。

10 月 20 日，中阳县委常委、统战部部长吴蝉有带队到我县考察统战工作。

10 月 20 日，中共昔阳县委、县政府出台《关于进一步加强新时代乡贤工作推进乡村振兴战略实施的意见》。

11 月 5 日，大寨镇乡贤联谊会第一次会员代表大会召开，李爱慎当选为会长，大寨村党总支书记郭凤莲任名誉会长。

11 月 9 日，李家庄乡乡贤联谊会第一次会员代表大会召开，焦金虎当选为会长。

11 月 12 日至 13 日，晋中市统一战线“汇聚新力量 · 助力新发展”基层统战工作（昔阳）现场推进会召开。晋中市委常委、秘书长、统战部部长鹿建平，昔阳县委书记许利伟，县委副书记、县长侯文亮，县委常委、统战部部长李怀仁出席活动。各县（区、市）委统战部部长、常务副部长、办公室主任，县新的社会阶层人士联谊会会长，晋中职业技术学院，晋中师范高等专科学校统战部部长，市委统战部各科室负责人，各民主党派市委会主委、驻会副主委（或秘书长）参加会议。县委常委、统战部部长李怀仁在会上做经验介绍。

12 月 1 日，县委第二巡察组进驻县委统战部开展十五届县委第十一轮巡察工作。

12 月 3 日，昔阳县峡谷风情旅游开发公司党支部被山西省工商联评为“山西省工商联系统党建示范党支部”。

12 月 4 日，晋中市“市级文明单位”检查验收组在县委统战部开展验收工作，同年县委统战部被评为“晋中市市级文明单位”。

12 月 9 日，昔阳县工商联被山西省工商联评为“千企帮千村——精准到户”扶贫行动组织工作先进集体。

12 月 17 日，晋中市委统战部副部长杨拉生率考核组一行对我县统战工作进行年度考核。

第一篇
昔阳统一战线发展概述

第一章 新民主主义革命时期的抗日民族统一战线

第一节 昔阳抗日民族统一战线的建立

山西省牺牲救国同盟会昔阳县分会

1936年，根据党中央确定的“建立抗日民族统一战线”的方针，我省组织成立了“山西省牺牲救国同盟会”，促成了与阎锡山的抗日民族统一战线的建立。1936年底，山西省牺盟总会派赵光寅、李之实等人以临时村政协助员的身份来到昔阳，深入乡村，动员有识之士和进步青年参加牺盟会。1937年3月，山西省牺牲救国同盟会昔阳县分会正式挂牌成立，机关设在县城十字街，负责人为赵光寅（同年6月任命为特派员）。牺盟昔阳县分会执行委员会由5人组成，分别是赵光寅（特派员）、李之实（特派员）、赵邦荣（时任县立一高校长）、李正明（时任旧县政府新生周报社社长、总编）、赵鼎臣（时任县教育督学）。随着形势发展和工作需要，后又增加了李进军、李经麟、李经宽、王久敬、王一等人为执委。

“七七”事变后，山西省牺盟总会又派村政协助员武珂枫、王久敬和平定牺盟中心区陈颉宇（女）、马希贤等同志到昔阳县牺盟分会帮助工作，昔阳县牺盟分会得到迅速发展。全县四个区相继成立了区牺盟分会，大部分编村建立了牺盟支部。到1937年底，全县牺盟会员达到5000余名。1938年春，县牺盟分会设立了组织部、宣传部等机构，配备了牺盟秘书，隶属平定牺盟中心区管辖，下辖县各区牺盟分会。同年11月，昔阳县城失守，机关先后迁往东冶头镇、皋落镇继续开展工作。

昔阳县牺盟分会是在中国共产党领导下的抗日民族统一战线的革命组织。成立三年间，我党通过其广泛发动群众，组织工、农、青、妇各界救国会成立地方人民武装，建立根据地政权，发展党的组织，为八路军在昔阳开展游击战争，开辟抗日根据地创造了有利条件，发挥了独特的作用。

广泛宣传党的抗日政策，为推动抗日救国运动培养了一批军政干部。赵光寅等省牺盟会特派员到昔阳后，一方面进行宣传鼓动工作，唤起农民抗日救国的热情；另一方面宣传牺盟总会的纲领，发展牺盟会员。同时选择30余名民族意识强，抗日热情高，能吃苦耐劳，工作积极的会员，介绍其投考国民军官教导团，后来他们大都成了抗日救国的优秀干部。昔阳县牺盟分会成立后，抗日宣传深入全县各个角落。村里办丧事唱戏时，执委李进军、王久敬在开戏前就公开登台讲演，宣传抗日救国十大纲领。八路军一二九师路经昔阳时，七六九团宣传股长漆远渥同牺盟特派员赵光寅在县城城隍庙登台演讲，要求国民政府“合理负担”“减租减息”，动员民众“有钱出钱、有粮出粮、有力出力、有枪出枪”支援抗战，使党的抗日政策渗透到千家万户，有力地推动了抗日工作。

利用合法身份，保护我党抗日干部。赵光寅、李之实在旧政府公安局警察中积极发展牺盟会员11人，成立了牺盟小组，创办了《昔阳新生周报》，并把报馆发展成为牺盟会员活动的据点，保护了一批我党抗日干部和八路军将士。

组建地方武装，配合八路军开展游击战争。为抗击日本侵略者，开辟昔阳抗日根据地，县牺盟分会特派员赵光寅、李之实等人主持召开了县级机关各阶层人员会议，成立了昔阳县牺盟游击队，由特派员赵光寅、李之实兼任正、副队长，为八路军募捐钱粮，帮助乡村组建动委会。1937年9月，昔阳县牺盟第一游击大队成立（营级编制），队员近400人。同年11月，第二、四游击大队相继成立。为加强地方武装领导，配合八路军开展游击战争，昔阳县牺盟游击队又扩建为昔阳县牺盟游击纵队，纵队队长由新成立的昔阳县抗日民主政府县长阎聚宝（原国民政府县长）兼任，符文翰（原国民政府公安局长、昔阳县抗日民主政府公安局长）兼任副纵队长，特派员赵光寅担任政委，八路军选派干部陈金钰任副政委。纵队设立纵队部，下辖4个游击大队和1个直属中队，队员1500余人，政治领导均由八路军一二九师选派的干部担任，帮助队伍建设和开展工作。纵队的组建，为配合八路军游击战、保卫根据地做了大量的工作。1937年12月22日，日军调动大量兵力向我根据地合击，我县第一游击队大队配合七六九团、秦赖支队，将和顺、昔阳之敌拦截在半路，拖住敌人的后腿，有力地打击了敌人，粉碎了敌人的六路围攻。同时，也为后来昔阳地方武装力量的壮大奠定了基础。1937年底，昔阳县牺盟游击纵队撤销，原一、四大队整编到八路军一二九师独立支队第三营，原二大队改建为昔阳县九龙支队，三大队即直属中队改建为太行支队。1938年2月，九龙、太行两个支队整编入晋东游击队。

1939 年 5 月，中共晋东特委派徐林汉同志接任昔阳县牺盟分会特派员职务。根据 1939 年 12 月山西省牺盟代表大会精神，牺盟会于 1940 年 4 月撤销，完成了其历史使命。

昔阳县抗日民主政府

1937 年 11 月 1 日，旧政府县长阎聚宝、公安局长符文翰、公道团长郭玉润等官员，获悉日军入侵昔阳县境，准备带保卫人员和县政府库存的大量银洋、法币及烟土等贵重物品向南撤退，投靠阎锡山。昔阳县牺盟分会与八路军及时揭穿了他们的逃跑主义嘴脸，阎聚宝被迫接受“守土抗战、建立抗日民主政府”的主张，经八路军代表、县牺盟分会和旧政府代表三方共同协商，11 月 5 日在皋落镇召开了群众大会，会上由阎聚宝代表政府，马希贤代表县牺盟分会，李进军代表县自卫总队联合宣布“昔阳县抗日民主政府”成立。

为了团结一切可以团结的力量，结成最广泛的抗日民族统一战线，按照党的统战政策，昔阳县抗日民主政府仍沿用旧政府的机构和人员。县长仍由阎聚宝（旧政府县长）担任，公安局长仍由符文翰（旧政府公安局长）担任，公道团长仍由郭玉润（旧政府公道团长）担任，李绍光任民政（一科）科长，张林武任财政（二科）科长，商同茯任教育（三科）科长，王耀文任建设（四科）科长。不久，牺盟会特派员李之实任公道团长，郭玉润任承审，是太行地区最早成立的抗日民主县政府。1938 年 4 月，中共昔阳县委根据省委在辽县（今左权县）召开的建立太行山根据地会议精神，提出创建根据地要坚持统一战线中的独立自主原则，即组织自己的力量，成为统一战线中的核心力量，发展革命武装，吸收各阶层人士参加政权机关。同月，由于阎聚宝借开会到专署未归，上级决定由民主人士李绍光代理县长。

抗日民主政府成立后，经与牺盟分会协商，派出王子元（又名王一、牺盟分会执委、共产党员）任一区（石子峪）区长；赵光寅（牺盟会特派员、共产党员）任二区（东冶头）区长（后为宋志兴，牺盟会员、共产党员）；李经宽（牺盟会员、共产党员）任三区（皋落）代理区长（后为昔东县委书记赵武成）；宋乃宽（牺盟会员、共产党员）任四区（西寨）区长。紧接着各区都成立了“动委会”，由区长兼任动委会主任，并调整和改造了村政权，使全县各区、村政权在中国共产党的统一领导下开展工作。

昔阳县民族革命战争动员委员会

抗战开始后，国共开始第二次合作。1937 年 9 月 20 日，“第二战区民族革命战争战地总动员委员会”在太原宣告成立，成为抗战初期中国共产党领导下的抗日民族统一战线组织，其主要任务是发动、组织和武装群众，协调各个部队和抗日组织之间的关系，为抗日部队提供物资和兵源，组织武装力量配合主力部队开展游击战。1937 年 10 月，昔阳县民族革命战争动员委员会（简称动委会）成立。动委会主任由县长阎聚宝担任，副主任有赵光寅（兼）、赵邦藩（兼）、赵邦荣（兼）。随之各区、编村和行政村相继成立动委会，主任分别由各级行政长官兼任。1938 年初，昔（阳）东、昔（阳）西分置后，成立昔（阳）东县民族革命战争动员委员会。动委会主任先后由李绍光（民主人士、代理县长）、赵邦藩（党员、县长）担任，副主任由赵邦荣担任。

动委会成立后，在中共昔（阳）东、昔（阳）西县委的领导下，在全县积极开展抗日宣传动员活动，提出了“倾家救国”和“倾粮抗日”的号召，广大人民群众有粮出粮、有钱出钱、有人出人，积极支援抗日救亡活动。1937 年底到 1940 年 3 月，全县参加八路军的青壮年达到 5000 多名。另外还组织群众参与抗战后勤保障，抬担架、送伤员，每次动员都在一二千人。皋落镇成为晋冀抗日基地和交通枢纽，八路军七六九团直属机关、冀西民训处、晋东游击队直属机关、昔（阳）东县、区政府机关干部共 1000 余人驻扎在这里，为保证军需民用，县动委会设立了“粮秣处”，全力保障抗战需要。

1939 年 7 月 1 日，阎锡山不顾续范亭（第二战区高级参谋、主任委员）和周恩来的反对，解散了第二战区民族革命战争战地总动员委员会。动委会完成了其历史使命。

战动总会虽然解散了，但为中国共产党领导的抗日动员工作打下了坚实的群众基础，建立了一定规模的抗日游击队伍，为进一步巩固和扩大抗日民族统一战线发挥了积极作用。

昔阳县各界抗日救国联合会

动委会解散后，为加强对各界群众抗日团体的领导，1940 年 3 月，昔（阳）东、昔（阳）西分别成立了各界抗日救国联合会（简称各救会），统一领导工、农、青、妇各个群众抗日组织。1942 年 9 月，根据晋冀鲁豫工农青妇总会关于工、农、青、妇统一组织的决定，将县各救会改称工农青妇救国联合会（简称救联会），内设组织部、宣传部，下辖区救联会。

在中共昔（阳）东、昔（阳）西县委和抗日民主政府的领导下，县、区救联会广泛宣传贯彻党的统一战线政策，一方面充分发动全县各界人士参军参战、除奸反特、捐款捐物、支援抗日，开展武装斗争；另一方面鼓励乡村兴办教育，开设识字班，破除封建陋习，带领妇女剪发放脚，动员开明绅士减租减息，扩大农业生产，进行和平建设，全县抗日统一战线工作取得了明显成效。1945 年 11 月，昔（阳）东、昔（阳）西两县合并后，救联会改称昔阳县各界联合会，1949 年 9 月撤销。

参议会

1912 年中华民国建立后，国民政府要求各县成立议会。乐平县（原昔阳县旧称）选出议员，成立议会，推举李光宇为议长。1914 年（民国三年）3 月，北京国民政府下令取消地方自治，议会随即解散。

抗日战争期间，国民政府在加强县政的同时，也强调建立县一级民意机构，选举议员，规定设立县临时参议会。1940年3月，中共中央发出通知，要求革命根据地按照“三三制”原则建立各级参议会制政权。1943年，晋冀鲁豫边区政府颁布《县参议员选举条例修正草案》。根据《条例》，昔（阳）东县选举赵邦藩、凌存实为晋冀鲁豫边区参议员。昔（阳）西县选举中共昔（阳）西县委书记张国震和另一名党外人士为晋冀鲁豫边区参议员。

1945年7月27日至28日，昔（阳）东县第一次参议会在库城村老庙正殿召开。赵邦藩、赵邦汉、杨排常（女）、张元善、师俊履、冯俊、马兴元、青云等280余人出席会议。会议选举张元善为昔（阳）东县参议会议长，师俊履为副议长。昔（阳）西县由于抗日战争形势严峻，设立临时参议会，由白殿起任临时参议会议长。

1946年10月，昔阳县第一届参议会在县城花园召开，会期4天，300余名代表出席会议。会上，政治部主任（县委书记）马兴元作形势报告。县长陈子万介绍昔东、昔西合并后的昔阳县民主政府组建情况。会议选举张元善为参议会议长，师俊履为副议长，陈子万为昔阳县民主政府县长，尹兴仁为副县长。昔阳县参议会由副议长师俊履驻会，主持参议会工作。1949年11月各界人民代表大会召开，参议会终止。

第二节　抗日根据地的统一战线政策

实行“三三制”参议会制政权结构

抗战期间，昔（阳）东、昔（阳）西两县按照中共中央1940年3月发出的有关通知要求，坚持“三三制”原则，建立了各级参议会制政权。各级参议会中中共党员占三分之一，非党的左派进步分子占三分之一，不左不右的中间派占三分之一。

参议会制政权结构最大程度地反映了中国共产党抗日民族统一战线政策，有力地争取和团结了各界人士共同抗战。各级参议员有收集社情民意，向政府反映群众意见和要求的权利和义务，有监督政府工作，批评政府的权利，对政府工作报告，有询问权，有向选区人民群众宣传贯彻参议会精神的义务。在组建“三三制”参议会制政权过程中，牺盟会动员有文化、有抗日思想、有威信的一批小学教员担任编村（旧编村制，500户为一个编村）村长，并把有影响的各界人士请出来，作为组织者和领导者，建立农、工、青、妇救会等组织，担任主要负责人，充分发挥他们的社会影响力，发动群众支援抗战。昔（阳）西、昔（阳）东县委在建立区、村抗日政权的同时，也十分重视区村两级党的基层组织建设，把牺盟会员作为后备党员发展对象，多数农救会主席或者村长担任村党支部书记，党的领导逐步融入各级基层政权和群众组织中，掌握了抗日救国的主动权。

实行合理负担，开展减租减息

1938年8月，中共昔（阳）东和昔（阳）西县委在全县范围内广泛宣传中共中央《十大救国纲领》，明确提出废除苛捐杂税、减租减息、减轻农民负担等主张，动员开明的地主富农带头执行抗日民主政府提出的“二五减租”（又称“四一”减租，即按原租额减少 25%）和“分半减息”（即利息最高限于一分半），全县各村不合理的村摊社礼和苛捐杂税得以改变和废除，但部分地区也发生了减压比例过头和少数地富奸猾抗减及明减暗不减的情况。1942 年 10 月，中共昔（阳）东、昔（阳）西县委根据《中共中央关于抗日根据地土地政策的决定》，再度开展减租减息运动，根据不同情况采取相应措施，既纠正了“左”的错误，使多数地主富农接受了共产党的合理负担政策，愿意实行减租减息，合作抗日；又放手发动群众，消除“右”的倾向，揭穿了顽固地富散布流言恐吓、作假设障破坏运动的伎俩。历时七个月，贫苦农民的生活得到改善，各阶层间随着经济利益的均衡和差距的缩减，敌对意识开始缓和；地富财力削弱，土地兼并速度减缓；贫雇农收入增多，贫农上升为中农的数量明显增加；租佃关系受到保护，租佃期稳定在 5 年以上，农民不再担心地富抽佃，生产积极性得到提高；互助互利的劳动合作组织开始出现，生产热情普遍高涨。1943 年全县开展大生产运动，开垦荒地 1.6 万亩，扩耕 11%，对团结根据地人民群众战胜困难、渡过难关、支持长期抗战起到了积极作用。

团结爱国知识分子

抗日战争时期，昔阳知识分子多为小学教员。据统计，到 1936 年（民国二十五年），全县共有小学教员 212 名。抗战期间，敌占区学校凋零，教员失业，有的甚至被捕、被杀，受尽亡国之痛。1937 年 9 月，中共昔阳县工作委员会（简称昔阳工委）成立后，按照党的统一战线方针，唤醒民众共同抗日，在根据地广泛开展教育工作和抗日救亡宣传活动。次年春，根据地各村陆续办起救亡室，向群众揭露日军的侵略罪行，讲解共产党和抗日民主政府的各项政策，教唱抗日救亡歌曲，以鼓舞群众的抗日斗志，把广大群众从愚昧中解救出来。6 月，救亡室改称民族革命室（简称民革室），成为社会教育、群众活动的中心。同年冬，各村的民革室进一步发展为“冬学”（后又称民众夜校，简称民校），仍以政治教育为主，同时也组织男女青年参加识字班，进行文化教育。教师则由小学教员和群众推选的识字人义务兼（担）任。民校既是宣传群众的场所，也是组织群众、发动群众的机构。在这里念文件、读报纸、讲解时事，从上级的各项政策、指示，到村里各项工作的安排布置，诸如减租减息、锄奸反特、参军参战、拥军优属等重大问题都要在这里贯彻讨论。广大群众上民校的热情空前高涨，上不上民校成为检验一个人抗日觉悟高低的一条不成文的标准。

在中国共产党领导下的昔阳抗日根据地，知识分子作为抗日民族统一战线的重要组成部分备受尊重。1942 年（民国三十一年）颁布的《晋冀鲁豫边区小学教员服务暂行条例》中明确规定：“各县对小学教员之政治生活应予以必要之重视，凡有举行政治报告或学术演讲会，在不妨碍岗位工作之原则下，尽可能允许小学教员参加；小学教员因受工伤或牺牲时，得按照政府工作人员伤亡抚恤办法办理之”；“小学教员在人格上有完全之自由，任何机关不得无故侮辱、逮捕”。广大教员的政治地位得到提高，成为昔阳抗日民族统一战线的重要力量。抗日战争时期，根据地各抗日学校的教师由各村选聘，抗日高小的校长、教师则由抗日政府教育行政部门委派。1939 年（民国二十八年），抗日根据地有教员 32 人。抗日高小办学六年，先后有 13 位教师任教。抗日高小的教员肩负着培养军政干部的重任，其地位和政府部门的工作人员一样。各村的小学教员除教学外，也不同程度地担负写标语、搞宣传、协助村干部清理财粮、组织群众撤退转移等抗日工作，受到抗日民主政府的信赖和民众的拥护。

第三节　解放初期统一战线的坚持与发展

战后建设中对私营工商业的统战工作

1945 年抗战胜利，昔阳全境解放，建立了共产党领导下的人民政权，成为解放战争的大后方。1947 年，中共昔阳县委决定成立昔阳县工商业联合会（简称工商联），拟定《工商业联合会章程》，年底召开成立大会，选举产生执行委员会，隶属县工会领导。工商联成立后，组织全县工商业者，紧密团结在党组织周围，围绕“稳定后方，支援前线”这一中心积极开展工作。登记统计工商业户，了解证明工商业户开业、歇业时间，办理开业、歇业手续，答复工商业户咨询，组织和帮助工商户发展生产，协助政府掌握市场、繁荣经济、稳定物价，征管税收，打击不法商贩，促进了解放区经济的发展和社会的稳定，保障了全县人民的生活。同时，发动广大会员积极筹捐支前物资，为前线战场尽所能、竭全力，做出了积极贡献，多次受到县委和县政府的表扬。

在土地改革和“三查”运动中（主要在 1948 年），城关、东冶头两集镇共有 15 家商行和 1 户摊贩被斗，没收资产 464.074 万元。一方面“左”倾路线挫伤了商贩的积极性，另一方面许多原来从事摊贩买卖的农民分得了土地，弃商从农，两集镇的商业户从 1945 年的 208 家下降为 172 家，从业者从 1945 年的 549 人下降为 462 人（其中摊贩 10 人）。随后，人民政府迅速纠正“左”的干扰，向被斗中的 11 户退补资金 392.07 万元（冀南币，下同），从商者的积极性又高涨起来。1948 年秋，城关有私营杂货行 29 家，从业者 134 人，资金 145.7 万元；花布行 17 家，从业者 25 人，资金 0.63 万元；铁货行 1 家，从业者 2 人，资金 5.5 万元；中西药行 4 家，从业者 24 人，资金 56.1 万元；杂货摊 62 个，从业者 62 人，资金 116.9 万元；京货摊 5 个，从业者 5 人，资金 20.5 万元；花布摊 23 个，从业者 23 人，资金 89 万元；铁货摊 3 个，从业者 3 人，资金 15 万元；山货摊 6 个，从业者 6 人；烟草摊 2 个，从业者 2 人，资金 14.1 万元；食盐摊

16 个，从业者 16 人，资金 36.24 万元；菜摊 6 个，从业者 6 人，资金 1.5 万元；估衣摊 12 个，从业者 12 人，资金 102 万元。东冶头的私营商业有粮食行 1 户，从业者 4 人，资本 15 万元；杂货摊 16 个，从业者 23 人，资本 172 万元；花布摊 15 个，从业者 15 人，资本 355 万元；山货摊 4 个，从业者 9 人；菜摊 2 个，从业者 4 人；估衣摊 15 个，从业者 15 人，资金 650 万元。到 1949 年，城关集市有摊点 353 个，日成交粮食 200 石。

到建国初期，党和政府对私营商业实行扶持政策，以利于国民经济的恢复和发展。将县城南城墙拆除后腾出的空地开辟为“新市场”（今上城街“七一”广场），供摊贩从事交易。私营商业无论户数、从业人员、资本额都较建国前有所增长，系昔阳历史上个体工商业鼎盛时期之一。

土地改革运动中的统战工作

1946 年，中共昔阳县委根据中共中央《关于反奸清算与土地问题的指示》（即“五四”指示），发动农民群众开展没收地主土地，征收富农多余土地，分给无地少地的农民，铲除封建剥削制度，实现耕者有其田的土地改革运动。运动中也发生过“左”的行为，造成阶级界限和成分划定偏左，对地、富及旧伪人员斗争过头，侵犯中农及民族工商业者利益等问题。全县共 6451 户被斗，其中富裕中农 4223 户。在对地、富、伪、顽和反革命分子的清算中，发生乱打乱杀的问题。1947 年 10 月 10 日《中国土地法大纲》颁布施行后，中共昔阳县委迅速依照《大纲》精神，采取“填平补齐”的办法，抽调出一部分土地和财物，补偿安置被错斗的中农，进一步纠正生产资料分配不均的问题，给地、富分配了使其自食其力的生产、生活资料，对划错的阶级成分进行更改认定。1948 年冬，全县完成土地改革。

纠正对知识分子的不公正待遇

1945 年昔阳全境解放后，民主政府全力恢复教育，接收原有教师。县教育科分期分批举办训练班，组织教师学习时事政策，参加土地改革运动，进行思想改造，然后分配到学校任教。同时，还通过乡村推荐、全县统一考试，录用一批社会闲散知识分子补充到教师队伍中去。但是，在清债反霸、减租减息、土地改革、“三查”（查阶级、查思想、查作风）等政治运动中，由于极“左”思潮的干扰，有的干部和群众错误地认为知识分子（主要指小学教员）的知识是靠剥削来的，被列为清算对象，部分教员被批斗、开除，有的甚至被迫害致死，还有的含冤自杀，造成教育界的混乱。据 1947 年（民国三十六年）7 月统计，全县小学教员总数为 414 人，被斗教员达 175 人，占 42.3%。被斗教员中 32 人因迫害致死，11 人受撤职处分，1 人被迫逃跑。1948 年，县委、县政府及时纠正这一“左”倾错误，7 月，太行行署发布第 115 号令，检查学校中“左”倾冒险主义给工作带来的危害。遵照命令，昔阳县政府恢复被开除教员的职务，为被批斗过的教员恢复名誉。到 1949 年，全县教职工队伍共计 420 人，比 1936 年增长一倍。

第二章　社会主义革命和建设时期的人民民主统一战线

第一节　对私营工商业的社会主义改造

建国初期，私营业主仍习惯于旧社会的奸商行为，虽经党和政府一再教育，但一直没有得到根本改造，有的商号的违法行为严重到危害国计民生的程度。城关商号富聚祥向国家工作人员行贿，偷税漏税，盗骗国家经济情报，投机倒把已构成犯罪。1952年“五反”运动中，仅城关就有24户私商存在较严重的“五毒”行为，获取赃款5.14亿元（人民币旧币）。“五反”运动震慑了私商，但仍有少数持抵制态度。有的以资金短缺为借口停业关门（仅城关就有11户），有的扬言向阳泉转移，有的犹豫观望消极营业，造成一度的职工失业，市场萧条。县委派出工作组，及时处理“五反”运动中的遗留问题，坚持“劳资两利”的原则，分化瓦解少数对抗运动的顽固分子，教育广大私商。除4户确因诸多不便外，其余全部重新营业。

1953年，我党对私营商户实行“利用、限制、改造”的政策。工商业联合会组织私营商户学习过渡时期的总路线精神和党的方针政策。私营商户亦提出“创造条件，争取利用、接受限制、欢迎改造”的口号。

1954年，全县开始对私营商业进行社会主义改造，提倡私营商店实行经销、代销、包销。除城镇保留一部分小商小贩以补充国营、合作社商业网点的不足，满足消费者需要外，乡村货郎摊贩一律停止营业，参加农业生产。至此，私营商业在数量上保持现状不再发展，对所留私商重新发放营业证件，加强管理。国家对粮食、棉花、布匹等物资实行统购统销政策，县政府根据国家政策精神和昔阳实际，将有条件的私营棉布零售商统一安排，回村务农，其余的转到国营经销店、代销店。同年共成立经销店、代销店5个，从业者13人，资金4265万元（人民币旧币）。但仍有部分私商采取偷税漏税，自动关门歇业，转移资金，不执行国家定价，从中牟取暴利，挥霍浪费流动资金等手段对抗社会主义改造。

1955年，在全县范围内将私商组织起来，全部实行经销、代销和包销。城关组织起棉布和百货两个合作小组，包括了城关棉布、百货类的全部商户。皋落、东冶头、沾尚等集镇的私营商店一部分转为供销社的代销店，私商转为供销社的售货员，一部分停止营业，弃商转农。

1956年开始实行公私合营。其主要形式有两种：一种是资金与人员都由公私两种成分合成，即国家向私营工商业投资，并派国家工作人员与私商一起经营；另一种是国家不投资，只派工作人员到私营商店担任领导干部。对城内的小商贩则实行定额管理，国营商业按照计划定额批发给商品，委托其按照国家规定的价格销售，商贩从中赚取一定的利润。实行公私合营时，政府组织清财委员会，对私营工商业者的生产资料评议作价，作为他们合营后的股份，每年由国家付给定额利息。原工商业者大多数成为企业职员，既发挥其经商特长，又可使其改造成为自食其力的劳动者。1月16日，昔阳县工商业全部公私合营，全体工商业者在新市场举行大会庆祝，本县对私营商业的社会主义改造基本完成。同年全县有公私合营门店及货摊17家，从业者44人，资金总额1.2万元（其中私股1.1万元），年零售额30万元。1957年全县有公私合营门店货摊11家，从业者46人，资金总额2.42万元（其中私股1.26万元），年零售额48.4万元。1958年和1959年分别有公私合营门店货摊14家和16家。1960年至1962年有公私合营门店1家。1963年以后，全县无公私合营商业。

第二节　组建工商业联合会

新中国成立后，面对战争重创后的国民经济，百废待举，百业待兴。昔阳县工商业联合会协助和配合县委、县政府，组织私营工商业者和“三小”（即小商贩、小手工业者、小业主）人员恢复生产，发展经济，组织集市贸易和经济交流。通过行业工会进行工商市场管理、财务管理和税收管理，稳定了市场秩序，促进了生产发展，为繁荣城乡经济发挥了积极作用。

抗美援朝时期，昔阳县工商界人士和全县人民一道，为保家卫国、粉碎美帝国主义入侵朝鲜，进而武装颠覆我新生政权之阴谋，送子参军，捐钱捐物，表现出广大工商业者的一片爱国之心。

1952年2月昔阳县工商联第一届会员代表大会召开，出席会议的代表160名。大会选出执行委员13人，秘书长1人。第一届执委会带领广大会员学习《共同纲领》《工商联合会组织通则》及政府的各项政策法令，开展“五反”运动，接受国家对私营工商业者的“利用、限制、改造”政策。1954年6月昔阳县工商联第二届会员代表大会召开，选举产生13人组成的第二届执行委员会。第二届执委会组织会员学习《中华人民共和国宪法》及国家的统购统销政策，积极参加物资交流和市场管理，引导私营工商业者自觉接受社会主义改造，顺利实现全县公私合营。1957年以后，工商联行使的行政管理职能逐步由政府各职能局取代，工商联演变成自我教育、自我改造的工商业团体。1961年8月昔阳县工商联第三次代表大会召开，选举产生8人组成的第三届执行委员会。第三届执委会带领全体会员经历了三年暂时经济困难的考验和社会主义教育运动，增强了跟共产党走社会主义道路的自觉性。“文化大革命”开始后，昔阳县工商联中断了活动。1968 年 8 月昔阳县工商联被查封。

第三节　打击取缔反动“会道门”

1949 年，在昔阳县委、县政府的统一领导下，坚持“争取多数，孤立少数，分别主从，区别对待”的方针和“秘密侦破、公开揭穿、惩治道首，教育道众”的方法，对所有“会道门”组织和入道人员进行登记，并开展取缔工作。据 1951 年底统计，全县共 2719 名道徒声明退道，典传师、指导师、舍身坛主等 22 名首要分子受到严厉惩治。先天道、一贯道的 8 名道首被镇压，9 人被扣押，其间还破获了日伪特务组织佛教会一案。佛教会的头目在日军侵占时期与日伪特务机关新民会相勾结，在 26 个村拉拢会员 418 人，从事破坏抗日的特务活动。1952 年开展镇压反革命和打击“会道门”运动，又有 1200 名道徒退道，7 名道首落入法网。

1963 年，在全县敛迹的封建“会道门”又在阎庄公社露头。阎连文等人串通新旧道首 26 人，拉拢道徒 36 人复活九宫道。他们装神弄鬼恐吓群众，威逼利诱奸污妇女。县公安局经过 4 个月的侦查，于 6 月 9 日对 5 名首恶分子公开逮捕，首犯阎连文被判极刑，九宫道被解散。

1968 年，县公安局先后在东冶头公社和凤居公社徐峪大队破获先天道、圣天道两个“会道门”。以康黑小为首的圣天道在 1960 年开始秘密活动，1966 年勾结新旧道首 20 人，发展道徒 208 人，他们以封建迷信欺骗群众，糟蹋妇女，讹诈钱财，为害一方，破获后首犯被判死刑。此后，随着全县人民文化素质的普遍提高，封建“会道门”在我县再未产生。

第四节　“文化大革命”时期统一战线受到冲击

“文化大革命”开始后，统一战线政策遭到严重破坏，统战机构被撤销，统战工作被迫停止，各界党外人士受到冲击，私营工商业者受到不公正对待，民族关系受到影响，宗教活动场所被关闭。

第三章 改革开放时期的爱国统一战线

第一节 党的统战工作的恢复

恢复统一战线机构与组织

党的十一届三中全会后，统一战线事业进入了新的发展阶段，统战工作力度进一步加大，统战工作环境进一步优化，统战机构得到了恢复和加强。特别是1979年8月和1981年12月先后召开的第十四次、第十五次全国统战工作会议，为统一战线拨乱反正、正本清源，清除“左”的思想奠定了基础，进一步确立了新时期统一战线工作要为“四个现代化”和统一祖国服务的指导思想。会议之后，1982年12月昔阳县正式恢复成立县委统一战线工作部，从组织上加强了党对统一战线工作的领导，并着手开展了落实统一战线政策工作。1984年3月10日，经中共山西省委批准，政协昔阳县委员会正式成立。3月18日，政协昔阳县第一届委员会第一次全体会议召开。1989年6月，中共昔阳县委决定恢复昔阳县工商联，并于1991年3月26日召开昔阳县工商联第四届会员代表大会，被迫中断二十三年之久的工商联工作得以重新开展。1993年5月，昔阳县佛教协会成立。1999年7月，县政府决定成立昔阳县民族宗教事务办公室，同时批准成立“昔阳县基督教协会”“昔阳县基督教三自爱国运动委员会”。1996年6月，中国民主促进会昔阳县第一次会员大会召开，民进昔阳县小组成立。2003年3月，经省委统战部批准，民进昔阳县支部成立。至此，昔阳县的统一战线组织机构得以恢复，逐步健全完善，各项方针政策得到落实，统一战线作为党的事业取得胜利的重要法宝，在改革开放时期发挥了积极作用。

开展新时期统战理论和政策的宣传教育

随着新时期统一战线工作指导思想的确立和统一战线各项工作的全面恢复，统战部门在全县特别是各级统战干部和广大统战对象中广泛开展了统战理论政策的宣传教育，使党的统战理论政策进一步深入人心。1982年县委统战部成立伊始，便把学习宣传落实全国、省、市统战工作会议精神作为进一步清除“左”的思想影响、扩大爱国统一战线的重要抓手，因地制宜采取多种形式开展统战理论政策的宣传教育，消除了党内外干部群众中普遍存在的对统战工作认识模糊的错误思想，提高了对新时期统一战线工作的长期性、重要性、紧迫性的认识。1986年12月，会同县政协召开了各界人士为“四化”建设服务经验交流会，全县集中宣传统一战线工作的成就和先进人物的模范事迹。1987 年 5 月，开展了以宣传贯彻省委统战工作会议精神为主要内容的“统战政策宣传月”活动。10 月，昔阳县统战理论研究会成立，集中撰写上报统战理论研究文章 17 篇，进一步扩大了统战工作的影响力。1988 年，开展了以“社会主义初级阶段统一战线理论”为重点的新时期统战理论宣教活动。1989 年，县委统战部依托县委党校和乡镇举办以宣讲新时期统战理论政策为内容的培训班，使各级领导干部普遍接受了一次统一战线理论政策教育。1991 年，统战理论政策宣传教育由过去的一般性、常识性宣传转变为全面的、系统的宣传教育，坚持“务虚”与“务实”相结合，注重运用多种形式突出宣传教育效果，使党的统战理论政策进一步深入人心。全县 16 个乡镇的 1330 余人参加了培训，70% 的党员干部接受了统战教育。1992 年，宣传教育工作向统战对象延伸，先后在统战对象相对集中的文教、卫生、工交、商业系统召开了 40 多次党外各界人士座谈会，帮助党外各界人士进一步了解了政策，受到了教育，消除了顾虑，振奋了精神，使新时期党的统战理论政策的宣传教育更加广泛深入人心。1994 年，县委统战部组队参加晋中地委统战部组织的全市“统战知识竞赛”活动，取得优异成绩。1997 年，举办“迎回归、庆七一”各界人士座谈会，组织各界人士 30 余名畅谈自己的感想和切身体会，扩大了统战工作的影响力。进入新世纪，统战理论宣传工作得到更大发展，在宣传手段、宣传内容和工作机制上不断与时俱进、开拓创新。结合重大事件、重点人物和重要工作，进一步加大统战宣传的广度、深度和力度，积极探索新思路、新途径、新办法，充分利用报刊、广播、电视等宣传媒体，开辟专栏，制作节目，灵活多样地，多渠道、多形式、多角度、全方位进行宣传和展示新时期统一战线的新气象、新贡献、新成就，赋予了统战工作的时代活力。2003 年，组织统战系统干部和各界人士认真学习“三个代表”重要思想和党的十六大、十六届三中全会精神。2005 年，开展了学习贯彻《中共中央关于进一步加强中国共产党领导的多党合作和政治协商制度的意见》的专题活动。2007 年，将学习贯彻党的十七大精神和全国二十次统战会议精神相结合，通过“七个一”的形式，把宣传教育活动开展得有声有色。2008 年，在“五一”口号发布 60 周年和改革开放 30 周年之际，开展了“统战知识进万家”系列活动，通过举办座谈会、培训班、知识讲座，广泛普及统一战线知识，宣传改革开放 30 年统战工作新成就，进一步增强了统一战线的凝聚力和影响力。

加强党对统一战线工作的领导

党的统战工作恢复以来，县委先后制定出台了一系列关于加强统战工作的重要文件和政策措施，把统战工作纳入了各级党委的重要议事日程和各级党政领导班子及领导干部的年度工作考核内容。进一步完善了民主党派和无党派人士参政议政、民主监督的相关制度，县委、县政府就全县重大问题和重要人事安排定期向党外代表人士通报并征求意见，建立完善了党外干部选拔培养使用机制，一大批德才兼备的党外人士走上领导岗位。积极探索维护民族宗教领域和谐稳定的长效机制和突发事件应急处置机制。统战工作的政策环境和制度体系更加优化，县委对统战工作的领导得到全面加强。

1987 年 5 月，昔阳县第一次统战工作会议召开。县委书记高起祥做了《提高全党认识，加强党对统战工作的领导》的主旨报告。会议决定各乡镇确定一名副书记或党委委员分管统战工作，县直各单位党支部均明确一名副书记或支委委员分管统战工作，做到了统战工作层层有人管、有人抓，形成了统战工作网络。1988 年，认真总结推广东冶头镇和皋落镇党委重视统战工作的经验，探索把统战工作同党委政府的中心工作结合起来，相互促进，双向发力，从根本上提高各级领导做好统战工作的信心。1990 年，在全县试行《统战工作岗位责任制》，极大增强了兼职统战干部的责任心。2003 年 8 月，县委统战部部长进入同级党委领导班子，从体制上加强了对统战工作的领导。自此，全县统战干部队伍不断扩大，统战力量进一步加强，统战队伍整体能力水平得到全面提升，统战成员单位的工作条件和环境得到了进一步改善。

第二节　统一战线全面拨乱反正

落实“右派分子”平反政策

1978 年 4 月，中共中央批转中央统战部、国家公安部《关于全部摘掉右派分子帽子的请示报告》下发后，同年 6 月，昔阳县对右派摘帽安置、错划改正及死亡人员的抚恤安置工作全面展开。全县错划右派共计 54 人，其中教员 37 人，工业系统 2 人，农业系统 1 人，卫生系统 4 人，商业系统 3 人，供销系统 4 人，粮食系统 3 人。截至 1982 年底,54 人全部纠错改正。改正后撤判 12 人，重新安排工作 29 人，办理退休 1 人，死亡抚恤 12 人。

落实原国民党起义、投诚人员政策

1979 年，根据中共中央《批转〈关于落实对国民党起义、投诚人员政策的请示报告〉的通知》（中发〔1979〕6 号）精神，县里成立了“落实起义、投诚人员政策领导组”，为起义投诚人员落实政策，根据每个人的具体情况，予以适当安置。其中国民党起义投诚人员 28 人，日伪起义投诚人员 65 人。1981 年 9 月，起义投诚人员政策落实工作全部完成，其中恢复公职 10 人，恢复党籍 8 人，撤销刑事判决 8 人，摘掉历史反革命分子帽子 5 人，死亡抚恤 1 人，办理离职休养 1 人，办理退休 13 人，救济家庭困难 20 人，共发放救济款 4400 元。1986 年 3 月，根据中办发〔1984〕17 号文件精神，县政府向已认定的 93 名起义投诚人员颁发了起义投诚证书，并召开座谈会，肯定了他们的爱国壮举，鼓励他们放下包袱，轻装上阵，为社会主义建设事业做出新的贡献。

落实原工商业者政策

1979年11月，中共中央批转中央统战部等六部门《关于把原工商业者中的劳动者区别出来问题的请示报告》(中发〔1979〕84号)下发后，县委于1980年2月29日成立昔阳县区别工作领导组。全县原工商业者78人中，区别出劳动者76人。其中中小商业68人，小贩3人，小手工业5人。在76人中，已在职15人，退休23人，退职4人，死亡34人。按照中央和省委有关文件精神，平反11人，为34名已死亡人员补领了补偿金；对安置不当者予以纠正，其中复职3人，退职改办退休3人。1983年，根据中办发52号文件精神，又进行了认真复查，对一户原工商业者家属给予了每月12元的生活补助。至此，全县原工商业者落实政策工作完成。

落实在台人员家属政策

1982年，对昔阳籍在台人员家属、东寨村农民王会荣落实相关政策，所在村为其安排了住房。县委统战部、对台办邀请王会荣参加晋中地委（榆次）中秋（农历八月十五）赏月会。1986年安排其在县政府传达室工作，1987年帮助其在县城安置住房。1984年3月，王会荣作为台属委员参加了政协昔阳县一届一次会议，并先后任政协昔阳县第一、二、三、四届委员。1993年，任政协四届委员会祖国统一联谊会副主任委员。1999年，全县开展了台属、侨眷人员全面普查，共登记台属7户，侨眷3户。国庆前夕，县委统战部组织台属、侨眷等各界人士召开庆祝中华人民共和国成立50周年暨庆祝澳门回归座谈会，各界人士纷纷表示将紧密团结在党中央周围，为社会主义现代化建设作出应有贡献。

落实党的知识分子政策

新中国成立后，人民教师的地位和作用有了根本的变化，社会政治地位普遍提高。1950年，昔阳县教育工会成立，绝大部分教师被吸收为工会会员。1957年，反右派斗争扩大化，102名教师被错划为右派分子。在“文化大革命”中，由于坚持“以阶级斗争为纲”，教师被斥为“资产阶级知识分子”“臭老九”，部分学校领导被视为“执行修正主义教育路线的黑干将”被夺了权，教师在社会上受到歧视，有的被停职靠边，有的被挂牌游街，有的被罚劳动改造。全县教师队伍中，21人被正式立案审查，16人被开除公职。

1984年3月19日，县委成立落实知识分子政策领导小组。9月，县委、县政府做出《关于进一步落实政策的几项具体规定》，大胆提拔知识分子走上领导岗位，加快在知识分子中发展党员，改善知识分子的政治待遇，平反冤假错案。对1960年以前参加工作的大专生每月补贴15元，1961年至1966年参加工作的大专生每月补贴10元；允许部分知识分子在农村的配偶、子女转为城市户口；每年为科技人员补助图书资料费10元至20元；保证科技人员业务进修；优先解决科技人员的住房困难；改善知识分子的医疗保健条件。到 1985 年底，共为 396 名知识分子办理工资补贴，为 46 户 129 名科技干部家属办理农转非户口。同时，对在“反右”和“文化大革命”期间立案的 395 起案件，分期分批逐一进行复查，对冤假错案予以甄别平反。至 1991 年底，共办理恢复公职（包括转办离休、退休）91 人，转正 51 人，返还被查抄财物 3 人，政治上平反、恢复名誉 236 人，纠正工龄中断、降级等问题 36 人。全县共为政策落实人员补发工资 31000 元，补发生活费 18000 元。

经过几年的不懈努力，全县各领域统一战线政策得到了全面落实，妥善解决了大量长期历史遗留问题，复查和平反了一大批冤假错案。1986 年，县委统战部根据中办发〔1986〕6 号文件和山西省委〔1986〕29 号文件精神，再次对统战对象进行逐一摸底，为符合文件精神的 5 户起义人员、4 户错划右派改正人员的家属转了户口，为 7 人解决了工资偏低问题。1987 年，按照地委统战部的安排，又为原错划右派和统战对象 5 人调升了工资，为 18 户 60 人办理了农村户籍转为城市户籍手续，为 2 名起义投诚人员落实了工龄问题，由退休改为离休，为 3 名提出申诉的起义人员颁发了起义投诚人员证书。到 1987 年底，全县统战政策落实工作基本结束，极大地调动了广大统战对象为社会主义现代化建设服务的积极性，对于巩固和发展党领导的统一战线，动员广大统一战线成员同心同德进行社会主义现代化建设产生了积极的作用。

第三节　各领域统战工作的确立与发展

民主党派工作

中国民主促进会昔阳支部是昔阳县唯一的民主党派基层组织。1984 年，昔阳二中教师张振华加入民进组织，成为昔阳县第一个民主党派成员。2003 年 3 月，民进昔阳小组召开第三次会员大会，成立民进昔阳县支部。中共昔阳县委高度重视民主党派工作，不断健全和完善各项制度，多党合作和政治协商工作得到进一步加强。

坚持完善制度建设，充分发挥民主党派参政党作用。2005 年《中共中央关于进一步加强中国共产党的多党合作和政治协商制度的意见》下发后，县委先后出台了重大决策、重要人事安排和重点工作在决策前与民主党派协商，定期与民主党派进行座谈，民主党派与县政府有关部门对口协商，组织民主党派参加行政执法检查，围绕重大决策进行考察调研，发挥民主党派人大代表和政协委员作用等相关制度，县委主要领导亲自主持或委托县委统战部多次召开协商座谈会、情况通报会，就全县经济社会发展中的重大问题，虚心听取民主党派的意见和建议。截至 2010 年，民进昔阳支部会员先后有 7 人担任县政协委员，1 人担任县级领导职务。2006 年，县委统战部协调全县执纪执法部门聘请 5 名民进会员担任特约监督员和行风评议员。

支持民主党派积极履行职能，为经济建设和社会发展服务。县委统战部协助民进昔阳支部通过多种形式进行调查研究，撰写提案议案和社情民意信息，在“两会”和县委、县政府组织的协商座谈会上提出了许多具有重要价值的意见和建议，相当一批可行性高、针对性强的建议被政府有关部门吸收采纳，并加以落实。2007年，县政协委员、民进昔阳副主委王新如撰写的《整合教育资源，办好人民满意的教育》在政协昔阳县七届一次全委会上进行了交流发言。2008年，县政协委员、民进会员铁润丽提出的提案《被人忽视的全球性灾难——道路交通事故》，引起了有关部门的高度重视，并制定了相应的对策措施在全县落实。充分发挥民主党派的人才优势，积极支持民进昔阳支部参与社会服务工作，由县委统战部牵头，组织民进昔阳支部全体会员开展科技、卫生、文化“三下乡”活动。2003年先后在乐平镇庞家峪村、大寨镇留庄村、孔氏乡洪泉村、沾尚镇沾尚村、三都乡井沟村、山西省广电局7402台等数十个乡村、社区开展送医下乡、文化下乡、农技帮扶、扶危济困等各项社会服务工作，受到群众好评。

帮助支持民主党派加强自身建设，改善工作条件。县委统战部积极帮助民进昔阳支部发扬自我教育的优良传统，深入开展抵制“西化”“分化”教育、爱国主义教育、社会主义教育和同中共亲密合作的优良传统教育。2007年，协助民进昔阳支部开展以“坚持走社会主义道路”为主题的学习教育活动；2009年，组织民进昔阳支部开展“深入学习科学发展观”主题教育活动；2011年，邀请民进昔阳支部参加纪念建党90周年座谈会、纪念辛亥革命100周年座谈会，并组织民进昔阳支部成员赴西柏坡、延安等地接受爱国主义教育，进一步提高了广大民主党派成员的思想政治觉悟。2003年至2011年，县委统战部帮助民进昔阳支部召开换届大会，顺利实现了新老交替。同时，县委、县政府先后为民进昔阳支部解决了办公场所和办公经费的问题，改善了办公条件。

党外知识分子工作

党外知识分子工作是统一战线的基础性工作。党的十一届三中全会后，县委统战部从基础入手，认真进行党外知识分子调查摸底工作，建立工作机制，大力培养党外人才队伍。1982年，全县党外知识分子3000余人，县委统战部在“四个尊重”方针的指引下，认真开展党外知识分子工作，鼓励他们的创业精神，维护他们的合法权益，为他们排忧解难。联合宣传部、工会先后召开两次党外知识分子座谈会，推荐17名知识分子入党，帮助解决夫妇两地分居22人，解决住房困难74人，调整学非所用5人，262人晋升了职称，为142名工程技术人员进行了体检，在全县知识分子中引起强烈反响。广大知识分子的创业创新活力竞相迸发，全县推广新技术75项，其中如黄牛改良、自卸拖车、汽车节油器等12项获得省、地科技成果奖。1989年，县委统战部将党外知识分子相对集中的昔阳中学和昔阳职业中学作为工作联系点，对党外知识分子政治上充分相信，业务上放手使用，生活上体贴关心，并将“教工之家”开辟为知识分子活动室，围绕时事政治学习、教学经验交流和文化娱乐等内容定期开展活动，使党外知识分子的思想觉悟和业务水平不断提高。在北京发生“八九动乱”期间，两所中学的师生员工无一人参与串联和任何过激行为，学校各项工作顺利开展，涌现出李保林、宋以兰等一批优秀党外知识分子。昔阳中学高考工作多年在全区名列前茅。1995年，认真贯彻落实全国部分企业统战工作和全国部分高等院校统战工作座谈会精神，深入调查研究全县党外知识分子的基本状况，重点对昔阳中学党外知识分子进行了专题调研，对有影响、有代表性的党外知识分子建立了档案，县五大班子中党员领导成员每人联系了一名党外知识分子，进一步加强了联系，密切了感情，促进了工作。2004年，为落实县委提出的“人才战略”，县委统战部建立了党外知识分子人才库，并作为市级科技项目得到了市科技局和县政府的大力支持，拨款3万元用于此项工作开展。全县一大批党外知识分子被评为本系统、本单位先进工作者，成绩突出的党外知识分子先进代表被县委统战部推荐为省、市、县三级人大代表、政协委员，使他们在参政议政中发挥更大的作用。

民族宗教工作

党的十一届三中全会后，中共昔阳县委高度重视民族宗教工作，努力促进民族团结进步，宗教和谐稳定。

*抓学习宣传，营造和谐稳定的民族宗教氛围。*县委统战部每年制定工作计划，通过多种形式开展民族宗教政策的学习宣教活动，并将此列为各级党委中心组学习内容。坚持组织民族宗教界代表人士，学习党的民族宗教工作政策和法律法规，进一步筑牢民族宗教界代表人士的思想政治基础。经常邀请省、市统战部、宗教局领导和专家学者对民族宗教界代表人士进行专题培训，通过学习培训发现他们的困难和诉求，及时帮助解决，消除矛盾隐患。

*抓培养使用，认真做好政治安排工作。*县委十分重视少数民族干部的培养使用，从1984年3月18日政协昔阳县第一届委员会第一次全体会议起，每届都有少数民族界委员出席。其中回族委员米西龙（女）连续当选政协昔阳县第二、三、四届委员会副主席。按照“政治上靠得住，学识上有造诣，品德上能服众”的要求，认真做好宗教界代表人士的政治安排，为他们履行职责发挥作用创造条件。1993年5月，昔阳县佛教协会成立并召开第一届代表会议。从1993年6月昔阳县第四届委员会第一次全体会议起，每届都有宗教界委员出席，积极鼓励他们参政议政。

*抓沟通服务，建立起党和政府与少数民族和信教群众联系的桥梁纽带。*每年元旦、春节，县委、县政府领导和统战部门都要慰问少数民族和宗教界代表人士，送去党和政府的关怀。每逢少数民族重大节日和宗教重要节日，县委统战部都要到少数民族代

表人士家中和宗教活动场所前去祝贺，表达慰问。同时努力创造条件，为少数民族和信教群众多办实事，排忧解难。2010年3月，青海省大通县回族青年马占录因租赁店面拆迁问题上访，县委统战部提前介入，现场讲解相关政策，问题得到了圆满解决。2011年我县发生的“8·24”新疆穆斯林青年男子意外死亡案件，县委、县政府高度重视，成立专门的案件应对处理工作组，在市、县宗教局的积极协调下，受害人按照伊斯兰教的风俗习惯进行了妥善安葬。1996年12月，为落实党的宗教政策，县委常委会研究决定将崇教寺6户居民住户搬出，寺庙移交给县佛教协会管理。2001年、2006年、2008年，县委统战部争取资金20余万元先后对石马寺、崇教寺、福音堂等宗教活动场所进行了修缮，极大地改善了寺观教堂条件。2011年，为22名教职人员协助办理了养老和医疗保险，解除了他们的后顾之忧。

抓机制建设，实现民族宗教工作的良性发展。全县建立了民族宗教工作联席会议制度和应对重大突发事件应急处理机制，认真落实基层民族宗教工作三级网络、两级责任制，乡村两级民族宗教工作做到了有人抓、有人管，切实把民族宗教工作责任制落到了实处。

抓教育引导，促进民族宗教工作与社会主义社会相适应。1993年，开展了“五好殿堂”和“五好教徒”创建活动，共评选出五好殿堂1个，五好教徒10名。1996年，昔阳县遭受特大水灾，基督教向社会捐款1300多元、衣物1000多件。1998年，长江流域发生特大洪灾，县基督教协会捐款1352元，县佛教协会捐款600元。2005年，在全县宗教界开展了“我为昔阳做贡献”活动，金刚禅寺积极参与村村通水泥路工程建设，投资25万元，修通了东丰稔村至寺院的2公里水泥路，同时，还捐资捐物4万余元帮助所在村建设希望小学。2006年，开展了“双五好”（五好场所、五好信教公民）创建活动，全县13个宗教活动场所共评出文明场所2个，先进场所3个，五好信教公民8名。2007年，随着“双五好争星创先”活动的深入开展，全县宗教界人士共集资10多万元积极投身赈灾济困、捐资助学、助残敬老等活动。2008年，开展了“爱国、爱教、爱家乡”主题教育活动，宗教界人士积极投入“5·12”汶川大地震救灾活动，基督教协会组织教徒为灾区捐款1.4万元。2011年，围绕“培养代表人士、建好宗教团体和实施典型带动”三个方面内容，开展了“和谐寺观教堂创建活动”，积极引导宗教与社会主义社会相适应。

非公有制经济人士统战工作

县委统战部高度重视非公经济人士统战工作，紧紧围绕党和政府中心工作，按照“充分尊重、广泛联系、加强团结、热情服务、积极引导”的工作方针，教育引导广大非公经济人士健康成长，促进非公有制经济健康发展。

协助工商联健全规章制度，壮大会员队伍。1993年，开展工商联整顿工作，帮助建立完善各项规章制度，发展团体会员 3 个，国营企业会员 13 个，集体企业会员 30 个，私营企业会员 3 个，个人会员 35 个，共计 84 个。1996 年，充实调整县工商联领导班子，通过参观、学习、考察等多种形式提高会员素质，转变工作职能，加强对非公有制经济人士的教育、引导。1997 年，相继成立了国贸大厦、商贸城两个工商联分会，发展会员 62 名。1999 年，吸收新会员 41 名，进一步壮大了工商联队伍。

*着力提高民营企业家素质，积极参政议政。*针对不同时期非公有制经济人士思想工作实际，坚持“团结、帮助、引导、教育”的方针，围绕“爱国、敬业、诚信、守法、奉献”的要求，在广大工商联会员中开展“心系昔阳、奉献昔阳”和“新晋商、新形象”活动，邀请国内著名企业家、学者进行专题培训，开展“如何运用科学发展理念实现经济腾飞”大讨论，全县民营企业家队伍综合素质不断提高，非公有制经济代表人士进入各级人大、政协和工商联组织的数量大大增加，进一步调动了广大非公有制经济人士参政议政、履行社会责任的主动性和积极性。

*搞好服务，帮助会员解决实际困难和问题。*进一步创优非公经济发展环境，县委统战部每年都要联合政府有关部门召开非公有制经济人士座谈会，帮助民营企业解决发展中遇到的用地难、贷款难等问题，并针对会员企业人才短缺、社会就业困难的实际，与县劳动部门联合举办民营企业人才交流招聘会，为非公经济发展创造良好条件。县委统战部联合宣传、文化部门开展优秀非公有制经济人士先进事迹报告会、“新晋商、新形象”大型宣传活动，在全社会进一步营造“重商、尊商、扶商、护商、爱商”的良好氛围。

*弘扬光彩精神，积极组织非公有制经济人士参与公益事业。*县委统战部积极推进“凝聚力工程”实施。2003 年“非典”期间，工商联会员阎全晓、李志恒等 20 多名非公经济代表人士捐助善款 24.8 万元，为晋中市工商联系统之首。2007 年，工商联组织个体工商户、民营企业家参加县阳光助学工程，对贫困学生进行了“一对一”结对帮扶。四通工贸公司董事长王维银，坚持多年为贫困学生上大学捐资，被晋中市光彩事业促进会授予“助学楷模”称号。2008 年“5 · 12”汶川地震之后，县委统战部在全市工商联系统中率先组织非公经济人士举行了声势较大的“昔阳县非公经济人士向四川地震灾区人民献爱心捐赠仪式”，当天就筹集善款 63.33 万元。全县非公经济人士和民营企业共向四川地震灾区捐款 453 万元，占全县捐款总额的 67.1%，受到了县委、县政府的通报表扬。2010 年 4 月，青海玉树发生地震，在县电视台举行了“情系玉树、大爱无疆”献爱心募捐活动，34 家民营企业和 12 名个体工商户共捐款 60 余万元。2008 年，组织民营企业开展阳光助学活动，26 位民营企业家向 56 名受资助学生颁发资助金 27 万多元，丰汇煤业董事长黄祥苗每年出资 10 万元成立祥苗助学基金会，连续五年资助贫困学生。积极推动昔阳县新晋商“万企联万户”感恩行动，组织民营企业与全县 64 名老

八路、272 名建国前老党员实现结对帮扶全覆盖，发放慰问金 16.8 万元。2005 年，为更好地组织引导民营企业积极参与社会主义新农村建设，进一步发挥民营企业在新农村建设中的推动作用，在三都乡井沟村举行了昔阳县“民企帮村”共建社会主义新农村活动启动仪式，向全县非公经济人士发出《积极投身新农村建设，争做“民企帮村”带头人》的倡议。到 2007 年，全县非公企业累计为“三农”投资 1.87 亿元，培训农民工 2.6 万余人次，安排农民工就业 1.5 万人，为县城基础设施建设和农村公益事业捐款 1.31 亿元。支持鼓励“企官带村官”，41 名“企官”回村担任党支部书记，23 名企业家担任村委会主任。

港澳台及海外统战工作

县委统战部会同县台办积极加强与港澳台同胞和海外侨胞的交流联谊，广交朋友，反独促统，保护他们的合法权益，充分发挥海外人士的独特优势，为全县改革开放和经济建设服务。全县去台人员 11 人，至 2010 年，有台属 7 户、50 多人，有侨胞 18 人，侨眷 72 人。在海外联谊活动中，县委统战部大力宣传和平统一、“一国两制”的方针，紧抓香港、澳门回归两个重要历史节点，围绕反独促统，组织侨胞侨眷和台属开展以弘扬爱国主义为主题的庆祝活动，增加他们对祖国的了解和感情。组织涉台政策知识竞赛，在全市涉台知识竞赛中我县代表队荣获三等奖。2000 年，台胞王素珠捐资 10 万元帮助家乡东寨村建起了东寨小学，并设立奖学金，每年奖励 8 名品学兼优的学生。2004 年 9 月，台胞王素珠携家人一行 5 人回乡探亲，通过交流参观活动，对家乡留下了美好印象。2004 年 10 月，县委副书记贾怀柱，县委常委、统战部部长李鹏飞组团赴台进行交流活动，取得良好效果。在全县范围内普遍开展归侨、侨眷、出国留学人员调查摸底工作，加强与省市侨联组织的沟通和联系。2009 年、2010 年，经市侨联积极争取，先后与香港华人革新协会、香港宝莲禅寺、香港凤凰影视集团等爱国爱港社团建立了友好关系，争取到海外和港澳捐赠资金 72 万元，帮助凤居等十个村装备和新建了新农村卫生所，为武家坪村兴建了希望小学。2011 年 11 月 7 日，市委统战部在沾尚镇新口上村隆重举行了竣工剪彩仪式。

党外干部和党外代表人士工作

党的十一届三中全会后，落实统战政策，拨乱反正，做好党外干部培养选拔工作被提到各级党委议事日程，认真贯彻落实省、市委有关方针政策，严格标准选好党外干部，抓住重点育好党外干部，强化监督管好党外干部，备用结合用好党外干部，为巩固和发展爱国统一战线提供了有力的组织保障和人才支持。2012 年底，全县有党外副处级领导干部 5 人，正科级党外干部 4 人，副科级党外干部 38 人。

落实党外干部政策。县委把加强制度建设作为推动党外干部队伍建设的重要抓手，进一步加强对党外干部的培养使用。1991 年，县委统战部会同县委组织部下发了《关于加强党外干部培养选拔工作的意见》，对党外干部的发现、考察、培养、推荐、使用做出了明确安排，筛选出副处级、科级、股级党外后备干部共 82 名，重点后备干部 26 名。1993 年，分层次建立了党外干部及党外后备干部档案。在历次县乡机构改革和换届工作中，县委都要对党外干部的培养选拔安排使用提出具体意见和明确规定。

加强党外干部教育培训。把党外干部培训纳入全县干部教育培训大盘子，定期不定期举办培训班，进行专题培训。县委统战部多次组织党外干部外出学习考察，赴延安、西柏坡、麻田等革命圣地和多党合作重要纪念地开展延伸教育。

加大党外干部选拔任用力度。县委统战部以做好党外干部选拔任用为重点，进一步加强党外干部工作。1999 年，县委统战部会同组织部门召开会议，对培养选拔党外干部做出具体安排，我县党外干部选拔任用取得较大进展。全年共提任党外干部 7 名，其中原工商联会长、政协副主席王怀荣提任政府副县长。2011 年，抓住县乡换届良机，党外干部选拔任用又实现了大的突破，不仅在数量上增加，新提拔使用党外干部 16 名，其中副处级 1 名，正科级 2 名，副科级 13 名，而且有 3 名党外干部进入政府序列担任重要职务，分别担任卫生局长、法制办主任、民宗局局长，5 名同志任乡镇副职。

完善党外干部监督管理机制。把党外干部年度考核纳入全县领导干部目标责任制考核范畴，及时掌握了解党外干部的政治表现、思想动态、履行职责、廉洁自律等情况，认真执行党外干部述职述廉制度。从 2010 年起，每年都要召开党外科级干部履职情况汇报会，安排党外干部分别从德、能、勤、绩、廉等方面进行汇报交流，进一步提升党外干部履职尽责能力水平。

强化党外代表人士队伍建设。县委统战部把党外代表人士队伍建设始终摆在重要议事日程，纳入全县人才队伍建设的总体规划，完善政策举措，强化教育培训，注重发挥作用，党外代表人士队伍建设的科学化水平不断提升，一大批党外优秀人才不断涌现，在全县政治和社会生活中发挥了重要作用。1984 年，县委决定在县、乡人大代表中党外代表所占比例不低于 35%；在县人大常务委员会委员中民主党派成员、无党派人士所占比例不低于 30%；县人大领导班子成员、专门委员会领导干部和委员中党外人士都有适当数量。同年，中国人民政治协商会议昔阳县委员会成立。政协委员中党外委员占 60% 以上；政协常委中党外人士占 65% 以上；政协副主席中党外人士占 50%。并由统战部长担任政协副主席。1985 年，县委统战部针对党外代表人士反映的知情权缺失等问题，向县委提出了重点解决党外人士“知情、出力”问题的报告，县委及时以文件形式转发至各乡镇党委和各单位党支部，极大地调动了广大党外代表人士的工作积极性。县氮肥厂工程师曲正来，积极帮助厂长进行改革，把企业搞得有声有色，扭亏转盈。县农技推广站站长李观万，带领技术人员坚持长期下乡蹲点，向农民传授科学技术，成为党外人士的优秀代表，两人分别当选政协昔阳县委员会第二、四届副主席，充分调动了党外代表人士参政议政的积极性。1990年11月，县委召开全县统战工作会议通过了《中共昔阳县委关于落实全国及省地统战工作会议精神的实施意见》。1991年，县委出台《关于政治协商、民主监督的暂行规定》，通过座谈、协商会，广泛征求党外代表人士对县委、政府工作的意见建议。1995年，制定了《县人民政府同党外人士和工商联的联系制度》《县人民政府各有关部门同政协各工作委员会和工商联的对口联系制度》，与党外代表人士推心置腹，坦诚交流，广泛听取他们的意见建议。1996年，县委统战部制定《加强党外代表人士队伍建设的意见》，进一步健全和完善了党外代表人士档案、党外代表人士选拔任用制度、县五大班子党员领导成员和各部、委、局以及各乡镇主要领导与党外代表人士联系交友制度。2003年3月，县委统战部召开全县党外代表人士议政现场会，县委副书记、县长孟希雄亲自到会听取发言，并将大家的意见建议分解落实到各相关职能部门，使广大党外代表人士的知情权、参与权和参政议政权利得到充分体现。2010年县委统战部利用半个月的时间对全县党外代表人士进行了普遍走访，加深对党外代表人士的了解，形成了互动，密切了关系。2011年，组织党外代表人士开展“我为加快建设幸福自豪新昔阳做贡献”“五比五看”活动，深入开展“同心”教育，进一步增强了党外代表人士的自豪感和自信心。

第四章 党的十八大以来的新时代爱国统一战线

第一节 加强党对统战工作的领导

党的十八大对巩固和发展最广泛的爱国统一战线提出了新的要求，为新形势下统一战线作用的发挥提供了根本遵循。特别是 2015 年 5 月 18 日至 20 日，中央统战工作会议在北京召开，习近平总书记出席会议并发表重要讲话，颁布了《中国共产党统一战线工作条例（试行）》，在党的统一战线历史上具有里程碑意义，为新时代统一战线事业发展提供了法制保障。

构建大统战格局

党的十八大以来，昔阳县委准确把握新时代统战工作新要求，全面加强党对统战工作的集中统一领导。2016 年，县委出台了《中共昔阳县委关于进一步加强统一战线工作的实施意见》，成立了由县委书记王根元任组长的统战工作领导小组，涵盖了县委和政府有关部门、群团组织等成员单位，办公室设在县委统战部，为形成大统战工作格局提供了领导和组织保障。实现了县委统战部长由县委常委担任，完善了“县委书记亲自抓、常委部长具体抓、政府领导协调抓”的统战工作领导机制。县乡两级党委落实了“五个定期、四个纳入和三个同步”，即定期向党委主要领导汇报统战工作，定期提请党委会议研究统战工作，定期邀请主要领导到统战系统单位现场办公，定期邀请党委主要领导参加统战活动，定期邀请知名专家学者讲统战课；将统战工作纳入党委重要议事日程，纳入基层工作年度考核内容、纳入县委中心组学习内容和宣传文化计划，统战经费纳入各级财政预算之中；实现了基层统战工作与党建工作同步安排部署、同步实施落实、同步考核奖惩，在全社会营造了重视、关心和支持统战工作的浓厚氛围。

创新统战工作机制

全面贯彻落实《中国共产党统一战线工作条例（试行）》精神，建立健全了县乡两级统战工作领导小组工作制度，全面统筹全县的统战工作。坚持完善各级党政领导干部与党外代表人士联谊交友制度，每位领导班子成员至少联系 2 ～ 3 名党外代表人士。推行党外代表人士综合评价制度，实现了党外代表人士“逢奖必评”“逢用必评”“逢进必评”。落实统战工作年度目标管理考核制度，做到了统战工作与其他工作同部署、同检查、同考核、同奖惩。规范党外干部和党外知识分子培养选拔管理制度，完善了统战部与组织部联席会议制度、议事规则和党外后备干部培养管理办法，进一步强化了党外干部队伍建设。建立统战工作例会制度、坚持每周一次统战部务会议，每月一次县级统战成员单位工作例会，每半年一次全县统战工作例会雷打不动。落实民族宗教工作联席会议制度、推进宗教工作各成员单位信息共通、资源共享、品牌共建。不断完善统战工作各项内部管理制度，坚持用制度管人，以制度办事，进一步推动统战工作的规范化管理，科学化运行。

加强统战理论政策研究

着眼时代发展，立足工作实践，不断加强统战理论政策研究，积极组织、协调党内与党外，统战系统内与统战系统外，统战干部和统战成员等各方面的力量，壮大和优化统战理论调研队伍。建立健全了以统战部门为主体，以理论调研为纽带，以组织推动为手段的开放式、多层次、社会化统战政策研究工作机制，做到了资源共享，优势互补，不断提升了统战政策理论研究的广度和深度，以理论创新成果推动统战工作实践创新。2012 年，县政协副主席、统战部部长李怀仁在《中国统一战线》刊发的调研报告《靠制度机制推进党外干部队伍建设》获国家级统战宣传优秀成果奖。2014 年，致力创新理论调研新机制，出台了调研成果奖励、分级责任落实和调研服务保障三项制度，开展各类调研十多项，形成调研文章 22 篇。县政协主席王录文《关于确保双孢菇产业健康发展的思考》获全市统战理论优秀成果一等奖；县政协副主席、统战部部长李怀仁《关于合理有效推进我县城镇化建设的思考》获三等奖；县工商联书记刘立斌《优化民营企业成长环境　推进民营经济转型发展》、再就业指导中心副主任乔红芳《昔阳县促进创业带动就业效果分析调研》、团县委副书记翟晓梅《关于加强非公有制经济组织党建工作的对策建议》获优秀奖。2015 年，成立了昔阳县委统战部理论调研工作领导小组，组织全县统战干部和统战成员，认真开展了统战工作大调研活动。一年来，共形成调研报告 18 篇，其中 5 篇先后在《中国统一战线》《晋中日报》《晋中晚报》上刊登，15 个议案得到了转化。2016 年，县委常委、统战部部长李怀仁撰写的《新时期基层统战工作现状与思考》获全市统战理论政策研究优秀成果一等奖，县人大副主任耿计良撰写的《关于发展养老服务业的思考与对策》获全市统战理论政策研究优秀成果三等奖，部机关干部卜晓娟撰写的《关于对基层宗教界代表人士队伍建设的思考》获全市统战理论政策研究优秀成果优秀奖。2017 年，县政府副县长李丽萍撰写的《坚持中国化方向是我国宗教发展的必由之路》获全市统战理论政策研究优秀成果一等奖，县政协副主席梁素平撰写的《关于我县义务教育均衡化发展情况的调研报告》获三等奖。2018 年，为整合全县统战人才优势，提升统战政策理论研究水平，成立了昔阳县统一战线智库，30 名党外专家首批入库，统战理论政策研究进入了一个新的阶段。

县委常委、统战部部长李怀仁撰写的《统一战线助力脱贫攻坚的实践与思考》获全市统战理论政策研究优秀成果一等奖，昔阳县工商联名誉主席、湖北省晋商商会秘书长霍爱文撰写的《坚持“三性”基本原则　探索商会改革发》、昔阳县文化局副局长邓建梅撰写的《关于发展壮大昔阳县文化旅游产业的调研》获二等奖，昔阳县政府副县长李丽萍撰写的《推动医养结合工作发展的调研》获三等奖，昔阳县人大副主任耿计良撰写的《创优民营经济营商环境》、昔阳县城乡规划办李鑫撰写的《加强基层城乡规划管理工作的调研》获优秀奖。2019 年，县政府副县长李丽萍撰写的《昔阳县基本公共卫生服务情况调研报告》获全市统战理论政策研究优秀成果二等奖，工商联李鹏撰写的《加大专业合作社的扶持力度进一步提升全县农业产业化经营水平》、县统计局副局长吴建国撰写的《大寨的特色小镇建设与旅游产业发展》获优秀奖，工商联主席黄祥苗撰写的《关于解决民营企业融资难融资贵问题的调查研究》获山西省工商联系统优秀调研成果三等奖，副主席王晓丽撰写的《构建亲清政商关系之我见》获山西省工商联系统优秀调研成果三等奖。

做好统一战线宣传工作

《中国共产党统一战线工作条例（试行）》颁布后，县委统战部按照《条例》精神，建立健全了统战宣传工作机制，壮大统战宣传队伍，创新统战宣传手段，丰富统战宣传内容。利用党和国家重大纪念日，积极组织宣传活动，通过举办报告会、知识竞赛、培训班等形式，编辑宣传材料、制作专题片、发放宣传品，运用互联网等新型多媒体手段，多渠道、多角度、全方位宣传和展示新时代统一战线新成就、新气象、新贡献。2014 年，县政协副主席、统战部部长李怀仁撰写的通讯《民企联“三农”共建新农村》刊登于《山西统一战线》，获省级优秀宣传成果。2016 年，创建了昔阳统一战线网站，编印了《昔阳工商联》杂志，进一步丰富和拓展了统战工作的新载体、新阵地，提升了统战工作的影响力和感召力。2017 年，《昔阳工商联》杂志改版为《昔阳统一战线》。2018 年，创办“昔阳统一战线”微信公众号，通过“一网一刊一微信”统战宣传平台，广泛宣传统战工作新面貌、新气象。2019 年，部机关撰写的专题《凝聚新力量　推动县域经济发展》、通讯《发挥统战优势　助力脱贫攻坚》荣获晋中市统战宣传优秀成果奖。2016—2020 年，昔阳县委统战部连续多年被中央统战部宣传办、中国统一战线杂志社评为“《中国统一战线》宣传先进单位”，常务副部长尹彦斌、副部长刘立斌等多人先后被评为省、市宣传工作先进个人。

第二节　加强新时代民主党派建设

昔阳县委统战部深入学习贯彻习近平总书记关于多党合作的重要论述，积极引导中国民主促进会昔阳支部加强思想组织、履职能力、作风制度等建设，激发他们干事创业的积极性。

突出思想引领，协助民主党派加强自身建设

把学习贯彻习近平新时代中国特色社会主义思想和党的十八大、十九大精神作为首要政治任务，引导民主党派成员树牢“四个意识”，坚定“四个自信”，做到“两个维护”，始终在思想上、政治上、行动上与以习近平总书记为核心的党中央保持高度一致，连续多年组织民进昔阳支部成员、无党派人士赴延安、西柏坡、左权麻田八路军总部等地接受革命传统教育，不断凝聚民主党派成员的思想共识。2013 年 4 月，协助民进昔阳支部进行全面整顿，结束了十年未换届的被动局面。2017 年，将民进昔阳支部主委推荐提拔为副科级领导干部，解决了支部活动经费困难的问题。2018 年，投资 5 万余元改善了办公条件，建立了民进昔阳支部活动室。2019 年，录用公益岗位人员 1 名，解决了民进昔阳支部工作人员不足的问题。

坚持制度引领，支持民主党派履行职能

认真贯彻落实《中共中央办公厅关于加强政党协商的实施意见》，完善政党协商制度。建立了《党外代表人士季度协商座谈会制度》，健全了“党委出题、党派调研、政府采纳、部门反馈”的建言献策机制，县委常委会坚持每年召开专题会议，研究政党协商议题，同时落实了重大事项通报制度和社情民意建言献策直通车制度，努力为民主党派和党外代表人士积极参政议政搭建平台。民进昔阳支部成立以来先后有 2 名会员担任晋中市政协委员，15 名会员担任昔阳县政协委员，1 名当选县政协副主席，3 名当选县政协常委，1 名当选县人大常委会委员。支部会员积极撰写提案和议案，形成高质量提案 3 篇，得到县委、县政府的高度重视，2 篇被市政协采用。

强化实践引领，引导民主党派提高社会影响力

积极引导民进昔阳支部发挥自身优势，以品牌创建为出发点和落脚点，在融入大局、服务民生中贡献智慧和力量。2012 年以来，民进昔阳支部充分利用会员在医疗卫生、农业科技、文化教育等领域的人才、技术优势，组建“三下乡”活动小分队，坚持每年 2～3 次的义务下乡活动，先后到乐平镇庞家峪村、孔氏乡洪泉村、赵壁乡巩家庄村等 17 个村举办了健康义诊、春联进万家等惠民活动；2016 年以来支部在皋落镇瓮山景区租用土地，开展义务植树活动，目前已种植 300 余棵风景树和经济林。多年来，先后有 2 名会员受到了民进山西省委“先进个人”的表彰，多名会员受到了民进晋中市委“先进个人”的表彰。民进昔阳支部先后 2 次被民进中央授予“先进基层组织”，3 次被民进山西省委授予“先进集体”，数次被民进晋中市委表彰为“先进集体”“先进支部”。

第三节　坚持宗教中国化方向

2016年4月，全国宗教工作会议在北京召开，习近平总书记出席会议并发表重要讲话，对新形势下加强和改进宗教工作做出了全面部署。昔阳县委统战部认真贯彻落实中央关于宗教工作的重大部署，于2017年7月召开全县宗教工作会议，妥善处理宗教领域各类突出问题，积极推进宗教中国化进程，引导宗教与社会主义社会相适应。

强化思想政治教育

*坚持教育先行。*通过多种形式教育引导各级领导干部、宗教工作人员和宗教教职人员“三支队伍”系统学习党的宗教方针政策和国家法律法规，增强“四个自信”，坚定与党同心同行，与祖国共命运的信念。县民宗局集中为县四套班子领导、宗教工作领导组成员单位负责人分发新修订的《宗教事务条例》、编印了《宗教工作应知应会手册》，利用一年一度的农村“领头雁”干部培训，对县乡村三级干部进行宗教基本常识和法律法规的教育培训。利用每年举办的统战干部培训班，吸收基层宗教工作干部和信息员进行宗教业务培训，同时积极选送民宗局干部参加国家、省、市举办的宗教培训班。以“宗教政策法规宣传月”和“和谐寺观教堂”创建活动为平台，组织全体教职人员集中学习党的宗教政策、法律法规和各自的教规制度，选送10多名佛教、基督教青年教职人员到全国各大专院校进行学习深造和短期培训，广大宗教界人士和信教群众的国家意识、公民意识、法律意识普遍提高。

*积极推进宗教活动场所“六进”活动。*2016年，在全县15个宗教活动场所开展了“国旗、宪法和法律法规、社会主义核心价值观、中华优秀传统文化”进寺观教堂活动。县民宗局统一设置旗杆、国旗、统一制作宣传版面，购买了法律法规和中华优秀传统文化书籍，并在重大节日和大型活动期间举行升国旗、唱国歌仪式。2019年，在“四进”目标全面实现的基础上，又出台了《昔阳县宗教活动场所开展“六进”活动的实施方案》，探索增加了“平安和谐创建、公益慈善进宗教活动场所”活动，引导宗教界人士参与全县脱贫攻坚、乡村振兴和公益慈善行动，为社会和谐稳定发挥积极作用。同时，在全社会广泛开展宗教知识和法律法规进机关、进乡村、进社区、进学校、进企业、进寺观教堂活动。县宗教局在石马寺古庙会等宗教节日期间开展宗教政策法规宣传咨询，为群众发放宣传资料。结合“不忘初心、牢记使命”主题教育活动，利用会议、微信公众号、广播、版面等各种形式，广泛宣传党的宗教政策和习近平总书记关于宗教工作重要论述。联合教育部门在全县中小学持续开展“崇尚科学、破除迷信”专题教育活动，与教育部门召开联席会议，出台了《昔阳县教育工委关于进一步做好宗教工作的实施意见》，下发家长告知书，防范境外利用教育渠道进行的宗教渗透活动，

在全县范围内营造良好的宗教工作氛围。

依法管理宗教事务

*依法管理宗教团体和教职人员队伍。*指导县佛教协会、基督教“两会”按时完成换届，班子成员年龄、学历、专业进一步优化，一批年富力强、想干事、能干事、不出事的宗教人才充实到了领导岗位。同时，不断完善宗教团体制度，建立了宗教教职人员年度述职制度、重大事项报告制度、工作例会制度、民主测评制度以及教职人员、财务、安全等内部管理制度，持续推动宗教团体规范化、民主化和制度化建设。不断加强教职人员队伍建设，教职人员认定备案率达到了100%。结合党外代表人士综合评价工作，建立了宗教教职人员年度考评机制，推荐5名佛教、5名基督教代表人士担任宗教团体班子成员，推荐4名宗教人士担任县政协委员。

*规范管理宗教活动场所。*严把宗教活动场所审批关，2019年对各活动场所土地重新进行确权、测量，办理不动产证，对2个已停止活动的基督教固定活动场所撤销登记。严把宗教活动场所安全关。与各场所负责人签订《宗教活动场所安全工作目标管理责任书》，每逢宗教活动日以及一些敏感节点，县委统战部（宗教局）会同县委政法委、公安局、消防大队、610办公室、派出所以及各乡镇都要对全县宗教活动存在的安全问题进行摸排研判，限期整改。截至目前，全县未发生一起宗教活动场所安全事故。严把宗教活动场所规范关。全县各寺院、教堂统一建立相关管理制度，统一活动场所标牌标识，统一设置功德箱，对3个没有教职人员的寺庙派驻住持管理，进一步规范了宗教活动场所的正常秩序。严把财务管理关。全县开放的宗教活动场所，全部开设了专门账户，配齐了财务人员。加强对重大资金使用项目、基建、设施采购的审批、管理，严格审批环节，加强年度财务检查，实现财务管理民主化、规范化。

*依法处置宗教领域的突出问题。*在佛教领域，出台了《关于治理佛道教商业化问题的工作方案》，取缔没收非宗教活动场所功德箱11个。向全县寺院发出了“文明敬香”倡议，各寺院免费向信众赠送三支清香。组织开展“珍爱生命、合理放生、科学放生”活动。在基督教领域，出台了《昔阳县依法治理基督教私设聚会点工作实施方案》和“四个一批”处理办法，对全县基督教非法传教和私设聚会点分类处置。

*建立健全宗教依法管理“三级网络、两级责任制”。*实行“八个纳入”。把宗教工作纳入县乡两级党委、政府的重要议事日程，纳入乡镇和县直单位年度目标责任制考核内容，纳入被巡察单位党委（党组）巡察工作内容，纳入县、乡两级党委理论学习内容，把党的宗教理论方针政策和法律法规纳入县委党校教学内容，把宗教事务管理纳入全县社会管理网格化平台，把宗教工作经费纳入县级财政预算，并实现“三级联动”。调整充实县、乡两级宗教工作领导小组，强化宗教执法力量，2019年，统战部行政编制由6名增加到8名，从事宗教工作公务员增加到3人。各乡镇配备了宗教工作

联络员，各村确定了宗教工作信息员，各场所落实了宗教工作协管员，确保了基层宗教工作有人抓，有人管。强化宗教工作责任制落实，县与乡、乡与村层层签订《宗教工作目标管理责任书》，基层宗教工作与其他工作同部署、同落实、同检查、同考核。不断推进宗教工作制度化、规范化建设，建立健全宗教工作领导小组工作制度，三级网络、两级责任制信息反馈机制，县委统战部（民宗局）与县委政法委、县公安局、县应急管理局等成员单位联合执法机制、宗教网络舆情收集研判和回应工作机制、昔阳县政法机关维护国家政治安全工作协调机制，出台了《昔阳县民族宗教群体性突发事件应急预案》，形成了齐抓共管的工作格局。

引导宗教与社会主义社会相适应

县委统战部在积极帮助宗教界人士解决实际困难的同时，注重引导他们在经济社会发展中发挥积极作用，为建设和谐社会做出贡献。积极协调有关部门为有条件参保的教职人员参加社会保险，全县共有 22 名教职人员参加了各类养老保险，17 名参加了医保，2 名参加了低保，1 名参加了五保。动员社会力量积极帮助宗教团体解决住房、水、电、暖等困难。县政府投资 50 多万元为崇教寺僧人购进 150 多平方米的僧舍，募集社会资金 160 万元为石马寺僧人新建僧舍、禅堂、食堂等生活用房 600 平方米，政府投资 200 多万元为金刚禅寺铺设 3 公里柏油路，落实财政资金 15 万元维修了基督教福音堂，协调相关单位为全县 11 处寺院解决了冬季用煤困难，所有宗教活动场所的水电全部实行了居民收费标准。同时，主动协调解决宗教场所和村民的矛盾，妥善处理了斜峪沟圆通寺与村民房屋产权的矛盾，梵乘寺僧人与居士之间的矛盾，保证了宗教活动的有序开展。

组织引导宗教界人士弘扬优良传统，持续开展以敬老、助学、助残为主要内容“宗教慈善周”活动。及时向灾区、贫困儿童、孤寡老人献爱心、送温暖，累计开展各类慈善捐助 10 多次，募集善款 20 万多元，用于社会公益慈善事业。县基督教“两会”每年都要对重病信徒、特困户送去慰问品和慰问金；慈云寺僧人释宏静拿出 1 万元资助在昔打工患病的四川籍民工；悟道寺僧人释印悟拿出 8000 元的血书、血画善款捐给了云南地震灾区；居士乔万英每年都要拿出近 10 万元无偿资助孤寡老人、失学儿童和残疾人。2018 年县佛教协会和县基督教协会分别到赵壁乡东丰稔村和西丰稔村开展了慰问活动，金刚禅寺在县公益慈善晚会上为全县脱贫攻坚募捐善款 10 万元。县基督教“两会”在全县积极开展了“关爱留守儿童”公益活动，赢得了社会的一致好评。积极配合全县文化旅游发展，开展丰富多彩的佛教文化活动。2015 年开始，每年四月初八，县佛教协会都组织全县僧人在石马寺古庙会期间举办大型祈福法会和书法、摄影展，服务全县的宗教文化游。悟道寺僧人释印悟挖掘传统宗教文化，创作血画、血经 450 多卷，在全国各地举办展览。2013 年 10 月，昔阳基督教福音堂被授予“先进宗教活动场所”、昔阳县佛教协会被授予“先进宗教团体”。2017 年 6 月 14 日，金刚禅寺、石马寺被命名为首批“晋中市创建和谐寺观教堂示范单位”。

第四节　做好散居少数民族工作

党的十八大以来，各民族跨区域大流动逐步频繁，我县少数民族人口逐年增多，做好散居少数民族工作成为统战工作的重要组成部分。进一步加大服务和管理力度，依法保障他们的正当权益，让昔阳更好接受少数民族群众，让少数民族群众更好地融入昔阳。

建立健全各项民族工作管理制度

2012 年我们在全县开展了少数民族群众调查摸底工作，建立了乡镇、社区少数民族工作台账。2014 年对外来少数民族流动人口实行登记备案制度。2015 年，全面贯彻落实全省民族工作会议精神，县里成立了少数民族工作领导小组，制定《辖区群众联系制度》《民族宗教工作例会制度》《社区干部联系少数民族群众制度》等，聘请 5 名少数民族代表为全县少数民族联络员，在每个乡镇、社区指定 1 名工作人员为少数民族工作联系员，全县少数民族工作管理机制进一步完善。

大力宣传党的民族政策

2012 年，县民族宗教局结合开展“第五个民族团结进步宣传月”活动，加强民族政策的宣传教育，推动农村、社区少数民族工作的开展。2013 年根据民族工作“六五”普法的要求，举办了民族政策法规培训班，对全县各乡镇分管民族工作的领导干部以及城区社区主任进行专题培训。2014 年，通过在社区 10 个群众活动阅览室设立图书角、宣传栏张贴海报、发放宣传册等方式，大力宣传党的民族政策。2018 年，积极开展“民族团结进步基地”创建工作，“大寨精神教育基地”被命名为“晋中市首批民族红色文化传承基地”。

切实保障少数民族群众的各项权益

县民族宗教事务局把落实民族政策，维护他们的合法权益，强化服务意识，切实帮助少数民族解决实际困难，当作促进民族团结进步的重要工作常抓不懈。2012 年以来，按照相关民族政策，先后为 8 名少数民族子弟办理了更改民族成分有关手续，为 1 名回族丧偶妇女办了低保，帮助维吾尔族人吐尔地解决了孩子的入学问题。2018 年为昔阳县东合丰牧有限公司核发了我县第一张“清真食品生产经营许可证”。

第五节　加强党外知识分子和新的社会阶层人士统战工作

县委统战部按照“组织起来、活跃起来、发挥作用”的工作方针，坚持“抓点示范、以点带面”的工作思路，着力在思想引领、平台打造、作用发挥上狠下工夫，努力做好党外知识分子和新的社会阶层人士统战工作。

加强组织建设

县委高度重视党外知识分子和新的社会阶层人士统战工作，出台了《关于在党外知识分子和新的社会阶层人士中加强统战工作的意见》，建立了由统战、组织、民政、财政等10家统一战线领导小组成员单位在内的联席会议制度，形成了统战部牵头、多部门配合的领导工作体制。2017年7月26日正式成立了昔阳县新的社会阶层人士联谊会，下设民营企业、文化艺术、社会组织、新媒体和电子商务5个活动小组。2017年8月1日昔阳县党外知识分子联谊会成立，下设教育、卫生、农业、社会4个活动小组。同时，发挥三级统战网络优势，在乡镇社区分别成立了党外知识分子和新的社会阶层人士联络服务组织，组织和引导党外知识分子和新的社会阶层人士积极参与乡村和社区各项活动。

健全工作机制

健全人才信息管理制度，将全县党外知识分子和新的社会阶层人士录入系统，建立起了数量充足、结构合理的党外知识分子和新的社会阶层人士信息库。建立联谊交友机制，把党外知识分子和新的社会阶层人士纳入各级党政领导联系交友范围，每位县级领导干部挂钩联系交友一名以上党外知识分子和新的社会阶层人士，坚持定期交流联系，掌握思想动态，关注利益诉求，倾听意见建议。建立对口联系制度，由县委统战部牵头，建立政府相关行业主管部门与党外知识分子和新的社会阶层人士反映情况、表达意见的渠道，充分发挥他们在协商民主方面的作用。

注重教育引导

将党外知识分子和新的社会阶层人士纳入全县统一战线教育培训主体班次，深入开展理想信念教育活动，推荐代表人士参加省市组织的培训班，累计培训50多人次。组织广大党外知识分子和新的社会阶层人士赴红色革命圣地延安进行参观学习，进一步树立“四个意识”，坚定“四个自信”。通过举办各种学习会、读书会、研讨会，搭建微信平台等载体，组织党外知识分子和新的社会阶层人士学习习近平总书记关于新时代统一战线的新思想、新论断，不断增强他们的道路自信、理论自信、制度自信和文化自信。

大胆培养使用

定期组织党外知识分子和新的社会阶层人士开展理论学习、政治思想汇报、履职情感交流，选树示范标杆，进一步提高他们的综合素质和履职能力。把监督管理贯穿于培养使用工作的全过程，实行定期汇报制度、落实谈话谈心制度、推行跟踪考察制度、建立管理服务制度，实现党外知识分子和新的社会阶层人士动态情况全掌握，监管责任全落实，个性服务无遗漏，做到了政治上关心、生活上照顾、事业上支持、待遇上落实。同时，将党外知识分子和新的社会阶层人士纳入全县党外代表人士综合评价的范畴之中，一并严格考核，大胆提拔重用。全县选拔任用党外知识分子和新的社会阶层人士担任副科级及以上领导干部 40 人，安排各级人大代表、政协委员党外知识分子和新的社会阶层人士 96 人，党外知识分子和新的社会阶层人士在昔阳县政治生活中扮演着重要的角色。

充分发挥作用

积极搭建平台载体，激励和引导党外知识分子和新的社会阶层人士发挥资源和智力优势，围绕中心大局，主动作为，发挥作用。搭建参政议政平台，开展“聚力”行动。将党外知识分子和新的社会阶层人士纳入“季度座谈会”“建言献策直通车”“社情民意信息”等参政议政平台，定期组织他们开展外出考察、专题调研。同时，县里制定下发了《关于加强与民主党派、工商联和无党派人士协商联系的意见》，对口单位定期邀请他们听取意见和建议。县委统战部联合公检法等部门下发了《关于加强特约人员工作的通知》，对单位聘请的特约人员进行规范管理，为党外知识分子和新的社会阶层人士发挥作用提供了平台。广大党外知识分子和新的社会阶层人士紧紧围绕全县经济社会发展中的难点、热点问题，定期开展调查研究，积极建言献策，为县委、政府科学决策提供了智力支持。搭建社会服务平台，开展“惠民”行动。以举办各类特色活动为载体，实施民企助力脱贫攻坚和乡村振兴行动，开展“善行昔阳，爱心传递”为主题的助学助残助困活动，对农村留守儿童进行“一对一”精准帮扶，精心打造党外知识分子和新的社会阶层人士送法律、送文化、送科技“三下乡”活动品牌，赢得社会广泛赞誉。搭建创新实践平台，开展创业行动。推出了“昔新我行”工作品牌，打造了以自由职业人员为主的云创电商“创业型”活动站、以新媒体从业人员为主的晋美新媒体“学习型”活动站，以民营企业管理技术人员为主的晋祥新天地“创新型”活动站。组织新阶层人士中的“网红”“主播”，开展“电商直播扶贫行动”，“老乡严选”电商平台、“未来严选”快手直播，网上帮助农村销售农特产品。在昔阳县人民医院创建“党外知识分子实践创新基地”，组建党外知识分子“同心服务团”，引导广大党外知识分子开展“弘扬爱国奉献精神　建功立业新时代”为主题的教育活动，开展“送温暖、送医疗、送健康”社会服务活动，助力全县经济社会高质量发展。2020 年新冠肺炎疫情发生后，广大党外知识分子和新的社会阶层人士积极响应党中央号召，为抗击疫情贡献智慧和力量。县知联会医疗卫生组成员 10 余名党外代表人士连续奋战在疫情防控第一线。

第六节　促进非公有制经济健康发展和非公有制经济人士健康成长

党的十八大以来，县委统战部认真贯彻落实党中央关于新时代民营经济统战工作的一系列决策部署，坚持“信任、团结、服务、引导、教育”的工作方针，不仅为民营经济健康发展营造良好的政策环境、法制环境、市场环境和社会环境，而且着力推动构建“亲清”新型政商关系，有效地促进了非公有制经济健康发展和非公有制经济人士健康成长。

鼓励支持非公有制经济健康发展

认真贯彻落实习近平总书记在民营经济座谈会上的讲话精神，着力搭建政企沟通、宣传引导、企业交流、奉献社会、服务发展“五大平台”，推进“服务民企发展”“民企典型选树”“昔商回乡创业”三大工程，不断优化民营经济营商环境。

推进“服务民企发展”工程。认真贯彻落实《关于加强新时代民营经济统战工作的意见》，深入贯彻省“30 条”、市“25 条”、县“20 条”惠企政策，收集编印了《支持民营经济发展政策汇编》及《续编》，连续多年建立县四套班子成员联系非公企业项目、联系非公企业、联系非公企业家制度，开展民企走访调研，做好干部入企服务工作，组织召开全县民营企业座谈会、政银企对接会、政法机关助力民营企业发展恳谈会，与县人社局联合举办民营企业招聘周活动。2015 年，县财政安排 500 元资金撬动 2000 万元银行贷款帮助民营经济发展。2019 年 8 月昔阳县检察院派驻县工商联检察联络室挂牌。2020 年县政府出台《关于积极应对疫情支持民营企业共渡难关若干措施的通知》，组织 8 家银行分别和 16 家民营企业现场达成贷款意向 53 项，意向贷款 5.79 亿元，发放贷款 2.97 亿元，积极帮助民营企业复工复产，减税降费，主动为民营企业发展营造良好环境。

实施“民企典型选树”工程。2018 年昔阳工商联主席、山西丰汇煤业有限公司董事长黄祥苗、山西厚基伟业商贸有限公司董事长宋以斌荣获山西省“五一劳动模范”殊荣。昔阳丰汇煤业有限公司荣获 2018 山西省功勋企业。昔阳四通工贸有限公司董事长王维银、昔阳安顺煤业有限公司董事长刘传鑫、山西厚基伟业商贸有限公司董事长宋以斌、山西昔阳丰汇煤业有限公司执行董事唐龙荣获 2018 年山西功勋企业家。山西昔阳丰汇瓦斯发电厂厂长杨勤建荣获 2018 年山西优秀企业家。在县电视台、报社、《昔阳统一战线》等媒体开辟专栏，并通过多种宣传形式，介绍民营企业家的先进事迹，广泛宣传民营企业家的良好形象，激发民营企业家创业发展正能量。

引深“昔商回乡创业”工程。充分发挥我县异地商会作用，鼓励和引导昔商昔才回乡创业。县委、县政府分别在北京、上海、天津、南京召开招商引资推进会，筹建东北西南四个招商引资联络点，与北京商会、成都山西商会签订了服务意向合同；联合县政协启动昔阳县“归燕行动”项目推介活动，鼓励和引导在外的昔商昔才回村投资创业，13名昔阳在外企业家回乡投资创业。在京企业家陈冰峰投资4300万元兴办千头肉牛育肥基地，在冀企业家杨宝兴投资4.5亿元开发融城国际广场商业综合体项目。

引导非公有制经济人士健康成长

强化对非公有制经济人士的政治引领。深入开展理想信念教育实践活动，组织非公经济人士赴革命圣地延安、西柏坡等地接受红色教育、到大寨虎头山重温入党誓词，开展以“守法诚信、坚定信心”为重点的非公经济人士理想信念教育实践活动，举办非公企业家温州、肥城、苏州专题培训班，引导他们增强“四个意识”，坚定“四个自信”，做到“两个维护”，坚定不移听党话、跟党走。

畅通民营经济人士有序政治参与渠道，积极建言献策。着力做好非公有制经济人士政治安排工作，引导他们有序开展政治参与。全县非公有制经济人士担任各级人大代表9名，各级政协委员33名，省市工商联执委5名。2012年，开展全县民营经济大调研，出台了《关于促进全民创业加快民营经济发展的若干意见》。2015年，县政府出台了《关于进一步创优发展环境减轻企业负担的若干措施》和《昔阳县企业应急周转保障资金管理暂行办法》两个文件。2019年，组织民企大走访活动，县委、县政府出台了《支持民营经济发展二十条意见》。十八大以来，全县非公有制经济人士中的政协委员共提交提案410件，12件集体提案被列为县政协重点提案，80余条社情民意等方面的合理化建议被有关部门采纳。

积极开展光彩事业行动。2012年，协助筹建昔阳县慈善总会，全县非公企业共筹集善款580万元。2014年，成立工商联公益组织，积极开展“善行昔阳　爱心传递”活动，参与商户达到186户，被县委、县政府授予“优秀公益组织”称号。2015年，与团县委联合启动“精准扶贫，关爱留守儿童”活动，组织爱心企业家在皋落小学、东关小学等学校每年定期举行助学捐助活动，受助留守儿童达到110人次。2018年1月25日成立昔阳县光彩事业促进会，全县42家会员企业发挥“义利兼顾、以义为先”的光彩精神，慷慨解囊，以实际行动播撒善行义举，共筹集光彩事业基金1645万元，帮扶53个乡村振兴示范村实施各类项目78个，完成680公里登山健身步道建设。2018年5月6日，组织皋落学区的15名贫困学生赴山西省科技馆开展“民营企业家1+1关爱贫困青少年自愿行”活动。2018年7月31日，昔阳县丰汇煤业副董事长、县光彩事业促进会会长唐绍袍在昔阳中学阶梯教室捐资12万元资助贫困学生上学。2019年，万通物流董事长李斌武为本村7名大学新生发放了助学金，丰汇煤业董事长黄祥苗为32名困难职工子女每人发放助学金1000元。2020年新冠肺炎疫情发生后，县委统战部三次组织抗击疫情捐助活动，49家非公企业累计捐款捐物594.14万元。

实施民企“助力脱贫攻坚和乡村振兴”工程。2012年，启动开展“民企联三农、共建新农村”活动。全县89个非公企业与102个村结成帮扶对子，81个民营企业家、个体老板回村担任村党支部书记和村主任，投入项目资金3.36亿元，建起项目基地32个，捐赠资金3800多万元，帮助3400多个农民解决了就业问题。2012年10月，晋中市民营企业“转型跨越 服务三农”现场会在昔阳召开。2016年全县确定了13户民营企业帮扶13个贫困村，2017年发展到51个民营企业与62个贫困村结成帮扶对子，2018年4月19日，出台《昔阳县非公有制企业助力脱贫攻坚和乡村振兴行动实施方案》，全县75个民营企业与112个贫困村帮扶结对，通过产业扶贫、就业扶贫、公益捐赠扶贫等方式，全县民营企业共投入各类帮扶资金达到13595万元，吸纳贫困户劳动力就业超过8900名。2018年，在全县五一劳动节表彰中，山西昔阳丰汇煤业等14家非公企业荣获全县脱贫攻坚“特别贡献奖”。

深入推进工商联改革和建设

坚持“政治建会、团结立会、服务兴会、改革强会”的总目标，按照“一个设立、五个有”的要求，以党组为核心、执委会为表率、商会为主阵地、青年企业为生力军，大力开展全国县级“五好”工商联创建活动。先后出台了《关于加强和改进新形势下工商联工作的实施意见》《关于促进全民创业加快民营经济发展的若干意见》《县四大班子领导联系非公企业的实施方案》《关于在非公有经济人士中开展理想信念教育活动的实施方案》《关于组建各乡镇基层商会的实施方案》等重要文件。制定了合理可行的《会员发展规划》和《会员入会及管理制度》，会员发展和管理更加规范化，会员数量在十年间从134家发展到217家，年增长率达到10.6%，全县17个规模以上民营企业全部加入工商联。会员队伍的整体素质在逐年提高，会员结构逐年优化，目前企业会员62名，团体会员26名，个人会员129人，企业会员和团体会员占会员总数的40.5%。全县的知名企业及人大代表、政协委员中的非公经济代表人士98%都吸收到工商联组织中。健全了会员档案，实行动态管理。全县12个乡镇、4个社区全部组建了基层商会，共有会员289名，做到了100%全覆盖。2012年至2016年，先后批准成立了3个市场商会（商贸城商会、国贸大厦商会、新世纪购物中心商会），2个特色商会（收藏协会、崖柏商会），1个异地商会（昔阳温州商会），4个行业商会（废旧回收商会、仁义蔬菜商会、核桃商会、双孢菇商会）。2019年12月，昔阳县总商会北京联络站挂牌成立。在商会管理上，制定了《昔阳县工商联商会管理办法》《工商联管理制度、执委自律公约》《会长轮值制度》《商会济困助学基金管理使用办法》等一系列的管理制度。2020年，围绕民营企业发展的热点、难点、痛点，持续推进实施民营经济统战“8610”工程，实施了六项工程（两个健康引领工程、服务民企帮促工程、昔商昔才回乡工程、助力乡村振兴工程、优秀民企塑造工程、基层商会提质工程），搭建了八大平台（政企沟通平台、科技支撑平台、金融支持平台、市场推广平台、人才服务平台、招商引资平台、对外宣传平台、联谊交友平台），创新了十个机制（县级领导联系非公企业机制、帮扶非公企业双向选择机制、县委政府与非公企业定期沟通协商机制、非公企业诉求受理直通车机制、非公企业发展环境综合评价考核机制、政银企沟通对接机制、非公企业激励表彰机制、非公企业失信联合惩戒机制、非公企业法律援助机制、非公企业光彩事业行动机制），努力构建“亲清”新型政商关系，为民营企业营造更加顺心、安心、舒心、放心的发展环境，形成了“政企联手”同向发力，“两个健康”一体推进的生动局面。

第七节　拓展海外统战工作

党的十八大以来，我们认真贯彻落实《中国共产党统一战线工作条例》精神，把促进“海内外同胞关系和谐”作为统战工作的重要目标任务，加强侨联组织建设，拓展海外统战工作。

健全侨联组织

2015年7月，成立了昔阳县归国华侨联合会。2019年3月，根据《中共昔阳县委统一战线工作部职能配置、内设机构和人员编制的规定》（昔办发〔2019〕12号），明确由县委统战部统一管理全县侨务工作，为新时代侨务工作开展提供了组织保证。山西厚基伟业商贸有限公司、昔阳四通一轩综合医院先后创建为“侨胞之家”。2019年，昔阳四通一轩综合医院荣获“山西省新侨创新创业示范基地”荣誉称号。

实施“金桥爱心”行动

2012年以来，我们充分发挥统战优势，通过省委统战部海联处、晋中市侨联引进海外资金开展“金桥爱心”行动，争取香港李兆基基金会资金50万元，新建了大寨镇麻汇村、赵壁乡白羊峪村、东平原村、西丰稔村和皋落镇车寺村五所卫生室，改扩建了三都乡井沟村、东冶头镇静阳村、乐平镇东会村，孔氏乡朱石铺村和洪泉村五所卫生室。争取香港华人革新协会捐赠资金154万元，完成了瑶头、武家坪、新城3所希望小学建设工程和10所卫生室建设工程。引进香港华革会“吴祺光助学金”101.25万元，资助贫困学生420人次。2016年，协调中国华侨公益基金向昔阳县人民医院捐赠价值96万元的“SM1OC等离子双极电切电凝微创手术设备”。2019年，配合山西欧美同学会、晋中欧美同学会与明日之星公益基金管委会联合在我县开展“同心助学”精准帮扶助学活动，为12所义务教育阶段学校捐赠了创客空间3D打印机设备、学习平板、教学软件、文房四宝等教育信息化物品，进一步彰显了海外侨胞爱国爱乡的赤子情怀。

开展形式多样交流活动

积极参加由中国侨联、全国台联、人民日报海外版、中国国际广播电台、《快乐作文》杂志社举办的第十八、十九、二十届世界华人学生作文大赛，全县共有12所学校78名学生获奖。其中特等奖1名、一等奖6名、二等奖8名、三等奖23名、38名教师获得辅导奖。

充分发挥侨联组织职能作用

在九届县政协委员界别设置中新增了“侨联”界别，3名侨界代表推荐为县政协委员，他们围绕医药卫生、农村电商、食品安全等方面共提交提案12件，受到了县委、县政府高度重视。同时，累计完成十余户归侨侨眷的走访慰问和困难归侨侨眷的救助工作，依法维护归侨侨眷和海外侨胞的合法权益。

第八节　加强党外干部和党外代表人士队伍建设

2012年2月，以中共中央名义第一次出台了《关于加强党外代表人士队伍建设的意见》，县委统战部认真贯彻《意见》和《条例》精神，主动作为，健全机制，扎实推进党外干部和党外代表人士队伍建设。截至2020年底，全县副科级以上的党外干部达到40名，64名党外代表人士推选为人大代表，97名党外代表人士推荐为政协委员，党外代表人士队伍建设达到了历史最好时期水平。

建立党外代表人士发现培育机制，通力合作“识人”

抓住历次县乡换届的有利时机，将党外代表人士培养选拔工作纳入全县人才干部工作的总体部署，与县委组织部建立党外干部工作联系会议制度，做到一同制订方案、一同拟定人选、一同组织考察。与12个乡镇和8大系统党委及有关部门及时沟通，筛选更多的优秀党外代表人士后备人才进入党委选人用人范畴。

健全党外代表人士人才储备机制，广开视野“选人”

通过建立党员干部联系党外代表人士制度让领导选才；充分发挥组织、统战部门的职能作用，让主渠道荐才；坚持“党管干部”的原则，让各级党组织举才；引入竞争机制，公开考试招才。注重从基层一线挑选后备干部，注重从新经济组织和“80后”优秀大学生中发现人才，注重从行业标兵、劳动模范、优秀党外知识分子中选拔人才，真正把德才兼备、有发展潜力和专业特长的党外代表人士纳入视野。对党外后备干部不以一次选拔定终身，建立了党外代表人士人才库，实行“一年一走访、一年一调整”

的动态管理机制，保证优秀党外人才队伍的数量、质量和活力。

创新党外代表人士选拔任用机制，不拘一格“用人”

县委对党外代表人士提拔使用制定了相对宽松的政策，在班子换届时，同步考虑党外干部选配；机构改革时，尽量不裁减党外干部；同等条件下优先使用党外干部，并采取先进后出、“加长板凳”和党政职务分设“腾位子”的做法，让党外干部应配尽配。2012年，全县有6名“80后”的党外干部通过公开选拔走上领导岗位。

强化党外代表人士教育培训机制，多措并举“育人”

与县委组织部、党校联合举办党外干部和党外代表人士培训班，在各类干部培训班中有目的地安排一定数量的党外干部参加，培训党外干部和党外代表人士210人次，采取下派锻炼、上派跟班、外派取经等多种方式，使党外干部和党外代表人士进一步磨炼意志、增长才干。同时，选拔46名党外代表人士分别担任人民陪审员、监督员、评议员，使更多的党外代表人士奋进有机会，干事有舞台。

完善党外代表人士监督考核机制，严格标准“管人”

实行党外干部和党外代表人士定期汇报制度，落实统战部长约谈制度，推行跟踪考察综合评价制度。将党外干部综合考核纳入全县干部考核的大盘子，一并考核，一起管理。落实履职交流制度，在每年年初每位党外干部都要以书面形式向统战部汇报全年的工作计划，年终召开全县党外干部履职交流会议，从而提高党外干部履职尽责的能力和水平。

落实党外代表人士激励关怀机制，满腔热忱“护人”

建立“3+1”联系党外代表人士制度，即每一位县级领导、单位“一把手”和统战干部同时联系一名党外代表人士，主动与他们谈心交友，关心关爱其成长。建立党外代表人士跟踪服务制度，为每一位党外干部和后备人选都建立了一份电子档案，基本实现了党外干部监管责任全覆盖，努力做到政治上关心、生活上照顾、工作上支持、待遇上落实，把统战部建成“党外代表人士之家”。

第九节　开展乡贤统战试点工作

2020年，县委统战部按照“跳出统战抓统战，跳出区域抓统战，跳出部门抓统战”的思维，把乡贤统战工作作为构建“大统战”格局的重要抓手，以乡愁乡情为纽带，以乡贤联谊会为平台，积极开展乡贤统战试点工作。

坚持高位推动，试点先行，探索新时代基层统战工作新路子

县委、县政府出台了《关于进一步加强新时代乡贤工作推进乡村振兴战略的实施意见》，县委统战部配套印发了《关于在全县建立乡贤联谊组织的实施方案》，成立了由县委书记任组长的乡贤统战工作领导组，精心指导乡贤资源丰富的三都、大寨、李家庄等3个乡镇，先行先试，成立乡贤联谊会，形成了“县委领导、统战统筹、乡镇主体、延伸到村”的乡贤工作机制，确保了有专人干事，有场所联谊，有制度理事，有经费保障，有活动引领。

建强组织，创新机制，打造汇集乡贤力量的聚宝盆

坚持“以德为先，全面摸排，精准筛选”的原则，按照“六有”标准，全县建立了1668名在外乡贤名录库，3个乡镇并延伸到18个村成立了乡贤联谊会。依托昔阳总商会北京联络站创建了北京“乡贤驿站”。健全乡贤联络联谊机制，抓住春节、清明、中秋等重要节日，组织“节点式”线下联谊，把乡贤“返乡日”打造成乡贤“走访日”。建立乡贤微信群、QQ群等“线上”渠道，定期不定期开展线上联谊，把乡贤会打造成为乡贤志士的“温暖之家”。设立1000万元的招商引资奖励资金，全流程最大化服务乡贤回归，资金回流。建立乡贤关爱激励机制，大寨镇建设乡贤馆，西峪村开辟乡贤榜，李家庄乡修缮了二月河故居，大打“暖心牌”，让见贤思齐蔚然成风，让乡贤感受到更多的归属感和荣誉感。

发挥优势，汇聚力量，画好乡村振兴的最大同心圆

通过“乡贤+两委”的治理模式，把乡贤组织纳入党建统领的治理体系。鼓励在外乡贤回村担任村主干，聘请乡贤担任乡村发展顾问，解决乡村振兴人才缺乏短板。组织乡贤设置建言献策“智囊组”、产业扶持“致富组”、纠纷调解“协调组”、乡风文明“督导组”、公益服务“志愿组”等功能小组，组团实施乡贤助力乡村发展、参与乡村治理、引领乡风文明、投身社会公益行动。三都乡通过乡贤领办和牵线，兴办各类企业和合作社46家，落实项目24个，引进投资13884万元，提供就业岗位310个，帮扶贫困户1164户。大寨镇发挥乡贤引领作用，打造出红色大寨、花画河南、生态潘掌、儒雅孔家沟等特色鲜明的示范村。乡贤统战工作的开展打通了基层统战服务中心大局的“最后一公里”，实现了由“统战部门抓统战”向“全党抓统战”“全社会抓统战”的转变，蹚出了一条新时代基层统战工作的新路子。

第十节　提升统战工作科学化水平

县委统战部聚焦聚力新时代统战工作面临的新机遇、新挑战、新任务，积极实施以“强基层、打基础、抓基本”为核心的强基固本行动，不断推动统战工作提质增效，科学发展。

强化统战基层组织建设

加强和充实了县、乡（镇）两级统一战线工作领导小组，实现了县乡两级统战工作领导体系全覆盖，县乡村三级统战工作队伍全覆盖。13个乡镇（社区）和县直八大系统党委副书记兼任统战委员，335个行政村党支部书记兼任村级统战工作联络员，121个县直单位明确了分管统战工作的班子成员，31个统战重点部门和单位配备了专门的统战工作联络员。全面构建基层统战组织网络，推动统战工作向农村、向社区，向医院学校，向“两新”组织和其他社会团体延伸，形成了乡镇统战办公室、民族宗教办、乡镇商会、乡贤会“四位一体”的基层组织体系。2015年成立了科级建制的县侨联，2016年县工商联、民进昔阳支部、县佛教协会、基督教“两会”顺利换届，2017年成立了县新的社会阶层人士联谊会和党外知识分子联谊会，2018年成立了县光彩事业促进会，2020年在三都、大寨、李家庄等三乡镇组建了乡贤联谊会，全县实现了县工商联、侨联、新的社会阶层人士联谊会、党外知识分子联谊会、基督教“两会”、佛教协会、光彩事业促进会和乡贤会“八位一体”的县级各领域统战社会组织全覆盖。2015年，县委统战部与工商联、侨联和民宗局实行“1+3”的合署办公模式。2019年，昔阳县机构改革又将县民族宗教事务局划入县委统战部，对外加挂县民族宗教事务局牌子，真正实现了合署、合心、合力，构建了“多部门交叉任职、统一管理、集中办公”的基层统战组织建设新格局。

夯实统战基层基础工作

2017年，在全县开展了以“五有四规范三提升”为主要内容的“统一战线基层基础建设提升年”活动，强化软硬件建设。全县各乡镇（社区）和统战对象较为集中的县直单位统一设立了统战工作办公室，配备了专兼职人员，制定完善了各项规章制度。建立了“一网（统一战线网站）、一刊（昔阳统一战线）、一微信（统一战线微信公众号）”三个宣传信息平台，依托乡镇、县直有关单位和统战成员所在单位建立了14个“统战之家”。同时编印了《昔阳县统战工作文件制度汇编》，建立了民主党派、党外知识分子、信教群众、少数民族群众、侨胞侨眷、台胞台属、非公有制经济人士、新的社会阶层人士、党外干部等13个方面的“大数据”档案和工作台账，初步构建起了管用有效、合理规范的工作机制。积极探索“1+4+X”的基层统战工作新模式，以“一乡一品牌”“一团体一特色”创建活动为载体，打造了一批基层统战工作新亮点，推进了统一战线各领域工作的创新和发展。

提升统战干部基本能力

紧扣“凝心”这一根本，不断推进“不忘初心，牢记使命”主题教育常态化、制度化，在民进昔阳支部和无党派人士中开展“不忘合作初心，继续携手前进”主题教育活动；在非公经济人士中开展“不忘创业初心，接力改革伟业”理想信念主题教育活动。在新的社会阶层人士中开展“凝聚新力量、筑梦新时代”主题教育活动。不断提升统战干部的能力素质。讲政治、敢担当，讲作风、重本领，讲斗争、守底线，对标一流，争创一流，开展了统战干部联系统战对象“1+6”送温暖行动，统战部门联系服务品牌“1+3”送项目行动，统战志愿者联系示范点“1+5”送服务活动，积极帮扶赵壁乡巩家庄村精准脱贫。2017 年，举办了“不忘合作初心，继续携手前进”统一战线书画展，开展了昔阳县“丰汇杯”统一战线“学讲话、学条例”知识竞赛，着力抓好统战理论研究、宣传、信息三项工作，打造学习型、服务型、高效型统战干部队伍，努力把统战干部培养成为令人信赖、令人尊敬的“党外人士之友”，把统战部门建设成为团结和谐、名副其实的“党外人士之家”。

第二篇
统一战线组织与工作机构

第一章 统一战线组织

第一节 抗日战争时期

山西省牺牲救国同盟会昔阳县分会（简称牺盟昔阳分会）

1936年，根据党中央确定的“建立抗日民族统一战线”的方针，组织成立了“山西省牺牲救国同盟会”（简称牺盟会），促成了与阎锡山的抗日民族统一战线的建立。1936年底，山西省牺盟总会派赵光寅、李之实等5人以临时村政协助员的身份来到昔阳，做通了原国民党政府县长阎聚宝的工作，成立了抗日民族统一战线的民主政府，并以“协助县长、村长办理县政、村政”的名义，深入乡村，动员有识之士和进步青年参加牺盟会。经过3个月的宣传发动，全县共发展牺盟会员3000余名。

1937年3月，山西省牺牲救国同盟会昔阳县分会（简称牺盟昔阳分会）成立，直属山西省牺盟总会领导，下辖4个区牺盟分会，总会机构设在县城，负责人赵光寅。6月，赵光寅、李之实先后任昔阳县牺盟分会特派员，并组成5人的牺盟分会执行委员会，改属平定牺盟中心区领导。11月，昔阳县城失守，机关先后迁往东冶头镇、皋落镇。年底，全县会员发展到5000名，大部分行政村都建立了牺盟会组织。1938年春，牺盟昔阳分会内部设立组织部和宣传部。

1938年5月，昔阳分为昔（阳）东、昔（阳）西两县，昔阳县牺盟分会易名为昔（阳）东县牺盟分会，其隶属关系、内部机构、机关驻地不变。根据1939年12月山西省牺盟代表大会精神，牺盟会于1940年4月撤销。

1. 领导机构及负责人名录

牺盟会昔阳县分会（1937.3—1938.5）

负　责　人	赵光寅	（1937.3—1937.6）
特　派　员	赵光寅	（1937.6—1938.5）
	李之实	（1937.8—1937.12）
执　　　委	赵光寅	（1937.3—1938.5）
	李之实	（1937.3—1937.6）
	赵邦荣	（1937.3—1938）
	李正明	（1937.3—1938）
	赵鼎臣	（1937.3—1938）
	李登寿	（1937.3—1938）
	李经麟	（1937.8—1937.12）
	李经宽	（1937.8—1938）
	王久敬	（1937.8—1937.12）
	王子元	（1937.8—1937.12）

组织部（1938.4—1938.5）

部　　长	马兴元	（1938.4—1938.5）

宣传部（1938.4—1938.5）

部　　长	赵东仁	（1938.4—1938.5）
秘　　书	冯万富（冯火）	（1938.4—1938.5）

牺盟会昔（阳）东县分会（1938.5—1940.4）

特 派 员	赵光寅	（1938.5—1939.7）
	徐林汉	（1939.9—1940.4）
组织部长	马兴元	（1938.5—1939.9）
	武夏棠（女）	（1939.11—1940）
宣传部长	赵东仁	（1938.5—1939.9）
	陈吉华	（1939.9—1940.1）
	冀效仁	（1940.1—1940.4）
秘　　书	冯万富（冯火）	（1938.5—1940.1）

2. 所属区牺盟分会及负责人名录

一区（城关区）牺盟分会（1938.1—1940.4）

负　责　人	李子荷（兼）	（1938.1—1939.1）
	孙家吉（兼）	（1939.1—1940.4）

二区（东冶头区）牺盟分会（1938.1—1940.4）

负 责 人 赵文彬（兼） （1938.1—1939.9）

赵於涛（兼） （1939.9—1940.4）

三区（皋落区）牺盟分会（1938.1—1939.9）

负 责 人 赵子荣（兼） （1938.1—1938.3）

郭岫贞（女、兼）（1938.5—1939.9）

四区（沾尚区）牺盟分会（1938.1—1939.9）

负 责 人 武可枫（兼） （1938.1—1938.5）

昔阳县民族革命战争战地动员委员会（简称动委会）

1937 年 10 月，在八路军一二九师参谋长倪志亮、宣传部长刘志坚的帮助下，昔阳县民族革命战争战地动员委员会（简称动委会）成立，机关驻地设在县城。动委会主任由抗日民主政府县长（阎聚宝）担任，副主任由牺盟会特派员兼任。区、编村、行政村相继成立动委会，主任分别由各级行政长官兼任。县城失守后，县动委会机关迁往皋落。1938 年 5 月，昔阳县分设昔（阳）东、昔（阳）西两个县后，原昔阳县民族革命战争战地动员委员会易名为昔（阳）东县民族革命战争战地动员委员会，下辖昔（阳）东各区动委会。1939 年 8 月，动委会撤销。

1. 领导机构及负责人名录

昔阳县动委会（1937.10—1938.5）

主 任 阎聚宝（兼）（1937.10—1938.4）

副主任 赵光寅（兼）（1937.10—1938.5）

赵邦藩（兼）（1937.10—1938.5）

赵邦荣（兼）（1937.10—1938.5）

昔（东）县动委会（1938.5—1939.8）

主 任 李绍光（兼）（1938.5—1938.12）

赵邦藩（兼）（1938.12—1939.8）

副主任 赵邦荣 （1938.5—1938.12）

2. 所属区动委会及负责人名录

一区（城关）动委会 （1937.10—1939.8）

主 任 王子元（兼）（1937.10—1938.12）

李端亨 （1938.12—1939.8）

二区（东冶头）动委会 （1937.11—1939.8）

主 任 宋志兴（兼）（1937.11—1938.4）

师永昌（兼）（1938.5—1938.8）

赵子荣（兼）（1938.9—1939.8）

三区（皋落）动委会（1937.11—1939.8）

主 任 李经宽（兼）（1937.11—1937.12）

赵邦荣（兼）（1938.3—1938.5）

王子元（兼）（1939.2—1939.3）

刘用光（兼）（1939.3—1939.8）

四区（沾尚）动委会（1937.11—1938.5）

主 任 宋乃宽（兼）（1937.11—1938.1）

任松筠（兼）（1938.1—1938.5）

昔（阳）东、昔（阳）西县工、农、青、妇救国联合会（简称救联会）

1938年5月至10月，昔（阳）东、昔（阳）西普遍建立了工救会、农救会、青救会、妇救会等多个群众抗日救国组织。1940年3月，昔（阳）东、昔（阳）西又分别成立了各界抗日救国联合会（简称各救会）。1942年9月，根据晋冀鲁豫工农青妇总会关于工、农、青、妇统一组织的决定，将县各救会改称工农青妇救国联合会（简称救联会），内设组织部、宣传部，下辖区救联会。1945年11月，昔（阳）东、昔（阳）西两县合并后，救联会改称昔阳县各界联合会，1949年9月撤销。

昔（阳）东县救联会（驻地 皋落镇）

1. 领导机构及负责人名录

昔（阳）东县救联会（1940.3—1945.11）

主 席 王运德 （1940.3—1942.7）

张华清（女） （1942.7—1943）

耿启昌 （1943—1945.3）

宋乃瑞（女） （1945.4—1945.8）

魏万珍 （1945.8—1945.11）

副主席 马振芳 （1940.3—1941.7）

2. 县救联会下辖区救联会及负责人名录

一区（城关）救联会（1940.3—1945.11）

主 席 王 科 （1943—1944）

二区（东冶头）救联会（1940.3—1945.11）

主 席 张元善 （1942—1943）

三区（皋落）救联会（1940.3—1945.11）

主　席　翟万昌　　（1942.12—1943.2）
张元善　　（1943—1944.1）
王　科　　（1944.2—1945）
赵顺义　　（1945—1945.8）

四区（沾尚）救联会（1940.3—1945.11）

主　席　乔承圣　　（1942—1943）
魏万珍　　（1943—1943.9）
郑会兰（女）（1943.10—1945.4）

五区救联会（1940.3—1945.11）

主　席　翟万昌　　（1943.2—1944.10）
赵顺义　　（1944.12—1945.7）
王俊小　　（1945.7—1945.10）
乔显明　　（1945.10—1945.11）

六区救联会（1940.3—1945.11）

主　席　王守敬　　（1942—1943）

七区救联会（1940.3—1945.11）

主　席　耿德荣（兼）（1942—1943）
陈子万（兼）（1943—1944）

八区救联会（1943—1945.11）

主　席　乔承圣　　（1943—1943）

九区救联会（1945.4—1945.11）

主　席　乔承圣　　（1945.4—1945）
武英富　　（1945—1945.11）

昔（阳）西县救联会（驻地　胡丰村、广阳镇等）

1. 领导机构及负责人名录

昔（阳）西县救联会（1941.9—1945.11）

主　席　路世享　　（1941.9—1943.10）
刘希江　　（1943.10—1944.11）
阎克石　　（1944.11—1945.9）

2. 县救联会下辖区救联会及负责人名录

一区救联会（1941.9—1945.11）

主　席　凌尔文　　（1942.3—1943.7）

二区救联会（1941.9—1945.11）

主　席　王耀威（兼）（1942—1945）

三区救联会（1941.9—1945.11）

主　席　周银喜（兼）（1942.3—1943）

四区救联会（1941.9—1945.11）

主　席　（缺）

五区救联会（1941.9—1945.11）

主　席　（待查）

参议会

1940年3月，中共中央发出通知，要求革命根据地全面贯彻执行党的抗日民族统一战线政策，按照“三三制”原则建立各级参议会制政权。同年昔（阳）西县设立临时参议会。1945年7月27日至28日，昔（阳）东县第一次参议会在库城村老庙正殿召开。1946年10月，昔阳县第一届参议会在县城花园召开。1949年11月昔阳县各界人民代表会召开，参议会终止。

领导机构及负责人名录

1. 昔（阳）西县临时参议会

议　长　白殿起（1940—不详）

2. 昔（阳）东县第一次参议会

议　长　张元善（1945.7—1946.10）

副议长　师俊履（1945.7—1946.10）

3. 昔阳县第一届参议会

议　长　张元善（1946.10—1949.11）

副议长　师俊履（1946.10—1949.11）

第二节　解放战争时期

1945年8月，昔阳解放。11月，原属中共太行一地委领导的中共昔（阳）东县委和中共太行二地委领导的中共昔（阳）西县委合并为中共昔阳县委。随之，昔（阳）东、昔（阳）西县的各界抗日救国联合会（救联会）合并为昔阳县各界联合会，下辖区各界联合会。1949年9月底撤销。

昔阳县各界联合会

1. 领导机构及负责人名录

主　席　魏万珍　（1945.11—1948）

2. 区各界联合会及负责人名录

一至九区设有各界联合会组织，但领导人配备不全，十至十四区未设各界联合会组织。

一区各界联合会（1945.11—1949.9）

主　　席　王　科　（1946—1947）
　　　　　韩玉华　（1948.1—1948）
　　　　　乔显明　（1948—1949）
　　　　　王振玉　（1949—1949.9）

二区各界联合会（1945.11—1949.9）

主　　席　李俊昌　（1947—1948）
　　　　　王聚元　（1948.1—1949）

三区各界联合会（1945.11—1949.9）

主　　席　霍凤喜　（1945.11—1946.8）

四区各界联合会（1945.11—1949.9）

主　　席　张永昌　（1945.11—1948）
　　　　　张君丰　（1948.1—1949.9）

五区各界联合会（1945.11—1949.9）

主　　席　王俊小　（1945—1945）
　　　　　赵顺义　（1945—1946.6）
　　　　　乔显明　（1946.7—1948.1）
　　　　　张　胜　（1948.1—1949.9）

六区各界联合会（1945.11—1949.9）

主　　席　秦元周　（1947—1949）

七区各界联合会（1945.11—1949.9）

主　　席　郝义信　（1947—1948）
　　　　　赵福义　（1948.1—1949.9）

八区各界联合会（1945.11—1949.9）

主　　席　孔庚丑　（1948.3—1949.3）
　　　　　冯　荣　（1949.3—1949.9）

九区各界联合会（1945.11—1949.9）

主　　席　赵忠善　（1945.11—1946）

第三节　中华人民共和国成立后

昔阳县各界人民代表会议

1949 年 10 月，根据《中国人民政治协商会议共同纲领》《地方人民政府组织通则》《华北局关于建立村、区、县三级人民代表大会或各界人民代表会议的决定》，昔阳县成立各界人民代表会议常务委员会，作为联系全县各党派、团体和各界人士共商全县大计的人民民主统一战线组织，协助昔阳县人民政府实现各界人民代表会议的各项议程。1949 年 11 月至 1953 年 12 月，昔阳县先后召开两届各界人民代表大会。1954 年 6 月，昔阳县第一届人民代表大会召开，自此昔阳县各界人民代表会议完成了其历史使命。

政协昔阳县委员会

1984 年 3 月，根据《中国人民政治协商会议章程》，经中共山西省委批准，中国人民政治协商会议山西省昔阳县委员会作为中国共产党领导的爱国统一战线组织正式成立。截至 2020 年底，政协昔阳县委员会已历经 9 届，召开全体会议 37 次，常委会议 160 次。

第二章　工作机构

第一节　中共昔阳县委统一战线工作部

中国共产党昔阳县委员会统一战线工作部（以下简称县委统战部）是中共昔阳县委主管统战工作的职能部门，是县委统战工作的参谋机构、组织协调机构、具体执行机构、督促检查机构，担负着了解情况、掌握政策、协调关系、安排人事、增进共识、加强团结等重要职能。

机构沿革

1953 年 7 月，中共昔阳县委统一战线工作部成立，高如晓任副部长。同年 10 月撤销。

1954 年 6 月，县委统战工作由县委宣传部负责。

1966 年 5 月，“文化大革命”开始，县委统战工作被迫停止。

1982 年 12 月，根据中共中央〔1982〕12 号文件精神，中共昔阳县委统一战线工作部恢复成立，翟丙午任副部长，主持日常工作。

1983 年 6 月，白万来任统战部部长。1984 年 3 月，白万来被选为县政协副主席。

1996 年 12 月，根据《昔阳县机构改革方案》，明确县委统战部是县委主管统一战线工作的职能部门。负责指导各乡镇党委、县直各单位统战系统的培训工作，保持与人大、政协的联系，协调政府有关部门的统战工作。指导工商联等有关人民团体工作。

2002 年 6 月，根据《昔阳县党政机构改革方案》，建立了全县各个领域的统战工作由统战部牵头协调的统战工作机制，将民族宗教事务办公室的职能划入县委统战部，实行合署办公；县工商联属统战部管理；县委、县政府台湾事务办公室为统战部内设机构。

2004 年 11 月 30 日，根据《昔阳县人民政府机构改革方案》的通知，经县委常委会议研究决定将民族宗教事务办公室更名为民族宗教事务局，与统战部合署办公，列入政府机构序列。

2005 年 7 月，昔编发〔2005〕3 号下发了关于设置对台工作机构的通知，决定在县委办加挂“中共昔阳县委台湾工作办公室”牌子，原县委统战部内设的县委、县政府台湾事务办公室相应撤销。

2009 年 12 月，根据《昔阳县人民政府工作部门“三定”工作实施意见》（昔办发

〔2019〕73 号）的通知，县政府办公室加挂县民族宗教事务局牌子。将县民族宗教事务局职责划入县政府办公室，县民族宗教事务局不再与县委统战部合署办公。

2015 年 7 月，县归国华侨联合会成立，正科级事业建制，隶属县委统战部管理。同年，为进一步加强统战工作，县委统战部与工商联、民宗局、侨联合署办公。

2019 年 3 月，根据《中共昔阳县委统一战线工作部职能配置、内设机构和人员编制的规定》（昔办发〔2019〕12 号）中共昔阳县委统一战线工作部为正科级建制，对外加挂昔阳县民族宗教事务局牌子，县委统一战线工作领导小组办公室设在县委统战部。

历任领导班子

1. 中共昔阳县委统战部历任部长名录

姓　名	性别	职　务	任职时间
白万来	男	政协副主席、统战部部长	1983.6—1986.9
王富来	男	政协副主席、统战部部长	1986.9—1998.4
李怀文	男	统战部部长	1998.4—2002.4
		政协副主席、统战部部长	2002.4—2002.6
李保国	男	统战部部长	2002.6—2003.8
李鹏飞	男	县委常委、统战部部长	2003.8—2006.5
张　驰	男	县委常委、统战部部长	2006.5—2009.8
杜建刚	男	县委副书记（兼管）	2009.8—2011.5
李怀仁	男	县政协副主席、统战部部长	2011.5—2016.9
		县委常委、统战部部长	2016.9—2021.4
裴素青	男	县委常委、县政协党组副书记、统战部部长	2021.4—

2. 中共昔阳县委统战部历任副部长名录

姓　名	性别	职　务	任职时间
高如晓	男	副部长	1953.7—1953.10
翟丙午	男	副部长	1982.12—1985.7
乔维恒	男	副部长	1989.1—1991.4
吴根柱	男	副部长	1992.12—2002.7
李桂英	女	副部长	1993.12—1996.4
翟章信	男	副部长	1996.11—2002.7
李兰荣	女	副部长	1997.1—2002.7
张青润	男	副部长兼台办主任	2002.7—2007.4

续　表

姓　名	性别	职　务	任职时间
来连和	男	副部长兼民族宗教办公室主任	2002.7—2007.4
程海滨	男	副部长兼民族宗教事务局局长	2007.5—2011.5
翟素明	男	副部长兼工商联党组书记	2007.9—2011.5
尹彦斌	男	常务副部长	2012.5—2017.5
刘立斌	男	副部长、工商联党组书记	2011.5—2017.5
耿建明	男	副部长	2012.5—2017.9
		副部长、工商联党组书记	2017.9—
张东锋	男	常务副部长	2017.5—2021.4
杨晓君	男	副部长、民族宗教事务局局长	2019.3—
王志刚	男	常务副部长	2021.4—

3. 统战部机关工作人员名录

姓　名	性别	出生年月	调入调出时间	职　务
乔玉英	女	1937.1	1983.8—1992.1	秘书
邢万祥	男	1939.9	1983.3—1986.3	干事
张怀庆	男	1952.2	1984.2—1989.3	干事
李学俊	男	1963.7	1987.2—1993.10	干事
陈恩棠	女	1945.1	1989.12—2000.4	干事
白海荣	男	1966.9	1993.11—1996.12	干事
郝海军	男	1982.4	2005.4—2010.10	干事
田志芳	女	1974.10	2015.9—2019.4	副主任科员
卜晓娟	女	1981.1	2004.1—	二级主任科员
王拥军	男	1964.6	2019.4—	四级调研员
张　伟	男	1984.1	2020.1—	四级主任科员

工作职责

1. 贯彻落实“加强党对统一战线工作集中统一领导”的要求，发挥县委在统战工作方面的参谋机构、组织协调机构、具体执行机构、督促检查机构作用，了解情况、掌握政策、协调关系、安排人事、增进共识、加强团结，协调统一战线各方面关系，组织和落实贯彻中央和省委、市委、县委关于统一战线工作的方针、政策和重大决策部署，巩固壮大最广泛的统一战线。

2. 研究拟定统一战线工作的理论、政策和地方性法规草案，深入调查研究，及时向县委报告统一战线工作情况并提出建议，统筹协调和指导各部门各单位统一战线工作。

3. 负责发现、培养党外代表人士，负责党外人士的政治安排，会同有关部门做好安排党外人士担任政府和司法机关等领导职务的工作，协助县工商联做好干部管理工作，反映和协调解决党外代表人士工作生活中的实际困难。

4. 贯彻落实党的宣传工作方针，统筹推进统一战线宣传工作，拟定统一战线宣传工作政策和规划并组织实施，研判涉及统一战线的舆情并协调有关部门应对处置。

5. 负责联系各民主党派，通报情况、反映意见，贯彻落实中国共产党领导的多党合作和政治协商制度以及对民主党派的方针政策，支持、帮助民主党派加强自身建设，选拔培养新一代代表人物、做好支持民主党派履行职责、发挥作用的工作。

6. 组织实施民族工作的法律、法规和方针、政策，组织开展民族理论、民族政策和民族工作重大问题的调查研究，提出关于民族工作的政策建议。协调推动有关部门履行民族工作相关职责，协调处理民族工作中的重大问题，组织开展民族团结进步创建活动，根据分工做好少数民族干部工作，依法管理民族事务，全面促进民族事业发展。

7. 统一管理全县宗教工作，贯彻落实党的宗教工作基本方针和政策，研究拟定宗教工作的地方性法规、规章草案和规范性文件并督促落实，依法管理宗教行政事务，保护公民宗教信仰自由和正常的宗教活动，维护宗教界合法权益，抵御境外利用宗教进行渗透，引导各宗教坚持中国化方向，巩固和发展同宗教界的爱国统一战线。

8. 负责联系、培养无党派代表人士，支持、帮助无党派人士加强自身建设、发挥作用。调查研究党外知识分子和新的社会阶层人士情况并提出政策建议，联系、培养党外知识分子和新的社会阶层代表人士，开展思想政治工作，指导学校、科研机构、国有企业等有关单位和社会组织开展党外知识分子和新的社会阶层人士统战工作。

9. 参与制定、推动落实鼓励支持非公有制经济发展的方针政策，调查研究非公有制经济人士情况并提出政策建议，了解和反映非公有制经济人士的意见，团结、服务、引导、教育非公有制经济人士，促进非公有制经济健康发展和非公有制经济人士健康成长。

10. 统一领导全县海外统战工作，牵头开展港澳统战工作，开展对台统战工作。拟定海外统战工作政策和规划并组织协调、督促检查落实，会同有关部门对香港、澳门地区统一线工作进行调查研究并提出政策建议，联系香港、澳门、台湾有关党派、团体及代表人士，联系海外有关社团及代表人士，做好台胞、台属有关工作。做好统一战线外事管理工作。

11. 统一管理全县侨务工作。贯彻落实党的侨务工作方针政策，拟定侨务工作政策和规划并组织协调、督促检查落实，调查研究侨情和侨务工作情况，管理侨务行政事务，统筹协调有关部门和社会团体涉侨工作，联系海外有关侨团和代表人士，开展对海外侨胞及社团的宣传联络和团结友好工作，保护华侨和归侨侨眷在县内的合法权利和利益。

12. 受县委委托，领导县工商联党组，指导县工商联工作。做好统一战线有关单位和团体的管理工作。领导县归国华侨联合会的工作。

13. 完成县委交办的其他任务。

14. 职能转变。加强县委统战部的统一归口协调管理职能，加强对民族、宗教、海外统战工作的集中统一领导，将民族、宗教、侨务行政职能与统战职能有效整合，优化职责配置，提高工作效能。

第二节　基层统战组织

2004 年 5 月，昔办发〔2004〕31 号文件下发了《关于建立三级统战工作网络的通知》，全县 12 个乡镇、8 大系统都分别成立了统战工作领导组，18 个重点村、35 个重点单位成立了领导小组，其他单位也相应建立了工作小组，确定了联络员，县、乡、村三级统战工作网络初步形成。

2012 年，县委出台了《关于加强基层统战队伍建设的意见》，对换届后的原县委统战工作领导组成员进行了调整，成立了由县委副书记挂帅的统战工作领导组，在十二个乡镇、城区社区管委会和八大系统党委配备了统战委员（党委副书记兼任），110 个副科以上的县直单位及统战重点部门配备了统战信息员，确定 335 个行政村的党支部书记、4 个社区的社区党支部书记担任统战联络员，形成了“纵到底、横到边、全覆盖”的统战工作网络，实现了“哪里有党的组织，哪里就有统战工作联络员”的目标，统战工作网络进一步健全完善。

2017 年，按照中共昔阳县委统战部《关于开展“统一战线基层基础建设提升年”活动的实施意见》精神，在全县范围内开展了以“五有四规范三提升”为主要内容的“统一战线基层基础建设提升年”活动，不断加强基层组织、基础工作和基本能力的“三基建设”，按照“哪里有党的工作，哪里就有统战组织”的要求，实现了县、乡两级统战工作领导体系全覆盖和县、乡、村三级统战队伍全覆盖，进一步激发了基层统战工作活力。

十二乡（镇）、八大系统统战委员名录（2020 年）

乐 平 镇：李成亮（党委副书记）

大 寨 镇：尹建军（党委副书记）

李家庄乡：尚海田（党委副书记）
三 都 乡：巩卿玮（党委副书记）
赵 壁 乡：宫海青（党委副书记）
阎 庄 乡：秦　妤（女，党委副书记）
皋 落 镇：刘晓东（党委副书记）
界 都 乡：崔振华（党委副书记）
东冶头镇：王丽芳（女，党委副书记）
孔 氏 乡：赵华美（女，党委副书记）
沾 尚 镇：赵　鑫（党委副书记）
西 寨 乡：翟素平（乡人大主席）
城区社区：焦红涛（党工委副书记）
党群系统：郝晓东（县委办副主任）
行政系统：李东杰（县政府办副主任）
宣传系统：赵旭峰（宣传系统工委委员）
政法系统：赵　伟（政法系统工委委员）
教育系统：翟　瑛（县教科局副局长）
发改系统：杨泉明（县发改局二级主任科员）
农业系统：张玉军（县农业农村局副局长）
经贸系统：郑月霞（县工信局党组成员）

第三节　昔阳县统一战线工作领导体制

昔阳县统战工作领导机构及各领域社会团体组织机构

1. 中共昔阳县委统一战线工作领导小组

2002年开始，成立县委统战工作领导小组。由县委书记任组长，县委副书记、县委统战部长任副组长。组织、宣传、群团组织、科教文卫，以及民政、旅游、社会团体负责人为领导组成员。领导小组办公室设在县委统战部，统战部长兼任办公室主任，负责领导小组日常工作。

县委统战工作领导小组任期，与县委政府换届同步。2016年9月，中共昔阳县十五次党代会闭幕后组成新的统战工作领导小组。2017年7月，充实调整了县委统一战线工作领导小组。

组　长：王根元（县委书记）
副组长：郭丰慧（县委副书记）

李怀仁（县委常委、统战部长）

成　员：（略）

2019年11月，根据昔阳县级机构改革实施方案，对县委统一战线工作领导小组进行调整。

组　长：许利伟（县委书记）

副组长：李怀仁（县委常委、统战部长）

李丽萍（县政府副县长）

裴素青（县委办公室主任）

成　员：冀宝元（县政府办公室主任）

赵　鹏（县政协秘书长）

岳素燕（县委组织部常务副部长）

张旭琳（县委宣传部常务副部长）

张东锋（县委统战部常务副部长）

乔斌录（县委政法委常务副书记）

杨晓君（县委统战部副部长、民宗局局长）

李秀军（县教育和科技局局长）

尹洲涛（县卫生健康和体育局局长）

翟宏伟（县民政局局长）

翟世青（县工业和信息化局局长）

翟素明（县文化和旅游局局长）

崔雪峰（县总工会常务副主席）

陈红梅（县妇联主席）

韩旭鹏（县侨联党组书记）

王　敏（团县委书记）

李宝祥（县政府办副主任、外事办主任）

王晓丽（县工商联专职副主席）

领导小组日常工作由办公室负责。办公室设在县委统战部，主任由李怀仁同志兼任。

2. 昔阳县宗教工作领导组

2017年7月，成立昔阳县宗教工作领导组。

组　长：郭丰慧（县委副书记）

副组长：李怀仁（县委常委、统战部长）

王瑞明（县政府副县长、公安局长）

李丽萍（县政府副县长）

成　员：（略）

2019 年 11 月，根据昔阳县级机构改革实施方案，对县宗教工作领导组进行调整。

组　长：李怀仁（县委常委、统战部长）

副组长：李丽萍（县政府副县长）

成　员：岳素燕（县委组织部常务副部长）

张旭琳（县委宣传部常务副部长）

乔斌录（县委政法委常务副书记）

杨晓君（县委统战部副部长、民宗局局长）

翟宏伟（县民政局局长）

张胜利（县财政局局长）

李军明（县人社局局长）

王志刚（县自然资源局局长）

郭立平（县住建局局长）

李秀军（县教育和科技局局长）

贾旭东（县应急管理局局长）

翟素明（县文化和旅游局局长）

翟世青（县工业和信息化局局长）

丁海斌（县农业农村局局长）

马志军（县市场监督管理局局长）

马海平（县公安局副局长）

李　强（人民银行昔阳支行行长）

崔雪峰（县总工会常务副主席）

温雅晶（县税务局局长）

任秀萍（县委新闻中心主任）

陈红梅（县妇联主席）

王　敏（团县委书记）

孔鹏玮（县委网信办主任）

各乡（镇）、城区社区党（工）委副书记。

县宗教工作领导组办公室设在县委统战部，办公室主任由杨晓君同志担任。

3. 中国民主促进会昔阳支部

主　委：崔海军（昔阳县中医院副院长）

副主委：史董平（昔阳县人民医院放射科主任）

王海鑫（昔阳县人民医院检验科技师）
耿润兰（昔阳县芙蓉兰美容中心经理）
秘书长：赵建国（昔阳县大瓦邱小学校长）
委　员：王静美（昔阳县新城小学教师）
铁润丽（县交警队宣传科长）

4. 昔阳县工商业联合会

主　　席：黄祥苗（昔阳县丰汇煤业集团公司董事长）
常务副主席：耿建明（统战部副部长、工商联党组书记）
专职副主席：王晓丽（工商联专职副主席）
兼职副主席：王　娟（山西晋粮农业开发有限公司董事长）
王维银（昔阳四通工贸有限责任公司董事长）
冯道启（山西金谷阳光食品有限公司总经理）
左　博（山西延青商贸公司总经理）
刘传鑫（昔阳安顺煤业有限公司董事长）
刘鹏瑞（昔阳晋美商贸服务有限公司董事长）
朱　晋（昔阳阳春供热有限公司董事长）
齐晓峰（金星硫化厂总经理）
宋希平（厚基伟业商贸有限公司董事长）
张自达（大寨药业股份有限公司总经理）
张爱华（昔阳爱家建材装饰城有限责任公司总经理）
胡东明（昔阳安顺北坪煤业有限公司总经理）
赵国庆（晋中市鑫阳顺建筑工程有限公司副经理）
贾　峻（山西大寨经济发展集团有限责任公司董事长）
程世虎（昔阳县企业家协会党支部书记）
秘　书　长：李　鹏（工商联秘书长）
常　　委：冯爱红（新科职业技术培训学校校长）
刘丽娟（德兴隆酒业公司总经理）
李斌武（昔阳万通清运公司总经理）
杨勤建（昔阳温州商会副会长）
胡志忠（山西赛诺设备公司总经理）
常晓峰（石马寺旅游开发公司总经理）
焦志勇（华泰物流公司总经理）

5. 昔阳县归国华侨联合会

党组书记：韩旭鹏（县侨联党组书记）

主　　席：肖　雷（县四通一轩综合医院院长）

副 主 席：王雪莉（县农广校高级农艺师）

秘 书 长：郭志刚（县税务局副科干部）

6. 昔阳县佛教协会

会　　长：释一然（金刚禅寺住持）

副 会 长：释仁德（池塘寺住持）

　　　　　释汇果（梵城寺住持）

秘 书 长：释空晟（金刚禅寺）

副秘书长：释宏静（慈云寺）

7. 昔阳县基督教协会、基督教“三自”爱国运动委员会

主任委员：李云丽

副主任委员：赵　新　李千良

总干事：王卫芳

8. 昔阳县新的社会阶层人士联谊会

会　长：宋希平（昔阳县云创电子商务产业园董事长）

副会长：冯爱红（昔阳新科职业技术培训中心校长）

　　　　卢新尼（昔阳县丰汇煤业公司副总经理）

　　　　李永斌（山西松溪文化传媒有限公司董事长）

　　　　赵慧婷（昔阳迅逸律师事务所主任）

　　　　翟江梅（昔阳县梅子影视文化传媒有限公司总经理）

秘书长：张晓峰（晋美文化传媒有限责任公司总经理）

9. 昔阳县党外知识分子联谊会

名誉会长：耿计良（县人大副主任）

　　　　　李丽萍（县政府副县长）

　　　　　杨海燕（县政协副主席）

　　　　　梁素平（县政协副主席）

会　　长：张秋胜（县人民医院院长、医疗集团理事长）

副 会 长：孔鹏玮（县互联网信息办主任）

　　　　　阎变香（县教科局副局长）

　　　　　宋庆芳（县人民医院副院长）

秘 书 长：翟晓梅（县文化和旅游局副局长）

10. 昔阳县光彩事业促进会

会　长：唐绍袍（昔阳县丰汇煤业有限公司副董事长）

副会长：王　娟（山西晋粮农业开发有限公司董事长）

延东青（山西延青商贸有限公司董事长）

刘传鑫（昔阳安顺煤业有限公司董事长）

刘鹏瑞（昔阳晋美商贸有限公司董事长）

宋希平（昔阳县云创电子商务产业园董事长）

张彦军（山西瑞安邦房地产有限公司董事长）

卓杏生（昔阳安顺三都煤业有限公司董事长）

赵华夫（山西天泉建设开发有限公司总经理）

胡东明（昔阳安顺北坪煤业有限公司总经理）

梁晋平（晋中市鑫阳顺建筑工程有限责任公司总经理）

监　事：王建国（昔阳洁城清运有限责任公司总经理）

朱　晋（昔阳阳春供热有限公司董事长）

李斌武（昔阳万通清运有限公司总经理）

理　事：王维银（昔阳四通工贸有限责任公司董事长）

齐培英（昔阳金星硫化厂董事长）

杨保星（昔阳大寨酿酒有限公司董事长）

张爱华（昔阳爱家建材装饰有限公司总经理）

张维胜（昔阳富安农牧专业合作社主任）

第三章　自身建设

昔阳县委统战部始终坚持内强素质、外树形象，不断与时俱进、开拓创新，切实加强党的建设、思想建设、制度建设、机关建设、队伍建设，全面提高统战干部的能力和素质，为不断开创统战工作新局面奠定了坚实基础。

第一节　党的建设

1982 年 12 月 2 日，中共昔阳县委统一战线工作部成立，1983 年 6 月组建县委统战部党支部，隶属于县委机关党总支，县委统战部部长白万来任县委机关党总支书记，副部长翟丙午任县委机关党总支副书记，兼任统战部机关党支部书记。1986 年 9 月，县委统战部部长王富来任统战部机关党支部书记。1993 年 1 月，县委统战部副部长吴根柱任统战部机关党支部书记；1996 年 12 月，县委统战部副部长翟章信任统战部机关党支部书记；2002 年 7 月，县委统战部部长李保国任统战部机关党支部书记；2003 年 9 月，县委统战部副部长、台办主任张青润任统战部机关党支部书记；2007 年 5 月，县委统战部副部长、民族宗教局局长程海滨任统战部机关党支部书记；2012 年 5 月，县委统战部常务副部长尹彦斌任统战部机关党支部书记；2017 年 6 月，县委统战部常务副部长张东锋任统战部机关党支部书记。

县委统战部党支部全面加强党的思想建设、组织建设、作风建设、反腐倡廉建设和制度建设，建立健全党支部会议制度、学习制度，着力用马克思主义中国化最新成果武装头脑，为开展统战工作奠定思想政治基础。统战部党支部着力加强党的组织建设，深入开展“创优争先”和“星级党组织”创建活动，坚持不懈开展党风廉政建设。按照中央统一部署，先后精心组织开展了一系列主题教育活动，1999 年集中开展了以“讲学习、讲政治、讲正气”为主要内容的党性党风教育；2001 年深入开展了“三个代表”重要思想学习教育活动；2005 年集中开展了保持共产党员先进性活动；2009 年深入开展了学习实践科学发展观活动；2013 年 6 月集中开展了党的群众路线教育实践活动；2015 年 4 月深入开展了“三严三实”专题教育；2016 年 2 月集中开展了“两学一做”学习教育；2019 年 9 月深入开展了“不忘初心　牢记使命”主题教育。通过这一系列主题教育活动，统战部支部全体党员坚持把自己摆进去、把职责摆进去、把工作摆进去，坚持领导带头，坚持问题导向，坚持依靠群众，深入查摆自身不足，深刻进行检视剖析，边学边改，边整边改，即知即改，以刀刃向内的勇气，狠抓自我革命，进一步增强了广大党员干部践行“三个代表”重要思想、落实科学发展观和树立“四个意识”、增强“四个自信”，做到“两个维护”的自觉性和坚定性，更好地发挥了党组织的战斗堡垒作用和共产党员的先锋模范作用，县委统战部党支部多年被评为“全县先进基层党组织”。

第二节　思想建设

县委统战部始终把思想政治建设摆在首位，不断强化政治理论学习，深入学习中央、省委、市委和县委关于加强统一战线工作的重要文件和会议精神。80 年代初期，针对新机构、新队伍、新任务，组织全体干部职工紧紧围绕“统一战线是什么、干什么、怎么干”的问题，深入学习宣传统一战线理论，不断增强做好统战工作的主动性、使命感和责任感，不断提高机关干部的理论政策水平和履职能力。进入 90 年代，深入推进统战理论政策再教育活动，全面落实中发〔1989〕14 号文件精神，重点开展《邓小平新时期统一战线理论学习纲要》的学习宣传教育和基层统战工作理论大调研活动，全县广大统战干部对新时期统战工作的认识进一步提高。2000 年以来，县委统战部坚持理论学习常抓不懈，深入开展“创建学习型机关，培养学习型干部”活动，统战理论研究和调研信息工作取得了大的突破，特别是多次在《中国统一战线》《山西统一战线》《晋中统一战线》等专业期刊上发表署名文章，有力地扩大了昔阳统一战线工作的影响力。党的十八大以来，县委统战部进一步强化政治理论学习，坚持把习近平新时代中国特色社会主义思想作为支部会、部务会的第一议题进行深入系统学习，坚持在学懂、弄通、做实上下功夫。扎实开展“两学一做”学习教育、“维护核心、见诸行动”主题教育、“改革创新、奋发有为”大讨论，通过多种形式的学习教育，进一步深化了广大干部职工的理论认知，树牢了“四个意识”，增强了“四个自信”，做到了“两个维护”。2017 年，在全县开展了统一战线“学讲话学条例”知识竞赛。2012 年，“昔阳统一战线”网站创办，2015 年《昔阳工商联》杂志创刊，2017 年整合创建《昔阳统一战线》杂志、“昔阳统一战线”“昔阳工商联”公众号。2018 年，组建“昔阳统一战线”“昔阳宗教”“昔阳县总商会”“昔阳县新的社会阶层联谊会”和“昔阳县党外知识分子联谊会”“昔阳光彩事业促进会”等多个微信工作群。县委统战部先后在 2012 年至 2020 年中被中央统战部宣传办、中国统一战线杂志社连续评为全国“统战宣传先进单位”，多次被市委统战部授予统战理论研究、统战信息、统战宣传工作先进单位。

第三节　组织建设

1982 年 12 月，中共昔阳县委决定成立中共昔阳县统一战线工作部。组建伊始，县委统战部设部长（由县政协副主席兼任）1 名，副部长 1 名，秘书 1 人，干事 2 人。

1990 年，设部长（由县政协副主席兼任）1 名，副部长 1 名，主任科员 1 人，科员 2 人。

1997 年，县委统战部核定行政编制 3 名，干事 3 名。内设办公室、民族宗教股、党外干部培养教育股。

2000 年，县委统战部核定编制 3 人，领导设置为部长 1 名，副部长 3 名。统战部设办公室。工商联归属统战部管理，宗教办归政府办管理，对台办归属县委办管理。

2002 年，党政机构改革中统战部实行“归口管理”。民族宗教事务办公室与统战部合署办公，县委、县政府台湾事务办公室为统战部内设机构。核定统战部编制为 3 人，其中部长 1 名，副部长 2 名。

2004 年，民族宗教事务办公室更名为民族宗教事务局，与统战部合署办公，列入政府机构序列。统战部核定行政编制 3 个，事业编制 2 个。实有工作人员 4 人，其中副部长 2 名，事业工作人员 2 人。

2005 年 7 月，根据昔编发〔2005〕3 号文件精神，县委办加挂“中共昔阳县委台湾工作办公室牌子，原县委统战部内设的县委、政府台湾事务办公室相应撤销。

2008 年 5 月，县民族宗教局核定科级领导职数一正一副。

2011 年，县委统战部核定编制 5 人，其中行政编制 3 人、事业编制 2 人，工作人员 4 名，其中副部长 2 名、科员 2 名，民宗局与统战部合署办公。

2015 年，县委统战部、工商联、民宗局、侨联合署办公，其中统战部核定行政编制 3 人，领导职数 1 正 2 副，实有 3 人；工商联核定事业编制 5 人，实有 3 人；民族宗教事务局核定编制 2 人，领导职数 1 正 1 副，实有 2 人；县侨联 2015 年 7 月成立，核定事业编制 3 名，领导职数 1 正，实有 1 人。同年 6 月，昔编办字〔2015〕12 号《关于为中共昔阳县委统战部增加编制的通知》为统战部增加行政编制 1 名，核定行政编制为 4 名；昔编办字〔2015〕13 号《关于为昔阳县工商业联合会增加编制的通知》为工商联增加事业编制 1 名，核定事业编制 5 名。

2016 年 12 月，昔编办字〔2016〕13 号《关于为昔阳县工商业联合会核定领导职数的通知》，核定科级领导职数 1 正 1 副。

2019 年 3 月，昔办发〔2019〕12 号《中共昔阳县委统一战线工作部职能配置、内设机构和人员编制的规定》，中共昔阳县委统一战线工作部为正科级，对外加挂昔阳县民族宗教事务局牌子，县委统一战线工作领导小组办公室设在县委统战部。内设机构：综合办公室（党建办公室）、一股（民主党派、无党派、非公经济及党外知识分子和新的社会阶层人士工作股）、二股（民族宗教和港澳台侨工作股）。统战部机关行政编制由2015年核定的4名增至6名，包括副部长3名，（其中主持日常工作的副部长1名），股级领导职数3名。连同合署办公的民族宗教局、工商联、侨联等，共有工作人员14名。

2019年11月，昔阳县委编办为统战部调剂增加行政编制2名，部机关行政编制增至8名。

第四节　制度建设

县委统战部恢复成立以来，坚持把推进履行职能制度化、规范化作为加强统战部自身建设的工作重点，列入重要议事日程。克服人员少、工作任务重的不利因素，采取有效措施，建立和完善了工作运行机制，制定修订了机关学习、考勤、调研、财务、支部生活会、岗位责任制等多项制度，规范了机关工作运行程序，有效促进了部机关工作的顺利开展。随着统战工作领域和职能范围的扩大，县委统战部把在实践中总结出的一些有益的、零散的和行之有效的好做法、好办法用制度的形式固定下来，建立起了一整套科学具体可操作性强的内部工作机制。1989年，落实了严格的任期目标责任制和岗位责任制；1991年，提出了“三坚持、三提高、一落实”的管理制度；1996年，将岗位目标责任制落实到人，严格考核，严格奖惩，使每个同志人人肩上有担子，个个身上有压力，充分调动了统战干部的积极性；2004年，开展了整顿机关作风专项行动，理顺了工作机制，规范了工作秩序，形成了事事有人抓，有人管，有人做，有效果的“四有”工作局面。特别是十八大以来，县委统战部主动适应新形势和新任务的要求，坚持抓主抓重抓关键，进一步提升改革创新能力，强化了“全覆盖”的组织网络，推行了“无缝隙”的台账管理，制定了“规范化”的工作制度，实行“精品化”的工作标准，树立“思想建部、能力建部，作风建部、制度建部”的理念，建立健全了各项规章制度，强化了岗位目标责任，规范了日常管理。2014年，根据市委统战部合署办公寿阳现场会精神，及时将统战部、工商联、民族宗教事务局进行合署办公，消除了单位多，人员少，办事效率低的弊病，形成了同向合力，增强了统战部机关建设。2015年，县委统战部认真履行“一岗双责”，严格落实主体责任，保持狠刹“四风”（形式主义、官僚主义、享乐主义、奢靡之风）的高压态势，把党风廉政建设与统战工作紧密结合，“廉”字打底，“清”字为先，“干”字当头，自觉主动地把纪律挺在前面、把责任扛在肩上、把制度落在实处、把监督形成常态，达到了层层有人管，事事有人抓的良好局面，提高了统战工作科学化水平。2019年，县委统战部以开展“改革创

新　奋发有为”大讨论为契机，对标先进县市，制定修订完善了统战工作各项规章制度，建立健全了各个层面的工作规则，加强了统战工作制度与机关管理制度协同推进、有效衔接，形成了一整套制度管理体系，全面提升了统战工作管理的制度化、规范化、程序化建设水平。

第五节　机关建设

县委统战部坚持把建设学习型、服务型、创新性、廉洁型、和谐型机关作为创新统战工作、提升履职水平的基础工作来抓，在部机关大力弘扬敬业奉献、求真务实和创新创业精神，全面加强“三基建设”，积极创建“市级文明标兵单位”，建设一流统战机关，主动参与社会治安综合治理，踊跃参加“扶贫献爱心送温暖”、赈灾捐款活动和社会志愿者服务，扎实推进机关日常工作清单化、流程化、制度化管理。不断改善办公条件，现有工作车辆 1 辆，办公用房 6 间，电脑 14 台，打印机 10 台，复印机 1 台，传真机 1 台，数码相机 3 部，机关自身建设、工作能力、工作效率和服务质量有了明显提升，统战部机关荣获“市级文明标兵单位”。

第六节　主要荣誉

一、部门荣誉

1990 年：

县委统战部获 1989 年度晋中地委基层统战工作先进单位

2002 年：

县委统战部获县委、县政府落实“解放思想、加快发展、优化环境”三件大事成绩显著奖

2004 年：

县委统战部获 2003 年度全市统战信息工作先进单位

县委统战部获晋中市对台知识竞赛三等奖

县委统战部获县委、县政府“双通”工程帮扶先进单位

县工商联被晋中市工商联评为全市工商联先进组织

2005年：

县委统战部获2004年度全市统战宣传工作先进单位

县委统战部获2004年度全市统战信息工作先进单位

县委统战部获县委、县政府干部下乡工作先进单位

县工商联被山西省工商联评为先进县级工商联

县工商被山西省工商联评为宣传教育先进单位

2006年：

县委统战部被山西省委统战部授予全省统战工作先进集体

县委统战部获2005年度全市统战信息工作先进单位

县委统战部获2005年度全市统战宣传工作先进单位

县工商联被晋中市工商联评为先进单位

2008年：

县委统战部获2007年度全市统战宣传工作先进单位

县委统战部获晋中市万豪杯统战知识竞赛二等奖

县委统战部被县委、县政府授予企业、机关帮扶新农村建设先进单位

县工商联被全国工商联授予全国工商联系统先进单位

2009年：

县工商联被山西省凝聚力工程领导组授予山西省实施凝聚力工程活动“新晋商、新形象”先进集体

县委统战部获2008年度全市统战宣传工作先进单位

县委统战部获2008年度全市统战信息工作三等奖

2010年：

县委统战部获2009年度全市统战信息工作二等奖

县委统战部获2009年度全市统战理论研究优秀组织奖

2011年：

县委统战部获2010年度全市统战信息工作三等奖

县工商联获“新晋商万企联万户感恩行动”优秀组织奖

2012 年：

县委统战部被中央统战部宣传办、中国统一战线杂志社评为 2012 年度中国统一战线宣传先进单位

县委统战部获 2011 年度全市统战理论研究优秀组织奖

县委统战部获 2011 年度全市统战信息工作三等奖

2013 年：

县委统战部被中央统战部宣传办、中国统一战线杂志社评为 2013 年度中国统一战线宣传先进单位

县委统战部获 2012 年度全市统战工作先进单位

县委统战部获 2012 年度全市统战宣传工作先进单位

县委统战部获 2012 年度全市统战信息工作二等奖

县工商联被晋中市工商联授予 2012 年度先进单位

2014 年：

县委统战部被中央统战部宣传办、中国统一战线杂志社评为 2014 年度中国统一战线宣传先进单位

县委统战部获 2013 年度全市统战工作先进单位

县委统战部获全市“双引双赛”主题活动先进集体

县委统战部获 2013 年度全市统战宣传工作先进单位

县委统战部获 2013 年度全市统战信息工作二等奖

县委统战部获昔阳县 2013 年度综合考核优秀单位

2015 年：

县委统战部被中央统战部宣传办、中国统一战线杂志社评为 2015 年度中国统一战线宣传先进单位

县委统战部获 2014 年度全市统战工作优秀单位

县委统战部获党外代表人士队伍建设工作先进县

县委统战部获 2014 年度全市统战宣传工作先进单位

县委统战部获 2014 年度全市统战信息工作先进集体

县委统战部获昔阳县 2014 年度综合考核优秀单位

2016 年：

县委统战部被中央统战部宣传办、中国统一战线杂志社评为 2016 年度中国统一战线宣传先进单位

县委统战部获 2015 年度全市统战工作优秀单位

县委统战部获 2015 年度全市统战理论政策研究先进单位

县委统战部获 2015 年度全市统战宣传工作先进单位

县工商联被中华全国工商业联合会授予 2016 年全国五好县级工商联

2017 年：

县委统战部被中国统一战线杂志社评为 2017 年度中国统一战线宣传先进单位

县委统战部获 2016 年度全市统战工作先进单位

2018 年：

县委统战部被中国统一战线杂志社评为 2018 年度中国统一战线宣传先进单位

县委统战部获 2017 年度全市统战工作先进单位

县委统战部被昔阳县精神文明建设指导委员会授予 2016—2017 年度昔阳县文明单位称号

县民族宗教事务局被晋中市民族宗教事务局授予 2017 年度全市民族宗教工作先进单位

民进昔阳支部被民进山西省委授予五星基层组织

2019 年：

县委统战部被中国统一战线杂志社评为 2018 年度中国统一战线宣传先进单位

县委统战部获 2018 年度全市统战工作先进单位

县委统战部获 2018 年度全市统战信息工作先进单位

县委统战部获 2018 年度全市统战宣传工作先进单位

县工商联被全国工商联授予 2018—2019 年度全国五好县级工商联

县工商联被全国工商联办公厅评为全国工商联 2019 年民营企业调查点工作示范单位

民进昔阳支部被民进中央授予全国先进基层组织

民进昔阳支部被民进山西省委授予山西民进五星级基层组织

民进昔阳支部被民进晋中市委员会授予社会服务先进组织

2020 年：

县委统战部被晋中市精神文明建设指导委员会授予文明单位称号

县委统战部获 2019 年度全市统战宣传工作先进单位

县委统战部获昔阳县 2019 年度考核优秀单位

县工商联被山西省工商联评为千企帮千村——精准到户扶贫行动组织工作先进集体

民进昔阳支部被民进山西省委会授予 2020 年度五星级基层组织

二、个人荣誉

2002 年，李保国获中共昔阳县委优秀党支部书记

2005 年，张青润获 2004 年度全市优秀统战信息员

2006 年，张青润获 2005 年度全市优秀统战信息员

2009 年，翟素明获 2008 年度全市优秀统战信息员三等奖；邢丑锁、翟润梅获晋中市优秀中国特色社会主义事业建设者荣誉称号

2010 年，翟素明获 2009 年度全市优秀统战信息员二等奖

2011 年，翟素明获 2010 年度全市优秀统战信息员三等奖；梁清林获晋中市新晋商万企联万户感恩行动突出贡献奖；释印悟书法作品在山西省宗教界庆祝中国共产党成立 90 周年书画摄影作品展活动中获二等奖；在晋中统一战线“风雨同舟 我与党和人民同心”百句千言征评活动中张明柱《我沐浴在党的光辉中成长》获二等奖；王春鲜《西峪感怀》获三等奖

2012 年，卜晓娟获 2011 年度全市优秀统战信息员；黄祥苗被山西省工商联授予先进会员

2013 年，刘立斌被中共晋中市委、晋中市人民政府授予 2012 年度定点扶贫工作模范队员；卜晓娟获 2012 年度全市优秀统战信息员

2014 年，李怀仁、王维银、宋以斌获全市双引双赛主题活动先进个人；卜晓娟获 2013 年度全市优秀统战信息员；刘立斌被中央统战部宣传办、中国统一战线杂志社评为 2014 年度中国统一战线宣传先进个人

2015 年，李怀仁被山西省委统战部评为山西统战工作先进个人

2016 年，尹彦斌被中央统战部宣传办、中国统一战线杂志社评为 2016 年度中国统一战线宣传先进个人

2017 年，李鹏被中央统战部宣传办、中国统一战线杂志社评为 2017 年度中国统一战线宣传先进个人

2018 年，王晓丽被中央统战部宣传办、中国统一战线杂志社评为 2018 年度中国统一战线宣传先进个人

2019 年，杨晓君被中国统一战线杂志社评为 2019 年度中国统一战线宣传先进个人；卜晓娟被山西省委统战部、山西省人社厅评为山西省统战工作先进个人；黄祥苗荣获山西省五一劳动奖章；王晓丽被山西省工商联评为 2019 年度全省信息工作先进个人；李有为获 2018 年度晋中市统战信息工作先进个人

2020 年，王晓丽获 2020 年度全市统战宣传工作先进个人

2020 年，张伟获 2020 年全市统战信息工作先进个人

三、统战理论研究宣传优秀成果

2003 年度全市统战理论研究优秀成果：

三等奖：张青润《基层统战工作实践与思考》；优秀奖：李保国《县级统战工作贵在落实重在认识》，毛新民《关于加快我市民营经济发展问题的思考》

2005 年度全市统战理论研究优秀成果：

一等奖：李非忠《非公有制企业党建的出路在哪里》；三等奖：毛新民《关于加快昔阳县民营经济发展的思考与对策》

2005 年统战好新闻优秀作品：

翟章信《树好形象才能建好家》

2007 年度全市统战理论研究优秀成果：

一等奖：张驰《企农合作是建设社会主义新农村的一条有效途径》；三等奖：《狠抓民营企业文化建设，推动非公经济健康发展》

2008 年度全市统战理论研究优秀成果：

一等奖：张驰《用科学发展观指导统一战线工作》；三等奖：赵怀瑞《加强自身建设促进社会和谐》

2008 年度全市统战宣传工作优秀作品：

丁怀斌《一位县委书记的统战故事》；程海滨《全面实施“凝聚力工程”为和谐昔阳建设做贡献》

2009 年度全市统战理论研究优秀成果：

二等奖：程海滨《党外代表人士综合评价体系初探》

2009 年度全市统战宣传优秀成果：

张驰《昔阳县非公经济人士帮扶新农村建设启示》

2010 年全市统战理论研究优秀成果：

三等奖：翟素明《关于加快非公经济转型发展的调研报告》

2011 年全市统战理论研究优秀成果：

二等奖：李怀仁《活跃资本市场　推进全民创业　加快昔阳民营经济健康发展》

2012 年度全市统战宣传优秀成果：

李怀仁《靠制度机制推进党外干部队伍建设》（发表于《中国统一战线》2012 年第 9 期）

2013 年度全市统战理论政策研究优秀成果：

一等奖：王录文《关于确保双孢菇产业健康发展的思考》；三等奖：李怀仁《关于合理有效推进我县城镇化建设的思考》；优秀奖：刘立斌《优化民营企业成长环境　推进民营经济转型发展》、乔红芳《昔阳县促进创业带动就业效果分析调研》、翟晓梅《关于加强非公有制经济组织党建工作的对策建议》

2013 年度全市统战宣传优秀成果：

李怀仁《民企联“三农”共建新农村》（发表于《山西统一战线》2013 年第 5 期）

2014 年度全市统战理论政策研究优秀成果：

二等奖：耿建明《积极探索　创新机制　昔阳县开展党外代表人士综合评价工作实践与思考》；三等奖：毛新明《昔阳旅游产业发展的思考》；优秀奖：梁素平《关于促进非公有制经济健康发展的调查报告》、李丽萍《关于农村宗教工作的调查报告》

2014 年度全市统战宣传优秀成果：

昔阳县委统战部《昔阳县委对统战队伍建设提出五点要求》（发表于《山西统一战线》2014 年第 4 期）

2015 年度全市统战理论政策研究优秀成果：

二等奖：李怀仁《创新综合评价体系　加强党外代表人士队伍建设》；优秀奖：刘立斌《当前自然村消失的调查与思考》

2016 年度全市统战理论政策研究优秀成果：

一等奖：李怀仁《新时期基层统战工作现状与思考》；三等奖：耿计良《关于发展养老服务业的思考与对策》；优秀奖：卜晓娟《关于对基层宗教界代表人士队伍建设的思考》

2017 年度全市统战理论政策研究优秀成果：

一等奖：李丽萍《坚持中国化方向是我国宗教发展的必由之路》；三等奖：梁素平《关于我县义务教育均衡化发展情况的调研报告》

2018 年度全市统战理论政策研究优秀成果：

一等奖：李怀仁《统一战线助力脱贫攻坚的实践与思考》；二等奖：湖北省晋商会副会长霍爱文《坚持“三性”基本原则　探索商会改革发展》、邓建梅《关于发展壮大昔阳县文化旅游产业的调研》；三等奖：李丽萍《推动医养结合工作发展的调研》；优秀奖：耿计良《创优民营经济营商环境》、李鑫《加强基层城乡规划管理工作的调研》

2019 年度全市统战理论政策研究优秀成果：

二等奖：李丽萍《昔阳县基本公共卫生服务情况调研报告》；优秀奖：李鹏《加大

专业合作社的扶持力度进一步提升全县农业产业化经营水平》、吴建国《大寨的特色小镇建设与旅游产业发展》

2019 年度全市统战宣传工作优秀成果：

昔阳县委统战部《凝聚新力量　推动县域经济发展》（发表于《中国统一战线》2019 年 12 月（增刊））、张婷婷《发挥统战优势　助力脱贫攻坚》（发表于 2019 年 1 月 20 日《团结报》）

2019 年 6 月，山西省工商联系统优秀调研成果：

三等奖：黄祥苗《关于解决民营企业融资难融资贵问题的调查研究》、王晓丽《构建亲清政商关系之我见》

2020 年度全市统战理论政策研究优秀成果：

二等奖：张伟《营造新型政商关系　增强年青一代非公有制人士政治认同》；三等奖：张东锋《关于新时代统一战线优势和作用发挥的调研报告》；杨晓君《增强农民群众抵御境外宗教渗透几点思考》

2020 年度全市统战宣传优秀成果：

昔阳县委统战部《晋中昔阳探索推进乡贤统战工作》（发表于 2020 年 11 月 14 日中国统一战线微信公众号），《整合资源力量　打造扶贫“昔阳模式”》（发表于 2020 年 10 月 21 日山西统一战线网站），《打造乡贤统战工作“昔阳样本”》（发表于《山西统一战线》2020 年第 6 期）；张伟、李有为《山西昔阳县委统战部召开机关干部会议部署冲刺全年任务目标》（发表于 2020 年 11 月 20 日中国新闻（社）网）

附：昔阳县委统战部制度汇编

第一部分　工作规则

一、为深入贯彻落实《中国共产党统一战线工作条例》精神，切实加强我县的统一战线工作，特制定本规则。

二、中共昔阳县委统战部是县委主管统一战线工作的职能部门，是县委在统一战线工作方面的参谋机构、组织协调机构、具体执行机构、督促检查机构。

三、统一战线工作范围和对象是：民主党派成员；无党派人士；党外知识分子；少数民族人士；宗教界人士；非公有制经济人士；新的社会阶层人士；出国和归国留学人员；香港同胞、澳门同胞；台湾同胞及其在大陆的亲属；华侨、归侨和侨眷；其他需要联系和团结的人员。统一战线工作对象为党外人士，重点是其中的代表人士。

四、新时代统一战线工作的指导思想和主要任务是：在中国共产党领导下，以马克思列宁主义、毛泽东思想、邓小平理论、“三个代表”重要思想、科学发展观、习近平新时代中国特色社会主义思想为指导，坚定不移走中国特色社会主义道路，增强“四个意识”、坚定“四个自信”、做到“两个维护”，深入学习贯彻习近平总书记关于加强和改进统一战线工作的重要思想，围绕统筹推进“五位一体”总体布局、协调推进“四个全面”战略布局，积极促进政党关系、民族关系、宗教关系、阶层关系、海内外同胞关系和谐，巩固和发展最广泛的爱国统一战线，为全面建设社会主义现代化国家、实现中华民族伟大复兴服务，为坚持和完善中国特色社会主义制度、推进国家治理体系和治理能力现代化服务，为维护社会和谐稳定、维护国家主权安全发展利益服务，为保持香港澳门长期繁荣稳定、实现祖国完全统一服务。

五、统一战线工作的原则：（一）坚持中国共产党的领导；（二）坚持高举爱国主义、社会主义旗帜；（三）坚持围绕中心、服务大局；（四）坚持大团结大联合；（五）坚持正确处理一致性和多样性关系；（六）坚持尊重、维护和照顾同盟者利益；（七）坚持广交、深交党外朋友；（八）坚持大统战工作格局。

六、县委统战部承担统一战线工作方面的了解情况、掌握政策、协调关系、安排人事、增进共识、加强团结等职责，主要是：（一）贯彻落实党对统一战线工作的理论方针政策和决策部署，拟定统一战线工作政策和规划，向县委请示报告统一战线工作并提出意见建议。（二）统筹协调指导统一战线工作，组织协调开展日常监督检查。（三）负责发现、联系和培养党外代表人士，在县委领导下做好党外代表人士的政治安排，协同有关部门做好安排党外代表人士担任政府和审判机关、检察机关等领导职务的工作。（四）联系民主党派，牵头协调无党派人士工作，支持民主党派和无党派人士履行职责、发挥作用，支持、帮助民主党派和无党派人士加强自身建设。（五）开展党外知识分子统一战线工作。（六）统筹协调民族工作，统一管理宗教工作，领导县民族宗教局依法管理民族宗教事务。（七）参与制定、推动落实鼓励支持引导非公有制经济发展的方针政策，统筹开展非公有制经济人士统一战线工作。（八）统筹开展新的社会阶层人士统一战线工作。（九）会同有关部门开展港澳统一战线工作，开展对台统一战线工作。（十）统一领导海外统一战线工作，统一管理侨务工作，统筹协调有关部门和社会团体涉侨工作。（十一）协调推进统一战线领域法治建设。（十二）在统一战线工作中落实意识形态工作责任制，负责开展统一战线宣传工作。（十三）指导乡（镇）、社区党（工）委统一战线工作，协调政府有关部门统一战线工作，协助做好民族、宗教等工作部门领导班子成员推荐工作；加强同政协组织的沟通协调配合；领导工商联党组，指导工商联工作；做好统一战线有关单位和团体管理工作。（十四）完成县委和市委统战部交办的其他任务。

第二部分　统战部各岗位工作职责

一、统战部部长：

主持县委统战部全面工作。

二、常务副部长工作职责：

1. 协助部长主持统战部全面工作。组织协调统战部、工商联、侨联、民宗局的机关日常事务；

2. 研究新时期统一战线理论和重大方针政策，及时向省、市、县反映情况，提出建议；

3. 联系各民主党派和无党派代表人士，组织贯彻落实中国共产党领导的多党合作和政治协商制度以及对民主党派和无党派人士工作的方针政策，加强社会主义协商民主建设，支持帮助民主党派加强自身建设；

4. 发现培养党外代表人士，做好党外代表人士政治安排；

5. 分管办公室、机关财务和后勤工作；

6. 完成领导交办的其他工作。

三、副部长、工商联党组书记工作职责：

1. 协助部长贯彻落实统一战线工作的各项方针政策，调查研究，提出意见和建议；

2. 推动落实党和国家鼓励支持非公有制发展的方针和政策，信任、团结、引导、服务、教育非公有制经济人士促进非公有制经济健康发展和非公有制经济人士健康成长；

3. 主持县工商联党组工作，根据县工商联的分工履行职责；

4. 分管招商引资、驻村帮扶等工作；

5. 完成领导交办的其他工作。

四、副部长、民宗局局长工作职责：

1. 组织贯彻落实党和国家关于民族工作的法律法规和方针政策，及时研究、协调解决民族工作中的重大问题；

2. 组织贯彻落实党的宗教工作基本方针政策，依法管理宗教事务，引导各宗教坚持中国化方向，巩固和发展宗教界爱国统一战线；

3. 分管机关党建、统战理论研究、宣传和信息工作；

4. 完成领导交办的其他工作。

五、侨联党组书记工作职责：

1. 组织贯彻落实党的海外统战工作、侨务工作方针政策，开展港澳统战工作，做好台胞、台属的有关工作；

2. 主持县侨联工作，分管光彩事业工作；

3. 完成领导交办的其他工作。

六、工商联专职副主席职责：

1. 负责非公经济领域的统战工作；

2. 协助工商联党组书记主持日常工作；

3. 完成领导交办的其他工作。

七、综合办公室（党建办公室）工作职责：

1. 负责内外联系及日常协调工作，承担督查工作。承担公文处理、有关文稿起草。负责会务、信访、档案、财务、接待、国有资产管理、审计、保密、社会服务工作。组织开展统战系统信息化建设。负责离退休人员管理工作；

2. 协调开展统一战线理论、方针、政策的综合性研究，组织起草统战工作重要文稿。负责拟定全县统一战线重点课题调研计划，组织、协调、指导全县统战部门综合性课题调研；

3. 负责党外代表人士的政治安排和担任政府、司法机关等领导职务的党外人士的培养、选拔、考察、推荐等工作。做好党外代表人士和优秀年轻干部队伍建设工作；

4. 负责拟定统一战线宣传工作政策和口径，组织开展统一战线宣传工作，协调开展统一战线舆情分析并会同有关部门进行舆情引导和应急处置。编辑发行《昔阳统一战线》刊物，管理部机关微信公众号，协调指导民进昔阳支部和统战系统单位宣传工作；

5. 完成领导交办的其他工作。

八、一股工作职责：

1. 负责联系各民主党派，通报情况、反映意见，贯彻落实中国共产党领导的多党合作和政治协商制度以及对民主党派的方针政策，支持、帮助民主党派加强自身建设，选拔培养党外代表人士、做好支持民主党派履行职责、发挥作用的工作；

2. 推动落实鼓励支持引导非公有制经济发展的方针政策，了解贯彻落实情况并提出工作建议。开展非公有制经济领域统战工作调查研究，提出政策建议。联系、培养非公有制经济代表人士，引导非公有制经济人士开展光彩事业；

3. 负责联系、培养无党派代表人士，支持、帮助无党派人士加强自身建设、发挥作用。调查研究党外知识分子和新的社会阶层人士情况并提出政策建议，联系、培养党外知识分子和新的社会阶层代表人士，开展思想政治工作，指导学校、科研机构、国有企业等有关单位和社会组织开展党外知识分子和新的社会阶层人士统战工作；

4. 完成领导交办的其他工作。

九、二股工作职责：

1. 组织实施民族工作的法律、法规和方针、政策，组织开展民族理论、民族政策和民族工作重大问题的调查研究，提出关于民族工作的政策建议。协调推动有关部门履行民族工作相关职责，协调处理民族工作中的重大问题，组织开展民族团结进步创建活动，根据分工做好少数民族干部工作，依法管理民族事务，全面促进民族事业发展；

2. 调查研究宗教工作情况并提出政策建议，负责宗教工作重要文稿的起草。拟定宗教工作政策和地方性法规草案及规范性文件，协调各地各部门抓好贯彻落实。承担宗教事务行政许可事项审核，承办行政处罚听证、行政复议、行政诉讼及其他法律事务。负责综合性宗教事务及专项工作。组织协调网络宗教事务管理，规范网络宗教信息服务；

3. 负责佛教、基督教事务管理工作。指导县宗教团体依法依章开展工作，加强自身建设。依法治理宗教领域的突出问题，做好抵御渗透和防范极端主义工作。联系培养宗教界代表人士，做好代表人士在宗教团体的安排工作。负责有关全国性宗教院校在县内的招生工作，承办相关事宜。承担民间信仰事务管理工作；

4. 联系香港澳门有关团体、海外有关侨团、归侨侨眷及代表人士，联系、培养新生代代表人士。指导协调涉侨工作。联系、指导、协调有关部门和社会团体的港澳台统战工作，保护华侨和归侨侨眷的合法权利和利益。会同有关部门做好台胞、台属工作；

5. 负责拟定侨务工作政策，起草侨务工作的地方性法规、规章草案并检查贯彻执行情况。统筹协调有关部门承担管理侨务行政事务。开展引进智力、人才、资金、技术工作，管理华侨、华人有关捐赠工作，做好侨务对台、华文教育、侨务外宣等工作。联系县归国华侨联合会；

6. 完成领导交办的其他工作。

第三部分　统战部管理制度

一、部务会议制度

为了全面贯彻民主集中制原则，充分发挥领导班子总揽全局的核心作用，切实增强领导班子决策的科学性、合理性，推动各项工作健康有序开展，特制定本制度。

（一）部务会议，由部长召集并主持，部长外出期间由常务副部长负责召集并主持，班子成员参加。

（二）会议议题一般事先由办公室负责征集，并及时汇总后呈报部长。

（三）部务会议召开时间一般为每月月初的第一个星期一，具体可视工作需要适时召开。

（四）会议记录由办公室负责人承担。设立会议记录簿，妥善保管并存档。

（五）部务会议主要内容：

1. 传达、学习、贯彻中央、省、市、县委有关会议和文件精神，研究落实上级统战部门部署的意见和措施；

2. 研究制定年度工作安排意见、工作计划；

3. 有关人事安排。包括：①人大、政协中党外代表人士的政治安排。②机关工作人员的补充、调整、职务安排及年度考核和奖惩；

4. 较大数额的财务支出；

5. 其他需提交会议研究的问题。

二、公文办理制度

为进一步规范机关公文处理工作程序，提高办公质量和办事效率，根据县委《关于进一步改进文风的"八项措施"》等有关规定，结合我部实际，制定本制度。

（一）来文

1. 文件管理必须做到及时、准确、保密，充分发挥指导工作、交流经验、上通下达的作用。凡外来行政公文、重要电文、刊物、传真等文件，除要求领导亲启外，一律由办公室签收。

2. 签收文件，检查收文单位或收件人姓名无误后再进行签收；对文件的份数、标题等内容逐份清查核对，文件签收注明姓名、时间。

3. 快速准确浏览来文，根据来文准确判断文件重要性、急办程度等翔实汇报。按顺序编号，详细填写收文登记簿和来文阅办卡片。

4. 根据领导批示内容，送呈有关部门并督办询问相关部门办理、落实情况。

5. 及时掌握文件交办事项落实情况，上报领导并反馈给来文单位。

6. 每月集中整理来文及承办情况，按级别、部门（省、市、县）分类整理所有来文。标明部门、类别等妥善保管。

（二）来电

1. 办公室电话由办公室专人负责接听并记录。

2. 重要来电由专人负责填写《来电办理专用卡》，经办公室主任批阅后，分送部领导或相关人员办理。

3. 对没有按时完成事项的，应及时向有关领导报告。

（三）发文

1. 凡国家法律法规和党内法规已做出明确规定的一律不再发文；现行文件规定仍然适用的不再重新发文；上级文件没有要求提出配套意见的一般不印发对应文件，如确需印发只印发具体贯彻落实措施；对已有政策条文和上级文件已规定的事项，不再照搬、重复或重申；同系列、同类型文件能合并印发的不各自单独印发；可采用电话、便函和当面协商等方式办理的事项不发正式文件；信息简报类可以在网上传输的不印发纸质内容。

2. 除涉及全县统一战线工作的重大决策部署、中长期发展规划等一般不超过 3000 字，文件一般不附带说明类、表格类附件。报送县委的请示一般不超过 1500 字，报告一般不超过 3000 字。

3. 以（昔统发）编号的本部文件和有关重要的综合材料，由办公室专人起草后分管领导审核，部长或常务副部长签发。一般性文稿，按职责分工由各承办人起草，报请分管副部长签发办理。办公室负责进行文号登记、存档。

三、会议制度

为进一步加强和规范部机关会议管理，精简会议，改进会风，提高会议效率和质量，节约会议经费开支，依据《关于厉行节约勤俭、反对铺张浪费的实施办法》（晋办发〔2013〕2 号）结合我部实际，制定本制度。

（一）会议天数、规模及地点

1. 天数：会期一般不超过一天，小型研讨会、座谈会不超过半天。

2. 规模：

①部门工作会议的参会人员一般控制在 50 人以内，工作人员控制在参会人数的 10% 以内；

②小型研讨会、座谈会的参会人员视会议内容而定，一般不得超过 50 人。

3. 地点：

一般在机关大楼会议室召开，确实不能满足会议要求的应当在定点饭店会议室召开。

（二）会议费开支的渠道、范围及标准

1. 开支渠道：

会议费由本部承担，不得向参会人员收取，不得以任何方式向下属机构、企事业单位转嫁或摊派。

2. 开支范围：

①会议费开支范围包括会议住宿费、伙食费、会议室租金、交通费、文件印刷费、医药费等与会议有关的费用。

②交通费指用于会议统一组织的代表考察、调研等发生的交通支出。

③各类表彰会议，以精神鼓励为主，对有国家、省、市委及省、市政府政策规定和县委、县政府批准需要发放奖金或奖品的，报经上级批准后，按规定发放。

3. 开支标准：

①会议伙食补助定额标准按县里有关规定办理；

②在定点饭店召开会议的，住宿费、伙食费按定点饭店的协议价格执行；

③会议召开参会人员原则上不安排食宿，工作人员除必须驻会的以外，不安排食宿。

（三）会议的申报、审批及报告

1. 拟请县四套班子领导出席的；拟请县直部门、乡镇负责人参加且参会的部门负责人超过 50 人的要于会前一周列出会议方案，报部长审批备案。

2. 按规定程序报批后，会议费从公用经费中列支。

3. 要根据工作需要和会议费预算指标，从严掌握执行。

4. 部机关应将召开的非涉密会议的名称、主要内容参会人数、经费开支等情况由部务会议讨论决定。

四、学习制度

为加强学习型机关建设，提高机关干部的政治思想素质和业务工作能力，制定本制度：

（一）时间安排

坚持集中学习例会制度，原则上安排在每周二下午，时间不少于 90 分钟，每月不少于 2 次。如遇特殊情况，经分管领导同意后，可根据需要进行适当调整。其他时间，可根据业务特点和工作实际自行安排。

（二）组织形式

1. 由办公室和机关党支部统一组织集体学习，并安排专人负责机关干部学习计划、内容、进度的制定、时间安排、监督检查、考勤考核等工作。

2. 要以月为周期，在每月月初依据工作实际制定出当月的详细学习计划，确保学习有计划、有内容，重实效，不搞形式、不走过场。

3. 集体学习实行考勤登记制度，机关工作人员无特殊公务的，一般不得缺席，不得迟到早退，确有特殊情况需请假的，要提前向办公室请假并记录在案，对无特殊理由未履行请假手续不参加学习者，按缺勤处理，因故未参加学习的同志，必须根据“请假不缺课”的原则，及时进行补课。

4. 每位同志要做好个人学习笔记，并由专人负责做好部机关学习记录，机关工作人员的学习笔记要定期或不定期进行抽查，以检查学习效果。

5. 除部机关组织的集体学习外，全体人员还要按照市委统战部和县委安排，积极参加轮训学习。

（三）学习内容

政治理论学习，侧重于习近平中国特色社会主义思想，党和国家的基本路线、方针、政策，重要会议精神和领导讲话、党风廉政建设的有关规定等方面内容；业务知识学习，侧重于党的统一战线的基本理论、方针和政策，上级统战部门和县委下发的重要文件等内容；综合技能学习，侧重于经济、社会、历史、科技、管理等领域内，能够反映当今世界文明进步的内容，不断提高机关干部的政治素质、业务素质和综合能力。

（四）学习方法

坚持“集体学习与个人自学相结合，走出去学与请进来教相结合，学文件、听报告与业务研讨相结合”的“三结合”原则，灵活采取研讨、讲课、竞赛、交流等多种方式开展，切实增强学习效果。要养成勤于学习、勤于思考、勤于收集整理的良好习惯，重视学习后的研究探讨，不定期地组织对重大问题的专题研讨，以取得共识，共同提高。

（五）考核检查

学习考勤情况、学习笔记检查情况和撰写心得体会文章的情况，纳入个人年度考核内容，作为干部职工任用和参加党员评议、年度考核、创先争优等各种考核的一项重要参考依据。

五、请销假制度

为了严明工作纪律，提高工作效率，维护机关正常工作秩序，根据《昔阳县干部请销假制度》，特制定本制度。

（一）总则

1. 机关工作人员因事因病不能按时上班者，需按请假程序办理有关事宜。

2. 请假包括：病假、事假、婚假、丧假、产假、护理假、工伤假等。

3. 凡请假1天（含1天）以上的，须写请假条，按程序审批。请假经相关领导批准后，报办公室备案，办公室不知情的视为旷工。

4. 请假三天以内由常务副部长审批，三天以上由部长审批，并在组织人事部门办理请假手续。班子成员请假由常务副部长审批并报部长同意。机关干部临时外出须向办公室说明，不打招呼擅自外出的视为旷工。

5. 病休在一个月以上者，由医院出具证明，按国家干部有关病假规定执行；无请假手续的视作旷工。产假、婚假等按有关规定办理。

6. 因病、因事请假的必须按时返回销假，如遇特殊情况，必须先续假，未经批准不得超假。

7. 根据省内相关规定，晚婚的婚假为一个月，产假为4个月，晚育的另加20天，男同志可请护理假15天。请婚假、产假、护理假的须办理书面请假手续。

（二）事假

1. 请事假需在前一天报相关领导批准，并报办公室备案。

2. 未履行请假手续、请假未获批准或超假未履行续假手续的，一律视为旷工。

3. 一年内，请事假累计超过20天，不享受当年的年休假。

（三）病假

机关干部因病未能及时履行请假手续的，可于上班后补齐。

（四）带薪年休假

1. 机关干部享受带薪年休假的条件、待遇，按照《昔阳县人民政府办公室关于印发昔阳县机关事业单位工作人员带薪年休假实施办法的通知》（昔政办发〔2014〕76 号）文件规定精神执行。

2. 机关干部年休假假期要根据工作情况，并结合本人意愿统筹安排。

3. 享受年休假在休假前一周内，需填报《机关事业单位工作人员年休假审批表》，常务副部长审核同意，部长批准，办公室备案。

4. 机关干部的年休假期应在当年使用。

（五）奖惩

1. 机关干部一年内累计请事假一个月以上或病假两个月以上的，年度考核时不能评为优秀等次和先进工作者。

2. 机关干部旷工累计超过一周时间的，在部内通报批评；一年内连续旷工 15 天或累计旷工超 30 天的，视情节严重程度给予必要的纪律处分，直至辞退。

六、财务管理制度

为进一步规范机关财务管理工作，严肃财经纪律，节约经费支出，确保部机关工作的正常运转，根据上级有关规定，结合我部实际情况，特制定本制度。

（一）认真执行各项规定，发扬勤俭节约、艰苦奋斗的传统。

（二）严格财务审批制度，健全“副职分管、正职监管、集体领导、民主决策”的管理机制。实行“经办人—分管领导—常务副部长”审批签字。

（三）重大活动各项开支，必须事前作出预算，经分管领导同意后，报常务副部长审核批准，方可支出。

（四）因公出差的严格按照《昔阳县机关差旅费管理办法》执行。

（五）日常办公用品由办公室购置，办公室根据需要领取办公用品，在使用中要厉行节约，杜绝浪费。对于大宗固定资产的购买，需经部务会讨论通过后购置。以上物品都应按照相关规定进行集中采购。

（六）因工作或会议，需要打印复印的，由办公室承办，办公室主任、具体承办人签字结算。

（七）会议费用支出，需经分管领导、常务副部长同意后，严格按照《昔阳县机关会议费管理办法》安排。

（八）各种公务支出原则上应使用公务卡结算。

（九）各种财务支出应做到账目清楚，手续完备，并自觉接受部长监管和群众监督。

七、文印管理制度

为全面完成部机关文印任务，保证机关工作正常高效运转，为机关办公提供优质服务，特制定以下管理制度。

（一）文印工作由部机关办公室统一管理。

（二）文印要做到“准确、规范、及时、安全、保密”，文面要做到“整洁、清晰、工整、美观”，不发生错漏，保证行文质量。

（三）本单位的文字资料，有打印（复印）必要时方予打印（复印）。可通过计算机网络传递，不需打印（复印）的文件，一般不予打印（复印）。

（四）有关机密文件不得私自外传复印，要妥善保管，做好保密工作。工作人员应树立严格的保密观念，严格遵守保密制度，不得随意将打印、复印资料中须保密的事项透露给他人，不得截留任何文件。

（五）复印或铅印材料，须经办公室登记后方可打印复印，除紧急材料外，按先后顺序完成。未经相关领导同意，不准打印、复印与公务无关的文件和资料。

（六）未经办公室批准的文件或材料等，不予打印复印。

八、“三重一大”事项集体决策制度

第一条　为进一步健全和完善民主集中制，充分发挥集体领导的核心作用，保证决策的科学化、民主化和规范化，根据有关规定，结合本系统实际制定本制度。

（一）“三重一大”事项主要内容

本制度所称“三重一大”事项是指具有方针政策性、全局性、战略性，对本单位有重大影响的重大决策决定事项、重要人事安排事项、重大项目实施事项和大额度资金使用事项。

1. 重大决策

①党和国家的路线、方针、政策和上级有关部门的重要文件、会议精神的贯彻落实；

②工作制度、重要管理办法等规章制度的制定、修改、变更及废止；

③年度工作目标；

④本部门党风廉政建设和精神文明建设的重大决策；

⑤涉及人事制度的重要改革措施；

⑥重大执法、事故责任追究情况，重大突发事件的解决办法及措施；

⑦应当集体讨论决定的其他重要事项。

2. 重要人事安排

①推荐、选拔、任免、调动和奖惩副股级以上干部。

②干部考核及奖惩方案。

③后备干部的推荐、培养、确定。

④重要岗位人员的调整。

⑤其他应当提交集体讨论决定的重要干部任免事项。

3. 重大项目安排

①部机关及经办机构基础设施建设和基本建设项目投资；

②部机关固定资产购置、大宗办公设备采购；

③应当集体讨论决定的其他重要事项。

4. 大额度资金使用事项内容

①单笔资金支出额度在 1 万元以上的。

②经费以外的其他费用非正常支出。

③大宗物资采购一次性支出 1 万元以上的采购方案。

④其他需要领导班子集体研究决定的大额度资金使用事项。

第二条　“三重一大”事项的讨论决定“三重一大”事项时，要坚持民主集中制原则，充分发挥集体领导作用。本部门“三重一大”决策事项一般由部务会讨论决定，需上报相关部门批准的，按照规定上报相关部门。涉及全县的重要事项须经过县分管领导同意后，报县委、县政府决定。

（一）议题确定

凡涉及重大决策事项，根据上级指示和工作要求的具体情况，由部分管领导或有关股室负责人提出研究事项提交部务会集体讨论决定，必要时报县相关部门批准，并上报县委、县政府。

凡涉及干部任免事项，根据民主推荐等方式产生拟任免副股级干部的人选，提交部务会集体讨论，必要时报县相关部门备案。

凡涉及重大项目安排和大额度资金使用事项，由各有关股室提出初步方案，提交部务会集体讨论，必要时报县有关部门批准。

（二）议题讨论

讨论决策“三重一大”事项，出席人数须达到应出席人数的三分之二以上。

提出议题的分管领导或股室负责人要认真、全面、真实地介绍议题的有关情况。与会人员要认真履行职责、充分发表意见。

遇有特别紧急情况，可急事急办当机处置，但事后必须及时向部务会汇报并召开有关会议通报。

（三）会议表决

集体讨论决定“三重一大”事项，必须进行部务会表决。根据讨论事项的不同情况，可采取口头、举手、无记名或记名投票等方式进行表决，表决结果和表决方式应当记录在案。对于意见分歧较大的事项，应暂缓作出决定。

（四）会议记录

集体讨论决定“三重一大”事项时，要将决策事项、决策程序、决策结论、决策实施等以党务会议议程、纪录、纪要、决定等形式留下文字性资料存档备查。必要时，将决策情况向上级报告或备案。

（五）决策实施

经过部务会讨论决定的“三重一大”事项，按照部内部分工由相关股室组织实施。相关责任股室要认真落实“三重一大”事项，在执行过程中如发生变化，需对决策进行重大调整或变更，必须经党务会集体讨论研究同意。

第三条　“三重一大”事项的监督检查和责任追究

经部务会集体讨论决策的“三重一大”事项，由相关股室组织实施，分管领导负责落实。班子成员要严格按照党风廉政建设责任制的要求，带头执行“三重一大”的有关规定，相关股室要严格执行有关规定。自觉接受有关部门对本部执行“三重一大”制度的情况进行监督检查。要根据需要，适时向党员通报有关“三重一大”事项集体决策制度的执行情况。

有下列违反“三重一大”事项集体决策制度情形之一的，要追究相关当事人责任，对造成严重后果的，要从严处理：

1. 除紧急情况外，对于应集体讨论决定的事项未经集体讨论，由个人或少数人决定的；

2. 决策执行过程中擅自改变或调整决策的；

3. 决策执行中出现异常情况未及时向领导汇报或未作出补救措施的；

4. 其他违反本实施细则的情况。

九、财产管理制度

（一）各办公室所配备的办公桌、椅、文件柜等器材，均由办公室统一入册，各办公室负责保管，如有遗失，按机关有关规定办理。

（二）各办公室办公用具，如暖瓶、水壶、茶杯等低值易耗品，应妥善保管，如有损坏，应事先声明，向办公室交旧换新。

（三）所购电脑、复印机、照相机、传真机等固定资产，统一由办公室管理，专人保管，供机关工作使用，一般不对外。

（四）使用复印机要严格审批手续，由办公室同意方得使用。不得复印与工作无关的内容。

（五）机器维护保管由专人负责，保持良好的工作性能。

十、印章管理和使用制度

为正确使用和妥善管理印章，明确职责，加强保密，确保印章的使用安全，特制定本制度。

（一）印章要确定专人管理，努力做到政治上可靠，责任心强。

（二）印章要放在办公室专柜中，不准随便放在办公桌或其他不安全的地方。

（三）印章要随用随开，用毕随时锁上，不准随便委托他人代管。

（四）不准把锁印章的钥匙交给他人，临时外出可把钥匙交给办公室或部门负责人代管。

（五）印章的使用必须登记，每次用印章要在《公章使用登记册》上登记。

（六）盖章前要检查有无领导人批准或签署意见。

（七）盖印必须保证位置恰当，在文件末尾，年月日中间盖印。

（八）油印要均匀，颜色纯正，盖印用力要适度，使盖出的印章清晰、端庄。

（九）盖印人员要坚持原则，只有经领导人批准才可用印，不得牟取私利，违章用印。

（十）盖印人员要认真负责，一丝不苟，发现问题及时向领导反映。

十一、保密工作制度

为增强机关干部保密意识，做好机关保密工作，杜绝失泄密事件发生，根据上级有关文件精神，特制定本制度。

（一）涉密文件管理

1. 制作涉密文件，要按照《保密法》规定，履行定密程序，标明密级和保密期限，注明发放范围及制作数量；密件应在涉密载体定点复制单位或内部文印室印刷，严格按照批准的数量制作，不得多制、私留。

2. 严格公文保密管理规定，切实履行公文的收发、传递、借阅、清退、归档和销毁等各个环节的登记、签字手续，严禁公文随处丢放。

3. 凡阅保密文件，必须在办公室进行，不得携带回家或规定的场所之外，并及时交办公室保密员保管。因工作需要不能及时交回的密件随时存入密码箱、保险柜中，不得随便放置。

4. 涉密文件要严格限制知悉范围，不得随意扩散、复印。属于国家保密的文件资料和其他物品的制作、收发、传递、使用、复制、摘抄、保存、销毁，必须遵守国家保密法规，不得丢失文件，失密泄密。

5. 不准自行翻印、复印国家三密文件、资料。因工作确需复制和摘抄时，要严格按规定履行审批手续。

6. 不在私人交往和通信中泄露国家秘密，携带属于国家秘密的文件、资料和其他物品外出，不得违反保密规定。

7. 严格遵守保密制度，做到不该讲的不讲，不能随意扩大知密范围，如发觉党和国家秘密已经泄露或可能泄露时，应立即采取补救措施。

8. 对于涉及统一战线方针政策、民族宗教政策、港澳台海外工作方针政策及对领导干部的选拔、安排工作的文件要及时整理、存放，做到不乱放文件，不随意传播小道消息。

9. 因违犯保密制度造成失密、泄密文件的，按有关规定对当事人做出严肃处理。

（二）涉密计算机管理

1. 涉密计算机的使用科室应负责涉密计算机的日常保密监督管理工作。

2. 涉密计算机的使用科室应对涉密计算机进行定期的保密安全检查，并作好记录备案。

3. 涉密计算机中的涉密信息应标明密级，其密级应与正文相符。

4. 涉密计算机的使用科室应指定专人负责涉密计算机的正常运行和管理，发现设备有异常情况或问题，自己不能解决的，应向科室负责人报告，以便妥善处理。

5. 涉密计算机必须分别设置 CMOS 口令和 WINDOWS 登录用户口令进行身份鉴别，口令长度不得少于 10 个字符，一般应是大小写英文字母、数字、特殊字符中两者以上的组合。

6. 严禁无关人员操作涉密计算机。

7. 涉密计算机上必须安装防病毒等安全软件。

8. 涉密计算机应与国际互联网实行物理隔离，禁止与其他非涉密计算机进行单机对联。

9. 涉密计算机中的资料应实行安全备份，以防止病毒的感染或硬件的受损造成资料丢失。备份磁介质（软盘、U 盘、光盘、移动硬盘、磁带等）应标明密级进行登记，存放在密码文件柜中，按照《国家秘密载体保密管理的规定》进行管理。

10. 涉密计算机的维修由办公室派专人送到有保密维修资质的公司维修，并做好维修记录。

11. 违反本规定造成泄密，将根据情节进行批评教育，构成犯罪的，由有关部门依法追究刑事责任。

（三）移动存储介质管理

1. 各科室负责本科室移动存储介质的监督、检查及界定涉密与非涉密移动存储介质（包括移动硬盘、软盘、U 盘、光盘、磁带及各种存储卡）。

2. 各科室负责本科室的涉密移动存储介质的日常管理工作，涉密移动存储介质必须妥善保存。

3. 涉密移动存储介质严禁在互联网上使用。确因工作需要携带涉密移动存储介质外出，须报经单位分管领导批准，并履行相关手续和采取严格的保密措施。严禁将涉密移动存储介质借给外单位使用。

4. 非涉密移动存储介质不能与涉密的相混用；严禁将私人移动存储介质带入本单位网内使用。

5. 涉密移动存储介质需要送外部维修时，必须到国家保密工作部门指定的具有保密资质的单位进行维修，并将废旧的存储介质收回。涉密移动存储介质在报废前，应进行信息清除处理。

6. 涉密移动存储介质的销毁，经单位分管领导批准后，到市国家保密局指定的销毁点销毁或送交市国家保密局统一销毁，不得擅自销毁。禁止将涉密移动存储介质作为废品出售。

7. 工作人员不按规定管理和使用涉密移动存储介质造成泄密事件的，将依据法规追究责任，构成犯罪的将移送司法机关处理。

（四）互联网管理

1. 在互联网上发布的信息是指经本单位主要领导或分管领导审核批准，提供给国际互联网站或其他公众信息网站，向社会公开、让公众了解和使用的信息。

2. 互联网发布信息保密管理坚持“谁发布谁负责”的原则。凡向国际互联网站提供或者发布信息，必须经本单位主要领导或分管领导审核批准，并应该按照一定的工作程序，完善和落实信息登记、审批责任制。

3. 除新闻媒体已公开发表的信息外，本单位各科室提供的上网信息应确保不涉及国家秘密。

4. 本单位任何个人不得利用网站、网页上开设的电子公告系统、聊天室、论坛等发布、谈论和传播国家秘密信息。

5. 使用电子函件进行网上信息交流，应当遵守国家有关保密规定，不得利用电子函件传递、转发或抄送国家秘密信息。各科室要严格按照有关规定建立和使用本科室电子邮箱，遵循谁使用谁负责的原则。

6. 单位内部工作秘密、内部资料等，虽不属于国家秘密，但应作为内部事项进行管理，未经单位领导批准不得擅自发布。

7. 禁止网上发布信息的基本范围：

①标有密级的国家秘密。

②未经有关部门批准的，涉及国家安全、社会政治和经济稳定等敏感信息。

③未经批准，标注有“内部文件（资料）”和注意保存（保管、保密）等警示字样的信息。

④本部门或单位认定为不宜公开的内部办公事项。

8. 提供信息发布的科室应履行的职责：

①对准备发布信息（即将向网络发布的信息）是否涉及国家秘密进行审查。

②对已发布信息进行定期性保密检查，发现涉密信息的，立即采取补救措施，查清涉密渠道和原因，并及时向本单位领导或保密工作领导小组报告。

③接受上级机关和保密工作部门的监督检查。

9. 违反本规定，对网上发布信息保密审查把关不严，导致严重后果或安全隐患的，要按照规定严肃查处。

十二、档案管理制度

档案管理应贯彻执行国家《档案法》，结合工作实际，按照完整收集、方便利用的要求，在分管副部长的指导下，由办公室牵头开展工作。

（一）本部形成的各种文件、会议材料、调查报告、简报、记录、讲话稿、电报、图片、录音、录像、报表等在完成运行期后，应由文书人员及时进行立卷归档，整理成册，按年度保管期限编号入柜。上一年度的文书材料一般在次年的一季度归档；运行期较长的文书材料可在次年的二季度办理归档。

（二）中央、省委、市委、县委文件，按收文编号顺序核实无误后，在次年三月底前退交县委机要局统一处理。

（三）中央统战部、省委统战部、市委统战部的文件、电报、会议材料、刊物等，应分级分类整理成册，归档保存，以备查考利用。

（四）其他单位来文、来函等，视其性质内容、保存价值等情况分级分类整理后存查。

（五）根据档案工作发展需要，不断改善档案室、档案柜、复印机等专用设施，创造开展工作的各种条件，逐步完善档案的统一规范化管理。

十三、来宾接待制度

为进一步明确接待工作的任务，规范接待程序，严格接待标准，控制接待范围，提高接待服务质量，根据纪委关于接待方面的规定，结合我部实际，特制定本制度。

（一）严格执行上级有关规定，本着“统一管理、热情周到、不失礼节、从简节约”的原则，结合实际，认真搞好接待工作。

（二）接待范围：上级统战系统的领导和检查指导工作的人员；兄弟县、市委统战部来我部进行公务活动的人员；系统外有关检查指导工作的领导及工作人员；市委统战部委托我部接待的各级领导及工作人员；其他公务活动需要接待的人员。

（三）来宾统一由办公室负责接待，及时了解来宾身份、人数、抵达日期，并向常务副部长汇报，制定具体的接待方案。填写《接待卡》，及时和接待办联系安排。

（四）就餐标准严格按接待办规定进行，不得超标准安排食宿，以自助餐为主，用本地酒水，中午一律不上白酒。接待人员要热情大方，周到服务，文明礼貌，努力使客人满意。

十四、值班制度

为了加强机关值班工作的管理，确保机关的安全和正常公务以及突发事件的处理，特制定本制度。

（一）节假日值班由机关统一安排。

（二）值班表及时报送县委办、政府办，以利加强联系、督查。

（三）值班员应以认真、负责的工作姿态处理当班期间的一切事务，保证当班期间通讯畅通；有紧急情况应及时向有关部门和带班领导请示报告，并认真填写值班记录，不推不拖，不留后遗症。

（四）值班员应遵守值班时间，增强安全防范意识，按时交、接班。不得擅离职守，不得带无关人员到机关耍闹。如因空岗等人为原因发生的事故，本着谁值班谁负责的原则，视情节轻重，追究当班人的责任。

（五）因特殊情况不能依值班顺序当班的，值班人员须提前向办公室主任说明原因，进行调整，顺次排班。

十五、车辆管理制度

（一）车辆管理

1. 车辆实行专车专人驾驶，严禁将车辆私自交他人驾驶。

2. 车辆加油卡由财会人员管理，加油时驾驶员与财会人员一起同行，办公室车辆管理人员将每次加油数量、金额、里程进行登记。

3. 车辆非工作时间一律在大院停放。

（二）车辆调度和使用

1. 办公用车实行派车制度，由办公室统一安排调度，未经批准，驾驶员不得擅自出车。司机必须经办公室通知方可出车，并按派车通知规定的时间、地点出车，不得擅自改变。

2. 单位领导和工作人员，都要自觉按制度办事，尊重驾驶员的劳动。用车人员和驾驶员要主动配合，搞好工作衔接。

（三）车辆驾驶与行车安全

1. 驾驶员要严格遵守上下班时间，随时待命，听从本单位统一安排，按时出车，按时收车。

2. 驾驶员未出车时，应严格按照作息时间在办公室待命，不得随意串岗、外出。

3. 为确保行车安全，驾驶员必须严格遵守道路交通安全法规，服从交警指挥，严禁酒后开车，严禁超速行驶。

4. 驾驶员对车辆要勤检查，勤保养，勤擦洗，使车辆始终保持最佳运行状况。发现问题，及时处理，严防事故发生。

（四）车辆维护与修理

1. 要坚持预防为主的原则，发现问题，及时处置。

2. 办公室要加强对车辆的管理，按时组织进行年度审验，及时办理保险等有关手续，定期进行保养检查、油料使用情况检查，控制支出，节约开支。

3. 车辆需维修保养时，驾驶员要事先征得常务副部长同意，然后到定点厂家维修保养，并将维修费用票据带回，按财务制度的有关规定及时履行报批手续。

4. 未经批准擅自进行修车、购置零配件或在非指定的厂家修车，其费用不得报销。

（五）其他相关规定

1. 车辆维修费用报销需附维修配件原始清单和维修收费清单，经领导审核批准后报销。

2. 驾驶员如有违反交通规章（如闯红灯、违章停车等），造成罚款的不予报销，由违规驾驶员个人承担责任，并准时交纳罚款。

十六、办公用品管理制度

为规范管理办公用品，合理控制各类办公用品的正常使用，在满足工作需要的前提下做到勤俭节约，特制定该管理制度。

（一）本制度所称办公用品指日常需要的办公用品及文印消耗品。

（二）一切所需办公用品由各部门向办公室申报，由办公室统一购置、发放、登记和管理。

（三）购买各类物品时，要重实用、重质量，做到价廉、物美、实用。

（四）各部门所领办公用品均属公共财产，只能用于工作所需，绝不允许据为己有。

（五）办公日常用品，均由办公室统一登记造册，集中管理。

（六）各类物资存放要做到安全，避免物资损坏；物资要分类存放，清理记账，列好收支明细表，做到心中有数。

（七）各部门所需办公用品要填写办公用品领取表。

（八）各部门的办公用品，要管好、用好，不得乱放乱扔或损坏遗失。

（九）各部门工作人员，要热爱集体，爱护公物，增强集体观念，勤俭节约。

第三篇
人民政协

第一章　机构沿革

第一节　昔阳县各界人民代表会议

1949 年 11 月至 1953 年 11 月，昔阳县实行各界人民代表会议（简称各代会）制度。各代会代表实行推选、选举、邀请相结合的方式产生。昔阳县各界人民代表会议历经 2 届，共召开 12 次代表会议。一届二次会议后各代会设常务委员会，常委会设主席、副主席、常务委员。自二届一次会议始，各代会代行人民代表大会职权。

第一届各界人民代表会议

昔阳县第一届各界人民代表会议共选代表 135 名。1949 年 11 月至 1952 年 6 月先后召开九次会议。1949 年 11 月 10 日至 12 日，昔阳县第一届各界人民代表会议第一次会议在县城召开。昔阳县民主政府改称昔阳县人民政府，会议收到各类提案 432 件。大会选举陈子万为昔阳县第一届各界人民代表会议主席，王希圣为副主席。主席、副主席均为兼职。没有常设办事机构。

第二届各界人民代表会议

昔阳县第二届各界人民代表会议共选代表 281 名，1952 年 9 月至 1953 年 12 月先后召开 3 次会议。1952 年 9 月 10 日至 15 日，昔阳县第二届各代会第一次会议在县城召开，大会选举侯有智为昔阳县人民政府县长，王希圣、史春如、李俊昌为副县长，刘印龙、李淑贞、刘胜、郑融、张科元、郑魁选、孙芝正、王殿俊、赵汶、程广宇、张永福、史春和、翟治让、赵世英等 14 人为政府委员会委员。选举刘印龙为昔阳县各界人民代表会常务委员会主席，李棣园为副主席，李标福、吕来旺、李淑贞、孔永福、王树枝、王拉文、王鉴选、侯有智、毛忠谨、王满堂、宋银科、赵汶、张老太、李进伦、郑魁选、李中正、王德和共17人为常务委员。

第二节 政协昔阳县委员会

1984年3月5日，由各党派和无党派民主人士，各社会团体及各界人士代表共17人组成的中国人民政治协商会议昔阳县委员会筹备委员会成立。主任葛美林，副主任尹澄、白万来，委员14人。3月10日，经中共山西省委批准，政协昔阳县委员会正式成立，并于1984年3月18日至23日，召开政协昔阳县第一届委员会第一次全体会议。到2020年，一共召开了九届共37次全体会议。

政协昔阳县第一届委员会

政协昔阳县第一届委员会共产生政协委员59名，来自15个界别。1984年3月18日至23日，召开政协昔阳县第一届委员会第一次全体会议。选举赵崇英、翟丙午、张景贤、郭永谦、林嘉雍、漆震、李义生、王松芳、刘永祯、米西龙、马卓然、孙润荣、张振华为政协昔阳县第一届委员会常务委员；选举葛美林为政协昔阳县第一届委员会主席，选举王英宾、白万来、尹澄为政协昔阳县第一届委员会副主席。1986年4月7日至11日，召开政协昔阳县第一届委员会第三次全体会议。会议补选赵怀瑞为政协昔阳县第一届委员会主席，增选李锁寿为副主席。政协昔阳县第一届委员会共召开3次全委会议。

政协昔阳县第二届委员会

政协昔阳县第二届委员会共产生政协委员66名，来自17个界别。1987年5月25日至30日，召开政协昔阳县第二届委员会第一次全体会议。选举毛旭人、王会荣、王家广、李观万、李国红、赵崇英、柴玉娥为政协昔阳县第二届委员会常务委员；选举赵怀瑞为政协昔阳县第二届委员会主席，选举王富来、米西龙、曲正来、孙润荣、李锁寿、张振华为政协昔阳县第二届委员会副主席。政协昔阳县第二届委员会共召开3次全委会议。

政协昔阳县第三届委员会

政协昔阳县第三届委员会共产生政协委员75名，来自19个界别。1990年6月8日至12日，召开政协昔阳县第三届委员会第一次全体会议。选举王久远、王会荣、王裕五、邓义春、李观万、李国红、张振华、张惠、柴玉娥为政协昔阳县第三届委员会常务委员；选举赵怀瑞为政协昔阳县第三届委员会主席，选举李锁寿、王富来、曲正来、孙润荣、米西龙为政协昔阳县第三届委员会副主席。政协昔阳县第三届委员会共召开3次全委会议。

政协昔阳县第四届委员会

政协昔阳县第四届委员会共产生政协委员 80 名，来自 20 个界别。1993 年 6 月 20 日至 24 日，召开政协昔阳县第四届委员会第一次全体会议。选举王久远、王占国、王会荣、王怀荣、邓义春、李国红、李新柱、张惠、柴玉娥、蔡兰荣为政协昔阳县第四届委员会常务委员；选举赵怀瑞为政协昔阳县第四届委员会主席，选举王富来、曲正来、米西龙、李观万为政协昔阳县第四届委员会副主席。1995 年政协昔阳县第四届委员会第三次会议增选刘成籽为政协昔阳县第四届委员会副主席。1996 年政协昔阳县第四届委员会第四次会议增选梁拉成、张文科、郭壮生为政协昔阳县第四届委员会常务委员会委员。1997 年政协昔阳县第四届委员会第五次会议增选程晋、任启录为政协昔阳县第四届委员会常务委员会委员。政协昔阳县第四届委员会共召开 5 次全委会议。

政协昔阳县第五届委员会

政协昔阳县第五届委员会共产生政协委员 110 名，来自 20 个界别。1998 年 6 月 26 日至 30 日，召开政协昔阳县第五届委员会第一次全体会议。选举王怀民、毛新民、冯桃科、李兰柱、李观万、来录文、吴文林（女）、张文科、周银柱、耿计良（女）、柴玉娥（女）、梁拉成、梁素平、程晋、程珍珠、潘占喜为政协昔阳县第五届委员会常务委员；选举张世英为政协昔阳县第五届委员会主席，选举王富来、刘成籽、张怀筱、王怀荣为政协昔阳县第五届委员会副主席，选举程晋为政协昔阳县第五届委员会秘书长。1999 年 4 月 27 日，政协昔阳县五届二次会议增选李怀文、耿山海为政协昔阳县第五届委员会常务委员会委员。2001 年 4 月 11 日，政协昔阳县五届四次会议增选王新如、张爱锁为政协昔阳县第五届委员会常务委员会委员；选举毛新民、李怀文、潘占喜为政协昔阳县第五届委员会副主席。2002 年 4 月 9 日，政协昔阳县五届五次会议选举蔡兰荣为政协昔阳县第五届委员会常务委员、副主席。政协昔阳县第五届委员会共召开 5 次全委会议。

政协昔阳县第六届委员会

政协昔阳县第六届委员会共产生政协委员 137 名，来自 21 个界别。2003 年 8 月 27 日至 30 日，召开政协昔阳县第六届委员会第一次全体会议。选举王润明、王新如、尹荷柱、田蝉科、吕润麟、李兰柱、李志恒、李玉萍（女）、吴文林（女）、张明柱、张秋胜、张建华、杨海燕（女）、周银柱、赵怀瑞、赵建华（女）、高有庆、耿波海、眭素蝉（女）、梁素平、程珍珠、焦晓峰为政协昔阳县第六届委员会常务委员；选举张世英为政协昔阳县第六届委员会主席，选举张怀筱、蔡兰荣、潘占喜、耿计良为政协昔阳县第六届委员会副主席，选举郭远录为政协昔阳县第六届委员会秘书长。2005 年 5 月 18 日，政协昔阳县第六届委员会第三次全体会议增选王维英、黄祥苗为常务委员会委员。2006 年 7 月 12 日，政协昔阳县第六届委员会第四次会议选举王录文为政协昔阳县第六届委员会副主席。政协昔阳县第六届委员会共召开4次全委会议。

政协昔阳县第七届委员会

政协昔阳县第七届委员会共产生政协委员137名，来自21个界别。2007年5月25日至28日，召开政协昔阳县第七届委员会第一次全体会议。选举王润明、王维银、王新如、尹维娥（女）、乔秋所、张永祥（女）、张明柱、张保林、张秋胜、赵怀瑞、赵爱红、耿波海、高有庆、高志林（女）、黄祥苗、黄银叶（女）、梁素平、程根棠、翟润梅（女）为政协昔阳县第七届委员会常务委员；选举王录文为政协昔阳县第七届委员会主席，选举蔡兰荣、王秀英、潘占喜、翟书棠为政协昔阳县第七届委员会副主席，选举张青润为政协昔阳县第七届委员会秘书长。政协昔阳县第七届委员会共召开4次全委会议。

政协昔阳县第八届委员会

政协昔阳县第八届委员会共产生政协委员157名，来自21个界别。2011年6月18日至21日，召开政协昔阳县第八届委员会第一次全体会议。选举卜增盛、马志军、尹维娥（女）、王春鲜（女）、王娟（女）、王维银、乔秋锁、孙传福、张明柱、张秋胜、李邦荣、李进军、李恩洪、赵转鱼（女）、赵爱红、耿怀庆、高志林（女）、梁晋平、梁素平、梁瑞华、黄祥苗、黄银叶（女）为政协昔阳县第八届委员会常务委员；选举王录文为政协昔阳县第八届委员会主席，选举翟书棠、潘占喜、李怀仁、杨海燕（女）为政协昔阳县第八届委员会副主席，选举翟素明为政协昔阳县第八届委员会秘书长。政协昔阳县第八届委员会共召开5次全委会议。

政协昔阳县第九届委员会

政协昔阳县第九届委员会共产生政协委员168名，来自22个界别。2016年9月16日至19日，召开政协昔阳县第九届委员会第一次全体会议。选举丁海斌、马志军、马翠红（女）、王常久、王维银、尹彦斌、卢兴尼、冯爱红、朱晋、乔万英、邢丽峰、刘霄峰、刘鹏瑞、李凯（女）、李华华（女）、李进军、宋希平、武卫红、赵华夫、赵艳凤、赵富华、贾培杰、崔海军为政协昔阳县第九届委员会常务委员；选举石立军为政协昔阳县第九届委员会主席，选举杨海燕（女）、梁素平、吴战军、陈振林为政协昔阳县第九届委员会副主席，选举李越胜为政协昔阳县第九届委员会秘书长。2018年4月9日，政协昔阳县第九届委员会三次会议增选王建国、张东锋、李军华为政协昔阳县第九届委员会常务委员会委员。2020年4月27日，政协昔阳九届五次会议选举焦耀中为政协昔阳县第九届委员会主席，选举赵鹏为第九届委员会秘书长。政协昔阳县第九届委员会共召开5次全委会议。

第三节　政协党组

为加强党对政协工作的领导，政协昔阳县委员会成立的同时，成立中共昔阳县政协委员会党组，党组成员由中共昔阳县委任命。

历任中共昔阳县政协委员会党组书记：

葛美林（1984.07—1985.07）

赵怀瑞（1987.06—1998.07）

张世英（1998.07—2007.06）

王录文（2007.06—2016.09）

石立军（2016.09—2019.09）

焦耀中（2019.12—　　）

第四节　常委会工作机构

第一届常务委员会设：办公室、提案审查委员会、文史资料委员会、学习委员会、工作组委员会、农林工作组、文教工作组、卫生工作组、工商工作组、工交工作组、财贸工作组。共1室，4个专门委员会，6个工作组。

第二届常务委员会设：办公室、宣传教育科、文史资料科、组织联络科、工作组委员会、提案审查委员会、学习委员会、文史资料委员会、农林工作组、文教工作组、卫生工作组、工商工作组、工交工作组、财贸工作组。共1室3科，4个专门委员会，6个工作组。

第三届常务委员会设：办公室、宣教文史科、组织联络科、工作组委员会、提案审查委员会、学习委员会、文史资料委员会、工交工作组、农林工作组、财贸工作组、教育工作组、文化工作组、医卫工作组。共1室2科，4个专门委员会，6个工作组。

第四届常务委员会设：办公室、文史科、宣教科、联络科、学习委员会、提案委员会、文史资料委员会、经济科技委员会、文教卫生委员会、社会法制委员会、祖国统一联谊委员会。共1室3科，7个专门委员会。

第五、六、七届以后常务委员会设：办公室、提案委员会、文史资料委员会、经济建设委员会、社会法制委员会、祖国统一联谊委员会。共1室，5个专门委员会。

第八届常务委员会设：办公室、提案和农业委员会、经济和人口资源环境委员会、社会和法制委员会、民族宗教和港澳台侨委员会、文史和科教文卫委员会。共1室，5个专门委员会。

第九届常务委员会设：办公室、提案委员会、经济和人口资源环境委员会、社会法制和民宗外事委员会、农业委员会、文化文史和学习委员会、信息中心。共1室，1中心，5个专门委员会。

第五节　乡镇政协组织

政协昔阳县一至四届委员会先后在20个乡镇建立政协工作组，陆续配备工作组组长。工作组长由县委提名推荐，政协常委会任免。历届工作组组长如下：

城关镇政协工作组：王不里（1987.10—1992.12）、梁恭堂（1992.12—1996.1）、耿老虎（1996.1—1997.1）、阎保权（1997.1—1998.10）。

大寨乡政协工作组：贾元锁（1991.12—1995.10）。

皋落镇政协工作组：王仲华（1987.10—1998.10）。

东冶头镇政协工作组：李善元（1987.10—1991.11）、张庆元（1992.1—1996.1）。

沾尚镇政协工作组：张焕成（1987.10—1989.3）。

李家庄乡政协工作组：单来喜（1987.10—1992.12）、王三良（1993.4—1998.3）。

安坪乡政协工作组：张度元（1987.10—1992.1）、毛金联（1992.1—1996.1）。

洪水乡政协工作组：李喜慎（1987.10—1990.6）。

杜庄乡政协工作组：冯万录（1987.10—1992.12）、张怀柱（1992.12—1998.10）。

赵壁乡政协工作组：冯连籽（1987.10—1996.1）、尹芝瑞（1996.1—1998.10）。

巴洲乡政协工作组：张捧周（1992.12—1993.12）。

凤居乡政协工作组：杨三录（1992.12—1996.1）。

阎庄乡政协工作组：王会林（1993.4—1995.8）、张恩如（1996.1—1998.10）。

白羊峪乡政协工作组：乔显录（1991.12—1995.3）。

西寨乡政协工作组：郝贵同（1991.12—1992.12）、任计保（1992.12—1996.1）。

丁峪乡政协工作组：张志华（1991.12—1996.1）、张庆元（1996.1—1998.10）。

王寨乡政协工作组：冯彦（1992.12—1996.1）、张三科（1996.1—1998.10）。

瓦邱乡政协工作组：史怀荣（1991.12—1998.10）。

三都乡、界都乡都成立有政协工作组，但未配备工作组组长。

此外，在昔阳中学、高级职业中学、县医院、中医院、氮肥厂等知识分子集中的单位组建有政协基层工作组。

由于人员变动（退休、工作调动等），有的乡镇工作组未及时配备组长，出现一时的空白。至1998年底，只有城关、皋落、李家庄、杜庄、赵壁、阎庄、丁峪、王寨、瓦邱9个乡镇配备有政协工作组组长。2001年4月4日，政协昔阳县第五届十二次常委会议讨论决定，免去所有的乡镇政协工作组组长。

2011 年 6 月，全县 12 乡镇分别成立政协联络组，组长由乡镇党委副书记兼任。

乐平镇：王怀庆。

赵壁乡：王志军。

三都乡：申瑞红。

阎庄乡：乔爱青。

大寨镇：吴燕兵。

李家庄乡：张海明。

皋落镇：张庆军。

界都乡：杨卫东。

东冶头镇：侯庆荣。

孔氏乡：耿怀德。

西寨乡：庞锁怀。

沾尚镇：郭恩录。

2016 年 9 月各乡镇政协联络组撤销。

第二章　政协委员

第一节　政协委员的产生

《中国人民政治协商会议章程》规定："凡赞成本章程的党派和团体，经中国人民政治协商会议全国委员会常务委员会协商同意，得参加中国人民政治协商会议全国委员会。个人经中国人民政治协商会议全国委员会常务委员会协商邀请，亦得参加中国人民政治协商会议全国委员会。参加地方委员会者，由各地方委员会按照本条上述规定办理。"赞成政协章程，能够履行政协委员义务是作为政协委员的基本条件。2005年《中共中央关于进一步加强中国共产党领导的多党合作和政治协商制度建设的意见》（中发〔2005〕5号）进一步作了明确规定："要保证民主党派成员和无党派人士等在各级政协中占有较大比例。其中，在换届时，政协委员不少于60%，政协常委不少于65%。"2006年《中共中央关于巩固和壮大新世纪新阶段统一战线的意见》（中发〔2006〕15号）明确要求："统战部、组织部要按照中央有关规定和程序，在充分协商的基础上做好各级政协常委、委员的推荐提名工作。"《统一战线工作条例》规定"各级政协委员人选推荐工作应当坚持广泛协商，党内的由组织部门提名，党外的由统战部门提名，其中的民主党派成员、非公有制经济人士应当在提名前与民主党派、工商联协商，继续提名的各界别政协委员应当听取政协党组意见。建议名单由统战部门汇总并征求有关方面意见后，由组织部门报同级党委审定，然后按《中国人民政治协商会议章程》规定的程序办理。"

政协委员以协商推荐的方式产生。昔阳县政协委员产生的程序是：一、上届政协常委会提出下届政协组成规模、界别设置，协商分配各党派、团体、部门的人数和特邀人数。县政协党组按照政协常委会的意见写出方案，报请同级党委审定。二、各党派、团体、部门通过召开党委或支部会议，部、委、局会议，理事会、委员会议，根据分配名额和政协人事安排原则，提出推荐人选，由组织填写《推荐表》。《推荐表》的内容包括：推荐理由、被推荐人员简历、政治思想表现、业务技术专长、参政议政能力、突出事迹、贡献等。三、县委统战部、组织部分别对非党和中共党员的推荐材料认真审议，同各团体、部门反复讨论协商，对推荐人选进行全面考核，提出初步人选名单，连同特邀人员一并提交政协主席会议协商讨论，然后报送县委审定，形成建议名单，提交县委、县政协常委会进行表决。四、经常务委员会议通过的委员，由政协办公室分别通知推荐单位和个人，向委员发委员证书，并通过新闻媒介向社会公布。

第二节　历届政协委员界别与名单

政协昔阳县第一届委员会委员

共 59 名委员，分为 15 个界别：

中国共产党委员 5 人：王英宾、白万来、赵崇英、葛美林、翟丙午。

无党派人士委员 2 人：王家广、刘永祯。

共青团委员 1 人：郭爱生。

工会委员 1 人：耿文芳。

妇联会委员 1 人：张景贤（女）。

农林界委员 9 人：于占定、王所维、李子清、贾永昌、赵永昌、侯世龙、柴玉娥（女）、路爱兰、漆震。

工商界委员 3 人：毛忠谨、王文兰、赵稳妮。

文学艺术界、新闻界委员 3 人：王久远、任启录、杨兰花。

科学技术界委员 15 人：毛国祯、王乃直、王素昌、李富元、李义生、李计祥、光富来、田存锁、宋信国、杜立业、刘玉焕（女）、苑会保、张全虎、赵玉明、郭福秀。

教育界委员 7 人：马卓然、尹澄、李少山、董书田、张振华、赵贵朋、贾银栋。

体育界委员 1 人：孙润荣。

医药卫生界委员 7 人：马进田、毛旭仁、王松芳（女）、林嘉雍、张满凤（女）、郭永谦、高立义。

少数民族界委员 1 人：米西龙（女）。

台界委员 1 人：王会荣。

特邀委员 2 人：冯俊、程二脏。

本届委员会的组成有 5 个特点：一是非党人士占大多数。中共党员 24 人，党外人士 35 人，分别占委员总数的 40.7% 和 59.3%。二是顾及各个界别、各个方面。本届委员产生于工交、农林、科技、文化、教育、医药、卫生、起义投诚人员、少数民族、台属等 15 个方面。三是年龄比较轻。本届委员会委员平均年龄只有 47 岁。四是文化程度比较高。委员中具有大专文化程度的 22 人，中专文化程度的 13 人，中专以上文化程度的 35 名委员将近占委员总数的 60%。五是本届委员中科技人员比较多。具有各种技术职称的委员 27 人，占委员总数的 45%。本届委员会的委员充分体现了政协的广泛性和知识性。

1984 年 6 月，政协昔阳县一届二次常委会议增补卜银福为第一届政协委员会委员。

1986 年 4 月，政协昔阳县第一届委员会增补赵怀瑞、李锁寿为第一届委员会委员。至此政协昔阳县第一届委员会共有委员 62 人。

政协昔阳县第二届委员会委员

共 66 名委员，分为 17 个界别：

中国共产党委员 4 人：王富来、李锁寿、赵怀瑞、赵崇英。

民主党派委员 1 人：张振华。

无党派爱国人士委员 1 人：王家广。

农林水利界委员 10 人：于占定、李观万、李计明、袁会明、赵永昌、张珍、郭富文、柴玉娥（女）、侯世龙、漆震。

妇女联合会委员 1 人：张景贤（女）。

工商业联合会委员 2 人：王文兰、赵稳妮（女）。

文学艺术界委员 2 人：王素平（女）、任启录。

科学技术界委员 14 人：王乃直、毛国祯、文志富、田存锁、刘玉焕（女）、曲正来、李怀文、李喜明、李虎山、宋信国、苑会保、贾永昌、张全虎、赵玉明。

社会科学界委员 7 人：王运武、王素昌、毛喜科、任永福、李国红、李计祥、张同胜。

教育界委员 8 人：王兰小、王树仁、李保荣、杨武震、岳荣祥、赵贵朋、董书田、欧文荣。

体育界委员 1 人：孙润荣。

新闻出版界委员 1 人：王久远。

医药卫生界委员 9 人：毛旭人、邱志贤、宋福寿、林嘉雍、张满凤（女）、郑贵明、郭永谦、高立义、赵维棠。

社会福利团体委员 2 人：王贵小、张惠。

少数民族界委员 1 人：米西龙。

台界委员 1 人：王会荣。

特邀委员 1 人：李善元。

本届委员会的组成特点：上届委员 46 人连任，委员的平均年龄 46.2 岁，较上届委员年轻 3.2 岁，中青年委员由上届的 28 人增加到 49 人。委员中中共党员 26 人，非中共委员 40 人。

政协昔阳县第三届委员会委员

共 75 名委员，分为 19 个界别：

中国共产党委员 4 人：王富来、王久远、李锁寿、赵怀瑞。

民主党派委员 1 人：张振华。

无党派民主人士委员 1 人：于占定。

总工会委员 1 人：郭凤鸣。

共青团委员 1 人：赵建明。

妇女联合会委员 2 人：李兰荣（女）、田保瑞（女）。

农林界委员 4 人：李计明、赵永昌、袁会明、郭富文。

工商界委员 3 人：王文兰、赵稳妮（女）、李春晓。

文学艺术界委员 6 人：王雷笑、李保生、任启录、张胜利、周银柱、聂志明。

科学技术界委员 17 人：王怀荣、文志富、毛国祯、田存锁、宋信国、曲正来、李观万、李喜明、李虎山、张全虎、张珍、苑会保、赵玉明、贾永昌、柴玉娥（女）、侯世龙、漆震。

教育界委员 9 人：王兰小、王树仁、王秀英（女）、李保荣、李首珍、董书田、岳荣祥（女）、杨武震、赵贵朋。

社会科学界委员 9 人：王素昌、王裕五、任永福、刘世明、李国红、李计祥、李新柱、张同胜、赵崇英。

体育界委员 1 人：孙润荣。

新闻界委员 1 人：任维生。

医药卫生界委员 11 人：邓义春、宋福寿、张满凤（女）、邱志贤、李蒯兰、林嘉雍、赵维棠、赵鱼妮（女）、郑贵明、高立义、郭永谦。

社会福利团体界委员 1 人：张惠。

少数民族界委员 1 人：米西龙（女）。

台界委员 1 人：王会荣。

特邀委员 1 人：杨兰花。

本届委员会的组成特点：上届委员保留 54 名，中共党员委员 30 名，占委员总数的 40%；非中共委员 45 名，占委员总数的 60%；妇女委员 11 名，占委员总数的 16%，比上届增加 3%。具有大、中专文化程度的委员 46 名，占委员总数的 61.5%，比上届高 6.3 个百分点；有专业技术职称的委员 54 名，占委员总数的 72%，比上届高 25.7 个百分点。委员平均年龄 44.5 岁，比上届低 1.7 岁。

政协昔阳县第四届委员会委员

共 80 位委员，分为 20 个界别：

中国共产党委员 3 人：王富来、王久远、赵怀瑞。

无党派民主人士委员 2 人：王会荣、王怀荣。

总工会委员 1 人：赵志荣。

共青团委员 1 人：李秀明。

妇女联合会委员 2 人：田保瑞（女）、李兰荣（女）。

工商业联合会委员 1 人：李春晓。

科学技术协会委员 1 人：蔡兰荣。

教育界委员 8 人：王树仁、田密棠、李保林、李柱祥、杨巧珍（女）、杨武震、赵贵朋、董书田。

科学技术界委员 13 人：卜存文、毛国祯、毛新明、文志富、曲正来、宋信国、李观万、李喜明、李虎山、张全虎、贾永昌、柴玉娥（女）、眭素婵（女）。

社会科学界委员 8 人：申成柱、任永福、刘世明、吴文林（女）、李国红、李计祥、李新柱、张同胜。

文化艺术界委员 9 人：宋明珠、任启录、李保生、李怀英、张建明、张胜利、陈立新（女）、聂志明、秦怀录。

经济界委员 11 人：王占国、李纯岚、李爱锁、李保卫、李成林、张海柱、张如成、贺毓琴、周银柱、赵淮海、郭富文。

农林界委员 4 人：于占定、李计明、崔来峰、袁会明。

体育界委员 1 人：李保明。

新闻出版界委员 1 人：邢明保。

医药卫生界委员 9 人：邓义春、宋福寿、李蒯兰、邱志贤、张满凤（女）、郑贵明、赵鱼妮（女）、耿山海、郭永谦。

少数民族界委员 1 人：米西龙（女）。

宗教界委员 1 人：释能广。

社会救济福利团体界委员 1 人：张惠。

特邀委员 2 人：李锁寿、孙润荣。

本届委员会的组成：突出政治性、代表性和广泛性的原则，与上届委员相比，各界别、各单位的委员人数作了适当调整。80 名委员中，中共党员 33 人，非中共人士 47 人，体现了政协的统战性；连任委员 49 人，新任委员 31 人，保持了委员的连续性。本届增加了包括国有企业、集体企业及各种非公有制企业的经济企业界委员，占到委员总数的 13.8%，体现了政协以经济建设为中心。本届委员的年龄结构有所变化，平均年龄 43.6 岁。女委员占委员总数的 14%。并有以下几个特点：一是文化水平有所提高，大、中专以上文化程度的委员占 48.8%；二是代表面更加广泛，委员的知名度较高；三是委员参政议政能力有明显提高；四是中、高级技术人员大量增加，占委员总数的 55%。

1995 年政协昔阳县四届三次全委会前，增补刘成籽为政协昔阳县第四届委员会委员。1996 年政协昔阳县四届四次全委会前，增补梁拉成、张文科、郭壮生、赵芝栋、王全荣、郝玉良、杨三明、赵玉卿、李改明、杨命昌、毛如山、杨根昌、耿计良（女）、王维英为第四届委员会委员。1997 年 4 月政协昔阳县四届五次全委会增补程晋、李进、李同柱、李林小、陈维科、宋瑞生、郝林科、张爱锁为第四届政协委员会委员。

至此，政协昔阳县第四届委员会共有委员 103 名。

政协昔阳县第五届委员会委员

共 110 名委员，分为 20 个界别：

中国共产党委员 6 名：王富来、刘成籽、张世英、张怀筱、赵怀瑞、程晋。

无党派人士委员 3 名：李计明、来录文、陈保怀。

总工会委员 1 名：王计文。

妇女联合会委员 1 名：刘俊棠（女）。

共青团委员 1 名：程云。

工商业联合会委员 9 名：卜晋和、王怀荣、王贵嵘、史红林、李成林、李怀林、李春晓、周仲群、陈贵卿。

科学技术协会委员 1 名：杨三明。

教育界委员 9 名：田密棠、李进、宋以兰（女）、杜彦平、吴彦怀、陈毅英（女）、常玉林、程珍珠、翟秀芳（女）。

科学技术界委员 11 名：卜存文、田瑞华（女）、李观万、张爱锁、杨海燕（女）、赵三全、耿计良（女）、柴玉娥（女）、崔来峰、眭素婵（女）、焦晓峰。

社会科学界委员 14 名：王全荣、毛新明、任永福、李玉萍（女）、李同柱、李林小、李新柱、吴文林（女）、陈维科、赵松柱、赵毓卿、郝玉良、梁素平、薛录棠（女）。

文化艺术界委员 10 名：王怀明、光兆林、刘润花（女）、宋明珠、张胜利、张建明、周银柱、聂志明、秦怀录、梁拉成。

社会福利团体界委员 1 名：白顺德。

农业界委员 2 名：冯桃科、宋蝉录。

体育界委员 1 名：李保明。

新闻出版界委员 3 名：邢明保、李爱兰（女）、赵维国。

医药卫生界委员 10 名：宋福寿、李蒯兰、张秋胜、邱志贤、杨根昌、赵保柱、耿山海、聂卫平、高靖、潘占喜。

宗教界委员 2 名：张怀祥、释能广。

经济企业界委员 23 名：王占国、王树林、王根棠、王维银、毛维贞、毛新民、刘雨风、刘建民、宋瑞生、李兰柱、李占刚、李改明、李纯岚、张文科、张如成、张拉棠（女）、张贵如、张宪明、张爱锁、杨命昌、郝林科、郭富文、焦怀祥。

少数民族界委员 1 名：赵玉珍（女）。

特邀委员 1 名：袁会明。

第五届政协委员的年龄结构、知识结构、专业结构、界别构成明显优化，群体形象明显提高，为履行职能奠定了组织基础。

2000 年 5 月 12 日，政协五届常委会第九次会议增补吴富生、王会林、郭远录、翟章信、焦瑞江、凌晋卫、释宏运、王立忠、李秀明 9 人为政协昔阳县第五届委员会委员。2001 年 4 月 4 日，政协昔阳县五届常委会第十二次会议增补李维政（社科界）、王秀清（医卫界）、史董平（医卫界）为政协昔阳县第五届委员会委员。2002 年 4 月 1 日，政协昔阳县五届常委会第十六次会议增补蔡兰荣、崔海军为政协昔阳县第五届委员会委员。

政协昔阳县第六届委员会委员

共 137 名委员，分为 21 个界别：

中国共产党委员 11 名：卜存文、王会林、来连和、吴富生、张世英、张怀筱、张青润、尚满柱、侯巧茹（女）、郭远录、蔡兰荣。

民主党派委员 4 名：王新如、史董平、赵怀瑞、崔海军。

无党派人士委员 3 名：王志平（女）、李占刚、张雪梅（女）。

总工会委员 1 名：毛银棠（女）。

妇女联合会委员 1 名：刘俊棠（女）。

共青团委员 1 名：张月清（女）。

工商业联合会委员 13 名：卜晋和、王贵嵘、王三孩、王维银、尹维娥（女）、宋以斌、李爱军、张明兰（女）、周仲群、陈贵卿、徐正平、焦瑞江、董斌卫。

科学技术界委员 1 名：张录喜。

教育界委员 10 名：马志信、王宝庆、李润青（女）、吴艳怀、张斌文、张翠林（女）、陈建立、贺计荣、高志林（女）、程珍珠。

科学技术界委员 8 名：田瑞华（女）、李千柱、杨海燕（女）、赵建华（女）、耿计良（女）、眭素婵（女）、黄银叶（女）、焦晓峰。

社会科学界委员 16 名：王占国、王秀青、王忠红、王海丽（女）、尹荷柱、卢金玉、李玉萍（女）、李瑞华（女）、吴文林（女）、赵建明、赵松柱、聂吉祥、崔仲棠（女）、梁素平、薛录棠（女）、瞿爱国。

文化艺术界委员 7 名：王怀明、光兆林、张建明、张胜利、周银柱、聂志明、韩国华。

社会福利和社会保障界委员 2 名：田蝉科、赵庆怀。

农业界委员 9 名：王东胜、李怀润、李变文（女）、张明柱、张喜棠、张晓红（女）、陈满文（女）、赵成录、高有庆。

体育界委员 2 名：刘彩霞（女）、杨存林。

新闻出版界委员 4 名：李爱兰（女）、李于彬、赵维国、翟彦棠。

医药卫生界委员 11 名：王爱明、王秀清、吕润林、李蒯兰、张青勇、张秋胜、赵保柱、高靖、聂卫平、秦克英（女）、潘占喜。

经济企业界委员 27 名：王根棠、王润明、王海丽（女）、毛如山、毛维贞、毛秀琴、申振华、李胜华、李喜棠、李志恒、李怀春、李建国、李朝华（女）、李怀亮、李兰柱、张建华、张宪明、张存荣、张保兴、武晓东、武秋亮、陈建林、赵爱红、赵瑞华、耿波海、郭富文、商继军。

宗教界委员 3 名：张怀祥、释一然、释仁德。

少数民族界委员 1 名：阮庭波。

特邀委员 2 名：王科周、袁会明。

六届政协委员的确定在兼顾各类统战对象及政协构成成分的同时，对重点行业和对县域经济发展有较大牵动作用的领域适当倾斜：农业界委员比上届增加 7 名；经济企业界委员比上届增加 4 名。

本届政协委员中，中共党员委员 56 名，占委员总数的 41%；非中共委员 81 名，占委员总数的 59%。妇女委员 31 名，占委员总数的 23%。学历为大专以上的委员 83 名，占委员总数的 60%。有中级以上技术职称的委员 47 名，占委员总数的 34%；其中具有高级技术职称的 6 名。40 岁以下的委员 47 名，占委员总数的 34%；委员的平均年龄 42.6 岁。上届委员留任的 46 名，占委员总数的 34%。六届政协委员在具备广泛性、先进性、代表性、连续性的同时，结构有所优化，素质有所提高，活力有所增强，为履行政治协商、民主监督、参政议政三大职能的质量和水平奠定了基础，也为县委团结各界人士实现“双翻”目标储备了人才资源。

2005 年 5 月 12 日，政协六届常委会第八次会议增补黄祥苗（工商联界）、郭志刚（经济企业界）、翟润梅（女　经济企业界）、赵巧红（女　工商联界）、孔瑞祥（民主促进会）5 人为政协昔阳县第六届委员会委员。2006 年 7 月 7 日，政协昔阳县第六届委员会常务委员会第十次会议增补王录文（中共）、王占荣（工商联界）、王彦春（女　医卫界）、王丽萍（女　社科界）、王丽（女　经济企业界）、耿怀庆（社科界）、铁润丽（女　社科界）7 人为政协昔阳县第六届委员会委员。

政协昔阳县第七届委员会委员

共 137 名委员，分为 21 个界别：

中国共产党委员 9 名：王录文、李兰平、张青润、陈凤鸣、尚满柱、郭远录、程海斌、蔡兰荣、翟书棠。

民主党派委员 3 名：孔祥瑞、赵怀瑞、崔海军。

无党派委员 6 名：王秀英（女）、张永祥（女）、李凤永、岳晋军、侯建英（女）、薛录棠（女）。

共青团委员5名：王海立（女）、高志林（女）、耿华（女）、温锦春、翟素明。

总工会委员3名：刘玉春、张玉红、赵志儒。

妇女联合会委员3名：尹维娥（女）、王彦春（女）、耿润兰（女）。

工商业联合会委员9名：王维银、张明兰（女）、李爱军、赵转鱼（女）、徐正平、梁宝明、黄祥苗、焦瑞江、董斌卫。

文化艺术界委员8名：田瑞华（女）、乔万英、刘喜花（女）、张胜利、李恩洪、武卫红、韩国华、翟英（女）。

科协委员1名：张慧明。

科技界委员6名：任英明、张海亮、聂卫平、高靖、眭安仁、黄银叶（女）。

社会科学界委员16名：王俊文、王瑞青、吕振荣、张保林、王小静、李玉萍（女）、李瑞华（女）、宫秋生、赵希莲（女）、赵松柱、赵爱红、侯绍先、耿怀庆、铁润丽（女）、梁素平、焦晓峰。

经济企业界委员19名：马海明、毛如山、毛维贞、王孝柱、王忠胜、王润明、王维恒、孙传福、阎全晓、张健、李志伟、李进军、连福平、赵瑞华、耿波海、郭珍祥、翟建国、翟润梅（女）、翟雪峰。

农业界委员9名：王忠红、张明柱、张晓红（女）、李变文（女）、赵晓英（女）、高有庆、傅富全、冀妹录、魏银虎。

教育界委员10名：王新如、刘存恩、李秀萍（女）、李彦华（女）、李银元、陈建立、陈根娣（女）、常胜明、程珍珠、程根棠。

体育界委员3名：卜晋和、常毅栋、焦银虎。

新闻出版界委员5名：任秀萍（女）、张雪梅（女）、李邦荣、李玲玲（女）、樊海燕（女）。

医药卫生界委员10名：王卫华、王秀清、王彦春（女）、张青勇、张秋胜、李学俊、杨卫民、肖枫、赵保柱、潘占喜。

社会福利与劳动保障界委员3名：冯爱红、乔秋所、赵立斌。

少数民族界委员1名：池晓云（女）。

宗教界委员3名：张怀祥、释一然、释仁德。

特邀委员5名：孔令胜、刘志刚、李朝花（女）、胡喜荣（女）、姬润祥。

七届政协委员中，中共党员委员56名，占委员总数的41%；非中共委员81名，占委员总数的59%。妇女委员31名，占委员总数的23%。学历为大专以上的委员83名，占委员总数的60%。有中级以上技术职称的委员47名，占委员总数的34%；其中具有高级技术职称的6名。40岁以下的委员47名，占委员总数的34%；委员的平均年龄42.6岁。上届委员继续提名为本届委员的46名，占委员总数的34%。本届政协吸纳了一批民营企业界优秀代表，集中了各个领域成绩突出的科技人员，新增了部分经验丰富的党政领导干部。界别结构、年龄层次、文化素质、性别比例都较上一届进一步趋于完善和优化。

2008 年 4 月 28 日，七届九次主席会议决定连福平、赵瑞华因工作调动离开本行政区域，不再保留委员职务。2008 年 5 月 6 日，七届四次常委会议决定增补杜志芳（女）、李胜全、李丽萍（女）、吕保祥、齐培英、张永亮、赵海峰、赵海丽（女）、郝志胜为政协昔阳县第七届委员会委员。2009 年 5 月 4 日七届二十二次主席会议决定，孔令胜、侯绍先、毛维贞因工作调动离开本行政区域，不再保留委员职务。2009 年 5 月 6 日，政协七届七次常委会议增补张保胜为特邀委员，朱晋、张晋连、赵冠春、和徊良、梁晋平、赵成录为政协昔阳县第七届委员会委员。

政协昔阳县第八届委员会委员

共 157 名委员，分为 21 个界别：

中国共产党昔阳县委员会委员 8 名：王录文、翟书棠、李怀仁、翟素明、张青润、李兰平、陈凤鸣、巩爱伟。

无党派人士委员 8 名：杨海燕（女）、薛录棠（女）、张明柱、赵瑞梅（女）、史怀军、岳晋军、赵文彬（女）、杜志萍（女）。

共青团委员 4 名：黄祥泉、李进军、温锦翀、郑军。

总工会委员 4 名：郝云福、王佩新、崔文梅（女）、梁晋平。

妇女联合会委员 3 名：杜志芳（女）、王春鲜（女）、尹维娥（女）。

工商业联合会委员 12 名：刘立斌、王维银、赵转鱼（女）、杨勤建、程世虎、高志翔、李晓旭、孔瑞祥、阎志辉、梁宝明、鲍振永、王涛。

科学技术协会委员 4 名：张慧明、王丽丽（女）、任彦军、程凤兰（女）。

文化艺术界委员 7 名：李恩洪、陈红梅（女）、史永红、孔瑞萍（女）、王文彬、武卫红、翟英（女）。

科技界委员 7 名：阎变香（女）、黄银叶（女）、聂卫平、高靖、马弘芬、张利芳（女）、王国琴（女）。

社会科学界委员 21 名：卜增胜、马志军、赵海峰、王俊文、刘利国、毕玉平、吕振荣、耿怀庆、赵冠春、梁素平、赵爱红、铁润丽（女）、赵海丽（女）、李江云、梁艳萍（女）、马翠红（女）、冯晔、赵国庆、王少珺（女）、王建平、史怀明。

经济企业界委员 18 名：李邦荣、黄祥苗、孙传福、乔乃斌、阎全晓、陈长磊、王占荣、赵青春、李志伟、孔国华、朱晋、王忠胜、王华峰、赵向阳、马旭刚、齐培英、郝志胜、张红梅（女）。

农业界委员 12 名：乔秋所、梁瑞华、张长明、李海彦（女）、乔文会（女）、赵晓英（女）、王娟（女）、张晓红（女）、董文学（女）、杨喜周、李志华、郭东鹏。

教育界委员10名：程文祥、高志林（女）、和徊良、宋乃胜、陈红梅（女）、陈根娣（女）、李彦华（女）、常胜明、陈建立、李秀萍（女）。

体育界委员3名：常毅栋、焦银虎、李保卫。

新闻出版界委员4名：李凤永、樊海燕（女）、马雪梅（女）、李玲玲（女）。

医药卫生界委员8名：潘占喜、王卫华、张秋胜、王彦春（女）、张青勇、赵保柱、杨卫民、肖枫。

社会福利和社会保障界委员6名：张胜平、赵立斌、乔红芳（女）、冯爱红、王维荣、杨晓琳（女）。

少数民族界委员2名：池晓云（女）、买俊平。

宗教界委员3名：张怀祥、释仁德、释一然。

特邀委员13名：王怀庆、王志军、申瑞红、乔爱青、吴燕兵、张海明、张庆军、杨卫东、侯庆荣、耿怀德、庞锁怀、郭恩录、王玉柱。

八届政协委员兼顾到男女比例、党员与非党的比例、机关与基层的比例、县内与县外的比例。政协委员中，大专以上文化程度占到84%；具有技术职称的占到36%，其中高级职称占到6%；受到县以上各级党政表彰的占到48%，比历届都有大幅度增长。

八届委员中上届留任的74人，占委员总数的44%，委员更替范围较大。八届委员在兼顾连续性的同时，顺利实现了新老交替，年轻化进一步体现，35周岁以下委员25名，占16%，80后委员15人，占到10%。

2012年4月6日，政协第八届昔阳县委员会第四次常委会同意乔乃斌、王佩新、梁艳萍、王志军、常毅栋、张青润辞去政协第八届昔阳县委员会委员职务，增补任淑华、李呈祥、刘瑞莲、翟晓梅、卓有米、胡东明、张彦军、贾培杰、周爱斌、胡晋忠、王怀福、石韫军、郭景秋为政协昔阳县第八届委员会委员。2014年3月12日，政协第八届昔阳县委员会第十三次常委会决定撤销卓有米政协第八届昔阳县委员会委员。2014年4月14日，政协第八届昔阳县委员会第十四次常委会同意李恩红辞去政协第八届昔阳县常务委员会委员职务。2014年4月22日，政协第八届昔阳县委员会第十六次常委会同意潘占喜辞去政协第八届昔阳县委员会副主席职务。2014年4月23日，政协第八届昔阳县委员会第四次会议选举梁素平为政协第八届昔阳县委员会副主席，冯爱红、武卫红、贾培杰、崔海军为政协第八届昔阳县常务委员会委员。2014年11月12日，政协第八届昔阳县委员会第十八次常委会决定侯庆荣、任淑华、申瑞红、郭恩录、郭景秋因工作调整不再保留政协第八届昔阳县委员会委员资格，同意孙传福辞去政协第八届昔阳县委员会常委、委员职务，增补李成亮为政协第八届昔阳县委员会委员。2015年3月18日，政协第八届昔阳县委员会二十一次常委会增补杨卫东为政协第八届昔阳县委员会委员。2015 年 5 月 22 日，政协第八届昔阳县委员会二十三次常委会同意翟书棠辞去政协第八届昔阳县委员会副主席职务。2015 年 8 月 19 日，政协第八届昔阳县委员会二十四次会议撤销温锦翀政协第八届昔阳县委员会委员职务，增补张自达为政协第八届昔阳县委员会委员。

政协昔阳县第九届委员会委员

共 168 名委员，分 22 个界别：

中国共产党委员 9 名：石立军、吴战军、陈振林、李越胜、尹彦斌、李兰平、陈凤鸣、巩爱伟、刘瑞莲（女）。

民进委员 3 名：崔海军、李华亮、王静美（女）。

无党派人士委员 7 名：杨海燕（女）、梁素平、薛录棠（女）、李树仁、赵国庆、赵宏伟、杜志萍（女）。

共青团委员 4 名：黄祥泉、眭晓婷（女）、赵华夫、王景锐。

总工会委员 4 名：崔雪峰、邢丽峰、史瑞江、乔乃曦。

妇女联合会委员 4 名：赵艳凤（女）、李志燕（女）、张姣月（女）、贾旭丽（女）。

工商业联合会委员 12 名：刘立斌、李进军、杨勤建、程世虎、阎志辉、鲍振永、王涛、赵君鹏、马旭刚、胡祥林、李余峰、赵红卫（女）。

科学技术协会委员 3 名：赵珍珠、乔江新、王永怀。

侨联委员 3 名：韩旭鹏、宋希平、肖雷。

文化艺术界委员 13 名：史永红、乔万英、孔瑞萍（女）、王文彬、武卫红、毛守国、王荷茜（女）、赵晓东、李洋洋、孔旭婷（女）、李永斌、王殿梁、李彦云。

科技界委员 3 名：李生奇、史红梅（女）、马弘芬。

社会科学界委员 23 名：马志军、陈红梅（女）、乔斌录、乔江峰、李华华（女）、郑晓梅（女）、荆鑫（女）、铁润丽（女）、刘利国、杨文英、郭小英（女）、张树芬（女）、李丽鹏、李凯（女）、史一君、张红梅（女）、李雪凤（女）、刘智华、尹旭强、赵逢斌、赵乃芳（女）、张志峰、李宇乾。

经济企业界委员 20 名：李晶晶（女）、王守华、赵建华、段爱元、张宝英、王维银、张彦军、卢兴尼、刘鹏瑞、朱晋、焦志勇、胡志忠、贾培杰、刘丽娟（女）、史怀明、宋维华、陈正鑫、李叶军、贾志斌、李玉林。

农业界委员 9 名：丁海斌、赵晓平（女）、聂嘉、郭建荣、马翠红（女）、赵晓英（女）、李志刚、张自达、张炳成。

教育界委员 9 名：和徊良、吴艳红、刘霄峰、魏丽蓉（女）、宫晓丽（女）、李晋红（女）、李永兵、李彦华（女）、陈根娣（女）。

体育界委员 4 名：李保卫、李呈祥、乔言、王志军。

新闻出版界委员 5 名：张冰清（女）、赵瑞林、周爱斌、郭彦彦（女）、翟江梅（女）。

医药卫生界委员 7 名：赵富华、宋庆芳（女）、李志波、任秀涛、程瑞英（女）、佘翠花（女）、李世军。

社会福利和社会保障界委员 4 名：冯爱红、王维荣、赵鹏、杨晓琳（女）。

少数民族界委员 3 名：池晓云（女）、买军平、陈永新（女）。

宗教界委员 3 名：释仁德、释一然、王成志。

特邀委员 7 名：吴志刚、冯道启、陈世伟、王常久、缑泽汉、张忆、和德义。

九届政协委员中，中共党员委员 62 名，占委员总数的 39%；非中共委员 97 名，占委员总数的61%。妇女委员45名，占委员总数的28%。学历为大专以上的委员135名，占委员总数的85%。40岁以下的委员60名，占委员总数的38%；委员的平均年龄42.8岁。

2018 年 3 月 23 日，九届八次常委会议同意赵富华、乔万英、李兰平、陈世伟、缑泽汉、王守华辞去政协第九届昔阳县委员会委员职务，增补张东锋、王建国、李军华、孔鹏玮、田鹏、乔虢浩、刘勃、吴燕兵、张晓峰、张建军、毛志东、李校卿、杨保兴、赵雪鹏、耿建明为政协昔阳县第九届委员会委员。2018 年 4 月 9 日，政协第九届昔阳县委员会第三次会议补选张东锋、王建国、李军华为政协昔阳县第九届委员会常务委员会委员。2019 年 5 月 15 日，九届十五次常委会议决定买军平、李生奇、和德义因工作调整不再保留委员职务。增补任浩锋、武常刚为政协昔阳县第九届委员会委员。2019 年 9 月 23 日，九届十七次常委会议决定撤销石立军政协昔阳县第九届委员会主席职务及委员资格。2019 年 12 月 13 日，九届十八次常委会议决定增补焦耀中为政协昔阳县第九届委员会委员。2020 年 4 月 27 日，政协昔阳九届五次会议选举焦耀中为政协昔阳县第九届委员会主席，选举赵鹏为第九届委员会秘书长。2020 年 10 月 16 日，九届二十三次常委会决定撤销赵珍珠政协昔阳县第九届委员会委员的职务。

第三章　发展历程

从 1984 年 3 月政协昔阳县委员会成立至 2020 年底，昔阳县政协的发展历程大致可分为三个阶段。

第一阶段：1984 年政协昔阳县委员会成立至 1996 年山西省政协晋中地区工委成立

1984 年 3 月 18 日，中国人民政治协商会议昔阳县第一届委员会第一次会议召开，标志着政协昔阳县委员会正式成立。昔阳县政协成立至 1996 年 12 月山西省政协晋中地区工委成立 13 年间，历经 4 届，共召开全体会议 13 次、常委会议 67 次，征集委员提案 713 件。

这一时期，昔阳县政协注重统战理论的学习宣传，全面落实党的统战政策，重点狠抓对政协委员政策的落实。到 1987 年底，全县政协委员政策基本得到落实，其中平反冤假错案、恢复名誉 15 人，给予政治安排 15 人，调整工作和安排合理流动 15 人，解决夫妇两地分居 2 人，清退查抄财物 2 人，安置受株连亲属 2 人，纠正错案 5 人，给予经济补助 2 人，解决工资偏低问题 9 人，解决家属户口问题 44 人。针对农村联产承包责任制出现的新情况、新问题，经过充分调研，提出进一步完善农业联产承包责任制、加强农村经营管理机构、建立和完善增加农业投入机制、强化农村服务体系和推进农村民主政治建设等 5 个方面 18 条建议，引起县委、县政府高度重视。政协委员主导和参与的良种技术、地膜覆盖技术、植保技术、农业灌溉技术、低产田改造和弃耕地、撂荒地、难用地的开发利用，对昔阳县粮食生产的稳步发展起到了积极作用。与此同时，县政协委员还围绕煤炭安全生产、企业承包经营责任制、发展个体经济、教育投入、校舍安全、农村医疗等主题开展深入调研，提出建议意见，与县委、县政府同唱改革大戏，共铸发展辉煌。同时，组建乡镇政协工作组，把政协工作向乡镇和基层延伸。加强政协制度化、规范化建设，形成了党委重视、政府支持、政协主动的“三合为一”政协工作新局面。

第二阶段：1996 年山西省政协晋中地区工委成立至 2012 年中共十八大召开

1996 年 12 月，山西省政协晋中地区工委成立，标志着昔阳县政协结束了由中共晋中地委统战部代管的历史，有了上级对口组织。2000 年，随着政协晋中市委员会的正式成立，进一步为昔阳县政协事业的发展壮大提供了重要指导。1996 年 12 月晋中政协工委成立至 2012 年 11 月中共十八大召开的 16 年间，五至八届昔阳县政协共召开全体会议 16 次、常委会议 57 次，征集委员提案 1414 件。

这一时期，昔阳县政协围绕县委、县政府确立的“农业翻身、财政翻番”发展目标，聚焦农村种植结构调整，着力提高农民经济收入，提出在丁峪、王寨两个贫困乡镇发展核桃等干果经济林的战略构想，建议县委、县政府加强经济林综合管理，责成县农委（农牧局）、林业局、财政局、丁峪乡、王寨乡、银行等部门单位组成领导组，由技术人员配合，在王寨、丁峪开展干果经济林种植试点，为全县农民脱贫致富闯出一条新路。县委、县政府高度重视，雷厉风行付诸实施，引导农民实施干果经济林建设，在贫瘠的土地上种出了“摇钱树”。至 2010 年，全县核桃干果经济林发展到 12 万亩，孔氏乡（原丁峪乡、王寨乡）成为全县核桃主产区。在推动发展干果经济林的同时，昔阳县政协本着“精、深、实”的原则，前瞻性地提交《对我县农业产业结构调整的调查》，为县委、县政府布局发展五大主导产业，实施农业产业结构调整提供了决策依据。西寨、沾尚等乡镇建成 1 万亩无公害优质马铃薯、茴子白生产基地，被列入晋中市无公害生产基地；乐平、大寨、孔氏、东治头等乡镇建成精细菜生产基地 1 万亩，其中立体种植蔬菜 4000 亩；全县禽畜养殖业发展迅速，牛存栏 19760 头，羊存栏 72688 只，猪存栏 32312 头，鸡存栏 42 万只，梅花鹿 2400 头。随着产业结构的调整，经济效益显著增长，农民获得丰厚回报。同时，昔阳县政协还就国有集体企业改制、水利工程、教育改革、文物保护、旅游开发、精神文明建设等积极献言，彰显智库优势，助推昔阳发展。此外，还积极实施“强基固本、育苗成林”委员主体建设工程，进一步落实“三在前、三在先”的民主协商机制，不断推进政协“三化”“五型”和“四位一体”建设，信息工作在全省保持领先，提案工作受到市级表彰。

第三阶段：2012 年中共十八大召开至 2020 年底

党的十八大以来，昔阳县政协在中共昔阳县委的坚强领导和政协晋中市委员会的有力指导下，坚持以习近平新时代中国特色社会主义思想为指导，不忘初心、牢记使命，求真务实、扎实工作，展现了新时代、新气象、新作为。2012 年 11 月至 2020 年底，的 8 年间，昔阳县政协共召开全体会议 8 次、常委会议 138 次，征集委员提案 1012 件。

这一时期，昔阳县政协深入学习习近平总书记系列重要讲话精神，创造性地开展政协工作，围绕县委、县政府实施的“努力把昔阳建设成为晋中极具潜力的新兴能源化工基地、农副产品加工基地和特色旅游基地”的战略目标，全方位、多视角审视昔阳县情，围绕“三农”（农业、农村、农民）问题形成《关于农业产业结构的调查报告》；围绕“三矿”（矿产、矿业、矿工）问题提交《关于煤矿产业提升改造的调查报告》；围绕“三游”（人文资源旅游、自然景观旅游、生态农业旅游）问题形成《关于我县旅游资源开发利用现状的调查报告》和两个发展旅游景点的建议案；围绕“三水”（水源、水况、水利）问题完成《关于水资源利用情况的视察报告》等。其观点和建议不同程度地体现于县委、县政府的决策之中，在全县产生较大影响，对全县的改革、发展、稳定起到了积极的促进作用。创新政协委员履职平台，拓宽履职渠道，扩大政协影响，擦亮政协招牌，不断提升政协工作新境界。实施“归燕行动”，助推昔阳籍在外人士返乡创业；成立人才智库，整合人才资源，为县委、县政府决策提供智力支持。“昔阳好人”评选、全国卫生城市创建、农村拆违治乱、打造太行山户外运动目的地、实施乡村振兴战略，县委有决策，政协有响应，县委有部署，政协有落实。政治协商与全县中心工作的深度融合，成为新时代昔阳改革的新动能，发展的新引擎。

第四章　主要工作

中国人民政治协商会议昔阳县委员会自成立以来，在中共昔阳县委的坚强领导下，牢牢把握团结和民主两大主题，认真履行政治协商、民主监督、参政议政三大职能，在建言资政和凝聚共识中双向发力，在服务大局和推动发展中主动作为，在保障民生和促进和谐中发挥优势，为全县经济社会发展做出了积极贡献。

坚持党建引领，夯实思想政治基础

昔阳县政协始终把政治建设摆在首位，不断强化党建引领和理论武装，以高度的思想自觉和政治自觉引领行动自觉，推动政协工作始终在中国共产党的领导下沿着正确的方向发展前进。

加强党对政协工作的领导。不断强化县政协党组的主体责任，充分发挥党组对县政协工作的领导核心作用，牢牢把握政协工作的“方向盘”，把党对政协的全面领导落实到政协工作的各方面和全过程，在任何时候、任何情况下都毫不动摇地与县委保持高度一致，树牢了“四个意识”，坚定了“四个自信”，做到了“两个维护”，重要工作、重大问题和重要人事安排都先由党组研究，报县委批准后提交政协会议协商决定，积极把党的主张通过民主程序转化为政协组织的决定，做到了县委中心工作推到哪里，政协工作就跟进到哪里。

加强政协党的建设工作。坚持以制度为基，扎实推进“两个全覆盖”，完善政协党组成员联系党员委员、党员委员联系党外委员制度，建立政协党组对全会、常委会、专委会、委员小组等开展各类活动领导的“党建＋”模式和在政协组织的各类活动中组建功能型党支部，实行对党员委员双重管理、双重考核的“＋党建”模式，推动政协党的组织和党的工作全覆盖，充分发挥了政协党组的战斗堡垒作用和党员委员的模范带头作用。

加强学习教育和理论武装。把握人民政协是政治组织的根本定位，在加强学习教育、强化理论武装上主动作为，持续推动关于加强和改进人民政协工作重要思想的学习教育，坚持用毛泽东思想、邓小平理论、“三个代表”重要思想、科学发展观和习近平新时代中国特色社会主义思想武装头脑，统一思想，指导实践，凝聚共识，真正在学懂、弄通、做实上下功夫，以理论上的清醒保持政治上的坚定。

坚持务实创新，认真履行“三大职能”

昔阳县政协牢牢把握县级政协性质定位，充分发挥人民政协是社会主义协商民主重要渠道和专门协商机构的作用，主动融入全县改革发展大局，在政治协商、民主监督、参政议政上取得了积极成效。

推动协商民主提质增效。按照协商民主广泛多层制度化要求，坚持“协商于民、协商为民”理念，强化“一线”意识，坚持问题导向，推动协商民主不断创新发展。围绕改革发展大局开展总体协商。历届政协会议上，政协委员紧紧围绕“一府两院”报告和全县发展大局协商议政，通过小组讨论、大会发言、提交书面发言材料等形式提出了大量合理化意见和建议，内容广泛，针对性强，形成了一大批有价值、可操作、能复制的协商成果。围绕党政中心工作开展专题协商。历届政协不断加大协商密度，丰富协商内容，形成了会议协商、专题协商、调研协商、面对面协商等形式多样的协商格局。通过召开党组会、主席会、常委会、座谈会、现场会等形式，围绕全县中心工作、重点工作，坚持少而精、专而深的原则，扎实开展专题协商，做到了建言建在需要时，献策献在关键处。围绕热点难点问题开展对口协商。充分发挥政协各专委会的职能，按照大格局、小切入、能议透、可落实的原则，主动与党政相关部门加强沟通联系，进行对口协商，面对面探求对策，在广开言路、集思广益中形成睿智之言和务实之策，得到了各级各部门的重视支持和广大人民群众的一致好评。围绕拓宽协商参与面，广泛搭建协商平台。先后开通了“昔阳政协委员之家”“根在昔阳”“昔阳史志”三个微信公众号和“在昔阳”网站，创建“委员之家”，在昔阳电视台开辟“委员风采”专栏，聘请兼职专委副主任，进一步拓展基层群众参与政协协商渠道和平台。

推进民主监督扎实有效。历届县政协制定并多次修订《关于政治协商、民主监督和参政议政的暂行规定》和《履行政治协商、民主监督和参政议政的工作规则》，坚持把协商、监督、参与、合作融为一体，不断完善工作机制，拓宽监督渠道，扩大监督范围，创新监督形式，通过实地视察、听取专题汇报、组织委员座谈、撰写政协提案、进行会议发言及参与政风行风评议等活动，在参与中支持，在支持中服务，在服务中监督，使民主监督逐步走向经常化、制度化、规范化。六届县政协组织政协委员参与25个单位的政风行风评议工作。八届县政协围绕全县52项重点工作项目，进行了为期两个月的专项巡回督查，向县纪委监委推荐29名政协委员担任政风行风监督员，选派100多人次的政协委员参与全县各类主题活动，征求意见、民主测评和民主评议活动。九届县政协出台《昔阳县政协民主监督工作实施方案》，由政协党组成员、主席班子成员、各专委会、政协委员组成民主监督小组，用足用好用活话语权，助推党政重大决策部署落地见效。并本着“监督即履职、监督即服务”的意识，组织委员参与公检法开放日，旁听法院庭审活动400余人次，进一步凸显了民主监督成效。

促进参政议政取得实效。历届县政协按照“参大政、议要事、出精品、求实效”的原则，紧紧围绕县委、县政府中心工作和社会关注、群众关心的一些重点热点问题，

积极开展调研视察、提案办理，充分发挥了政协组织的整体功能和政协委员的个体优势。县政协坚持把调查研究作为履职基础，精心选题，认真调研，形成了大量有情况、有分析、有建议的调研报告和专题建议。这些重要成果凝聚着广大政协委员的心血和智慧，集中了委员们对经济社会发展的真知灼见，许多建议得到了全国政协、山西省委、省政府的高度重视。《建议国家对玉米生产应采取长期保护政策，谨防谷贱伤农》《关于精准扶贫出现的问题及对策建议》等调研报告被全国政协采用，《我省煤层气开发利用方面存在的突出问题亟待引起高度重视》《我省乡镇医院改革中出现的问题亟待引起重视》《关于充分发挥大寨在全省转型跨越发展中品牌辐射作用的建议》等建议得到了省委、省政府的高度重视，并被相关职能部门采用。县政协把组织委员视察作为人民政协密切同社会各界联系，积极参与中心工作，热切关注民生，了解情况，研究问题和学习提高的重要方式，坚持“适时而作、适需而为”，组织委员围绕各类议题进行调研视察，引导他们尽可能提出针对性、操作性强的意见建议。历届县政协把提案工作作为人民政协履行职责的重要形式，一手抓提案质量的提高，一手抓提案办理的落实，健全工作机制，优化运转流程，拓展办理渠道，不断提高提案工作的科学化、制度化、规范化水平。制定完善了《昔阳县政协提案工作实施办法》，建立了党委政府领办、政协督办、委员参与、部门落实的提案办理联动机制，将提案一次性办理转化为跟踪式办理，由答复型向落实型转变，充分调动了广大政协委员建言献策的积极性。历届昔阳县政协共征集委员提案 3139 件，内容涉及政治、经济、文化、社会、生态等各个方面，绝大部分提案言之有据，建议可行，质量较高。如《关于加强我县食品安全管理的建议》《关于发展农村休闲旅游的建议》《关于推进民营经济发展的建议》《关于对农村生活垃圾进行综合治理的建议》等提案都得到了县委、县政府的高度重视，为破解发展难题提供了有益参考。县政协始终把反映社情民意作为一项重要任务来抓，从完善社情民意信息工作机制、加强信息工作人员队伍建设入手，特聘 53 名信息员充实到信息队伍，进一步畅通社情民意收集、报送和反馈渠道，积极反映人民群众所思、所盼、所想。信息工作在全省一直保持领先，连续多年被市政协授予“全市政协信息工作特等奖”，2012—2020 年多次被省政协评为“社情民意信息工作先进单位”。

坚持服务中心，助推经济社会发展

县政协牢牢把握“县委决策推进到哪里，工作重心就跟进到哪里；政府工作落实到哪里，工作目光就聚焦到哪里”的履职理念，在围绕中心、服务大局中发出“政协声音”、释放“政协能量”。

当好服务大局“智囊团”。多年来，县政协紧紧围绕党政中心工作，组织政协委员，邀请党政有关领导和专家学者，围绕经济发展、民生改善、安全生产、脱贫攻坚、生态环保等课题，组织调研视察，开展议政建言。通过政协提案、社情民意信息等方式把脉问诊、建言献策，为党政机关科学决策提供参考，为县委政府分忧解难。

画出凝心聚力“同心圆”。县政协组织开展“机关走访委员、委员走访群众”“察情建言惠民生”和“四走进”等系列活动，深入农村、企业、社区、厂矿、机关，走访各界别委员，听取改革好建议，搜集发展金点子。设立委员联系点，成立“委员之家”，通过政协大讲堂，强化政协委员能力素质培训，打造政协委员履职新平台，打通基层协商“最后一公里”，进一步激发了广大政协委员的履职热情。

争当强县富民“排头兵”。历届县政协充分发挥政协优势，组织引导广大政协委员围绕中心，服务大局，双岗履职，双向发力，为助推全县经济社会发展贡献力量。八届县政协动员广大政协委员积极参与“我为建设人民幸福自豪新昔阳做贡献”主题活动，先后引进和投入资金 2.6 亿元，启动项目 15 项，兴办企业 20 个，安置就业 1500 多人，26 名政协委员为县慈善总会捐款 365.75 万元，筹集扶贫助学资金 300 多万元，资助困难大学生 164 名。2017 年，九届县政协委员企业为脱贫攻坚募捐 280 余万元；2019 年，政协委员参与城市提档升级投资超过 1400 万元。2020 年，县政协积极参与脱贫攻坚巩固提升和乡村振兴工作，组织开展委员“六一个”行动，动员政协委员和机关干部捐款捐物 120 余万元，支持新冠肺炎疫情防控工作，用实际行动诠释了委员的社会价值。此外，县政协还组织政协委员广泛开展捐资助学、医疗救助、免费义诊、“文化、科技、卫生”三下乡活动，鼓励委员在政协工作中履职尽责，在本职岗位上建功立业，在界别群众中示范引领，展现政协委员的使命担当，赢得了社会各界和广大人民群众的好评。

坚持团结民主，汇聚兴昔富民合力

历届县政协牢牢把握团结和民主两大主题，密切与各党派团体和各族各界人士团结合作，不断巩固扩大政协朋友圈，汇聚了团结奋斗、共谋发展的强大合力，促进了全县爱国统一战线的巩固和发展。

创新履职平台载体。县政协紧跟新时代步伐，发挥“互联网 +”的作用，先后开通了“昔阳政协委员之家”“根在昔阳”“昔阳史志”三个微信公众号和“在昔阳”网站，充分利用新媒体拓宽履职渠道，扩大政协影响，擦亮政协招牌，不断开创政协工作新境界，三个微信公众号关注人数突破 6 万人次，在宣传昔阳、推介昔阳、招才引智、推进公益事业等方面集聚了更多人气，扩大了对外影响力。

广泛开展交流联谊。历届县政协充分发挥自身优势，以增强联谊为纽带，以团结合作为基础，多渠道多形式开展联谊活动。一是利用元旦、春节、国庆等传统节日，举行政协委员、各界人士茶话会、座谈会、联谊会，共叙团结友谊，共话发展良策。1987 年，首届县政协成立了“政协之友”联谊会，走访慰问全县城乡政协委员、中级以上专业职称和社会知名人士 100 多人；2000 年，七届县政协建立了每月中旬第一周星期一上午为“主席接待政协委员日”制度；2016 年，九届县政协牵头筹建昔阳人才

智库，集聚整合全县人才资源，实现资源共享，为县委、县政府科学决策提供智力支撑。二是主动对接联络昔阳籍在外人员，实施“归燕行动”，组织县政协委员企业春季就业洽谈会，举办“根在昔阳——足迹”征文大赛，搭建沟通桥梁，引导支持在外成功人士返乡创业，为促进家乡建设贡献政协力量。三是加强与各兄弟县市政协的联谊交流。先后接待了全国政协和31个省、直辖市、自治区政协同行来昔考察调研，在交流联谊中，宣传昔阳，推介昔阳，提升了昔阳的知名度。

充分彰显文史特色。昔阳县政协把文史资料工作作为一项功在当代、利在千秋的事业做好做实，认真贯彻“存史、资政、团结、育人”方针，坚持“亲历、亲见、亲闻”原则，积极开展文史资料的挖掘、整理、征集和出版工作，建设了“昔阳县政协文史馆”，组稿编撰《昔阳文史资料》二十一辑，编辑出版了《昔阳政协志》《昔阳碑碣》《昔阳馆藏文物》《昔阳四大家文学作品集》，搜集整理印制了嘉靖、乾隆版《乐平县志》，进一步弘扬和传承了昔阳传统文化，增进了全县人民对昔阳历史的了解和热爱，在社会上引起了强烈反响。

坚持强基固本，不断加强自身建设

历届县政协积极适应新形势、新要求，“严”字当头，“实”字托底，全面加强政协常委会、专委会、政协委员和政协机关干部的自身建设。

加强政协常委会建设。充分发挥县政协党组领导核心作用，不断健全完善政协常委会工作长效机制，充分发挥常委会的引领示范作用，对标对表“四个一线”新定位，严格遵守政协章程及常委会工作规则，在政治协商、民主监督、参政议政中做表率、勇担当，在从严治党、改进作风上守纪律、讲规矩，不断推进政协常委会履职规范化建设。

加强政协委员队伍建设。县政协始终把提高委员履职能力作为提高政协工作质量的基础性工作来抓，按照懂政协、会协商、善议政和守纪律、讲规矩、重品行的要求，扎实开展委员学习培训工作，制定出台了《政协委员管理办法》和《政协委员考核考评细则》，开展政协委员履职规范年活动，建立健全了各项工作制度，使履行职能的程序更加严谨，操作更加规范，并组织表彰提案、社情民意信息、文史资料工作和服务经济社会发展的先进单位和个人，激发委员履职热情，规范委员履职行为，进一步提升了委员履职的自觉性和主动性。

加强政协机关建设。按照“打造一流干部队伍，建设一流政协机关”的整体要求，以发挥专委会和政协机关作用为基础，扎实推进“学习型、服务型、创新型、和谐型”机关建设，制定了各专委会工作制度、政协机关工作人员责任制度，不断强化机关干部队伍的政治意识、责任意识、规矩意识，形成了用制度管人管事的工作机制，办公室在“办”字上有了提升，专委会在“专”字上精准发力，信息中心在“研”字上相继出彩，为政协工作开创新局面提供了有力保障。

第四篇
民族宗教

第一章　机构沿革

第一节　县委、县政府民族宗教工作组织机构

2000年，县委成立昔阳县民族宗教工作领导组（非常设机构），组长由分管宗教工作的县委副书记贾怀柱担任，副组长由政府副县长周彦江、统战部长李保国担任，领导组办公室设在县委统战部，办公室主任由民族宗教局局长来连和同志兼任。领导组成员单位由县委统战部、民宗办、宣传部、工会、妇联、共青团、文化局、教育局等有关部门组成。其职责是研究贯彻中央、省、市、县委有关宗教工作的方针、政策和指示，制订具体工作方案，协调各有关部门做好宗教工作。

2004年5月，县委调整和充实了民族宗教工作领导组。同时，在县直八大系统和各乡镇也分别成立了宗教工作领导小组。在宗教工作重点村成立了民族宗教工作管理领导小组，形成了纵向到底、横向到边的县、乡、村三级管理网络的工作格局。领导组下设办公室，办公室设在统战部，办公室主任由来连和兼任。

2007年6月，县委重新调整了民族宗教工作领导组，完善了以县委统战部牵头的协调机制。每个乡（镇）确定一名副书记分管宗教工作，明确一名宗教事务专管员。每个村都建立了宗教事务联络点，确定一名村支委为信息员。

组　长：张　驰（县委常委、统战部长）

副组长：耿计良（县政府副县长）

　　　　李怀仁（县委办公室主任）

　　　　翟彦棠（政府办公室主任）

领导组下设办公室，办公室设在统战部，办公室主任由程海滨兼。

2017年6月，县委重新调整了民族宗教工作领导组。

组　长：郭丰慧（县委副书记）

副组长：李怀仁（县委常委、统战部长）

王瑞明（县政府副县长、公安局长）

李丽萍（县政府副县长）

县宗教工作领导组办公室设在县民族宗教事务局，办公室主任由尹华勇同志担任。

2019年3月，根据《昔阳县级机构改革实施方案》，对部分县委议事协调机构进行调整或更名，调整为县宗教工作领导小组。

组　长：李怀仁（县委常委、统战部长）

副组长：李丽萍（县政府副县长）

成　员：岳素燕（县委组织部常务副部长）

张旭琳（县委宣传部常务副部长）

乔斌录（县委政法委常务副书记）

杨晓君（县委统战部副部长、宗教局局长）

翟宏伟（县民政局局长）

张胜利（县财政局局长）

李军明（县人社局局长）

王志刚（县自然资源局局长）

郭立平（县住建局局长）

李秀军（县教科局局长）

贾旭东（县应急管理局局长）

翟素明（县文化和旅游局局长）

丁海斌（县农业农村局局长）

翟世青（县工信局局长）

马志军（县市场监督管理局局长）

马海平（县公安局副局长）

李　强（人民银行昔阳县支行行长）

崔雪峰（县总工会常务副主席）

温雅晶（县税务局局长）

任秀萍（县委新闻中心主任）

陈红梅（县妇联会主席）

王　敏（团县委书记）

孔鹏玮（县委网信办主任）

各乡（镇）、城区社区党（工）委副书记。

县宗教工作领导小组办公室设在县委统战部，办公室主任由杨晓君兼任。

第二节　民族宗教事务管理机构

1997 年 7 月，昔阳县民族宗教事务办公室成立，隶属于县政府办公室。

1999 年 11 月 18 日，昔阳县民族宗教事务办公室与昔阳县人民政府办公室合署办公。

2002 年 6 月根据《昔阳县党政机构改革方案》，政府民族宗教事务办公室的职能划入县委统战部，并与其合署办公。

2004 年 11 月 30 日，根据《昔阳县人民政府机构改革方案》的通知，昔阳县将民族宗教事务办公室更名为民族宗教事务局，与县委统战部合署办公，列入政府机构序列，内设一办两股，即办公室、宗教股、民族股。

2010 年，根据《昔阳县人民政府机构改革方案》，昔阳县民族宗教事务局从县委统战部划出，在县政府办公室加挂昔阳县民族宗教事务局牌子。

2019 年 3 月，根据《昔阳县人民政府机构改革方案》，昔阳县民族宗教事务局并入县委统战部，在县委统战部挂昔阳县民族宗教事务局牌子。

昔阳县民族宗教事务局历任领导名录

民族宗教事务办公室

主　　任：	李保安（兼）	1999.11—2000.1
	翟志远（兼）	2000.1—2002.6
	来连和（兼）	2002.7—2004.11

民族宗教事务局

局　　长：	来连和（兼）	2004.12—2007.5
	程海滨（兼）	2007.5—2011.5
	李丽萍	2011.5—2016.9
	李丽萍（副县长兼）	2016.9—2017.5
	尹华勇（兼）	2017.6—2019.3
	杨晓君（兼）	2019.3—
副局长：	卜晓娟	2010.5—2019.3

第二章　民族工作

第一节　少数民族基本情况

昔阳县自古以来以汉民族人口居住为主。据1964年统计，全县有少数民族居民4人，其中回族2人，满族2人。改革开放之后，随着外出务工人数的增多，由于婚姻的原因，少数民族人口逐渐增多。据1982年统计，全县少数民族居民9人，其中回族5人，满族1人，土家族3人，分布在县城、安坪公社和大寨公社。据2000年统计，全县有少数民族8个，分别是蒙古族、回族、苗族、壮族、满族、侗族、土家族、畲族等，总人口为53人。据2011年统计，全县有少数民族8个，有满、蒙古、壮、畲、侗、苗、土家、回等少数民族73人，其中包括流动人口5人，分布在全县10个乡镇。据2019年统计，全县常住少数民族有土家、满、蒙古、苗、回、布依、朝鲜、仫佬、彝、傈僳、羌、畲、瑶、佤、侗、壮、哈尼、黎、拉祜、毛南等20个少数民族，共计195人，分布在全县12个乡镇和城区社区管委会，城区社区和乐平镇51人、大寨镇28人、赵壁乡25人、皋落镇6人、东冶头镇14人、阎庄乡4人、西寨乡6人、李家庄乡21人、三都乡14人、界都乡12人。流动少数民族人口17人分布在城区社区和三都乡。

第二节　民族工作开展情况

建立健全民族工作管理制度

2012年，随着民族工作进乡镇、进社区活动深入开展，全县乡镇、社区民族工作领导机构相继建立，并设立了乡镇、社区民族工作台账。2014年探索并建立了外来少数民族流动人口登记备案制度，积极加强与外来少数民族流动人口输出地政府沟通联系，共同探索少数民族流动人口服务管理有效方法。2015年，全面贯彻落实全省民族工作会议精神，把握“共同团结奋斗，共同繁荣发展”的民族工作主题，在建章立制上下功夫，县里成立了少数民族工作领导小组，制定《辖区群众联系制度》《民族宗教工作例会制度》《社区干部联系少数民族群众制度》等，在每个社区指定1名工作人员作为民族宗教工作联系员，及时了解、掌握和反映少数民族群众的基本情况、意见和要求，及时传达党和政府的有关方针政策，并聘请县5名少数民族代表为全县少数民族联络员，不定期开展活动，了解信息，沟通交流，对少数民族人口的管理机制进一步完善。

广泛宣传党的民族政策

2012 年，县民族宗教局紧扣民族工作“主题”，结合开展“第五个民族团结进步宣传月”活动，加强民族政策的宣传教育，推动农村、城区社区少数民族工作的开展。2013 年根据民族工作“六五”普法的要求，深入推进民族工作规范化和法制化进程。同年 6 月 4 日举办了民族政策法规培训班，对全县各乡镇分管领导和干部以及城区社区主任进行专题培训，同时利用多种宣传方式，宣传党的民族政策，不断提高《两个条例》的知晓度，进一步提升了各级领导干部的民族政策水平和工作能力。2014 年开展民族工作进社区活动，通过在社区 10 个群众活动阅览室设立图书角、宣传栏张贴海报、发放宣传册等有效方式，大力宣传党的民族政策、法律法规和民族基本常识，使广大群众全面了解和掌握党的民族工作方针政策、少数民族的风俗习惯，提高了对民族工作的认识，增强了维护民族团结的自觉性，营造了群众普遍受教育、人人促团结的良好局面。

积极为少数民族群众排忧解难

县民族宗教事务局把落实党的民族政策，维护少数民族群众的合法权益，帮助解决少数民族群众实际困难，作为促进民族团结进步的重要工作抓在手上。2010 年 3 月，在我县经营兰州拉面馆的青海省大通县回族青年马占录，因租赁店面拆迁问题到信访局上访，民族宗教局从维护民族团结的高度出发，提前介入，通过现场考察，推心置腹谈心，帮助解决生活困难，耐心讲解相关政策，历时三个月，终于使问题得到圆满解决。从 2011 年开始，我们在“开斋节”等少数民族传统节日对少数民族居民进行慰问，让他们感受到党和政府的关心和温暖。还在每年的元旦、春节、中秋节等重要节日开展走访慰问工作，充分体现民族的大融合。2011 年 8 月 24 日，我县发生一起经营羊肉串个体摊点的新疆穆斯林青年男子死亡案件。县委、县政府高度重视，立即成立由县委常委、宣传部长任组长，政法委书记、分管副县长、统战部长任副组长的“8·24”案件应对处理工作领导组，抽调有关人员组成综合协调、舆情应对、案件侦破、善后处理、社会稳控五个小组，全面开展案件的处置工作。在市宗教局的积极协调下，充分发挥伊斯兰教协会和清真寺阿訇的作用，受害人按照伊斯兰教的风俗习惯进行了安葬。2012 年，按照相关民族政策，及时为居住在落雁头村的毕佳钰、毕嘉鑫姐弟（母亲张羽燕，土家族人）和王玉瑶（母亲钟红芳，彝族）等 3 人办理更改民族成分有关手续，为民族考生办理中考加分和高考优先录取证明的有 2 人。2013 年，针对我县少数民族群众不多、成分多样、居住分散的特点，深入乡村开展少数民族贫困家庭的扶贫帮困活动，帮助少数民族贫困家庭解决生产生活问题，为 1 名回族丧偶妇女办理了低保，为于锦炀（父亲于东，满族）办理了少数民族身份更改。2014 年按照国家民委、民政部《关于加强新形势下社区民族工作的意见》精神，努力探索民族工作进社区的各种措施、途径和方法。对外来经商和流动少数民族人员情况进行登记备案，定期联系沟通，了解他们的生活状况，帮助解决实际困难。共帮助开具少数民族身份证明1份，为徐沛辰（母亲陈永新，蒙古族）、梁朝阳、梁馨阳（母亲罗淑枝，满族）、潘雅楠、潘雅涵（母亲蓝刘芳，瑶族）等5人办理更改少数民族身份。帮助维吾尔族人吐尔地解决了孩子的入托入学问题，并聘请吐尔地为少数民族工作联络员。2018年，县民宗局会同食药局、工商质监局对大型超市、菜店等经营清真食品的单位进行专项检查，对超市店长、主管、助理、营业员进行培训，引导他们了解党的民族政策和少数民族风俗习惯，提高对做好清真食品监管工作重要性的认识。按照相关规定，为昔阳县东合丰牧公司核发了我县第一张"清真食品生产经营许可证"。另外，积极开展"民族团结进步基地"创建工作，"大寨精神教育基地"被命名为"晋中市首批民族红色文化传承基地"。

大力培养少数民族代表人士

1984年3月，中国人民政治协商会议昔阳县委员会筹备委员会成立，设立了少数民族界别，其中昔阳县晋剧团职工米西龙（女，回族）作为少数民族委员参加了政协昔阳县第一届委员会第一次会议，并连任政协昔阳县第二、三、四届委员会副主席，第二届政协学习委员会副主任，第三届政协文史资料委员会主任，第四届政协文教卫生委员会主任。第五届少数民族政协委员为赵玉珍（女，蒙族）。第六届少数民族政协委员为阮庭波（满族）。第七届少数民族政协委员为池晓云（女，满族）。随着少数民族人口的增多，2011年7月召开的政协昔阳县第八届委员会第一次全体会议，少数民族委员增加为2名，池晓云（女，满族）、买俊平（回族）。2016年9月召开的政协昔阳县第九届委员会第一次全体会议，少数民族委员增加为3名，池晓云（女，满）、买军平（回族）、陈永新（女，蒙古族）。

第三章　宗教工作

昔阳县历史上主要有佛教和基督教两大宗教。解放前，天主教曾在丁峪、界都几个村有80多个教徒，抗战胜利后被解散。目前，全县两大宗教信教群众有5600余人，其中，佛教3000人、基督教2600人，占全县人口的2.39%。全县有佛教协会、基督教“三自”爱国运动委员会（基督教协会）两个宗教团体，登记并开放的宗教活动场所15处，其中，佛教14处、基督教1处。备案的教职人员52名，其中，佛教31名（比丘18名、比丘尼13名），基督教21名（长老4名、传道员17名）。多年来，我县宗教工作紧紧围绕“保护、管理、服务、引导”的工作理念，全面贯彻党的宗教信仰自由政策，依法管理宗教事务，坚持独立自主自办的原则，坚持宗教中国化方向，积极引导宗教与社会主义社会相适应，构建健康和谐的宗教关系，为全县经济发展和社会稳定贡献积极力量。

第一节　宗教团体

爱国宗教团体是党和政府团结教育引导宗教界人士的桥梁和纽带，它的基本任务是：协助党和政府贯彻执行宗教信仰自由政策，帮助广大信教群众和宗教界人士不断提高爱国主义和社会主义觉悟，维护宗教界的合法权益，组织正常的宗教活动，办好教务。为了确保宗教活动依法有序开展，昔阳县先后成立了“昔阳县佛教协会”和“昔阳县基督教协会、昔阳县基督教“三自”爱国运动委员会”，选举产生其负责人和组织机构，积极开展宗教工作。

昔阳县佛教协会

发展沿革

佛教在昔阳县源远流长，南北朝时期就有寺庙出现，唐代佛教盛行，寺庙大修，民国时期全县尚有历代修建的寺庙68处，其中34处寺庙只供奉神像，没有僧人居住。新中国成立后，昔阳县的佛教处于半公开状态，凤凰山、石马寺尚有僧人数名。1964年“四清”运动开始后，僧人全部还俗，各寺庙无僧人住持。“文化大革命”期间，佛教更是被视为“牛鬼蛇神”而被禁绝。

党的十一届三中全会后，全面落实党的宗教政策，有部分民众皈依佛门，1990年，全县有僧人4男2女，信佛教徒近千人。以后云游于五台山等地的僧人陆续回到昔阳，传经布道，振兴昔阳的宗教事业，佛教信徒也逐年增加。1991 年，释悲实从五台山回到昔阳。1993 年 5 月 28 日，昔阳县召开第一届佛教代表大会，选举产生理事会，昔阳县佛教协会正式成立。佛教协会成立后，县宗教管理部门通过宗教活动场所登记、年检，狠抓宗教活动场所的规范化管理，指导各活动场所相继建立《宗教活动制度》《民主理财制度》《安全防范制度》和《爱国爱教公约》，开展“争创五好堂点，争做五好教徒”的“双五好”活动。1995 年 8 月，经昔阳县人民政府批准，开放石马寺为佛事活动点。在县宗教管理部门的帮助下，投资 5 万元修缮了药师殿，释悲实、释悲光、释瑞乘、释一藏 4 位僧人先后入住。至 2000 年，昔阳县共有石马寺、池塘寺、卧佛寺、普宁寺、居士林、金刚禅寺等佛教活动点 6 处，常住寺庙僧人 29 人。2001 年，县文化局争取省民族宗教局及社会力量投资 12 万元对石马寺进行一定范围的维修，使这一省级文物保护单位、佛教圣地一扫破败凋零景象。2003 年抗击“非典”期间，县佛教协会动员宗教界人士捐款 4000 多元，用于疫情防治。2004 年，县人民政府决定将石马寺开发为宗教文化旅游区，县政协委员、恒雁煤矿矿长李志恒先后投资 1000 多万元修复石马寺。同年，昔阳县佛教活动场所增至 8 个：崇教寺、卧佛寺、石马寺、金刚禅寺、慈云寺、圆通寺、池塘寺、普宁寺。2005 年，昔阳县民族宗教事务局会同县佛协广泛宣传贯彻国务院《宗教事务条例》，并在宗教界开展“我为昔阳做贡献”活动，引导宗教界人士做好事、做善事。金刚禅寺僧人积极参与村通水泥路工程，投资、投工折合 25 万多元，修通东风稔至寺院的 2 公里水泥路。1993 年至 2005 年，佛教僧人用于公益福利事业、建设维修寺院、修塑佛像等的资金达 638.2 万元。

佛教协会团结佛教信众积极参加社会主义建设，协助政府在贯彻落实党的宗教政策，保护和整理佛教文物，维修佛教寺院等方面做了许多有益的工作。石马寺、池塘寺、卧佛寺、普宁寺僧人自筹资金修缮寺院，重塑金身，开辟出多个宗教文化旅游景点。池塘寺释能广是政协昔阳县第四、第五届委员会宗教界委员，金刚禅寺释一然、池塘寺释仁德是政协昔阳县第六、第七、第八、第九届委员会宗教界委员。

昔阳县佛教协会第一届代表大会

1993 年 5 月 28 日昔阳县佛教协会第一届代表大会在石马寺召开，制定了昔阳县佛教协会章程，选举产生了昔阳县佛教协会理事会。名誉会长：寒声，会长：释悲实，副会长：马刚、释妙高、释能广、释海藏，秘书长：释悲汉，副秘书长：释能广、焦会珍、翟盛荣、李学俊，理事：释悲实、释海藏、释妙高、释悲汉、释能广、释能顺、释悲光、释法道、释悲济、马刚、李爱民、王富来、郭爱生、李保国、焦会珍、翟盛荣、李学俊、史永红、张明瑞、马科全、张白小、刘文林、赵来明、赵等明等 24 人。

昔阳县佛教协会第二届代表大会

2011 年 9 月 26 日，昔阳县佛教协会第二届代表会议在大寨旅行社召开。参加会议的有县委副书记、组织部长冯耀黎，县政协主席王录文，县政协副主席、统战部长李怀仁，县民族宗教局局长李丽萍、副局长卜晓娟，以及全县佛教寺院住持以及居士等32人。会议听取审议了《昔阳县佛教协会第一届理事会工作报告》；听取并通过了《昔阳县佛教协会章程》；选举产生昔阳县佛协会新一届理事会和领导班子。会长：释一然，副会长：释仁德、释超凡，秘书长：释一纲，副秘书长：释万觉、释空晟、卜晓娟，理事：释圣一、释悲实、释一然、释仁德、释超凡、释一纲、释万觉、释空晟、释悲光、释印悟、释万因、释果科、释果德、释万空、李显鸣、李怀仁、李丽萍、卜晓娟、薛录棠、史永红等20人。

昔阳县佛教协会第三届代表大会

2017年12月29日，昔阳县佛教协会第三次代表会议在金刚禅寺召开，来自全县佛教界的50余名代表参加会议。昔阳县委常委、统战部部长李怀仁，县政府副县长李丽萍，晋中市佛教协会会长释圣翔出席。会议听取了《昔阳县佛教协会第二届理事会工作报告》，选举产生了昔阳县第三届佛教协会领导班子。会长：释一然，副会长：释汇果、释仁德，秘书长：释空晟，副秘书长：释宏静，理事：释万果、释万觉、释印悟、释果兴、释觉刚、释觉性、释崇明、释悲光、王兰凤、乔虢华、张鹏英等11人。

昔阳县基督教“三自”爱国运动委员会（昔阳县基督教协会）

发展沿革

1918年（民国七年），基督教友爱会负责掌管外地分会联络指导的美国籍鲍牧师来到昔阳，在县城及皋落镇建立友爱分会，发展教徒，基督教开始传入本县。1921年，基督教借助美国红十字会捐助赈灾修筑平辽公路（今207国道平定至左权段）的机会，在昔阳县得到进一步发展。美国人库牧师、爱牧师和中国人殷继忠、丁福林、李女士在本县较大村镇设立联络点，利用庙会、集市传教布道，扩大影响，还在县城、皋落、王寨建起3个耶稣堂，吸收教徒375人。1937年日军侵占昔阳后，外国传教士相继撤走。1942年基督教在我县停止活动。

十一届三中全会以后，党的宗教政策得到落实，基督教重新传入本县。1990年教徒发展到200余人，1995年至1996年，张怀祥、李小彦、赵翠青、路海鱼、李珍良分别到阳泉基督教会义工培训班接受培训和参加南京神学院函授学习，基督教信徒和受洗人数又有增加。1996年，张怀祥、李进功等7人组成筹委会，临时负责基督教教会工作，教会下设教牧、书籍、财务、圣乐、安全保卫、祷告、探望7个组，筹委会7人各负责一个组的工作。

1997年10月6日，根据党的宗教政策，结合昔阳县基督教发展的现状，县政府第十二届三十一次常务会议研究决定：同意成立昔阳县基督教机构，并批准福音堂为基督教聚会点。同年，省、地、县准予寿阳县尹天恩长老代理昔阳县神职人员，各项礼仪均由尹长老代理，当年就有148人经尹长老受洗，年底信徒达到800人。1998年8月基督教筹委会买下原陶研材料厂二楼作为基督教堂，教堂设施齐备，制度健全。1999年7月11日，昔阳县人民政府召开十三届九次常务会议，批准成立昔阳县基督教协会和昔阳县基督教“三自”爱国运动委员会。根据这一决定，1999年9月17日召开了“昔阳县基督教第一届代表会议”，会议选举成立了昔阳县基督教协会和昔阳县基督教“三自”爱国运动委员会；选举张怀祥为昔阳县基督教协会会长、昔阳县基督教“三自”爱国运动委员会主任，并经省、地、县宗教部门批准，主持昔阳县教会工作。

基督教协会（基督教“三自”爱国运动委员会）的宗旨、任务和主要活动

基督教协会（基督教“三自”爱国运动委员会）的宗旨是：团结、教育基督教徒热爱祖国，遵守国家法令，参加社会主义建设，坚持自治、自养、自传的原则，办好独立自主的中国基督教会。

基督教协会（基督教“三自”爱国运动委员会）的任务是：协助政府贯彻宗教信仰自由政策；教育基督徒遵守《宪法》及有关法律、法令，爱国守法；鼓励基督徒积极投入社会主义建设；教育基督徒坚持“三自”爱国原则，办好基督教会。

基督教协会（基督教“三自”爱国运动委员会）的主要活动为：星期三祷告聚会，星期五赞美聚会，星期日崇拜聚会。每年的圣诞节、复活节两次大聚会，每年一次义工培训，由太原“两会”差人来牧养。

昔阳县委统战部、昔阳县民宗局主动与宗教界人士交朋友，协助基督教“两会”引导信教群众争当“五好”教徒，争创“五好”堂点，使广大信众自觉爱国爱教，遵纪守法，积极为社会公益事业捐资捐款，救病扶贫，服务和服从于国家民族的利益。昔阳县基督教协会会长张怀祥是政协昔阳县第五、六、七、八届委员会委员，副会长王成志为政协昔阳县第九届委员会委员。

昔阳县基督教第一届代表会议

1997年10月6日，县政府第十二届三十一次常务会议研究决定成立昔阳县基督教机构。1999年9月17日召开了“昔阳县基督教第一届代表会议”，选举产生了“昔阳县基督教协会和昔阳县基督教“三自”爱国运动委员会领导班子，基督教协会会长、基督教“三自”爱国运动委员会主任为张怀祥，张广成、王维芳为基督教协会副会长、基督教“三自”爱国运动委员会副主任，李进功为基督教协会总干事、基督教“三自”爱国运动委员会秘书长。王维芳、李进功、李孝天、李云丽、李成花、张怀祥、张广成、程喜柱、赵翠青为委员。

昔阳县基督教第二届代表会议

2004年3月，召开了“昔阳县基督教第二届代表会议”，选举产生了“昔阳县基督教协会和昔阳县基督教“三自”爱国运动委员会领导班子，基督教协会会长、基督教“三

自”爱国运动委员会主任为张怀祥，张广成、王维芳为基督教协会副会长、基督教“三自”爱国运动委员会副主任，李进功为基督教协会总干事、基督教“三自”爱国运动委员会秘书长。王维芳、李进功、李孝天、李云丽、李成花、张怀祥、张广成、程喜柱、赵翠青为委员。

昔阳县基督教第三届代表会议

2009 年 3 月 12 日召开昔阳县基督教第三届第一次代表会议，会议通过《昔阳县基督教协会章程》《昔阳县基督教“三自”爱国委员会章程》，选举产生了新一届领导班子。基督教协会会长、基督教“三自”爱国运动委员会主任张怀祥，张广成、李云丽为基督教协会副会长、基督教“三自”爱国运动委员会副主任，王维芳为基督教协会总干事、基督教“三自”爱国运动委员会秘书长，毛耿英为基督教协会、基督教“三自”爱国运动委员会副秘书长，赵翠青、李变娥为常务委员。

昔阳县基督教第四次代表会议

2014 年 3 月，召开昔阳县基督教第四届第一次代表会议，会议通过《昔阳县基督教协会章程》《昔阳县基督教“三自”爱国委员会章程》，选举产生了新一届领导班子。基督教协会会长、基督教“三自”爱国运动委员会主任为张怀祥，张广成、李云丽为基督教协会副会长、基督教“三自”爱国运动委员会副主任，王维芳为基督教协会总干事、基督教“三自”爱国运动委员会秘书长，毛耿英为基督教协会、基督教“三自”爱国运动委员会副秘书长，赵翠青、李变娥为常务委员。

昔阳县基督教第五次代表会议

2019 年 5 月 9 日昔阳县基督教第五次代表会议召开。张怀祥长老代表昔阳县基督教“三自”爱国运动委员会、基督教协会第四届委员会做工作报告。县委常委、统战部部长李怀仁到会并作重要讲话。会上，张怀祥当选为昔阳县第五届基督教“三自”爱国运动委员会主任、昔阳县基督教协会会长；毛耿英、赵新当选为昔阳县第五届基督教“三自”爱国运动委员会副主任、昔阳县基督教协会副会长；孔彦春当选为昔阳县第五届基督教“三自”爱国运动委员会总干事、昔阳县基督教协会秘书长；李云丽、赵翠青当选为昔阳县第五届基督教“三自”爱国运动委员会副总干事、昔阳县基督教协会副秘书长；王成志、王秀棠、毛耿英、孔彦春、张红永、张怀祥、李乃青、李小青、李云丽、李珍良、宫丽红、胡永华、赵贵林、赵翠青、赵新、贾恺憧、高聚财当选为昔阳县第五届基督教“三自”爱国运动委员会、昔阳县基督教协会委员。

2019 年 8 月 23 日，张怀祥辞去昔阳县“三自”爱国运动委员会主任、昔阳县基督教协会会长。同日，推选李云丽任昔阳县“三自”爱国运动委员会、昔阳县基督教协会负责人。

2020 年 8 月 15 日，李云丽当选为昔阳县基督教“三自”爱国运动委员会主任、昔阳县基督教协会会长，赵新、李云良当选为昔阳县基督教“三自”爱国运动委员会副主任、昔阳县基督教协会副会长，王维芳当选为昔阳县基督教“三自”爱国运动委员会总干事、昔阳县基督教协会秘书长。

第二节 宗教活动场所、教职人员及管理机构

佛教活动场所

金刚禅寺

原名石门寺，位于山西省昔阳县赵壁乡东丰稔村东。据摩崖石刻记载，在北齐天宝年间就有寺院及佛事活动，伴随朝代兴替，寺院也屡有毁兴。现金刚禅寺占地面积17252平方米，建筑面积4726平方米。抗日战争时期被日寇焚烧。1999年僧人释一然进驻，累计投资3000多万元进行恢复性重建，更名为金刚禅寺。寺内由南向北建有钟鼓楼、天王殿、大殿、禅堂，东西两侧僧舍、斋堂。下院普明院建有大殿、僧舍，现有僧人14人。

石马寺

位于昔阳县大寨镇石马村。石马寺初名落鹰寺，始建于南北朝中期，北魏石窟建成后，取名石佛寺。传说初唐时秦王李世民在此遇险，被一神马所救，便赠此寺石马一对，故又易名为石马寺。从两宋到明清各代，绕石窟四周，随地形广狭兴建有大佛殿、观音阁、子孙殿、东南窟廊、钟鼓楼、伽蓝殿等，占地5595平方米，2004年至2006年，民营企业家李志恒投资1000多万元进行保护性修复，现为国家级重点文物保护单位、AAA级景区、山西省省级森林公园。

崇教寺

又称北寺，位于昔阳县城西大街村中，占地面积550平方米，创建于北宋熙宁二年（1069）。明洪武十四年（1381）与寿圣寺合并称北寺，元、明、清各代屡有修缮，解放后县粮食局占用，1991年交崇教寺僧人管理。现存建筑为元代遗构。由南向北有前殿、后殿，东西两侧为配殿，四殿梁架融为一体，屋顶殿身互相衔接，中间围成天井式院落，2018年以来，国家先后投资280多万元进行保护性维修。现为全国重点文物保护单位。

卧佛寺

位于昔阳县孔氏乡孔氏村西约2.5千米的山谷中，坐东朝西，占地面积1152平方米，为一天然石窟，内凿一卧佛。据寺内碑载，凿于元至正年间（1341—1368）。卧佛呈右侧身卧姿。明、清屡有修缮，寺内有大雄宝殿、法华讲堂、僧舍等。为省级重点文物保护单位。

梵乘寺

位于昔阳县界都乡北界都村中。坐北朝南，占地面积1515平方米。创建于宋代，明天顺五年（1461）、嘉靖三十九年（1560）、万历六年（1578）、清康熙五十一年（1712）均有修缮，现存除大门外其余均为明代建筑。二进院落布局，中轴线由南向北有大门、山门、梵王殿、大佛殿、东西为钟鼓楼、配殿。为市级文物保护单位。

普宁寺

位于昔阳县东冶头镇东固壁村，坐北朝南，占地面积1366平方米，创建年代不详，据碑载，清乾隆年间重修。现存为清代遗构。二进院落布局，中轴线由南向北有山门、天王殿、大殿。山门两侧有钟鼓楼、观音殿、配殿。为县级文物保护单位。

池塘寺

又名观音寺，位于昔阳县大寨镇洪水村，相传为唐代创建，因历史上传说此地有温泉，俗称池塘寺。现存池塘寺是明代万历四十七年修葺的。寺院坐北朝南，前有山门，牌坊，院分上下两进，上院正面为大殿，两旁有二郎、伽蓝配殿，前有东西廊庑和僧人禅房。为县级文物保护单位。

兴盛寺

位于昔阳县东冶头镇静阳村，相传东魏时期，有五台山高僧在西麻地创建寺院，北周武帝灭佛被毁。唐明皇时期，在寺垴重建寺院，俗称东寺，元毁于兵火，明代在寺垴建兴觉寺，清代修缮更名为兴盛寺，民国六年毁于洪水，兴盛寺和尚迁入太清观，逐步形成佛道儒三教合一庙堂。现兴盛寺2012年投资150万元修于太清观原址，占地面积1659平方米。为县级文物保护单位。

慈云寺

原名天齐庙，位于昔阳县大寨镇武家坪村南山顶。坐南朝北，占地面积320.54平方米。创建年代不详，现存为清代建筑。1994年在原建筑基础上整体维修，由北向南依次建有山门、大殿，东西两侧为耳房、配殿。

悟道寺

位于昔阳县沾尚镇畔峪村，占地面积7345平方米，建筑面积2545平方米。现存建筑为2004年新建。依次建有山门、钟鼓楼、大悲殿，两侧为药师殿、接引殿、祖师殿、地藏殿，西侧建有光明殿、报恩塔、千佛殿、抄经阁、客堂。

先觉寺

位于昔阳县界都乡西固壁村，坐北朝南，占地面积390.72平方米。创建年代不详，据碑载，重修于同治十一年（1872）。现存为清代建筑，一进院落布局，中轴线上仅存正殿，东西两侧为厢房、配殿、耳房。

圆通寺

位于昔阳县赵壁乡斜峪沟村。1998 年由该村居士组织信众募捐，将一所四合院改造为圆通寺，建筑面积 126 平方米。东为大雄宝殿，西为念佛堂，北为僧舍，南为斋堂。

大文殊寺

位于昔阳县城区社区东关村大王庙顶。坐北朝南，占地面积 3600 平方米。现存建筑是在原大王庙的基础上，新建于 2006 年，由南向北阶梯状建有天王殿、大雄宝殿。东侧建有僧舍。

普乐寺

位于昔阳县大寨镇大寨村虎头山上，占地面积 16666 平方米，建筑面积 3000 平方米。创建年代不详，原建筑 1963 年毁于洪水，现存建筑 2006 年在原址上改扩建而成。依次建有山门、钟鼓楼、天王殿、大雄宝殿，东西两侧为寮房、斋堂、配殿。

基督教活动场所

福音堂

位于昔阳县城区社区东关村菜园街，建筑面积 300 平方米。1997 年县政府批准福音堂为基督教聚会点。1998 年 8 月基督教筹委会筹资买下 10 间（原县陶阳材料厂二楼）旧厂房，重新翻修作为基督教堂。教堂设备齐全，制度健全。到现在受洗人数共 1200 多人。教会的日常活动是：星期三祷告聚会，星期五赞美聚会，星期日崇拜聚会。每年有两次大聚会（圣诞节、复活节），每年一次义工培训，由太原“两会”差人来牧养。

宗教活动场所管理机构

1982 年中共中央颁发了《关于我国社会主义时期宗教问题的基本观点和基本政策》，全面恢复和贯彻落实宗教信仰自由政策，宗教工作走上了正轨。为了加强寺庙、教堂的自我管理，1995 年，昔阳县 9 个宗教活动点普遍成立了管理组织。佛教的寺院成立了“寺院管理委员会”，基督教福音堂成立了“堂务管理委员会”。各活动点管理组织组成人员主要是由点上宗教教职人员和部分信教群众组成，个别地方为了协调关系，还吸收村干部参加，主任大都是寺院住持和宗教上有造诣的爱国僧道人员担任。

寺院、堂点管理组织的主要职责是：协助政府贯彻宗教信仰自由政策；遵守宪法和法律；安排处理寺、观、教堂的宗教事务、宗教活动和日常行政事务；组织僧人、教徒的政治、宗教学习和生产，开展宗教资料整理和学术研究。按照政府的有关规定保护寺观教堂的建筑，文物和园林；接待参观访问的客人。

2016 年 4 月，全国宗教工作会议召开，宗教活动场所管理纳入社会管理综合治理工作系统，乡镇设立了宗教工作助理员，村（社区）设立了宗教工作协管员，宗教活动场所配备了宗教工作信息员，形成了主体在县，延伸到乡，落实到村，规范到点的宗教工作管理体系。

第三节 宗教工作开展情况

广泛宣传党的宗教政策

2005 年,《国务院宗教事务条例》《山西省宗教事务条例》(简称为两个《条例》)相继颁布实施，全省召开学习贯彻两个《条例》工作会议。会议之后，县委、县政府高度重视，主要领导听取专门汇报，在县委中心组学习会议上，进行了全文学习，拨出专项经费，用于宣讲、培训等宣传教育活动。将市局统一印制的大幅《条例》20 余张，在县城主要宣传栏、各乡镇、各宗教重点村张贴上墙，为各宗教活动场所订制《条例》版面 10 块。3 月 20 日、25 日集中对全县八大系统、十二个乡镇党政领导和宗教干部及宗教工作重点村支部书记 80 余人分两期进行了培训，组织宣讲团深入各活动点宣讲 12 场次，参加学习的干部和信教群众达 3000 余人次，印制散发《条例》1000 余份，宣讲力度之大、效果之好前所未有。2010 年为强化依法管理，引导宗教与社会主义社会相适应，在 4 月份举办了全县宗教界人士宗教政策法规培训班，同时，与县委组织部协调，将宗教政策法规列入了县委党校教学培训内容。2014 年，县民宗局组织宗教界人士和信教群众开展以“发挥正能量、共筑中国梦”为主题的宗教政策法规宣传月活动，广泛深入开展《宗教事务条例》及相关配套法规学习贯彻，发放了《宗教政策法规文件选编》《宗教团体教规制度汇编》《宗教活动场所财务监督管理办法(试行)的通知》等宣传资料，拟定“宗教政策法规学习月”等宣传标语，供宗教团体、宗教活动场所等地悬挂，努力营造学法、守法、用法的浓厚氛围。

2019 年，县委统战部从加强领导干部、宗教工作人员和宗教教职人员这“三支队伍”入手，创新培训机制，加强教育学习，不断提高他们的政治水平和业务素质，努力建设一支敢于担当的领导干部队伍，勇于奉献的宗教工作者队伍，正信正行的宗教教职人员队伍。为县四套班子领导、宗教工作成员单位负责人分发了新修订的《宗教事务条例》、编印了《宗教工作应知应会手册》，充分利用一年一度的农村“领头雁”干部培训，进行专题辅导，积极选送民宗局干部参加国家、省、市举办的宗教培训班，进一步提高他们的执法水平和工作热情。以开展“宗教政策法规宣传月”和“和谐寺观教堂”创建活动为平台，组织全体教职人员集中学习党的宗教政策、法律法规和各自的教规制度。2019 年 5 月对全县 30 名佛教教职人员和 31 名基督教教职人员、信教群众进行了专题培训，并选送 10 多名佛教、基督教青年教职人员到全国各大专院校进行学习深造和短期培训，提高他们的政治意识、专业水平和整体素质，教育引导他们增强“四个意识”，坚定“四个自信”，做到“两个维护”，自觉抵制和反对邪教及封建迷信活动。在全社会广泛开展宗教知识和法律法规“六进入”活动，即宗教知识和法律法规进机关、进乡村、进社区、进学校、进企业、进寺观教堂。在石马寺古庙会等宗教节日期间，县宗教局积极开展宗教政策法规宣传咨询，为群众发放宣传资料。结合“不忘初心、牢记使命”主题教育活动，各级各部门利用会议、微信公众号、广播、版报版面等各种形式、载体，广泛宣传党的宗教政策和习近平总书记关于宗教工作重要论述，进一步提高了全民的民族宗教意识和宗教法治意识。同时联合教育部门在全县中小学持续开展“崇尚科学、破除迷信”专题教育活动，对全县中小学生参与宗教活动进行了摸排，与教育部门召开联席会议，出台了《昔阳县教育工委关于进一步做好宗教工作的实施意见》，下发家长告知书，教育引导全县中小学生不参加宗教活动，不参加宗教性质的夏令营、培训班，防范境外利用教育渠道进行的宗教渗透活动，在全县范围内营造了良好的宗教工作氛围。

依法管理宗教事务

建立“三级管理网络”“两级责任制”。2005年，为确保全县宗教工作规范有序进行，在县直八大系统和各乡镇分别成立了宗教工作领导小组，并在有宗教活动场所和宗教工作任务较大的村成立了宗教工作管理领导小组，建立了县、乡、村（宗教活动场所）三级管理网络，落实了县与乡、乡与村两级宗教工作管理责任制，初步形成了纵向到底、横向到边的宗教工作管理格局。与此同时，还建立了宗教重大事项申报制度、定期汇报制度和自我管理制度，要求各宗教活动场所在举行大型宗教活动时，把活动的时间、地点、内容、人员及时准确上报县民宗局，每季度全县召开一次宗教工作汇报会，掌握第一手材料，及时了解和解决全县宗教工作中存在的突出问题。

2008年，随着社会经济的快速发展，对外开放不断扩大，人们的思想观念和价值取向日趋多元，昔阳县的信教群众逐年增多。据统计，2008年全县信教群众总数已达6080人，为2005年2600余人的2.3倍，而且构成结构越来越复杂，其中，本地农民占信教群众总数的67%，退休人员、下岗职工、外来务工人员比例占到了33%。为适应新形势下的宗教工作，县宗教局始终把加大“宗教三级网络”建设作为工作重点，完善了以县委统战部牵头的协调机制，各乡镇确定一名副书记分管宗教工作，明确一名宗教事务专管员。每个村、社区都建立了宗教事务联络点，并确定一名村支委为信息员，同时加大对专管员和信息员的培训力度。

2019年县乡机构改革后，县委统战部直接负责全县民族宗教管理工作，按照“主体在县、延伸到乡、落实到村、规范到点”的基本要求，落实主体责任，做到“八个纳入”，进一步构建并形成了“三级联动、齐抓共管”的基层宗教工作网络格局。一是把宗教工作纳入县乡两级党委、政府的重要议事日程。出台了《中共昔阳县委、昔阳县人民政府关于加强和改进新形势下宗教工作的实施意见》，《十五届县委常委会工作规则》明确了“常委会每半年至少听取一次宗教工作汇报，分析研究全县宗教工作形势和任务”。二是把宗教工作纳入乡镇和县直单位年度目标责任制考核内容，分值占到总分数的 1%，由县委统战部（民宗局）与各级各部门签订责任制，制订考核细则，把宗教工作的任务分解落实到基层，进行严格考核，实行奖惩兑现。三是把宗教工作纳入了被巡察单位党委（党组）巡察工作内容。十五届县委从第六轮巡察开始就将宗教工作纳入了各单位巡察内容进行巡察。四是把宗教工作纳入意识形态考核和党委书记抓基层党建述职评议内容。县委出台了《党委（党组）意识形态工作责任制实施细则》和考核办法，把宗教领域意识形态工作纳入各级党委（党组）述职和年度责任制考核内容。五是把宗教工作纳入县、乡两级党委理论学习内容。县委中心组、各乡镇、县直单位党委（党组）坚持每半年进行一次宗教理论政策学习。六是把党的宗教理论方针政策和法律法规纳入党校、晋中农业农村干部学院教学内容，将宗教工作培训课程列入全县农村“领头雁”培训实施方案进行专题培训。县委常委、统战部部长李怀仁先后多次在晋中农业农村干部学院为全县 700 余名县乡村三级干部进行宗教工作专题授课。七是把宗教事务管理纳入全县社会管理网格化平台，依托县网格化管理平台，建立宗教工作台账，对本辖区内的宗教活动场所、教职人员、信教群众实行动态管理，实现了全县宗教管理制度化，宗教服务精准化，使一些宗教矛盾和问题早发现、早介入、早处置。八是把宗教工作经费纳入县级财政预算，2019 年增加到 5 万元。

不断夯实基层基础，健全网络体系，充实调整了县宗教工作领导小组，组长由县委常委、统战部长担任，县直 24 个成员单位参加。12 乡镇、城区社区管委会也都分别成立了宗教工作领导小组，由党委书记挂帅、党委副书记具体负责。335 个行政村明确了村党支部书记任宗教工作领导小组组长。县民族宗教局局长由统战部副部长兼任，统战部行政编制由 6 名增加到 8 名，从事宗教工作公务员增加到 3 人，符合行政执法主体资格。各乡镇配备了宗教工作联络员，各村确定了宗教工作信息员，各场所落实了宗教工作协管员。县与乡、乡与村层层签订《宗教工作目标管理责任书》，细化工作流程，落实工作责任，做到了基层宗教工作与其他工作同部署、同落实、同检查、同考核，形成了横到边、纵到底、全覆盖的宗教事务管理网络，做到了管理无盲区、服务无遗漏、责任全覆盖。不断创新工作机制，推进宗教工作制度化、规范化建设。进一步建立了统一高效的宗教工作领导机制，充分发挥县宗教工作领导小组牵头抓总的作用，完善了领导组各成员单位职责分工，建立健全宗教工作领导小组工作制度，全面统筹全县宗教工作。

以落实三级网络、两级责任制为基础，建立了纵横互联、快捷灵敏的信息反馈机制，做到重点问题、重要情况、重大节日信息的及时上报、沟通和处置。建立县委统战部（民宗局）与县委政法委、县公安局、县应急管理局等成员单位联合执法机制、宗教网络舆情收集研判和反馈机制、昔阳县政法机关维护国家政治安全工作协调机制，出台了《昔阳县民族宗教群体性突发事件应急预案》。联合消防、文化部门对全县宗教活动场所开展了消防安全大检查。出台了《昔阳县县级党政领导干部与党外代表联谊交友制度》《统战干部联系统战对象“1+6”行动方案》，建立党政领导干部与宗教人士联系交友制度，统战部（宗教局）班子成员至少联系一至二名宗教人士。建立宗教工作领导小组成员单位联席会议制度，2020年先后召开了4次联席会议，切实加强了部门间的协调与沟通，推进了各成员单位信息互通、资源共享、品牌共建，形成了全县党委政府统一领导，统战宗教部门牵头协调，各级各部门齐抓共管，全社会共同参与的宗教工作大格局。

全面强化依法管理。2006年，县民族宗教局以核准换证为契机，加大对宗教活动场所的监督和管理力度，进一步规范场所管理。组织统战、宗教、公安、消防、卫生防疫等部门，对全县正式登记的宗教活动场所进行了一次全面检查和摸底调查。针对普遍存在的宗教活动场所管理组织不健全，管理人员年龄偏大，文化水平较低，管理方式陈旧，管理手段落后，场所财务管理混乱，场所日常管理不善等问题，采取了调整和充实场所管理人员，把一些爱国爱教，有文化、有宗教学识，年龄较轻的人员充实进管理组织。加大对宗教活动场所财务工作的监管力度，对没有经过财政部门培训的财务人员一律进行培训，合格后再持证上岗。健全和完善各项管理制度，对制度不健全的宗教活动场所一律不予换证等三项措施，全县宗教活动场所管理工作取得了明显成效。2009年，抓住基督教“两会”换届的有利时机，提前介入，对新提拔的长老和传道员进行了认真考察和了解，真正把爱国爱教、文化层次高、专业知识强、群众基础好的人员充实到了管理层，受到信教群众的一致好评。同时，会同公安部门对游走乡间行骗的假和尚、假道士进行了严厉打击，严格控制宗教活动在法定场所内进行。认真做好敏感期安全防范工作，尤其在基督教的圣诞节、佛教各庙会期间，制定翔实的安保实施方案，并派专门工作人员进行指导、检查。2010年，开展宗教政策法规培训、宗教活动场所“规范化管理”督查和佛教教职人员资格认证等活动，加大对违法、违规宗教活动场所的处置力度。对在宗教活动场所“规范化管理”活动中评定为不达标的场所下发了《整改通知书》，限期整改，定期督查。

2019年，全面落实省委统一战线工作领导小组《关于宗教工作督查整改存在问题及处理意见的通报》和市委统一战线工作领导小组《关于开展宗教整改落实工作明察暗访的情况通报》精神，重点严把四个关口。严把宗教活动场所审批关，严格落实宗教活动场所建设维修、扩建审批程序，出台了《关于开展宗教建筑专项整治工作》的通知，对全县的宗教活动场所进行了摸底，针对历史遗留问题，召开专门会议，研究具体措施，协调测绘单位给予优惠，活动场所多渠道筹集资金，自然资源部门主动对接，对各活动场所土地重新进行确权、测量，办理不动产证。对2个因拆迁、搬迁不符合条件的基督教固定活动场所撤销登记。严格落实宗教活动场所重大事项报告制度，宗教场所日志制度，重大活动备案报批制度，进一步规范宗教活动秩序。严把宗教活动场所安全关。以开展创建“平安寺观教堂”活动为载体，县民宗局与各场所负责人签订《宗教活动场所安全工作目标管理责任书》，定期对定点活动场所的房屋隐患、火灾隐患、饮食安全、疏散通道、水电煤气使用等方面进行全面检查，对检查中发现的安全隐患问题，提出整改要求，明确整改时限。每逢宗教活动日以及一些敏感节点，县委统战部（宗教局）和政法委、国保大队、消防大队、610 办公室、派出所、乡镇工作人员一起参与活动的全过程监管，对全县宗教活动存在的安全问题进行摸排研判，针对检查中发现的部分活动场所灭火器过期失效，私拉乱接电器线路，无消防安全巡查记录等问题，下发整改通知书，限期整改。严把宗教活动场所规范关，坚持“三个统一”，全县各寺院、教堂统一建立相关管理制度，并制作成版面上墙，统一活动场所标牌标识，挂在醒目位置，全县统一设置功德箱 43 个，对于 3 个没有教职人员的寺庙，全部协调了符合条件的教职人员担任住持管理寺庙，进一步规范了宗教活动场所的正常秩序。严把财务管理关。全县开放的宗教活动场所，都已分别在乡镇信用社、邮储银行、建行开设了专门账户。针对财务人员不健全的问题，我们联合财政部门、场所所在地党委政府开展专项整改，全县开放的宗教活动场所全部配齐财务人员。同时加强对重大资金使用项目基建、设施采购的审批管理，加强年度财务检查，实现财务管理民主化、规范化。我们先后对宗教法律法规意识淡薄、财务管理制度不执行、群众反映强烈的活动场所负责人及时进行了批评教育，进一步规范宗教活动有序进行。

依法处置宗教领域突出问题。始终把社会普遍关注、宗教界反映强烈和工作亟待解决的问题作为宗教管理工作的重点。在佛教领域，认真落实中央 12 部委关于进一步治理佛道教商业化问题的意见，出台了《关于治理佛道教商业化问题的工作方案》，深入开展佛教领域违规设立功德箱借教敛财问题专项整治，取缔没收了非宗教活动场所功德箱 11 个。通过县佛教协会向全县寺院发出了“文明敬香”倡议，各寺院免费向信众赠送三支清香，并组织开展“珍爱生命、合理放生、科学放生”活动，全县所有宗教活动场所无烧“高香”、炒作售卖“头香”、抽签卜卦和收取高价门票等现象。在基督教领域，出台了《昔阳县依法治理基督教私设聚会点工作实施方案》和“四个一批”处理办法，加强部门协作、落实主体责任，不断推进依法治理。

加强教职人员队伍建设

高度重视爱国宗教团体建设。利用县佛教协会、基督教“两会”换届的有利时机，进一步优化宗教团体领导班子成员年龄、学历、专业结构，将一批年富力强、想干事、能干事、不出事的宗教人才充实到领导岗位。不失时机地指导各宗教团体完善管理制度，建立了宗教教职人员年度述职制度、重大事项报告制度、工作例会制度、民主测

评制度以及教职人员、财务、安全等内部管理制度，持续推动宗教团体规范化、民主化和制度化管理。

不断提高宗教教职人员整体素质。以开展“宗教政策法规宣传月”和“和谐寺观教堂”创建活动为平台，组织全体教职人员集中学习党的宗教政策、法律法规和各自的教规制度，提高他们的政治意识、专业水平和整体素质。2010 年 4 月，举办了为期一周的宗教界人士宗教政策法规培训班。2014 年 8 月，县佛教协会分别举办了佛教场所负责人和佛教骨干培训班，取得良好的效果。2015 年，在全体僧众中开展“宗教政策法规学习月”活动和“培养践行社会主义核心价值观”活动，引导他们积极参与全县经济社会建设。2018 年 5 月 16 至 19 日，晋中市佛教协会在金刚禅寺举办了全市佛教教职人员培训班，全县 30 余名佛教教职人员参加了培训。2019 年 5 月，县委统战部组织全县 30 名佛教教职人员和 31 名基督教教职人员、信教群众进行了专题培训，并选送 10 多名佛教、基督教青年教职人员到全国各大专院校进行学习深造和短期培训，提高他们的政治意识、专业水平和整体素质，自觉抵制和反对邪教及封建迷信活动。

开展宗教中国化“六进”活动。2018 年，大力推进“国旗、宪法和法律法规、社会主义核心价值观、中华优秀传统文化进宗教活动场所”取得明显成效。在全县所有宗教活动场所以“有国旗、有宣传栏、有标语、有行动”的“四有”为抓手，全面实现宗教活动场所“四进”目标。县民宗局统一设置旗杆、国旗、统一制作宣传版面，在各宗教活动场所醒目位置统一悬挂社会主义核心价值观版面，配备了法律法规和中华优秀传统文化书籍，并在重大节日和大型活动期间举行升国旗、唱国歌仪式，真正使宗教活动场所成为社会主义核心价值观的学习园地、宣传阵地和展示“窗口”。2019 年，在“四进”基础上，又积极探索增加了“平安和谐创建、公益慈善进宗教活动场所”活动，出台了《昔阳县宗教活动场所开展“六进”活动的实施方案》，引导宗教界人士参与全县脱贫攻坚、乡村振兴和公益慈善行动，为全县社会和谐发挥积极作用。

开展文明场所创建活动。2006 年，在全县宗教领域组织开展了“双五好”（五好场所、五好信教公民）创建活动，全县 13 个活动场所，共评出文明场所 2 个，先进场所 3 个，五好信教公民 8 名。2011 年，围绕“培养代表人士、建好宗教团体和实施典型带动”三个方面内容开展了“和谐寺观教堂创建活动”，组织寺院、教堂负责人对全县宗教活动场所进行现场观摩，充分发挥典型示范效应，有力推进了和谐宗教场所创建工作。2012 年，加大民族宗教文化品牌创建工作力度，一方面鼓励宗教场所大力发展宗教旅游产业，深度挖掘昔阳历史文化，全力打造生态、旅游、文化为一体的特色宗教旅游景点。另一方面积极为沾尚镇畔峪村悟道寺释印悟法师的“血书”“血画”申报省级非物质文化遗产。2017 年，金刚禅寺、石马寺被命名为首批“晋中市创建和谐寺观教堂示范单位”。

积极为宗教界办实事、办好事

不断强化服务意识，转变工作作风，着力解决宗教领域中的各类矛盾和问题，解决宗教界人士的后顾之忧，努力让他们感受到党和政府的关怀和温暖。1996 年，县政府将崇教寺移交给县佛教协会管理。2005 年，妥善处理崇教寺与周边居民吃水纠纷问题，武家坪村民与慈云寺僧人争夺寺庙管理权的问题，2011 年，县民宗局配合人社、卫生、财政、民政等有关部门，积极为有条件参保的教职人员参加养老保险。全县 29 名教职人员中有 22 人参加了不同种类的社保，参保率达到 75.8%。17 人参加了医保，参保率达到 58.6%。2 人参加了最低生活保障，1 人参加了“五保”。2014 年，协调电力部门为慈云寺和悟道寺等宗教场所争取到用电执行居民生活用电价的优惠。2015 年，县政府投资 50 多万元为崇教寺僧人购进 200 多平方米的僧舍，解决居住难的问题。2016 年募集社会资金 160 万元，为石马寺僧人新建僧舍、禅堂、食堂等生活用房 600 平方米。争取省财政资金 15 万元分别对基督教福音堂、金刚禅寺、石马寺进行了危房改造。2017 年，县政府投资 200 万元为金刚禅寺修通了柏油路。2020 年，县政府投资 10 万元维修了基督教协会办公场所。县委统战部、民宗局领导坚持“四必访”制度，即重大节日必访、生病住院必访、生活困难必访、思想波动必访，主动与宗教界人士交朋友，及时了解情况和掌握思想动态，强化沟通交流。

引导宗教界发挥积极作用

充分发挥宗教团体优势，积极引导宗教与社会主义社会相适应，努力为昔阳经济社会和谐发展做出贡献。2005 年，在全县宗教界开展了“我为昔阳做贡献”活动，金刚禅寺积极参与村村通水泥路工程建设，投资、投工 25 万余元修通了从东丰稔至寺院的 2 公里水泥路，捐资、捐物 4 万余元帮助所在村希望小学工程建设。2007 年，深入开展“双五好争星创先”活动，全县宗教界人士集资 10 多万元积极投身赈灾济困、捐资助学、助残敬老各项慈善活动。2008 年，开展“爱国、爱教、爱家乡”主题教育活动，组织宗教界人士进行义务植树造林活动，积极投入“5 · 12”四川大地震抗震救灾活动，县基督教协会为灾区捐款 14000 多元。2012 年，按照国家宗教局关于“把每年 9 月的第三周作为宗教界‘慈善周’”的决定，在洪水池塘寺举行了“慈善周”启动仪式，共募集善款 2 万余元，慰问贫困户 15 户。2014 年，进一步推动宗教慈善公益事业发展，促进宗教公益慈善活动的制度化和规范化。县佛教协会组织捐助爱心款 28000 元，基督教“两会”及堂点奉献现金 1000 元及白面、油、大米、方便面、月饼等物品用于慰问特困户、重病信徒和高龄老人，充分展现了我县宗教界乐善好施、关爱社会的传统美德。2016 年，石马寺古庙会期间，县佛教协会组织全县僧人举办大型祈福法会和书法、摄影展，服务全县的宗教文化游。悟道寺僧人释印悟挖掘传统宗教文化，创作血画、血经 450 多卷，在全国各地举办展览，受到了一致好评。“宗教慈善周”活动中，全县宗教界共募集善款20万多元，用于社会公益慈善事业。2017年，金刚禅寺在县“扶贫日”公益慈善晚会上捐献善款10万元。2018年，在全国扶贫日和重阳节期间，县佛教协会、基督教“两会”分赴两个贫困村对70岁以上老人进行慰问，赢得社会一致好评。

附表1：昔阳县宗教活动场所名录

附表2：昔阳县宗教教职人员名录

附表1：昔阳县宗教活动场所名录

名　称	教别	负责人	地　址	登记证编号
普宁寺	佛教	释常明	东冶头镇东固壁村	宗场证字（晋）F090100001
卧佛寺	佛教	释万果	孔氏乡孔氏村	宗场证字（晋）F090100002
石马寺	佛教	释觉性	大寨镇石马村	宗场证字（晋）F090100003
池塘寺	佛教	释仁德	大寨镇洪水村	宗场证字（晋）F090100004
圆通寺	佛教	释觉刚	赵壁乡斜峪沟村	宗场证字（晋）F090100005
金刚禅寺	佛教	释一然	赵壁乡东丰稔村	宗场证字（晋）F090100006
慈云寺	佛教	释宏静	城区社区武家坪社区	宗场证字（晋）F090100007
崇教寺	佛教	释万觉	上城街粮食局旧院	宗场证字（晋）F090100008
悟道寺	佛教	释印悟	沾尚镇畔峪村	宗场证字（晋）F090100009
大文殊寺	佛教	释果兴	城区社区东关社区	宗场证字（晋）F090100010
普乐寺	佛教	释江妙	大寨镇大寨村	宗场证字（晋）F090100011
兴盛寺	佛教	释果科	东冶头镇静阳村	宗场证字（晋）F090100012
梵乘寺	佛教	释汇果	界都乡北界都村	宗场证字（晋）F090100013
先觉寺	佛教	释庆善	界都乡西固壁村	宗场证字（晋）F090100014
福音堂	基督教	李云丽	城区社区东关社区	宗场证字（晋）J090100001

附表2：昔阳县宗教教职人员名录

佛教教职人员

场所名称	姓　名	性别	认证时间	备案号
池塘寺	释仁德	男	2012.1	140724100011
金刚禅寺	释宽博	男	2012.1	140724100019
金刚禅寺	释弘普	女	2012.1	140724100018
金刚禅寺	释宏峰	女	2012.1	140724100020

续　表

场所名称	姓　名	性别	认证时间	备案号
金刚禅寺	释瑞空	女	2012.1	140724100014
金刚禅寺	释宏云	女	2012.1	140724100008
金刚禅寺	释空晟	男	2015.7	140724100023
金刚禅寺	释慈藏	男	2015.7	140724100021
金刚禅寺	释寂真	男	2015.7	140724100009
金刚禅寺	释觉彻	男	2018.6	140724100027
金刚禅寺	释展空	女	2018.6	140724100029
金刚禅寺	释德煦	女	2018.6	140724100028
金刚禅寺	释慧智	女	2018.6	140724100030
金刚禅寺	释文瑞	女	2018.6	140724100032
金刚禅寺	释寂忍	男	2018.6	140724100024
普宁寺	释常明	女	2015.12	140105100040
普宁寺	释宏运	女	2012.1	140724100002
崇教寺	释万觉	男	2012.1	140724100010
悟道寺	释印悟	男	2012.1	140724100013
悟道寺	释顿澈	女	2012.1	140724100016
圆通寺	释觉刚	男	2015.7	140724100017
圆通寺	释慧觉	男	2018.6	140724100026
卧佛寺	释果明	男	2012.1	140724100003
卧佛寺	释万果	女	2012.1	140724100007
卧佛寺	释万宝	男	2012.1	140724100001
大文殊寺	释果兴	男	2015.7	140724100006
大文殊寺	释常祥	男	2015.7	140724100005
兴盛寺	释果科	男	2018.6	140724100031
石马寺	释觉性	男	2015.7	140724100022
慈云寺	释静宣	女	2015.7	140724100015
梵乘寺	释汇果	男	2015.6	130133100062

基督教教职人员

姓　名	性　别	教职身份	统一编号
张怀祥	男	长　老	晋 K0010

续　表

姓　名	性　别	教职身份	统一编号
赵翠青	女	长　老	晋 K0011
李云丽	女	长　老	晋 K0012
毛耿英	女	长　老	晋 K0014
孔彦春	女	传道员	（晋）KC1001
贾韵英	女	传道员	（晋）KC1004
赵　新	女	传道员	（晋）KC1005
贾三妮	女	传道员	（晋）KC1008
宫丽红	女	传道员	（晋）KC1010
于丽萍	女	传道员	（晋）KC1012
张润连	女	传道员	（晋）KC1015
杨秀丽	女	传道员	（晋）KC1016
马爱祥	女	传道员	（晋）KC1017
张爱良	女	传道员	（晋）KC1018
王卫青	女	传道员	（晋）KC1007
李变娥	女	传道员	（晋）KC1006
李所妮	女	传道员	（晋）KC1011
梁素云	女	传道员	（晋）KC1003
王维芳	女	传道员	（晋）KC1021
王艳斌	女	传道员	（晋）KC1002
尚彦萍	女	传道员	（晋）KC1009

第五篇 党派团体

第一章　民主党派（民进昔阳支部）

民主党派是我国政党制度的重要组成部分，是接受中国共产党领导，同中国共产党通力合作的亲密友党，是中国特色社会主义参政党。民进昔阳支部是昔阳县唯一的民主党派基层组织。自成立以来，继承和发扬民进的优良传统，积极履行参政党的职能，同中国共产党风雨同舟，患难与共，为昔阳经济社会发展做出了积极贡献。

第一节　组织沿革

民进昔阳小组

1984 年 6 月，昔阳县二中教师张振华经由山西大学原校长、民进山西省委主委陈舜礼介绍加入民进组织，成为昔阳县最早的民主促进会会员，并以教育界别参加政协昔阳县第一届委员会第一次会议，当选为政协昔阳县第一届委员会常委。1986 年 12 月，山西大学教授丁裕超介绍孔存义工程师加入民进组织。1987 年 5 月政协昔阳县第二届委员会第一次全体会议张振华作为民主党派界别参加了县政协，并当选为县政协副主席。1989 年 5 月，民进山西省委秘书长蔡振中教授介绍卜银福工程师加入民进组织。同年，经民进山西省委、中共山西省委统战部同意，张振华、孔存义、卜银福三人组成民进昔阳临时小组，张振华任组长，直属民进山西省委管理。之后会员不断增加，组织发展壮大。1994 年王兰小、韩文科、赵玉明加入民进组织。1996 年 6 月，民进昔阳县第一次会员大会，正式成立中国民主促进会昔阳县小组。1999 年赵怀瑞、王新如加入民进组织。1999 年 12 月民进昔阳小组召开第二次会员大会。2000 年晋中撤地建市，民进昔阳小组隶属于民进晋中市委。截至 2002 年，昔阳县共有中国民主促进会会员 11 人。

民进昔阳支部

中共昔阳县委高度重视民进昔阳县小组的工作。2002 年，县委统战部以“昔统发〔2002〕006 号”文件向市委统战部、省委统战部请示成立民进昔阳支部，并获批准。2003 年 3 月 21 日，中国民主促进会昔阳小组召开第三次会员大会，成立了民进昔阳支部，选举赵怀瑞任主任委员，史董平、王新如任副主任委员，崔海军任秘书长。这是晋中东山五县成立的第一个民进支部。时有民进会员 12 人，多数是教育、文化、科技、医卫、经济、政法界有一定代表性的中、高级知识分子，其中 5 人是县政协委员。民进昔阳支部成立后，重视组织建设，积极发展会员，到 2020 年，民进昔阳支部共有会员 36 人，其中先后担任市政协委员 2 人，县政协副主席 1 人，县政协常委 3 人，县政协委员 15 人，县人大代表委员 2 人。

历任领导班子

1. 民进昔阳小组（1989—2002）

组　长：张振华　（1989—2000）
　　　　卜银福　（2000—2002）
副组长：卜银福　（1996.6—2000）
　　　　韩文科　（2000—2003.3）

2. 民进昔阳支部（2003.3—　）

主　委：赵怀瑞　（2003.3—2013.4）
　　　　崔海军　（2013.4—　）
副主委：史董平　（2013.4—　）
　　　　王新如　（2003.3—2017.7）
　　　　孔瑞祥　（2017.7—2020.7）
　　　　耿润兰　（2017.7—　）
　　　　王海鑫　（2020.7—　）
秘书长：崔海军　（2003.4—2013.4）
　　　　史董平（兼）（2013.4—2017.7）
　　　　王海鑫　（2017.7—2020.7）
　　　　赵建国　（2020.7—　）
委　员：高存祥　（2000.3—2013.4）
　　　　孔瑞祥　（2013.4—2017.7）
　　　　耿润兰　（2013.4—2017.7）
　　　　王静美　（2017.7—　）

铁润丽　　（2017.7—　）

第二节　会员大会

民进昔阳小组第一次会员会议

1996 年 6 月 6 日，中国民主促进会昔阳县第一次会员大会（会议）召开，成立“中国民主促进会昔阳小组”。会议推举张振华任民进昔阳小组组长，卜银福为副组长。

民进昔阳小组第二次会员会议

1999 年 12 月，中国民主促进会昔阳小组召开第二次会员会议，会议传达贯彻了民进中央有关文件精神，民进山西省委四届三次全委会精神，学习了中共昔阳县委十三届全委会决议，对本年度工作进行了总结，对今后工作进行了部署。会议推举张振华任民进昔阳小组组长。2000 年，张振华因年龄和身体原因提出辞职，卜银福被选举为民进昔阳小组组长，韩文科为副组长。

民进昔阳支部第三次会员大会

2003 年 3 月 21 日，中国民主促进会昔阳县第三次会员暨支部成立大会召开。晋中市政协副主席、民进晋中市委主委蒋德宁，副主委程转桃，中共昔阳县委书记刘志宏，县委副书记贾怀柱，县政协主席张世英，县委常委、组织部长王根元，县委统战部部长李保国等领导同志出席了会议。民进晋中市市直机关支部，晋中师专支部、榆次区支部、介休市支部以及昔阳县工商联、县科协、昔阳中学、县人民医院、县中医院等单位应邀参加会议。大会上，卜银福代表第二届会员大会做了工作报告，选举产生了新一届支部班子，赵怀瑞当选为主委，史董平、王新如为副主委，崔海军任秘书长，高存祥任委员。

民进昔阳支部第四次会员大会

2013 年 4 月 19 日，中国民主促进会昔阳支部第四次会员大会召开。民进晋中市主委李兴国、秘书长李晓欣，昔阳县政协主席王录文，县政协副主席、县委统战部部长李怀仁出席了会议。大会上，崔海军代表第三届会员大会做了工作报告，选举产生了新一届支部班子，崔海军当选为民进昔阳支部主委，史董平、王新如为副主委，耿润兰、孔瑞祥为支部委员，史董平任秘书长。

民进昔阳支部第五次会员大会

2017 年 7 月 25 日，中国民主促进会昔阳支部第五次会员大会在大寨旅行社召开。民进晋中市委主委李兴国，昔阳县委常委、统战部部长李怀仁等出席会议。大会上，崔海军代表第四届会员大会做了工作报告，选举产生了新一届委员会，崔海军当选为民进昔阳支部主委；史董平、孔瑞祥、耿润兰为副主委；王海鑫为秘书长；王静美、铁润丽为支部委员。2020 年 7 月 27 日，召开民进昔阳支部五届四次会员大会，接受孔瑞祥辞去民进昔阳支部副主委职务，补选王海鑫为民进昔阳支部副主委，赵建国为民进昔阳支部委员兼秘书长。

第三节　工作纪略

积极参政议政

参政议政是民主党派的重要职能。从民进昔阳小组到民进昔阳支部成立至今，昔阳民进在坚持和完善多党合作中致力于加强参政议政能力建设，着力强化把握大局、服务决策、民主监督、统筹协调能力，为科学参政议政奠定坚实的基础。先后有两名会员成了晋中市政协委员，有 15 名会员成了昔阳县政协委员，其中 1 名会员当选为县政协副主席，3 名会员先后当选为县政协常委，2 名会员当选为县人大代表，其中 1 名会员当选为县人大常委会委员。各位民进会员人人积极撰写提案、议案、信息和社情民意，在每年的政协全委会上至少一人一件提案，支部一件提案，多个提案被县委、政府领导批示。每年的政协全会上都有民进支部大会发言和联组发言及个人小组发言。就本县民营经济发展、创建人才流动机制等关乎昔阳经济发展的热点问题建言献策，受到县委、县政府的高度重视。部分提案被省、市政协采用。其中，会员铁润丽撰写的《报废机动车存在的问题及对策》获省委会“2018 年度参政议政成果二等奖”。

主动服务社会

民进昔阳支部自成立以来，从全县改革、发展、稳定的大局出发，发挥支部会员在医疗卫生、农业科技、文化教育等各领域的人才优势，组建了一支以会员为主，包括农业专家、优秀教师及经验丰富的多学科医疗专家（如内科、外科、儿科、骨科、五官科、心电图、B 超、测血压、测血糖）参与的“三下乡”活动小分队，积极开展社会服务工作。小分队坚持每年 2 ～ 3 次的下乡活动。2003 年至今先后在乐平镇庞家峪村、大寨镇留庄村、孔氏乡洪泉村、孔氏村、沾尚镇沾尚村、口上村、三都乡井沟村、山西省广电局 7402 台、界都乡团大庄村、东冶头镇静阳村、乐平镇李家沟村、赵壁乡后东峪村、赵壁村、西寨乡武家川村等几十个乡村，开展了以科技、卫生、文化为主要内容的“三下乡”活动，内容包括：农业科技培训、义务诊治、宣传保健知识、捐赠学生图书等，面对面为农民解决和解答种植、养殖、教育、就医以及生活中的难题。据不完全统计，活动中，有 500 多农民、300 余教师接受培训，义务诊治患者 1 万余人次，为小学捐书 300 余册，散发计划生育、卫生保健小册子、传单万余份，活动的开展，既为农民送去了科技知识，又为群众解除了疾病的痛苦，受到了广大农民群众的欢迎和赞誉。2016 年，民进昔阳支部响应县委、县政府打造“山水昔阳、户外天堂”新昔阳的号召，助力生态文明建设，支部在瓮山景区内租用了一片土地，建成了独具特色的“民进林”,2016 年以来共种植了 1000 余棵风景树和经济林。2017 年以来，每逢春节，民进昔阳支部都积极响应民进中央“春联进万家”的号召，在昔阳县委统战部的指导下，先后在好人广场、东冶头镇白砂岩村、赵壁乡后东峪村、巩家庄村，开展“春联进万家”文化惠民活动，邀请我县多名书法家和会员吕致福一起现场挥毫泼墨，书写春联，共发放春联 3000 余副，得到了群众的一致好评。2017 年 7 月 18 日，民进昔阳支部和昔阳县妇女联合会为了切实保障广大妇女的健康权益，共同组织了“关爱女性健康大讲堂启动仪式”，进一步扩大妇女健康检查的覆盖面，使广大妇女得实惠、普受惠、常受惠。

加强自身建设

民进昔阳支部十分注重加强自身建设和领导班子团结，积极履行参政党职能，提高参政议政水平。通过学习会、组织生活会以及市、县有关部门组织的各种座谈会、专题调研会、现场观摩会、行风评议会等活动，组织会员加强学习，提高认识，贯彻落实县委、县政府的大政方针。民进昔阳支部坚持以自学为主，每月集中学习一次，如有重要会议精神，随时组织学习。通过学习，在思想上消除认识误区，自觉摆正位置，始终接受中国共产党的领导，保持合作的态度，围绕经济发展的大局，积极参政议政，逐步把民进的工作规范化、制度化、程序化。民进昔阳支部注重发扬奉献精神，正确处理本职和兼职的关系，支部成员都有自己的本职工作，组织工作全部为兼职。支部提出“形象建设十倡导”，其核心就是要求每个会员立会为公，淡泊名利，无私奉献。班子成员分工不分家，主动工作，默契配合，在做好本职工作的基础上，热心会务，做好党派工作，在社会上塑造新时期民进组织的良好形象。2003 年抗击“非典”期间，民进昔阳支部充分发挥会员的行业优势积极请战，会员史董平带病坚持在第一线，直接参与抗击“非典”。针对会员分布在全县不同区域，不同岗位，平时接触时间少的特点，为加强沟通和交流，增强团队意识，支部适时安排座谈会和联谊活动，如“学习十八大座谈会”，“为建设美丽、平安、幸福新昔阳做贡献座谈会”“立足职能、建言献策”“为县域经济健康有序发展做贡献”“深入学习贯彻习总书记视察山西重要讲话精神”座谈会，赴武乡八路军纪念馆开展“不忘合作初心，继续携手前进”红色革命教育，从根本上提升每位会员的思想认识和政治觉悟，真正把学习成果转化为工作思路、有效举措。在多次座谈会上大家各抒己见，提出了许多建设性建议，为昔阳的经济和社会发展献计献策。2015 年 7 月 3 日，民进昔阳支部应邀参加了民进晋中市委会举办的纪念中国民主促进会成立 70 周年及民进晋中市委员会成立 15 周年庆祝活动。2019 年 3 月，按照省、市、县委部署，开展“改革创新，奋发有为”大讨论，召开专题座谈交流会，在会员中开展“四比四促”活动，在本职工作上建功立业，塑造良好会员形象。刘丽娟和李达两位会员获得了山西省“三晋英才”支持计划青年优秀人才的荣誉称号。2019 年，民进昔阳支部积极申请县委、县政府专项资金 5 万元，为改善工作条件，促进工作发展创造了良好条件。自 2003 年成立支部以来，民进昔阳支部于 2014 年、2017 年、2019 年三次获得民进中央“先进基层组织”的荣誉称号，2018 年、2019 年、2020 年连续三年被民进省委会评为“五星级”基层组织，2015 年、2016 年、2017 年连续三年被民进山西省委授予“先进集体”，2013 年、2014 年、2015 年、2016 年、2017 年、2018 年、2020 年连续多年被民进晋中市委授予“社会服务先进支部”。

第二章　昔阳县工商业联合会

昔阳县工商业联合会成立于1947年，“文化大革命”期间被迫停止活动。1991年2月恢复工作，是中国共产党领导下的以非公有制经济和非公有制经济人士为主体的具有统战性、经济性、民间性的人民团体和商会组织，是党和政府联系非公有制经济人士的桥梁和纽带，是政府管理和服务非公有制经济的助手，在促进全县非公有制经济健康发展、引导非公有制经济人士健康成长中发挥着不可替代的作用。

第一节　组织沿革

昔阳县商会

民国初期，昔阳县各行会联合成立商会，设会长1人，负责处理日常会务和协调各行业的关系。1937年12月，日军侵占昔阳后，昔阳县商会自行解散。

昔阳县工商业联合会

1945年8月昔阳解放后，县城的商业、手工业发展较快，为加强对工商业的管理，1947年春，中共昔阳县委决定成立昔阳县工商业联合会（简称工商联，下同）筹委会，拟定《工商业联合会章程》，年底召开成立大会，设主席1人、副主席2人、秘书长1人，委员9人，隶属于县工会。1952年昔阳县工商联自成体系，召开了第一届会员代表大会。“文化大革命”开始后，昔阳县工商联被迫停止活动。1968年8月昔阳县工商联被迫撤销。1989年6月7日，中共昔阳县委决定恢复昔阳县工商联，成立恢复工商联领导组。1991年2月20日，昔阳县工商联正式恢复成立。

历任领导班子

1. 县工商业联合会历任主席（主任委员、会长）名录

姓　名	性　别	职　务	任职时间
孔二和	男	县工商联主席	1947.3—1949.10
毛钟谨	男	县工商联主任委员	1952.3—1968.8
郭壮生	男	县工商联主任委员	1996.1—1997.1
王怀荣	男	县工商联会长	1997.1—2002.11
毛新民	男	县工商联会长	2002.11—2007.10
毛新民	男	县工商联主席	2007.10—2011.11
黄祥苗	男	县工商联主席	2011.11—

2. 县工商业联合会历任副主席（副主任委员、副会长）名录

姓　名	性　别	职　务	任职时间
张性善	男	县工商联副主席	1947.3—1949.10
毛钟谨	男	县工商联副主席	1947.3—1949.10
李清杰	男	县工商联副主任委员	1952.3—1954.6
孔二和	男	县工商联副主任委员	1954.6—1961.7
赵　汶	男	县工商联副主任委员	1954.6—1961.7
阎保权	男	县工商联副主任委员	1991.2—1996.1
阎存秀	男	县工商联副主任委员	1991.2—1996.1
张海柱	男	县工商联副主任委员	1991.2—1996.1
郭壮生	男	县工商联副主任委员	1991.2—1996.1
李怀元	男	县工商联副会长	1996.1—2002.11
赵小眼	男	县工商联副会长	1996.1—2002.11
孔令贵	男	县工商联副会长	1996.1—2002.11
李春晓	男	县工商联副会长	1996.1—2002.11
焦瑞江	男	县工商联副会长	1996.1—2007.10
邢丑锁	男	县工商联副会长	1996.1—2016.12
毛如山	男	县工商联副会长	1996.1—2007.10
李吉祥	男	县工商联副会长	2002.11—2007.10
张文科	男	县工商联副会长	2002.11—2007.10
朱玉良	男	县工商联副会长	2002.11—2011.11
王翠林	男	县工商联副会长	2002.11—2011.11
王银敖	男	县工商联副会长	2002.11—2016.12
王润明	男	县工商联副会长	2002.11—2007.10
齐培英	男	县工商联副会长	2002.11—2016.12
刘雨峰	男	县工商联副会长	2002.11—2016.12
王维银	男	县工商联副主席	2007.10—
翟素明	男	县工商联副主席	2007.10—2011.11
马怀兰	女	县工商联副主席	2007.10—2011.11
黄祥苗	男	县工商联副主席	2007.10—2011.11
宋以斌	男	县工商联副主席	2007.10—2016.12
翟润梅	女	县工商联副主席	2007.10—2011.11
刘立斌	男	县工商联副主席	2011.11—2017.6

续　表

姓　名	性　别	职　务	任职时间
朱　晋	男	县工商联副主席	2011.11—
孙传福	男	县工商联副主席	2011.11—2016.12
李进军	男	县工商联副主席	2011.11—2020.6
李富国	男	县工商联副主席	2011.11—2016.12
张爱华	女	县工商联副主席	2011.11—
卓友米	男	县工商联副主席	2011.11—2016.12
胡东明	男	县工商联副主席	2011.11—
贾　峻	男	县工商联副主席	2011.11—
王晓丽	女	县工商联副主席	2016.12—
冯道启	男	县工商联副主席	2016.12—
王　娟	女	县工商联副主席	2016.12—
左　博	男	县工商联副主席	2016.12—
刘传鑫	男	县工商联副主席	2016.12—
刘鹏瑞	男	县工商联副主席	2016.12—
齐晓峰	男	县工商联副主席	2016.12—
宋希平	男	县工商联副主席	2016.12—
张自达	男	县工商联副主席	2016.12—
赵国庆	男	县工商联副主席	2016.12—
程世虎	男	县工商联副主席	2016.12—
耿建明	男	县工商联副主席	2017.9—

3.县工商业联合会历任秘书长名录

姓　名	性　别	职　务	任职时间
阎保权	男	县工商联副主任委员、秘书长	1991.2—1996.1
焦瑞江	男	县工商联副会长、秘书长	1996.1—2007.10
田志芳	女	县工商联秘书长	2007.10—2015.9
李　鹏	男	县工商联秘书长	2016.12—

4.县工商业联合会工作人员名录

姓　名	性　别	职　务	调入调出时间
梁如英	女	工商联科员	2000.4—

续　表

姓　名	性　别	职　务	调入调出时间
田志芳	女	工商联秘书长	2004.1—2015.9
李　鹏	男	工商联秘书长	2004.4—
张瑞娟	女	工商联科员	2018.3—

第二节　会员代表大会

昔阳县工商业联合会

1947 年 3 月，中共昔阳县委决定成立昔阳县工商业联合会（简称工商联）筹委会，拟定《工商业联合会章程》，年底召开成立大会。孔二和当选为县工商联主席，张性善、毛钟谨为副主席。

第一届会员代表大会

1952 年 3 月，昔阳县工商联第一届会员代表大会召开，出席会议的代表 160 名，代表着 340 户会员。大会选举毛钟谨为主任委员，李清杰为副主任委员，选出第一届执行委员会执委 13 人。第一届执委会领导广大会员学习《共同纲领》《工商联合会组织通则》及政府的各项政策法令，开展“五反”运动，接受国家对私营工商业者的“利用、限制、改造”政策。

第二届会员代表大会

1954 年 6 月昔阳县工商联第二届会员代表大会召开。大会选举毛钟谨为主任委员，孔二和、赵汶为副主任委员，选出第二届执行委员会执委 13 人。第二届执委会组织会员学习《中华人民共和国宪法》及国家的统购统销政策，积极参加物资交流和市场管理，引导私营工商业者自觉接受社会主义改造，顺利实现全县公私合营。1957 年以后，工商联行使的行政管理职能逐步由政府各职能局取代，工商联演变成自我教育、自我改造的工商业人民团体。

第三届会员代表大会

1961 年 8 月昔阳县工商联第三届会员代表大会召开，选举毛钟谨为主任委员，选出第三届执行委员会执委 8 人。第三届执委会领导全体会员经历了三年暂时经济困难的考验和社会主义教育运动，进一步增强了跟共产党走社会主义道路的自觉性。

第四届会员代表大会

1991 年 2 月 20 日，昔阳县工商联恢复成立。第四届会员代表大会于 1991 年 2 月 26 日在县城召开，出席会议的代表 62 名。大会听取并审议了工商联副主任委员阎保权作的工作报告，选举阎保权、阎存秀、张海柱、郭壮生为副主任委员，阎保权兼秘书长，选出第四届执行委员会执委15人，常务委员会委员7人。

第五届会员代表大会

1996年1月17日至18日，昔阳县工商联第五届会员代表大会在县城召开，出席会议的代表94名。大会听取并审议了第四届执行委员会工作报告，选举郭壮生为工商联会长，李怀元、赵小眼、孔令贵、李春晓、焦瑞江、邢丑锁、毛如山为副会长，焦瑞江兼秘书长，选出第五届执行委员会执委25人，常务委员会委员15人。1997年1月，昔阳县工商联第五届会员代表大会第二次执委会选举王怀荣为工商联会长。

第六届会员代表大会

2002年11月11日至12日，昔阳县工商联第六届会员代表大会在县城召开，出席会议的代表82名。中共晋中市委统战部副部长、市工商联党组书记姚素萍到会祝贺并致词。中共昔阳县委书记刘志宏出席大会并讲话，大会听取并审议了工商联副会长焦瑞江代表第五届执行委员会作的工作报告。选举毛新民为工商联会长，焦瑞江、邢丑锁、李吉祥、张文科、朱玉良、王翠林、王银敖、王润明、毛如山、齐培英、刘雨峰为副会长，焦瑞江兼任秘书长，选出县工商联第六届执行委员会委员45名，常务委员会委员24名。

第七届会员代表大会

2007年10月28日至29日，昔阳县工商联第七届会员代表大会在县城召开。山西省工商联党组成员、副会长王建华，晋中市工商联会长杨定旺莅临大会指导。左权县工商联、榆社县工商联、平定县工商联、人民政协报《民营经济》编辑部、《人民代表报》编辑部、《企业家》周刊编辑部到会祝贺。县四大班子领导出席会议。民进昔阳支部、各人民团体、县直有关部门、各乡镇机关负责人及县工商联特聘顾问列席了会议。出席会议的代表共计123名。王建华、杨定旺分别代表山西省、晋中市工商联向大会致贺词。县委常委、统战部部长张驰出席大会并讲话。大会听取并审议了县工商联会长毛新民代表第六届执行委员会作的工作报告。选举毛新民为第七届主席，翟素明、王翠林、邢丑锁、朱玉良、刘雨峰、王银敖、齐培英、王维银、马怀兰（女）、黄祥苗、宋以斌、翟润梅（女）等12名同志为副主席，秘书长为田志芳，选出县工商联第七届执行委员会委员62名，常务委员会委员36名。2008年12月29日，昔阳县总商会挂牌成立，与工商联合署办公，实行一套人马两块牌子。毛新民任会长，毛如山、李富国、焦小虎、魏永明、孙传福等5位同志任副会长。

第八届会员代表大会

2011年11月21日，昔阳县工商联第八届会员代表大会在大寨召开，134名会员代表参加大会。县四大班子领导及大寨村党总支书记郭凤莲出席会议，历届县工商联主席、副主席、秘书长，驻昔国有大型企业代表，异地商会会长、副会长，各乡（镇）党委副书记，县直有关部门负责人，驻昔单位负责人及县工商联特聘顾问共计110名特邀人员列席了会议。县委副书记、组织部长冯耀黎在开幕式上讲话。大会听取了毛新民代表第七届执委会所作的工作报告，选举黄祥苗为县工商联主席（总商会会长），刘立斌、王银敖、王维银、刘雨峰、朱晋、邢丑锁、孙传福、齐培英、宋以斌、李进军、李富国、张爱华（女）、卓友米、胡东明、贾峻15人为副主席（副会长），田志芳为秘书长，选出昔阳县工商联第八届执委会执委50名。

第九届会员代表大会

2016年12月14日，昔阳县工商联（总商会）第九次会员代表大会召开。市委统战部副部长杜建刚、昔阳县委书记王根元出席会议并作重要讲话，县委副书记、县长许利伟，县委副书记郭丰慧，县人大常委会主任李显鸣，县政协主席石立军，县委常委、组织部长郭春林，县委常委、统战部部长李怀仁等县领导出席会议。驻昔国有企业代表、名誉主席、各乡镇（社区）党委副书记、县级有关单位负责人受邀列席会议。大会听取并审议了昔阳县工商联（总商会）第八届执行委员会工作报告，选举黄祥苗为县工商联主席（总商会会长），刘立斌、王晓丽（女）、王娟（女）、王维银、冯道启、左博、刘传鑫、刘鹏瑞、朱晋、齐晓峰、宋希平、张自达、张爱华（女）、李进军、胡东明、赵国庆、贾峻、程世虎18人为副主席（副会长），李鹏为秘书长，选出第九届执行委员会执委52人，常务委员会委员7人。

第三节　工作纪略

建国初期的工商联工作

1945年抗战胜利，昔阳县全境解放，建立了中国共产党领导下的人民政权。地处太行山区的昔阳县成了解放战争的大后方。1947年，中共昔阳县委决定成立昔阳县工商业联合会（简称工商联），拟定《工商业联合会章程》，年底召开成立大会，选举产生执行委员会，隶属县工会领导。工商联成立后，组织全县工商业者，紧密团结在党组织周围，围绕"稳定后方，支援前线"这一中心积极开展工作。登记统计工商业户，缮造各项表册，了解证明工商业户开业、歇业时间，办理开业、歇业手续，答复工商业户咨询，组织和帮助工商业户发展生产，协助政府掌握市场、繁荣经济、稳定物价，征管税收，打击不法商贩，促进了解放区经济的发展和社会的稳定，保障了全县人民的生产生活所需。同时，发动广大会员积极筹捐支前物资，为前线战场尽所能、竭全力，做出了积极贡献，多次受到县委和县政府的表扬。

新中国成立后，面对战争重创后的国民经济，百废待举，百业待兴。工商联协助和配合县委、县政府，组织私营工商业者和"三小"（即小商贩、小手工业者、小业主）人员恢复生产，发展经济，组织集市贸易和经济交流。通过行业工会进行工商市场管理、财务管理和税收管理，稳定了市场秩序，促进了生产发展，为繁荣城乡经济发挥了积极作用。

抗美援朝期间，昔阳县工商界人士和全县人民一道，为保家卫国、粉碎美帝国主义入侵朝鲜，进而武装颠覆我新生政权之阴谋，送子参军，捐钱捐物，表现出广大工商业者的一片爱国之心。

社会主义革命和建设时期的工商联工作

1952 年 2 月，昔阳县工商联第一届会员代表大会召开，成为自成体系、独立活动的工商业者人民团体，并担负有部分行政职能。1953 年 9 月，根据党的过渡时期总路线，昔阳县工商联对全县工商业者开展社会主义教育和爱国主义教育，启发他们自觉接受国家对私营工商业者的"利用、限制、改造"政策，引导他们逐步走上社会主义道路。在公私合营过程中，工商联积极协助政府贯彻党的赎买政策，认真进行清产核资，经济改组，网点调整，定股定息，人事安排和劳资协调等工作，工商业界人士思想上转变快，行动上跟得紧，从而促进了全县公私合营工作的顺利进行。1954 年 6 月，昔阳县工商联第二届会员代表大会，第二届执委会组织会员学习《中华人民共和国宪法》及国家统购统销政策，积极参加物资交流和市场管理，引导私营工商业者自觉接受社会主义改造，全县公私合营工作顺利完成。

社会主义改造基本完成以后，县工商联认真贯彻党对工商业者"以企业和工作岗位为基地，以劳动和实践为基础，以政治教育为统帅"的方针，在全体工商业者中继续开展社会主义教育，引导和支持他们开展社会主义劳动竞赛和增产节约运动。工商界人士在劳动竞赛和增产节约运动中，充分发挥其经营管理经验和生产技术技能之优势，在全县各行业中带了好头，起了表率作用，涌现出不少劳动积极分子和先进工作者，受到党和政府的表扬，受到全县人民的称赞。1957 年以后，工商联行使的行政管理职能逐步由政府各职能部门代替，工商联演变为自我教育、自我改造的工商业人民群众团体。1961 年 8 月，昔阳县工商联召开第三次代表大会，选举产生 8 人组成的第三届执行委员会。第三届执委会领导全体会员经历了三年经济困难的考验和"社会主义教育运动"，进一步增强了跟共产党走社会主义道路的自觉性。

"文化大革命"开始后，昔阳县工商联被迫中断活动。

改革开放时期的工商联工作

1979 年 11 月，中共中央批转中央统战部等六部门提出的《关于把原工商业者中的劳动者区别出来问题的请示报告》，为原工商业者摘掉了资本家或资本家代理人的帽子，恢复了劳动者身份。1984 年 3 月政协昔阳县委员会成立时，昔阳县工商联尚未恢复。毛忠谨、王文兰、赵稳妮 3 人作为工商界委员参加政协。1989 年 6 月，中共昔阳县委决定恢复工商联，成立筹备领导小组。1991 年 2 月 20 日，昔阳县工商联正式恢复成立。恢复成立后的昔阳县工商联团结和带领广大会员坚持“一个中心，两个基本点”的基本路线，认真贯彻中共十四大和邓小平南方谈话精神，落实中共中央关于工商联工作的重要指示（即中发〔1991〕15号文件），解放思想，开拓进取，发挥民间商会的积极作用，全县工商联工作发生了深刻的变化。进入新世纪，县工商联认真学习党中央、国务院有关统一战线和促进非公经济发展的相关政策精神，充分认识其统战性、经济性、民间性的特征，肩负起党和政府联系非公经济人士的桥梁及管理非公经济的助手作用，不断加强和改进非公经济人士的政治思想工作，积极参政议政，服务非公经济健康发展，引导非公经济人士爱国奉献，参与社会主义新农村建设，谱写了工商联事业科学发展的新篇章。

加强非公经济人士思想政治工作。恢复后的县工商联，把做好非公有制经济代表人士的思想政治工作作为一项重要工作来抓。1999年，县工商联积极响应全国工商联发出的《信誉宣言》号召，开展了“守信用、讲信誉、重信义”的宣传教育活动，构建完善的商业道德体系。2000年，县工商联深入开展了“致富思源、富而思进”的“双思”教育活动，加大对非公经济人士思想政治工作的引导力度。2003年，开展“三增强、四热爱”活动，组织非公经济人士1000余人在县城电影院举办了“庆七一、颂党恩”梨园春擂主演唱会暨颁奖晚会，激发广大会员爱党爱国的热情。2006年，组织开展以“知荣辱、铸诚信、争做社会主义建设者”为主题的道德实践活动，教育引导广大非公经济人士，牢固树立社会主义荣辱观。六届执委会任职期间，县工商联在广大非公企业和基层商会中大兴学习之风，采取编印《会讯》、参观展览、观看录像、知识竞赛等形式，增强学习的趣味性和实效性。组织民营企业家50多人参加晋中市第一届民营经济发展论坛，到北京参加由全国工商联、中国民营经济研究会联合举办的国务院《关于鼓励支持和引导个体私营等非公有制经济发展的若干意见》解读和培训学习，出席省工商联举办的晋商论坛等。七届执委会以提高非公有制企业经营管理人员政治素质和经营管理水平，加强非公有制企业核心竞争力和自主创新能力为重点，先后举办了昔阳县民营企业职业经理培训班，组织民营企业参加了应对经济危机中小企业CEO高层论坛、山西民营企业科学发展论坛，北京大学民营经济新年论坛，共办各类培训班10期，培训人数达500余人次。

引导非公经济人士积极参政议政。政治协商、民主监督、参政议政是工商联的重要职能。1991—1996年，县工商联会员中先后有县级政协委员5人，个协理事以上6人，美协理事2人，政府局级以上兼职执委4人，这些会员充分发挥自身优势，双岗履职，双岗奉献，就深化改革、搞活经济、发展非公有制经济等方面的问题共提出提案和建议40多条，受到县委、县政府及有关部门的高度重视。1994年县政府出台了《县政府组成部门与工商联对口联系制度》，进一步拓宽了工商联政治协商、参政议政的渠道。六届执委会任职期间，开展了全县各类民营企业基本情况大调研，为编制昔阳县“十一五”民营企业发展规划提供了第一手资料。撰写了《关于加快昔阳民营经济发展问题的思考与对策》的调研报告，引起县委、县政府的高度重视，并列为晋中市统战理论研讨会发言材料，荣获优秀论文奖。七届执委会开展了“走访调研与民营企业共渡难关”活动，深入全县 30 多家重点民营企业进行走访调研，向县委、县政府提交了《当前昔阳民营企业存在的困难和建议》的调研报告。针对煤炭资源整合后非公企业的经营状况和退出煤炭领域的非公经济人士如何实现转型发展，组织专人进行了为期 10 天的专题调研，形成《关于我县非公企业参与煤炭资源整合实现转型发展的调研报告》。为促进昔阳非公经济健康发展，邀请北京大学民营经济研究院专家、教授来昔阳进行课题调研，形成了《关于昔阳县未来经济发展几点建议》的调研报告，为全县“十二五”规划提出了很好的发展思路和有价值的建议和意见。为全面掌握非公有制经济发展现状，建立覆盖全县民营经济各行业的基础信息数据库，组织专人进行了为期 6 个月的全县非公有制经济大摸底。按照中共昔阳县委提出的在全县开展“十二五”时期发展战略大调研活动的具体要求，配合县政协完成了“活跃资本市场，推进全民创业、加快民营经济发展专题调研”。在广泛调查研究的基础上，六届执委会期间，共提交提案、建议案和反映社情民意的建议 89 件。其中《关注民营经济的两极化》《关于县劳动竞赛委员会应吸收工商联参加的建议》等 8 件提案受到县委、县政府的高度重视。七届执委会期间，先后为县人大、政协会议提交议案、提案和社情民意的建议共 68 件，工商联团体提案 8 件。其中，工商联团体提案《贯彻落实党的十七大精神，加快我县非公经济发展》被列为县政协大会发言材料，确定为县委常委会 2009 年工作要点；《建议党政部门制定发展非公有制经济实施细则》的提案被县政府列为重点提案，并针对提案出台了《昔阳县加快民营经济发展的实施意见》；《建设民营经济园区，构建创业平台》的提案引起了县委的高度重视并积极采纳。工商联积极参加全县政风行风评议活动。积极推荐有参政议政能力和责任心强的非公经济代表人士担任县直单位的政风、行风评议员、监督员，参与对政府各职能部门政风行风的评议工作。充分利用民主协商会、座谈会、工作会议、专题调研等渠道，积极反映非公经济人士的意见和建议，并参加了环保、民政、教育、经贸、供热、供电、煤气等关注民生问题的部门行风对话会，就人民群众普遍关心的热点、难点问题提出了 20 多条建议，得到了相关部门的肯定和采纳。

促进和服务非公经济健康发展。县工商联恢复之后，围绕“服务非公经济、服务会员企业”的工作主题，克服工作人员少，会员企业多的困难，积极履行基本职能，协助个体私营企业筹集资金、投资立项、培训人员，提供维权服务。两下安徽、三上太原，帮助会员企业桥东化工厂项目上马。筹措资金 3 万元，帮助会员企业李家庄乡口乐食品厂走出困境。协助会员企业通达经销站培训财务人员，建全财务制度，使企业逐步恢复生机。2003年，在工商联机关设立了法律维权部，为会员提供法律咨询、调解经济纠纷、参与诉讼、抵制“三乱”等维权服务。县工商联与县劳动局、总工会、经贸局合作共同建立了劳动关系四方协调机制。同时，发挥工商联联系广泛的优势，与30多个各级工商联、经济社团和企业建立了联系。通过中华全国工商业联合会信息中心联系，组织相关人员参加了“95首届驻华使馆、商社、海外企业与中国县市级开发区经贸投资合作洽谈会”；10多次组团赴内蒙古、四川、北京、河北、河南、江苏、安徽等地进行项目考察；组织会员企业参加省地举办的各类社会联谊活动，活跃会务，树立民间商会的新形象。1991年8月，会员企业昔阳县水泥厂和个体工商户周仲群分别被省工商联授予先进集体和先进个人。1992年10月，参加省工商联举办的省联成立40周年纪念大会，个人会员光函的书画作品入围参展。1996年7月，牵头组织8家会员企业赴京参加全国工商联举办的经贸洽谈会，签订合作项目2个，合同金额达到300余万元。1997年，先后率队参加上海商洽会、昆明首届民营企业交流会，促成多个省内外合作意向。1998年9月，工商联会长王怀荣赴日本进行商贸考察。1999年，县振兴冶炼有限公司积极安排下岗职工86名，被省政府评为“再就业功臣”。2000年，结合“全省万户民企调查问卷”活动，书面向省工商联汇报了我县民企发展存在的问题，引起高度重视，省工商联副会长张慎德亲自带队在我县开展调研，有效扩大了工商联工作的影响力。六届执委会多次组成商务考察团，分赴介休、温州、海南、广东、内蒙古等地工商联和民营企业学习考察，与新加坡汉高集团签约开展经贸合作，会长毛新民应邀赴韩国出席世界第八次华商大会。2006年，在全国友好商会新疆阿克苏年会上，县工商联与北京、厦门、重庆、乌鲁木齐等商会签订了友好商会协议书。七届执委会加强与海内外工商社团的联系和沟通，与山西福建商会在大寨召开了经济项目合作座谈会结为友好商会。先后组织昔阳县绿色家园农牧专业合作社、天凤薯业有限公司等民营企业分别参加了第九、十一届中国环渤海民营经济经贸合作洽谈会和辽宁省营口市举办的营口经济技术开发区城市推介会，到河北省张北县工业园区进行了考察。为解决民营企业融资难问题，帮助四通工贸有限责任公司、延青商贸有限公司、爱家建材有限公司等6户民营企业联合成立3家小额贷款公司。县工商联实施“连心工程”为非公经济人士排忧解难。组织文艺宣传队到16家民营企业进行慰问演出，创办《昔阳商讯》免费为商户提供各类商业信息，组织62名民营企业家进行免费体检，积极探索建立关爱非公经济人士五项长效机制，即平时有沟通，建立定期走访制度；惑时有人解，建立谈心谈话制度；难时有人帮，建立热心服务制度；出入有探望，建立外出慰问制度；奉献有宣传，建立典型报道制度，有效地增进了与非公经济人士的联系与沟通。2008年国际金融危机期间，开展了“遍访民营企业、携手共渡难关”调研活动，召开昔阳县民营企业“保增长、促就业”座谈会，投资3000多元编辑《民营企业常用风险防范手册》一书，免费赠送各民营企业，保障民营企业健康运行。

引导会员企业积极履行社会责任。县工商联广泛动员非公经济代表人士投身光彩事业和公益慈善事业，积极履行社会责任。五届执委会共有186位非公经济人士参与光彩事业，累计捐款5.6万元，投入资金170余万元实施光彩项目2个，安置下岗职工163名。2003年抗击“非典”期间，阎全晓、李志恒等20多名非公经济代表人士捐助善款24.8万元，为晋中市工商联系统之首。2008年5月四川汶川地震发生后，县工商联率先在全市工商联系统组织非公经济人士，在县市政广场举行了声势较大的“昔阳县非公经济人士向四川地震灾区人民献爱心捐赠仪式”，捐款63.33万元。全县非公经济人士和民营企业共向四川地震灾区捐款453万元，占全县捐款总额的67.1%，受到了县委、县政府的通报表扬。2010年4月青海玉树地震之后，在县电视台举行了“情系玉树、大爱无疆”昔阳县工商联向青海玉树灾区献爱心募捐活动。在捐款仪式上有34家民营企业和12名个体工商户共捐款60余万元。组织民营企业家开展“阳光助学”行动，26位民营企业家向56名受资助学生发放助学金27万元，丰汇煤业董事长黄祥苗每年出资10万元成立“祥苗”助学基金会，连续5年资助贫困学生。同时，积极引导民营企业投身“民企帮村”共建社会主义新农村活动，2007年在三都乡井沟村举行昔阳县“民企帮村”共建社会主义新农村活动启动仪式。全县41名民营企业家回村担任村党支部书记，23名担任村委会主任，累计为“三农”投资达1.87亿元，培训农民工2.6万余人次，为全县基础设施建设捐款投资1.31亿元。2010年，县工商联与县委统战部联合举行了昔阳县新晋商“万企联万户”感恩行动，组织民营企业结对帮扶全县64名老八路、272名老党员，送去慰问金16.8万元，展现出了昔阳非公经济代表人士强烈的社会责任感。

发挥工商联职能作用。县工商联恢复后，认真贯彻落实中央〔1991〕15号文件精神，通过举办各种类型的座谈会、学习会，走访非公有制经济代表人士，利用节日庙会组织宣传车散发宣传品，进行广泛的宣传教育活动，动员广大非公企业踊跃加入工商联组织。五届执委会累计吸收新会员196名，会员总数达到297名。

六届执委会先后筹备成立了昔阳温州商会、太原市昔阳商会、金佰利市场商会、废旧品回收商会，通过4个基层商会、1个异地商会和1个行业商会，形成了较为完备的商会网络。七届执委会继续加大会员发展力度，各类会员达到353名，先后涌现出一大批爱国、敬业、守法、诚信经营的非公企业和经营者。全县有64名企业会员、73名个人会员受到省、市工商联和各级党委政府及有关部门的表彰奖励。四通工贸有限责任公司荣获全省“民营企业文化建设先进企业”，鑫阳顺建筑有限公司被市工商联授予“思想政治工作先进会员企业”，厚基伟业商贸公司荣获“山西省转型发展先进企业”，丰汇煤业董事长黄祥苗荣获“中国优秀民营企业家”荣誉称号。

党的十八大以来的新时代工商联工作

加强非公经济人士理想信念教育。党的十八大以来，县工商联以理想信念教育为主线，认真做好新形势下非公经济人士的思想政治工作。先后组织开展了社会主义核心价值体系教育活动、非公经济人士理想信念教育活动、国防教育活动、抗日战争胜利 70 周年纪念活动、“习近平论党建”书画展活动、“双学一跟”和“双引双赛”等活动。2016 年，按照县委统战部《关于全县开展非公有制经济人士理想信念教育实践活动的工作方案》要求，结合自身实际，把学习贯彻党的群众路线，开展理想信念教育活动和正在开展的“双引双赛”活动有机结合起来，保证了活动实效。2019 年，以“改革创新、奋发有为”大讨论为主题，深入开展教育引导活动。2 月 21 日，在丰汇煤业有限公司召开了“改革创新、奋发有为”大讨论动员部署会。6 月，县委统战部、县工商联组织机关党员干部及部分民营企业家共计 30 余人赴革命圣地西柏坡，开展“不忘初心　牢记使命”主题教育活动。12 月，组织 40 余名非公经济人士召开了昔阳县工商联学习贯彻党的十九届四中全会精神宣讲会，引导广大非公经济人士在学懂弄通全会精神上下工夫。2020 年 10 月，组织 40 余名非公企业负责人在峡谷风情教育基地进行了为期一周的教育培训，进一步增强了广大非公经济人士的政治意识、责任意识。八届执委会先后组织各类培训班、研讨班 9 次，培训规模达到 450 多人次。各基层商会共举办各类培训班、研讨班 13 次，参加人员达 1400 余人次。先后组织或推荐 40 多位企业家赴浙江大学、武汉大学、山西省委党校、山西农大等名校学习。九届执委会大力实施“学习提质工程”，2016 年 7 月，组织工商联 35 名会员赴延安学习。2017 年，组织 40 多名非公企业家在温州党校进行为期一周的封闭式学习。2018 年 4 月，组织县非公有制企业代表人士赴山东省肥城市考察学习；5 月，赴延安、梁家河参加了县委统战部组织的“不忘初心，与党同行”主题教育活动。2019 年 6 月，组织 36 名非公经济组织党组织负责人在苏州干部学院参加为期一周的集中学习。通过集中培训、自我教育、实践锻炼等多种形式引导广大非公经济人士致富思源，富而思进，不断增强了对中国特色社会主义的信念，对党和政府的信任，对企业发展的信心，对社会的信誉，坚定了理想信念，巩固了共同的思想政治基础。

促进非公经济健康发展。县工商联紧紧围绕经济建设中心，牢固树立服务理念，始终坚持“重商、尊商、扶商、护商、爱商”的宗旨，着力搭建宣传引导、政企沟通、服务发展、奉献社会的工作平台。

一是实施“招商引资”归燕工程。八届执委会充分发挥联系广泛的优势，一方面和县发改局、招商局对接，了解我县库存项目，做到心中有底。另一方面联系在外昔阳人，了解目前全国的经济动态，及时反馈市场信息。2015 年 7 月，与北京电影学院就工商联会员李永斌所著的《第一丫鬟》达成合作协议。2017 年 5 月，在北京举行昔阳县招商引资推介暨重点项目签约仪式，北京山西商会常务副会长兼秘书长赵文祥向在外企业家发出了“共谋发展、回报家乡”的倡议，在京的昔阳籍企业家积极踊跃参加。现场成功签约 17 个项目，签约总额达 136.6 亿元。昔阳籍北京企业家陈冰峰回乡投资 4300 万元兴办肉牛屠宰加工厂。

二是实施“政银企”合作工程。县工商联积极与县各金融机构协调沟通，不定期召开政银企对接会，破解融资难题。2015 年县财政预算 500 万元扶持资金，其中 200 万元作为“助保贷”的保证金，撬动 2000 万元银行贷款，300 万元作为发展资金对企业开展精准帮扶，雪玉面粉、老家农牧、松溪河食品三家企业获得贷款 1630 万元。2017 年 3 月，县工商联召开银企对接会，5 家工商联会员企业与县信用联社签订融资意向 2500 万元。2018 年 6 月，召开政银企对接暨培育资本市场推进会，县政府与中国农业发展银行晋中分行签订《关于农业政策性金融支持昔阳实施乡村振兴战略合作协议》，15 家非公企业与相关银行签订了总额 70330 万元的贷款意向，5 家企业与相关银行签订了金融服务协议书。2019 年 10 月，组织 21 家非公企业与 7 家金融机构签订合作意向，为 12 家民营企业放贷 6250 万元。2020 年 2 月，县工商联组织 16 家非公企业与 8 家金融机构达成贷款意向协议 53 项，意向贷款总额 5.79 亿元，发放贷款 2.97 亿元，民营企业融资难问题得到明显改善。

三是实施“服务民企”帮促工程。县工商联一方面积极协调相关部门为企业项目前期手续办理提供一站式服务，另一方面深入企业排忧解难，建立县四套班子成员联系非公经济项目、联系非公企业、联系非公企业家制度，提升非公企业转型发展的信心和决心。利用《昔阳在线》报纸、《昔阳工商联》杂志免费为会员发布信息 10 万余条，编印、发放《民营经济政策汇编》1000 本、《扶持小微企业最新政策》400 本，宣传党的政策。2019 年，建立和完善了领导干部联系民营企业制度、帮扶民营企业双向选择机制、县委政府与民营企业定期沟通协商机制、民营企业诉求受理的政商直通车机制和民营企业发展环境综合评价考核机制，推动跟踪问效常态化；4 月 24 日，召开了昔阳县支持民营企业发展座谈会，听取了民营企业家对我县民营经济发展的意见和建议，促进了政企沟通协商，实现了政企良性互动，推动了问题解决；8 月 29 日，召开了昔阳县政法机关助力民营企业发展座谈会，民营企业家对政法机关提出了中肯的意见和建议，公检法司一把手领导围绕各自的职责，给予了积极的回应和承诺。2020 年 4 月，县工商联联合县检察院深入非公企业进行实地走访，为企业送去《疫情防控期间企业复工复产法律风险防范和政策指引》。8 月 19 日，昔阳县检察院派驻县工商联检察联络室正式挂牌，并聘请 4 名非公经济人士担任“护航民企”特邀监督员。10 月 20 日，县检察院与工商联又联合召开服务“六稳六保”护航民企发展座谈会，为民营企业发展营造了良好的法制环境。市委常委、秘书长、统战部部长鹿建平在10月16日深入丰汇煤业进行实地调研，并与部分民营企业家座谈餐叙，为我县民营经济发展提振信心，保驾护航。

四是实施“民企典型”选树工程。县工商联选拔一批优秀民营企业和民营企业家进行重点帮扶，在全县打造了一批创新转型领军民企和优秀民营企业家。山西丰汇煤业有限公司连续三年入围山西民营企业100强；山西昔阳丰汇煤业有限公司董事长黄祥苗、山西厚基伟业商贸有限公司董事长宋以斌荣获山西省五一劳动模范；昔阳四通工贸有限公司董事长王维银、昔阳安顺煤业有限公司董事长刘传鑫、山西厚基伟业商贸有限公司董事长宋以斌、山西昔阳丰汇煤业有限公司执行董事唐龙荣获2018年山西功勋企业家；2017年以来，山西昔阳丰汇煤业有限公司董事长黄祥苗、晋中市鑫阳顺建筑公司总经理梁晋平、山西晋粮农业开发有限公司董事长王娟先后被评为晋中市“最美创业者”，昔阳云创运营服务中心董事长宋希平、昔阳万顺建筑有限公司总经理乔虢浩获晋中市“最美创业者”提名奖；山西昔阳丰汇煤业有限公司、山西晋粮农业开发有限公司、昔阳万通物流公司、昔阳丰源实业有限公司被确定为山西省非公企业示范党组织；2020年，昔阳县峡谷风情旅游开发公司党支部被山西省工商联评为“党建示范党支部”；山西昔阳丰汇煤业有限公司、晋中市鑫阳顺建筑公司被省工商联评为全省“千企帮千村——精准到户”先进民营企业，典型的塑造为引领全县非公有制企业的健康发展和非公有制经济人士的健康成长树立了标杆，做出了表率。

提升工商联参政议政水平。县工商联充分发挥桥梁纽带作用，积极征集会员意见和建议，努力维护会员合法权益，帮助非公经济代表人士不断提升参政议政能力和水平。2012年，开展了全县民营经济大调研，配合县委统战部出台了《关于促进全民创业加快民营经济发展的若干意见》。2015年，县工商联在广泛调研的基础上，撰写了《民营经济遭遇寒冬，等待观望举步不前》的调研报告，根据该调研报告县政府出台了昔政发60号《关于进一步创优发展环境减轻企业负担的若干措施》和昔政发61号《昔阳县企业应急周转保障资金管理暂行办法》两个文件。八届执委会期间，工商联界别的县政协委员共提交提案210件，合理化建议和社情民意80余条，6件集体提案被列为县政协重点提案。2017年，组织对全县重点民营企业开展了为期半个月的集中走访调研，梳理共性问题12个，个性问题26个，并及时与相关部门会商，绝大部分问题得到了妥善解决。工商联主席黄祥苗撰写的《关于解决民营企业融资难融资贵问题的调查研究》，副主席王晓丽撰写的《构建亲清政商关系之我见》获山西省工商联系统优秀调研成果三等奖。

引导非公经济人士积极投身光彩事业。县工商联主动作为，靠前工作，积极引导非公经济人士献爱心、做公益，履行社会责任。2012年，开展了“民企联三农、共建新农村”活动，全县 89 个非公企业与 102 个村结成帮扶对子。105 个民营企业家、个体老板回村担任村党支部书记和村主任，投入项目资金 3.36 亿元，建起项目基地 32 个，捐赠资金 3800 多万元，帮助 3400 多个农民解决了就业问题。2012 年 10 月 5 至 6 日，晋中市民营企业“转型跨越，服务三农”现场会在我县召开，得到各级领导和干部群众的好评。同年，昔阳县慈善总会成立，工商联动员全县非公经济人士积极参与慈善事业，当年共筹集善款 5776650 元。县工商联副主席、四通集团公司董事长王维银热心资助困难群众、照顾老弱病残和孤寡老人，帮助困难家庭学生完成学业，累计资助 50 多万元，2014 年 5 月 16 日，在全国自强模范暨扶残助残先进个人表彰大会上，荣获“全国扶残助残先进个人”的殊荣。2014 年，县工商联成立了“工商联公益组织”，号召全体会员积极参与以“善行昔阳　爱心传递”为主题的“助学、助残、助困”活动，186 户商户组建起“工商联公益群”，覆盖全县 12 个乡镇、4 大社区，累计服务人数 8521 人，捐赠物品 6477 件，折合人民币 80 多万元。在年度昔阳好人表彰大会上，“工商联公益群”被授予“优秀公益组织”，成为我县组织最严密、参与人数最多、覆盖面最广、影响力最大的公益组织。2018 年 1 月，成立昔阳县光彩事业促进会，全县 42 家会员企业共筹集光彩事业基金 1645 万元，以实际行动为全县率先脱贫攻坚做出了积极贡献，得到了各级领导和社会各界的充分肯定和广泛赞誉。2018 年 7 月，昔阳丰汇煤业副董事长、县光彩事业促进会会长唐绍袍捐资 12 万元资助贫困学生上学。2015—2019 年，组织部分民营企业家开展关爱留守儿童“一对一献爱心”活动，20 名爱心会员和 20 名留守儿童成功对接，帮助 71 个孩子们圆了自己的梦。2020 年，新冠肺炎疫情发生后，县工商联动员全县广大爱心企业和非公企业党组织踊跃捐款，先后组织三次抗疫捐款活动，49 家非公企业和民营企业家共捐献善款 340.5 万元，物资 158.84 万元，总价值 594.14 万元，18 家民营企业的 217 名党员捐款共计 15.99 万元，用实际行动践行初心使命，体现了非公经济人士的责任与担当。

切实加强工商联自身建设。县工商联以争创全国县级“五好工商联”为目标，以党组为核心，执委会为表率，不断加强自身建设，形成了思想联心、组织联合、制度联建、活动联办、党建联动的工作格局。会员队伍发展壮大，基层组织不断健全。截至 2020 年 12 月，县工商联共有会员 892 名，其中企业会员 88 名，团体会员 26 名，个人会员 778 名，企业会员和团体会员占会员总数的 12.8%。持续强化对基层商会的指导、引导和服务，先后成立了市场商会 3 个：购物中心市场商会、商贸城市场商会、国贸大厦市场商会；行业商会 4 个：食用菌协会、核桃协会、仁义蔬菜协会、建材商会，基本覆盖了全县的主导产业；特色商会 2 个：收藏协会、崖柏商会；异地商会 1 个：昔阳温州商会。全县 12 个乡镇、4 个社区全部组建了基层商会，共有会员 289 名，实现了基层商会组织 100% 全覆盖。开展“基层商会组织提质工程”。积极与太原昔阳商会、北大山西校友会及全国山西商会联系推荐项目，招商引资，扩大我县对外商务交流的广度和深度。2019 年 10 月，与河南省洛宁县工商联签订友好商会协议，缔结为友好商会。12 月，在北京召开昔阳在京人士助力家乡发展恳谈会，并为“昔阳县总商会北京联络站”授牌。通过发挥商会组织的独特作用，引导民营企业抱团取暖、互助支持、合作共赢，加快全县民营企业转型发展步伐。全面加强工商联队伍建设。认真学习贯彻落实习近平新时代中国特色社会主义思想，扎实开展党的群众路线教育实践活动、“三严三实”专题教育、“两学一做”学习教育、“不忘初心，牢记使命”主题教育活动，着力构建亲清新型政商关系，进一步提高政治站位、把握全局，把党的十九大，十九届二中、三中、四中、五中全会精神落实到工商联的各项工作中。以制度建设为保障，切实加强县工商联队伍自身建设，严格落实机关各项规章制度，并完善了昔阳县工商联（总商会）兼职副主席轮值工作制度、昔阳县工商联（总商会）兼职副主席年度述职制度、非公经济党外代表人士综合评价细则、昔阳县工商联党组工作规则、昔阳县工商联主席办公会议制度。建立完善了综合考评机制，把拥护党的领导，遵纪守法，积极回报社会，诚信经营作为推荐评先和政治安排的前提和条件，每年对执委以上的会员进行综合评价。9 月份，在晋祥大厦建设了工商联会员之家，并组织会员开展了系列主题教育活动，真正做到统战部——工商联——基地——会员之家四级联动。2019 年 11 月，昔阳县工商联被全国工商联办公厅评为“全国工商联 2019 年民营企业调查点工作示范单位”。2019 年 12 月，被全国工商联授予 2018—2019 年度全国“五好”县级工商联称号。2020 年 12 月，昔阳县工商联被省工商联评为全省“千企帮千村——精准到户”扶贫行动组织工作先进集体。

第三章　昔阳县归国华侨联合会

改革开放以来，出国留学和定居海外的华人华侨人数不断增加，归侨、侨眷等涉侨事务随之增多。为保障归侨、侨眷的合法权益，加强海外联络，2015 年 5 月，晋中市编办、晋中市归国华侨联合会批复成立昔阳县归国华侨联合会。成立后，县侨联不断引导和组织广大华侨、归侨、侨眷积极投身改革开放大潮，兴办社会公益，加强海外联系，为全县经济和社会建设，做出了积极贡献。

第一节　归侨侨眷代表大会

昔阳县第一次归侨侨眷代表大会

2015 年 7 月 3 日，昔阳县第一次归侨侨眷代表大会召开。县委副书记郭跃鹏，晋中市侨联党组书记李德增，县政协副主席、统战部部长李怀仁出席会议。会议听取了县委统战部副部长耿建明所做的《昔阳县归国华侨联合会筹备工作报告》。大会选举郭志强（侨眷）、赵怀才（侨眷）、刘乃胜（侨眷）、张宝华（侨眷）、杨巧华（女，侨眷）、王雪莉（女，侨眷）、郭兰文（女，侨眷）、王焕荣（女，侨眷）8 人为昔阳县侨联第一届委员会委员，王乃凤（女）、王静（女）、延惠（女）、赵怀才 4 人为昔阳县侨联第一届委员会常委。随后昔阳县侨联一届一次执委会召开，选举王乃凤为县侨联主席，王静、延惠为副主席，延惠兼任秘书长。

2015 年 8 月，韩旭鹏任县侨联党组书记。

2017 年 5 月 25 日，昔阳县归国华侨联合会一届二次委员会议召开，县委常委、统战部部长李怀仁出席会议，县委统战常务副部长尹彦斌，副部长耿建明，县侨联党组书记韩旭鹏等参加会议。会议传达了中国侨联九届四次全委会，山西省侨联九届十二次全委会和晋中市侨联二届七次全委精神，听取了县侨联工作报告。会议增补韩旭鹏为县侨联第一届委员、常委，选举郭志强为县侨联主席，王乃凤任县侨联名誉主席。

昔阳县第二次归侨侨眷代表大会

2020 年 8 月 14 日，昔阳县第二次归侨侨眷代表大会召开。晋中市侨联党组书记孙成竹，县委常委、统战部部长李怀仁出席会议。会议听取了县侨联主席郭志强所做的《昔阳县归国华侨联合会第一届委员会工作报告》。大会选举马腾飞（留学生）、王换荣（女，侨眷）、王雪莉（女，侨眷）、延惠（女，留学生）、刘乃胜（侨眷）、肖雷（侨眷）、张晓华（侨眷）、张啸亚（留学生）、郭志刚（侨眷）9 人为昔阳县侨联第二届委员会委员，肖雷、王雪莉（女）、郭志刚、马腾飞、张啸亚为昔阳县侨联第二届委员会常委。随后昔阳县侨联二届一次委员会召开，选举肖雷为县侨联主席，王雪莉为副主席，郭志刚为秘书长。

第二节 工作纪略

认真做好基础性工作

昔阳县侨联的成立，为侨务工作的开展提供了组织保障。2015 年，在摸底调查确认归侨，侨眷身份的基础上，经过多方协调和精心筹备，于 2015 年 7 月 3 日召开了昔阳县第一次归侨侨眷代表大会，选举产生了昔阳县侨联领导机构。2016 年，在已收集的归侨、侨眷、留学人员信息基础上，深入各行业、各领域，多方收集未归队的、完善已归队但信息不完整的归侨、侨眷、留学人员信息，建立起了昔阳县侨联华人、华侨、归侨、侨眷、留学人员、海外务工人员、台胞台属电子档案，为及时服务归侨、侨眷、海外侨胞奠定了基础，提供了平台。截至 2017 年，全县登记在册的海外华人 6 人，华侨 30 人，归侨 1 人，海外留学人员 19 人，海外务工人员 4 人，侨眷 189 人，台胞 10 人，台属 33 人，涉台婚姻 2 人。10 月 31 日昔阳县侨联参加了市委统战部、市侨联举办的晋中欧美同学会成立大会暨第一届理事会，其中有 1 名同志当选为常务理事、2 名同志当选理事。2018 年，继续完善侨情资料，规整侨情数据台账。通过对县公安局出入境管理办公室和各乡镇社区提供的资料汇总、分析核实已基本摸清我县侨情基本情况。至 2020 年底全县共有归侨 1 人，海外华人 6 人，华侨 31 人，海外留学人员 30 人，海外务工人员 4 人，侨眷 206 人，台胞 10 人，台属 33 人，涉台婚姻 2 人。

积极实施“爱心金桥”工程

2015 年，昔阳县侨联会同县委统战部，主动出击，积极作为，通过省委统战部海联处、晋中市侨联引进海外资金 107.2 万元，完成了武家坪希望小学、10 所卫生室建设工程，昔阳中学贫困生、新考入大学贫困学生和大二、大三的昔阳籍大学贫困生的资助工作；通过市侨联引进香港华革会、富格林金业（亚洲）有限公司资金 30 万元人民币，完成了乐平镇瑶头村小学教学楼、锅炉房、水冲式厕所、围墙及大门等的建设；通过省委统战部海联处引进香港华革会李兆基基金 50 万元人民币，新建了大寨镇麻汇村、赵壁乡白羊峪村、东平原村、西丰稔村和皋落镇车寺村五所卫生室，改扩建了三都乡井沟村、东冶头镇静阳村、乐平镇东会村，孔氏乡朱石铺村和洪泉村五所卫生室。新建卫生室统一规划，统一设计，统一标准，建筑面积为 87 平方米，内部四室分离，机构合理。改扩建的卫生室结合各自的地理位置和地势，充分利用现有卫生室改扩建，虽然各室机构不一致，基本实现了四室分离，整个工程于 12 月 15 日全部竣工，4500 多村民的就医环境得到了及时改善；2016 年，协调完成了中国华侨公益基金会向昔阳县人民医院捐赠，由珠海司迈有限公司生产的价值 96 万元的“SMIOC 等离子双极电切电凝微创手术设备”；完成了晋中市留学归国人员商会与昔阳农副产品企业的对接。当年 10 月 20 日，香港华革会晋中爱心工程观礼团在名誉主席吴祺光的带领下，到我县瑶头村为昔阳县富格林金业小学进行了揭牌。2012 至 2020 年，“吴祺光夫妇助学金”，共计资助昔阳中学的贫困生 477 人次，每人 1500 元，新考入大学的贫困生，每人 4000 元，累计发放助学金 110.5 万元。

2019 年，通过市侨联引进香港华人革新协会资金 44 万元，完成了昔阳县新城香港华革会学校建设工程。当年 5 月 18 日，香港华革会晋中爱心工程观礼团，在香港华革会会长林耀文先生的带领下，到我县为昔阳县新城香港华革会学校进行了揭牌。香港华革会会长林耀文先生对学校的建设和管理提出了殷切的希望，并为学校捐赠了图书。新城香港华革会学校的建成，为全校师生提供了全新的现代化标准教学活动场所，极大地促进了我县的义务教育事业的发展。

多方位拓展侨联工作

2017 年以来，积极参加了由中国侨联、全国台联、人民日报海外版、中国国际广播电台,《快乐作文》杂志社举办的“第十九届、二十届、二十一届世界华人学生作文大赛”，我县共有 14 所学校 59 名学生获奖。其中全球特等奖 1 名，一等奖 4 名，二等奖 23 名，三等奖 31 名，51 名教师获得辅导奖，昔阳县侨联获得大赛优秀组织奖。助力脱贫攻坚大局。2019 年，按照市委统战部关于协助开展好“同心助学”精准扶贫助学活动的通知要求，县侨联积极配合山西欧美同学会、晋中欧美同学会与明日之星公益基金管委会联合在我县开展“同心助学”精准帮扶助学活动，此项活动共为全县 12 所义务教育阶段学校分别捐赠了创客空间 3D 打印机设备、学习平板、教学软件、文房四宝等教育信息化物品。全县九年制义务教育阶段的 299 个班级、13752 名学生直接受益，大大改善了贫困地区的教育环境。积极开展“暖侨心”工作。坚持把开展经常性联系与集中走访活动结合起来，与开展侨情调研结合起来，与困难归侨侨眷脱贫攻坚结合起来，零距离凝聚侨心侨力、服务经济社会发展。2016 年，开展并完成了对困难侨眷的慰问、侨企调查摸底、海归创新企业申报工作。在每年的元旦、春节、中秋以及敬老节等重要节日，县侨联认真组织开展“送温暖、献爱心”活动。通过深入归侨和困难侨眷家中，亲切询问他们的生活和健康状况，倾听他们对侨联工作的意见建议和生活诉求，并送上新春祝福和慰问金。

加强自身建设

侨务工作涉及面广，工作量大，而且政策性强。2015 年开始，县侨联一方面利用部机关每周二下午集中学习的有利时机，加强对工作人员的涉侨知识的培训，另一方面，积极参加省市组织的各类培训，使同志们尽快对侨务工作有一定的认识，为侨务工作的开展奠定了基础。2017 年，结合实际认真组织归侨侨眷和侨联干部开展了向黄大年同志学习活动。2018 年，为充分发挥侨联组织参政议政职能，在县政协九届会议以来，侨联紧紧围绕我县经济社会发展的重点难点问题，征求侨联届别群众的意见建议，共向大会提交提案 13 件，建议意见涉及医药卫生、农村电商、食品安全、文化旅游、脱贫攻坚等方面，充分体现了侨界人士参政议政的热情和积极性。2019 年，以开展“不忘初心、牢记使命”主题教育为契机，侨联党组积极进行理论学习、侨务培训、讲座等学习活动共 20 余次。认真学习贯彻全国侨代会精神及省、市侨联有关党建工作部署，按照市侨联的工作会议精神及相关要求，认真完善县侨联党组书记抓基层党建工作责任，严格执行“三会一课”、谈心谈话、领导干部双重组织生活会等制度。2019 年，全年组织开展党员领导干部讲党课 2 次，主题党日活动 2 次，开展党员到基层服务活动 5 次。为进一步让侨界群众组织起来、活跃起来、行动起来、贡献起来，更好地服务基层归侨侨眷、新侨海归，打造有特色、且适宜，具有线上线下功能的活动交流平台，昔阳县侨联积极开展新侨创新创业示范基地”创建工作，2019 年，昔阳四通一轩综合医院荣获“山西省新侨创新创业示范基地”荣誉称号。山西厚基伟业商贸有限公司、昔阳四通一轩综合医院先后创建为“侨胞之家”。

第四章　其他社会团体

第一节　昔阳县新的社会阶层人士联谊会

昔阳县新的社会阶层人士联谊会第一次会员代表大会

2017 年 7 月 26 日，昔阳县新的社会阶层人士联谊会成立暨第一次会员代表大会召开。晋中市委统战部副部长田跃峰，晋中市委统战部干部科科长郭凯，昔阳县委副书记郭丰慧，昔阳县委常委、统战部部长李怀仁，昔阳县委统战部副部长张东锋，耿建明以及新的社会阶层人士 39 名代表参加了会议。会议宣读了昔阳县民政局《关于成立昔阳县新的社会阶层人士联谊会的批复》，听取了统战部副部长耿建明所作的《昔阳县新的社会阶层联谊会筹备工作报告》，审议并通过了《昔阳县新的社会阶层人士联谊会章程》，县委副书记郭丰慧、市委统战部副部长田跃峰分别在成立大会上讲话。大会选举产生了昔阳县新的社会阶层人士联谊会理事会理事 19 人，昔阳县云创电子商务运营服务中心董事长宋希平当选会长，卢新尼、冯爱红、李永斌、翟江梅、赵慧婷当选为副会长，张晓峰当选为秘书长。

工作纪略

昔阳县新的社会阶层人士联谊会成立后，首先整合资源，建档立卡。对分布在私营企业、中介组织、社会组织、民办非企业、新媒体等行业企业的新的社会阶层人士进行了全面摸底、重点调研，共核实新的社会阶层人士 2821 人，建立了新的社会阶层人士信息库，并根据 39 名会员所从事的业务特点，完善了内部架构，设立了民营企业、文化艺术、社会组织、新媒体和电子商务 5 个活动小组。其次政治引领，凝聚共识。依托基层党建体系，在新的社会阶层人士分布广泛的“两新”组织中建立党的组织，形成“党建 + 统战”的工作格局。深入开展理想信念教育活动，推荐代表人士参加省市组织的培训班，累计培训人员 50 多人次。组织广大新的社会阶层人士赴红色革命圣地进行参观学习，进一步树立“四个意识”，坚定“四个自信”。通过举办各种学习会、读书会、研讨会，搭建微信平台等载体，组织新的社会阶层人士学习习近平关于新时代统一战线重要讲话和重要指示精神，不断增进他们的政治认同感和社会责任感。建立联谊交友机制，把新的社会阶层代表人士纳入各级党政领导联系交友范围，每位领导挂钩联系交友一名以上新的社会阶层代表人士，坚持定期交流联系，掌握思想动态，关注利益诉求，倾听意见建议。建立对口联系制度。由县委统战部牵头，建立政府相关行业主管部门与新的社会阶层人士反映情况、表达意见的渠道，充分发挥他们在协商民主方面的作用。再次搭建平台，推动出彩。搭建参政议政平台，在新的社会阶层人士中开展“聚力”行动，将新的社会阶层人士纳入“季度座谈会”“建言献策直通车”“社情民意信息”等参政议政平台，推荐新的社会阶层人士担任执法执纪单位的特约监督员。组织新的社会阶层人士紧紧围绕全县经济社会发展中的难点、热点问题，定期深入开展调查研究，积极建言献策。搭建社会服务平台，充分发挥新的社会阶层人士的人才智力优势，以各类特色活动为载体开展“惠民”行动。实施民企助力脱贫攻坚和乡村振兴行动，75家民营企业精准帮扶全县12个乡镇112个村，13个重点企业帮扶13个深度贫困村。精心打造民进昔阳支部送医、送文化、送科技“三下乡”活动品牌，赢得社会广泛赞誉。搭建创新实践平台，支持新的社会阶层人士积极创办聚金湾民营经济创业园、电子商务淘宝园、新媒体产业孵化园，激发他们创业创新的热情。同时，大力推进“昔商昔才”回乡创业工程，通过微信平台向昔阳在外老乡发出邀请函，鼓励和引导“昔商昔才”回乡投资创业。推出“昔新我行”工作品牌，打造了以自由职业人员为主的云创电商“创业型”活动站、以新媒体从业人员为主的晋美新媒体“学习型”活动站，以民营企业管理技术人员为主的晋祥新天地“创新型”活动站。组织新阶层人士中的“网红”“主播”，开展“电商直播扶贫行动”，“老乡严选”电商平台、“未来严选”快手直播，网上帮助农村销售农特产品，开创了我县新的社会阶层人士工作的新局面。

第二节　昔阳县党外知识分子联谊会

昔阳县党外知识分子联谊会第一次会员代表大会

2017年8月，昔阳县党外知识分子联谊会成立暨第一次会员代表大会召开。县委副书记郭丰慧，县委常委、统战部部长李怀仁，晋中市委统战部党外知识分子联络办主任刘丽红，县人大副主任耿计良，县政府副县长李丽萍，县政协副主席杨海燕、梁素平等出席会议。来自全县的62名党外知识分子代表参加了会议。会议听取了昔阳县党外知识分子联谊会筹备情况的报告，审议通过了《昔阳县党外知识分子联谊会章程》，选举产生了联谊会理事会。县人民医院院长张秋胜当选为联谊会会长，孔鹏玮、王栋、阎变香、宋庆芳当选为副会长，翟晓梅当选为秘书长。特聘耿计良、杨海燕、梁素平、李丽萍为名誉会长。

工作纪略

党外知识分子联谊会是党委统战部领导的以党外知识分子为主体的统战性、联谊性社会团体，是党委联系党外知识分子的桥梁和纽带，是开展党外知识分子工作的重要载体。昔阳县党外知识分子联谊会成立后，念好做实“引、聚、建”三字经，动员引领广大党外知识分子积极投身“聚智聚力、同心同行”活动。政治引领、教育引导、典型引路，不断夯实共同思想政治基础。建立健全党外知识分子政治理论学习、主题教育培训机制，通过读书、竞赛、主题演讲等多种形式，推动习近平新时代中国特色社会主义思想入脑入心入行，打通党外知识分子学习教育淬炼“最后一公里”，不断增强他们的道路自信、理论自信、制度自信和文化自信。同时，积极选树典型，大力推介典型，坚持用身边人教育身边人，用身边事影响身边人。聚智、聚力、聚情，认真履行党外知识分子社会责任。动员组织党外知识分子积极建言献策，撰写意见建议，连续三年各级人大代表和政协委员中的党外知识分子提交提案、议案 60 多件，得到了有关部门的重视和采纳。组织党外知识分子聚焦产业发展、脱贫攻坚、生态保护等重点领域和重点课题，推动解决了一批社会高度关注、群众普遍关心的实际问题。组织党外知识分子充分发挥自身优势、专业特长，广泛开展志愿服务和社会公益服务，先后组织科技推广、义诊巡诊、法制宣传、志愿服务、慈善捐赠等活动，形成了特色，扩大了影响。建机制、建队伍、建平台，积极引导党外知识分子发挥作用。建立了党外知识分子信息管理制度，将全县党外知识分子录入系统，建立起了数量充足、结构合理的党外知识分子信息库。建立了联谊交友机制，把党外知识分子纳入各级党政领导联系交友范围，每位领导挂钩联系交友一名以上党外知识分子，坚持定期交流联系。建立对口联系制度，拓宽政府相关行业主管部门与党外知识分子反映情况、表达意见的渠道，让他们发挥作用有机会，发挥才能有舞台。截至 2020 年，全县党外知识分子中有正科级干部 5 名，副科级干部 39 名，人大代表 62 名，政协委员 95 名。县知联会设立了教育、卫生、农业、社会 4 个活动小组，搭建了建言献策、实践锻炼、服务社会、公益慈善工作平台。在昔阳县人民医院创建“党外知识分子实践创新基地”，组建党外知识分子“同心服务团”，开展“送温暖、送医疗、送健康”社会服务活动。2020 年新冠肺炎疫情发生后，县知联会医疗卫生组成员 10 余名党外代表人士连续奋战在疫情防控第一线，为抗击疫情贡献智慧和力量，进一步扩大了党外知识分子的社会影响力。

第三节　昔阳县光彩事业促进会

昔阳县光彩事业促进会第一次会员代表大会

2018 年 1 月 25 日，昔阳县光彩事业促进会第一次会员代表大会暨成立大会召开。县委常委、统战部部长李怀仁参加大会并做重要讲话。大会宣读了昔阳县民政局《关于昔阳县光彩事业促进会成立的批复》，审议通过了《昔阳县光彩事业促进会章程》，选举产生了第一届昔阳县光彩事业促进会理事会、监事会成员。山西昔阳丰汇煤业有限公司副董事长唐绍袍当选会长。王娟、延东青、刘传鑫、刘鹏瑞、宋希平、张彦军、卓杏生、赵华夫、胡东明、梁晋平当选副会长。特聘王根元、许利伟、郭丰慧、李怀仁、陈立军为顾问。

工作纪略

昔阳县光彩事业促进会成立后，广泛动员全县民营企业家积极投身光彩事业，抓重点，拓亮点，推动光彩事业全面发展。以宣传教育为抓手，营造光彩事业良好氛围，培养民营企业家参与光彩事业的责任感。通过新闻媒体、研讨会、交流会等方式广泛宣传“先富帮后富，走共同富裕道路”的思想，帮助民营企业家充分了解光彩事业的实际作用，更好地理解开展光彩事业的重要意义，培养民营企业家参与光彩事业的责任感。广泛宣传并大力表彰民营企业家投身光彩事业的先进典型，2018 年全县“五一”劳动节表彰会上，山西昔阳丰汇煤业等 14 家非公企业荣获脱贫攻坚“特别贡献奖”，营造了全社会共同关心、支持光彩事业的良好氛围。以落实项目为重点，丰富光彩事业工作内涵，激发民营企业家参与光彩事业的积极性。引导民营企业家投身脱贫攻坚主战场。成立初期,44 家民营企业共募捐光彩事业初始基金 1645 万元。2017—2020 年，先后在全县 12 个乡镇 53 个村落实脱贫项目 78 项，总投资 1550 万元。热心教育事业，开展各类捐资助学活动。2018 年 7 月，昔阳县丰汇煤业副董事长、县光彩事业促进会会长唐绍袍向昔阳中学捐资 12 万元资助贫困学生上学。2019 年，万通物流董事长李斌武为本村 7 名大学新生发放助学金，丰汇煤业董事长黄祥苗为 32 名困难职工子女每人发放助学金 1000 元。以公益事业为载体，拓宽光彩事业服务领域，提升民营企业家参与光彩事业自觉性。组织会员企业开展爱心助困活动，深入赵壁乡巩家庄村、孔氏乡马占岩村、界都乡长岭村、大寨镇南郝峪村和晋祥养老院慰问特困户、高龄老人，送上米、油等生活用品，光彩精神已逐步深入人心。

附表 1：中国民主促进会昔阳支部会员名录（2020 年）

附表 2：昔阳县第九届工商联执委名录

附表 3：昔阳县侨联各界人员名录（2020 年）

附表 4：昔阳县新的社会阶层人士联谊会会员名录（2020 年）

附表 5：昔阳县党外知识分子联谊会会员名录（2020 年）

附表 6：昔阳县光彩事业促进会会员名录（2020 年）

附表 7：2012 年昔阳县慈善总会初创基金捐款名单

附表 8：2017 年昔阳县光彩事业促进会初创基金捐款名单

附表 9：2020 年昔阳县民营企业抗击新冠疫情捐款捐物名单

附表 1：中国民主促进会昔阳支部会员名录（2020 年）

姓　名	性别	出生年月	入会时间	学历	会内职务	工作单位	社会职务
崔海军	男	1966.9	2001.5	大专	民进晋中市委副主委、昔阳支部主委	昔阳县人民医院	市政协委员 县政协常委
史董平	男	1958.1	2001.5	大专	支部副主委	昔阳县人民医院	县政协委员 县人大常委
耿润兰	女	1965.11	2004	大专	支部副主委	昔阳祥和康庄亚健康康复中心	县政协委员
王海鑫	男	1978.12	2017.3	本科	支部副主委	昔阳县人民医院	
赵建国	男	1975.10	2018.1	本科	秘书长	大瓦邱小学	
王静美	女	1980.2	2014.12	本科	委　员	新城小学	县政协委员
铁润丽	女	1977.9	2013.7	本科	委　员	昔阳县交警队	县政协委员
王新如	男	1962.1	1999.1	本科		昔阳中学	县政协常委
高存祥	男	1954	2001.5	大专		昔阳中学	
卜银福	男	1937.7	1985.5	大专	原小组组长	昔阳县科协	
孔存义	男		1986.12	本科		南京	
王兰小	男	1945.12	1994.8	本科		昔阳中学	
石旭江	男	1963.3	2013.7	大专		龙凤坡中心校	
张晋平	男	1957.3	2002.5	中专		昔阳县人民医院	
胡志华	男	1962.12	2003.12	高中		民营企业砖厂	
尹介平	男	1957.6	1999.1	高中		昔阳地税局	
李华亮	男	1965.7	2010.10	大专		大寨镇洪水学校	县政协委员
李佳澧	女	1988.4	2010.10	大专		中煤黄岩会煤矿	
吕治福	男	1955.11	2011.1	中专		昔阳县晋剧团	
张便文	女	1965.12	2010 10	大专		西大街小学	
张雪梅	女	1972.11	2003.12	大专		昔阳县融媒体中心	县政协委员
赵怀瑞	男	1963	1999.1	大专	原支部主委	昔阳县人民医院	县政协常委
孔瑞祥	男	1962.11	2003.12	高中	原支部副主委	永胜木材加工	县政协委员
李　达	女	1988.1	2014.12	本科		昔阳中学	
赵丽竹	女	1986.7	2014.12	本科		中国银行昔阳支行	
贾翼云	男	1980.9	2013.7	本科		坪上煤业	
李凤梅	女	1970.3	2015.12	本科		昔阳县人民医院	
刘丽娟	女	1978.7	2015.12	专科		德兴隆酒业	县政协委员

续　表

姓　名	性别	出生年月	入会时间	学历	会内职务	工作单位	社会职务
王煜昭	男	1985.12	2015.12	专科		昔阳县工会	
李志刚	男	1972.3	2016.12	本科		昔阳丰汇煤业有限公司	
王　娟	女	1983.2	2016.12	本科		中国报道杂志社金融财经栏目	
王雨亭	女	1983.7	2017.6	本科		昔阳中学	
王晓芳	女	1980.3	2018.2	大专		昔阳县人民医院	
王素娟	女	1984.11	2018.2	本科		昔阳县环保局	
李　伟	男	1979.8	2019.2	本科		中都建筑	
毛志东	男	1988.7	2020.1	本科		众航人力资源服务有限公司	

附表 2：昔阳县第九届工商联执委名录

姓　名	性别	出生年月	文化程度	党派	工作单位及职务	社会职务
孔国华	男	1972.08	大专	群众	绿食源食品工业公司总经理	
毛守国	男	1962.12	高中	非党	得一艺社社长	县政协委员
毛素棠	男	1959.04	高中	非党	大众家政服务部经理	
王　涛	男	1978.05	大学	中共	四通润农菌业经理	县政协委员
王占荣	男	1971.07	高中	中共	国贸市场商会会长	
王庆华	男	1967.01	大学	中共	民政局副局长	
王志勇	男	1971.12	大专	中共	环保局副局长	
王美丽	女	1958.04	高中	非党	公路宾馆经理	
史世杰	男	1985.06	高中	非党	杨赵河瓮山旅游公司经理	县人大代表
田玉连	女	1965.10	高中	非党	田甜餐饮服务有限公司经理	
乔江新	男	1971.10	初中	非党	食用菌协会副会长	县政协委员
乔虢华	女	1985.09	大专	非党	万顺文化有限公司总经理	
任彦军	男	1971.08	初中	中共	仁义蔬菜协会会长	
刘五锁	男	1969.05	大专	中共	总工会副主席	
刘文山	男	1964.03	大专	中共	核桃协会副会长	
阎志辉	男	1971.05	大专	非党	清丰石材厂经理	县政协委员
宋维华	男	1970.04	高中	非党	酬勤工贸公司经理	县政协委员
张庆伟	男	1962.10	大学	中共	经济和商务粮食局副局长	

续　表

姓　名	性别	出生年月	文化程度	党派	工作单位及职务	社会职务
张建华	男	1971.12	大学	中共	人社局副局长	
张林秀	女	1963.10	高中	中共	绣梦阁刺绣专业合作社理事长	
张彦军	男	1974.06	高中	非党	瑞安邦物业董事长	县政协常委
张彦明	男	1969.02	大学	中共	信用联社二社主任	
张维胜	男	1968.05	初中	中共	富安农牧种植专业合作社主任	
李永斌	男	1966.04	高中	中共	松溪传媒公司经理	县政协委员
李玉林	男	1962.10	高中	非党	雪玉面粉厂经理	县政协委员
李会明	男	1965.01	高中	中共	静日煤炭经销公司经理	
李江新	男	1962.10	高中	中共	鑫锐电脑经销部经理	
李余锋	男	1972.12	大专	非党	迦南通讯服务部经理	县政协委员
李武元	男	1967.12	大专	非党	天誉合农贸公司经理	县人大代表
李转红	女	1969.10	大专	非党	中红养殖专业合作社经理	市人大代表
李彦云	男	1972.11	初中	非党	收藏协会副会长	
杨保星	男	1978.01	大专	中共	赵壁乡商会会长	县政协委员
邵彦宾	男	1971.07	初中	中共	彦宾综合门市部经理	
陈正鑫	男	1982.04	大专	非党	洲鑫电子商务有限公司经理	县政协委员
陈瑞明	男	1962.07	大学	中共	非公党工委副书记	
周爱柱	男	1966.08	大专	中共	国土资源局副局长	
和彦林	男	1966.02	大学	中共	县中小企业局局长	县党代表
郑长锁	男	1948.01	初中	中共	煤矿电器厂厂长	县人大代表
娄翠竹	女	1985.01	大专	中共	大地国旅总经理	
宫秋生	男	1963.10	大学	中共	发改局副局长	
禹爱军	男	1974.11	大专	非党	昔阳在线广告公司经理	
胡祥林	男	1967.07	初中	非党	诚信鲜菜店经理	县政协委员
赵华夫	男	1985.11	大学	非党	山西天泉建筑公司总经理	县政协常委
赵江波	男	1972.04	高中	非党	晋美集团经理	
赵红卫	女	1967.11	高中	非党	真爱皇家婚纱摄影总经理	县政协委员
赵晓峰	男	1979.04	高中	中共	太行崖柏博物馆经理	
贾培杰	男	1972.09	高中	非党	红日型煤有限公司董事长	县政协常委
康根录	男	1960.06	高中	非党	松溪路社区商会会长	
康祥瑞	男	1965.06	初中	非党	华瑞家具城经理	

续　表

姓　名	性别	出生年月	文化程度	党派	工作单位及职务	社会职务
梁宝明	男	1965.06	高中	中共	华宝家具城经理	
韩建国	男	1967.08	初中	非党	晋冀废旧回收中心经理	
鲍振永	男	1974.03	高中	非党	兴顺家具装饰城经理	县政协委员

附表 3：昔阳县侨联各界人员名录（2020 年）

1. 海外华人名录

姓　名	性别	出生年月	籍　贯	学历学位	留学国或工作地	国内联系人	与海外人员关系
乔晓改	女	1969.6	昔阳	博士	美国	乔小青	姐妹
王丽华	女	1978.1	界都	学士	澳大利亚	王建荣	父女
刘荣仙	女	1980.1	昔阳	大学	新加坡	刘玉庆	父女
郭爱元	男	1968	三川村	硕士	新加坡	郭爱民	兄长
李朝晖	女	1966.2	穆家会村	硕士	美国	李　曦	父女
赵　杰	男	1982.4	昔阳	本科	新加坡	赵怀才	父子

2. 海外华侨名录

姓　名	性别	出生年月	籍　贯	学历学位	留学国或工作地	国内联系人	与海外人员关系
赵海亮	男	1967.11	东关村	博士	美国	赵万虎	父子
刘乃彦	女	1963.9	昔阳	博士	日本	刘乃红	姐妹
张晋生	男	1971	昔阳	博士	美国	张晋军	姐弟
王雪梅	女	1967	昔阳	学士	新加坡	王雪莉	姐妹
张文科	男	1967	北郝峪村	学士	新加坡	张富科	哥哥
商效明	男	1955	昔阳	博士	美国	商晋明	兄弟
张晓斌	男	1965.3	昔阳	学士	美国	张晓华	兄长
赵林倩	女	1965	昔阳	博士	美国	张晓华	兄长
贾志宏	男	1964.11	静阳村	博士	美国	孔青如	妹夫
卜秀丽	女	1966	河东村	硕士	美国	卜秀春	姐弟
胡荣花	女	1970	红土沟村	学士	美国	胡德昌	兄妹
张海芳	女	1971	阎庄窝村	博士	美国	张喜寿	父女
张存华	女	1963	昔阳	硕士	美国	张保华	姐弟
张录娥	女	1964.3	杓铺村	硕士	加拿大	张红娥	姐妹
李开元	男	1963	西寨武家庄	学士	加拿大	李贵文	父子
姬瑞青	男	1964.7	胡丰村	学士	加拿大	姬保明	父子

续　表

姓　名	性别	出生年月	籍　贯	学历学位	留学国或工作地	国内联系人	与海外人员关系
李玉锋	男	1980.9	东关村	博士	美国	李如和	父子
冯旭芳	女	1981	昔阳	硕士	美国	冯旭婷	姐妹
翟瑞军	男	1972.9	昔阳	硕士	美国	翟建军	兄弟
陈秀梅	女		楼坪		美国	陈拉祥	父女
王海波	男	1982	厚庄	硕士	日本	张兰花	母子
尹涓毅	男	1973.9	金博园	硕士	美国	尹贵川	父子
王会贞	男	1971	冶头	博士	美国	王焕荣	姐弟
王晋慧	女	1976	昔阳	博士	美国	王毅	父女
李志林	女	1972	东寨	博士	德国	李志斌	兄妹
张晓丽	女	1972	三教河	硕士	加拿大	张雨生	父女
张立珍	女	1976.6	昔阳北关	学士	日本	张银小	父女
宫巨慧	男	1972	下秦山	硕士	澳大利亚	宫巨兵	堂弟
赵鑫枚	女	1980	昔阳	大学	新加坡	赵凌晓	父女
张志英	女	1972.3	新口上村	硕士	美国	张有存	父女
周慧芳	女	1971.12	下思乐村	硕士	美国	周维和	父女

3. 海外留学人员名录

姓　名	性别	出生年月	籍　贯	学历学位	留学国或工作地	国内联系人	与海外人员关系
刘乃瑞	女	1973.1	昔阳	博士	日本	刘乃红	姐妹
赵云艳	女	1989.5	昔阳	硕士	英国	赵四文	父女
马腾飞	男	1989.9	昔阳	学士	韩国	马小华	父子
延　惠	女	1989.1	昔阳	学士	英国	延东青	父女
王　皓	男	1984.1	车寺村	学士	日本	王存柱	父子
李鹏飞	男	1982	金石坡	硕士	新加坡	李吉祥	父子
王　宁	女	1981.10	昔阳	硕士	英国	王永福	父女
齐晓芳	女	1985.10	广阳村	硕士	德国	齐培英	父女
王　亭	男	1985	昔阳	硕士	英国	王怀明	父子
赵志强	男	1983	南庄村	博士后	美国	赵志兰	表姐
魏　鹏	男	1987.3	李夫峪村	博士	美国	魏存英	父子
陈思思	女	1992	昔阳	硕士	美国	陈乃华	父女

续　表

姓　名	性别	出生年月	籍　贯	学历学位	留学国或工作地	国内联系人	与海外人员关系
李煜泽	男	1989	昔阳	硕士	日本	李志强	父子
常　乐	男	1991.1	洪水村	研究生	澳大利亚	刘瑞芳	母子
焦伟鹏	男	1996.5	南渡海村	本科	英国	凌慧荣	母子
李佳宸	女	1996.11	冀家庄村	本科	西班牙	李建明	父子
王晓刚	男	1992	车 寺	博士	美国	王全荣	父子
王晓亮	男	1989.6	河南村	硕士	美国	王爱民	父子
吴信岗	男	1972	南渡海村	博士后	美国	吴志强	哥哥
张　垚	男	2001.2	李家庄乡	大学	美国	张彦军	父子
宋以婷	女	1991.11	河西村	硕士	法国	宗志胜	父女
刘蒙恩	女	1996.12	昔阳	大学	韩国	刘晓峰	父女
李文静	女	1996	南冶头村	大学	韩国	李彦清	父女
翟羽佳	男	1998.11	南渡海村	大学	澳大利亚	翟学兵	父子
宋以谦	男	1998.12	河西村	大学	俄罗斯	宋志胜	父子
乔怡然	女	1998.6	赵壁村	大学	韩国	乔乃斌	父女
田　璐	女	1990.4	昔阳	硕士	美国	田成棠	父女
陈　波	男	1987.8	南思贤村	硕士	澳大利亚	陈乃平	父子
李书敏	女	1995.2	昔阳	硕士	英国	李秀峰	父女
李　颖	女	1989.1	东关村	硕士	美国	李宝祥	父女

4. 归侨名录

姓　名	性别	出生年月	籍贯	学历学位	留学国或工作地	国内联系人	与海外人员关系
王　静	女	1987.8	昔阳	本科	加拿大	王维银	父女

5. 台胞台属名录

姓　名	性别	出生年月	籍贯	学历学位	民族	职业	台湾住址
王素花	女	1929	东寨	初中	汉	无	台中市大花街 5 号 403
王素兰	女	1934	东寨	大专	汉	原小学教师	现定居美国
王素珠	女	1935	东寨	博士	汉	美联邦政府	现定居美国
王素娥	女	1942	东寨		汉	无	台中县新社乡大南村兴中街 13 号
王　鑫	男		东寨	博士	汉	国立台湾大学地质系教授	台北市

续　表

姓　名	性别	出生年月	籍贯	学历学位	民族	职业	台湾住址
李显达	男	1923	西大街	高小	汉	退休	台北县中和市永兴街22苍39弄1号
张武子	男	1928	东冶头		汉	退休	桃原县平城市双莲村双荣路
苗培珍	男	1924	东关		汉	退休	屏东县佳冬乡六根村东镇路51号
杨贵荣	男		赵家沟		汉		台东市更生路
李玉玺	男		杜庄	大学	汉		台中市锦南路26街号4楼

6. 涉台婚姻人员名录

姓　名		性别	出生年月	籍贯	学历学位	民族
女方	李保芳	女	1971.2	北掌城	初中	汉
男方	汪明峰	男	1965.8	台湾	高中	高山族
女方	侯芳芳	女	1985.5	乐平	本科	汉
男方	蔡旻勋	男	1978.4	台湾	本科	汉

7. 晋中市欧美同学联谊会、晋中市留学人员联谊会昔阳籍人员名录

姓　名	性别	民族	籍贯	出生年月	学历学位	工作单位及职务、职称	政治面貌	现从事专业
齐晓芳	女	汉	昔阳县	1985.10	硕士	晋中市委信息化中心	中共	信息管理
延　惠	女	汉	昔阳县	1989.01	学士	昔阳县政务大厅	群众	人事管理
王　静	女	汉	昔阳县	1987.08	学士	四通一轩综合医院董事长	群众	医药卫生
马腾飞	男	汉	昔阳县	1989.09	学士	斯能风力发电	中共	电气化

8. 海外务工人员名录

姓　名	性别	出生年月	籍贯	学历学位	留学国或工作地	国内联系人	与海外人员关系
郭　伟	男	1992.04	库城村	本科	哥伦比亚	郭贵喜	父子
王昱伟	女	1992.02	虹桥关村	研究生	新西兰	王春生	父女
张铭箴	男	1961.04	阎庄窝村	高中	南非	王凤良	夫妻
张　笑	女	1992.09	乐苑小区	本科	印度尼西亚	谷凤仙	母女

附表4：昔阳县新的社会阶层人士联谊会会员名录（2020年）

姓　名	性别	出生年月	政治面貌	工作单位及职务
于慧琪	女	1989.05	中共	昔阳县云创电子商务运营服务中心

续　表

姓　名	性别	出生年月	政治面貌	工作单位及职务
毛守国	男	1962.12	群众	得一艺社
王文彬	男	1965.12	群众	自由职业
王平柱	男	1968.11	群众	昔阳宇清律师事务所
王冬民	男	1969.01	群众	山西晋粮农业开发有限公司
王保平	男	1970.12	中共	昔阳县司法鉴定中心
王晓东	男	1986.07	群众	宇辉电子商务有限公司
王荷茜	女	1979.08	群众	自由职业
王　逸	女	1992.01	群众	昔阳在线广告部
王景锐	男	1988.01	群众	昔阳老美公益负责人
王瑾美	女	1991.07	群众	乐村淘电子商务有限公司
冯爱红	男	1968.05	群众	新科职业技术培训中心
卢兴尼	男	1963.09	群众	山西昔阳丰汇煤业公司
史世杰	男	1988.01	中共	昔阳县嘉信电子商务有限公司
邢丽峰	男	1974.06	中共	鑫阳顺建筑工程有限公司
乔　言	男	1975.06	群众	县象棋协会
乔虢华	女	1985.09	群众	万顺文化产业有限责任公司
任　忠	男	1975.12	群众	峰豪越野俱乐部
宋希平	男	1988.03	中共	昔阳县云创电子商务产业园
张燊泰	男	1991.03	中共	阿里巴巴农村淘宝县级服务中心
宋振宙	男	1989.9	群众	昔阳县阳春供热有限公司
张晓峰	男	1988.11	群众	昔阳县晋美文化传媒有限责任公司
李斌武	男	1974.02	中共	昔阳县万通物流有限责任公司经理
李永斌	男	1966.04	中共	山西松溪文化传媒有限公司董事长
李彦云	男	1972.11	群众	县收藏协会
李　强	男	1979.08	群众	晋美集团总经理
李洋洋	男	1986.1	群众	晋美中影国际影城经理
李润怀	男	1965.1	中共	晋润园农产品加工有限公司
陈正鑫	男	1982.04	群众	洲鑫电子商务有限公司
周爱斌	男	1969.02	群众	山西黄河新闻晋中频道驻昔阳记者站
武卫红	男	1969.11	群众	大寨奇石馆馆长

续　表

姓　名	性别	出生年月	政治面貌	工作单位及职务
赵晓东	男	1984.12	群众	自由职业
赵慧婷	女	1986.05	群众	迅逸律师事务所
郭彦斌	男	1965.03	中共	昔阳县游泳协会副会长
高海涛	男	1973.07	群众	昔阳县创帮帮电子商务有限公司
韩雄啸	男	1972.03	中共	山西晋粮农业开发有限公司
翟江梅	女	1980.1	群众	昔阳梅子影视文化传媒有限公司经理
翟振华	男	1980.07	群众	晋粮农业有限公司

附表 5：昔阳县党外知识分子联谊会会员名录（2020 年）

姓　名	性别	出生年月	政治面貌	职　称	工作单位及职务
马向平	女	1973.11	无党派	讲师	县职业中学教师
孔冬梅	女	1978.01	无党派	主治中医师	县妇幼计生服务中心副主任
孔鹏玮	男	1984.11	无党派		县互联网信息办主任
毛丽萍	女	1974.03	无党派	中小学一级	昔阳中学教师
王丽萍	女	1966.07	无党派		县检察院四级主任科员
王春鲜	女	1974.02	无党派		乐平镇副镇长
邓建梅	女	1973.02	无党派		县文化和旅游局副局长
史红梅	女	1965.1	无党派	工程师	县气象局
史董平	男	1958.1	民　进	主治医师	县人民医院放射科主任
乔乃曦	男	1963.06	无党派	副主任医师	县人民医院工会主席
乔红芳	女	1969.03	无党派	助理工程师	县就业指导中心副主任
乔兵艳	女	1972.06	无党派	工程师	关山水库
刘智华	男	1976.3	无党派	经济师	县农业综合开发办
刘霄峰	男	1977.11	无党派	中小学一级	县教科局
阎变香	女	1977.1	无党派		县教科局副局长
杨晓琳	女	1982.09	无党派		县人社局科员
李　凯	女	1988.02	无党派	助理工程师	县园林局园林股股长
李　鑫	男	1979.07	无党派		县城乡规划办副主任
李凤永	男	1966.12	无党派	编辑	县广播电视台副总编
李永兵	男	1972.04	无党派	中小学高级	昔阳中学教师
李玉林	男	1969.04	无党派	农艺师	农业技术推广中心土肥站站长

续　表

姓　名	性别	出生年月	政治面貌	职　称	工作单位及职务
李华华	女	1982.03	无党派		县法律援助中心主任
李丽鹏	男	1979.1	无党派	工程师	县住建局乡村股副股长
李志波	男	1982.01	无党派	主治医师	县人民医院放射科副主任
李绍元	男	1984.06	无党派	中小学二级	昔阳中学教师
李锦萍	女	1982.08	无党派	中小学二级	示范中学教师
李志珍	女	1971.11	无党派	中小学二级	县委党校
李保春	男	1982.6	无党派	讲师	高级职业中学教师
李彦华	女	1971.12	无党派	中小学高级	示范中学
李树仁	男	1967.09	无党派		县爱卫办副主任
李玲玲	女	1976.04	无党派	编辑	县广播电视台
李晶晶	女	1984.1	无党派		县工信局副局长
吴建国	男	1974.09	无党派		县统计局副局长
吴艳红	男	1970.6	无党派	高级讲师	高级职业中学教师
宋庆芳	女	1969.08	无党派	副主任医师	县人民医院副院长
宋晓梅	女	1989.1	无党派		三都乡副乡长
张彦青	女	1975.08	无党派		大寨史征编办资料科副主任
张秋胜	男	1963.11	无党派	主治医师	县人民医院院长、医疗集团理事长
张瑛平	女	1985.02	无党派	中小学二级	县教科局
张瑞秀	女	1974.11	无党派		县工信局副科级干部
杜志萍	女	1970.02	无党派	副主任医师	县人民医院五官科副主任
陈红梅	女	1973.09	无党派		县文旅局副科级干部
陈彩霞	女	1974.11	无党派	副主任护师	县妇幼计生服务中心
赵乃芳	女	1972.02	无党派	助理工程师	县交通局办公室副主任
赵建华	女	1965.12	无党派	高级农艺师	县蔬菜中心主任
赵爱红	男	1967.06	无党派		县纪委监委二级主任科员
赵艳凤	女	1987.01	无党派		县妇联副主席
聂　嘉	男	1985.02	无党派		孔氏乡副乡长
聂卫平	男	1964.11	无党派	主任医师	县人民医院儿科主任
郭凤珍	男	1970.12	无党派		大寨史征编办外联科副主任
郭文杰	男	1986.05	无党派		李家庄乡副乡长
郭建荣	男	1978.04	无党派		县中小企业服务中心副主任

续　表

姓　名	性别	出生年月	政治面貌	职　称	工作单位及职务
高文君	女	1987.11	无党派		县司法局副局长
商云芳	女	1966.01	无党派		县财政局副局长
梁　彦	女	1980.11	无党派	工程师	县林业局
眭晓婷	女	1984.03	无党派		县政府办副主任科员
崔海军	男	1966.09	民　进	主治医师	民进昔阳支部主委、中医院副院长
常维兰	男	1972.03	无党派		县委机关事务管理局副局长
董春梅	女	1974.05	无党派	讲师	高级职业中学教师
焦晓峰	男	1970.04	无党派		县人大信访室主任
程瑞英	女	1971.02	无党派	主管护师	县妇幼计生服务中心副主任
翟晓梅	女	1985.06	无党派		县文化和旅游局副局长
樊建军	男	1974.05	无党派	经济师	县计生协会秘书长
薛录棠	女	1968.01	无党派		县政协社会法制和民宗外事委主任
魏丽荣	女	1977.04	无党派	中小学一级	县第一幼儿园

附表6：昔阳县光彩事业促进会会员名录（2020年）

姓　名	性别	出生年月	政治面貌	工作单位及职务
王　娟	女	1980.5	群众	山西晋粮农业开发有限公司董事长
王建国	男	1976.12	群众	昔阳洁城清运有限责任公司总经理
王春明	男	1966.2	中共	昔阳福山粮油公司总经理
王浩男	男	1992.1	中共	昔阳鑫泰养殖有限责任公司总经理
王维银	男	1957.4	中共	昔阳四通工贸有限责任公司董事长
王瑞红	男	1973.7	中共	昔阳盛源洗煤厂总经理
冯道启	男	1965.12	群众	山西金谷阳光食品有限公司总经理
朱　晋	男	1974.12	群众	昔阳阳春供热有限公司董事长
延东青	男	1966.1	群众	山西延青商贸有限责任公司董事长
刘传鑫	男	1963.11	中共	昔阳安顺煤业有限公司董事长
刘丽娟	女	1978.7	民进	山西德兴隆酒业有限公司总经理
刘鹏瑞	男	1973.12	群众	昔阳晋美商贸有限公司董事长
齐培英	男	1961.9	中共	昔阳县金星硫化厂总经理
杜九澎	男	1982.1	群众	山西中江天和置业有限公司总经理
李玉林	男	1962.1	中共	昔阳雪玉农业发展有限公司总经理

续　表

姓　名	性别	出生年月	政治面貌	工作单位及职务
李志恒	男	1960.1	中共	昔阳恒雁机动车综合性能检测有限公司总经理
李转红	女	1969.1	群众	昔阳中红养殖专业合作社主任
李斌武	男	1974.2	中共	昔阳万通物流有限公司总经理
杨明辉	男	1972.5	群众	昔阳辰景房地产开发有限公司总经理
杨保星	男	1978.1	中共	昔阳大寨酿酒有限公司董事长
吴秀英	女	1960.2	群众	昔阳双龙煤业有限责任公司总经理
吴季元	男	1972.1	中共	昔阳安顺乐安煤业有限公司总经理
吴保军	男	1971.12	中共	昔阳晋泰菌业有限公司总经理
宋希平	男	1988.3	群众	山西厚基伟业商贸有限公司董事长
张　鹏	男	1988.6	群众	昔阳宏源洗煤厂总经理
张如祥	男	1963.5	群众	昔阳宏达洗煤厂总经理
张彦军	男	1974.6	群众	山西瑞安邦房地产有限公司董事长
张爱华	女	1964.1	群众	昔阳爱家建材装饰有限公司总经理
张维胜	男	1968.5	中共	昔阳富安农牧专业合作社主任
卓杏生	男	1961.1	群众	昔阳安顺三都煤业有限公司董事长
赵华夫	男	1985.11	群众	山西天泉建设开发有限公司总经理
赵维刚	男	1977.6	中共	昔阳锐利来洗煤厂总经理
胡东明	男	1968.1	中共	昔阳安顺北坪煤业有限公司总经理
胡志忠	男	1980.3	中共	昔阳赛诺运业有限公司总经理
贾培杰	男	1972.9	群众	昔阳红日型煤有限公司总经理
钱　成	男	1990.11	群众	阳泉万成房地产开发有限公司总经理
侯志勇	男	1970.2	中共	山西荣安百业房地产开发有限公司总经理
唐绍袍	男	1970.9	中共	昔阳丰汇煤业有限公司副董事长
曹文华	男	1966.9	中共	昔阳安顺胜利煤业有限公司总经理
梁晋平	男	1968.8	中共	晋中市鑫阳顺建筑工程有限公司总经理
焦艮虎	男	1968.2	中共	昔阳创新洗煤有限公司总经理
焦志勇	男	1970.8	中共	昔阳华泰物流有限公司总经理

附表7：2012年昔阳县慈善总会初创基金捐款名单

序号	捐款单位、个人	金额（万元）
1	山西昔阳丰汇煤业有限责任公司	80

续　表

序号	捐款单位、个人	金额（万元）
2	昔阳平西实业有限责任公司	60
3	山西国投昔阳能源有限责任公司	60
4	昔阳安顺煤业有限公司	60
5	昔阳北坪煤业有限公司	50
6	昔阳三都煤业有限公司	50
7	阳煤运裕煤业有限责任公司	30
8	山西煤炭运销集团晋中昔阳有限公司	30
9	晋中市鑫阳顺建筑工程有限公司	20
10	晋中市昔阳延青小额贷款有限公司	20
11	阳煤寺家庄煤业有限责任公司	18.815
12	昔阳四通工贸有限责任公司	10
13	山西厚基伟业商贸有限公司	10
14	昔阳恒雁机动车综合性能检测有限公司	10
15	山西晋粮农业开发有限责任公司	10
16	昔阳爱家建材有限责任公司	10
17	昔阳四通小额贷款公司	10
18	昔阳新泰物资有限责任公司	5
19	昔阳万银建筑装潢工程队	5
20	昔阳宏源洗煤厂	5
21	昔阳阳春供热有限公司	3
22	昔阳发达商贸有限公司	2
23	昔阳北坪煤业有限公司北坪洗煤厂	2
24	阳涉铁路有限责任公司	1
25	昔阳天圆化工有限责任公司	1
26	农业银行昔阳支行	1
27	昔阳弘科化工有限责任公司	1
28	昔阳绿食源食品公司	1
29	昔阳银鑫装饰有限责任公司	1
30	昔阳龙翔贸易有限责任公司	1
31	昔阳华宝家具城	1
32	昔阳公路宾馆	1

续　表

序号	捐款单位、个人	金额（万元）
33	昔阳瑞安邦物业管理有限公司	1
34	山西德兴隆酒业公司	1
35	昔阳金星硫化厂	1
36	昔阳顺北种植专业合作社	1
37	昔阳盛泉宾馆	0.5
38	昔阳大寨清丰石材厂	0.5
39	昔阳农业宾馆	0.5
40	昔阳信用联社	0.5
41	昔阳汽车站	0.2
42	昔阳世虎批发部	0.2
43	昔阳永胜木材加工销售部	0.15
44	昔阳国贸大厦董斌卫日杂批发部	0.1
45	昔阳糖酒副食兴隆批发部	0.1
46	昔阳鑫叶烟酒商行	0.1
47	昔阳中红养殖专业合作社	0.1
48	邮政储蓄银行大寨支行	0.1
49	昔阳圆眼家具城	0.1
50	昔阳雪玉粮油责任有限公司	0.1
51	昔阳真爱皇家婚纱摄影部	0.1
52	昔阳广电网络公司	0.1
53	昔阳烟草专卖局翟宝春	0.2
54	昔阳三都乡吕二岩村冯来虎	0.1
55	昔阳乐平镇李夫峪村高志翔	0.1
总　计		577.665

附表8：2017年昔阳县光彩事业促进会初创基金捐款名单

序号	捐款单位	捐款数（万元）
1	阳煤集团	200
2	昔阳安顺北坪煤业有限公司（露天）	60
3	昔阳安顺三都煤业有限公司（露天）	90
4	昔阳安顺乐安煤业有限公司	90

续 表

序号	捐款单位	捐款数（万元）
5	昔阳安顺胜利煤业有限公司	45
6	昔阳安顺煤业有限公司	15
7	山西昔阳丰汇煤业有限公司	230
8	中煤昔阳能源有限责任公司	48
9	昔阳大寨酿酒有限公司	20
10	山西厚基伟业商贸有限公司	40
11	山西晋粮农业开发有限公司	25
12	昔阳县万通清运有限公司	25
13	昔阳县中红养殖专业合作社	25
14	昔阳县富安农牧专业合作社	25
15	昔阳县阳春供热有限公司	20
16	昔阳县金星硫化厂	20
17	昔阳县四通工贸有限公司	10
18	昔阳县鑫泰养殖有限责任公司	10
19	山西省金谷阳光食品有限公司	5
20	昔阳县晋泰菌业有限公司	5
21	昔阳县福山粮油有限公司	3
22	山西德兴隆酒业有限公司	2
23	昔阳县雪玉农业发展有限公司	1
24	晋中市鑫阳顺房地产开发有限公司	80
25	山西天泉建设开发有限公司	50
26	山西瑞安邦房地产开发有限公司	40
27	阳泉万成房地产开发有限公司	40
28	昔阳县辰景房地产开发有限公司	10.8888
29	山西荣安百业房地产开发有限公司	10
30	山西中江天和置业有限公司	2
31	昔阳县锐利来洗煤厂	5
32	昔阳县创新洗煤有限公司	5
33	昔阳县宏源洗煤厂	5
34	昔阳县盛源洗煤厂	5
35	昔阳县双龙煤业	5

续　表

序号	捐款单位	捐款数（万元）
36	昔阳县宏达洗煤厂	2
37	晋中市红日型煤有限公司	1
38	昔阳平西实业有限责任公司	100
39	山西延青商贸有限公司	50
40	昔阳县爱家建材装饰有限公司	10
41	昔阳县恒雁机动车综合性能检测有限公司	5
42	昔阳县洁城清运公司	5
43	昔阳赛诺运业有限公司	5
44	昔阳县华泰物流有限公司	1
45	昔阳县金刚禅寺	10
46	昔阳县农村信用合作联社	5
47	北京昊畅达科技有限公司赵君鹏	2
48	昔阳晓宇食品有限责任公司赵怀宇	1
49	昔阳县希望书社李志伟	0.5
50	昔阳县子弟小学一年级学生常语桐	0.1
51	孔氏乡南营村第一书记赵雪峰	0.1
52	大寨镇安家沟村农民张剑峰	0.1
53	晋中市农发行驻东横山村第一书记李向红	0.1
54	晋中市农发行驻南横山村第一书记阎志军	0.1
55	昔阳县斯能新能源有限公司	100
56	昔阳县大寨酿酒有限公司	30
57	山西德盛达化工股份有限公司	30
合　计		1645.8888

附表9：2020年昔阳县民营企业抗击新冠疫情捐款捐物名单

<table>
<tr><th>捐赠日期</th><th>捐赠企业</th><th>捐赠金额（万元）</th><th>捐赠去向</th><th>备　注</th></tr>
<tr><td rowspan="5">2月1日</td><td rowspan="2">昔阳安顺三都煤业有限公司</td><td>50</td><td>晋中市红十字会</td><td>现金</td></tr>
<tr><td>56</td><td>昔阳县红十字会</td><td>医用物资</td></tr>
<tr><td rowspan="2">昔阳丰汇煤业有限公司</td><td>50</td><td>晋中市红十字会</td><td>现金</td></tr>
<tr><td>50</td><td>昔阳县红十字会</td><td>现金</td></tr>
<tr><td>昔阳安顺北坪煤业有限公司</td><td>30</td><td>晋中市红十字会</td><td>现金</td></tr>
</table>

续　表

捐赠日期	捐赠企业	捐赠金额（万元）	捐赠去向	备　注
2月2日	昔阳安顺乐安煤业公司	30	昔阳县红十字会	现金
	昔阳安顺胜利煤业公司	30	昔阳县红十字会	医用物资
	昔阳万通物流公司	5	昔阳县红十字会	医用物资
	昔阳洁城清运公司	5	昔阳县红十字会	医用物资
	昔阳千林建材厂	5	昔阳县红十字会	医用物资
	昔阳碧洲生物科技公司	30	昔阳县红十字会	物资 30 吨次氯酸钠原液
	昔阳普济医院	1	昔阳县红十字会	物资 3000 只医用口罩
	昔阳世虎批发部	1.8	昔阳县红十字会	物资 600 箱古城牛奶
2月12日	昔阳晋美选煤有限责任公司	30	昔阳县红十字会	现金
	晋中市鑫阳顺建筑有限公司	20	昔阳县红十字会	医用物资
	昔阳县四通工贸有限公司	10	昔阳县红十字会	现金
	山西延青商贸有限公司	10	昔阳县红十字会	现金
	山西瑞安邦房地产有限公司	10	昔阳县红十字会	现金
	山西天泉建设开发有限公司	10	昔阳县红十字会	现金
	山西荣安百业开发有限公司	10	昔阳县红十字会	现金
	晋中万成房地产开发有限公司	10	昔阳县红十字会	现金
	山西晋粮农业开发有限公司	5	昔阳县红十字会	现金
	昔阳县裕丰供热有限公司	5	昔阳县红十字会	现金
	山西厚基伟业商贸有限公司	5	昔阳县红十字会	现金
	昔阳县宏翼达生物科技有限公司	5	昔阳县红十字会	现金
	昔阳县恒雁机动车检测有限公司	3	昔阳县红十字会	现金
	昔阳县隆生选煤有限公司	3	昔阳县红十字会	现金
	山西德兴隆酒业有限公司	3	昔阳县红十字会	现金
	昔阳县华泰物流有限公司	3	昔阳县红十字会	现金
	山西顺众意塑料制品有限公司	2	昔阳县红十字会	现金
	山西德盛达化工股份有限公司	2	昔阳县红十字会	现金
	昔阳县圣大物业管理有限责任公司	2	昔阳县红十字会	现金
	昔阳诚信鲜菜配送中心	1	昔阳县红十字会	现金
	昔阳县北外环加油站	1	昔阳县红十字会	现金
	昔阳鑫泰养殖有限责任公司	0.5	昔阳县红十字会	现金

续　表

捐赠日期	捐赠企业	捐赠金额（万元）	捐赠去向	备　注
2月12日	昔阳赛诺运业有限公司	2.4	昔阳县红十字会	物资3000只医用口罩
	昔阳县四通饮品有限公司	1.2	昔阳县红十字会	物资500箱矿泉水
	山西金谷阳光食品有限公司	1.44	昔阳县红十字会	物资400箱罐头
2月19日	昔阳安顺北坪煤业有限公司	50	昔阳县红十字会	医用物资
	山西尚太锂电科技有限公司	20	昔阳县红十字会	现金
	北京程江华	10	昔阳县红十字会	物资
	昔阳县宏源洗煤厂	5	昔阳县红十字会	现金
	昔阳县宏达洗煤厂	2	昔阳县红十字会	现金
	昔阳县欣隆洗煤厂	2	昔阳县红十字会	现金
	昔阳县四通加油站	1	昔阳县红十字会	现金
	昔阳县大寨加油站	1	昔阳县红十字会	现金
	昔阳县光明加油站	1	昔阳县红十字会	现金
	昔阳县汇千新能源煤改电公司	1	昔阳县红十字会	现金
	昔阳县方信商贸有限公司	1	昔阳县红十字会	现金
	昔阳县乐美商贸有限公司	0.5	昔阳县红十字会	现金
	山西美好之家农业开发有限公司	0.3	昔阳县红十字会	现金
合计	49家企业	594.14	其中：现金375.3万元，医用物资171万元（企业捐款后用于购置医用物资），物资47.84万元。	

第六篇 统战人物

第一章　人物传略

第一节　历任统战工作负责人

赵光寅

赵光寅（1920—1939），山西省平遥县城关人，1933 年夏考入平遥中学，1935 年冬加入中国共产党。1936 年 12 月，受山西省牺牲救国同盟会的派遣来到昔阳县。1937 年 3 月，任昔阳县牺盟分会负责人，6 月任特派员。抗战初期，兼任昔阳县民族革命战争战地动员委员会副主任，昔阳县游击队队长，昔阳县第二区区长兼二区党小组组长。1939 年 7 月，在昔阳县车寺八路军医院病故。时年 19 岁。

李之实

李之实（1911—1942），山西省武乡县故县村人，民国二十五年（1936）秋加入牺盟会。1937 年初以牺盟特派员身份来昔阳开展抗日工作，组建牺盟昔阳县分会，同年加入中国共产党。1937 年 9 月初，组建起昔阳县游击队任副队长。11 月 5 日，昔阳县抗日民主政府在皋落成立，重新组建游击纵队并任政委。1940 年下半年，调任山西黎城县政府民政科长。1941 年 8 月，任昔西县县长。1942 年 5 月，在与日伪军的战斗中壮烈牺牲于昔阳县七截村。

宋乃宽

宋乃宽（1913—1944），字伯严，昔阳县乐平镇穆家会村人，1930 年考入太原友仁中学，1935年上半年秘密参加中国共产党，随后考入山西大学，积极投身抗日救亡运动。1936年秋参加牺盟会。1937年9月，和赵武成、李经麟等人正式组建中共昔阳县工作委员会，担任宣传委员。11月初，担任第四区区长兼游击大队大队长。1938年初，在皋落晋东司令部担任政治部主任。同年，调到河北省内丘县担任抗日民主政府县长。1939年，任太行一专署科长。1941年7月，任晋冀鲁豫边区政府财粮厅秘书。1942年初，任边区政府工商总局局长。1944年秋，病逝于涉县之索堡。

赵邦藩

赵邦藩（1901—1948），字价（音介）人，昔阳县皋落镇皋落村人，民国七年（1918）考入山西省第一中学。民国十一年（1922）秋考入山西大学预科，民国十三年（1924）夏升入本科深造，民国十五年（1926）辍学，赴任昔阳县第三高级小学校长。1937年秋，任三区战地动员委员会副主任，同年加入中国共产党。1938年年底，任昔东县抗日民主政府县长，同时任昔东县民族革命战争动员委员会（简称昔东动委会）主任。1940年春，奉调到太行根据地冀南银行上党印刷厂（地址在辽县麻田村东山）搞财务工作。同年秋，任太行一专署抗日一中校长。1945年昔阳解放后，任皋落第三高小校长。1948年3月中旬，在反特斗争中含冤去世。1983年3月31日，赵邦藩的特务问题平反昭雪，得以恢复名誉。

赵邦荣

赵邦荣（1911—1992），昔阳县大寨镇洪水村人，1929年考入太原国民师范学校。1934年初，同乔增禄、赵武成一起创办《朝阳》杂志。1937年1月，加入牺盟会任昔阳分会执委，同年10月加入中国共产党。1937年10月至1938年5月，任昔阳县动委会副主任；1938年5月至1938年12月，任昔东县动委会副主任；1938年11月至1939年11月，任政府秘书科秘书；1939年11月至1940年3月，任昔东县抗日民族政府代县长。后任晋冀鲁豫边区秘书、太行五专署民政科长。解放战争时期，任山西潞安电厂厂长、潞安煤矿矿长。建国后，历任中央燃料工业部煤矿管理总局机电处处长、开滦煤矿总管理处副主任、河北省煤管局局长、山西省煤管局局长、河北省煤炭工业管理局局长兼党组书记等职。1983年离休。

李进军

李进军（1919—1969），昔阳县乐平镇西大街村人，1935年考入大原友仁中学。1936年，先后参加抗日民族先锋队、抗日救国牺牲同盟会，被称为“昔阳抗战四君子”之一。1937年6月加入中国共产党。后任昔阳县牺盟会执委。1938年2月，先后任晋东抗日游击队九龙支队队长、政委等职。1939 年调任晋东保安六团政治部主任。1940 年先后任二地委教育组长、中共榆次县委宣传部长。1943 年调往河南，先后任中共辉县县委宣传部长、获嘉县委副书记、原阳县委书记。1946 年，李进军任冀南银行太行分行副经理，继任长治专区财委副主任兼银行经理，人民银行晋中分行、太原分行、山西省分行行长。1956 年，任山西省委财贸部副部长，山西省计划委员会常务副主任、党组副书记、主任、党组书记等职。曾任中共山西省委第二、三届委员，山西省第一、二届人大代表、政协委员，山西省工商业联合会第一、二届主席，全国国防工业战备领导组山西组组长。1969 年 12 月 22 日，病逝于石家庄。

魏万珍

魏万珍（生卒年月不详），1942 年，任昔（阳）东县五区武委会主任；1943 年 1 月—9 月，任四区救联会主席；1943 年 10 月—1945 年 6 月，任昔（阳）东县三区农救会主席；1945 年 8 月—1945 年 11 月，任昔（阳）东县救联会主席。1945 年 11 月—1946 年 6 月，任昔阳县十区区分委书记。1945 年 11 月—1948 年，任昔阳县各界联合会主席。

高如晓

高如晓（1923—2011.2），昔阳县西寨乡西寨村人，1939 年 1 月参加革命，1940 年入党，1940 年 3 月至 10 月、1944 年 2 月至 1945 年 7 月，两度任昔西县委秘书处秘书。1945 年 8 月—1945 年 10 月，任中共昔东县委秘书处秘书，1945 年 11 月—1946 年 3 月，任中共昔阳县委秘书；1946 年 4 月—1946 年 6 月，任中共十二区分委副书记；1947 年 7 月—1947 年 12 月，任中共八区分委副书记；1948 年 2 月—1949 年 9 月，任中共五区分委书记；1949 年 10 月—1951 年 10 月，任中共五区区委书记；1952 年 5 月—1953 年 1 月，任中共一区区委书记；1953 年 7 月，昔阳县委设立统战部，高如晓任副部长，直至同年 10 月撤销统战部。后任晋中地区工商局副局长。1985 年在晋中市工商局离休，享受副厅级待遇（原行政十四级）。2011 年 2 月病逝。

翟丙午

翟丙午（1925.2—2003.5），昔阳县李家庄乡胡峪村人，1945 年 8 月加入中国共产党。1947 年 6 月参加革命，历任一区民政助理员、县政府民政科、干部科科员，1950 年 3 月—1951 年 4 月，任六区副区长；1951 年 4 月—1951 年 6 月，任五区区长；1951 年调榆次专署工作，先后任专署农林科科员、工商科员、榆次煤建分公司经理、榆次商业干校办公室主任、专署介休煤站经理、地委财贸部干事、专署繁殖场场长、专署商业局办公室副主任、华北局商业处干事、专署供销社科长等。1965 年 7 月—1966 年

2月，任县财贸办公室主任；1966年5月—1967年2月，任财经委员会主任；1967年3月至1974年，任县百货公司经理、县氮肥厂办公室主任。1975年调回县委宣传部工作。1978年11月—1982年11月，任县委宣传部副部长，分管统战工作。1982年12月，任统战部副部长。1985年7月退休。2003年5月因病去世。

白万来

白万来（1931—2008），昔阳县乐平镇冀家庄村人，中共党员。1944年参加工作，任编村青救会主席。1947年进入教育界工作，任小学教员。1952年9月，任中共五区委秘书。1954年任县委办干事。1955—1958年先后任冶头、大寨、白羊峪乡党委书记。1959年始先后任县委调研室副主任，白羊峪、界都公社党委书记。1967年任农业办公室主任，1968—1969年任中共昔阳县核心小组办公室主任，1972年始先后任昔阳中学校长、支部书记，1976年10月始，先后任县革命委员会办事组副组长、革命委员会办公室主任、县委调查研究室主任、县委办公室主任。1983年任县委统战部部长。1984年3月，任县政协副主席。1987年5月，任县人大常委会副主任。1991年12月离休。2008年病逝。

李桂英

李桂英（1943—1996），女，中共党员，高中学历，昔阳县大寨镇田疃村人，1963年9月，参加教育工作，任厚庄小学教员。1964年6月，任县政府财贸办公室干事。1967年8月，任丁峪公社妇联主任。1969年6月，任县妇联会干事。1973年11月，任安坪公社副书记。1979年11月，任县棉织厂书记兼厂长。1981年6月，任县手工业管理局副局长。1982年6月，任县妇联会主任。1993年12月，任县委统战部副部长（正科）。1996年6月病逝。

第二节　党外领导干部

李棣园

李棣园（1899—1958），昔阳县乐平镇穆家会村人，民国十二年（1923）毕业于省立第一师范学校，任劝学所劝学员。十四年（1925）昔阳县在皋落成立第三高级小学，任校长。后任联合校长、县教育课督学、第二高级小学教员、县民众教育馆馆长等职。1937年11月参加革命工作，先后担任难民所所长、昔东县政府科员、难民学校校长、县政府秘书等职。1944年3月，先后任教晋冀中学师范班、昔东抗日高小。解放后先后任东冶头高小教员、县立一高教员、县文补校中学班教员。1951年10月，当选昔阳县各界人民代表大会常委会副主席，1956年任昔阳中学副校长，10月任昔阳县文教副县长。1958年5月22日逝世。同年，被追认为中国共产党党员。

王希圣

王希圣（1908—1983），原名尊贤，昔阳县皋落镇车寺村人，1932年任教县第三高小。1938年被派往“主张公道团”任副团长。1940年任教昔（阳）东抗日高小。昔阳解放后，先后任县立一高校长和教育科副科长。1942年因战争的残酷和环境的复杂，他失去了与党组织的联系。1959年重新加入中国共产党。1950年，任昔阳文化馆馆长。后任县各代会副主席、昔阳中学副校长、分管文教工作的副县长等职。

尹　澄

尹澄（1920—1996），山西岚县上明村人，1938年12月—1949年4月先后在五四专区民中、工兵、太原绥靖公署任司务长、指导员、干事、秘书等职。1949年5月，入山西大学学习，7月任平定县文补校教师，中学高级教师职称。先后任昔阳县第七届人大代表，第八届人大常委会委员。1984年3月—1987年5月，任昔阳县政协副主席，兼学习委员会主任。

张振华

张振华（1927—2000），山西侯马人，我县第一位中国民主促进会会员和昔阳县民进组织的创始人。昔阳县第三、第四、第五届人民代表大会代表。1953年，张振华在山西大学语文专修科毕业，历任昔阳中学、大寨中学、昔阳高级职业中学语文教师、语文教研组组长。1984年8月，民进中央名誉副主席、山西大学校长陈舜礼介绍加入民进组织。1985年、1986年连续两次获晋中地区优秀教师称号，在政协昔阳县第一届委员会上当选常务委员，政协昔阳县第二届、第三届委员会副主席。1989年加入中国共产党，同年获晋中地区“优秀共产党员”称号。

孙润荣

孙润荣（1930—2008），山西榆次人，1954年山西大学体育专科毕业后分配到昔阳中学任体育教师，后获得省级排球裁判员资格和中学高级教师职称。先后任政协昔阳县第一届委员会常务委员，第二、三届委员会副主席等职。

米西龙

米西龙（1938—2016），女，回族，河北张家口人，中国戏剧家协会山西分会会员。

1949年10月，在张家口市戏校学习并参加工作，主攻青衣。1952年为阳泉市晋剧团演员。1955年来到昔阳县晋剧团，成为该团名角。1972年下放到鞋厂当工人，1978年重回昔阳县晋剧团。1987年5月始，米西龙先后任政协昔阳县第二、三、四届委员会副主席，第二届政协学习委员会副主任，第三届政协文史资料委员会主任，第四届政协文教卫生委员会主任。

曲正来

曲正来（1934—2019），山东益都人，大学文化，高级工程师。1962年9月参加工作，任运城盐化局二厂技术员。1967年9月，任昔阳县氮肥厂技术员、工程师、总工程师、副科长、科长、副厂长。政协昔阳县第一届委员会常务委员，昔阳县政协二、三届委员会副主席。1999年退休。

第三节　党外代表人士

阎聚宝

阎聚宝（生卒年月不详），山西五台人，民国二十六年（1937）任昔阳县县长。抗战爆发后各界组建新政府，按照中国共产党统战政策，阎聚宝任抗日民主政府县长，并兼任昔阳县民族革命战争动员委员会（简称动委会）主任。1938年4月后资料不详。

毛钟谨

毛钟谨（1917.2—1990.6），昔阳县乐平镇梁庄村人，高小文化程度，无党派人士。抗战时期，在昔西抗日政府公安局工作。昔阳解放后，任县公安局生产员，后相继在机关联社、晋昔商店、六合同联营染坊工作，1952年担任昔阳公私合营杂货店副经理。1952年2月、1954年6月和1961年8月连任昔阳县工商联第一、二、三届主任委员。

孔二和

孔二和，工商界人士。1954年6月，任昔阳县工商联第二届副主任委员。其余资料不详。

杨兰花

杨兰花（1933—2008），女，昔阳县赵壁乡南思贤村人，党外人士，昔阳县第三、四、五、六、七届人民代表大会代表，昔阳县第七届革命委员会委员，中国戏剧家协会山西分会会员，政协昔阳县第一届、第三届委员会委员。

王志强

王志强（1899—1963），字毅甫，昔阳县赵壁乡东寨村人，北京工业学院毕业后考取日本国立横滨高等工业学校，攻读化工。1925年学成回国，任山西省立工业学校教授，继而转任河北省井陉煤矿任技师。1929年，返乡振兴教育，建立东寨学校。日军侵占昔阳后，参加抗日游击队。1945年秋，就任山西省立川至医学专科学校教授。1948年当选国民大会代表参加在南京召开的第一届国民代表大会。1949年后客居台湾，任新竹工业职业学校教员。1963年逝世。

李方桂

李方桂（1902—1987），祖籍昔阳县乐平镇李家沟村，出生于广州，系乐平“父子进士”李希莲之孙，李光宇之子。1921年，考入清华大学医预科。1924年，公费留美考取密歇根大学医学系。后改学语言学，1926年获语言学士学位。毕业后进入芝加哥大学语言学研究所，从事阿撒巴斯卡语系研究。三年内连续取得硕士、博士学位。1929年回国，被中央研究院院长蔡元培聘为历史语音研究所研究员，从事汉语言韵学、汉语方言学、苗瑶语、台语及古藏语的研究。1937年，赴美国耶鲁大学任访问教授，1939年回国。1944—1946年任成都大学和燕京大学访问教授，代表中国参加在印度举行的第九届国际东方学会议。1946年秋，任哈佛大学中国语言学访问教授。1948年任教耶鲁大学。同年，当选为中央研究院第一届院士。1949年任教西雅图华盛顿大学。1950年当选美国语言学会副会长。1952年任《美国语言学国际杂志》的副主编。1969年在华盛顿大学退休。同年秋，夏威夷大学语育学系礼聘其任教，后被普林斯顿大学、夏威夷大学聘为名誉教授，被密歇根大学与香港中文大学授予荣誉博士学位。1973年被聘为《中国语言学报》副主编。1987年8月21日病逝。

王志均

王志均（1910—2000），昔阳县赵壁乡东寨村人，1932年，考入清华大学生物系，毕业留校任助教。后到协和医学院生理系进修，师从中国生理学的奠基人林可胜教授。1939年在昆明建立生理学实验室。1941年在贵阳医学院任教，先后被聘为讲师、副教授。1946年，赴美国伊利诺耶大学医学院学习，师从著名消化生理学家艾维（A.C.Ivy）教授，从事胰腺分泌的研究。1950年获哲学博士学位，回国任教于北京医学院。1953年被评为教授职称。1980年被选为国家科学院院士（时称学部委员）。1964年被选为中国生理学会第14届常务理事，1978—1984年连任第15届和第16届副理事长。在1985年第17届代表大会上，王志均被选为理事长，后任名誉理事长至逝世。王志均院士先后在国内外发表原著论文 95 篇，综述、专论、叙事文 70 多篇。

史掌元

史掌元（1921—2012），昔阳县界都乡里安阳沟村人，全国劳动模范，曾任中国音乐家协会理事、音协山西省分会副主席、名誉主席、晋中文联副主席、山西省第五届人民代表大会代表、昔阳县第四至第十六届人民代表大会代表，昔阳县第九届、十届人大常委会委员等职。一生共创作歌曲 2000 余首，1959 年创作的《唱得幸福落满坡》获全国业余歌手比赛一等奖，1963 年创作的《请到我们山庄来》荣获山西省歌曲创作比赛一等奖，1980 年创作的《春天到了》获山西省歌曲创作三等奖，1981 年创作的《小顶针》获全国少年儿童歌咏比赛一等奖，1991 年创作的《喜讯来至中国的乡村》获"太平杯"首届全国乡镇企业歌曲征集评选活动二等奖。1997 年创作的《清粼粼渠水哗啦啦地流》获山西省"五个一工程"优秀作品奖。1960 年 2 月，在全国农村群众文化工作会议上，史掌元被授予全国"农民作曲家"称号。2010 年，晋中市政府授予他"农民音乐家"称号。昔阳县委、县政府授予他"德艺双馨农民艺术家"匾额和荣誉证书。2012 年 2 月 13 日病逝。

第二章　人物简介

第一节　历任统战部部长、副部长

王富来

王富来，男，汉族，中共党员，1942年2月生，昔阳县东冶头镇卧龙山村人，初中文化。1956年7月参加工作，1960年2月加入中国共产党。先后任百货公司通讯员，县委办通讯员，安坪公社干部，王寨公社团委书记，赵壁公社武装部长，三都公社“四清”工作队队长、党委委员，赵壁公社党委副书记，县委组织办公室副主任、主任，三都公社党委书记，城关镇党委书记。1986年9月，任县委统战部长。曾任县政协第二、三、四届委员会副主席、党组成员。2002年退休。

李怀文

李怀文，男，汉族，中共党员，1945年12月生，昔阳县大寨镇北亩村人，大学本科学历，工程师职称。1970年从太原工学院机械系毕业后分配到大寨氮肥厂参加工作，历任技术员、车间副主任、设备动力科科长等职。1984年调昔阳县经济委员会工作，历任生产科长、经委副主任。1989年4月，任昔阳县水利水保局局长。1992年任昔阳县经济委员会主任，1996年任经贸委主任。1998年任中共昔阳县委统战部部长，2002年4月当选县政协副主席。2003年10月离职，2006年6月退休。退休后被聘为昔阳县老区促进会副会长。

李保国

李保国，男，汉族，中共党员，1954年7月生，昔阳县赵壁乡白羊峪村人，函授大专学历。1974年11月至1983年，在县氮肥厂任团总支副书记、办公室主任，1984年12月以后，相继担任洪水乡政府秘书、洪水乡副乡长、党委副书记、乡长，安坪乡党委副书记、乡长，王寨乡党委书记等职。2002年6月，任县委统战部部长，2003年11月任县农业广播电视学校常务副校长（正科），2007年5月离岗，2014年退休。

李鹏飞

李鹏飞，男，汉族，中共党员，1967年7月生，山西左权人，大学学历，1986年

8月参加工作，1991年7月加入中国共产党。1986年8月任左权县堡则乡堡则学校教师；1987年1月任左权县堡则乡堡则中心学区校长；1987年12月任左权县政府办公室科员；1992年8月任晋中行署秘书处科员；1997年1月任晋中市政协办公厅副科长、科长；2001年12月任晋中市政协办公厅副主任；2003年8月任中共昔阳县委常委、统战部部长；2006年6月任昔阳县委常委、纪委书记；2011年5月任榆次区委常委、纪委书记；2013年12月任榆次区委副书记；2016年9月任榆次区委副书记，区人大常委会主任、党组书记；2017年4月任榆次区人大常委会主任、党组书记。

张　驰

张驰，男，汉族，中共党员，1972年11月出生，山西榆社人，硕士研究生学历。1995年12月参加工作，历任晋中行署农牧局机关后勤服务中心副主任，晋中市农业技术推广站站长。2006年6月至2009年8月，任中共昔阳县委常委、统战部部长。2009年8月至2011年5月，任中共昔阳县委常委、政法委书记。2011年5月至2013年12月，任中共昔阳县委常委、常务副县长，县政府党组副书记；2013年12月至2016年8月，任中共昔阳县委副书记。2016年9月任介休市委副书记、市长。2019年10月任长治市上党区委书记。

李怀仁

李怀仁，男，汉族，中共党员，1962年11月生，昔阳县乐平镇落雁头村人，大学学历。1984年7月在昔阳县委农工部参加工作，1986年7月加入中国共产党。历任农工部副部长、农委副主任、县委办副主任、正科级督察员、昔阳县司法局局长、昔阳县粮食局局长、县委办主任、党群系统党委书记。2011年5月任中共昔阳县委统战部部长、政协昔阳县委员会党组成员。2011年6月，在政协昔阳县八届一次全委会上当选为政协副主席。2016年9月，任中共昔阳县委常委、统战部部长。

裴素青

裴素青，男，汉族，中共党员，1973年10月生，昔阳县赵壁乡斜峪沟村人，本科学历。1993年9月凤居中学参加工作，1998年6月加入中国共产党。历任县教委、教育局科员、办公室副主任、主任、政教室主任，县纪委常委、办公室主任，阎庄乡党委副书记、乡长，东冶头镇党委副书记、镇长、党委书记，县政府党组成员、政府办主任、应急办主任、行政系统党委书记，县委办公室主任、一级主任科员。2021年4月任中共县委常委、统战部部长、县政协党组副书记。

乔维恒

乔维恒，男，汉族，中共党员，1950 年生，昔阳县赵壁乡赵壁村人，大学学历。1970 年 12 月至 1974 年 6 月在阎庄公社民安中学，白羊峪公社水深中学任教师，校长。1974 年 7 月至 1981 年 12 月在县委宣传部任内务干事，理论教员。1981 年 12 月任正局（科）理论教员。1988 年 1 月任县委岗位责任制办公室任副主任。1989 年 1 月任县委统战部任副部长，党支部书记。1991 年 5 月任晋中市（地）委统战部办公室副主任、经济科长。2003 年 11 月任晋中市工商业联合会副会长（副主席），党组成员。2010 年 10 月退休。

吴根柱

吴根柱，男，汉族，中共党员，1950 年 1 月生，昔阳县界都乡二郎峪村人，1968 年参加中国人民解放军，营职干部，1984 年 1 月转业，先后任昔阳县公安局办公室副主任、县委宣传部副科级支部教员、西寨乡党委副书记、瓦邱乡党委副书记、乡长等职。1992 年 12 月任昔阳县委统战部副部长。2002 年 6 月离岗，2010 年退休。

翟章信

翟章信，男，汉族，中共党员，1947 年 3 月生，中师学历，昔阳县阎庄乡西掌村人，1967 年参加教育工作，先后在白羊峪学校、张家庄学校、民安学校、县教育局进修学校担任教师、校长等。1978 年 9 月至 1991 年 9 月，历任三都公社党委副书记、赵壁公社主任、瓦邱公社党委书记、洪水公社党委书记等职。1991 年 9 月任县物价局局长，1994 年 12 月任县政协文史科长，1996 年 11 月任县委统战部副部长。2000 年离职，2007 年退休。

李兰荣

李兰荣，女，汉族，1948 年 12 月生，昔阳县巴州村人，省委党校函授专科毕业，1973 年 11 月加入中国共产党。1969 年参加工作，先后任大寨展览馆解说员、县妇联会干事、县人民检察院助检员。1985 年 12 月至 1996 年 12 月任昔阳县妇女联合会副主任，1997 年 1 月任县委统战部副部长，2003 年退休。

张青润

张青润，男，汉族，中共党员，1963 年 9 月生，昔阳县乐平镇西大街村人，大学学历，农艺师职称。1984 年 7 月在昔阳中学参加教育工作。1985 年县科委工作。1996

年后历任丁峪乡科技副乡长、党委副书记、乡人大主席。2002年任县委统战部副部长、台办主任。2007年5月任政协昔阳县第七届委员会秘书长、党组成员、机关党支部书记。2011年7月任政协提案和农业委员会主任。

来连和

来连和，男，汉族，中共党员，1955年8月生，昔阳县孔氏乡孔氏村人，中专学历。1977年10月参加工作，先后在县农机局、落实政策办公室、县信访办任干事、科员。1989年7月，任信访办副主任、信访局副局长。1999年4月，任县信访局副局长（正科）。2002年7月，任县委统战部副部长。2003年11月，任县委统战部副部长兼民族宗教事务办公室主任。2007年5月离岗，2015年退休。

程海滨

程海滨，男，汉族，中共党员，1966年5月生，昔阳县赵壁乡凤居村人，本科学历。1986年参加工作，1986年7月在昔阳县委政研室工作。1995年10月，历任三都乡、洪水乡纪检书记，东冶头镇党委副书记、人大主席。2007年5月，任县委统战部副部长兼民族宗教事务局局长。2011年5月至今，任昔阳县交通运输局主任科员、运管所所长。

翟素明

翟素明，男，汉族，中共党员，1974年8月生，昔阳县阎庄乡西掌村人，大学学历。1995年9月参加工作，任白羊峪乡任团委书记、秘书。2001年3月任赵壁乡政府综合办公室主任、机关党支部书记。2004年4月任团县委副书记。2007年9月任昔阳县委统战部副部长，工商联书记、副主席。2011年5月任昔阳县政协党组成员，6月在政协昔阳县八届一次全委会上当选为秘书长。2016年3月，任县生态环保局局长。2019年3月，任县文旅局局长。

尹彦斌

尹彦斌，男，汉族，中共党员，1968年9月生，昔阳县赵壁乡西丰稔村人，大学本科学历。1992年8月参加工作，历任大寨乡团委书记，大寨乡党政综合办公室主任，大寨镇副镇长。2007年9月，任昔阳县统计局副局长。2012年5月，任昔阳县委统战部常务副部长。2017年5月，任昔阳县统计局局长。

刘立斌

刘立斌，男，汉族，中共党员，1971 年 11 月生，昔阳县界都乡大瓦邱村人，大专学历。1994 年参加教育工作。1997 年 7 月，先后在县委通讯组、县委办公室任科员、副科级督查员、正科级督查员等职。2011 年 5 月，历任县委统战部副部长、工商联党组书记、副会长等职。2017 年 5 月，任昔阳县投资促进局局长。2017 年 12 月，任县政府党组成员。

耿建明

耿建明，男，汉族，中共党员，1972 年 5 月生，昔阳县孔氏乡北泉村人，大学学历，1996 年 7 月加入中国共产党。1995 年 7 月，在洪水乡政府工作。1997 年 9 月，先后任县委组织部科员、副科级组织员、正科级组织员。2012 年 5 月任县委统战部副部长。2017 年 9 月，兼任县工商联党组书记。

张东锋

张东锋，男，汉族，中共党员，1976 年 4 月生，昔阳县大寨镇东沟村人，大学学历。1995 年 7 月参加工作，历任凤居乡团委书记，县委组织部科员、副科级组织员、副部长等职。2009 年 9 月，任西寨乡党委副书记、乡长。2011 年 5 月，任李家庄乡党委副书记、乡长。2013 年 4 月，任政府办主任科员、县旅游局局长。2017 年 5 月，任县委统战部副部长（常务）。2019 年 3 月，任县委统战部常务副部长。2020 年 11 月，任县委统战部常务副部长、一级主任科员。

杨晓君

杨晓君，男，汉族，中共党员，1968 年 7 月生，昔阳县乐平镇野峪村人，大专学历。1990 年 7 月在县民政局参加工作，2012 年 5 月，任县科技局纪检组长，2015 年 5 月，任县教科局纪检组长，2018 年 1 月，任县纪委监委第五派驻组组长，2019 年 3 月，任县委统战部副部长、民族宗教事务局局长。

王志刚

王志刚，男，汉族，中共党员，1973 年 2 月生，昔阳县乐平镇温家庄村人，本科学历。1992 年 7 月参加工作，1997 年 7 月加入中国共产党。历任教师、县委办公室科员，2002 年 6 月任县政府办公室副主任，2006 年 6 月任李家庄乡党委副书记、乡长，2009 年 9 月任西寨乡党委书记，2011 年 4 月任赵壁乡党委书记，2014 年 10 月任乐平镇党委书记，2017 年 5 月任国土资源局局长，2019 年 3 月任自然资源局局长，2021 年 4 月任昔阳县委统战部常务副部长。

第二节　党外领导干部

李观万

李观万，男，汉族，1941 年 8 月生，昔阳县乐平镇东关村人，中专文化。1964 年 9 月参加工作，先后任昔阳县农技推广站技术员，农科所技术员，种子公司技术员、副经理。1988 年任农业技术推广中心技术站站长。1992 年 4 月任蔬菜中心农艺师。1998 年 5 月县农牧局工作。曾任政协昔阳县第二、三、四、五届委员会常务委员，第四届委员会副主席。2001 年退休。

王怀荣

王怀荣，男，汉族，1960 年 10 月生，昔阳县阎庄乡阎庄村人，1977 年参加工作。1982 年毕业于山西农业大学，2010 年获农业推广硕士学位。1996 年任昔阳县工商业联合会会长，1998 年任政协昔阳县五届委员会副主席。1999 年任昔阳县人民政府副县长。2002 年 7 月任晋中市工商业联合会会长。2005 年 1 月，任山西省中小企业局副局长。政协山西省第九届委员会委员，第十届委员会常委。2019 年任山西省工信厅一级巡视员。

毛新民

毛新民，男，汉族，1955 年 7 月生，昔阳县乐平镇梁庄村人，大学学历，1974 年 11 月参加工作，先后在昔阳县城建局、灵石县人民政府、榆社县建设局、昔阳县建筑设计室工作。1999 年 4 月，任昔阳县房改办副主任。2001 年 4 月，任县政协副主席，2002 年 9 月兼任昔阳县工商联会长。2003 年 8 月任昔阳县人大常委会副主任。2018 年 7 月退休。

潘占喜

潘占喜，男，汉族，1960 年 2 月生，昔阳县大寨镇潘掌村人，大专学历，主治医师职称。1981 年 8 月晋中卫校毕业后分配到大寨医院工作，1986 年调县中医院工作，先后担任内科主任、CT 室主任。2000 年 6 月，任昔阳县人民医院副院长。2004 年 5 月任昔阳县人民医院院长。2011 年 5 月任昔阳县卫生局局长，兼昔阳县人民医院院长。曾任政协昔阳县第五届委员会委员、常委，晋中市政协第二、第三届委员会委员。

2001 年 4 月任县政协副主席。2003 年、2007 年、2011 年连任政协昔阳县第六、第七、第八届委员会副主席。2016 年任晋中市中医院院长。

耿计良

耿计良，女，汉族，1965 年 3 月生，昔阳县孔氏乡小腰嘴村人，大学本科学历，农艺师职称。1987 年山西农业大学植保系毕业后在昔阳县农业技术推广中心植保站参加工作，2002 年任昔阳县农业局副局长。2003 年任政协昔阳县第六届委员会副主席。2007 年 6 月，任昔阳县人民政府副县长。2016 年 9 月，任县人大常委会副主任。2019 年 6 月，县人大常委会副主任、二级调研员。

王秀英

王秀英，女，汉族，1951 年 11 月生，昔阳县乐平镇东关村人，大专文化，中教一级职称。1970 年参加教育工作,1979 年至 1993 年任昔阳中学英语教师。山西省第八、九、十届人大代表。1993 年 6 月任县人大常委会副主任。2003 年 6 月任昔阳县人民政府副县长。2007 年 5 月任政协昔阳县委员会副主席。2016 年退休。

杨海燕

杨海燕，女，汉族，1964 年 4 月生，昔阳县乐平镇野峪村人，大学文化，经济师。1985 年 7 月在昔阳县职业中学参加工作，1988 年 9 月调昔阳县农业技术推广中心。1999 年 3 月任西寨乡人民政府副乡长，2001 年 3 月任大寨镇人民政府科技副镇长，2002 年 6 月任昔阳县科技局副局长，2007 年 4 月任昔阳县人大常委会教科文卫工作委员会主任。曾任政协昔阳县第五、六、八届委员会委员，县人大第六届常务委员会委员。2011 年 6 月任县政协副主席。

梁素平

梁素平，男，汉族，1970 年 2 月生，昔阳县孔氏乡李家庄村人，大学文化。1994 年 7 月参加工作，任西寨乡团委书记。1996 年 12 月后，先后在昔阳县法院办公室、经济庭工作。2001 年 7 月，任赵壁法庭审判员。2002 年 9 月，历任昔阳县法院副院长、正科级审判员、政府法制办主任。2014 年 4 月，任县政协副主席。

李丽萍

李丽萍，女，汉族，1976 年 2 月生，昔阳县乐平镇落雁头村人，大专学历。2000 年 12 月，先后在县人事局、李家庄乡工作。2007 年 4 月，任沾尚镇副镇长。2011 年 5

月，任县民族宗教事务局局长。2016 年 9 月，任昔阳县人民政府副县长。

第三节　历任统战各领域社会团体负责人

郭壮生

郭壮生，男，1942 年 2 月生，昔阳县乐平镇瑶湾村人，中专学历，中共党员。1962 年 8 月参加工作，任教师、教育局干事。1983 年任乡镇局干事。1984 年任西寨乡党委副书记。1985 年任乡镇局副局长。1991 年 3 月，在昔阳县工商联恢复成立后召开的第四届会员代表大会上，被选为工商联副主任委员。1996 年 1 月，昔阳县工商联第五届会员代表大会上当选主任委员（会长），县政协四届常委。

黄祥苗

黄祥苗，男，汉族，1966 年 8 月生，浙江省苍南县人，中共党员，文化程度硕士研究生，工程师。1994 年至 2003 年，任温州井巷工程公司工程师、总经理。2003 年至 2009 年，昔阳县铁炭窑沟煤矿任董事长，2010 年任山西昔阳丰汇煤业公司、晋祥能源投资公司董事长。2011 年 11 月，任昔阳县工商联主席。2012 年任晋中市工商联副主席。2013 年任山西省工商联执委。此外，黄祥苗还担任中国民营企业家协会副会长、山西省浙江企业联合会常务副会长、浙江企业发展研究会会长、广西青年联合会常委、青年企业家协会副会长、温州昔阳商会会长等职务，昔阳县六届、七届、八届政协常委。

尹华勇

尹华勇，男，汉族，1978 年 4 月生，昔阳县赵壁乡西丰稔村人，大学本科学历，2006 年 8 月加入中国共产党。2005 年参加工作，历任大寨镇政府综治专干、党委委员，三都乡武装部长，乐平镇副镇长，2012 年 12 月任县民政局纪检组长，2015 年 4 月任大寨工贸园区管委会主任，2017 年 6 月至 2019 年 3 月，任县政府法制办主任、民族宗教事务局局长，2019 年 4 月，任县司法局副局长。

王乃凤

王乃凤，女，汉族，1960 年 4 月生，大专学历，昔阳县皋落镇车寺村人，中共党员。1977 年 8 月参加工作，1979 年至 2015 年，在昔阳县人民医院任内科主任。2015 年 7 月，在昔阳县侨联一届一次代表会议上当选为昔阳县侨联主席。2017 年，任县侨联名誉主席。

韩旭鹏

韩旭鹏，男，汉族，1974 年 1 月生，昔阳县赵壁乡东平原村人，大学本科学历，中共党员。1990 年 1 月参加工作，先后在县建设局、机关事务管理局工作，2010 年 6 月先后任大寨国际旅行社副经理、经理，2015 年 8 月任昔阳县侨联党组书记。

郭志强

郭志强，男，1981 年 4 月生，中共党员，昔阳县孔氏乡泉口村人，大学本科学历。2005 年 9 月参加工作，在昔阳中学任教。2010 年借调县委组织部工作，2012 年 12 月，任昔阳县就业指导中心副主任，2015 年 5 月任县编制办公室副主任，2017 年在县侨联一届二次会议上当选为侨联主席，2019 年 3 月任东冶头镇党委副书记，2020 年 10 月任东冶头镇党委副书记、镇长。

肖　雷

肖雷，男，汉族，1986 年 10 月生，中共党员，河北省南河县人，妻子王一轩获加拿大绿卡。2007 年毕业于山西大同大学。2009 年在肖俊国口腔诊所工作。2010 年在德国法兰克福大学进修。2013 年，任四通润农菌业公司总经理。2015 年，任四通一轩综合医院院长。2020 年 8 月，在县侨联第二次归侨侨眷代表大会上当选为县侨联主席。

卜银福

卜银福，男，汉族，1937 年 6 月生，昔阳县乐平镇河东村人，1985 年加入中国民主促进会。1958 年 7 月太谷农校毕业先后在雁北行署农业建设局、农业技术学校、省林业厅直属太行森林经营局工作。1971 年 1 月，在昔阳东风林场任林业工程师。1982 年 11 月，在昔阳县科委工作。卜银福曾任民进省委昔阳直属小组副组长、组长，昔阳县第一届政协委员，政协农业工作组副组长，中国林学会会员，昔阳县科学技术协会常委。

赵怀瑞

赵怀瑞，男，汉族，1963 年 9 月生，中国民主促进会会员，昔阳县皋落镇皋落村人。1983 年后，先后在昔阳县防疫站，县中医院，县人民医院工作。现任县人民医院副主任医师、针灸科主任，晋中市中医学会理事，山西省基层卫生学科建设专家委员会常务委员。2003 年当选民进昔阳县支部委员会主委。曾任晋中市政协第一、二届委员，政协昔阳县第四届委员会委员，第五、六、七届政协委员会常委。

崔海军

崔海军，男，汉族，1966 年 9 月生，中国民主促进会会员，昔阳县界都乡柏岩底村人，1988 年 7 月参加工作，历任昔阳中医院超声科主任、昔阳县中医院副院长、县医疗集团副理事长。2003 年 3 月，当选民进昔阳县支部秘书长。2013 年 4 月、2017 年 7 月，当选民进昔阳县支部第四、五届主委，民进晋中市委副主委。政协晋中市第四届委员会委员，政协昔阳县第九届委员会常委。

释悲实

释悲实，1935 年 2 月生，俗家名翟世祥，界都乡南沟掌村人，1982 年，在五台山拜慈贵法师剃度出家，1986 年，同师父进住太原崇善寺，1988 年 4 月在广东曲江县南华禅寺受戒，后到清徐县温李青观音寺担任住持，1993 年 5 月担任昔阳县佛教协会会长。

释一然

释一然，1971 年 6 月生，曾用名释宽博，俗家名孙宁博，河北石家庄人，大学学历。1995 年 6 月在陕西省兴教寺出家，1998 年在南华寺受戒。2000 年 8 月，驻石门寺。2005 年，筹资建设金刚禅寺。2012 年任昔阳县佛教协会会长，晋中市佛教协会副会长。2003 年至今，任政协昔阳县第六届至第九届委员会委员。

张怀祥

张怀祥，男，1955 年生，昔阳县乐平镇瑶头村人，初中文化，1976 至 1997 年在粮食局加工厂工作。1982 年开始信仰基督教，1994 年在阳泉教堂由王敬慧长老受洗归主。1997 年至 2020 年为昔阳县基督教协会会长、昔阳县基督教“三自”爱国运动委员会主任。曾任政协昔阳县委员会第五、六届委员。

李云丽

李云丽，女，1977 年 9 月生，乐平镇红土沟村人，1995 年受洗加入教会。1999 年从事牧养工作。2008 年按立长老。先后当选昔阳县基督教协会委员、副会长，昔阳县基督教“三自”爱国运动委员会委员、副主任等职。2020 年 8 月，当选昔阳县基督教协会会长、昔阳县基督教“三自”爱国运动委员会主任。

唐绍袍

唐绍袍，男，1970 年 9 月生，中共党员，浙江温州人，昔阳丰汇煤业有限责任公司副董事长。曾任开滦集团蔚州矿业公司项目部经理、昔阳铁炭窑沟煤业公司副总经理、山西沁源花坡煤业公司总经理、北京晋祥投资公司副总经理，昔阳县第十七届人大常委会委员。2016 年当选昔阳县光彩事业促进会会长。

张秋胜

张秋胜，男，1963 年 11 月生，无党派，昔阳北关人。曾任昔阳县中医院主治医师、外科主任、中医院副院长。2017 年当选为昔阳县党外知识分子联谊会会长，是政协昔阳县六届、七届、八届常务委员会委员。2019 年 5 月，任昔阳县人民医院院长、县医疗集团理事长。

宋希平

宋希平，男，汉族，1988 年 3 月生，乐平镇河西村人，大学学历，中共党员，现任山西厚基伟业集团董事长。先后创立山西团聚网络科技有限公司、汇通天下电子商务有限公司、山西云创众创空间有限公司。2017 年任昔阳县工商联副主席、晋中市总商会副会长。2017 年 7 月当选昔阳县新的社会阶层人士联谊会会长。

第四节　统战代表人士

齐培英，1961 年 9 月生，无党派，昔阳县沾尚镇广阳村人。昔阳县金星硫化厂厂长，曾任县工商联副主席，山西省九、十届人民代表大会代表。

马怀兰，女，1954 年 10 月生，无党派，昔阳县大寨镇马家沟村人。昔阳县井沟村村委会主任，县工商联执委，山西省十一届人民代表大会代表，2010 年荣获山西省劳动模范。

尹秀文，女，1962 年 8 月生，无党派，昔阳县赵壁乡赵壁村人，现任昔阳县医疗集团人民医院护理部主任。曾先后被评为全市卫生系统先进个人、全市“十佳白衣天使”、全市“十佳护士”、昔阳县“十业明星”，被授予晋中市劳动竞赛委员会一等功、晋中市妇联会“三八红旗手”、晋中市五一劳动奖章，山西省十二、十三届人民代表大会代表。

王维银，1957 年生，中共党员，中央党校本科毕业生，昔阳县四通工贸有限公司党支部书记、董事长，县工商联副主席。先后荣获山西省劳动竞赛委员会“二等功”“山西省劳动模范”和晋中市总工会授予的“五一劳动奖章”“劳动模范”等荣誉称号。

王润明，1957 年 4 月生，中共党员，昔阳县李家庄乡石寨沟村人。历任凤居粮站保管员、县粮食局会计、阎庄粮站站长、山西大寨农牧开发有限公司董事长，县工商联副主席。1998 年被山西省粮食系统评为劳动模范，1998 年荣立山西省五一劳动奖章三等功，2001 年 4 月荣获山西省劳动模范称号。

王银敖，1951 年 1 月生，中共党员，昔阳县界都乡团大庄村人。历任昔阳县氮肥厂车间党支部书记、厂工会主席、副厂长、厂长兼党总支书记、昔阳县天圆化工有限责任公司董事长兼总经理、党总支书记，县工商联副主席等职务。2007 年 4 月被山西省委、省政府授予“山西省劳动模范”称号。

魏永明，1958 年出生，中共党员，昔阳县李夫峪村人。历任昔阳县黄岩汇煤矿采煤队长、调度主任、生产副矿长、李夫峪煤业有限责任公司总经理兼党支部书记，县工商联执委等职务。曾先后被晋中市劳动竞赛委员会记个人三等功，山西省劳动竞赛委员会记个人二等功，2007 年被评为山西省劳动模范。

邢丑锁，1948 年 6 月生，中共党员，会计师职称，晋中市鑫阳顺建筑工程有限公司总经理，县工商联副主席。2009 年被授予“晋中市劳动模范”荣誉称号，2010 年被授予“山西省劳动模范”荣誉称号。

乔乃曦，1963 年 5 月生，无党派，赵壁乡赵壁村人，昔阳县人民医院工会主席。政协昔阳县第九届委员，2015 年被评为晋中市劳动模范，2019 年被评为山西省劳动模范。

宋以斌，1962 年生，中共党员，原山西厚基伟业有限责任公司董事长，现任大寨镇安家沟、毕家岭党支部书记，阳坡村委会主任，县工商联副主席。2018 年荣获山西省脱贫攻坚奉献奖，2019 年被评为山西省劳动模范。

黄祥苗（见历任统战各领域社会团体负责人）

第三章　人物名录

第一节　全国、省、市政协委员

全国政协委员

宋立英，女，1930年12月生，大寨镇大寨村人，政协全国第五届委员会委员，时任大寨村党支部副书记、山西省妇联副主席。

贾存锁，女，1949年2月生，大寨镇大寨村人，政协全国第五届委员会委员，时任大寨村团支部书记。

蔡良承，1917年8月生，乐平镇钟村人，政协全国第五届委员会委员，时任中共福建省晋江地委书记、革命委员会主任。1998年1月去世。

山西省政协委员

梁拉成，1945年3月生，孔氏乡孔氏村人，政协山西省第七届委员会委员，时任昔阳县文联副主席。

王怀荣，1960年生，阎庄乡阎庄村人，政协山西省第九届委员会委员、第十届常委，时任山西省中小企业局副局长。

王虎胜，1954年4月生，李家庄乡王家山村人，政协山西省第十一届委员会委员、常委，时任山西省工商行政管理局局长。

晋中市政协委员

政协晋中市第一届委员会委员

张世英，1947年生，中共党员，昔阳县李家庄乡铺沟村人，曾任政协昔阳县委员会第五届、第六届政协主席。

李鹏飞（见人物简介）

毛新民（见人物简介）

李保国（见人物简介）

吴彦怀，1955年5月生，无党派人士，昔阳县三都乡旮旯口人。原昔阳县高级职业中学教师，2015年5月退休。在职期间多次被评为昔阳县优秀教师、模范教师，1995年、1997年两次被评为晋中市优秀教师，政协晋中市第一届、第二届委员会委员，政协昔阳县第五届、第六届委员会委员。

梁拉成，同上。

政协晋中市第二届委员会委员

王录文，1957 年 1 月生，中共党员，昔阳县界都乡团大庄村人，曾任昔阳县民政局副局长、县财政局副局长、局长、中共昔阳县委常委、县委办主任、昔阳县人民政府副县长，政协昔阳县委员会第七届、八届主席。

张　驰（见人物简介）

潘占喜（见人物简介）

耿计良（见人物简介）

赵爱红，1967 年 6 月生，无党派人士，山西昔阳人，现任昔阳县纪委监委二级主任科员。曾任昔阳县乐平镇政府副镇长、县监察局副局长、正科级监察员。

程珍珠，1953 年 7 月生，赵壁乡凤居村人，1975 年至 2013 年在昔阳中学任教，1999 年被评为中学高级教师（英语）。

朱玉良，1950 年 3 月生，中共党员，界都乡柏叶底村人，现任昔阳县丰源实业有限公司董事长、山西富邦肥业有限公司总经理。曾任晋中市阳涉煤炭运销有限责任公司董事长兼总经理、山西昔阳丰汇煤业有限责任公司董事长兼总经理、山西省阳涉铁路有限责任公司副总经理。

张世英，同上。

吴彦怀，同上。

政协晋中市第三届委员会委员

李怀仁（见人物简介）

李丽萍（见人物简介）

梁清林，1967 年 8 月生，无党派人士，昔阳县乐平镇梁家沟村人。时任昔阳县安顺三都煤业有限公司总经理，2010 年被晋中市劳动竞赛委员会授予“五一”劳动奖章。

乔万英，1961 年 10 月生，无党派人士，昔阳县乐平镇居仁村人，昔阳县万顺建筑公司总经理，政协昔阳县第七届委员会委员、昔阳县美协副主席。知名画家。作品《泥土》获山西省第五届油画艺术展一等奖，《黄土》获山西省油画写生展一等奖，《我的家园——乔万英油画集》由吉林美术出版社出版，并先后在中央美院美术馆、中国美术馆、上海美术馆举办国家级个人画展。

王录文，同上。

潘占喜，同上。

政协晋中市第四届委员会委员

焦耀中，男，1970 年 9 月生，中共党员，山西和顺人，大学学历。历任晋中市政协办公室主任、办公厅副主任、副秘书长、提案委主任。2019 年 12 月，任昔阳县政协党组书记。2020 年 4 月，任昔阳县政协党组书记、主席。

翟晓梅，女，1985 年 6 月生，无党派人士，昔阳县赵壁乡大庄村人，现任县文化和旅游局副局长。历任共青团昔阳县委副书记、县旅游发展委员会副主任。

崔海军（见人物简介）

聂卫平，1964 年 11 月生，无党派人士，昔阳县乐平镇安坪村人，昔阳县人民医院儿科主任。

王　娟，女，1980 年 5 月生，无党派人士，昔阳县李家庄乡石寨沟人，山西晋粮农业开发有限公司董事长。曾任山西大寨农牧开发有限责任公司董事长、山西晋粮农业开发有限公司（原山西大寨农牧开发有限责任公司）董事长。先后被晋中市共青团授予“转型跨越杰出青年”，被昔阳县妇联授予“女企业家明星”“十大杰出创业青年”。

王　栋，1980 年 8 月生，无党派人士，昔阳县界都乡南界都村人。曾任昔阳县防汛抗旱办公室主任、水利局总工程师、主任科员。

李怀仁，同上。

李丽萍，同上。

黄祥苗，同上。

第二节　昔阳县党外领导干部名录（2020 年）

职　务	姓　名	性　别	职　务
党外副处干部	耿计良	女	县人大副主任、二级调研员
	李丽萍	女	县政府副县长
	杨海燕	女	县政协副主席
	梁素平	男	县政协副主席
党外正科干部	焦晓峰	男	县人大信访室主任
	薛录棠	女	县政协社会法制和民宗外事委主任
	赵爱红	男	县纪委监委二级主任科员
	孔鹏玮	男	县互联网信息办公室主任
	张秋胜	男	县人民医院院长、县医疗集团董事长
党外副科干部	阎变香	女	县教科局副局长
	吴建国	男	县统计局副局长

续　表

职　务	姓　名	性　别	职　务
党外副科干部	李凤永	男	县融媒体中心副主任
	常维兰	男	县机关事务服务中心副局长
	乔红芳	女	县就业指导中心副主任
	邓建梅	女	县文化和旅游局副局长
	乔乃曦	男	县人民医院工会主席、县医疗集团副理事长
	李华华	女	县法律援助中心主任
	李晶晶	女	县工信局副局长
	翟晓梅	女	县文化和旅游局副局长
	赵艳凤	女	县妇联副主席
	王丽萍	女	县检察院四级主任科员
	张瑞秀	女	县工信局副科级干部
	商云芳	女	县财政局副局长
	郭凤珍	男	大寨史征编办外联科副主任
	李树仁	男	县爱卫办副主任
	高文君	女	县司法局副局长
	张彦青	女	大寨史征编办资料科副主任
	陈红梅	女	县文化和旅游局副科级干部
	王春鲜	女	乐平镇副镇长
	马翠红	女	阎庄乡副乡长
	宋晓梅	女	三都乡副乡长
	眭晓婷	女	县政府办四级主任科员
	郭建荣	男	县中小企业服务中心副主任
	宋庆芳	女	县人民医院副院长、县医疗集团副理事长
	崔海军	男	县中医院副院长、县医疗集团副理事长
	田志芳	女	县医保局副局长
	贾开胜	男	县蔬菜中心主任
	赵志红	男	大寨工贸园区管委会副主任

第三节　昔阳县党外人大代表名录（第十七届）

姓　名	性　别	学　历	工作单位及职务
王永青	女	本科	赵家沟小学教师
李秀莲	女	本科	洪水学区教师
张小燕	女	本科	杜庄学区教师
高志春	女	大专	大寨镇农科员
陈瑞旭	女	本科	李家庄学区教师
耿计良	女	本科	县政府副县长
陈晓萍	女	本科	三都学区教师
王慧芳	女	本科	皋落中学教师
李翠萍	女	大专	皋落镇卫生院护师
毛淑平	女	本科	皋落中学教师
张丽平	女	初中	祥安服装厂厂长
赵　敏	女	大专	冶头学区教师
张　伟	女	大专	孔氏小学教师
耿晓娟	女	本科	王寨小学教师
李武元	男	大专	天誉合农贸有限公司董事长
武佳敏	女	本科	沾尚信用社信贷会计
郭丽琴	女	大专	沾尚学区教师
李怀萍	女	大专	西寨学区教师
石卫青	男	本科	阳煤司家庄公司地质测量队副队长
乔保华	男	大专	县供电公司配网抢修班长
赵建华	女	本科	县蔬菜技术中心主任
李海英	女	本科	县水利局科员
张瑛平	女	本科	县教科局科员
毛丽萍	女	本科	昔阳中学教师
卜春梅	女	大专	县国资公司职员
邓建梅	女	大专	县文广新局总工程师
史董平	男	大专	县人民医院主任

第四节　昔阳县党外政协委员名录（第九届）

姓　名	性别	工作单位及职务	学历	技术职称	界别
杨海燕	女	县政协副主席	大学	经济师	无党派
梁素平	男	县政协副主席	大学		无党派
薛录棠	女	县政协民宗委主任	大专		无党派
李树仁	男	县爱卫办副主任	大专		无党派
赵国庆	男	县税务局副局长	大专		无党派
赵宏伟	男	祥云燃气公司生产科长	大专	中级工	无党派
杜志萍	女	县医院五官科副主任	大学	副主任医师	无党派
黄祥泉	男	丰汇煤业团委书记	大专		共青团
眭晓婷	女	县政府办四级主任科员	大学		共青团
赵华夫	男	山西天泉建设公司总经理	大学		共青团
王景锐	男	昔阳老美公益负责人	大学		共青团
史瑞江	男	四通出租公司	初中		工会
乔乃曦	男	县人民医院工会主席、 县医疗集团副理事长	大专	主治医师	工会
赵艳凤	女	县妇联会副主席	大学		妇联
张姣月	女	县教育系统妇联主任	大学		妇联
李进军	男	龙翔贸易公司总经理 县工商联副主席	大专		工商联
阎志辉	男	天星贸易有限公司总经理	大专		工商联
鲍振永	男	兴顺家具装饰城总经理	高中		工商联
胡祥林	男	诚信鲜菜配送中心经理	高中		工商联
李余峰	男	迦南通讯总经理	大专		工商联
赵红卫	女	真爱皇家影楼总经理	高中		工商联
乔江新	男	县食用菌协会	初中		科协
王永怀	男	东亮种植合作社经理	初中		科协
肖　雷	男	一轩综合医院院长	大专		侨联
乔万英	男	万顺建筑有限责任 公司董事长	高中	高级工程师	文化艺术
王文彬	男	自由职业	高中		文化艺术
武卫红	男	奇石馆馆长	大专	工艺美术师	文化艺术

续　表

姓　名	性别	工作单位及职务	学历	技术职称	界别
毛守国	男	自由职业	高中		文化艺术
王荷茜	女	向阳文化公司	高中		文化艺术
赵晓东	男	自由职业	大专		文化艺术
李洋洋	男	晋美中影国际影城经理	大学		文化艺术
孔旭婷	女	县文化市场行政综合执法队科员	大专		文化艺术
王殿梁	男	东冶头初中	大学	中小学二级	文化艺术
李彦云	男	县收藏协会副会长	高中		文化艺术
史红梅	女	县气象局	大专	工程师	科技
李华华	女	县法律援助中心主任	大学		社会科学
郑晓梅	女	县人民法院书记员	大学		社会科学
郭小英	女	县环保局	大学	助理工程师	社会科学
张树芬	女	县统计局	大学	经济师	社会科学
李丽鹏	男	县住建局乡村股副股长	大学	助理工程师	社会科学
李　凯	女	县园林局园林股股长	大学	助理工程师	社会科学
史一君	男	县食品药品监督局	大学		社会科学
李雪凤	女	县市场管理局企业监管股长	大专		社会科学
刘智华	男	县农业综合开发办公室	大专	经济师	社会科学
尹旭强	男	县交警大队	大专		社会科学
赵逢斌	男	县网格办	硕士		社会科学
赵乃芳	女	县交通局办公室副主任	大专	助理工程师	社会科学
李宇乾	男	县政府办	大学		社会科学
李晶晶	女	县工信局副局长	大学		经济企业
段爱元	男	山西大寨制衣公司总经理	大专		经济企业
张保英	男	洁城清运有限公司经理	高中	绿化工三级	经济企业
张彦军	男	瑞安邦房地产公司总经理	大专		经济企业
卢兴尼	男	丰汇煤业有限公司副总经理	大专		经济企业
刘鹏瑞	男	平西房地产有限公司董事长、县工商联副主席	大专	工程师	经济企业
朱　晋	男	裕丰贸易公司董事长县工商联副主席	大专		经济企业
贾培杰	男	晋中市红日型煤有限公司董事长	高中		经济企业

续　表

姓　名	性别	工作单位及职务	学历	技术职称	界别
宋维华	男	酬勤工贸公司总经理	高中		经济企业
陈正鑫	男	洲鑫电子商务有限公司	高中		经济企业
李叶军	男	晋中发煤站站长	大专		经济企业
贾志斌	男	县煤管局劳工中心主任	大专		经济企业
李玉林	男	雪玉农业发展有限公司总经理	高中		经济企业
赵晓平	女	县林业工作站	大学	工程师	农业
聂　嘉	男	孔氏乡副乡长	大学		农业
郭建荣	男	县扶贫办	大学		农业
马翠红	女	阎庄乡副乡长	大学		农业
张自达	男	昔阳县惠民药业开发公司总经理	大学	经济师	农业
张炳成	男	西寨乡香菇种植	中专		农业
吴艳红	男	职业中学政教主任	大学	高级讲师	教育
刘霄峰	男	县教科局	大学	中小学一级	教育
魏丽云	女	县第一幼儿园	大学	中小学一级	教育
宫晓丽	女	东冶头中学	大学	中小学高级	教育
李晋红	女	乐平二中	大学	中小学一级	教育
李永兵	男	昔阳中学	大学	中小学高级	教育
李彦华	女	示范中学	大学	中小学高级	教育
陈根娣	女	昔阳中学	大学	中学高级	教育
乔　言	男	县象棋协会副主席	大学		体育
王志军	男	洁城清运公司	大专		体育
张冰清	女	县新闻中心	大学		新闻出版
周爱斌	男	山西黄河新闻晋中频道驻昔阳记者站负责人	大专		新闻出版
翟江梅	女	县广播电视台	大专		新闻出版
宋庆芳	女	县医院医务科主任	大学	主治医师	医药卫生
李志波	男	县医院放射科副主任	硕士	主治医师	医药卫生
任秀涛	男	县中医院内科医师	大学	主治医师	医药卫生
程瑞英	女	县妇幼保健和计划生育服务中心副主任	大专	主管护师	医药卫生
佘翠花	女	中兴医院妇科主任	大学	副主任医师	医药卫生
李世军	男	大寨镇麻汇村医生	中专	助理医师	医药卫生

续　表

姓　名	性别	工作单位及职务	学历	技术职称	界别
冯爱红	男	职业技术培训中心校长	高中		社会福利 社会保障
杨晓琳	女	县人社局劳动保障执法队科员	大学	助理工程师	社会福利 社会保障
释仁德	男	池塘寺住持、县佛教协会副会长	初中		宗教
释一然	男	金刚禅寺住持、县佛教协会会长	大学		宗教
王成志	男	县基督教协会副会长	大专		宗教
冯道启	男	金谷阳光公司总经理	大专		特邀
崔海军	男	民进昔阳支部主委、县中医院 副院长、医疗集团副理事长	大专	主治医师	民进
李华亮	男	东关小学	大专	中小学一级	民进
王静美	女	皋落学区	大学	中小学一级	民进
铁润丽	女	县交警队法制股长	大学		社会科学
刘丽娟	女	德兴隆酒业公司总经理	大专		经济企业

第七篇 文献史料辑存

第一章 重要文件选

中共昔阳县委
关于贯彻《中共中央关于进一步加强中国共产党领导的
多党合作和政治协商制度建设的意见》的实施意见

昔发〔2006〕29号

各乡（镇）党委，县委各部委，县直各有关单位党组（支部）：

《中共中央关于进一步加强中国共产党领导的多党合作和政治协商制度建设的意见》（中发〔2005〕5号，以下简称《意见》），坚持以邓小平理论和“三个代表”重要思想为指导，在认真总结历史经验的基础上，适应新的形势和任务的要求，进一步阐明和完善了中国共产党领导的多党合作和政治协商制度，是指导新世纪新阶段中国共产党领导的多党合作和政治协商制度建设的纲领性文件。为贯彻落实《意见》精神，推进我县多党合作和政治协商规范化、制度化建设，根据市委《实施意见》（市发〔2006〕13号）要求，结合我县实际，提出如下实施意见。

一、充分认识进一步加强中国共产党领导的多党合作和政治协商制度建设的重大意义

（1）中国共产党领导的多党合作和政治协商制度是我国的一项基本政治制度，是具有中国特色的社会主义政党制度，是建设社会主义政治文明的重要内容。在新世纪新阶段，充分发挥我国政治制度和政党制度的巨大优势，进一步加强中国共产党领导的多党合作和政治协商制度建设，对于落实科学发展观，构建社会主义和谐社会，实现全面建设小康社会的宏伟目标，都具有重要的现实意义和深远的历史意义。

（2）要认真学习贯彻中央《意见》和市委《实施意见》精神，建立健全县统战工作协调会议制度，并不断完善其功能。要紧密联系实际，深入研究新情况新问题，努力增强党员领导干部的政治意识、大局意识和责任意识，不断提高坚持好、完善好、落实好中国共产党领导的多党合作和政治协商制度的自觉性，积极推进多党合作和政治协商制度建设。调动一切积极因素，为进一步推进改革发展稳定，建设新型能源化工基地、农副产品加工基地和特色旅游基地，构建富裕、文明和谐的新昔阳提供坚强的政治保障。

二、进一步完善政治协商的内容、形式和程序

（3）坚持把政治协商纳入决策程序，就重大问题在决策前和决策执行中进行协商，是政治协商的重要原则。县委主要采取情况通报会、谈心会、座谈会等形式，向民主党派和无党派人士通报情况，征求意见建议。

座谈会、情况通报会的主要内容包括：贯彻中共中央、国务院和省委、省政府，市委、市政府大政方针的重要部署及落实情况，重大建设项目进展和召开全县性重要会议的情况，重点工作情况，对突发性重大事件和问题的查处情况等。

座谈会和情况通报会，由县委统战部主持，有关部门参加，通常座谈会每年召开两次，情况通报会每半年召开一次，重大事项随时通报。对民主党派和无党派人士提出的意见和建议，由县委统战部整理，报经县委同意后，及时转交有关部门办理。县委统战部及时向民主党派负责人和无党派代表人士反馈办理情况。

（4）完善人民政协的政治协商制度。县委在人民政协同各民主党派和各界代表人士的协商，主要采取政协全体会议、常务委员会会议、主席会议、常务委员专题座谈会和各专门委员会会议等形式。要按照《中国人民政治协商会议章程》的要求，进一步推进人民政协政治协商的制度化、规范化和程序化。

三、充分发挥民主党派和无党派人士的参政议政作用，不断推动我县政治文明建设

（5）充分发挥民主党派成员和无党派人士在人民代表大会中的作用。县、乡人大代表中，非中共党员所占比例不低于35%；县人大常委会委员中，民主党派成员、无党派人士所占比例不低于30%；县人大领导班子成员、专门委员会领导干部和委员中要有适当数量。

（6）充分发挥民主党派成员和无党派人士在政府及司法机关中的作用。县人民政府要有一名民主党派成员或无党派人士担任领导职务。重点在涉及行政执法监督、与群众利益密切相关、紧密联系知识分子和专业技术性强的政府职能部门（含条管部门）领导班子中选配民主党派成员和无党派人士担任领导职务。符合条件的可以担任正职。

2006年底前，乡（镇）人民政府、县人民政府职能部门中民主党派或无党派人士担任领导职务的选配比例不少于四分之一，以后每年按四分之一比例选配，到2010年底前配齐党外干部。县法院、检察院要重视和加强党外干部的培养、选拔，积极选配符合任职条件的民主党派成员和无党派人士担任领导职务。党外干部的选配工作由县委组织部、统战部共同配合，负责落实。

（7）充分发挥民主党派和无党派人士在人民政协中的作用。要保证民主党派可以以本党派名义在政协大会上发表意见和主张，可以提出代表本党派组织的提案，可以自主开展调查研究等活动。要保证民主党派成员和无党派人士等在县政协中占有较大比例。其中，在换届时，政协委员中不少于60%，政协常委中不少于65%，政协副主席中不少于50%。政协机关中要有一定数量的民主党派成员或无党派人士担任领导职务。

（8）完善选配党外干部的有关制度。乡（镇）人民政府领导班子换届，要特别重视选配党外干部。在向县委报批换届方案前，应就党外干部人选征求县委统战部的意见。没有配备党外干部的乡镇领导班子，在出现缺额时，应优先配备党外干部；凡本乡（镇）本部门没有合适党外干部人选的，由县委组织部负责交流调配。统战部作为党委负责党外人士安排工作的职能部门，要加强对党外干部的培训选拔，对成熟人选要及时向党委推荐，并会同组织部门做好党外干部的考察工作。逐步建立并完善县政府职能部门、司法机关和科级建制的其他事业单位、国有企业领导班子配备党外干部的制度。

（9）要坚持干部队伍“四化”方针和德才兼备原则，充分发扬民主，注重实绩和群众公认，努力建设一支政治坚定、素质优良、结构合理、代表性强、同中国共产党亲密合作的党外干部队伍。建立党外后备干部队伍建设的协调机制，把培养选拔党外干部纳入干部队伍建设和人才工作的总体规划，统筹考虑。积极通过公开选拔、竞争上岗等方式选拔党外干部。进一步拓宽党外干部选拔渠道，放宽视野，逐步消除部门、行业、身份、所有制等限制，积极探索从新的社会阶层中选拔优秀党外人士担任领导职务。加大对党外干部的培训力度，拓宽培训渠道，充分发挥各级党校、行政学院、社会主义学院等院校的作用，科级、县级党外领导干部，每五年至少要到市级以上社会主义学院轮训一次。重视做好党外干部的挂职锻炼选配工作。在选派干部到基层以及沿海、发达地区挂职锻炼或任职时，应将党外干部纳入选派范围，与党内干部一并安排。后备干部队伍中要有适当数量的党外干部。党外领导干部一般应从党外后备干部中选拔，对党外后备干部中条件成熟的人选要及时选拔使用。对于优秀的党外干部可适当放宽使用条件。

（10）加强政府同民主党派的联系。县政府召开有关会议，可视情况邀请民主党派负责人和无党派人士列席；县政府组织的有关廉政建设、社会治安综合治理、规范市场经济秩序等检查工作，可根据需要邀请民主党派成员和无党派人士参加。

（11）健全民主党派负责人参加重要活动制度。邀请民主党派负责人和无党派人士参加县委、县政府有关会议和活动，由县委办公室、县政府办公室、县委统战部安排。民主党派成员和无党派人士随团出访，由组团或主办单位提出计划，与县委统战部共同商定人选。

（12）建立交友谈心制度。各级党委领导干部要加强同民主党派成员和无党派人士的联系，主动与他们交朋友。县委要建立高层次、小范围谈心制度，与党外代表人士就一些重要问题交流情况，沟通感情，达成共识。

（13）健全民主党派组织和无党派人士考察调研制度。各级党委、政府要积极支持民主党派组织和无党派人士围绕本地经济社会发展的全局性、战略性问题，进行有组织的调查研究，开展各种视察考察活动，也可委托民主党派组织和无党派人士就有关问题进行调研。同时，要积极创造条件，支持他们开展各种形式的社会服务活动，充分发挥民主党派组织和无党派人士在反映社情民意、协调社会关系、维护社会稳定等方面的作用。要把民主党派组织和无党派人士的考察调研纳入整体工作规划，形成制度并提供必要的组织和经费支持。

四、充分发挥民主党派的民主监督作用

（14）民主党派组织开展民主监督的内容主要是：宪法和法律法规的实施情况；党委、政府重要方针政策的制定和贯彻执行情况；党委依法执政及党员领导干部履行职责、为政清廉等方面的情况。民主监督的形式主要是：在政治协商中提出意见；在深入调查研究的基础上，向党委及其职能部门提出书面意见；人大及其党委和各专门委员会邀请民主党派成员和无党派人士参加有关问题的调查研究；通过在政协大会发言和提出提案、在视察调研中提出意见或以其他形式提出批评和建议；参加有关方面组织的重大问题调查和专项考察等活动；应邀担任司法机关和政府部门的特约人员等。

（15）进一步拓宽民主监督渠道。县纪委（监委）每年要向民主党派和无党派人士通报党风廉政建设和反腐败工作情况，听取意见；县委、县政府开展的就贯彻执行中共中央、国务院和省委、省政府，市委、市政府方针政策情况及党风廉政建设情况的检查与其他专项检查和执法监督工作，可邀请民主党派负责人参加；进一步完善特约人员工作制度，拓宽政府部门和司法机关聘任特约人员的领域，明确特约人员的职责和权利，切实发挥他们的作用。特约人员的聘请，由统战部门会商有关政府部门和民主党派进行。

（16）切实完善民主监督机制。进一步拓宽知情渠道，确保民主党派成员按规定阅读有关文件，参加重要会议，为其发挥民主监督职能提供情况、畅通渠道。县委办公室、县政府办公室会同县委统战部负责民主党派监督意见的收集、分送、督办，县委统战部负责有关联系和协调工作。对民主党派提出的批评意见要认真研究，积极办理，及时反馈。可采取部门负责同志口头反馈、书面反馈或座谈会反馈，也可委托县委统战部反馈。党委及其领导干部要真诚接受民主党派的监督，保护民主党派和无党派人士民主监督的正当权利，鼓励和支持民主党派做到知无不言、言无不尽，并勇于坚持正确的意见，做中国共产党的诤友。

五、支持民主党派加强自身建设

（17）支持民主党派加强思想建设。支持民主党派发扬自我教育的优良传统，学习邓小平理论和“三个代表”重要思想，提高成员的政治素质和思想道德水平，增强对建设中国特色社会主义的共识，提高贯彻基本路线和基本纲领的自觉性，深化对参政党地位、性质和历史使命的认识，为巩固和发展同中国共产党的团结合作奠定坚实的思想基础。协助民主党派积极探索新形势下民主党派思想教育的内容、形式和方法，支持民主党派丰富思想教育内容，创新思想教育方式，提高思想教育效果。

（18）支持民主党派加强组织建设。贯彻民主集中制原则，提高民主党派领导班子成员的政治把握能力、参政议政能力、组织领导能力和合作共事能力。按照“三个为主”（以协商确定的范围和对象为主，以大中城市为主，以有代表性的人士为主）、注重质量、保持特色、组织发展与后备干部队伍建设相结合的原则，协助民主党派做好组织发展和成员的教育管理工作，对不符合规定的要予以纠正。当前和今后一个时期要协助民主党派把组织发展的重点放到素质高、代表性强的骨干成员上来。

（19）支持民主党派加强制度建设。建立健全工作、学习、培训、调研等规章制度，逐步建立一套适合民主党派自身特点、有利于促进民主党派工作规范化和科学化的制度。

六、加强和改善对多党合作和政治协商的领导

（20）重视加强对政协工作的领导。认真贯彻落实《中共中央关于加强人民政协工作的意见》（中发〔2006〕5号），及时研究解决政协工作中的重大问题，支持政协依照章程开展工作。充分发挥政协党组的领导核心作用和党员干部的先锋模范作用，贯彻党的理论和路线方针政策，贯彻党委的重大决策和工作部署。

（21）充分发扬社会主义民主，支持民主党派独立自主地处理内部事务，维护本党派成员及其所联系群众的合法利益，照顾民主党派成员和无党派人上的政治利益和物质利益，做到政治上充分信任、工作上大力支持、生活上关心照顾。坚持民主集中制原则，健全集体领导和个人分工负责相结合的制度，保证党外领导干部对其分管的工作享有行政管理的指挥权、处理问题的决定权和人事任免的建议权；根据工作需要，可邀请他们列席党委、党支部会议；有关文件要送他们阅知，重大问题要向他们通报。

中共党员领导干部要主动听取领导班子中党外领导干部的意见和建议，同他们建立良好的合作共事关系，互相学习，共同提高。党外领导干部要自觉服从党委、党支部的领导，认真履行岗位职责。

（22）各级党委要把多党合作和民主党派工作纳入重要议事日程，定期研究多党合作方针政策贯彻落实情况和民主党派工作中的重要问题；县、乡（镇）党委要把统一战线和多党合作理论政策教育作为党委理论学习的重要内容，并纳入党校的教学计划。县委宣传部要把宣传我国政党制度列入年度计划，加大宣传的力度。要支持民主党派基层组织的工作，关心他们的政治学习和思想建设，帮助他们解决工作中遇到的困难和问题。

（23）切实为民主党派成员和无党派人士履行职能、发挥作用创造条件。民主党派驻会领导干部和机关专职干部参照国家公务员管理规定，享受政府同级公务员待遇。不驻会的正、副主委享受应有的政治待遇。在人大、政府、政协担任领导职务的民主党派干部，享受同级党政干部的待遇。民主党派机关工作人员的住房等生活待遇应与国家机关工作人员一视同仁。民主党派重要会议和活动，以及参加学习培训、调研考察等活动，所在单位要予以支持，按规定报销有关费用，并计算相应的工作量。政府要把民主党派工作所需经费列入财政预算，如有特殊需要可解决专项经费。解决民主党派的办公场所问题，并不断改善其办公条件。根据民主党派组织发展和开展工作的需要及时研究解决民主党派的驻会人员编制及考察调研、教育培训等工作所需的经费问题。民主党派阅读或向他们传达党内文件，按有关规定办理。市、县级政府及有关部门下发的文件，凡是与民主党派工作有关的，应视情况分别发给民主党派同级组织或通过一定方式向他们传达。民主党派组织要按照有关规定制定文件阅读和管理制度，加强保密教育，严守党和国家机密。党委、政府召开的有关全局性的会议，应邀请民主党派组织负责人和无党派人士参加。

建立健全无党派人士工作机制，为无党派人士开展工作创造条件。注意发挥党委统战部在无党派人士工作中的牵头协调作用。

中共昔阳县委员会

2006 年 9 月 14 日

中共昔阳县委
关于加强非公有制经济组织党建工作的意见

昔发〔2007〕15号

为进一步加强非公有制企业党建工作，全面提升非公有制企业党建工作水平，充分发挥党组织的战斗堡垒作用，促进非公有制经济持续健康发展，根据中共中央组织部组通字〔2007〕19号文件“关于贯彻落实胡锦涛同志重要批示精神进一步加强非公有制企业管理工作的通知”和省市委有关规定，结合我县实际，提出如下意见：

一、加强非公有制企业党建工作的基本原则和目标要求

非公有制企业党建工作的基本原则。坚持围绕生产经营中心，为企业健康发展服务，增强党建工作的生命力；坚持因企制宜，一切从实际出发，增强党建工作的有效性和影响力；坚持分类指导，根据企业特点采取相应的领导和指导方式，增强党建工作的针对性；坚持探索创新，努力解决新情况新问题，不断提高党组织建设工作水平。

非公有制企业党建工作的目标要求。我县非公有制企业党建工作总体目标是：拓展覆盖面，扩大影响力，增强有效性，推进规范化。凡是具备条件的企业特别是规模以上非公企业都应建立党的组织、工会、共青团组织，党组织的建设要努力达到“五好”标准。

“五好”目标的具体要求是：

领导班子好。非公有制企业党组织领导班子健全，结构合理，分工明确，整体素质高、合力强。领导班子成员，特别是党组织书记政治性强，坚决贯彻执行党的路线、方针、政策，熟悉党务工作，懂经营管理，组织能力较强，善于做思想政治工作，善于同企业经营管理者合作共事，在企业和职工群众中享有较高威信。

党员队伍好。广大党员理想信念坚定，党性观念强，思想政治素质好，自觉履行党员义务，正确行使党员权利，主动接受党组织的教育、管理和监督，遵纪守法，在物质文明、精神文明和政治文明建设中，充分发挥先锋模范作用，成为企业生产经营管理的骨干和广大职工群众学习的榜样。

工作业绩好。坚持从企业实际出发，围绕企业生产经营开展党的活动，认真贯彻执行党的方针政策，引导和监督企业遵守国家的法律法规，领导工会和共青团等群众组织，切实加强思想政治工作，团结凝聚职工群众，协调各方关系，维护企业、职工的合法权益，积极推进企业经济建设和精神文明建设，帮助促进企业持续健康发展。

群众反映好。坚持以党建工作促进企业健康发展，紧紧围绕企业生产经营开展活动，增强党建工作服务生产经营的效果，广泛开展创建和谐企业活动，建立和谐劳动关系，维护各方特别是职工群众的合法权益。深入开展党员联系群众，党员责任区，党员示范岗，党员承诺制等活动，关心爱护党员，帮助生活困难党员，发挥党员在本职岗位上的先锋模范作用。

工作机制好。积极探索符合企业实际的党建活动制度，建立和完善党内学习制度、选举制度和党内生活、党组织活动制度，确保“三会一课”、组织关系管理、发展党员、党费收缴、民主评议党员等制度落到实处，不断改进党组织活动方式，确保党的组织生活正常化，工作运行制度化、规范化。

二、按照有利于加强党的领导和开展党的工作的原则，建立健全党的基层组织

1. 凡是有3名以上正式党员的非公有制经济组织，都应当建立党的基层组织。党员人数在3名以上、50名以下的，应单独建立党支部；党员人数不足3名的，可按照相邻区域联建、村企合建或同行业跨地域联合的办法，与其他组织中的党员建立联合党支部；党员人数超过或接近50名、100名的，可分别建立党的总支部委员会、党的基层委员会。外来企业或生产经营流动性强的非公有制组织，有3名以上党员，但组织关系结转确有困难的，可通过函调的形式，由原单位出具证明，建立临时党支部。党员人数少、暂不具备建立党组织条件的，应抓紧把工会、共青团组织先建立起来，为建立党组织创造条件。在个体工商户党员相对集中的地方，可就近、就地建立党组织。

2. 改制企业党组织设置要与企业改制同步进行。企业在制定改制方案时，应将企业党组织设置、隶属关系调整等问题作为重要内容考虑进去。企业改制在其产权结构和组织形式发生变化时，要按照党章规定，根据党员人数和工作需要，经上级党组织批准，同步组建、改建或更名党的基层组织（委员会、总支部委员会、支部委员会）；要根据企业组织结构和党员分布状况的变化，及时调整企业内部的党组织设置。党组织隶属关系的变更，必须严格履行审批程序，办理接转手续。企业党组织的新建和撤并必须报上级党委批准。

3. 非公有制经济组织中党组织的领导成员，由党员大会或党员代表大会选举产生。暂不具备选举条件的，可由上级党组织指派或任命，待条件成熟后再进行选举。党组织的负责人，应由企业中认真贯彻党的路线方针政策，党的观念强，思想政治素质好，善于做群众工作的党员担任。具备条件的中、小型企业，党组织负责人和工会主席可由一人担任。同时，为了加强企业党建的指导，提倡企业在离职干部中选聘党建指导员。

4. 要以有利于党组织开展活动、有利于促进企业发展为原则，明确非公有制经济组织中党组织的隶属关系。注重理顺原为国有或集体企业，改制后成为民营企业的党组织设置，使他们尽快适应新体制、新要求，特别是对近年来发展的较好较快的龙头企业加大指导力度。非公企业在乡镇的归乡镇党委领导，非公企业在县城的要按照有利于企业发展，方便管理的原则，归系统党委领导。

三、加强非公有制企业党组织建设

1. 明确非公有制企业党组织地位作用和职责

非公有制经济组织中的党组织执行党章规定的党的基层组织的基本任务，在广大职工中发挥政治核心作用。其具体职责是：

（1）宣传贯彻党和国家的路线方针政策，引导和监督企业遵守国家的法律、法规，依法经营，照章纳税。

（2）关心企业生产经营的重大问题，提出意见和建议，支持和促进企业发展。

（3）加强党员的教育管理，做好发展党员工作，发挥党员的先锋模范作用。

（4）做好职工思想政治工作，团结和依靠职工群众，关心和维护职工的合法权益。

（5）加强社会主义精神文明建设，建设有理想、有道德、有文化、有纪律的职工队伍。

（6）协调企业内部各方面的关系，坚持原则，化解矛盾、维护企业和社会的稳定。

（7）领导工会、共青团等群众组织，支持他们依照法律和各自章程独立自主地开展工作。

（8）完成上级党组织交办的任务。

2. 加强班子思想政治建设。要用邓小平理论和“三个代表”重要思想武装头脑，坚持解放思想、实事求是、与时俱进，切实增强政治意识、大局意识和发展意识；坚持贯彻民主集中制，增强班子团结，提高解决自身问题的能力；切实改进作风，坚定地依靠党组织和广大职工群众，谦虚谨慎，勤奋敬业，清正廉洁，自觉接受各方面的监督。要加强业务知识和科技知识学习，努力提高开展党的工作的能力和水平。

3. 加强党组织制度建设。加强党组织工作制度建设。要建立健全党组织工作制度、工作目标管理制度、领导班子民主生活会制度、领导干部廉洁自律和民主监督制度；建立健全民主评议党员、“三会一课”和党员培训等制度，以制度保证党组织和党员履行职责。企业党组织要督促企业按照国家有关规定，积极支持党组织开展工作，并在活动时间和场地上予以保证。

4. 改进工作方式和活动方式。根据非公有制经济组织的特点，积极探索党组织的活动内容、活动方式和工作方法。企业党建工作和思想政治工作要与搞好企业的生产经营紧密结合，注意灵活多样，讲求实效，使之为党员和广大职工所欢迎，为企业所有者、经营者所理解和支持。企业党组织的活动经费，应在企业内部妥善解决。

四、加强党员教育管理，充分发挥党员先锋模范作用

1. 非公有制企业党组织应经常组织党员学习马克思列宁主义、毛泽东思想、邓小平理论和“三个代表”重要思想，学习党的基本知识和科学文化知识、法律法规。

非公有制企业党员要自觉履行党章规定的义务，带头学习宣传贯彻党和国家的方针政策，带头遵守法律法规，带头完成生产经营任务，密切联系职工群众，充分发挥先锋模范作用。

2. 严格党的组织生活，加强党员的经常性教育。企业党组织应按规定定期开展党的活动，包括学习党的文件、上党课、召开组织生活会等。开展活动要坚持以业余、分散、小型为主，灵活多样，讲求实效。坚持和完善以“职工群众评议党员、党员相互评议”为主要内容的民主评议党员制度。对优秀党员，要进行表彰；对不合格党员，要依照有关规定，采取教育帮助、限期改正、劝其退党、党内除名等方式严肃处置。

3. 教育党员立足岗位发挥作用，企业中的党员都要认真履行党章规定的各项义务。职工党员要牢记党的宗旨，增强党员的荣誉感、责任感，增强与企业共荣辱的主人翁意识，积极参加党组织活动，努力完成各项任务，做投身企业改革和发展的骨干和模范；离岗职工党员，要做自强不息、遵纪守法、维护稳定的模范；担任领导职务的党员，要模范地履行党员义务，坚决执行党的路线方针政策，坚持党的群众路线，做企业发展的带头人。

4. 重视对党员业主的教育管理。企业党组织要教育和引导他们把自身发展与国家的发展结合起来，把个人富裕与全社会共同富裕结合起来，把遵循市场法则与发扬社会主义道德结合起来，模范遵守国家的政策法规，勤劳致富，依法经营；自觉实践党的根本宗旨，认真履行党员义务；严格遵守党的纪律，关心和维护职工的合法权益；鼓励他们把企业获得的利润，用于扩大再生产，不断把企业做大做强；积极参与光彩事业，支持社会公益事业发展。

5. 按照有利于党员合理流动、有利于加强党员教育管理、有利于发挥党员作用的原则，将退休职工党员、已与本企业解除或终止劳动合同并未被新单位录用的职工党员的组织关系，及时转入居住地党组织管理。如居住地和户口所在地分离的，应将组织关系转到居住地党组织；原国有企业转为民营企业的党员受聘于其他单位或外出务工经商半年以上的，其党组织关系要转入新的单位或地区的党组织。未被新单位录用、但符合托管条件的在册职工党员，由企业或企业授权经营主体、原企业主管部门的托管机构党组织管理。

6. 切实加强对流动党员的教育管理。到非公有制企业工作时间在 6 个月以上的党员，不在原籍村、居住地担任主要职务的，原则上应将组织关系转至企业党组织。如果企业未建立党组织的，可将组织关系就地就近转至邻近党组织。从业或应聘时间在 3 个月以上、6 个月以内的党员持《流动党员活动证》，参加所在党组织的活动。从业或应聘时间在 3 个月以下的党员，持党员证明信，参加所在党组织的活动。企业党组织要督促和帮助外来党员及时转接党的组织关系。

7. 按照“坚持标准、保证质量、改善结构、慎重发展”的方针，认真做好发展党员工作。要把企业中层以上管理人员和技术骨干作为重点培养对象，优先发展。发展党员要坚持标准，严格程序，严把质量关，做到成熟一个发展一个。要立足于培养教育，积极抓好入党积极分子队伍建设。指导工会、共青团组织做好推荐优秀职工、优秀团员作为发展党员对象的工作，扩大入党积极分子来源。非公有制企业党组织发展党员，必须按照隶属关系经乡镇党委或县直工委审批。对外地（本乡镇、社区以外）职工要求在本企业入党的，一般应在本企业连续工作 2 年以上，并征求户籍所在地党组织的意见。

五、切实加强对非公有制经济组织党建工作的领导

各基层党组织要高度重视非公有制经济组织党建工作，列入重要工作日程，及时研究部署，认真抓好落实。县委常委、各乡镇党委书记、系统党委书记等领导干部要建立非公企业党建工作联系点，把联系点建成示范点，以点带面，积极稳妥地推进非公企业党建工作。县委成立了“昔阳县非公有制企业党建工作领导组”，负责研究部署非公有制企业党建工作，协调解决工作中遇到的新情况、新问题。组织、宣传、统战以及工商行政管理等有关部门和组织要在党委统一领导下，各司其职，各负其责，加强协调配合，形成工作合力。非公有制经济组织较多的地方，可建立联系会议制度，沟通情况，齐抓共管。

要根据非公有制经济组织中党员的分布状况和党组织开展活动、发挥作用的情况，进行分类指导。对党员人数少、暂不具备建立党组织条件、但规模较大的非公有制企业，可向企业选派党建工作指导员或联络员，按照有关规定做好培养入党积极分子和发展党员工作，在条件成熟时建立党的组织。

各级党委要认真研究非公有制经济组织党建工作的新情况，及时反馈并认真解决工作中遇到的新问题；坚持正确的舆论导向，注意培植先进典型，及时总结推广好的经验、好的做法，积极探索有效的工作方法和途径，不断提高党员素质，增强党组织的凝聚力和战斗力，充分发挥党组织的战斗堡垒作用和党员的先锋模范作用，促进非公有制经济健康发展。

中共昔阳县委员会

2007 年 6 月 28 日

中共昔阳县委　昔阳县人民政府
关于促进全民创业加快民营经济发展的若干意见

昔发〔2012〕4 号

为深入贯彻落实科学发展观，推进“大县城、大大寨、大项目”三大战略，促进全民创业，加快民营经济发展，努力建设民富县强、人和政通、山川秀美、人民幸福自豪新昔阳，结合我县实际，特提出如下意见：

一、指导思想和目标任务

1. 重要意义。促进全民创业、加快民营经济发展是全面落实科学发展观的具体体现，是坚持富民优先，扩大社会就业，增加群众收入的客观要求，是加快建设民富县强、人和政通、山川秀美、人民幸福自豪新昔阳的重要举措。各级各部门必须充分认识促进全民创业、加快民营经济发展的重要性、必要性和紧迫性，做到思想上放心放胆，工作上放手放开，政策上放宽放活，全民动员，全力推进。

2. 指导思想。坚持以科学发展观为统领，以学习弘扬践行大寨精神为主线，以壮大主体、拓展领域、优化结构、提档升级为重点，进一步解放思想，创新机制，着力优化发展环境、激活民间资本、加大政府扶持、规范经营行为，切实激发全社会的创业热情，增强民营经济的竞争力和可持续发展能力，为科学发展、富民强县提供强大支持。

3. 目标任务。到“十二五”末，全县私营企业和个体工商户累计注册资本比 2010 年翻一番，全县民营经济增加值在 2010 年基础上翻一番以上，年均增速 20%左右，上缴税金占全部财政收入的比重达到 70%以上，固定资产投资占全社会固定资产投资的比重达到 70%以上，民营经济从业人员占全社会二三产从业人员的比重达到 70%以上，城镇新增就业岗位比 2010 年增加 1 万人，城镇登记失业率控制在 2.5% 以内，新增农村劳动力转移就业达到 5 万人。

二、进一步放宽市场准入

4. 放开投资领域。按照“非禁即入”原则，除国家明令禁止的，凡允许国有资本和外资进入的行业和领域，一律向各类企业主体开放。

5. 放宽个体登记和经营场所限制。除国家法律、法规和政策另有规定外，凡具有经营能力的公民，均可凭居民身份证和有关证明申办私营企业或个体工商户，经城建部门批准和有利害关系的业主同意，可将住宅登记为经营场所。

6. *放宽冠名限制*。投资主体可自行选择规范的企业名称、字号。凡依法申办的企业、个体，冠市名不受注册资本规模和组织形式的限制。支持、鼓励并全程帮助各类企业法人向市工商局申报直冠省名。支持规模较大的企业和企业集团向国家工商总局申请无行政区划的企业名称。

7. *放宽登记注册条件*。分期出资设立的公司，全体股东首期出资合计达到 20% 即可办理注册登记。申请办理个人独资企业、合伙企业、农民专业合作社登记的，一律不受出资金额限制。允许股东以实物、知识产权、土地使用权、股权等作价出资设立公司，其出资可占注册资本总额的 70%。

三、进一步优化融资环境

8. *强化信贷支持*。各金融机构要创新金融产品和服务方式，提高中小经济贷款的规模和比重，综合运用承兑汇票、信用证、保函等金融工具完善联户联保贷款模式，采取动产、应收账款质押、产成品、原材料、股权、知识产权等抵质押方式缓解民营企业资金紧张局面。

9. *建立健全担保服务*。进一步强化县民营企业担保公司的职能作用，积极探索和建立以财政资金引导设立的混合所有制性质的担保机构。运用风险补偿、奖励补助或资本注入等方式，提高担保机构对民营企业的担保能力。支持开展企业联保、行业互保等多种形式的担保业务模式。

10. *拓宽融资渠道*。支持、引导和推动有条件的民营企业上市融资。对成功在天津股权交易所挂牌交易的民营企业，除享受晋中市有关上市优惠政策外，县财政一次性给予 10 万元补贴。鼓励符合条件的民营企业开展集合发债、短期融资券、中期集合票据等方式直接融资。吸引创投公司、民间资金通过建立基金、融资租赁、典当、信托等融资方式在民营企业融资中发挥作用。鼓励支持民间资本进入金融业，投资小额贷款公司和村镇银行，完善小额贷款公司资本金补充机制。

四、进一步加大政府支持力度

11. *加大财政支持力度*。政府要建立贷款风险补偿和奖励机制，对放贷银行和融资担保机构给予适当补偿和奖励补助。县财政建立贷款担保准备资金，作为信用担保的补充。县财政每年安排 300 万元作为促进全民创业加快民营经济发展基金，纳入年度财政预算，并视财力增长逐年增加。

12. *实施税收优惠*。全面落实国家、省促进全民创业、加快民营经济发展的各项税收优惠政策，对新增年销售收入 1000 万元以上的民营企业，按其当年新增地方税收县财政留成部分的 20%给予支持。对年应纳税所得额低于 6 万元（含 6 万元）的小型微利企业，其所得税按 50%计入应税所得额，按 20%的税率缴纳企业所得税。对政府鼓励的民间投资、煤炭资本转产项目，自投产之日起 3 年内，项目税收解缴地方留成部分，可返还企业专项用于生产发展，技术改造升级。返还企业的资金由县民营企业主管部门和财政部门负责审核，监督资金的使用情况。民营企业因有特殊困难不能按期纳税的，可依法申请延期在三个月内缴纳。

13. 加快创业园区建设。县里要在大寨循环经济开发区内规划一至两个不少于500亩县级创业园区，可以采取政府创办、企业自办、团体单位领办、镇园合一或村园合一的市场运作方式，通过先行先试的办法，统一解决民营企业用地问题。园区围绕产业规划布局，可以鼓励村民集资或动员社会各类资本参与兴建园区标准厂房，采取出售、出租、合作的办法，吸引企业向园区集中；各乡镇也要结合各自的实际创造条件逐步建立一个不少于100亩的创业基地，着重发展一批特色高效农业和种、养、加工的民营企业，逐步使我县的民营企业向园区集中，形成民营经济集群发展。

14. 狠抓创业项目建设。县发改局要建立促进全民创业、加快民营经济发展项目库。2012年全县民营经济项目总量不少于1000个，每年新入库项目增幅不低于20%。每年至少举办两次项目发布会，向社会发布，为全县的民营经济发展提供项目支持与服务。县发改局、经贸局、农委、中小企业局等政府职能部门都要积极搞好民营企业的项目服务，发挥各自的职能，帮助民营企业选好项目，并协助实施落实，实行跟踪服务，确保项目建成投产。

15. 加大人才培训力度。要把民营企业人才的培养、培训工作纳入全县人才工作的总体规划，加快培养和造就一支适合我县民营经济发展需要的企业家队伍、专业技术人才队伍和高效率技能职工队伍。采取“走出去，请进来”的办法开展对民营企业家的培养，有计划地组织民营企业家到先进发达地区考察学习，解放思想、拓宽视野，更新发展理念，明晰发展思路；要举办培训班，聘请高等院校教授和外地成功企业家，讲授课程，传授经验，尽快培养一批我县的本土企业家队伍。职业中学要利用职业教育资源优势，开设专门针对我县民营经济发展的职业教育课程，培养一批适合我县民营企业发展的专业技术人才队伍。县工商联、中小企业局以及民间各类组织也要有针对性地对现有民营企业职工开展多种多样的培训活动，以期达到全方位多层次的培训，提高职工素质，造就一支技能型职工队伍。

五、进一步培育壮大创业主体

16. 支持离昔人员返乡创业。昔阳籍知名人士、成功人士返乡创业的，在用地、融资、建设等方面予以优先支持。农民工返乡创业的，提供小额创业担保贷款支持，对从事种植、养殖的提供技术服务和技术指导。

17. 扶持下岗人员自主创业。对从事个体经营的下岗失业人员，除建筑业、娱乐业以及销售不动产、转让土地使用权、广告业、房屋中介、桑拿、按摩、网吧、氧吧等行业外，凭相关合法证件，在3年内按每户每年8000元为限额，依次扣减当年实际应缴纳的营业税、城市维护建设税、教育费附加和个人所得税。

18. **支持个体业主二次创业**。对从个体工商户新转成的私营企业，不具备查账征收条件的，可实行税收核定征收办法。对新办个体工商户、私营企业，凡行政事业性收费标准有幅度的，3 年内一律按收费标准的下限收取。

19. **支持复转退军人自行创业**。对从事个体经营的军队转业干部、城镇退役士兵和随军家属，除建筑业、娱乐业以及广告业、桑拿、按摩、网吧、氧吧等行业外，自领取税务登记证之日起，3 年内免征营业税、城市维护建设税、教育费附加和个人所得税。

20. **支持高校学生积极创业**。对自主创业从事个体经营的高校毕业生，除国家限制的行业外，自工商行政管理部门批准其经营之日起 3 年内免交工商行政管理、卫生、环保、人社等部门的各项行政事业性收费和人事代理费。到非公有制单位就业的毕业生，今后考录或招聘到国家机关事业单位和国有企业的按规定缴纳基本养老保险的年限可合并计算为工龄。

21. **支持城镇居民创业增收**。城镇居民个人按期缴纳营业税和增值税的起征点为月营业额 20000 元。对个人出租房屋，在 3% 征收税率的基础上，减半征收营业税，按 4% 的税率征收房产税，免征城镇土地使用税，个人所得税暂减按 10%税率征收；对个人购买普通住宅超过 5 年（含 5 年）转手交易的，销售时免征营业税、城建税、教育费附加。个人兴办的学校、医疗机构、幼儿园、托儿所以及敬老院、养老院等自有自用的房屋，暂不征收房产税，用地暂缓征收城镇土地使用税。

22. **支持农民创业**。对从事个体经营贡献突出又符合条件的农民，积极吸纳入党，安排或提名担任村干部。农村居民以自有房产为场地，从事不涉及前置审批项目个体经营的，可凭本人身份证和有效宅基地权证直接办理注册登记。农民在当地市场出售的自产农产品，免收集市贸易各类行政性收费。

23. **支持机关、事业单位工作人员带头创业**。允许机关、事业单位工作人员以挂职方式在本地企业锻炼和服务，挂职期间保留原职级，时间一般不超过 3 年，按干部管理权限办理相关手续；机关、事业单位工作人员（教育、卫生系统按有关规定执行），本人申请，经组织批准，可离岗 3 年创办企业，或应聘到非公有制企业工作。3 年期满后，愿意回原单位的，安排相应职级工作；愿意辞去公职的，按工资发放渠道给予一次性经济补偿。鼓励事业单位分流人员在本地创业，创业人员享受再就业优惠政策。

24. **落实全民创业扶持政策**。全县城乡劳动者新注册私营企业的按固定资产投资规模，固定资产投资超过 500 万元（含 500 万元）、200 万元（含 200 万元）、100 万元（含 100 万元）、50 万元（含 50 万元）的新办项目，经核实投资达效，政府分别给予 10 万元、5 万元、2 万元、1 万元财政补贴。自 2012 年 1 月 1 日起，大中专、技、职校毕业生、下岗失业人员、被征地农民、进城创业的农村劳动者、复转军人及残疾人员新注册为个体工商户的，每户县政府奖励 1000 元，原有个体工商户升级注册为私营企业的，每户县政府奖励 3000 元。

六、进一步提升全民创业加快民营经济整体发展水平

25. 加快转型升级。综合运用高新技术和先进适用技术改造提升传统优势产业。鼓励民营企业加快发展新能源、新材料、煤化工、电子信息等高新技术产业和现代服务业，支持民营企业按照效率化、集约化、生态化相统一的要求，发展循环经济，培育新的经济增长点。对上述产业企业所得税留县部分全额返还，用于企业发展。

26. 加快科技进步。鼓励和支持民营企业加强技术研发，实施自主创新。对企业开发新产品、新技术和新工艺发生的研究开发费用，应在纳税所得额据实扣除的基础上，按研发费用的 50% 加计扣除。对企业开展技术创新和新产品研发填补省内空白的，按照其上缴税金高于上年留成部分的 20% 给予奖励。对成功申报国家、省高新技术产业发展项目和通过自主创新新产品认定的企业，县政府分别给予 10 万、5 万、3 万元的奖励，资金从科技三项费用中列支。

27. 加强企业管理。指导民营企业进一步完善内部管理制度，健全公司治理结构，建立现代企业制度。引导民营企业通过相互参股、职工持股、并购、引进外资等多种形式，建立多元和开放的产权结构。鼓励民营企业争创“诚信示范企业”“守合同重信用企业”“文明诚信民营企业”“文明诚信个体工商户”和“消费者满意单位”。获得国家、省级荣誉的，县政府分别给予 1 万和 5000 元的奖励。

28. 支持做大做强。积极推进民营企业联合重组，对企业兼并重组发生的土地使用权、不动产所有权和相关股权转让，免收变更过户手续费，对兼并国有企业、集体企业和破产企业，符合有关规定的免征契税。

29. 实施品牌战略。引导民营企业树立商标意识和品牌意识，对获得中国名牌产品或全国驰名商标的县政府奖励 20 万元；获山西省名牌产品或省著名商标的，奖励 5 万元；获晋中市名牌产品或知名商标的，奖励 2 万元。

七、进一步营造促进全民创业加快民营经济发展环境

30. 提供规范高效的政府服务。进一步清理和规范涉及全民创业加快民营经济发展的行政审批事项，简化审批手续，推行联合审批、一站式服务、限时办结、承诺服务、联系企业、走访企业等制度，不断健全服务全民创业加快民营经济发展的长效机制。积极推广网上申报、网上审批、网上办公、网上监管、网上咨询等信息化手段，切实提升行政效率。

31. 加快完善社会化服务体系。建立健全政府组织、指导和监督，社会共同参与，多主体、多层次、多方位的社会化服务体系。通过资格认定、能力评价、业务委托、业绩奖励等方式，引导社会服务机构为民营企业提供创业辅导、技术支持、融资担保、信息支撑、人才培训、管理咨询、市场开拓、法律维权等方面的服务。县财政每年安排50万元专项资金，专门用于民营企业服务体系建设。

32. 加快综合服务平台建设。在县政务大厅设立昔阳县就业创业综合服务窗口，及时收集用工信息，发布招聘信息，举办中介洽谈会，开办劳务输出业务，开展创业就业服务，为就业创业牵线搭桥、搭建平台。在监察局设立全民创业投诉中心，受理妨害全民创业行为的各类投诉，保障私营业主的合法权益。

33. 减轻民营企业的社会负担。积极清理规范涉及民营企业的行政事业性收费和政府性基金，严格落实行政事业性收费许可证制度，对行政机关以经营服务性收费名义收取费用和社团组织搭车收费等乱收费、乱集资、乱摊派行为一律取缔。严格控制各类评比、考核，大幅度减少各种检查，对不作为、乱作为或刁难民营企业的行为一经查实，依法依纪严肃处理。

34. 规范民营企业的经营行为。各级各部门要依法履行对民营经济监督管理职能，引导和督促民营企业诚实守信，依法经营，坚决制止各种不正当竞争和侵犯消费者权益的行为。民营企业要严格执行法律法规和有关技术标准、规范，自觉遵守产品质量、节能减排、环境保护、劳动保障、价格管理、安全生产等有关规定。各职能部门要坚持“属地管理”“谁审批、谁发证（照）、谁负责”的原则，落实好查处取缔无证无照经营工作。完善劳动争议处理制度，做好劳动仲裁工作，及时化解劳动纠纷。

35. 保护民营企业的合法权益。民营企业的财产属私人所有，任何单位和个人不得平调或侵占。民营企业依法进行的生产经营活动，任何单位和个人不得干预。要依法保护民营企业的名誉、人身和财产以及企业字号、专利权、商标权、商业秘密等各项合法权益。要建立健全维护民营企业合法权益的法律服务和法律援助体系，民营企业合法权益受到侵害时，政府部门必须及时受理，公平对待，限时答复。

36. 引导民营企业构建和谐劳动关系。鼓励民营企业稳定和增加就业岗位，规范企业用工管理，建立和谐劳动关系。把民营企业从业人员纳入社会保障范畴，对民营企业吸纳困难人员就业、签订劳动合同并缴纳社会保险费的，在相应期限内给予基本养老保险补贴、基本医疗保险补贴、失业保险补贴。对商贸企业、服务型企业吸纳下岗失业人员，符合现行税收法律法规及政策条件的，在3年内按实际招用人数予以定额依次减扣营业税、城市维护建设税、教育费附加、企业所得税。以工资协商为重点深入推进集体协商和集体合同制度，建立健全民营企业工资正常增长和支付保障机制，依法维护企业和职工的合法权益，引导民营企业认真承担社会责任，积极参与社会公益事业。

八、切实加强对促进全民创业加快民营经济发展的领导

37. 强化组织领导。成立促进全民创业、加快民营经济发展工作领导组，强化对促进全民创业加快民营经济发展工作的组织领导、统筹规划、政策协调和重大问题的解决。要把促进全民创业、加快民营经济发展纳入国民经济和社会发展总体规划，完善县乡领导干部联系重点民营企业和重点挂牌保护制度，建立民营经济发展目标责任制，与领导干部年度考核奖惩相挂钩，确保各项政策措施落实到位。

38. **充分发挥工商联、各类行业协会和商会的作用**。支持民营企业在自愿的前提下，组织行业自律性协会和商会，及时听取有关商会和民营企业的意见和建议。充分发挥工商联、商会、中介机构的作用，在法律允许的范围内，通过授权、委托等方式，授予行业协会或商会制定行业规范与标准、参与行业规划、维护行业权益和公平竞争等职能。

39. **建立促进全民创业加快民营经济转型发展的激励机制**。加强和完善民营经济统计监察制度，对各乡（镇）民营经济发展情况进行考核评价和综合排队。增加民营企业家在县人大代表、政协委员中的比例，民营经济的优秀人物要列入各级劳动模范表彰的评选范围。县委、县政府要定期对优秀民营企业和企业家进行表彰，重奖一批创业功臣、纳税大户和优秀民营企业家。

40. **加强民营企业党建及思想政治工作**。扩大党组织在民营企业的覆盖面。建立健全民营企业工会、共青团等群众组织，积极开展群众工作和维权活动。建立健全民营企业经营者相应的表达机制、参与机制和表彰机制，引导民营企业人员正确表达自己及本阶层人士的利益诉求。

41. **营造民营企业发展的社会氛围**。大力宣传各级鼓励、支持和引导全民创业、加快民营经济发展的方针、政策和措施，大力宣传依法经营、诚实守信、认真履行社会责任，积极参与社会公益事业的民营企业家的先进事迹，在全社会营造有利于促进全民创业加快民营经济发展的良好舆论氛围。

本意见自印发之日起执行，县委、县政府以前下发的类似文件同时废止。

中共昔阳县委员会
昔阳县人民政府
2012年1月17日

中共昔阳县委　昔阳县人民政府
关于加强和改进新形势下工商联工作的实施意见

昔发〔2012〕5号

各乡（镇）党委、人民政府、县直各单位、各人民团体：

为认真贯彻落实《中共中央、国务院关于加强和改进新形势下工商联工作的意见》（中发〔2010〕16号）、《中共山西省委、山西省人民政府关于加强和改进新形势下工商联工作的实施意见》（晋发〔2011〕17号）文件精神，进一步加强和改进工商联工作，切实发挥工商联的优势和作用，现结合我县实际，提出如下实施意见。

一、准确把握加强和改进工商联工作的重要意义和基本要求

1. *充分认识加强和改进工商联工作的重要意义。*工商联工作是党的统一战线工作和经济工作的重要内容。在新形势下，加强和改进工商联工作，是坚持和完善我国基本经济制度、促进非公有制经济科学发展的需要，是巩固发展壮大爱国统一战线、加强党在非公有制经济领域领导、巩固党执政的群众基础和社会基础的需要。工商联作为非公有制经济领域的各类企业、工商社团和工商界人士的联合组织，联系着广大非公有制企业和非公有制经济人士，在协助政府管理和服务非公有制经济，促进非公有制经济健康发展，引导非公有制经济人士健康成长，推动我县"十二五"规划的顺利开展和实现未来新崛起发挥着不可替代的作用。近年来，我县非公经济蓬勃发展，不断壮大，已成为全县经济社会发展的重要推动力量。进一步加强和改进工商联工作，使之与非公经济发展的新要求、广大会员的新期待、工商联肩负的新使命相适应，是当前一项重要而紧迫的任务。各级各部门要从战略和全局的高度，充分认识做好工商联工作的重要意义，切实加强对工商联工作的领导、指导和支持，不断开创工商联工作新局面。

2. *准确把握工商联工作的基本要求。*工商联工作要始终坚持统战性、经济性、民间性有机统一；要始终发挥参政议政、民主监督的作用，及时发现和反映非公有制经济发展中出现的新情况、新问题，为党委、政府的决策提供重要依据；要始终紧扣非公有制经济健康发展和非公有制经济人士健康成长这两个最基本任务，激发非公有制企业的活力和潜力；要始终鼓励广大会员致富思源、富而思进，积极投身"光彩事业"、扶贫济困等服务社会的活动。加强和改进工商联工作，就是要坚持中国共产党的领导，坚持我国基本经济制度，促进非公有制经济科学发展，坚持团结、服务、引导、教育的方针，围绕工商联的基本任务和工作对象（主要包括私营企业、非公有制经济成分控股的有限责任公司和股份有限公司、港澳投资企业、私营企业出资人、个体工商户、在内地投资的港澳工商界人士、原工商业者等），全面加强思想、组织、作风、制度建设，不断增强凝聚力、影响力、执行力，努力把工商联建设成为政治坚定、特色鲜明、机制健全、服务高效、作风优良的人民团体和商会组织。

二、充分发挥工商联的职能作用

3. 发挥工商联在非公有制经济人士思想政治工作中的引导作用。要建立健全党委统一领导、统战部组织协调、工商联具体实施、有关方面参与的非公有制经济人士思想政治工作格局。教育引导非公有制经济人士爱国、敬业、诚信、守法、贡献，做合格的中国特色社会主义事业建设者。引导非公有制经济人士牢固树立中国特色社会主义共同理想，践行社会主义核心价值体系。发挥工商联的组织优势，参与非公有制经济人士教育培训工作机制建设。加大非公有制经济人士政治教育培训力度，将非公有制经济人士的教育培训工作纳入全县的人才教育培训规划，纳入县委党校计划内培训班次。在加强对非公有制经济人士外部引导教育的同时，更要帮助他们开展自我教育，利用重大节日、纪念日、抗灾救灾等活动作为引导教育与自我教育相结合的重大契机，引导非公有制经济人士树立“义利兼顾、以义为先”的理念，致富思源、回报社会，履行社会责任。探索建立以思想政治表现、诚信守法状况、企业经营状况、履行社会责任情况为核心的非公有制经济代表人士综合评价体系，规范综合评价过程。对非公有制经济人士的政治安排、表彰奖励要通过综合评价体系进行评价，并把综合评价作为选拔、安排和表彰非公有制经济代表人士的前置程序。积极推荐非公有制经济人士参加“优秀中国特色社会主义事业建设者”“优秀共产党员”“劳动模范”“优秀企业家”等评选表彰活动，大力营造非公有制经济人士健康成长的良好环境。工商联党组协助开展非公有制经济组织党建工作，引导非公有制经济人士支持所在企业建立党的组织，为党组织开展活动、发挥作用提供必要的条件。

4. 发挥工商联在非公有制经济人士参与国家政治生活和社会事务中的重要作用。工商联要坚持“团结、帮助、引导、教育”的工作方针，密切同非公有制经济人士的联系，深入了解、积极反映他们的意愿和要求，及时向党委、政府提出相关意见和建议，成为非公有制经济人士有序政治参与的重要窗口和主渠道。工商联要注重提高非公有制经济人士参政议政能力和水平，引导非公有制经济人士增强大局意识，不断提高思想政治素质、调查研究能力和参政议政水平。切实做好非公有制经济代表人士的选拔和政治安排工作。推荐非公有制经济人士担任党代表、人大代表、政协委员及人民陪审员、人民监督员、特邀监察员等，要充分听取和尊重工商联的意见。制定有关扶持非公有制经济政策之前和决策过程中，应注重听取非公有制经济代表人士的意见。要努力拓宽非公有制经济人士参与的渠道。

5. 发挥工商联在政府管理和服务非公有制经济中的助手作用。建立重要经济决策委托工商联征询非公有制经济人士意见的制度，充分听取非公有制经济人士意见和建议。要吸收工商联参加促进非公有制经济和中小企业发展工作的领导机构和协调机制。要安排工商联参加有关非公有制企业人才引进工作机制。工商联要积极探索建立适应社会主义市场经济要求的服务载体和机制，打造服务品牌，加强信息网络建设，为非公有制企业提供政策、信息、法律、融资、技术、人才、对外交流等方面服务，推动企业健康发展。工商联要协助政府和企业做好招商引资工作，积极开展与全国知名民营企业合作发展活动，加强与国内外工商界的交流合作，积极开展经贸互访、商务洽谈等交流活动，鼓励工商联开展民间外交，支持工商联组织非公有制企业"走出去"，为工商联加强同境外工商界的交流合作提供便利。

6. 发挥工商联在行业协会、商会改革和发展中的促进作用。行业协会、商会是市场经济体系的重要组成部分，充分发挥各类行业协会和商会的重要作用是转变政府职能、完善社会主义市场经济体制的必然要求。工商联要准确把握新时期非公有制经济发展的特点和规律，引导组建一批新的行业协会和商会组织，积极探索体现未来特点、适应会员需求、彰显团体特色的商会模式，有效发挥其政策宣传、监督服务、反映诉求、维护权益等行业组织功能。要搭建好合作共治平台，广泛团结、联系非公有制经济领域的社会组织，逐步形成拥护党和政府领导的社会组织自我管理、自我服务和自律自治的运作机制。

7. 发挥工商联在创新社会管理、构建和谐劳动关系中的积极作用。和谐企业是和谐社会的基石。工商联要推动非公有制企业为构建和谐劳动关系作贡献，鼓励他们向社会提供更多就业岗位，让员工分享到更多企业发展成果。工商联要参与协调劳动关系的有关工作，共同研究劳动关系中的重大问题，维护好员工和企业的合法权益。工商联要引导非公有制企业建立和规范劳动合同制度，积极稳妥开展工资集体协商，支持非公有制企业依法建立工会组织，建立健全职工工资支付保障机制，依法规范养老、失业、医疗、工伤、生育等社会保险。

三、进一步完善工商联的工作机制

8. 健全和完善党委、人大、政府、政协领导班子成员与商会及非公有制经济代表人士联系制度。由工商联负责遴选推荐，形成各级领导干部与商会及非公有制经济代表人士经常走访约谈、直接交流沟通的工作机制。

9. 进一步完善"工商联直通车"机制。充分发挥工商联的桥梁纽带和助手作用，建立工商联专报制度，对非公有制经济发展中的重大和共性问题、工商联系统的重要调研成果、非公有制经济人士的重大情况反映和合理建议，形成高效快速的工商联遴选反映、领导批示、部门办理、督察反馈工作机制，促进相关问题的解决，不断优化非公有制经济发展环境。

四、进一步加强工商联自身建设

10. **开展“工商联与民营经济共成长”活动**。在全县范围内开展“工商联与民营经济共成长”活动，以工商联服务科学发展和实现自身科学发展为目的，以能力建设为核心，通过创新工作机制、打造工作品牌、开展教育培训、改善发展环境，解决影响工商联发展的组织机构、职能作用、干部素质、工作条件等方面的突出问题，增强工商联履职尽责能力。

11. **加强工商联会员队伍建设**。按照“面向工商界、以非公有制企业和非公有制经济人士为主体、广泛性和代表性相结合”的原则，做好工商联会员发展工作，扩大会员覆盖面，优化会员结构。推动行业协会商会、异地商会等经济类社团成为工商联团体会员。逐步吸收有一定知名度和影响力的经济金融界、现代服务业界的专家为个人会员。建立与经济、工商、统计、税务等部门的联系制度，形成发现和了解会员的机制。加强会员“一人一档”数据库建设，实现会员信息的动态管理。

12. **加强非公有制经济代表人士队伍建设**。按照思想品质优、社会贡献大、公众形象好、参政议政能力强的要求，努力建设一支数量充足、素质优良、结构合理、作用突出的非公有制经济代表人士队伍。加强和完善非公有制经济代表人士综合评价工作，建立健全科学有效的培养使用机制，不断调整和充实代表人士队伍。建立非公有制经济代表人士信息库，为我县发现、考察、培养、选拔和表彰非公有制经济代表人士提供科学依据。

13. **加强工商联领导班子建设**。工商联领导班子应由熟悉统战和经济工作的党政领导干部、非公有制经济代表人士等组成。加强工商联领导班子和领导机构建设，要坚持党管干部原则，按照《党政领导干部选拔任用工作条例》，择优选好配强专职领导干部。优化领导班子中党内外、专兼职人员结构，建立工商联领导班子后备干部队伍。把综合素质好、各方面表现优秀的非公有制经济代表人士选拔到工商联领导班子中。加强工商联执委会、常委会建设，完善议事程序和规则，切实发挥执委、常委作用。

14. **加强工商联基层组织建设**。工商联要注重组织网络建设，在政治引导、组织建设、服务工作等方面发挥基层商会作用。加强异地商会建设、行业商会建设，发挥它们在推动区域经济发展和社区服务中的积极作用，发展和管理会员、联系和服务企业方面的组织作用。要加强乡镇商会组织建设，乡镇党委应明确一名副书记分管商会工作，保证人员、场地、经费等必要的工作条件。

15. **加强工商联机关建设**。加强工商联机关的思想建设、组织建设、作风建设，建立健全符合工商联自身特点的工作制度，形成规范高效的运作机制，提高工作执行力。

加强工商联机关干部队伍建设，建立健全干部培养、考核、激励机制，加强工商联干部的培训和学习，努力造就一支政治强、素质高、业务精、纪律严、作风正的干部队伍。

五、加强和改善对工商联工作的领导

16. *加强党委对工商联工作的领导。*要高度重视和支持工商联工作，切实把加强和改进新形势下工商联工作摆上重要议事日程，落实党委领导班子抓工商联工作的责任，及时听取工商联工作汇报，研究和解决工商联工作中的重大问题。党委召开经济、纪检、政法、组织、宣传、统战等重要会议，应视情况安排工商联负责人参加。对工商联机关干部要加大教育培训、轮岗交流、选拔使用的工作力度。通过多种方式充实工作力量，把优秀人才选拔到工商联工作。要加强对非公有制经济、工商联工作和非公经济代表人士的宣传，加大宣传报道力度，积极宣传重大活动、重要工作，扩大影响。

17. *加强政府对工商联工作的指导和支持。*政府要按照党和国家关于工商联工作的方针政策，加强对工商联工作的指导和支持。建立政府联系工商联工作制度，政府领导班子中要有一名副县长负责联系工商联。涉及非公有制经济发展的法规、政策、规划以及相关重要经济决策，应做到“凡策必询”，委托工商联征询非公有制经济人士意见和建议。建立非公有制经济专题调研和座谈会制度。政府常务会议每年至少研究一次非公有制经济发展和工商联工作。政府召开经济方面的重要工作会议和涉及非公有制经济发展的部门工作会议，以及举办重大经济活动、开展经济工作调研，可视情况安排工商联负责人及非公有制经济代表人士参加。与非公有制经济发展相关的政府有关部门要建立与工商联的联系制度和业务协作关系，及时向工商联通报有关信息，支持工商联开展工作，确保党委、政府的决策部署在非公有制经济领域得到贯彻落实。按照财政预算管理要求，切实保障工商联开展工作的需求，将工商联的办公经费和非公有制经济代表人士思想政治工作、参政议政、考察调研、教育培训、对外交流以及现代商会建设、招商引资、评比表彰等专项经费列入同级财政预算，并逐年增加。

18. *加强党委统战部领导工商联党组和指导工商联工作。*统战部作为党委主管统战工作的职能部门，受同级党委委托，领导工商联党组，要经常研究非公有制经济领域统战工作和工商联工作，协助党委制定并贯彻落实支持工商联工作的各项政策，加强工商联领导班子建设。工商联党组书记由党委统战部分管经济领域统战工作的副部长担任。进一步完善党委统战部领导工商联党组和指导工商联工作的机制，支持工商联创造性开展工作。

19. *发挥工商联党组领导核心作用。*工商联党组要切实履行职责，率先加强思想政治建设，保证党的理论和路线方针政策、党委和政府决策部署的贯彻落实，把握工商联工作的正确方向。健全党组议事规则和决策程序，提高科学决策、民主决策、依法决策水平。按照干部管理权限，做好工商联干部人事工作。加强对工商联会员代表大会、执委会、常委会工作的指导，支持其按照工商联章程行使职权、开展工作。正确处理党员干部与党外干部的工作关系，支持工商联主席履行职责，发挥好党外干部和兼职副主席（副会长）的作用，增进思想共识，搞好合作共事。

中共昔阳县委员会
昔阳县人民政府
2012年6月7日

中共昔阳县委
关于进一步加强统一战线工作的实施意见

昔发〔2016〕31号

各乡（镇）党委，县委各部委、办、局，县直各单位党组（党委）、总支（支部），各人民团体支部：

《中国共产党统一战线工作条例（试行）》（以下简称《条例》）作为中国共产党关于统一战线工作的第一部法规，明确了统一战线服务“四个全面”战略布局的方向原则，全面规范了各领域各方面统战工作，是推进统战工作制度化、规范化、程序化建设的重要标志。《中共山西省委关于贯彻〈中国共产党统一战线工作条例（试行）〉的实施意见》和《中共晋中市委关于进一步加强统一战线工作的意见》，从全省、全市的高度科学阐释了贯彻落实《条例》的重大意义，安排部署了今后一段时期全面加强统战工作的主要任务和重要举措。为认真贯彻落实《条例》和省委、市委《实施意见》，充分发挥新时期统一战线在凝聚人心、汇聚力量方面独特的政治优势，巩固和发展最广泛的爱国统一战线，为实现富民强县目标提供最广泛的力量支持，结合我县实际，提出如下意见。

一、切实加强对统一战线工作的领导

1. 全县各级党组织要把统战工作纳入重要议事日程，纳入对各级党组织领导班子和领导干部年度目标责任考核内容，纳入各级党委宣传工作计划，纳入县委中心组理论学习内容，纳入党校及党员领导干部培训学习教学内容，纳入国民教育知识内容。要从战略高度和长远角度充分认识做好统战工作的重要意义，不断增强做好统战工作的责任感和使命感。

2. 各级党组织主要负责人是统战工作的第一责任人，对统一战线工作负总责。县乡党委每年要召开2～3次专题会议，研究部署统战工作，及时解决相关问题。党委党组领导班子成员要带头学习宣传和贯彻落实党的统一战线理论、方针、政策和法律法规，带头参加统一战线重要活动，带头广交深交党外朋友。

3. 县乡两级党委要成立统一战线工作领导小组。县委统战部作为县委主管统一战线工作的职能部门，要切实担负起牵头协调和督促检查全县统一战线工作的职责，指导各乡镇各部门党委（组）做好统战工作，强化理论和业务培训。协调政府有关部门做好统一战线工作，做好民族、宗教等部门的工作指导，支持配合对台、外事、侨务等工作部门做好相关工作，努力构建“大统战”格局。

4. 建立县级组织部、统战部联席会议，加强在党外干部培养、使用、管理等方面的沟通协调，加强在规划制定、物色选拔、人选考察等方面的协作配合。在动议和讨论决定党外干部的任免、调动、交流前，要征求统战部门的意见，推动全县党外干部工作制度化、规范化、程序化。

5. 坚持完善县级党政领导干部联系党外代表人士制度，加强与党外代表人士的联谊交友，交净友，交挚友，及时了解他们工作和思想动态，每位成员联系 2 ～ 3 名党外代表人士，切实发挥联谊交友的引导、沟通、纽带作用，不断巩固与党外人士的联盟。

6. 落实县委统战部部长由同级党委常委担任，落实工商联党组书记由同级统战部副部长，民族宗教工作部门主要负责人具备条件的可以担任同级党委统战部副部长的规定。巩固县级统战部门合署办公成果，进一步加强制度建设，规范和创新运行机制，实现合署合力。乡（镇）、街道党委应当明确专人分管统一战线工作。

二、全力做好统一战线各领域工作

（一）民主党派和无党派人士工作

7. 加强政党协商，巩固和发展和谐政党关系。建立和完善《中共昔阳县委与党外代表人士“季度协商”制度》《昔阳县政府工作部门与民主党派、工商联对口联系制度》，围绕政府工作报告、重大政策措施和重大建设项目等广泛征求意见建议，推进全县政党协商的制度化、规范化、程序化。

8. 建立和完善中共昔阳县委主要领导同志县内考察研究以及重要活动，邀请民主党派县委会负责人、无党派人士代表参加的做法。加强政府与民主党派、工商联、无党派的联系，邀请民主党派和无党派人士参加重要会议，参与有关政策、规划的制定和检查工作。

9. 坚持建言献策“直通车”制度。民主党派县委会可直接以调研报告、建议等形式向中共昔阳县委提出意见和建议。民主党派县委会负责同志也可以直接以个人名义向中共昔阳县委和县政府主要领导反映情况、提出建议。

10. 规范对民主党派的宣传报道。县级有关部门、主要媒体、重点网站要为民主党派创造发声的平台。涉及民主党派成员的新闻报道体现他们的党派身份，加强对我国政治制度和政党制度的宣传，夯实团结奋斗的共同思想政治基础。

11. 支持民主党派加强自身建设。县委统战部要加强与民主党派和无党派人士的联系和协调工作，协助民主党派做好干部管理工作。支持、协调解决好民主党派机关人员编制、干部交流、挂职锻炼等方面的问题。完善联系无党派人士的机制，帮助他们解决工作中遇到的问题，为他们参政议政、民主监督、参加中国共产党领导的政治协商提供必要的保障。

（二）党外知识分子工作

12. 加强党外知识分子团结引导工作，尊重他们的劳动和创造，把广大党外知识分子凝聚在中国共产党的周围，凝聚在服务“四个全面”战略布局、实现中华民族伟大复兴“中国梦”和省委、市委、县委的工作目标上来。夯实党外知识分子工作组织基础，县里知识分子比较集中的单位，根据工作需要，可以成立党外知识分子联谊会。

13. 重视新媒体从业人员教育引导，把新媒体从业人员和网络意见人士纳入统战工作视野，建立经常性联系渠道，引导其政治观点，增进其政治认同。积极做好新经济组织、新社会组织中的知识分子和留学人员工作，加强新的社会阶层人士联谊会建设。

（三）民族宗教工作

14. 认真贯彻中央、省委、市委民族工作会议精神，深入开展民族团结进步创建活动，促进各民族和睦相处、和衷共济、和谐发展。严格执行党的民族政策，加强对少数民族群众的教育引导，切实保障少数民族合法权益。支持和帮助少数民族群众勤劳致富，帮助少数民族企业健康发展。密切联系少数民族代表人士，重视培育少数民族党外知识分子骨干，积极培养少数民族专业人才。

15. 全面贯彻党的宗教工作基本方针，深入开展和谐寺观教堂创建活动，充分发挥宗教界人士和信教群众在促进经济社会发展中的作用，积极引导宗教与社会主义社会相适应。加强民族宗教工作力量建设，配强配齐民族宗教事务局领导班子，确保宗教部门具备执法主体资格，执法人员不少于3人。

（四）非公有制经济领域统一战线工作

16. 坚持“两个健康”工作主题，坚持团结、服务、引导、教育的工作方针，通过典型示范与榜样力量，引导广大非公有制经济人士积极参与“光彩事业”，大力开展“致富思源、回馈社会”竞赛，不断增强感恩党、感恩国家、感恩人民的自觉意识。大力弘扬“优秀中国特色社会主义建设者”精神，大力开展创新转型竞赛，做实做强“双引双赛”品牌，推进非公有制经济持续健康发展。

17. 认真落实全省、全市民营经济发展推进大会精神，加快推进《关于重塑昔阳民营企业家形象的实施意见》的实施。动员全社会的力量，着力推动全县民营经济发展实现新突破，推动非公有制经济实现大发展。

18. 建立县领导联系项目、联系民营企业、联系民营企业家的“三联”制度，着力构建新型政商关系，推动各级党政领导加强与县域重点民营企业的联系，及时了解和帮助解决企业发展中遇到的困难和问题，做好思想引导和服务发展工作。

19. 加强非公有制经济党建工作，围绕实现“中国梦”主题，扎实开展非公有制经济人士理想信念教育实践活动，坚定非公有制经济人士对中国特色社会主义的信念，增强非公有制经济人士对党和政府的信任，增强非公有制经济人士对企业发展的信心。

（五）港澳台海外统一战线工作

20. 加强与港澳台海外工商界、文化界以及爱国社团领袖、基层代表人士的联系，广交、深交一批爱国爱港、爱国爱澳朋友，发展壮大爱国爱港、爱国爱澳力量。努力加强与海内外社团组织及侨商、晋商的沟通联系，引导支持他们在招商引资、招才引智、合作交流中发挥积极作用，坚持“金桥爱心工程”品牌，促进全县经济社会和民生事业的持续发展。

（六）党外代表人士工作

21. 加大党外干部安排使用力度。

县人大、县政府、县政协要按规定选配党外干部，做到配齐配强。

县级政府工作部门要选配符合条件的党外干部担任行政正职，数量应当配备 2 名左右。政府部门配备党外干部今后要逐年增加，使配备党外干部的部门数量达到 50% 左右。

县级法检两院可根据工作需要和干部队伍实际加大配备力度。

县级人大、政协专委会主任、副主任中要有一定数量的党外干部。

党外知识分子集中的人民团体、事业单位领导班子中至少配备 1 名党外领导干部，积极选配符合条件的党外干部担任行政正职。

重视乡镇（街道）领导班子配备党外干部，具备条件的乡镇（街道）领导班子都要配备党外干部。并创造条件选配 1 名党外干部担任乡镇（街道）的行政正职。

22. 加强党外代表人士的实践锻炼，将党外干部纳入党政领导干部交流总体规划安排。在同一职位任职满 10 年，不受专业限制的，一般要进行交流，逐步推动党外领导干部交流锻炼制度化、规范化、常态化。

23. 重视党外代表人士的政治安排。统战部门会商有关部门，负责党外人大代表、党外人大常委会组成人员候选人的推荐提名工作。党外代表人士在政协中应当占有较大比例，政协委员不少于 60%，常委不少于 65%；在政协领导班子中副主席不少于 50%。

24. 加强民主监督力度，聘请党外代表人士担任司法机关和政府部门特约人员，举荐党外代表人士在有关社会团体任职。

25. 加强党外代表人士后备力量的发现储备，广泛物色和发现党外代表人士。各级党委要把党外代表人士队伍建设纳入干部和人才队伍建设总体规划，按照多于配备职数的要求，建立统一的党外后备干部名单，实行动态管理。

26. 加强对党外代表人士的管理，统战部门负责牵头协调党外代表人士管理工作。重点了解掌握其政治表现、思想状况、履行职责、廉洁自律情况，特别是在重大原则问题上的政治立场和态度。发挥党外代表人士所在的党派和团体自我管理、自我教育、自我监督的作用，积极探索党外领导干部廉政建设的机制办法，加强日常管理考核。

27. 强化党外代表人士的理论培训，坚持政治培训为主，创新培训方式，注重实践教学，增强培训实效。把党外代表人士教育培训经费纳入财政预算，党外代表人士应按照统战部门的安排积极参加理论培训，其所在单位要予以支持。

28. 充分发挥党外人士智力人才优势，大力加强调查研究，及时了解社情民意，做实“统战大调研”品牌。通过统战部门推动、调研活动带动、代表人士行动，为党外人士建言献策、发挥作用、扩大影响搭建平台。

三、认真抓好《条例》《实施意见》的督查落实

29. 全县各级党组织要把学习贯彻《条例》《实施意见》作为当前和今后工作的一项政治任务，通过举办培训会、座谈会、报告会、专题研讨会等，不断强化党政领导干部的统战意识，形成全县上下重视统战工作、支持统战工作的良好氛围。

30. 县委统战部作为县委统一战线工作的职能部门要牵头抓好对贯彻落实中央、省委、市委统战工作会议精神以及《条例》《实施意见》和有关统一战线方针政策、法律法规的情况研究、协调指导和督促检查。全县各级党组织要切实制定好贯彻落实的具体举措，确保中央、省委、市委关于统一战线方针政策、决策部署和具体要求落实到实处。

中共昔阳县委员会

2016 年 10 月 27 日

中共昔阳县委　昔阳县人民政府
支持民营经济发展二十条意见

昔发〔2019〕1号

民营经济是推动我县高质量发展的重要主体。放开、放手、放胆支持民营经济加快发展，是破解结构性矛盾、增强经济发展活力、培育壮大新兴产业的有力抓手和有效途径。为深入贯彻落实习近平总书记在民营企业座谈会上的重要讲话精神和《山西省支持民营经济发展的若干意见》《晋中支持民营经济发展二十五条》等文件精神，促进我县民营经济健康发展，特制订以下措施：

总体目标：以习近平总书记关于大力支持民营企业发展的重要论述为指导，紧紧围绕晋中市“百强千企万户”强企目标，按照“壮大一批、成长一批、培育一批”的总体思路，以转型、创新为抓手，用三年时间，集中力量实施“十强百企千户”工程，打造十强行业标杆企业，力争主营业务收入总量年均增长10%以上，扶持百户重点企业，力争主营业务收入总量年均增长6%以上；培育千户小微企业，力争拉动1万人就业。

一、营造良好发展环境

1. *着力优化营商环境。*深化“放管服效”改革，积极推进“六最”营商环境建设。加快“3545”专项改革在政务大厅落地。严格落实“大厅之外无审批”和“两集中、两到位”要求，全面推行“一窗通办”模式。加快推动政务服务事项网上办理，推进“最多跑一次”和“一次不用跑”改革落地见效。民营企业概算投资500万元以上，需提供审批代办服务的固定资产投资项目，县项目联审办实行全程无偿代办服务。设立1000万元民营企业发展专项资金，统筹资助民营企业风险担保、奖励补助、培训提升、品牌创优、市场营销等各项工作。（责任单位：政务中心、财政局牵头，县直相关部门配合）

2. *进一步开放民间投资领域。*开展隐形障碍专项清理行动，清除废止妨碍统一市场和公平竞争的政策文件。除法律法规明确禁止的行业和领域外，一律向民间资本开放。让民营企业真准入、快准入、易准入。鼓励民间资本投入基础设施、生态环保、脱贫攻坚、文化旅游、民生康养等领域。引导民间资本参与PPP项目。鼓励民间资本参与国有企业混合所有制改革，支持民营企业参与军民融合项目，争取上级财政配套资金和奖励资金。（责任单位：发改局、民政局、财政局、环保局、文化局、扶贫办、

国资公司、旅发委、中小企业服务中心、工商联等相关部门）

3. *发挥政府采购支持作用*。预留年度政府采购项目预算总额的 30% 以上，专门面向中小微企业采购，其中预留给小微企业的比重不低于 60%，实施政府采购融资制度，鼓励中小微企业凭借政府采购合同向合作金融机构申请融资。（责任单位：财政局、政府采购中心牵头，金融办等相关部门配合）

二、优化资源要素配置

4. *依法履行政府承诺*。认真履约，梳理新近在招商引资、拆迁补偿、政府工程款项结算、PPP 项目等方面的承诺事项，依法依规及时兑现。（责任单位：财政局、投促局牵头，县直相关部门配合）

5. *落实税费优惠政策*。切实落实好国家扶持民营企业的税费优惠政策。进一步健全税费管理体制，优化税费征管服务。对地方权限内的有关税费政策以法定标准的最低水平执行，确保企业税费负担实质性下降，落实国家降低社保费率政策，妥善处理民营企业在职工社保费缴纳中出现的新情况新问题，严禁自行对企业历史欠费进行集中清缴。（责任单位：税务局、人社局牵头，县直相关部门配合）

6. *解决企业用地需求*。切实落实好国家、省、市对民营企业土地供给政策，按照“应保尽保”原则，为民营企业发展用地留足空间，对优先发展产业且用地集约的工业项目，土地出让底价按不低于土地等别相对应《全国工业用地出让最低价标准》的 70% 执行，并可将最低出让年限放宽至 30 年，最高年限 50 年。工业用地可采取长期租赁、先租后让、租让结合、弹性出让等方式供应，在符合规划，不改变用途的前提下，现有工业用地提高土地利用效率和增加容积率的，不再征收土地价款差额。对已占用农村建设用地且符合规划，实际建厂 5 年以上未办理用地手续的民营企业，应依法依规办理土地手续。鼓励民营企业和民间资本参与中小企业园区基础设施和标准化厂房建设，认定为省市农、林、牧、渔业产品初加工为主的园区工业项目，在确定土地出让底价时，按《全国工业用地出让最低价标准》的 70% 执行，县级财政按建设投入的 10% 给予一次性资金补助，补助资金最多不超过 200 万元。依法出让土地上建设的标准化厂房，可按幢、层等权属界线封闭为独立使用空间，租赁或出让给小微企业使用，出让的独立使用空间可按不动产登记单元进行登记，经批准后可进行转租、转让，并可进行抵质押，在租赁费、物业费等方面通过财政补助的方式给予优惠。（责任单位：国土局牵头，住建局、财政局、金融办、中小企业服务中心、工商联等相关部门配合）

7. *实行环评豁免制*。对未列入国家《建设项目环境影响评价分类管理名录》的建设项目，除未来可能出现的环境影响或环境风险较大项目，以及涉及环境敏感区的项目外，无需履行环评手续。把区域环评纳入政府服务事项，简化区域内项目的评价内容、前置条件、总量管理等。项目环评与规划环评可共享环境现状、污染源调查等资料。（责

任单位：环保局）

三、破解融资难融资贵问题

8. 扩大融资风险金规模。将“助保贷”政府风险金增加至1000万元，拓宽“助保贷”合作渠道，进一步提升“助保贷”融资能力，扩大“助保贷”融资规模，降低企业融资成本。将“周转贷”资金增加至5000万元，加强企业还贷应急资金的使用和管理，免收“周转贷”资金使用利息。（责任单位：中小企业服务中心、国资公司牵头，财政局、金融办等相关部门配合）

9. 提高融资担保水平。规范政府性融资担保机构管理运营，2019年将资本金增至5000万元，提升融资担保能力，创优融资担保服务。制定对行政区域内融资担保机构保费补贴政策，对融资担保费率低于3%的差额部分给予补贴。（责任单位：财政局牵头，县直相关部门配合）

10. 支持企业直接融资。用好用足上级惠企政策，鼓励民营企业引进各类战略投资者，大力推动股份制改造，做好民营企业上市培育工作，推动民营企业上市直接融资。（责任单位：经商粮局、中小企业服务中心、金融办、银监办等相关部门）

四、推动企业创新转型升级

11. 做好项目入库备选工作。按照“培育一批、策划一批、备选一批”的思路，通过政府购买服务的方式，聘请专业团队，建立符合我县资源和产业特色的项目库，为民营企业和民间资本提供更多投资选择和投资渠道。（责任单位：发改局、投促局牵头，中小企业服务中心、工商联等相关部门配合）

12. 加大“小升规”企业培育力度。对首次上规入统的“小升规”企业在推荐申报上级财政奖励资金的基础上，县财政给予5万元奖励。给予“小升规”企业3年的适应调整期，3年内保持税收负担总体不增，继续享受相关税收优惠政策。（责任单位：中小企业服务中心、税务局、财政局）

13. 推动民营企业“专精特新”发展。对首次评为“专精特新”企业和高新技术企业的民营企业在推荐申报上级财政奖励资金的基础上，县财政给予5万元奖励。（责任单位：教科局、中小企业服务中心、财政局）

14. 鼓励民营企业创优产品打造品牌。对获得中国质量奖和提名奖的企业，在上级财政奖励的基础上，县财政分别给予100万元、50万元奖励。对获得山西质量奖和提名奖的企业在上级财政奖励的基础上，县财政分别给予50万元、30万元奖励；对获得国家驰名商标（行政认定）的企业县财政给予20万元奖励；对获得省著名商标（行政认定）的企业县财政给予10万元奖励。（责任单位：工商质监局、中小企业服务中心、财政局）

五、推动企业管理规范化

15. *开展规范化管理提升行动*。组建专家团队因企施策，上门服务，帮助民营企业加强基础管理，强化营销和风险管理，完善治理结构，推进管理创新，提高经营管理水平。督促民营企业苦练内功、降本增效，严格遵守安全、环保、质量、卫生、劳动保障等法律法规，诚实守信经营，履行社会责任。在规范化管理“提升行动”中对获得市级优秀、先进等级的企业，分别给予5万元、3万元的奖励。（责任单位：中小企业服务中心、财政局）

六、解决产品销售难问题

16. *支持民营企业开拓市场*。每年设立不少于50万元市场拓展专项资金，通过财政补助的方式，支持民营企业开展企业宣传、产品宣传、展销促销活动；帮助和鼓励民营企业利用电子商务平台，降低市场开拓成本，拓宽销售渠道。（责任单位：中小企业服务中心、经商粮局、财政局等相关部门）

七、构建亲清政商环境

17. *加强政企沟通*。建立领导干部与民营企业联系制度、政企沟通协调会制度和民营企业直通车制度，定期通报情况、听取意见，及时解决企业反映的问题；大力倡导领导干部担当作为、靠前服务，真心实意帮助民营企业经营者解决实际困难；鼓励党政机关干部到民营企业挂职锻炼。与民营企业经营者清白纯洁交往，大力倡导民营企业经营者讲正气、走正道，聚精会神办企业，遵纪守法搞经营；大力倡导民营企业经营者敢讲真话、勇于监督，依规依纪依法维护自身合法权益。（责任单位：县委统战部、工商联、中小企业服务中心等县直相关部门）

八、建立保障激励机制

18. *依法保护民营企业合法权益*。依法保护民营企业物权、债权、股权、知识产权等财产权，依法保护民营企业家的生命健康、名誉等人身权，妥善处理历史形成的产权案件，保障民营企业和企业家合法财产不受侵犯、合法经营不受干扰。（责任单位：县委政法委牵头，法院、检察院、公安局等相关部门配合）

19. *支持民营企业人才队伍建设*。加强对优秀企业家先进事迹和突出贡献的宣传报道，营造崇尚企业家精神、支持企业家发展的社会氛围。加强和改进非公企业党建工作，对优秀民营企业家，在政治安排和各类评选表彰中优先考虑。设立民营企业家功勋奖，对年营业收入首次达亿元和年纳税首次达1000万元的民营企业给予企业法人50万元奖励。实施昔阳企业家素质提升工程，将民营企业家尤其是新生代、创二代企业家培训经费列入财政预算。加强昔阳职业中学实训基地建设，延伸基地社会服务功能，深化产教融合，加强校企合作，打造昔阳县企业培训基地和人才供应基地。畅通民营企业专业技术人才申报职称渠道，为民营企业发展提供有力的专业技术人才支持。（责任单位：县委宣传部、县委组织部、县委统战部、人社局、教科局、财政局、工商联、中小企业服务中心、电视台、新闻中心等相关部门配合）

20. **加强民营经济工作组织领导。**把发展民营经济纳入全县国民经济和社会发展总体规划及年度工作计划。成立昔阳县促进民营经济发展工作领导小组，组织协调解决民营企业发展面临的困难和问题，主要领导亲力亲为、靠前指挥、相关部门密切配合，形成促进民营经济发展的合力。（责任单位：县委办、政府办牵头，县委统战部、发改局、中小企业服务中心等相关部门配合）

中共昔阳县委员会

昔阳县人民政府

2019年1月8日

中共昔阳县委办公室　昔阳县人民政府办公室
关于印发《中共昔阳县委与党外代表人士“季度座谈会”制度》和
《昔阳县县级党政领导干部与党外代表人士联谊交友制度》的通知

昔办发〔2017〕36号

中共昔阳县委与党外代表人士“季度座谈会”制度

与党外人士座谈、协商，是我党的优良传统和联系党外人士的基本方式，也是坚持和完善中国共产党领导的多党合作和政治协商制度的具体体现。根据《中共中央关于进一步加强新形势下党外代表人士队伍建设的意见》精神，为推动我县多党合作事业可持续发展，拓宽我县民主党派和无党派人士参政议政渠道，充分发挥全县统一战线的人才资源优势，加强中共昔阳县委与党外代表人士沟通联系的常态化、规范化、制度化，团结引导党外代表人士积极投身我县“全市争上游、东山创一流”伟大实践，经县委研究决定，特制订中共昔阳县委与党外代表人士“季度座谈会”制度。

一、会议名称

会议名称确定为“中共昔阳县委与党外代表人士‘季度座谈会’”，简称“季度座谈会”。

二、会议内容

（一）向党外代表人士通报中央、省、市、县委的重要文件和指示精神，听取党外代表人士对县委、县政府以及各部门贯彻落实党的路线、方针、政策等方面的意见和建议。

（二）向党外代表人士通报县委、县政府全年工作安排、重要人事变动、重点工程建设、民生工程改善、党风廉政建设等情况，以及半年、全年各项目标任务完成情况，听取党外代表人士的意见和建议。

（三）向党外代表人士通报县委、县政府决策的其他事关全县改革、发展、稳定大局的重大事项，听取党外代表人士的意见和建议。

（四）根据县委常委会确定的调研课题，党外代表人士进行深入细致的调查，形成专题建议案，提交座谈会议讨论。

三、会议时间

（一）“季度座谈会”每季度座谈一次，每年召开4次，分别为每年的3月、6月、9月、

12 月。

（二）“季度座谈会”召开时间一般确定为每季度最后一个月中下旬召开。

（三）如遇重大节庆日休假，经县委主要领导批准后，可提前组织召开。

（四）如遇重要事项需要通报座谈，经县委主要领导批准后，可随时组织召开。

四、参会范围

（一）根据会议内容，每次会议有一名县委、县政府领导参加，向党外代表人士通报有关情况，会议由县委统战部长主持。

（二）民进昔阳支部主委，县工商联驻会领导成员，无党派代表人士。

（三）会议内容涉及的有关部门负责人。

五、申报程序

（一）每季度最后一个月的月初，由县委统战部向县委提交召开“季度座谈会”请示。

（二）经县委办公室审核后，报县委书记审批。

（三）根据县委书记审批意见，由县委统战部组织实施。

六、具体要求

（一）县委统战部负责会议的组织申报工作，要及时与县委、县政府办公室沟通联系，拟定会议议题、议程、范围、人数、日期、地点等。

（二）县委统战部负责会议的具体筹备、会议记录、宣传报道等工作，负责通知民进支部、工商联以及党外代表人士参会。

（三）县委统战部要根据会议议题，提前向民进支部、工商联以及党外代表人士发放有关资料，参会人员要认真学习、调查研究，做好充分准备。

（四）县委统战部要根据会议议题对民进支部、工商联以及党外代表人士提出的意见和建议进行汇总整理，上报县委。县委、县政府要认真研究、及时吸收采纳，责成有关部门抓好落实。

（五）县委统战部负责对民进支部、工商联以及党外代表人士反馈县委有关决定事项和处理意见。

（六）县委办公室负责通知县级领导以及相关县直部门参会，会同县委统战部做好会议的各项组织工作。

（七）县委办公室负责向县委统战部以及相关部门通报县委各项决定事项和处理意见，负责督促，收集相关部门就决定事项和处理意见的贯彻落实情况。

昔阳县县级党政领导干部与党外代表人士联谊交友制度

为深入贯彻落实《中共中央关于加强新形势下党外代表人士队伍建设的意见》《中共山西省委关于加强新形势下党外代表人士队伍建设的实施意见》和《中共晋中市委关于加强新形势下党外代表人士队伍建设的实施意见和重要政策措施分工的贯彻落实意见》精神，充分发挥联谊交友、教育引导、联系沟通和桥梁纽带作用，把与党外代表人士联谊交友作为改进工作作风的一个切入点，作为密切联系群众的一个关节点，作为践行群众路线的一项重要举措，真正抓在手上，落到实处。

一、重要意义和目标任务

党员领导干部与党外代表人士联谊交友，是新形势下加强党外代表人士队伍建设的重要内容和基本方法，是党的群众路线在统一战线工作中的具体体现，也是新世纪新阶段进一步加强中国共产党领导的多党合作和政治协商制度的基本保证。做好与党外代表人士联谊交友工作，有利于巩固和发展爱国统一战线，有利于巩固党的执政基础，有利于推动新形势下统一战线不断向前发展，有利于推动我县民主政治建设再上新台阶，对于加快我县经济社会振兴崛起、如期全面建成小康社会，实现“全市争上游、东山创一流”目标，具有十分重要的意义。

充分发挥县级党员领导干部在联谊交友工作中的示范带头作用，广交深交我县统一战线各领域党外代表人士，重点培养一批立场坚定、在关键时刻发挥作用的挚友，在重大问题上为党分忧、据实直言的诤友，不断巩固与党外代表人士的政治联盟。

二、基本原则

平等相待，坦诚相见。把平等作为与党外代表人士交往的前提，政治上充分信任，态度上诚恳友好，认真听取意见建议，营造宽松和谐的气氛，在民主平等的交流中凝聚人心，增进政治共识。

求同存异，引导教育。坚持基本政治原则和政治立场，在大是大非面前旗帜鲜明，共同维护团结合作的思想政治基础。坚持体谅包容，以宽广胸怀结交朋友。寓教育引导于交流中，增强人情味和艺术性。

关心照顾，排忧解难。按照“照顾同盟者利益”的要求，关心党外代表人士的思想政治进步，支持他们的工作，注意了解他们的工作、生活情况，帮助解决具体问题。

深入细致，持之以恒。加强与党外代表人士的联系交往，不忘老朋友，结交新朋友，深交一批优秀骨干人物。不断积累深厚友谊，增加相互信任，使他们在任何条件下都能与中国共产党风雨同舟，荣辱与共。

三、重点范围

一是民主党派代表人士；二是无党派代表人士；三是少数民族和宗教代表人士；四是非公有制经济代表人士；五是港澳台海外代表人士；六是各级人大代表、政协委员中的党外人士；七是新的社会阶层和知识分子中的党外代表人士。

四、主要内容

1. 了解掌握联谊对象的思想动态，针对他们普遍关心的重点、热点和难点问题交换看法，做深入细致的思想政治工作。

2. 听取联谊对象对全县经济和社会发展、社会管理、民生民计等方面的意见建议。

3. 关注联谊对象的工作和生活情况，及时帮助他们反映、解决工作和生活中存在的问题和困难。

4. 鼓励、指导联谊对象积极工作，开拓创新，不断加强自身建设，为昔阳的发展倾智献策做出新贡献。

五、形式与办法

1. 建立定期联系制度。原则上每人每年至少与联系对象交流沟通 2 次。

2. 开展联谊活动。利用座谈会、联谊会和一起参观、考察等形式，同党外代表人士加强沟通，增强互动接触，及时了解联谊对象的思想动态和工作状况。

3. 参与调查研究。县级领导根据实际情况，可以带领联谊对象一同参与调研，深入基层，了解情况，开阔眼界，提高素质，增强参政议政、建言献策能力。

4. 建立“直通车”联系制度。党外代表人士可通过信函、邮件或约见，向与自己联系的领导同志反映情况、问题和建议，领导同志应及时予以回复或接待。

5. 建立情况通报制度。县级领导干部要将联谊交友的情况，联谊对象的思想动态以及他们反映的重大意见、建议和重要情况及时向县委主要领导进行汇报，并做好引导和反馈。

6. 建立联谊档案。在每次活动或联谊结束后，县级领导干部和联谊交友对象分别填写联谊交友登记表，作为资料留存。每位县级领导干部每年 12 月底前要将自己联谊交友情况形成总结报告，党外代表人士每年向县委统战部递交一份联谊交友的总结。

六、相关要求

1. 与党外代表人士联谊交友的县级领导干部为县级党员领导干部，每人联系 2 名党外代表人士，由县委统战部提出党外代表人士联谊交友名单。

2. 县级党政领导干部与党外代表人士联谊交友对象每两年调整一次，按照联谊交友职责要求，密切与党外代表人士的接触交往。保持联谊交友工作的连续性，岗位或分工变动后及时做好工作交接。

3. 将联谊交友与优秀党外代表人士的发现、培养等结合起来，促进党外代表人士队伍建设。

4. 注重联谊交友工作实效。通过广交深交，促进党外代表人士坚定走中国特色社会主义道路的信念，提高其政治把握能力、组织协调能力、参政议政能力和合作共事能力。

5. 县委办、县人大办、县政府办、县政协办分别负责安排县级领导干部与党外代表人士的日常联系和综合协调、服务等工作。县委统战部负责每年年底联谊交友有关工作的收集、统计、汇总，并向县委形成报告。县委适时将联谊交友情况向县级领导和党外代表人士进行通报。

中共昔阳县委办公室

昔阳县人民政府办公室

2017 年 7 月 14 日

中共昔阳县委办公室
关于开展党外代表人士综合评价工作实施方案

昔办发〔2013〕36号

为进一步提升全县党外代表人士队伍建设的科学化、规范化、制度化水平，努力培养造就一支素质优良、结构合理、数量充足、与中国共产党同心同德的党外代表人士队伍，凝心聚力，推进“美丽昔阳、平安昔阳、幸福昔阳”的建设进程，根据市委统战部文件精神，确定我县为开展党外代表人士综合评价工作试点县，为切实做好此项工作，现提出如下实施方案。

一、建立党外代表人士综合评价体系的重要意义

1. **建立党外代表人士综合评价体系，是深入贯彻落实科学发展观的必然要求。**科学发展观是中国特色社会主义理论体系的重要组成部分，是当前和今后一段时期我国经济社会发展的重要指导方针。深入贯彻落实科学发展观，要求建立一套科学完备的考核评价机制，而目前党外代表人士综合评价体系还不完善，探索建立一套党外代表人士评价体系是新时期贯彻落实科学发展观的客观要求与现实选择。

2. **建立党外代表人士综合评价体系，是不断巩固和壮大统一战线、实现统一战线可持续发展的客观需要。**建立一套适合党外代表人士特点的综合评价体系，最大限度地避免选拔任用工作的随意性，减少人为因素的影响，公平、公正、公开地选拔任用党外代表人士，进一步凝聚人心、汇聚力量，巩固和壮大爱国统一战线，团结广大党外人士为实现共同目标而努力奋斗。

3. **建立党外代表人士综合评价体系，是党外代表人士队伍自身发展的内在要求。**深入开展综合评价，可以使党外代表人士进一步明确政治坚定、专业过硬、群众认可的总要求，树立查找差距、追学比赶、奋发进取的标杆，激励党外代表人士始终与党在思想上同心同德、目标上同心同向、行动上同心同行。

4. **建立党外人士综合评价体系，是创新识人载体的重要举措。**随着我国经济社会结构的深刻变革，统一战线工作领域和范围不断拓展，迫切需要延伸做好党外代表人士工作的“手臂”，拓展储备识别党外代表人士的工作机制。建立完善科学规范的综合评价体系，以更有效地整合统战系统单位、相关党政部门和社会团体的人才信息，深化对党外代表人士代表性的分析考察，从而为更大范围地发现储备党外人才奠定基础。

二、开展党外代表人士综合评价的指导思想

建立党外代表人士综合评价体系的指导思想是：深入贯彻党的十八大精神，全面落实科学发展观，实施人才强国战略，以思想建设为基础，以能力建设为重点，以调整和优化党外代表人士队伍结构为主线，以改革创新为动力，抓住发现人才、培养人才、用好人才三个环节，突出政治性、强化代表性、体现群众性，建立起科学完备的党外代表人士综合评价指标体系及其运行机制，切实增强党外代表人士培养选拔工作的预见性、主动性和针对性，推动党外代表人士队伍建设的科学化、规范化、制度化，确保党的统一战线事业可持续发展。

三、开展党外代表人士综合评价的基本原则

1. 坚持党管干部、党管人才。坚持中国共产党领导的多党合作和政治协商制度，贯彻中共中央干部人事制度改革和人才工作的政策要求，坚持党委统一领导，统战部门牵头负责，组织协调有关方面有序开展。

2. 坚持严格程序、凡用必评。健全配套工作机制，明确开展评价程序，与党政领导干部选任使用工作程序相衔接，逐步实现党外代表人士经过综合评价方可推荐使用的制度。

3. 坚持统一规范、分类指导。遵循人才评价的一般规律和基本标准，反映党外代表人士的基本属性。根据各领域党外代表人士的特征，分类确定具体评价指标和方式。

4. 坚持整合资源、形成合力。构建综合评价载体，推动实现评价信息共同利用、评价成果多方共享，充分调动各方面的积极性、主动性，形成综合评价工作合力。

四、党外代表人士综合评价的主体和范围

党外代表人士综合评价工作主体为县委统战部及相关单位，具体包括综合评价对象所在单位、党派、社团及与其有密切关联的部门。

综合评价的范围包括与中国共产党团结合作、作出较大贡献、有一定社会影响的非中共人士。具体指民主党派代表人士、无党派代表人士、新的社会阶层代表人士、宗教界代表人士和各类代表人士后备人选。重点是县级人大、政协中的党外代表和委员，在政府及其职能部门、司法机关、国有企事业单位担任副科级（或相当于副科级）以上职务的非党干部，工商联各级组织负责人及在相关社会团体担任一定职务并发挥较大作用的党外人士。

五、目标任务

经过一段时间的努力，在我县探索建立一套客观、科学、合理的党外代表人士综合评价工作办法，并逐步在我县人大、政协、民主党派、工商联、统一战线有关社团换届人事安排的工作程序中实施，为县委和政府识人、选人、用人提供直接、具体、公正、客观的决策依据。营造党外代表人士公平竞争、脱颖而出的良好环境，引导激励党外代表人士健康成长，并积极发挥应有的带动作用。

六、综合评价指标及办法

党外代表人士综合评价指标主要为政治性、群众性、专业性三大方面，“德、能、勤、绩、廉、学”六项主要内容。其中无党派代表人士评价指标为政治素质、思想素质、能力素质、身心素质、工作作风、出勤情况、主要业绩、廉洁自律、学习素质九方面；非公经济党外代表人士评价指标为政治素质、公共道德、能力素质、身心素质、敬业精神、主要业绩、廉洁自律、学习素质八方面；宗教界代表人士评价指标为政治素质、能力素质、身心素质、社会活动、主要业绩、廉洁自律、学习情况七方面；民主党派代表人士评价指标为政治素质、思想素质、能力素质、身心素质、工作作风、出勤情况、主要业绩、廉洁自律、学习情况等九方面。

党外代表人士综合评价方法主要为个人述职、民主测评、个别谈话、社会评价、综合评价等。评价结果分为优秀、优良、一般、较差四个等次。综合评价实行一票否决制，有下列情形者，不再作为选拔任用、评优、表彰人选。

1. 政治立场不坚定；

2. 有违纪违法行为。

七、综合评价程序

1. 成立综合评价领导组，制定综合评价细则；

2. 综合评价领导组下设若干考察组，同综合评价对象相关单位负责人沟通情况，并征求意见；

3. 根据综合评价对象的不同情况，通过适当方式在一定范围内发布综合评价预告；

4. 采取个别谈话、发放征求意见表、民主测评、实地考察、查阅资料、专项调查、同评价对象面谈等方式，广泛深入地了解情况，并与评价对象有关联的单位进行社会评价，最后作出综合评价结果；

5. 综合分析评价情况及时与评价对象、呈报单位或者相关单位负责人交换意见；

6. 综合评价领导组根据评价情况，及时向本级党委（党组）报告。

八、综合评价的应用

党外代表人士综合评价办公室负责收集、整理党外代表人士基本信息，建立党外代表人士综合评价信息档案，作为对党外代表人士客观准确评价的重要依据。综合评价结果与党外代表人士的选拔任用、评优、表彰直接挂钩。获得优秀等次的党外代表人士在推荐和选拔使用时优先考虑；优良等次的具备参加各类安排、表彰的资格；一般等次的不列入安排、表彰范围，建议有关部门对其加强教育培训，提高各方面素质；较差等次的建议相关部门及时进行组织调整。

九、加强领导

党外代表人士综合评价工作是新时期统一战线工作的一项重要内容。为保证此项工作的顺利进行，特成立由县委副书记任组长，统战部长任副组长，人大、政协、统战部、组织部、宣传部、政法委、政府相关部门和有关党派团体参与的党外代表人士综合评价领导组，负责综合评价工作开展、监督、宣传、指导、督导、后勤保障等工作，领导组下设办公室，办公室主任由统战部长兼任。

中共昔阳县委办公室

2013 年 10 月 22 日

中共昔阳县委办公室　昔阳县人民政府办公室
关于加强与民主党派工商联和无党派人士协商联系的意见

昔办发〔2017〕37号

各乡（镇）党委和人民政府，县委和政府各部委、办、局，各人民团体：

为贯彻落实党的十八大和十八届三中、四中、五中、六中全会精神以及《中国共产党统一战线工作条例（试行）》《关于加强政党协商的实施意见》等文件精神，积极支持民主党派、工商联和无党派人士履行职能、发挥作用，提高政府科学决策、民主决策水平，现就在县委、县政府工作中加强与民主党派、工商联和无党派人士协商联系提出以下意见：

一、邀请民主党派、工商联和无党派人士参加重要政务活动

（一）县委、县政府召开全体（扩大）会议时，可以邀请民进昔阳支部主要负责人、县工商联主要负责人和无党派人士代表列席。

（二）县委、县政府召开常务会议、专题会议讨论地方性法规草案、研究部署工作，可以视情邀请民进昔阳支部主要负责人、县工商联主要负责人和无党派人士代表列席，听取意见和建议。

（三）县委、县政府领导同志外出学习考察及在县内考察调研，或县里举办重要表彰、庆典、纪念等活动，可以邀请民进昔阳支部负责人和无党派人士代表参加。

（四）县委、县政府组织开展有关重要督促检查、考核评比等活动，可以邀请民进昔阳支部负责人、县工商联负责人和无党派人士代表参加。

二、进一步加强县委、县政府各部门与民主党派、工商联和无党派人士的联系

县委、县政府各部门要加强与民进昔阳支部、县工商联和无党派人士的联系，主要负责人要重视联系工作，并明确分管负责人，积极开展相关工作。

（一）决策咨询。县委、县政府各部门在制定涉及全系统、全行业和民生问题的重要政策、重大措施时，要征求和听取民进昔阳支部、县工商联和无党派人士的意见和建议。要通过召开座谈会、登门拜访等形式，及时将重要情况向民主党派、县工商联和无党派人士进行通报。

（二）参与活动。县委、县政府各部门在召开行业性专门会议时，可以邀请民进昔阳支部、县工商联负责人或其成员中的相关专家以及无党派人士参加；组织重大专项调研或开展有关考察、检查、视察活动时，可以邀请民进昔阳支部、县工商联负责人

或成员中的相关专家以及无党派人士参加。民进昔阳支部、县工商联召开重要会议或举行重大活动，也可以邀请县委、县政府有关部门负责人参加。

（三）开展调研。县委、县政府相关部门可以就全县经济社会发展中的重大问题与民进昔阳支部、县工商联开展联合调研；可以就某些专业性问题委托民进昔阳支部、县工商联和无党派人士进行专题调研，并积极落实调研成果；也可以应邀参加民进昔阳支部、县工商联和无党派人士组织的有关专题调研及重大活动，并为开展调研和重要活动提供有关信息、资料等方面的支持，对民进昔阳支部、县工商联和无党派人士提出的重要意见和建议，要认真研究办理。

（四）交流情况。县委、县政府各部门印发的有关政策性文件、简报、资料等，可以视情况向民进昔阳支部、县工商联送阅。

三、进一步拓宽联系渠道，积极开展政府协商

（一）县委、县政府每年召开协商座谈会，邀请民进昔阳支部主要负责人、县工商联主要负责人和无党派人士代表参加，就政府工作报告、政府规章、重大政策措施和重大建设项目听取意见和建议。

（二）县委、县政府研究制定重要政策、决定重大项目建设，制定出台涉及民生方面的政策措施时，可以邀请民进昔阳支部负责人或其成员中有关专家、县工商联负责人或其成员中有关专家和无党派人士代表参加，听取意见和建议。

（三）县委、县政府领导同志要加强与民进昔阳支部负责人、县工商联负责人和无党派人士代表联谊交友，掌握有关情况，加强思想引导，帮助解决实际困难。

（四）支持民进昔阳支部、工商联、无党派人士就经济社会发展重大问题进行考察调研，为政府决策提供参考。支持民进昔阳支部、工商联、无党派人士开展社会服务活动。

（五）邀请民进昔阳支部、工商联、无党派人士作为政府或政府部门特邀督察员、特邀评议员，协助开展专项工作督促检查。

（六）对民进昔阳支部、县工商联和无党派人士提出需要了解的情况和协助的事项，县委、县政府有关部门要根据实际情况积极配合，提供帮助。

（七）建立健全知情明政机制，将有关情况向民进昔阳支部、工商联和无党派人士进行通报。建立协商反馈机制，将协商意见交付有关部门办理，有关部门及时反馈落实情况。

四、加强组织领导，推动工作落实

（一）县委、县政府由县委副书记或统战部长牵头负责与民进昔阳支部、县工商联和无党派人士的联系工作。

（二）县委、县政府与民进昔阳支部、县工商联和无党派人士联系的日常工作由县委办、县政府办负责并同县委统战部联系协调，确保联系制度的落实。

（三）邀请民进昔阳支部、县工商联和无党派人士参加会议或活动，由县委办、县政府办会商县委统战部具体落实。

（四）县委、县政府各部门同民主党派、县工商联和无党派人士联系工作情况要纳入县委、县政府督查工作范围。

中共昔阳县委办公室

昔阳县人民政府办公室

2017 年 7 月 18 日

中共昔阳县委办公室　昔阳县人民政府办公室
印发《关于进一步加强新时代乡贤工作推进乡村振兴战略
实施的意见》的通知

昔办发〔2020〕76号

各乡（镇）党委和人民政府，县委和政府各部委、办、局，各人民团体：

为深入贯彻落实党的十九大精神和《中共中央国务院关于实施乡村振兴战略的意见》，根据中央、省委、市委农村工作和脱贫攻坚工作有关会议精神，按照县委、县政府《昔阳县2020年乡村振兴战略行动计划》要求，现就进一步加强新时代乡贤工作，推进乡村振兴战略实施提出如下意见。

一、指导思想

以习近平新时代中国特色社会主义思想为指导，全面贯彻落实党的十九大精神，按照“产业兴旺、生态宜居、乡风文明、治理有效、生活富裕”的乡村振兴总要求，坚持围绕中心、服务大局，突出“大团结、大联合”主题，以乡贤联谊组织为平台阵地，以思想引领和增进乡情为主要工作方式，促进乡贤回归，激发乡贤活力，全面推动人才回村、产业兴村、生态美村、文化强村、善治安村，为加快实现全县乡村振兴和经济社会高质量发展提供广泛强大持久的力量支持。

二、基本原则

（一）坚持县级统筹、乡镇主抓。县委、县政府要发挥牵头抓总作用，以落实乡贤反哺家乡优惠政策、提高政治社会待遇等措施为牵引，畅通乡贤智力、技术、管理反哺家乡通道，让在外乡贤想回来、回得来、留得住、干得好。充分发挥乡镇主体作用，全力推动乡贤联谊组织建设、工作开展和乡贤文化培育。

（二）坚持以人为本、涵育乡情。践行“共谋、共建、共治、共享”的发展理念，培育和弘扬“爱国爱乡、崇德向善、敬业诚信、创业奋进、乐于奉献、见贤思齐”的乡贤精神，强化乡贤心系故土、情系乡亲的精神纽带，激活乡贤崇德向善、报效桑梓的精神动力。

（三）坚持统筹兼顾、系统推进。统筹协调各方力量，有效整合乡贤资源，全面激发乡贤活力，充分发挥乡贤作用，服务和推动乡贤智力、资金、项目等资源反哺家乡，全方位助推乡村振兴战略。

（四）坚持因贤施策、精准助力。坚持助力定位，针对乡村振兴的薄弱环节，引导乡贤立足自身优势资源或专业特长，发挥乡贤各自在引资引智、社会治理、乡风文明、公益慈善等方面的优势和作用，确保乡贤助力乡村振兴的精准性、实效性和可持续性。

三、主要任务

（一）明确乡贤标准

乡贤是指在当地品行好、有声望、有影响、有能力、热衷公益事业、热心推动家乡经济社会发展、对家乡有较大贡献的本地昔阳人、在外昔阳人和“新昔阳人”。具体标准为：

1. 热爱祖国，热爱社会主义，拥护中国共产党的领导，遵纪守法，家庭和睦，邻里和气，人际关系和谐，嘉言懿行垂范乡里；

2. 有文化修养，崇德尚贤，以实际行动弘扬乡土文化，引领文明乡风，模范践行社会主义核心价值观；

3. 有较强的奉献精神和较高的道德威望，有一定的参政议政能力和社会活动能力，能够积极为乡亲、为百姓办实事、办好事；

4. 有反哺家乡意愿，主动投身公益事业和新农村建设，热心推动家乡经济社会发展的在外经商办企业、从政、求学人员及各类专业技术人才；

5. 长期在昔阳投资创业发展，扎根昔阳热心推动地方经济社会发展，在公益慈善事业上做出较大贡献的外来“新昔阳人”；

6. 热衷家乡公益、文化事业，主动参与乡村基层治理，对家乡有较大贡献的离退休老干部、老同志；

7. 其他对本地发展建设发挥重大作用的贤达人士。

（二）建立乡贤组织

乡贤联谊会以乡（镇）、城区社区为主体，鼓励有条件的村、社区建立村级乡贤分会。乡贤联谊会在同级党组织领导下开展工作，各乡（镇）、城区社区党（工）委要重视乡贤资源摸底调查工作，对本区域内的乡贤，按照类别建档，摸清数量、分布、构成及联系方式，建立乡贤数据库，筹建成立乡贤联谊会，并全面启动运行。在乡（镇）、城区社区乡贤联谊会全覆盖的基础上，整合建立全县乡贤智库，引导乡贤根据专业特长积极为昔阳发展建言献策。联谊会规模可根据各地实际情况酌情确定，须注重把握成员的代表性、广泛性、结构性，因地制宜确定乡贤联谊会组织成员的资格条件。乡贤组织实行入会自愿、退会自由原则，尊重乡贤个人意愿。对无法正常履职、履职不到位、群众满意度差、涉嫌违纪违法的，可由乡贤联谊会劝辞或取消其相关资格，并报同级党组织同意确认。

（三）健全工作机制

1. 健全组织运行机制。加强乡贤联谊会规范化建设，建立健全常态化运行工作机制，完善乡贤联谊会工作规则和管理制度，立足本县域乡贤资源实际，经常性组织开展活动，提升乡贤联谊会凝聚力和影响力。

2. 健全联络联谊机制。建立党政领导同乡贤代表人士的联谊交心制度，组织“节点式”联谊，抓住春节、中秋、清明和当地庙会节日，加强与在外乡贤的联络，把乡贤“返乡日”打造成为乡贤“走访日”。通过建立乡贤微信群、QQ群等“线上”渠道开展线上联谊，依托异地商会、“乡贤驿站”进行“线下”活动，进一步增进乡贤与家乡的日常联络。

3. 健全参与融入机制。建立乡贤参加本乡（镇）、城区社区重要会议、重大项目和重大活动制度，邀请乡贤联谊会主要负责人列席有关重要会议、重大活动。丰富乡贤参与服务中心工作、服务民生实事的方式方法，适时组织乡贤观摩产业园区、标杆样板村建设，搭建乡贤参与共建共治的平台，提高乡贤参与共建共治的意识和水平。

4. 健全政策支持机制。以“最多跑一次”改革为引领，加强对乡贤回归的政策支持力度，全流程服务乡贤回归。对返乡创业的乡贤提供项目用地、融资贷款、建房审批等方面优惠政策，在就医就学、落户定居等方面提供便利服务，落实乡贤联系制度、关爱制度、特色服务制度等机制，提升部门服务质量，激发乡贤回归热情。鼓励乡贤回归创业，通过适当的政策支持，引导乡贤更好地反哺家乡经济建设。对有专业技术特长的乡贤，回乡成立工作室的，可视情况提供场所。

（四）发挥乡贤作用

把乡贤工作作为推进全县“一片一带一圈”示范廊带建设和“七型乡村振兴”模式的重要举措，通过实施“四大行动”，推动乡贤工作实现规范化、制度化、常态化，着力把乡贤联谊会打造成为基层统战的重要载体、推动乡村发展的重要抓手、壮大集体经济的重要智囊、集聚正能量的重要渠道、促进乡村治理的重要力量。

1. 实施乡贤助力乡村发展行动。以乡贤联谊会为平台，做好牵线搭桥、联谊联络工作，外引内育，搭台引路，借智富民，筹资兴村。充分发挥本地乡贤了解地方产业发展实际的优势，积极利用乡贤在资本、技术、信息、市场、人才等领域的资源，建设农业产业特色乡村，激发农村产业集群效应，进一步巩固脱贫攻坚成果。引导乡贤当好昔阳转型发展的宣传员和项目招引的联络员，将昔阳的发展方向、发展态势、发展环境以及各个产业平台的政策优势、区位优势、资源优势和环境优势宣传推介到更广范围和更高层次。广泛联系在外的高级知识分子和尖端技术人才，鼓励乡贤发挥建言献策和牵线搭桥的积极作用，将智力、技术和课题引回家乡。召集在外乡贤有针对性地开展观摩、招商活动，带动乡贤回乡创业，促进产业资本回归，助推乡村产业升级，做好项目落地对接和服务工作。

2. 实施乡贤参与乡村治理行动。积极探索“乡贤＋两委”的乡村治理模式，建立以农村基层党组织为核心，民主协商（议事）组织为补充，乡贤引领、村民参与的乡村治理新模式。切实发挥乡贤在调解纠纷、化解矛盾、融洽干群关系等方面的示范带头作用，引领乡贤参与乡村治理，推进完善自治、法治、德治相结合的乡村治理体系。特别要发挥乡贤在推动基层民主协商等方面的积极作用，开展乡村重大事项乡贤民主协商机制建设，引导乡贤参与乡村重大工程和重大事项管理，积极投身家乡生态环境保护和人居环境整治，建设生态宜居乡村。

3. 实施乡贤引领乡风文明行动。坚持以社会主义核心价值观为统领，加强思想观念、家风家训、优良传统、典型事迹等乡贤文化研究和阵地建设，鼓励乡贤整理家（谱）训、村史、乡规村规民约，推动民风、民俗与社会主义核心价值观相融合。挖掘提炼古代、近代“先贤”的功德轶事，传颂宣传现代、当代“新贤”的先进事迹，利用宗祠、文化礼堂、宣传栏（廊、窗）等场所，建设乡贤馆、乡贤站、乡贤廊、乡贤墙、乡贤榜、乡贤窗等，展示乡贤公德、乡贤事迹，发挥示范引领作用。

4. 实施乡贤投身公益事业行动。大力弘扬扶危济困、以义为先的传统美德，深入开展“传承红色基因、勇担社会责任”“百企帮百村”等主题活动，组织引导乡贤以各种形式参与扶贫开发、美丽乡村建设、捐资助学、扶弱济困、服务基层等活动。依托乡贤联谊会，规范建立公益慈善基金，广泛开展助老、助残、助医、助学、助贫等慈善事业，每年至少组织开展一次公益活动。组织乡贤大力支持乡村公共建设，参与结对帮扶、孝老爱亲、扶贫就业等活动，发挥正能量，促进社会和谐。

四、工作要求

（一）强化组织领导。成立乡贤工作领导小组，由县委书记任组长，县委常委、统战部长任常务副组长，相关县领导任副组长，各乡（镇）、城区社区党（工）委书记和相关部门主要负责人为成员。要明确各成员单位职责，形成县委统一领导、统战部门牵头协调、成员单位各负其责的乡贤工作体系。要高度重视乡贤工作，将乡贤工作纳入党委（党组）总体工作部署，摆上重要议事日程，主要负责人带头抓，分管负责人具体抓。同时，将乡贤工作纳入乡（镇）、城区社区统战工作年度综合考核内容，定期开展督查。

（二）完善服务保障。牢固树立全县“一盘棋”思想，加强组织、宣传、统战、政法、农业农村、扶贫、财政、发改、人社、民政、招商引资、行政审批等部门在推进乡贤工作方面的衔接配合，各有关部门要按照职责分工，强化政策支持，保障工作经费。以“最多跑一次”改革为引领，加大对乡贤回归的政策支持力度，对返乡创业的乡贤提供优惠全程服务，并落实乡贤联系制度，关爱制度以及参与融入机制和示范引领机制，激发和调动他们回乡创业奉献的积极性。

（三）营造良好氛围。坚持全媒体联动，充分利用昔阳融媒体、网站等新闻媒体，及时宣传报道乡贤先进典型，挖掘新时代新乡贤的精神价值和时代意义，培育富于地方特色和时代内涵的乡贤文化，发现、讲好乡贤故事，让见贤思齐蔚然成风，使乡贤获得更多归属感和荣誉感，在全社会积极营造尊重乡贤、关爱乡贤、争当乡贤的良好风尚。

中共昔阳县委办公室

昔阳县人民政府办公室

2020年10月20日

中共昔阳县委统战部
昔阳县统一战线助力“全市争上游　东山创一流”
行动计划（2017—2019年）

昔统发〔2017〕4号

统一战线工作是全党的工作，是实现县委“两个全面”战略的重要保障。为充分发挥统战法宝作用，积极对接我县“全市争上游　东山创一流”目标，结合全县统战工作实际，特制定本行动计划。

一、指导思想

深入学习贯彻习近平总书记系列重要讲话精神，全面落实中央省市关于统战工作的一系列重大决策部署，主动对接“全市争上游　东山创一流”的目标，重点开展“六大行动”，全力做好统一战线各领域工作，为实现昔阳经济社会振兴崛起凝聚共识、凝聚智慧、凝聚力量，努力开创我县统一战线事业新局面。

二、目标定位

团结引导全县统战对象和统战干部，主动对接“全市争上游，东山创一流”宏伟目标，2017—2019年在全县统战系统实施凝心、聚力、转型、促和、惠民、强基“六大行动”，以苦干实干的作风，开拓创新的精神，奋发有为的态度，确保我县统战工作保持全市前列，争当全市统一战线排头兵。

三、行动计划

（一）巩固共同思想基础，实施“凝心行动”，深化“四个共识”

1.在加强理论武装上深化共识。把学习领会习近平总书记重要讲话、党的十八届六中全会、省市县党代会精神作为各类主题教育活动的核心内容，作为民主党派、工商联和无党派人士思想政治建设的鲜明主题，引领广大统一战线成员和统战干部牢固树立“四个意识”，特别是核心意识、看齐意识，把维护党中央权威落实到行动中去，落实到各项工作中去。通过举办专题讲座、座谈交流或主题征文活动等形式，引导民主党派、工商联和无党派人士进一步坚定中国特色社会主义的道路自信、理论自信、制度自信、文化自信，寻求最大公约数，画好最大同心圆。

2.在落实统战决策部署上深化共识。深入学习贯彻习近平总书记治国理政新思想新论断，特别是关于统一战线的重要思想（“六会八文”），切实领会精神实质。抓好《中国共产党统一战线工作条例（试行）》精神的学习宣传，开展《条例》知识竞赛，确保统一战线重大决策部署在我县得到全面贯彻落实。紧紧围绕全市统战部长会议的安排部署，做好我县各领域统战工作，力争在基础工作上有新举措，在难点工作上有新进展，促进统一战线法宝作用得到充分发挥。

3. 在开展主题教育活动中深化共识。以“学习贯彻十九大精神”为主线，开展各领域主题教育实践活动。组织引导广大统战成员继续开展“双学一跟”学习教育，支持民进昔阳支部推进“不忘合作初心，继续携手前进”专题教育，继续深入开展以“守法诚信、坚定信心”为重点的非公经济人士理想信念教育实践活动，在新的社会阶层人士中启动开展坚持和发展中国特色社会主义主题教育活动。准确把握党外人士思想动态，有针对性地加强思想政治工作。积极探索网络统战工作，引导党外人士在意识形态领域主动发声，传递正能量，为迎接党的十九大胜利召开营造良好氛围。

4. 在“全市争上游　东山创一流”的伟大实践中深化共识。认真贯彻落实昔阳县第十五次党代会、全县三级干部大会精神，引导统一战线成员与县委政府在思想上同心同德，目标上同心同向，行动上同心同行，在全县改革发展的大局中统一战线不缺位、不游离、不落伍。

（二）放大统战优势功能，实施“聚力行动”，凝聚“四种力量”

5. 组织好参政议政、建言献策，提升“季度协商座谈会”品牌，凝聚“智慧之力”。组建昔阳县统一战线智库，组织引导党外代表人士围绕全县经济社会发展的重大事项及事关群众切身利益的实际问题积极参政议政、建言献策，建立建言献策直通车制度，落实县委出题的“订单式”政党协商议题。每年举办 4 期季度座谈会，强化建议成果转化，确保建议反馈率达到 100%，建议采用率逐年上升，为县委政府科学决策提供参考。

6. 积极推进我县的政党协商工作，提升民主监督效能，凝聚“监督之力”。认真贯彻中央、省委、市委《加强政党协商的实施意见》精神，积极探索规范政党协商形式。鼓励支持民主党派和无党派人士，就县委、县政府重大改革举措、重要政策贯彻执行情况和重要约束性指标落实等情况，如实反映情况，敢于和善于提出批评意见和建议。鼓励党外代表人士围绕脱贫攻坚工作开展民主监督、建言献策。

7. 引导广大统战成员投身“双创”，努力搭建要素集聚平台，凝聚“创新之力”。精心搞好服务，打造创新创业“良好生态”，激发广大统战成员创新创业的热情；努力搭建要素集聚的平台、成果转化的平台，放大他们创新创业的效果；热情做好引导，鼓励他们把自身发展创新的目标在全县创新发展的战略中实现，更好发挥党外知识分子在推动昔阳创新发展中的重要作用。

8. 引导支持党外代表人士投身“全市争上游　东山创一流”生动实践，发挥优势争当排头兵，凝聚“发展之力”。深入贯彻《晋中统一战线助力全面挺进全省第一方阵行动计划（2017—2019年）》，继续推动我县党政领导干部与党外代表人士联谊交友工作，引导支持党外代表人士积极投身“全市争上游，东山创一流”生动实践，鼓励他们立足工作岗位加油助力，发挥自身优势积极参政议政，加强调查研究、主动建言献策，行使职责使命、加强民主监督，始终做到与县委同心同向、步调一致、同频共振，凝聚助推发展的强大合力。

（三）服务非公经济发展，实施“转型行动”，推进“四大工程”

9. 推进“两个健康”引领工程，引深“双引双赛”活动，提振非公经济发展信心。继续抓好《昔阳县加快民营经济发展行动计划》的贯彻落实，推进“两个健康”引领工程，引深“双引双赛”活动，坚持鼓励支持和教育引导两手抓，做好非公经济企业家的思想引导和服务发展工作，提振非公企业家转型发展的信心和决心。实施企业家培养工程，建立民营企业家教育培训平台，创办民营企业家创业论坛，提升民营企业家的整体素质。每年组织至少1次大型培训和外出考察，培训人数不少于100人次，并形成常态化培训机制。

10. 推进“服务民企”帮促工程，引深干部入企帮扶活动，构建“亲”“清”新型政商关系。建立县级领导干部联系项目、联系非公企业、联系非公企业家“三联”制度，完善干部入企帮扶工作，探索重点民营企业特派员制度，明确工作目标任务，落实工作职责，解决企业难题，严格管理考核，切实发挥作用，积极构建“亲”“清”新型政商关系。

11. 推进“昔商昔才”回乡创业工程，引深招商引资招才引智活动，助力民营经济转型突破。开展“邀老乡、回故乡、建家乡”活动，鼓励引导昔商昔才回乡投资创业、发展，重点推进聚金湾中小企业创业园区建设。加强和全面指导行业及异地商会组织建设，通过发挥商会组织的独特作用，引导我县民营企业抱团取暖、互助支持、合作共赢，加快企业转型发展步伐。开展“以企引企、以商招商”活动，每年至少引进3家省外昔阳籍企业家回乡投资创业，在北京、上海、深圳等地组建不少于3家新的商会组织。

12. 推进“民企典型”选树工程，引深优秀民营企业家典型宣传活动，发挥典型示范引领作用。在全县选树一批创新转型领军民企，对其中的优秀企业进行典型宣传，继续引深优秀民营企业家巡回演讲活动，发挥优秀非公有制经济企业和企业家在转型创新、促进实体经济发展、推进脱贫攻坚方面的示范带动作用，在全县营造提信心促转型的良好氛围。

（四）破解民族宗教难题，实施“促和行动”，开展“四项活动”

13. 深入开展“民族团结进步创建活动”，扎实做好民族工作。持续推进民族团结进步宣传活动进机关、进企业、进社区、进乡镇、进学校、进宗教场所的“六进”工程，加强对少数民族流动人口的服务管理。提升清真食品安全监管水平，规范经营管理。

14. 深入开展“和谐寺观教堂创建活动”，扎实推进宗教领域重点工作。切实搞好县佛教协会、县基督教协会换届工作，选好、配强爱国宗教团体领导班子。加强对宗教难点工作的破解力度，在“导”字上下功夫，突出抓好农村乱建小庙小庵、违规设立功德箱专项整治、基督教私设聚会点专项治理等工作。

15. 深入开展宗教教职人员能力素质提升活动，加强人员队伍培养。指导佛教、基督教积极开展讲经讲道交流活动。积极推荐宗教教职人员参加培训，分教分批次集中培训，从政策法规、神学思想、场所管理、服务社会等方面加强对教职人员的教育培养。积极物色培养民族宗教界代表人士，发挥旗帜性人物的引领作用。支持优秀人士充实到各级人大、政协、宗教团体组织中，发挥其积极作用。

16. 深入开展宗教服务社会活动，积极引导宗教界人士与社会主义社会相适应。发挥爱国宗教团体的作用，配合搞好石马寺古庙会活动；开展佛教书法和讲经交流活动，弘扬正能量；探索建立规范化宗教慈善项目，引导宗教界人士从事公益慈善活动，在全县扶贫攻坚工作中发挥作用，形成公益合力，进一步促进全县民族宗教领域的和谐稳定。

（五）着力服务改善民生，实施“惠民行动”，抓好“四项工作”

17. 抓好“民企联三农　帮扶贫困村”工作，引导广大非公企业积极投身扶贫攻坚主战场。动员引导广大非公有制经济人士富而思源、回报桑梓，积极参与“民企联三农　帮扶贫困村”精准帮扶工作，以做贡献、促发展、受教育为有机整体，精准施策、精准推进、精准落地，通过产业扶贫、招商扶贫、捐赠扶贫等多种方式，组织实施一批有影响、有实效的品牌工程，把精准扶贫工作与企业转型升级、创新发展紧密结合起来，把参与扶贫的政策红利与改革红利结合起来，把参与扶贫行动升华为助力企业发展的动力，帮助贫困地区群众尽快脱贫。

18. 开展“善行昔阳　爱心传递”活动，进一步打造统一战线服务社会品牌工程。扩大工商联公益群，发挥工商联组织优势，开展助学助残助困公益捐赠等社会服务活动。组织民营企业家继续开展对农村留守儿童一对一精准帮扶和各项社会公益慈善活动。通过活动践行群众路线，加强与群众的沟通联系，增加联系、增进感情、增强印象，逐步打造社会服务品牌，树立起良好形象，提升统战工作的社会影响力。

19. 抓好海外统战拓展工作，引深“金桥爱心工程”，让更多的贫困村、贫困人口得到实惠。积极加强与省委统战部海联处和市侨联的沟通联系，创新工作思路，拓展“金桥”爱心工程品牌成果，争取更多的海外爱心项目投资我县，普惠民生。争取三年引进海外捐赠资金 100 万元，资助贫困生 200 名，资助新建希望小学、日间照料中心、卫生所 5 ～ 10 家。

20.抓好结对帮扶，精准脱贫工作。加大下乡扶贫攻坚力度，机关干部人人结对帮扶，深入调研赵壁乡巩家庄村扶贫开发情况，重点是在产业扶贫上下功夫，选择好适合当地群众增收致富的产业，提升村民自身增收致富的能力，帮助群众妥善解决脱贫致富问题，确保帮扶村在规定时间内圆满完成脱贫攻坚任务。

（六）夯实统战工作基层基础，实施“强基行动”，突出“四个重点”

21.突出县乡村三级统战工作组织体系建设，构建大统战工作格局。我们要按照“哪里有党的工作，哪里就有统战组织”的总要求，全面落实党委抓统战工作的主体责任。各乡镇社区、八大系统都要成立统战工作领导小组和宗教工作领导小组，乡镇社区还要组建基层商会等三个统战工作领导组织。各乡镇、社区和县直统战重点部门要设立统战工作办公室，配齐配强统战委员，建设“统战之家”，实现有场所、有标牌、有设施、有档案、有经费的“五有”目标。各村、各单位要配备专门的统战联络员和宗教工作专干，做到基层统战工作有人管、有人抓、有事干。县里要组建成立昔阳县党外知识分子联谊会、昔阳县新的社会阶层人士联谊会，从而在全县形成县乡两级统战领导体系全覆盖，县乡村三级统战工作队伍全覆盖，全县统战各领域统战组织全覆盖。

22.突出统战工作网络平台建设。建立健全统战宣传网络，依托“一网、一刊、一微信”三个平台，为统战工作发声造势、营造氛围。要围绕十九大精神的宣传和统战《条例》的贯彻落实，组织开展好统战知识竞赛、同心论坛、主题征文和书画展等文化统战活动。建立健全党外代表人士数据库，做到人头熟、底子清、情况明、动态管理。进一步优化机制，细化办法，做好信息工作，力争进位争先。不断加强统战理论重点课题研究，每年完成1～3个有分量、有价值的研究成果。

23.突出党外代表人士队伍建设。尤其是党外干部培养选拔使用政策的落实。贯彻落实好组织部、统战部联席会议制度。积极向县委举荐优秀的党外干部提拔重用，积极向省市县推荐优秀的党外人士担任人大代表、政协委员。积极推进乡镇领导班子配备党外干部，力争政府部门配备党外干部的部门数量达到50%的要求。办好党外干部和后备干部培训班。推动党外干部工作制度化、规范化、程序化。组织好党外副科级以上领导干部述职述廉大会。

24.突出统战干部队伍能力素质的提升。按照“对标一流、主动作为”的要求，进一步提升改革创新能力，不断强化“全覆盖”的组织建设，推行“无缝隙”台账管理，落实“规范性”的工作机制，树立“精品化”的工作标准，不断丰富和拓展统战工作新载体，打造统战工作新亮点。要不断加强统战干部队伍建设，不断提升统战干部的履职尽责能力，按照孙春兰部长提出的统战干部必须讲政治，必须敢担当，必须强作风，必须重本领的“四个必须”要求，把统战工作当做事业来对待，把实现“同心”当作理想来追求，对统战事业要充满激情、对统战工作要充满热情、对党外人士要充满感情，始终保持高昂的精神状态。要着力打造“学习型、创新型、服务型”统战干部队伍，在工作中体现压力，在服务中显示实力，在创新中增强活力，在交往中形成合力，变被动为主动，变务虚为务实，让统战工作软指标变硬，冷部门变热，努力把统战干部培养成为令人信赖、受人尊敬的“党外人士之友”，把统战部门建设成为团结和谐、名副其实的“党外人士之家”。

四、保障措施

1. 加强组织领导。在县委统一战线工作领导小组的指导下，紧紧围绕全县工作目标，紧密结合各自实际，根据要求制定具体实施方案。各乡镇、系统党委要高度重视，亲自部署，统战委员要亲自上手、全程参与，统战成员单位要深入调研、建言献策。同时发动社会力量，积极征求好的意见建议，确保《行动计划》目标明确、措施得力、早日实现。

2. 明确责任分工。该《行动计划》由县委统战部负责实施，分管副部长按照分工，负责“六大行动”各自工作的推进和任务的落实，办公室按照职能负责目标落实、日常检点。并充分发挥合署办公优势，将责任分解到人、落实到位，形成人人头上有任务、人人动手抓统战的浓厚氛围。

3. 强化督查考核。要结合年度目标任务和《行动计划》要求，制定分年度考核办法。年终接受县委统战部的督查考核，并将考核结果纳入乡镇和县直单位年度考核评价体系，确保 2019 年全面实现目标任务。

总之，要充分发挥统战职能，动员全县统战干部和统战成员，以“六大行动”为抓手，在全市统战系统争创一流业绩，当好排头兵、领头雁，为我县“全市争上游东山创一流”作出应有贡献。

中共昔阳县委统战部

2017 年 2 月 23 日

中共昔阳县委统战部
关于开展“统一战线基层基础建设提升年”活动的
实施意见

昔统发〔2017〕9号

为深入学习贯彻习近平总书记统一战线重要思想，全面落实中央、省委、市委、县委关于统一战线重大决策部署，决定在全县开展“统一战线基层基础建设提升年”活动。现结合我县实际，提出如下实施意见：

一、指导思想

深入学习贯彻习近平总书记系列重要讲话精神和治国理政新理念、新思想、新战略，全面落实中央、省委、市委、县委关于统一战线重大决策部署和《中国共产党统一战线工作条例》（试行），以助力振兴崛起“六大行动”为主线，紧紧围绕“抓组织、强队伍、建机制、增活力”的总体要求，坚持问题导向、顺应统战需求、补齐工作短板、夯实基层基础，努力实现基层统一战线动起来、活起来、强起来，为实现我县“全市争上游、东山创一流”的奋斗目标，凝聚人心、汇聚力量，以优异成绩迎接党的十九大胜利召开。

二、目标任务

通过开展“统一战线基层基础建设提升年”活动，努力实现基层统战五有（有机构、有人员、有场所、有制度、有经费）、四规范（组织规范、工作规范、活动规范、保障规范）、三提升（基层统战干部素质进一步提升、基层统战工作科学化水平进一步提升、基层统战的凝聚力和影响力进一步提升）。

三、工作重点

（一）整合力量，构建大统战格局

1. 实行“一调整、四纳入”，强化基层统战工作组织领导体系。“一调整”就是调整充实县、乡（镇）两级统一战线工作领导小组，领导小组组长全部由党委主要负责人担任，领导小组下设办公室，县委统战部长、乡（镇）统战委员分别担任办公室主任。“四纳入”就是将统战工作纳入党政重要议事日程，纳入基层工作考核体系、纳入党校培训内容，纳入宣传工作计划。

2. 配齐配强统战干部，壮大基层统战队伍。按照“凡是有统战成员的地方，就要有统战工作联络员”的要求，各乡镇（社区）党委副书记或组织委员兼任乡镇统战委员，各行政村党支部书记兼任村级统战工作联络员。县直单位都要明确分管统战的班子成员，重要部门和单位还要配齐专门的统战工作联络员，确保全县统战工作有人管、有人抓、有人干。

3. 完善合署办公模式，实现合署合心合力。进一步巩固县委统战部和工商联、侨联、民宗局“1+3”合署办公成果，进一步完善和创新运行机制，彰显合署办公的合力效应。

（二）建立体系，形成全覆盖网络

1. 落实“三线作战”的基层统战工作网络。根据基层统战工作任务要求，延伸统战触角，进一步紧固以“三条线”为主的基层统战工作链条，即一条以县委统战部、乡镇统战委员、村级统战联络员为主的统战工作组织体系；一条是以县民族宗教局、乡镇民族宗教副乡（镇）长、村民族宗教信息员为主的民族宗教工作组织体系；另一条是以县工商联、乡镇商会、非公经济人士为主的工商联工作组织体系，“三条线”分工不同，在落实统战工作目标任务中协同作战、形成合力，使统战各项工作层层有抓手。

2. 实现各级各类统战组织全覆盖。县里尽快组建成立新的社会阶层联谊会、党外知识分子联谊会，形成工商联、侨联、新的社会阶层联谊会、党外知识分子联谊会、基督教“三自”爱国运动委员会和佛教协会“六位一体”的县级统战社会组织网络，力争使各级各类基层统战工作组织无缝隙、全覆盖。

（三）完善机制，推进规范化运行

1. 建立健全县乡两级统战工作领导小组工作制度。包括会议制度、报告制度、调研制度、信息交流制度和督察制度。领导小组每年至少召开2次会议，每年年初和年底要向同级党委报告工作计划和总结，各成员单位和部门要对统战工作进行联合专题调研，适时对上级统战工作的决策部署进行督促检查。

2. 落实各级党政领导干部与党外代表人士联谊交友制度。加强县乡主要党政领导干部与党外代表人士的联谊交友，及时了解他们工作和思想动态，每位成员联系2～3名党外代表人士，每年至少与联系对象交流沟通两次。通过各种联谊活动，共同参与调研，建立情况汇报、信息直通车和联谊档案制度，加强与党外代表人士的沟通交往，为他们排忧解难，巩固和发展爱国统一战线。

3. 丰富党外代表人士季度协商座谈会制度。建立和完善县委、乡镇党委与党外代表人士开展“季度协商座谈会”制度，每季度召开一次协商座谈会，并积极探索协商形式，及时向党外代表人士通报情况，鼓励和支持党外代表人士就县乡两级党委、政府重大改革举措、重要决策贯彻执行情况和重要约束性指标落实情况进行调查研究，如实反映情况，敢于和善于提出批评意见和建议，使之常态化、制度化、规范化。

4. 建立和完善党外代表人士综合评价制度。重点对民主党派、党外知识分子、非公经济和民族宗教界代表人士进行综合考评，科学设置指标、严格考评程序、突出刚性化运用，全面实现党外代表人士“逢奖必评”“逢用必评”“逢进必评”。

5. 建立统战工作年度目标管理考核制度。把统战工作纳入县级、乡镇和县直部门年度综合考核范畴，制定符合基层实际的统战工作目标管理考核内容，切实做到统战工作与其他中心工作同部署、同检查、同考核、同奖惩，进一步激发基层统战工作活力。

6. 规范党外干部和党外知识分子培养选拔管理机制。建立统战部和组织部联席会议制度，规范议事规则；建立党外代表人士安排和统战部门干部管理工作制度、党外后备干部培养管理制度，进一步理顺关系、规范程序、合理使用，不断强化党外干部队伍建设。

7. 建立统战工作例会制度。坚持每月由统战部牵头组织县级统战成员单位召开一次县级统战工作例会，每季组织一次由乡镇社区参加的全县统战工作例会。通过学习培训、通报情况、交流经验、督促指导等形式，确保各项统战工作任务的落实。

8. 建立民族宗教工作联席会议制度。联席会议由县委统战部牵头，会同公安、民宗、人社等部门每季召开一次会议，及时研判形势、互通情报、研究问题、检查督办，逐步形成统战抓人士，政府抓事务，属地抓管理的工作格局，促进民族宗教领域和谐稳定。

9. 建立和完善促进非公经济“两个健康”发展的意见。着力推动中央、省、市、县出台的一系列促进非公经济发展的政策措施的落实，着力建立健全创新服务非公经济发展的体制、机制和制度，着力加强非公经济代表人士队伍建设，着力提升服务非公经济发展的能力和水平，助推非公经济和非公经济人士健康发展。

10. 建立健全统战工作内部管理制度。坚持“以制度办事、用制度管人”的原则，修订和完善统战工作内部各项制度，建立健全岗位职责、学习培训、会议管理、督查落实、公务接待、财务制度，形成一整套符合实际、协调高效、运行规范、方便操作的规章制度，规范机关管理、工作流程和干部职工行为，改进工作作风，提高工作效能。

（四）搭建平台，强化软硬件建设

1. 抓硬件，强化阵地建设。各乡镇（社区）和统战对象较为集中的县直单位要按照有机构、有人员、有场所、有制度、有经费的“五有”要求，设立统战工作办公室，实行统战、民宗、商会合署办公，为统战工作开展创造良好的环境。县里要建立“一网（统一战线网站）、一刊（昔阳统一战线）、一微信（统一战线微信公众号）”三个平台为统战工作发声造势营造氛围。同时依托各乡镇、县直有关单位和统战成员所在单位建立“统战之家”等活动阵地，以保证基层统战工作经常化开展。

2. 抓软件，规范台账管理。全县各乡镇（社区）、县直各单位要对统战成员进行全面的调查摸底，建立民主党派、党外知识分子、信教群众、少数民族群众、侨胞侨眷、台胞台属、非公有制经济人士、新的社会阶层人士、党外干部等“大数据”和工作台账，及时掌握情况，实行动态监管。同时，建立并完善各项规章制度，将制度上墙，达到“规范统一、美观实用、一目了然”的效果。

3. 抓活动，打造工作载体。坚持围绕中心、服务大局，创新活动内容和工作载体，找准开展活动、发挥作用的着力点，重点围绕“凝心、聚力、转型、促和、惠民、强基”六大行动，积极开展非公经济“双引双赛”“民企联三农　共建新农村”“和谐寺观教堂创建”“善行昔阳　爱心传递”公益慈善等活动，不断探索符合实际的工作载体，推动统一战线各领域工作的进一步创新。

（五）加强教育，建设高素质队伍

1. 加强统战干部队伍教育培训。重点办好三个培训班，即党外领导干部和后备干部培训班、民营企业家培训班、乡镇社区及县直重点部门统战干部培训班，全面提高统战干部的政治业务素质，真正让他们知统战、懂统战、会统战。

2. 开展主题教育活动。以“学习贯彻十九大精神”为主线，开展各领域主题教育实践活动。组织引导广大统战成员继续开展“双学一跟”学习教育，支持民进昔阳支部推进“不忘合作初心，继续携手前进”专题教育，继续深入开展以“守法诚信、坚定信心”为重点的非公经济人士理想信念教育实践活动，在新的社会阶层人士中启动开展坚持和发展中国特色社会主义主题教育活动。准确把握党外人士思想动态，有针对性地加强思想政治工作。积极探索网络统战工作，引导党外代表人士在意识形态领域主动发声，传递正能量，为迎接党的十九大胜利召开营造良好氛围。

3. 全面提升基层统战干部整体素质。坚持把基层统战干部队伍建设置于加强基层党建大局中统筹谋划，同步提升。借助大培训、大调研、大讨论平台，加强对基层统战委员、统战联络员和统战干部的教育培训，进一步增强统战干部的整体素质。继续扎实开展“让服务对象感受统战干部受教育成果”的三大行动即：统战干部联系统战对象“1+6”送温暖行动；统战部门联系服务品牌“1+3”送项目行动；统战志愿者联系示范点“1+5”送服务行动。牢固树立“思想建部、能力建部、作风建部、制度建部”理念，着力打造学习型、服务型、高效型统战干部队伍，努力把统战干部培养成为令人信赖、令人尊敬的“党外人士之友”，把统战部门建设成为团结和谐、名副其实的“党外人士之家”。

四、工作步骤

（一）动员部署阶段（5月下旬至6月上旬）。下发《中共昔阳县委统战部关于开展“统一战线基层基础建设提升年”活动的实施意见》，召开动员会，对开展“统一战线基层基础建设提升年”活动作出安排部署。各乡镇（社区）党委结合本地实际，研究制定具体的、可操作的工作方案，广泛动员，统一认识，周密部署，全面启动“统一战线基层基础建设提升年”活动。

（二）推进实施阶段（6月中旬至11月下旬）。各乡镇（社区）要采用学先进、找差距、抓落实、重实效的工作方法，按照“五有四规范三提升”的要求，结合各地实际，精心组织实施“统一战线基层基础建设提升年”活动，推动统一战线工作科学化水平进一步提升。

（三）督查验收阶段（12 月份）。县委统战部组织力量对各乡镇、社区及有关部门加强基层基础建设情况进行督促检查，总结经验做法，找出存在问题，提出整改建议，督查结果作为年度目标管理绩效考核的重要依据。

五、保障措施

（一）加强领导，落实责任。县委统战部成立“统一战线基层基础建设提升年”活动领导小组，负责协调指导、督促检查基层基础建设年活动。各乡镇（社区）也要成立相应的工作机构，加强领导，精心组织，有计划、有重点、有步骤地推动工作健康发展，推进“统一战线基层基础建设提升年”活动创出特色、富有成效。

（二）突出特点，统筹推进。各乡镇、社区要把握好统战工作重点，切实与推动当前各项工作结合起来，统筹兼顾，推进统战工作基本队伍、基本阵地、基本制度建设，切实解决无人做、无遵循、难落实的问题。

（三）加强宣传，培树典型。各乡镇、社区要结合“统一战线基层基础建设提升年”活动的目标任务，广泛运用报刊、微信平台、互联网等宣传媒体，及时宣传推广好经验、好做法，及时反馈活动进展情况，营造良好的舆论氛围。

（四）强化督查，严格考核。将定期或不定期通过听汇报、看现场、查记录、个别听取意见等形式，对“统一战线基层基础建设提升年”活动落实情况进行督查指导。把基层基础建设情况纳入县统一战线目标管理绩效考核内容，重点考核“五有四规范三提升”情况，以考核为动力推动统一战线基层基础建设迈上新台阶，为提升统一战线工作科学化水平奠定坚实基础。

中共昔阳县委统战部

2017 年 5 月 22 日

中共昔阳县委组织部　中共昔阳县委统战部
关于印发《关于加强党外后备干部培养管理的意见（试行）》的通知

昔统发〔2016〕9号

各乡（镇）党委、县委各部委、办、局、县直各单位党组（党委）、总支（支部）、各人民团体支部：

为贯彻落实中央、省委、市委统战工作会议精神，着眼于坚持和完善中国共产党领导的多党合作和政治协商制度，按照“政治坚定、业绩突出、群众认同”的标准，努力建立一支数量充沛、素质优良、结构合理、作用突出的党外后备干部队伍，为我县全力推进“五大发展”，全力打造“四地一城”，实现“全县争上游、东山创一流、全面建成小康昔阳”新目标提供人才保障。根据《党政领导干部选拔任用工作条例》《党政领导班子后备干部规定》和《中国共产党统一战线工作条例（试行）》、中共中央《关于加强新形势下党外代表人士队伍建设的意见》等有关规定，结合我县实际，制定关于加强党外后备干部培养管理的意见（试行）。

一、发现储备

（一）资格条件

党外后备干部应当具备《党政领导干部选拔任用工作条例》规定的基本条件，同时应具备以下资格：

1. 有较强的政治把握能力、参政议政能力、组织协调能力和合作共事能力，自觉接受中国共产党的领导，坚定不移走中国特色社会主义道路。在关键时刻、大是大非问题上旗帜鲜明、立场坚定。

2. 在本领域、本行业和本职岗位业绩突出，具有一定社会影响力、较大发展潜力和较好的群众基础。

3. 大局意识强，能够正确处理个人与组织、个人与事业的关系，政治品质和道德品行好，清正廉洁。

4. 一般应当是机关事业单位在编在职在岗干部。

5. 一般应具有大学专科及以上学历。

6. 年龄一般在45周岁以下，特别优秀的，可适当放宽；以40周岁左右的干部为主；30周岁以下的应有一定的数量，形成合理的年龄梯次。

7. 身体健康。

（二）数量结构

1. 数量：我县拟配备党外后备干部 10 ～ 20 名，其中民主党派 2 ～ 3 名。

2. 结构：

（1）根据领导班子建设的需要，党外后备干部队伍应形成合理的梯次结构，既有年轻有为、具备发展潜能的干部，又有经验丰富、年富力强的干部，以调动不同年龄段、各个类别干部的积极性。

（2）党外后备干部中民主党派、妇女干部，应有一定数量。

（3）党外后备干部中要有相当数量具有全日制本科以上学历的干部。熟悉政务、经济、科技、工业、农业、财政、经贸知识等方面的人才应占一定比例，以形成合理的专业和知识结构。

（三）推荐选拔

党外后备干部的推荐确定由县委组织部和县委统战部统一组织实施，按下列程序进行。

1. 民主推荐。推荐人选由县委组织部、统战部共同组织实施，民进昔阳支委负责推荐本党派人选。各推荐单位要对照人选条件，通过在一定范围内推荐、测评等形式，广泛了解民意，形成初步推荐名单。

2. 严格把关。提出初步推荐人选后，要进行严格审核把关，应重点审查档案、个人有关事项报告、民意、业绩、线索、案件等方面情况，民主党派成员要向所在民主党派组织负责人了解情况。

3. 会议确定。县委组织部、县委统战部召开联席会议确定党外后备干部名单。并将结果反馈给有关单位、民主党派。

4. 建档立库。根据确定的党外后备干部，县委组织部、统战部分年龄、分层次、分类型建立后备干部档案和后备干部信息库。

二、培养教育

党外后备干部的培养工作，由县委组织部、县委统战部和单位党组织共同负责。

（一）加强理论培训。将党外后备干部纳入全县干部教育培训总体规划，县委组织部、县委统战部每年举办一期党外干部培训班，学员中要有一定数量的党外后备干部。坚持以政治培训为主，开展理想信念、道德情操教育和政策法规、业务、知识培训，不断提高党外后备干部的理论素养和业务水平。

（二）注重实践锻炼。将党外后备干部的实践锻炼纳入全县干部实践锻炼总体规划安排，通过开展交流任职、挂职锻炼等形式，选派党外后备干部参与中心工作、参加重大专项活动、到重大项目建设及重点企业进行实践锻炼，不断提高党外后备干部处理复杂问题的能力。

（三）精心培养磨炼。党外后备干部所在单位党组织要重视对党外后备干部的教育培养，有目的、有针对性地交任务、压担子，通过在急、难、重的任务中磨炼，逐步培养党外后备干部独当一面开展实际工作的能力。

（四）支持发挥作用。支持党外后备干部通过协商民主会、建言献策直通车、“统一战线大调研”等方式，就县委、县政府重大政策措施和重大建设项目提出意见和建议；支持党外后备干部参加各种重要会议、重要调研活动，就经济社会发展问题建言献策。

三、管理使用

党外后备干部由组织部、统战部和所在党委、单位党组织共同管理。县委组织部、统战部建立党外后备干部管理制度，统战部门负责牵头协调。重点了解掌握其政治表现、思想状况、履行职责、建言献策、廉洁自律等情况，特别是在重大原则问题上政治立场和态度，强化日常管理考核。

（一）定期谈心谈话制度。县委组织部、县委统战部或党外后备干部所在单位党委、党工委每年至少与党外后备干部谈心谈话一次，帮助总结经验，发扬成绩，克服不足。发现苗头性、倾向性问题，要及时进行约谈，提醒改正，防微杜渐，帮助健康成长。党外后备干部岗位调整时，县委组织部、县委统战部或委托所在单位党委、党工委及时进行谈心谈话，增强党外领导干部责任意识和廉政意识，督促其廉洁从政。

（二）联系走访制度。县委统战部每年走访党外科级干部时，一并走访党外后备干部，没有党外科级干部的县直单位，每年选择至少5家单位进行走访；县委统战部每年要对党外后备干部至少进行一次走访。

（三）动态管理制度。县委组织部、县委统战部每年结合后备干部推荐，对表现一般、不适合继续作为培养对象的，取消资格；对工作成绩突出，在公开选拔、重大活动、关键时刻表现等过程中发现的优秀干部，因名额限制而一时不能提拔使用的，可按规定程序列入党外后备干部名单，每年年底补充入库。已列入党外后备干部信息库的党外干部要求加入中共或其他党派组织的，县委组织部要按照把一部分优秀人士留在党外的政策规定，严格掌握，事先要征求县委统战部的意见；确需入党或加入其他党派组织的，要报县委统战部审批。

（四）选拔任用。对德才兼备、实绩突出、群众公认的党外后备干部，根据领导班子建设需要适时提拔任用。

中共昔阳县委组织部
中共昔阳县委统战部
2016年3月15日

关于在全县建立乡贤联谊组织的实施方案

昔统发〔2020〕4号

新乡贤是实施脱贫攻坚和乡村振兴的重要力量，是同心共建小康昔阳的宝贵资源。为进一步调动全县广大新乡贤的积极性和创造性，进一步激活乡贤资源、凝聚乡贤智慧、汇集乡贤力量，最大限度赢得新乡贤对家乡发展的支持和反哺，充分发挥新乡贤在脱贫攻坚、乡村振兴中的积极作用，现就在全县建立乡贤联谊组织有关工作做如下实施方案。

一、总体要求

（一）指导思想

以习近平新时代中国特色社会主义思想为指导，深入学习贯彻习近平总书记关于加强和改进统一战线工作的重要思想，落实省委、市委、县委关于做好新乡贤统战工作的决策部署，坚持大团结大联合，以乡情乡愁为纽带，充分发挥新乡贤在乡村建设和经济发展中的特殊作用，凝聚起服务脱贫攻坚、助推乡村振兴、实现经济高质量发展的强大力量。

（二）工作目标

通过在全县各乡（镇）、城区社区建立乡贤联谊会，逐步健全完善乡贤组织网络和工作机制，开展形式多样的乡贤联谊交流宣传活动，传颂“先贤”，激活“今贤”，培育“新贤”，激发乡贤的主人翁精神，引导广大乡贤在思想政治上站好位、在服务经济上增动能、在社会公益上做贡献，扩大同心圆，打造同心牌，为加快实现昔阳县乡村振兴和经济高质量跨越式发展，提供更加强大的新动力。

（三）基本原则

——坚持党的领导。乡贤联谊组织在乡（镇）、城区社区党（工）委的领导下成立和开展工作，在政治上、思想上、行动上与党中央保持高度一致。

——坚持服务大局。乡贤联谊组织要围绕中心、服务大局，重点在助力脱贫攻坚、乡村振兴、助推经济高质量发展下工夫；要注重实效，尽力而为，着力在乡村公益、乡村治理、乡村文化等公益慈善领域发挥积极作用。

——坚持群众主体。尊重群众主体地位，充分调动乡贤在实施乡村振兴战略中的积极性、主动性、创造性。以乡贤投身乡村振兴为示范引领，激励广大群众主动作为、奋发图强。

二、推进机制

（一）明确标准。乡贤是指在当地品行好、有声望、有影响、有能力、热衷公益事业、热心推动家乡经济社会发展、对家乡有较大贡献的本地昔阳人、在外昔阳人和“新昔阳人”。乡贤联谊会在吸收新成员时，由本人申请或组织推荐，由乡（镇）、城区社区党（工）委进行入会资格审查。建立乡贤退出机制，对无法正常履职、履职不到位、群众满意度低、涉嫌违纪违法的，可劝辞或经乡贤联谊会研究提出取消会员资格意见后，报乡（镇）、城区社区党（工）委同意确认。

（二）组织架构。成立乡（镇）、城区社区乡贤联谊会，由会员选举产生会长，并由乡（镇）党委副书记指导日常工作，鼓励有条件的村、社区建立村级乡贤分会。

（三）基本要求。加强乡贤联谊会规范化建设，制定和完善乡贤联谊会章程，明确权利和义务，建立健全工作规则、运行机制和管理制度，逐步形成有专职人员干事，有固定场所联谊，有规章制度理事，有主题品牌引领，有专门经费保障的“五有机制”。

三、工作重点

（一）实施乡贤助力乡村产业提升工程。以乡贤联谊会为平台，广泛联系在外的高级知识分子和尖端技术人才，鼓励乡贤发挥建言献策和牵线搭桥等积极作用，将智力、技术和课题引回家乡。召集在外乡贤利用节假日时间有针对性地开展一系列招商活动，引导在外乡贤回乡创业，促进产业资本回归，助推乡镇产业升级，并做好项目落地对接和服务工作。

（二）实施乡贤助力乡村脱贫攻坚工程。充分发挥乡贤了解本地产业发展实际的优势，积极利用乡贤在资本、技术、信息、市场、人才等领域的资源，组织引导乡贤大力发扬守望相助、惠及桑梓的传统美德，主动发挥“领头雁”作用，结对带动贫困户发展产业、脱贫摘帽。同时，鼓励乡贤在脱贫攻坚领域重大决策和民生事项上主动承担监督责任，为家乡发展建言献策、汇智聚力。

（三）实施乡贤助力乡村治理提升工程。切实发挥乡贤在调解纠纷、化解矛盾、融洽干群关系等方面的示范带头作用，引领乡贤参与乡村治理，健全基层社会治理体系。发挥乡贤在推动基层民主协商等方面的积极作用，开展乡村重大事项乡贤民主协商机制建设，引导乡贤参与乡村重大工程和重大事项管理。

（四）实施乡贤助力乡村文化提升工程。引导和鼓励乡贤整理家（谱）训、村史、乡规村规民约，推动民风、民俗与社会主义核心价值观相融合，引导乡贤示范群众，从对血脉传承的家族文化认同转化为对社会主义核心价值观和中华优秀传统文化认同。以社会主义核心价值观为标尺，通过宣传乡贤群体中践行社会主义核心价值观的优秀人物、感人事迹，教育引导广大乡贤和群众对社会主义核心价值观的内心认同和学习践行。

（五）实施乡贤助力乡村振兴示范工程。坚持示范引领，积极打造一批工作扎实、成效显著、群众欢迎的乡贤工作样板。加强乡贤代表人士政治引领和教育培训，培养一批有情怀、有担当、有贡献的乡贤代表人士，选树一批“优秀乡贤”和“优秀乡贤回归工程”。

四、工作步骤

（一）摸清底数

各乡（镇）、城区社区要组织开展以行政村、社区为单位的本地乡贤摸底调查，针对乡贤的个人专长，按年龄、职业等要素进行分类，建立健全乡贤信息数据库。同时，真实完整地对乡贤个人资料和突出事迹进行登记、入册、建档，对档案实行专人动态管理。

（二）协会登记

1. 各乡（镇）、城区社区党（工）委结合本乡乡情和本地乡贤意见建议充分酝酿，形成乡贤联谊会成立申请报告和筹备方案，上报县委统战部审核后，启动协会登记相关工作。

2. 会长候选人要在当地具有代表性和号召力，能正面推动和引导乡贤联谊会的工作和发展，原则上在该区域该行业优秀非公经济代表人士中推荐，并通过非公有制经济代表人士综合评价。

（三）协会成立

1. 召开乡（镇）、城区社区乡贤联谊会筹备大会，通过协会成立相关事项。

2. 起草成立大会工作方案和协会章程（草案），报县委统战部审核批复同意后，召开成立大会，选举产生乡贤联谊会领导班子，并通过章程和相关管理制度。

3. 有条件的行政村、社区，可以成立村、社区乡贤联谊分会，作为村级党支部和村民委员会开展党务、村务工作的辅助力量。村、社区乡贤分会的负责人人选和重要事项由村、社区党支部报乡（镇）、城区社区党（工）委初审，经县委统战部审核批复同意后，可以开展相关工作。

（四）协会运行

1. 建立乡贤联谊工作重大事项请示报告制度，乡（镇）、社区乡贤联谊会班子换届、改选、增补和重大活动筹备情况等事项须向县委统战部报告。

2. 积极探索“党建 + 乡贤”工作模式，加强对乡贤代表人士党的理论路线方针政策培训，引导乡贤把握角色、精准定位，切实形成以基层党支部为主体，党员干部带头、乡贤出力、群众参与的乡村治理工作格局。条件成熟的乡贤联谊会要依照《中国共产党章程》有关规定设立党的组织、加强党的建设。

3. 建立乡（镇）、城区社区党（工）委班子成员和乡贤代表人士“一对一”联谊交友制度，依法支持乡贤参与乡村治理，积极推荐贡献突出的乡贤担任各级人大代表、政协委员。

五、保障措施

（一）统一思想，提高认识站位。各级党委要充分认识到做好乡贤工作是提升乡村治理水平、助力脱贫攻坚、服务乡村振兴的现实需要，要把建好乡贤联谊组织作为推进工作的有效抓手，做到部署有力，推进有效。

（二）强化组织，全面统筹推进。成立乡（镇）、城区社区乡贤联谊工作领导小组，由乡（镇）、社区党政主要领导任组长，将乡贤工作纳入党（工）委整体工作部署，充分保障工作经费，适时开展教育培训，定期进行综合考核。要牢固树立全县“一盘棋”思想，加强组织、宣传、统战、政法、农业农村、财政等部门在促进乡贤统战工作方面的衔接配合，实现资源共享，互助共赢。

（三）典型带动，注重作用发挥。各乡（镇）、城区社区要组织辖区内村（社区）两委积极配合、认真摸排、迅速行动，将乡贤工作抓细抓紧抓实。同时根据本地乡贤联谊工作开展情况，全面梳理，准确提炼，对作用发挥明显的典型事迹和优秀人物积极进行宣传报道。

中共昔阳县委统战部

2020 年 4 月 20 日

第二章　领导讲话选

在晋中市统一战线加强“三基建设”暨强基固本行动（昔阳）现场推进会上的讲话

王云龙

（2017年9月29日）

同志们：

大家下午好！很高兴参加我们晋中市统一战线“三基建设”暨强基固本行动（昔阳）现场推进会。这个会议很有必要、很有意义，是我们统一战线贯彻落实省委关于加强“三基”建设的重大决策部署的重要举措，也是我们统一战线工作发展的客观需要。十八大以来，以习总书记为核心的党中央对统一战线工作高度重视，提出了一系列新思想、新理念、新要求，先后召开了中央统战工作会议等六个重要会议，连续下发了八个重要文件，统战事业被推到新的高度。我们贯彻落实好习总书记关于统一战线重要思想，开展好各项工作，“三基建设”是关键，是基础。

近年来，晋中经济社会发展进入快车道，特别是新一届市委班子，锐意进取，奋发图强，抢抓全省转型综改试验区建设的良机，瞄准“全面挺进全省第一方阵”的奋斗目标，立志转型发展、赶超跨越，经济建设、招商引资、文化旅游、社会事业、民生工程都取得了长足进步。晋中统一战线主动作为，围绕中心，服务大局，稳步推进全市统一战线各项工作深入开展，为全省工作探索积累了不少经验，走到了全省前列。特别是通过上午的观摩和刚才大家的经验交流，我对咱们晋中统战工作总体感受有三个特色：**一是政治站位高。**按照省委统战部统一安排部署，晋中统战工作主动对接全省第一方阵，提出了统一战线“六大行动”，并细化了24项重点任务，件件紧扣党委中心工作，事事体现统战工作新要求、新理念，可以说抓住了统战工作的关键、核心。**二是推进落实。**今年以来，晋中已经召开了促转型行动、惠民行动、和谐行动三个现场推进会，先后组织民主党派、非公人士、党外干部到重庆、杭州、苏州、青岛等地开展专题培训，通过典型示范、现场推进、教育培训进行再安排、再部署，推动工作落实，取得了较好效果。**三是经验亮点多。**晋中统战工作扎实有效，探索出很多亮点经验，创新性开展民主党派干部驻会挂职锻炼，有效助力政党协商。率先在全省召开

“年青一代企业家理想信念报告会”。积极引导宗教界投身脱贫攻坚主战场，打造“全市五大宗教公益慈善基地”。深化与港澳台联谊合作，推动澳门山西商会签订“百亿投资意向”。借此机会，我就统一战线加强“三基建设”讲几点意见：

一、深入学习贯彻习总书记系列重要讲话精神，夯实共同思想基础

统战工作说到底是做人的工作，本质要求是大团结大联合，解决的就是人心和力量问题。要做好统战工作，夯实共同思想基础是关键。**一是要进一步在理论武装上深化共识**。党的十八大以来，以习总书记为核心的党中央提出了一系列治国理政的新思想、新理念、新要求，将统一战线和统战工作摆在重要位置，进一步丰富了中国特色社会主义统一战线理论，我们要不断加强学习，自觉向党中央看齐、向习总书记看齐、向党的理论和路线方针政策看齐，坚决维护中央权威，始终做到思想上统一、政治上团结、行动上一致。**二是要进一步在贯彻省委决策部署上深化共识**。学习贯彻落实习总书记视察山西重要讲话精神，是当前和今后一段时期全省上下首要政治任务，我们要按照省委统一安排部署，结合“两学一做”学习教育，将习总书记视察山西重要讲话精神和统战工作要求结合起来，将习总书记讲话精神贯穿到统战工作始终，认真抓好省委重大决策部署的贯彻落实，在具体行动中深化共识。**三是进一步在主题教育中深化共识**。党的十九大即将胜利召开，当前我们统战系统要重点围绕迎接和学习贯彻党的十九大精神，继续以“砥砺奋进的五年”为主题开展好系列主题宣传活动，继续宣传好十八大以来，我们党和国家取得的辉煌成就，进一步增强党外代表人士的归属感、责任感，深化“四信”教育。前段时间我们晋中举行的“喜迎十九大、同心颂华章”统战宣传主题笔会就是一个很好的形式。

二、着力构建“大统战”工作格局，夯实基层组织基础

统战工作是全党的一项重要工作，需要各级各部门共同参与。今天看了昔阳的统战工作，我很受启发，“大统战”工作格局的形成要重点解决三个问题：**一是要发挥统战工作领导小组作用**。统战工作是全党的工作，各级党委要落实好主体责任。中央统战工作会议后，我们各级党委都建立了统战工作领导小组，都是党委书记任组长，有力地加强了党委对统战工作的领导，我们要发挥好领导小组的督查、检查、考核等作用，推动统战重大决策部署落实。**二是要发挥党委常委作用，解决好统战部门单打独斗的问题**。现在我们各级统战部长均由党委常委兼任，各级统战部长要发挥常委作用，主动向党委一把手汇报统战工作，做好参谋助手。同时要发挥好统战部门牵头抓总的作用，建立健全各部门联合工作机制，督促各部门履行职责，共同做好统战工作。**三是夯实基层基础网络建设，解决最后一公里的问题**。统战工作的重点在基层，难点也在基层，薄弱环节也在基层。昔阳在加强基层基础“三个全覆盖”的工作经验上就是一个很好的探索，实现了县乡村三级统战组织网络、全县各领域统战社会组织和所有统战成员工作台账全覆盖，我们要学习这个经验，特别是要配齐配强乡镇统战委员，逐步向农村社区延伸，夯实基层基础网络建设，实现“哪里有党的组织，哪里就有统战工作干部”的目标，解决统战工作最后一公里的问题。

三、主动适应统战新形势，努力提升工作能力水平

当前，我们统战工作面临的形势越来越复杂，工作任务繁重。要想贯彻好习总书记关于统一战线工作的重要讲话精神，扎扎实实做好统一战线各方面工作，必须提高统战工作能力水平。*一是要提高政治把握能力*。统战工作做的是人心的工作。人心是最大的政治。统战工作政治性强、政策性强，我们要团结引导好广大党外代表人士，首先要吃透政策，讲政治。我们不仅要学深悟透统战理论政策，更要全面掌握党和国家的重大方针政策。不仅要掌握现行的政策体系，还要掌握政策的历史沿革，我们要在历史发展比较中，掌握政策精髓，把握正确政治方向。*二是要提高调查研究的能力*。孙春兰部长精辟地讲“统战是吃的调查研究的饭”，调查研究是我们做好统战工作的重要方法，也是我们的一项基本能力。统战的一项很重要职能就是要为党委政府做好参谋助手，就是要发挥广大党外代表人士的独特优势，为中心工作建诤言、献良策，这就需要我们要有调查研究的能力，能找到问题本质，能在政策理论和具体实践中发现解决问题的办法，主动为党委分忧解难，建言献策。*三是要提高联谊交友的能力*。习总书记指出：统战工作做得好不好，要看交到的朋友多不多、合格不合格、够不够铁。我们做统战工作就必须联谊交友，这不是要不要交朋友的问题，而是必须做的重要政治任务。我们联谊交友要着眼长远，绵绵用力、久久为功，讲原则、讲纪律，以良好作风为我们党结交挚友、诤友，使各界人士成为与我们党一道经受考验、携手共渡难关的真心朋友。*四是要提高改革创新的能力*。统战工作涉及社会方方面面，统战对象处于不同群体，从事不同业态。我国正处于全面深化改革的重要历史时期，新事物、新思想、新问题不断涌现，工作形势日益复杂，需要我们有改革创新的意识和能力，创新思路载体，探索方法路径，更好地整合各种统战资源，不断推进统战事业深入发展，才能团结和凝聚各界人士服务中心工作，共筑中国梦，画出最大同心圆。

同志们！统一战线事业是全党的事业，统一战线工作是全党的工作，必须全党重视，大家共同来做。我们要以这次会议为契机，全面加强党对统一战线工作的领导，夯实基层基础，提高基本能力，改革创新，锐意进取，在推进统一战线各项事业发展中，展现晋中气魄，探索晋中路径，找到晋中答案，创造晋中品牌，形成晋中模式，做出晋中业绩，为全省统一战线事业做出新贡献，以优异的成绩迎接党的十九大胜利召开！

［本文系山西省委统战部副部长王云龙在晋中市统一战线加强“三基建设”暨强基固本行动（昔阳）现场推进会上的讲话］

充分发挥桥梁纽带作用
推动非公经济跨越发展

刘润民

（2011 年 11 月 20 日）

各位代表、同志们：

在全县上下深入贯彻落实中共晋中市第三次代表大会精神之际，在全县上下全力实施“三大”战略、奋力推进“四县建设”、努力夺取“十二五”开门红之时，昔阳县工商业联合会第八次会员代表大会今天隆重开幕了，这不仅是我县工商界的一次盛会，也是全县非公经济界人士政治生活中的一件大事。在此，我谨代表中共昔阳县委向大会的胜利召开表示热烈的祝贺！向为全县经济建设和社会发展做出重要贡献的广大非公经济界人士表示衷心地感谢！向全体会员和各界朋友致以亲切的问候！

第七届会员代表大会以来，昔阳县工商联在中共昔阳县委的正确领导下，紧紧围绕全县中心工作和发展大局，履职尽责、扎实工作，切实发挥联系非公有制经济人士的桥梁纽带和管理非公有制经济的助手作用，带领非公有制经济人士为全县经济发展、社会和谐做了大量工作。过去五年来，我县民营经济始终保持健康快速发展态势，总量达到 5458 户，成为推动全县经济赶超跨越的中坚力量。过去五年来，县工商联通过开展“光彩事业”“感恩行动”“送温暖”“献爱心”“结对帮扶”等活动，树立了非公有制经济人士扶危济困、奉献社会的良好形象。过去五年来，全县广大企业家积极抢抓机遇，立志转型跨越，涌现出了一大批先进典型，为全县企业发展壮大起到了示范引领作用。过去五年来，县工商联对非公有制经济人士做了很多细致的思想政治工作，使他们当中政治素质高，议政能力强的典型人物担任了市、县的人大代表和政协委员及工商联的领导职务，从而调动了广大非公有制经济代表人士的积极性，县委对工商联开展的新时期的各项工作是满意的。借此机会，我就如何做好新时期工商联工作讲几点意见：

一、提高思想认识，深刻领会新时期工商联工作的重要意义

去年 9 月，党中央、国务院首次颁布的《关于加强和改进新形势下工商联工作的意见》（中发〔2010〕16 号文件），提出了一系列新的重要观点、政策举措和制度机制，这个文件是新形势下推进工商联事业发展和指导工商联工作的纲领性文件，在工商联发展史上具有重要的里程碑意义。今年 3 月，我省也下发了《实施意见》（晋发〔2011〕

17 号文件），并于 4 月 11 日召开了全省加强和改进工商联工作会议。可见，工商联工作受到了各级党委、政府前所未有的高度重视，也为工商联事业带来了前所未有的发展机遇。“中央 16 号文件”第一次开宗明义地指出：工商联工作是党的统一战线工作和经济工作的重要内容。做好工商联工作，对于坚持和完善公有制为主体、多种所有制经济共同发展的基本经济制度，促进非公有制经济健康发展和非公经济人士健康成长具有重要意义。

从工商联的特性看，工商联是具有统战性、经济性、民间性的人民团体。这次县工商联换届选举产生的新一届执委会，共由 67 人组成，可以说阵容强大，而且来自房地产、煤炭、餐饮、农产品加工、物流贸易等各个方面，都是有能力、有实力、有口碑的经济界人士。我们一定要牢牢把握好新形势下工商联的“三性”特征，充分发挥工商联内联外引、牵线搭桥、联系联络、协调服务的“民间大使”的独特作用，把经济领域的统战工作做得更加有声有色，使工商联的职能作用得到有效发挥。

从地域经济的发展看，民营经济是富民经济、就业经济。沿海之所以发展较快，一个重要原因就是高度重视民营经济发展。浙江、江苏为什么改革开放以来发展得这么快，经济总量做得那么大，就是因为其民营经济起步早，发展的健康。浙江被称作“民营经济的海洋”，到处都是民营经济，浙江本身发展得很快，后来又领着老板们都走出来，走到全国各地，有的走向了世界，就是因为民营经济的机制特别活。省委袁书记反复强调：“民企转则全局转，民企活则全局活，民企兴则全局兴。”县委、县政府十分重视民营经济，通过重奖纳税大户、加强企业家队伍建设等措施，在全县营造了民营经济发展的浓厚氛围，也调动了民营企业的发展热情。当前，正值全省加快“转型综改试验区”建设、全市加速“四化”率先发展区建设的关键时期。特别是县委、县政府提出的“三大”战略、“四县”建设更是把民营经济发展放在了前所未有的战略位置来认识、来对待、来扶持，这对我们所有非公经济代表人士来说，既是难得的发展机遇，又提供了广阔的发展平台。希望非公经济人士，特别是广大企业家要抓住机遇，冲锋在市场经济的前沿阵地，把企业做实、做精、做强、做大，为昔阳经济的发展努力创造新的业绩、做出新的贡献。

从企业成长的需要看，尽管我县民营经济已有了长足发展，但是从整体水平来讲，我县民营经济不论是企业数量，还是经济的绝对量和相对比重都存在很大的差距，全国民营经济占国民经济的比重在 65% 左右，我市发展较快的介休、灵石等县市民营经济所创造的 GDP 都超过了 80%，而我县仅仅在 48%，份额不大，规模较小，民营企业数量更是全市的倒数第一。全县最大的三户地面企业——天园化工、大寨农牧和厚基伟业公司资产总额均不过亿元。就是资产总量在 1000 万元以上 5000 万元以下的企业也屈指可数，多在几十万或上百万，缺少一批有影响、大块头，辐射面广，带动性强的民营企业。

二、充分发挥职能，努力开创工商联工作新局面

中央 16 号文件，很好地解决和回答了工商联工作为什么、是什么、怎么做等重大问题，对其职能作用进行了明确阐述。这里，我想结合实际，重点讲五点：

第一，思想上要加强引导。这是工商联组织的首要职责。要在深入学习领会“中央 16 号文件”和“省委 17 号文件”精神的基础上，积极引导非公经济人士爱国、敬业、诚信、守法、贡献，积极投身县委、县政府“三大”战略、“四县”建设，为昔阳赶超跨越贡献力量。

第二，发展上要做好助手。就是要当好企业的助手和政府管理、服务非公经济的助手。我们提出的“十二五”发展思路中，县委提出的建设大大寨战略，为我县民营经济的转型跨越发展提供了广阔的空间。要抓住山西综改试验区的有利时机，科学规划民营经济发展园区，做好选址、申报和吸引优势项目落户工作。要优先选择符合产业政策、科技含量高、能源消耗低、环境污染少、带动能力强、劳动密集型的产业项目入园。同时加大入园民营企业土地、资金、税收等优惠政策的扶持力度，促进民营企业向园区集中；要突出园区经济概念策划，坚持打特色牌，走特色路，发展特色产业、特色企业和特色产品，彻底改变“老大黑粗”的面貌；要注重招商引资平台建设。一方面，要优化园区软硬发展环境，做好招商引资项目前期工作，建立重点项目储备库，加大企业入园步伐，不断提升园区经济总量，另一方面，要围绕产业规划布局，创新招商方式，突出产业招商、基地招商、以商招商，全力招引国内外大型民营企业和有实力的个人投资落户园区，带动全县民营经济发展壮大。县委、县政府对这次工商联的换届是非常重视的，因为“十二五”期间，昔阳的经济能不能实现跨越，工业产值能不能实现翻番，要靠我们企业家队伍、靠我们非公经济人士来做贡献。我们相信，新一届工商联领导班子一定会团结、凝聚、引导我们整个非公经济人士推动“三大”战略的实施，在“十二五”期间创造更加辉煌的伟业。

第三，开放上要打造平台。合作共赢已成为经济发展势不可挡的潮流。工商联组织要以打造对外开放平台为己任，大力解放思想，搞好内引外联，瞄准全球、全国 500 强和科技、市场的最前沿，通过以商引商、以企招商，加强对外交流合作，大力引项目、引资金、引技术、引人才、引市场，使扩大开放成为非公经济跨越发展的不竭动力和源头活水。这就是说我们工商联有这个职能、有这个优势，不仅要把我们本地的企业家们组织起来、调动起来，而且要走出去，与全国、全球的商家进行横向联系，尤其是要广泛联系我们在外的昔商、晋商和各级商会。我们相信，在中央 16 号文件精神的指引下、鼓励下，为我们对外开放和横向联系提供更加便利的条件。

第四，组织上要成为“娘家”。工商联是非公经济人士的团体组织，理所应当是他们的“娘家”。要把“企业是衣食父母，企业家是有功之臣”的理念传达到每一个企业家和全社会各个角落，把广大非公有制经济人士团结起来、组织起来、凝聚起来，想企业所想，急企业所急，帮企业所难，形成推动昔阳赶超跨越发展的强大合力。

第五，和谐上要争做示范。工商联组织要按照中央近期关于加强和创新社会管理的要求，积极引导和动员非公经济组织，把构建和谐劳动关系作为重要内容，主动参与协调劳动关系三方会议，共同推动和谐劳动关系建设，引导非公有制企业积极创造就业岗位，尊重和维护员工合法权益，实现职工、企业、社会多方共赢的多重效应。

三、切实担负责任，充分发挥广大工商联会员的标兵作用

实现昔阳赶超跨越发展，关键要有一大批能创业、敢创业、创大业的企业家。广大工商联会员和民营企业家要发扬“爱国、敬业、诚信、守法、贡献”的优良传统，争当率先发展的标兵和楷模。要增强政治责任意识。担任人大代表、政协委员的非公经济人士要积极履行参政议政职责，建肺腑之言，献务实之策，兴发展之举。要进一步加强与社会各界人士的联系和沟通，在凝聚人心、理顺情绪、协调利益、化解矛盾等方面发挥积极作用，巩固和发展安定团结的政治局面。要增强发展责任意识。要围绕加快发展这个中心，提升发展境界，抢抓发展机遇，构筑发展优势。要有一种把企业做大、做强、做新、做久的志向，要有一种吐故纳新、合作共赢、博采众长的胸襟，要有一种引领全市、“称雄”一方、走向世界的魄力，提高非公经济发展水平。要增强社会责任意识。要“致富思源、富而思进”，积极投身光彩事业、慈善事业、公益事业，真心实意扶危济困，替社会分忧，帮群众解难，真正做到政治上有觉悟、经济上有实力、社会上有影响、对人民有贡献。

四、提升发展水平，不断加强工商联的自身建设

我们常说：有为才有位。工商联工作只有有所为，才能赢得广大会员的真心信赖，才能得到党委、政府的更大信任。这次昔阳工商联第八次会员代表大会，会议规格高，规模大，说明党委和政府对工商联工作是寄予重托和期望的。在新的历史时期，新一届工商联工作要实现新的突破，必须首先在自身建设上下工夫。要切实加强领导班子建设，抓好理论学习，不断提高思想政治素质和驾驭工作的能力，努力把新一届执委会建成政治坚定、组织巩固、机制健全，熟悉经济工作，热心统战工作，有凝聚力、创造力、战斗力的领导集体。要切实加强会员队伍建设，适当提升企业会员和团体会员比重，在扩大工商联会员覆盖面和优化会员结构的基础上，把政治上有影响、企业有规模、社会贡献大、诚实守信、热心公益事业的非公经济人士吸纳到工商联组织中来，努力建设一支数量足、素质高、覆盖广、能奉献的会员队伍，增强工商联整体实力。要切实加强基层组织建设，引导非公有制经济人士支持所在企业建立党的组织，为党组织开展活动、发挥作用提供必要条件。加大行业商会建设和指导力度，特别是要大力支持新兴产业组建行业协会商会，发挥行业商会组织的协调服务功能，促进同行业整体发展。

各位会员代表，为实现我县“十二五”的宏伟蓝图，为建设昔阳的美好明天，让我们立即行动起来，勇当经济发展的先锋。我们坚信，只要全县上下万众一心，迎难而上，扎实苦干，我们的目标一定能够实现，昔阳的未来一定会更加美好！

谢谢大家！

（本文系晋中市委副书记、昔阳县委书记刘润民在昔阳县工商业联合会第八次会员代表大会上的讲话）

在全市民营企业转型跨越 · 服务“三农”昔阳座谈会上的讲话

孙光堂

（2012 年 11 月 6 日）

同志们：

这次会议，我们观摩和交流了昔阳的做法和经验，我认为昔阳县委统战部、县工商联之所以取得这么好的成绩、做了这么多的事情，是因为他们围绕中心、服务大局，是因为他们思路清晰、工作主动，是因为他们方法对头、措施有力，他们取得的效果显著，统战部的地位得到了提升。还有一个重要的原因，就是昔阳县委有一个团结奋进的领导班子，昔阳县近年来的思路非常清晰，经济高速增长，城乡统筹发展，干群热情高涨，一派蒸蒸日上、欣欣向荣的局面。这是全市干部对昔阳达成的共识。希望与会同志，对昔阳县委统战部、县工商联、全县的民营企业家们为我们创出的好经验、好做法，以及对这次会议的精心安排表示感谢！对昔阳县委、县政府对这次会议的高度重视，表示衷心感谢！省工商联赵主席在百忙之中赶到昔阳出席会议，对我市统战部、工商联以及民营企业的工作给予了充分肯定，对此，我们表示衷心的感谢！

这次昔阳座谈会是在特殊的意义和背景下召开的。第一个背景，党的十八大即将胜利召开，这次会议是我们全市统战系统积极响应党的号召，扎实开展“喜迎十八大、争做新贡献”主题活动的具体体现。第二个背景，10 月 23 日，省委、省政府观摩了我市 12 项重点工程，观摩领导组对我市工作给予了充分肯定，特别是民营企业在这次观摩中为晋中增了光、添了彩。随后，市委召开全市领导干部大会就观摩点评会议精神进行了传达，这次会议是我们认真贯彻落实晋中点评会和全市领导干部大会精神的具体体现。第三个背景，10 月 18 日，全省民营企业转型跨越发展座谈会在长治市隆重举行，省委常委、统战部聂春玉部长作了重要讲话，对推动我省民营企业转型提出了明确要求，这次会议是我们贯彻长治座谈会和聂部长讲话精神，自加压力、奋力前行，加速推动我市民营企业转型跨越的具体体现。第四个背景，张璞书记对统战部、工商联的工作高度重视，要求统战部、工商联把全市民营企业家的智慧调动起来，为建设全省“四化”率先发展区多做贡献。这次会议是我们贯彻市委张书记指示，加快推动民营企业服务我市建设全省“四化”率先发展区的具体体现。下面，我讲几点意见：

一、民营企业是推动我市转型跨越的重要支柱，我们必须始终高度重视

实践一再证明，民营经济发达的地区，经济发展速度就快，经济转型的步伐就大，改革创新的活力就高。近年来，我市民营企业在市委、市政府的重视下，发展势头十分强劲，转型步伐明显加快，结构调整成效显著，涌现出了一批在新兴产业、循环经济上颇有作为的领军企业。这次省里观摩以后，对我们的项目评价很高，几个观摩点都属于转型项目，介休的直升机项目尤其让省领导大加赞赏。2011 年，我市民营经济总量，占到全市 GDP 的 40.54%。目前，我市民营企业数量已经占到了全市规模以上企业总数的 84%，今年完成固定资产投资占全市固定资产投资的 58.3%。前三个季度，民营经济工业增加值增长 16.3%，占全市规模以上工业增加值的 66.2%。像平遥煤化集团，一个企业的税收，占据了平遥全县财政收入的半壁江山。这些，都说明民营企业已成为我市转型跨越的重要支柱。从另一个角度讲，民营企业转型跨越的步伐，直接关系着全市转型跨越的步伐。怎么转型？我提几个观点：

一要审时度势谋转型。大家都知道，现在转型遇到了困难，当前国际金融危机的影响尚未结束，全球经济复苏乏力，经济下行压力依然较大，民营企业在转型跨越上并非一帆风顺。我们必须认识到，应对危机的过程实质是产业升级、结构调整、产业培育优胜劣汰的过程，加快转变经济发展方式是民营企业应对危机的必然选择。近几年，中央加大了对民营经济的扶持力度，国务院先后出台了“中小企业 29 条”“民间投资 36 条”“小微企业 29 条”等一系列政策措施，我市今年也相应出台了《关于进一步促进中小企业发展的意见》等一系列文件，为民营经济发展营造了良好环境。国务院正式批复了《山西省国家资源经济转型综合配套改革试验总体方案》，这不仅是我们晋中加快发展的重大机遇，也将极大激发晋中民营企业的转型跨越热情。因此，民营企业加快转型跨越发展有压力、有动力、也有实力，要坚定信心，早转、快转、大转。

二要选准路径谋转型。我市很多民营企业过去是依赖资源、依赖煤炭发展起来的，在现阶段应该按照袁纯清书记指出的“在发展路径上要破除资源依赖过度，走绿色、循环、高端发展之路；在发展重点上要跳出传统产业束缚，加快向新兴产业迈进；在发展模式上要避免单打独斗，实现集群发展、抱团转型；在发展动力上要减少物质消耗，实现资源驱动向创新驱动转变”，进一步坚定转型跨越的信心，通过认真研究未来市场需求，未来产业发展趋势，结合自身实际选准转型跨越的路径。我们要澄清对转型跨越发展的错误和模糊认识，尤其是要认清转型升级的“三个不等式”，即转型不等于转换行业、转型不等于转移落后产能、转型不等于转嫁成本。这在晋中已经有很好的典型，像梁明明董事长搞的直升机制造、平遥煤化集团的新型光学材料，都是好的典型、好的经验，大家要认真地去琢磨、去研究。

三要改革创新谋转型。省委、省政府观摩结束的第二天，我们就带领我市党外人士代表，沿着这条路线进行了观摩并召开了座谈会。大家感到非常震撼、非常鼓舞人心，这些都是我们的民营企业家脚踏实地干出来的，这就是一种改革、创新。广大民营企业在转型中关键要提升核心竞争力，在品牌创新、产品创新、技术创新、管理创新等方面下工夫。要用创新的理念谋划转型，用创新的路径提升转型，用创新的方法推进转型，为转型跨越提供不竭动力。

二、民营经济是助推“三农”发展的重要力量，我们必须积极加以引导

我们看了昔阳的经验后，应该好好地思考一下，昔阳的民营企业在全市来讲，无论是数量还是实力，都排不到前面，没有大的企业，企业家手里的资本也不多，在这样的条件下提出民营企业助推“三农”发展，而且创造了很宝贵的经验，这很不容易。在其他县，特别是有煤炭资源的县，在煤炭资源重组以后，闲置着大笔资本，没有很好的谋划转型，统战部、工商联的同志应该注意这个倾向，认真研究昔阳的经验。昔阳的企业家手里的钱不多，但是在县委、县政府的领导和统战部、工商联的引导下，他们服务“三农”、回报社会的成效很明显，这种精神和经验值得学习。黄祥苗董事长正在建设的千人敬老院，总投资达一亿元，建成后免费供养 1000 名老人。这样的企业家精神境界非常高，是我们应该学习的。厚基伟业的宋以斌董事长，担任了毕家岭村支部书记，把农民的土地流转过来建设新农村，为老百姓服务，周围的村民变成了产业工人，带来了很大的社会效益。虽然各县有各县的经验，但是转型是一个大的趋势，工业向农业转型也是一条路子。民营企业想拿到一个好的项目、转型的高科技项目、循环经济项目不容易，把手里的资金投向农业，去助推“三农”、去发展现代农业经济，也是转型的一个重要途径。

“三农”是民营经济转型的重要渠道，反过来“三农”也更需要民营企业进入。前些时候，我到和顺县坪地川村做了一次调研，村民年龄结构老化，景象一片萧条，村支部书记讲了这么一段话：“我是一匹瘦马，拉着一辆破车，车上面坐的都是老弱病残，不知道该去向何方。”这是对当前农村现象的真实描绘和写照。有人认为中国农村在倒退，但是我认为，这是中国农村在前进、发展过程中遇到的问题，是工业化、城镇化高度推进过程中的现象。我国农业农村发展后劲不足，生产力长期徘徊不前的关键原因是缺乏资本的投入。但是一方面农民由于土地产出有限，自身投入资金不足，也缺乏积极性；另一方面，政府虽然不断加大对农业农村的投入力度，但资金也十分有限。当前，随着现代农业的发展，农业已经逐步改变了传统弱质产业的地位，成了一种有利可图的产业。加之金融危机影响，金融、股票、房地产等传统投资手段收益得不到保证，我省煤炭资源整合后大量资金闲置，很多社会资本都将投资目光锁定在了农业上。昨天下午，我们参观了几个民营企业投资的农业项目，令人感受颇深，在企业自身获取经济效益的同时，农民收入也得到了大幅增加，这就是很好的事例。

这几年，我在左权、榆次搞了多项生动的实践，通过政府的引导和推动、依托移民搬迁旧址遗留下来的耕地、“四荒”等资源，以多元化方式筹集社会资本，以租赁、购买土地使用权等形式集中一定规模的土地，进行现代农业开发，取得了良好的社会效益、经济效益和生态效益，形成了一种新型经济发展模式，称为“生态庄园经济”。左权、榆次发展的质量非常好、数量非常多，左权已经发展了200多处，榆次100多处。传统农业是一家一户的生产要素，是“耕地＋劳动力”。生态庄园经济是“耕地＋劳动力＋资本＋技术＋管理＋规模”，土地还在，这就是现代农业。农业和工业一样，没有资本投入就无法实现高效，昔阳工商企业进驻后农村将会是一片繁荣，所以我想号召民营企业投资农业。世界著名投资大师，有“财神”美誉的吉姆·罗杰斯说过这么三句非常经典的话：第一句“经济中唯一能保持强劲发展的领域是自然资源和农牧业这块”。第二句“农牧业将会是未来10年、20年或30年中最好的职业”。第三句“现在你应该去中国做农场主”。

农村有着广阔的发展空间，正在成为民营企业投资兴业的热土，投资现代农业、投资生态庄园经济，不仅是民营企业服务“三农”，实现自身转型跨越的一条极好路径，也是推动农业产业转型、助农增收的一个发展方向。希望我们的民营企业进一步关注“三农”，在服务“三农”上不能停留在单方向的输血阶段，而要向互利共赢的造血阶段迈进，以更大的热情投资农村、投资农业，为我市建设社会主义新农村和都市农业大市做出新的更大的贡献。

三、服务转型是统一战线的重要职能，我们必须认真履职尽责

近年来，各地统战部、工商联充分发挥自身优势，在助推民营经济转型跨越、服务“三农”中做了大量工作。昔阳县委统战部在全县民营企业中开展“民企联‘三农’，共建新农村”主题活动中发挥了积极的作用；灵石县委统战部、县工商联在服务民营企业转型中的做法非常好；榆次成立了企业家协会，为服务企业家发展搭建了平台，受到了广大企业家的欢迎。平遥这几年民营企业发展得很好，就是因为平遥营造了一个有利于民营企业家健康发展的氛围。介休的民营企业在全省起步最早，民营企业家的经验、素质、能力、贡献也是值得学习的。统战部、工商联怎样服务民企去转型、去发展，我提几点意见：

*一要更新观念，提高认识。*个别同志认为，一个地方的民企能不能有好的发展环境，能不能支持民营经济发展转型，是党委、政府的事，我们统战部是党委的一个部门，工商联是一个群众团体组织，做不了什么，但是我们看了昔阳之后，就能感觉到，统战部、工商联在服务民企转型方面能够做大量的工作。因此，我们要好好研究昔阳的经验、灵石的做法，找到着力点。从根本上转变思想认识，树立服务转型跨越的信心，坚定“有作为就会有地位”的理念，克服畏难情绪，敢于做民营企业的“娘家”和“靠

山”，善于同民营企业和各职能部门沟通联系，少说不能办，多想怎么办，想方设法为民营企业排忧解难，就一定能助推民营经济发展，在经济建设的主战场上建功立业。

二要加强学习，增强素质。不学习，就会感到什么也不能做、不会做，统战系统、工商联的同志们要学习产业政策、农业政策、土地政策、环保知识、科技知识、法律知识等等，学习了以后，就会知道我们能够做什么。在学习的基础上就要干事，干什么、怎么干，要搞专题活动，比如说昔阳县提出的“民企连‘三农’，共建新农村”。要有口号，没有口号就没有内容，没有内容就没办法开展活动。没有活动就没有行动，没有行动就没有作为，没有作为就没有地位。我们要扑下身、沉下心，踏踏实实为企业办事，真心实意为企业说话，努力当好企业的“贴心人”和企业家的“娘家人”。

三要关爱民企、主动服务。重点要做好服务、引导、联谊、表彰四方面工作。服务上，首先要加强企业家队伍的培训，市、县两级都要组织培训，以县为主，邀请高端的专家、学者为企业家传经送宝，市里一季度举办一次，县里要根据实际情况经常举办。还可以“走出去、请进来”，去参观考察、解放思想。如果需要市委统战部、市工商联领导协助支持，我们一定全力支持。还要为民营企业提供法律咨询服务、项目服务，想方设法为民企融资，推动民企发展。引导上，一方面要积极引导民企转型，发展壮大，服务“三农”，另一方面还要积极引导外流的企业家和资本回乡发展壮大。联谊上，就是要多交朋友，哪个县有很好的企业、项目，我们就要带上企业家去那里看一看、跑一跑，通过交流推动相互合作发展。表彰上，各级党委、政府对企业家都应该隆重地表彰，从政治、经济上给他们待遇，我们将建议市委、市政府在明年年初表彰奖励一批全市优秀的民营企业家。

四要注重宣传，营造氛围。我常讲“企业是社会的衣食父母，企业家是人民的有功之臣”。企业家是社会的稀缺资源，是推动经济发展的主要力量。民营企业家发展很不容易、转型更不容易，但是企业做到一定程度，成为规模以上企业，就成为社会的了，为社会造福谋利是企业的使命和职责。统战部、工商联必须关心、支持民营企业发展，营造民营企业发展的良好氛围，给党委、政府提建议，在社会上大张旗鼓地宣传他们的先进事迹，让全社会都来关心关爱、尊重支持民营企业家。

同志们，晋中赶超跨越，民营企业责任重大；关注服务“三农”，民营企业义不容辞；服务民营企业，统战部、工商联职责所在。希望广大民营企业坚定信心、奋发进取，在转型跨越的主战场上干大事、创伟业、立新功，希望全市广大统战部、工商联干部围绕中心、凝心聚力，在服务民营企业转型跨越中有作为、有担当、做贡献。

（本文系晋中市委常委、统战部部长孙光堂在全市民营企业转型跨越·服务“三农”昔阳座谈会上的讲话）

加强"三基"建设　推进"固本"行动
全面提升我市统战工作水平

王建林

（2017 年 9 月 29 日）

尊敬的王云龙部长，同志们：

大家下午好！全面加强基层组织、基础工作、基本能力建设，是我市推进"两学一做"学习教育制度化常态化，全面加强党的建设的基础工程，也是全市统一战线"强基固本"行动的重要内容。"三基"建设、"强基固本"，关系大局，关乎长远，关乎根本。

今天，我们在昔阳县召开全市统一战线"三基建设"暨"强基固本"行动现场推进会，目的就是要总结推广昔阳县"强基层、打基础、抓基本，推进强基固本行动"的经验做法，在全市统一战线掀起"加强三基建设，推进强基固本行动"的热潮，为提升我市统战工作水平提供保障，为助推"两个全面"目标的六大行动夯实基础。

上午，我们现场观摩了昔阳县统一战线基层基础建设提升活动的五个点，各有侧重，各有特色，都有启发。一是昔阳大寨镇党委着力"抓组织、强队伍、建机制、增活力、补短板，打造亮点，提升统战工作水平"取得明显成效，特别是作为乡镇一级党委抓统战坚持"三强化"，搭建"三平台"，注重"三提升"的"三个三"工作经验和做法，值得我们全市乡镇党委学习借鉴。二是昔阳县人民医院着力发挥党外知识分子作用，凝聚他们的智慧和力量，"加强组织领导，创新平台载体，注重培养引导"的经验做法，值得全市学习放大，最大限度地发挥党外知识分子在卫生、教育、科技发展、人才培养和社会进步中的积极作用，最大程度地做好我市党外知识分子的统战工作。三是厚基伟业集团公司"艰苦创业促转型，致富思源报桑梓"的进取精神、光彩精神，展现了民营企业家、新的社会阶层人士的时代风貌，也体现了经济领域统战工作强基固本的成果。四是大寨镇洪水村"发挥统战优势，建设文明新村"的实践，形成了"以党建带统战，以统战促党建。以村级统战工作推进新农村建设"的基层经验，特别是村党支部书记努力当好农村统战工作"四大员"的做法，推动了统战工作在基层的有效执行和落实，延伸了统战工作链条，夯实了基层基础工作，是农村统战强基固本的典范。五是创建和谐寺观教堂示范单位石马寺，高举爱国爱教旗帜，"学修并重，规范管理；内强素质，外树形象；弘法利生，服务社会"的实践探索，也反映出宗教系统加强"三基建设"的成效。特别是我们在工作当中看到了昔阳县统战各界各领域丰富的信息资料、严谨的工作制度、完善的基础台账、饱满的工作热情、丰硕的实践成果这些经验典型都值得我们全市统战系统各领域学习借鉴。

刚才，根元书记代表昔阳县委做了热情洋溢的致辞，展现了昔阳全县上下热火朝天、拼搏奋进、攻坚克难、互助赶超的向上态度和良好局面，特别是对统战工作的共识和支持，主体责任的落实和亲力亲为值得我们全市各级单位主要领导学习。我们还观看了昔阳县委统战部制作的专题片，听取了怀仁部长的经验介绍，总的印象是：昔阳县委高度重视统战工作，强化了领导，形成了氛围，完善了制度，夯实了基础。县委统战部坚持问题导向、目标导向，扎实开展了“统战基层基础建设提升年”活动，突出加强了“三基建设”、强基固本行动，全县统战工作呈现出了全面发展、多点突破、亮点纷呈的良好态势。他们“强基层、打基础、抓基本，推进强基固本行动”的经验做法，值得我们认真学习，推广运用。寿阳县赵弘部长也介绍了很好的经验，各县及有关单位作了书面交流，我们汇编成册，十一个县（区、市）、六个民主党派、工商联、侨联、民宗局以及两个院校二十二个县、单位和部门，形成了我们全市统一战线加强“三基建设”推进强基固本行动的资料汇编，各有所长，希望大家相互取长补短，共同推进强基固本行动，特别是省委统战部王云龙部长亲临指导并作了重要讲话，对我市统战工作，特别是昔阳县的工作给予了高度评价和充分肯定，对我们下一步的工作提出了明确的要求和工作的方向，希望大家认真贯彻落实。

下面，我就学习借鉴昔阳经验，进一步加强三基建设，积极推进强基固本行动讲几点意见：

一、充分认识“加强三基建设，推进统战强基固本行动”的重要意义，坚定不移抓紧抓好，抓出实效

（一）强基固本行动是“两学一做”学习教育常态化制度化，开展“维护核心、见诸行动”主题教育活动的重要内容，是党的建设的基础工程，必须抓在手上，抓出成效。

（二）强基固本行动是践行统战基础理论的重要保证，必须久久为功，持续加强。

把握统战性质，关键是要不断增强政治意识；把握统战法宝作用，关键是要做好凝聚人心、汇聚力量的工作；把握统战工作方针，关键是掌握好度；把握统战工作主要任务，关键是要增强大局意识；把握统战工作范围和对象，关键是要实现最广泛的大团结大联盟。而践行这些统战理论，关键的关键是必须加强“基层组织、基础工作、基本能力”建设，推进强基固本行动，并持续用力，久久为功。

（三）强基固本行动是实施我市统一战线助推“两个全面”六大行动的重要基础，必须突出重点，夯实根基。

昔阳县以“强基层、打基础、抓基本”为核心的强基固本行动实践，为“构建大统战、营造大环境、实施大行动、彰显大作为”奠定了坚实的基础，也充分说明了实施好凝心、聚力、促转型、和谐、惠民等六大行动，强基固本行动是基石。

因此，我们必须站在战略和全局的高度，进一步增强“四个意识”，提高政治站位，巩固思想政治基础，深刻认识加强三基建设，推进强基固本行动的重要意义，以高度的政治责任感和历史使命感，坚定不移地把这项基础工程抓紧、抓好、抓出实效，为全面实施六大行动计划，提升我市统战工作水平提供有力保证。

二、深刻把握“加强三基建设，推进统战强基固本行动”的重要任务，全力以赴抓好落实，夯实基础

市委最近出台了加强“三基”建设实施方案，制定了路线图，确定了时间表，明确了任务书，是新形势下加强“三基”建设的行动方案，也是我们统一战线“强基固本”行动的基本遵循。全市统一战线一定要牢牢把握总体要求，把突出问题导向与提升统战工作水平结合起来，以改革创新的精神，狠抓落实，打好整体仗，确保统一战线“强基固本”行动扎实推进，取得实效。具体把握好以下三个方面的重要任务：

（一）强化统战基层组织建设

求木之长者，必先固其根本。基层统战组织是连接党心民意的纽带，是落实决策部署的最后一公里，是联系服务统战成员的最前沿。因此要下工夫建强统战基层组织。

一要落实基层统战工作主体责任。学习推广昔阳的做法，坚持“四个纳入”“三个带头”。真正把统一战线工作纳入党委的重要议事日程，纳入党政班子和领导干部的考核内容，纳入宣传工作计划，纳入中心组和党校的教学内容，做到各级党政领导班子成员带头学习宣传和贯彻落实统战政策法规，带头参加统一战线各项重要活动，带头广交深交党外朋友。

二要健全基层统战工作网络体系。学习推广昔阳县全面构建“三线作战”的基层统战组织网络体系和寿阳的“五个全覆盖”经验，健全县乡村（街道、社区）三级统战基层网络体系。要以“组织好机构、落实好制度、建设好队伍、发挥好作用”为目标，进一步充实加强县乡两级统战工作领导小组的力量和职能，配齐配强县乡村三基统战委员和联络员，进一步整合统战系统各方力量，落实各级各领域统战组织全覆盖，真正实现“哪里有党的工作，哪里就有统战组织”，确保统战工作有人管、有人抓、有人干。

三要巩固完善统战部门合署办公机制。寿阳统战部门合署办公的经验已经在全市、全省推广，已成为我市统战工作的一张品牌，我们要进一步完善和创新运行机制，真正实现“合署、合心、合力”，彰显合署办公的加乘效应，提高效率，提升水平。进一步壮大统战基层工作力量，改善办公条件，各乡镇（街道、社区）都要建立统战办，与基层商会、民宗办实行合署办公，配备专兼职统战干部具体抓好统战工作，构建“多部门、交叉任职、统一管理、集中办公”的基层统战组织新格局。

（二）夯实统战基层基础工作

九层之台，起于垒土。基础工作是一个部门和单位履行职能的基本支撑，直接关系到各项任务推进与落实的质量与成效。基础工作程序规范化、管理精细化是统战强基固本行动的核心内容，夯实统战基础工作要在四个方面寻求突破。

1. 要在健全体制机制上求突破。一要重点建立和健全县乡两级统战工作领导小组及办事机构和工作制度，完善县乡两级党委抓统战工作的责任清单和考核办法，构建定责、督责、述责、考责、问责“五位一体”的责任落实机制；二要落实各级党政领导干部与党外代表人士协商交友制度。丰富党外人士协商民主机制，完善政党协商制度；三要规范党外干部和党外知识分子培养选拔使用机制和民族宗教、新的社会阶层人士工作联席会议制度，保障基层统战工作有序开展；四要建立健全统战部门内部各项管理制度。完善工作规范流程，以制度管人、管事，使工作有章可循。

2. 要在阵地建设上求突破。要扎实推进统一战线活动场所建设，乡镇（街道）和重点部门要按照有机构、有人员、有场所、有制度、有经费、有档案的“六有”要求，设立统战办公室，创办统战之家，确保做到门常开、人常在、事常办。

3. 要在精细管理上求突破。昔阳县开展的以“五有、四规范、三提升”为主要内容的统战基层基础建设提升年活动，突出了精细化管理特点，值得我们学习借鉴，各县（区、市）要建立各级各类统战成员台账，适时掌握辖区内统战工作的基本情况，统战人士的期盼愿望和统战对象的实际困难，做到统战对象底子清、情况明，统战工作有记录、留痕迹。

4. 要在示范创建上求突破。要坚持围绕中心、服务大局，不断创新工作载体和活动内容，发挥“统战 +”的大党建优势，积极与各级党组织和人民团体互联互动，共建共享，开展“同心”品牌示范创建活动，集中打造一批基层统战工作示范点、不断推进统一战线各领域工作的创新发展。

（三）提升统战干部基本能力

做好新时期统战工作，根本在人，关键在干。实施助推“两个全面”的统战六大行动计划，必须全面提升统战干部队伍能力素质，讲政治，敢担当，强作风，重本领，对标一流，争创一流。

1. 要在加强学习上下功夫。一要明确目标，增强学习主动性。系统学习掌握统战理论政策，吃透科学内涵，领会精髓要义，掌握重点要点，努力成为统战工作的行家里手。二要学以致用，增强学习的实践性。把勤于实践作为增长才干的有效渠道，善于运用新学知识分析、归纳和判断，在总结中提高综合能力。

2. 要在调查研究上下功夫。一要树立问题导向，使调研过程称为找准症结、破解难题、推动落实的过程。二要突出重点。精选题目，深度聚焦，注重转化，既要调研成果，又要促进成果落地，释放统战智慧力量的重大影响。

3. 要在改革创新上下功夫。一要注重工作内容创新，主动开辟统战“新阵地”，丰富统战工作“新内容”。二要注重工作方法创新。突出重点政策、重大活动、重要会议和重要项目的“四重”工作法，把重点工作提起来，把重点项目抬起来，把重要行动摆布好，从而找到工作的有效抓手。三要注重工作机制创新。完善“大统战”机制，建立联席会议制度，协调配合和专项工作机制，加强与各部门、各方面、各层次的沟通、协调。

4. 要在狠抓落实上下功夫。开展“六大行动”，必须结合实际，以“踏石有印、抓铁有痕”的劲头和“钉钉子”的精神强化工作落实。一要强化责任意识。二要敢于担当，作风过硬。三要组织到位。层层抓落实，使政策资源转化为实际工作成效。

5. 要在党外代表人士队伍建设上下工夫。加强统战工作网络平台建设；做实党外知识分子、新的社会阶层人士工作联系平台；认真贯彻落实党外干部配备各项政策；加强民主党派自身建设；把加强党外代表人士队伍建设作为基层统战工作的一项基础性、全局性、战略性任务来抓，努力建设一支政治坚定、业绩突出、群众认可的高素质党外代表人士队伍。

三、贯彻落实习总书记统战重要思想，突出“四抓”聚合力，引深“六大行动”

（一）抓学习，真学真用。深入学习，深刻理解习总书记统战重要思想，充分认识新形势下加强统战工作的重大意义，充分发挥统战在围绕中心、服务大局中的法宝作用，重点要进一步强化“三个意识”。

一是进一步强化“新形势下统战工作只能加强不能削弱”的意识。充分认识统战工作的本质要求是大团结大联合，解决的是人心和力量的问题，人心是最大的政治。深刻理解统战“三个重要法宝”地位的新表述，既强调了统战对党的事业胜利的历史意义，也突出了统战对巩固执政地位的现实意义，还表明了统战对于我国长远宏伟目标的划时代意义。全面把握我国发展环境“三个多样”的深刻变化，即所有制形式、社会阶层、社会思想观念更加多样，使统战工作面临许多前所未有的新情况新问题，如何更好发挥统战作用，扩大团结面，凝聚正能量，做好沟通思想、理顺情绪、化解矛盾的统战工作，就不仅必要而且更加紧迫。

二是进一步强化“新形势下需要最广泛的爱国统一战线”的意识。实现中国梦必须凝聚中国力量，凝聚力量就要依靠统一战线，搞好统一战线是为了壮大共同奋斗的力量。一要凝聚党外知识分子；二要加强政党协商，同党外人士协商；三要鼓励支持非公经济健康发展，非公经济人士健康成长。

三是进一步强化做好新形势下统战工作要牢牢把握“三个必须”的意识。做好新形势下的统战工作，习总书记提出了“三个必须”：一是必须掌握规律，坚持原则，最根本的是坚持党的领导；二是必须正确处理一致性和多样性的关系。一方面要不断巩固共同思想政治基础，另一方面要尊重包容差异，寻求最大公约数；三是必须善于联谊交友，这既是统战工作的重要内容，也是统战工作的重要方式，交朋友的面要广，朋友越多越好。

（二）抓调研，吃透两头。深刻领会习总书记关于统战各领域工作的重要部署和条例精神，吃透中央统战会议部署精神和基层实际问题，重点运用好“四个调研成果”：

一是省对市督查调研反馈意见的整改落实。省委统战工作领导小组对我们晋中贯彻落实统战条例和重大决策部署进行了督查调研，提出了书面的整改意见，市委以市委名义向省委统战领导小组上报了整改方案。

二是市对县督查调研反馈意见的整改落实。市统战领导小组对各县委下发调研督查的整改方案、整改要求，各县委统战部牵头协调落实。

三是全市开展民企调研走访梳理出问题清单的整改落实。

四是围绕全市发展目标统战行动计划实施过程中发现问题的整改落实和完善。今天昔阳现场推进会也是在推进“六大行动”计划过程当中强基固本行动问题导向提升完善的具体行动，昔阳县、寿阳县和各县交流材料当中都突出了推进“六大行动”过程中问题的整改落实和提升。

（三）抓思路，完善部署。扎实做好各领域统战工作，推动统战工作创新发展，结合晋中“全面挺进全省第一方阵、全面建成小康社会”的战略部署，全市统一战线制定实施了“六大行动”计划。通过今天的现场推进会强基固本的打好基石，引深“六大行动”。

一是围绕“凝心行动”，在理论武装、决策落实、主题活动和助推第一方阵实践中深化“四个共识”。

二是围绕“聚力行动”，在建言献策、民主监督、投身双创和助力发展上凝聚“四种力量”，壮大共同奋斗群众基础。

三是围绕“促转型行动”，推进非公经济领域统战工作的双引双赛、民企帮扶、回乡创业和典型选树“四大工程”，促进“两个健康”经济转型。

四是围绕“惠民行动”，抓好百企帮百村、党派社会服务、金桥爱心工程和驻村结对帮扶“四项重点”工作落实，助力脱贫攻坚如期摘帽。

五是围绕“和谐行动”，在民族宗教领域开展好两个创建和两个提升“四项活动”，促进民族团结宗教和谐。

六是围绕“强基固本行动”，抓基层，打基础，强素质，突出抓好统战干部、党外代表人士、党派干部和民营企业家“四支队伍”建设，提供强有力的组织保障。

（四）抓落实，落地见效。围绕中心，服务大局，助推“两个全面”，实施“六大行动”，要切实抓住关键环节，以点带面推动工作落实。

一是明确任务，压实责任，部署落实。年初我们召开了全市统战工作会、宗教工作会和领导小组会，明确了任务、出台了行动计划和工作要求，层层落实责任、全面部署落实。

二是调研指导，解剖麻雀，促进落实。市县两级统战部领导深入一线调研指导，解剖麻雀，凸显问题、研究问题、解决问题，推动各项工作的落实。

三是现场推动，典型引领，示范落实。选出典型，以点带面，现场推进。今年以来我们先后在榆次、太谷、祁县和今天的昔阳召开现场推进会，示范落实真正把六大行动虚实结合，抓高尺寸，落实实效。

四是加强领导，督查考核，保障落实。加强领导，落实统战部长第一责任人职责，严格考核，完善考核评价机制，注重实效打造工作亮点，保障工作任务落地见效。

同志们，统战工作是全党的工作，统一战线是推进党的建设新的伟大工程的必然要求。我们要进一步深入学习贯彻习总书记统战重要思想，切实增强“四个意识”，加强“三基建设”，推进“强基固本”行动，引深统战“六大行动”实践，不断开创我市统战工作新局面，助推“两个全面”战略实现，以优异成绩迎接党的十九大胜利召开。

谢谢大家!

［本文系晋中市委常委、统战部部长王建林在晋中市统一战线加强“三基建设”暨强基固本行动（昔阳）现场推进会上的讲话］

在全市“汇聚新力量 · 助力新发展”基层统战工作（昔阳）现场推进会上的讲话

鹿建平

（2020 年 11 月 13 日）

同志们：

我们组织召开全市统一战线“汇聚新力量 · 助力新发展”基层统战工作（昔阳）现场推进会，这次会议既是一个总结会，也是一个交流会，还是一个推进会，目的就是在年底前，以新的社会阶层人士统战工作为点，对全市统战各领域工作进行一次整体梳理，进一步明确方向、突出重点，对标全年、狠抓落实，进一步推动全市统战工作再上新台阶。

昨天下午，大家实地观摩了昔阳县统战之家、乡贤联谊会，学习了昔阳县统战部“1+3”合署办公模式、“1+4+X”统战工作新模式和“党建 + 乡贤”乡村治理经验。

刚才，昔阳县委许书记做了热情洋溢的致辞，集中观看了专题片，昔阳、榆次、平遥、介休、灵石、农工党晋中市委会 6 个单位负责人分别做了经验交流，其他县市作了书面交流。可以看出，各县（区、市）在统战工作上都进行了积极探索、取得了较好成果。希望大家相互学习、取长补短、共同进步。下面，我讲四点意见：

一、典型引领，学习推广昔阳乡贤工作经验

毛泽东主席曾说：“典型本身就是一种政治力量。”习近平总书记强调，“榜样的力量是无穷的”“注意总结典型，及时起示范推动作用”。我们之所以要在昔阳召开现场推进会，就是要让大家拓宽视野、开阔思路，起到“点亮一盏灯，照亮一大片”的作用。

一是要充分认识乡贤工作在乡村治理中的独特作用。乡贤工作是推进市域治理现代化的迫切要求，是推进基层治理、源头治理的一支重要力量，做好乡贤工作有利于优化基层治理方式、破解基层治理难题、提升基层治理实效。乡贤工作是推进脱贫攻坚、乡村振兴的现实需要，在推进脱贫攻坚中，乡贤具有不可替代的独特优势，能有效增进发展共识、破解发展短板、增强发展活力。乡贤工作是推进统一战线提质增效的有力举措，作为新时代基层统一战线提质增效的切入点和突破口，乡贤工作有利于破解基层统战工作薄弱环节，有利于更好服务中心大局，有利于统战工作开拓创新。

二是要以“昔阳模式”推进乡贤工作。在组织领导上，昔阳专门成立乡贤工作领导组，由乡党委书记担任组长，确保了乡贤工作在党的领导下有序、有效进行。在人员“入口关”上，突出政治标准，准入严格、覆盖面广，认同度高，会员来自全乡有品德、有声望、有影响、有能力、有责任心，热衷公益事业、热心推动家乡经济社会发展的本地三都人、在外三都人和长期在三都投资创业发展的“新三都人”。在运行模式上，探索实施“乡贤＋两委”乡村治理模式，“乡贤＋特色”发展方式，“乡贤＋四进”活动形式，分类设置建言献策“智囊组”、产业扶持“致富组”、纠纷调解“协调组”、乡风文明“督导组”、公益服务“志愿组”等功能小组，组团为脱贫攻坚、乡村振兴和乡村治理服务。在实践成效上，我这里有一组数据足以说明乡贤的重要作用：通过乡贤组织兴办各类企业和合作社46家，落实帮扶项目24个，引进投资1.388亿元，提供就业岗位310个，帮扶贫困户1164户。一位乡贤副会长累计投资4.3亿用于三都、葫芦拐等村的整村搬迁和亮化工程，用行动彰显社会责任。在这里，给大家提一个要求，各县（区、市）委统战部都要学习昔阳乡贤工作模式，成立乡贤联谊组织，严把会员“入口关”，今年年底前各县至少成立1～2个乡贤联谊会，明年前半年要实现50%的乡镇成立乡贤联谊组织，明年年底前实现所有乡镇全部成立乡贤联谊组织，做到有组织、有阵地、有章程、有牌匾、有标识、有经费、有活动、有成效。

*三是要着力构建乡贤工作大格局。*要进一步健全工作协调机制，由统战部门牵头协调，形成市级指导、县级负责、乡级主抓、村级参与的工作体系。要进一步健全工作评价机制，加大指导力度，强化舆论宣传，为乡贤发挥作用营造浓厚氛围。要进一步健全人才培育机制，加强年青一代乡贤培养，为可持续发展提供坚实人才保障。

二、统一思想，深入学习党的十九届五中全会精神

10月26日至29日党的十九届五中全会在北京举行。全会由中央政治局主持，习近平总书记作了重要讲话。全会听取和讨论了习近平总书记受中央政治局委托作的工作报告，审议通过了《中共中央关于制定国民经济和社会发展第十四个五年规划和二〇三五年远景目标的建议》。习近平总书记就《建议（讨论稿）》向全会作了说明。深入学习党的十九届五中全会精神是当前首要政治任务，重点要从以下几方面来把握：

一是全会充分肯定党的十九届四中全会以来中央政治局的工作，高度评价决胜全面建成小康社会取得的决定性成就。实践再次证明，有习近平同志作为党中央的核心、全党的核心领航掌舵，有全党全国各族人民团结一心、顽强奋斗，我们就一定能够战胜前进道路上出现的各种艰难险阻，一定能够在新时代把中国特色社会主义推向前进。

二是全会深入分析了我国发展环境面临的深刻复杂变化。要求全党统筹中华民族伟大复兴战略全局和世界百年未有之大变局，深刻认识我国社会主要矛盾变化带来的新特征新要求，深刻认识错综复杂的国际环境带来的新矛盾新挑战，增强机遇意识和风险意识，立足社会主义初级阶段基本国情，保持战略定力，办好自己的事，发扬斗争精神，树立底线思维，准确识变、科学应变、主动求变，善于在危机中育先机、于变局中开新局，抓住机遇，应对挑战，趋利避害，奋勇前进。

三是全会提出了到二〇三五年基本实现社会主义现代化远景目标。这就是：我国经济实力、科技实力、综合国力将大幅跃升；经济总量和城乡居民人均收入将再迈上新的大台阶；关键核心技术实现重大突破；基本实现新型工业化、信息化、城镇化、农业现代化；基本实现国家治理体系和治理能力现代化；基本建成法治国家、法治政府、法治社会等9个目标。

四是全会提出了"十四五"时期经济社会发展指导思想和必须遵循的原则。即，要高举中国特色社会主义伟大旗帜，坚持以马克思列宁主义、毛泽东思想、邓小平理论、"三个代表"重要思想、科学发展观、习近平新时代中国特色社会主义思想为指导，统筹推进经济建设、政治建设、文化建设、社会建设、生态文明建设的总体布局，协调推进全面建设社会主义现代化国家、全面深化改革、全面依法治国、全面从严治党的战略布局，加快构建以国内大循环为主体、国内国际双循环相互促进的新发展格局，推进国家治理体系和治理能力现代化，为全面建设社会主义现代化国家开好局、起好步。要遵循7大原则：即坚持党的全面领导，坚持和完善党领导经济社会发展的体制机制，坚持和完善中国特色社会主义制度，坚持以人民为中心，坚持新发展理念，坚持深化改革开放，坚持系统观念。

五是全会提出了"十四五"时期经济社会发展主要目标，概括起来主要是6个新：经济发展取得新成效；改革开放迈出新步伐；社会文明程度得到新提高；生态文明建设实现新进步；民生福祉达到新水平；国家治理效能得到新提升。

六是全会对新时期统战工作提出了新要求。全会强调，实现"十四五"规划和二〇三五年远景目标，必须坚持党的全面领导，充分调动一切积极因素，广泛团结一切可以团结的力量，形成推动发展的强大合力。要加强党中央集中统一领导，推进社会主义政治建设，健全规划制定和落实机制。要保持香港、澳门长期繁荣稳定，推进两岸关系和平发展和祖国统一。要高举和平、发展、合作、共赢旗帜，积极营造良好外部环境，推动构建新型国际关系和人类命运共同体。

11月2日，市委召开常委扩大会暨中心组学习会，赵建平书记传达了五中全会精神，并提出了三点贯彻落实意见。一是要把学习宣传贯彻党的十九届五中全会精神作为当前和今后一个时期的重要政治任务。二是要在全市迅速兴起学习宣传贯彻党的十九届五中全会精神热潮。三是要精心编制"十四五"总体规划和专项规划。

全市统战系统和统战成员，要进一步提高站位，着力形成学习贯彻党的十九届五中全会精神的浓厚氛围，切实统一思想、明确方向，增强"四个意识"、坚定"四个自信"、做到"两个维护"。要充分发挥统战的独特优势，引导党外人士把"十四五"规划制定实施作为议政建言的重点，深入开展调查研究，提高建言献策质量。要把学习贯彻全会精神焕发出的政治热情转化为做好统战工作的强大动力，对照五中全会精神、对照市委、市政府决策部署，借鉴先进地区成功经验，认真谋划明年盘子。

三、狠抓重点，全力推进各领域统战工作

一是民主党派工作要围绕落实“三个文件”持续发力。2019年以来，中共中央先后印发《关于加强中国特色社会主义参政党建设的意见》《民主党派代表人士队伍建设规划（2018—2027年）》《各民主党派中央关于新时代组织发展座谈会纪要》等“三个文件”。省委、市委也都出台了贯彻落实意见。前不久，省委统战部组织召开了全省各民主党派加强自身建设（大同）座谈会，专题围绕“三个文件”的贯彻落实进行了交流，省委徐广国部长做了安排部署。贯彻落实“三个文件”精神、推进中国特色社会主义参政党建设，是当前和今后一个时期多党合作和民主党派工作的一项重要政治任务。

一要继续强化政治引领。引导各民主党派把学习贯彻中共十九届五中全会精神和落实习近平总书记“三篇光辉文献”、视察山西重要讲话重要指示紧密结合起来，深刻理解“三个文件”的精神内涵，不断夯实共同团结奋斗的思想政治基础，确保多党合作事业正确的政治方向。

二要着力加强组织建设。明年是民主党派市级组织换届年，也是对各民主党派组织和队伍的一次“检阅”。要持续加强人才队伍建设，着力培养一批政治素质高、参政议政能力强、本职工作成绩突出的优秀党派干部，避免出现拿着帽子找人的尴尬局面。同时，市县两级统战部要整合资源，在具备条件的县建立民主党派党史会史馆，让他们牢记与中国共产党的合作史，各民主党派的发展史，始终不忘多党合作初心。

三要继续深化“四比四促”活动，围绕习近平总书记提出的“四新”（努力实现多党合作有新气象，思想共识有新提高，履职尽责有新作为，参政党有新面貌）“三好”（争做中国共产党的好参谋、好帮手、好同事）的总要求，通过比学习、比贡献、比服务、比作风，不断提高“五种能力”（提高各民主党派政治把握能力、参政议政能力、组织领导能力、合作共事能力、解决自身问题能力），不断推动我市新型参政党建设再上新台阶。当前，各民主党派要把“十四五”规划制订实施作为咨政建言的重点，围绕构建新发展格局、推动高质量发展、促进共同富裕等重大课题，围绕省委“四为四高两同步”战略部署，紧密结合推动晋中高质量发展的实际，着力于“三块金字招牌”“四个百里工程”等关系晋中重大布局的中心工作，充分发挥人才密集的优势，深入开展调查研究，形成高质量的调研报告和建议意见，为市委、市政府科学决策提供参考。

二是民族宗教工作要围绕防范化解重大风险持续发力。民族宗教工作是全市经济社会和谐稳定的重要“压舱石”，我们一定要牢固树立稳定压倒一切的工作理念，认真履行工作职责，切实将民族宗教工作牢牢抓在手上，特别是要将宗教稳定作为首要任务。近年来，榆次、太谷、祁县等地在大是大非面前敢于“亮剑”，下大力气解决宗教领域突出问题，完成了大型露天宗教造像整治，取缔基督教私设聚会点82处。特别是福云寺涉藏传佛教问题发生后，我们充分发挥宣传、网信、公安等宗教小组成员单位作用，榆次区统战、宗教等部门主动攻坚，仅一个星期就圆满完成了处置任务，得到了省委统战部的肯定。11月10日，省委统战部召开了贯彻全国宗教工作督查整改经验交流会议，会议传达了省委楼书记五点要求，徐广国部长做了重要讲话。贯彻落实全省会议精神，要抓好三个重点。

一要不断提升宗教治理水平。进一步提高政治站位，牢牢把握宗教工作的正确方向，充分发扬斗争精神，认真落实《山西省宗教事务条例》，继续抓好宗教领域突出问题整改，坚持政治态度不变、整改标准不降、措施力度不减，切实增强做好宗教工作的政治自觉、思想自觉、行动自觉，始终坚持我国宗教的中国化方向，不断提高我市宗教工作法制化水平。

二要突出抓好风险点治理。宗教是一个始终存在着“黑天鹅”“灰犀牛”风险的领域，这个弦始终不能放松。我们要坚持将防范化解宗教领域重大风险作为工作重心，持续抓好佛道教商业化治理、大型宗教露天造像整治、“达洼宣教团”专项治理、天主教和基督教抵御渗透风险点，着力防范打击境内外敌对势力、邪教组织、非法宗教活动，有效维护我市宗教领域整治安全。

三要持续抓好信教群众聚居村治理。信教群众聚居村治理是中央宗教工作督查整改的一项重要内容。我们要清醒地认识到，加强和改进信教群众聚居村工作是一项长期复杂的政治任务，必须长期坚持，常抓不懈。要持续开展软弱涣散聚居村党组织整顿，压实工作责任，健全工作机制，制定“一村一策”整顿方案，将聚居村治理与推进乡村振兴有机结合，巩固成果，补齐短板，切实推动聚居村各项工作上台阶上水平。

三是民营经济统战工作要围绕落实中央《意见》持续发力。9月16日，中央召开了全国民营经济统战工作会议，传达了习近平总书记重要指示，公开印发了《关于加强新时代民营经济统战工作的意见》，省里即将出台《实施方案》，我们要紧紧围绕中央和省委的要求，切实加强我市民营经济统战工作。

一要深刻领会中央《意见》精神。习近平总书记在全国民营经济统战工作会议上，再次重申了“两个毫不动摇”和“三个没有变”，再次强调了“两个健康”。我们要切实领会中央、省委精神实质，把广大民营经济人士的思想和认识统一到中央的决策部署上来，始终听党话、跟党走，不断增强对中国特色社会主义道路的信念，对党和政府的信任，对企业发展的信心，对社会的信誉，将我市民营经济人士打造成高质量转型发展的“蹚路先锋”。

二要着力构建亲清新型政商关系。上个月，市委出台了《关于进一步规范政商交往行为推动构建亲清新型政商关系的实施意见》（市办发〔2020〕15号），并在10月

28日的《晋中日报》上公开发布。我们各级统战部、工商联是民营经济人士的“娘家人”，是党委政府联系民营经济人士的桥梁和纽带，要充分发挥我们的职能作用，在推动构建亲清新型政商关系上发挥作用、有所作为。近期，我们将研究制定《晋中市统战系统政商交往正负面清单》，印发后全市统战系统干部要认真执行落实。

三要充分发挥工商联作用。去年以来，各级工商联充分发挥商会招商引资作用，招商引资63个项目，投资额430.2亿元，取得了明显成绩。在上周的会议上，徐广国部长要求各级统战部门要围绕省委“项目为王”战略部署有所作为。各级工商联和商会组织作为招商引资的“桥头堡”，要认真研读《山西省14个战略新兴产业招商图谱》，围绕“六新”要求，继续强化以企引企、以商招商。特别是要发挥好在外优秀晋商人才和晋中异地商会作用，深入推进招商引资，为晋中高质量发展厚植优势。

四是新的社会阶层人士统战工作要围绕激发创新活力持续发力。新的社会阶层人士是伴随着改革开放和社会主义市场经济发展出现的新社会群体。教育好、引导好、团结好新的社会阶层人士，使其更广泛地团结在党和政府周围，必须从“小视野，小统战”中跳出来，以更大的力度推进“大团结，大联合”，不断巩固共同思想政治基础，找到新的社会阶层人士意愿和要求的最大公约数。

一要强化党建引领。基层党组织是我们党的执政根基，是落实党的路线方针政策和各项工作任务的“毛细血管”“末梢神经”。在全面从严治党的新形势下，开展新的社会阶层人士统战工作必须切实发挥基层党组织的作用。我们要积极加强与组织部门的工作衔接，建立共同培养机制，定期开展活动，定期培训教育，共同对新阶层人士中优秀人士进行培养，进一步坚定他们走中国特色社会主义道路的信心和决心。

二要搭建活动平台。新的社会阶层人士思想复杂多元，再加上工作流动频繁，以单位为依托开展新的社会阶层人士统战工作越来越难，必须搭建行之有效的平台。充分发挥统一战线优势，针对单位功能弱化的特点，借鉴外地成功经验，探索在乡镇（街道）建立新的社会阶层人士工作站，及时准确地反映他们的诉求，协调和帮助解决困难，努力减少不和谐、不安定因素。

三要打造工作品牌。要以“晋中新力量”为引领，充分发挥联谊会作用，广泛开展学习教育、议政建言、社会服务等活动，继续打造品牌实践基地，推出一批在全国有影响的示范基地，打造好省级、市级、县级示范基地，市里要抓好3～5个市级示范基地，各县要抓好2～3个县级示范基地，精心打造各自的特色品牌，做到“一县一品牌”。

四要用好网络利器。网络作为群主获取信息的重要渠道，已经飞入了“寻常百姓家”。我们要借助网络，积极推进统战工作从传统领域向新兴领域拓展，从现实世界向虚拟世界延伸，特别是要通过加强线上互动、线下沟通，积极做好新媒体中代表性人士的统战工作，在净化网络空间、弘扬主旋律方面发挥积极作用。要高度重视新媒体人才的培养，力争三年内，市、县两级分别重点培养20名和10名左右党外网络代表人士。

五是海外统战和侨务工作要围绕凝聚人心持续发力。今年8月，中央印发了《关于加强新时代海外统战工作的意见》，省委常委会将“深化海外统战工作和侨务工作”列入今年工作要点，楼书记还做出了重要批示。

一要把凝聚人心作为第一要务。重点做好“三个一批”，即：直接联系一批侨界重点人士、培训争取一批侨界中坚力量、物色团结一批华裔后起之秀。每年争取邀请1～2批青年杰出侨领代表来晋参观访问，物色培养海外各领域各阶层侨胞代表人士，发挥他们在侨界群众中的引领作用，引导侨胞坚定维护国家利益。

二要积极搭建平台载体。积极邀请海外代表人士来晋参加活动，进行联谊交流和实体考察，有针对性地开展招商引资招才引智工作。持续开展“晋商晋才回乡创业创新活动”，继续深化“海外晋人摸底调研”工作，培育扶持一批具有示范作用的华商创新创业领军企业、海归人士创新创业平台，促进港澳台侨特色的各类众创众筹众扶空间的发展。

三要巩固深化“金桥爱心工程”。“金桥爱心工程”是我市海外统战工作的一大品牌，累计接受香港华革会等海外爱国社团各类捐款达3400余万元，为我市贫困地区脱贫攻坚注入了新力量。要继续巩固与港澳台及海外爱国社团的联络和合作，不断拓宽海外联谊渠道，积极引导他们参与省市各类经贸招商、文化旅游活动，更好地凝聚侨心发挥侨力，服务我市转型发展。

四、提升本领，不断巩固统战工作基础

习近平总书记强调，新时代要有新气象，更要有新作为。作为统战干部，我们要更加认清当前统战工作面临的新任务新挑战，深化对统战工作新特点新规律的把握，提升工作本领，全力推动晋中统战工作走在全省前列。

一是要讲政治。毛泽东曾经说过，所谓政治，就是把拥护我们的人搞得多多的，把反对我们的人搞得少少的。统战干部只有把习近平总书记关于加强和改进统一战线工作重要思想作为航标灯塔，才能成为党和人民的忠诚战士、成为统战工作的行家里手、成为党外人士的真朋友、铁朋友。当前，最重要的政治任务就是学习宣传贯彻党的十九届五中全会精神，团结引导全市统战干部和统战成员，自觉把思想和行动统一到党中央决策部署上来，统一到全面开启建设社会主义现代化国家新征程上来。

二是要讲团结。统战工作的本质是大团结大联合，团结贯穿于凝聚共识之中。讲团结要体现在求同存异中，充分发扬民主，正确处理一致性和多样性的关系，在包容多样性中找到最大公约数、画出最大同心圆。讲团结要融入联谊交友中，带头与党外人士交朋友，了解大家的所思所想，让“物理变化”产生“化学反应”，把“统”的作

用充分发挥出来，进一步畅通有序政治参与和权益表达渠道，协助党和政府做好协调关系、增进团结、维护稳定的工作，共同营造良好的社会环境。

三是要讲联合。统战工作点多、面广、线长，必须左右协调，上下联动。要在党委坚强领导下，把党政、群团、社会组织等方方面面的力量调动起来，把党派、民族、宗教、归侨、工商界、党外知识分子等力量汇聚起来，形成合力攻坚的态势。要充分发挥统战领导小组和宗教领导小组的作用，提升工作“维度”，调动各方面积极性，由“部门视角”向“党委视角”转变，形成分工负责，齐抓共管的工作格局。

四是要讲创新。创新，是一个民族进步的灵魂，是一个国家兴旺发达的不竭源泉，也是中华民族最深沉的民族禀赋。10月29日，《中国共产党第十九届中央委员会第五次全体会议公报》中，“创新”在不同内容板块中被着重提及15次。对统战干部来说，创新是生命力、创新是主旋律。我们要善于用新观念谋划工作，用新视角分析工作，用新举措落实工作。要广泛探索新的工作方式，努力把统战工作做得更加入情入理、更加有亲和力、感染力，使统战工作常抓常新，永葆活力。

五是要讲斗争。统战工作本身就是“谁统谁、谁影响谁”的问题。这就需要我们不仅在“统”上做文章，也需要在“战”上下功夫。要在政治原则面前敢于斗争，敢于同错误思潮作斗争，敢于同违反原则的言行作斗争，对工作落实中的矛盾和问题，不遮不掩，敢于动真碰硬，勇于迎难而上。要在诱惑面前敢于斗争，我们经常与党外人士、宗教界人士、企业家代表人士打交道，面对诱惑时，必须抵制歪风邪气，进行理性思考，以“火眼金睛”辨别是非，不踩红线、不越雷池。

六是要守底线。当前外部环境异常复杂，国内社会群体利益诉求多元化，统一战线防风险、守底线的任务更加艰巨。我们要切实增强底线思维，回去以后认真梳理和排查各领域可能存在的风险隐患，列出清单，逐一整改，做到有备无患。越到年底、事情越多，越是容易出事。我们遇事要理性思考，用心辨别，确保不出事、不怕事、能抗事、能成事。

同志们，我们要以此次现场会的召开为契机，在年底前，来一次大比武、大比拼，看谁家的“粮食打得多”，谁家的“工作业绩优”，进一步强化交账意识，对照年初制定的“1143”工作任务，认真盘点各项工作，力争每个县、每个民主党派都有1～2项能在全市全省拿得出手的工作亮点，全市统战工作要进入全省第一方阵，每项工作都要“争一保三”，大家要用成绩说话，以实际行动推动晋中统战工作再上新台阶，为我市奋力开启“十四五”新篇章贡献统战力量！

［本文系晋中市委常委、秘书长、统战部部长鹿建平在晋中统一战线“汇聚新力量·助力新发展”基层统战工作（昔阳）现场推进会上的讲话］

在昔阳县工商联第九届会员代表大会上的讲话

杜建刚

（2016 年 12 月 14 日）

各位代表，同志们：

在全市上下深入贯彻落实市第四次党代会和四届“两会”精神，奋力推进脱贫攻坚，主动投身“全面挺进全省第一方阵”宏伟蓝图的关键时期，晋中市、县两级工商联换届全面铺开了，这是我市非公经济界人士政治生活中的一件大事。今天，昔阳县在这里隆重召开第九届工商联会员代表大会。借此机会，我代表市委统战部、市工商联，向大会的胜利召开表示热烈的祝贺！

过去的五年，昔阳县工商联第八届执行委员会在县委、县政府正确领导下，在省、市工商联的指导帮助下，坚定正确的政治方向，充分发挥统战性、经济性、民间性有机统一的综合优势，团结带领全体会员，解放思想，开拓进取，积极探索，大胆实践，为县域经济社会发展作出了积极贡献。

借此机会，我就如何做好新时期工商联工作讲三点意见：

一、统一思想，提高思想认识，深刻领会新时期工商联工作的重要意义

党中央、国务院颁布《关于加强和改进新形势下工商联工作的意见》以来，工商联工作受到了各级党委、政府前所未有的高度重视。工商联联系着广大非公有制企业和非公有制经济人士，在宣传贯彻党的理论和路线方针政策、引导非公有制经济健康发展方面发挥着积极作用。加强和改进工商联工作，是坚持和完善我国社会主义初级阶段基本经济制度的需要；是适应政府职能转变、完善社会主义市场经济体制的需要；是坚持对外开放基本国策、不断提高开放型经济水平的需要；是巩固发展壮大爱国统一战线、加强党在非公有制经济领域领导的需要。广泛团结非公有制经济人士，组织动员他们积极投身经济社会发展，是做好工商联工作的出发点和落脚点。

二、发挥职能，加强班子建设，推进工商联工作迈上新台阶

深入开展理想信念教育实践活动，引导非公经济人士坚定理想信念。充分发挥工商联参政议政职能，围绕社会关注的焦点、热点、难点建净言、献良策。积极引导非公有制经济人士践行社会主义核心价值体系，切实履行社会责任，自觉投身光彩事业以及各类公益慈善活动。自觉把服务发展作为“第一要务”，把广大非公有制经济人士团结起来、组织起来、凝聚起来，形成推动经济社会发展的强大合力。积极引导和动员非公经济组织，把构建和谐劳动关系作为重要内容，引导非公有制企业积极创造就业岗位，尊重和维护员工合法权益，实现职工、企业、社会多方共赢的多重效应。

要注重加强工商联班子建设，提升水平，注重理论学习，不断提高思想政治素质和驾驭工作的能力，努力把新一届执委会建成政治坚定、组织巩固、机制健全，熟悉经济工作，热心统战工作，有凝聚力、创造力、战斗力的领导集体。切实加强会员队伍建设，把政治上有影响、企业有规模、社会贡献大、诚实守信、热心公益事业的非公经济人士吸纳到工商联组织中来，努力建设一支数量足、素质高、覆盖广、能奉献的会员队伍，增强工商联整体实力。切实加强基层组织建设，引导非公有制经济人士支持所在企业建立党的组织。加大行业商会建设和指导力度，发挥行业商会组织的协调服务功能，促进同行业整体发展。

三、创新发展，凝聚各界力量，企业家要争当率先发展排头兵

企业家是社会财富的创造者，是稀缺的人才资源。当前全市上下正在积极投身“全面挺进全省第一方阵”生动实践，积极投身全面实现精准脱贫攻坚战役。企业家作为先富起来的一批人，有责任有义务在助推全市经济社会发展和脱贫攻坚上贡献自己的力量。在座的广大非公企业家要身先士卒、率先垂范，主动挑起历史赋予的神圣使命，在经济上率先发展，在民生上回报桑梓，在脱贫攻坚上不遗余力，充分展示企业家队伍的良好形象。

希望昔阳县工商联以此次换届为契机，换出新面貌、换出新成效、换出新业绩。最后，预祝大会取得圆满的成功！

谢谢大家！

（本文系中共晋中市委统战部常务副部长杜建刚在昔阳县工商联九届会员代表大会上的讲话）

在昔阳县工商联九届第二次执委会暨非公企业助力脱贫攻坚和乡村振兴行动推进会上的讲话

郭宇佳

（2018 年 11 月 1 日）

各位领导、同志们、企业家朋友们：

大家上午好，很高兴参加昔阳县工商联九届二次执委会暨非公企业助力脱贫攻坚和乡村振兴推进会，这是昔阳县委统战部、县工商联积极响应省市县号召，围绕大局，主动作为，引导广大非公企业投身脱贫攻坚和乡村振兴的生动实践。

刚才，昔阳县工商联主席黄祥苗同志做了工作报告，紧紧围绕贯彻落实市委统战部“促转型行动”的要求，从推进“两个健康”引领工程，打造“民企联三农、帮扶贫困村”品牌，开展“善行昔阳、爱心传递”公益活动，推进“昔商昔才”回乡创业工程，加强商会组织建设等五个方面详细总结了一年来的工作，并就下一步工作进行了安排部署。可以说，一年来昔阳县工商联在县委、县政府的领导下，在县委统战部的精心指导下，各项工作都围绕中心、服务大局，特色鲜明、成效明显，履职尽责、体现作为，展现了新时代工商联工作的新特点。梁晋平、宋以斌两位民营企业家，紧紧围绕助力脱贫攻坚和乡村振兴做了交流发言，他们主动投身脱贫攻坚主战场，主动服务乡村振兴的思路和做法，充分体现了一名优秀企业家的责任担当，值得大家认真学习。建明同志宣读了《倡议书》，号召广大非公经济人士助力脱贫攻坚和乡村振兴，充分发挥了工商联的职能作用。一会儿，怀仁部长、根元书记还要做讲话，借这个机会，我先和大家交流几点意见：

一、要站位全局，主动投身脱贫攻坚和乡村振兴

7 月 20 日，省委统战部召开了山西统一战线助力攻坚深度贫困“百千百”工程推进大会，省委常委、统战部部长徐广国出席会议并讲话，会议印发了《山西统一战线助力攻坚深度贫困“百千百”工程实施方案》（晋统字〔2018〕39 号）。“百千百”工程的第一个“百”是指 100 户民营企业结对帮扶 100 个深度贫困村，参与者主要为全省民营企业，主要任务是帮助贫困村发展产业，提升造血功能；“千”是指 1000 名民营企业家结对帮扶 1000 个深度贫困户，参与者为全省民营企业家，主要任务是帮助贫困户增强就业技能，提高收入，实现“两不愁、三保障”；第二个“百”是指 100 个党外代表人士帮扶组结对帮扶 100 名深度贫困户子女，参与者是统一战线各领域的党外代表人士，主要任务是帮助贫困户子女提升教育水平、强化培训、增加就业机会，提升家庭的持续脱贫致富能力。为了认真贯彻落实省委统战部安排部署，按照市委王建林部长的安排，紧密结合我市实际，我们决定在全市统一战线组织开展助力脱贫攻坚推进“双百”工程，并于7月24日在寿阳现场会上做了安排部署。第一个“百”，指继续在全市引深民营企业“百企帮百村”工程，按照市场导向、农企双赢的要求，推进全市一百家民营企业参与帮扶一百个贫困村加快脱贫进程，主要任务是帮助贫困村发展产业，提升造血功能。第二个“百”，指组织开展党外代表人士“百人帮百户”工程，引导全市党外代表人士，组建100个帮扶组，精准对接帮扶100个贫用户。活动开展以来，社会各界积极参与，特别是我们的民营企业家作为主力，发挥了重要作用。当前，市委、市政府提出了“决战转型综改主战场、争创乡村振兴示范市、建设能源革命先行区、打造创新创业新高地”的决策部署，我们要清醒地认识到，没有贫困地区的脱贫，没有广大乡村的振兴，就实现不了三百三十万晋中人民的全面小康。我们广大非公经济人士和非公企业相当一部分根植于农村，发迹于农村，壮大于农村，与农村、农业和广大农民群众有着难以割舍的紧密联系，是推动脱贫攻坚和乡村振兴一支不可或缺的重要力量。希望我们广大民营企业家提高政治站位，树立全局意识，主动担当作为，特别是要认真贯彻落实去年习总书记在我省深度贫困地区脱贫攻坚座谈会上的重要讲话精神，聚焦农村贫困地区，聚力乡村振兴战略，以产业扶贫为载体，发挥比较优势，将自身企业发展与产业扶贫、乡村振兴紧密结合起来，积极投身农村、投资农业，实现企业发展和农村致富的双赢，为助力全市脱贫攻坚和乡村振兴贡献力量。

二、要致富思源，积极参与光彩事业和社会公益事业

习近平总书记指出，光彩事业是引导非公经济人士健康成长的一面旗帜，是新时期统战为经济中心服务的新创举，是实现先富帮后富、最终达到共同富裕目标的桥梁，是我国社会主义物质文明和精神文明建设相结合的有效形式。习总书记在山西调研时将晋商精神总结为“诚实守信、开拓进取、和衷共济、务实经营、经世济民”20个字，为我们广大晋商指明了新的发展定位，也是对我们广大新晋商的期望。近年来，我们晋中广大民营企业家，积极参与光彩事业和社会公益事业，像在座的黄祥苗主席等民营企业家，为昔阳乃至全市的光彩事业都做出了突出贡献。在去年昔阳县工商联牵头组织全县非公企业开展“精准扶贫，你我同行”主题募捐活动上，40余家企业共筹集善款1600余万元，在社会上引起了强烈反响，也充分体现了“致富思源、富而思进，义利兼顾、以义为先，扶危济困、共同富裕”的光彩精神，可以说是我们新时代新晋商的榜样。我们昔阳工商联要继续扩大影响力和覆盖面，以“两个健康”引领工程为抓手，加强对非公经济人士的教育引导，引导广大非公有制经济人士，坚持感恩思进的价值追求，深刻认识企业发展、个人致富，源于党的改革开放政策，源于中国特色社会主义伟大实践。要牢牢把握先富帮后富、实现共同富裕的根本宗旨，既强调义利兼顾，更强调义在利先，引导非公有制经济人士把个人事业成功与社会进步、人民幸福紧密联系起来，使光彩事业始终沿着正确的方向前进。要以助力脱贫攻坚和乡村振兴为着力点，坚持以产业发展带动经济增长和群众致富，探索利益互联、风险共担、收益共享的产业扶贫新途径，推动富民产业遍地开花。要以提升群众素质为落脚点，坚持扶贫、扶智相结合，积极参与基础教育、推进职业教育，捐建光彩学校，资助培训项目。同时，要加大宣传力度，树立先进典型，对黄祥苗等这些在光彩事业中涌现出的先进代表，我们要积极挖掘，大力宣传，使参与光彩事业成为广大非公经济人士的自觉行动。

三、要发挥优势，全力推进“晋商晋才回乡创业”工程

习总书记强调“必须横下一条心，加快培育新兴产业，加快推动经济转型发展，实现产业结构全面升级、发展动力深度转换，真正走出一条产业优、质量高、效益好、可持续的发展新路。”去年9月1日，国务院印发了《关于支持山西省进一步深化改革促进资源型经济转型发展的意见》（国发〔2017〕42号），这是中共中央国务院罕见地为一个省单独下发文件，予以政策支持，可以说是给山西吃偏饭、开小灶，山西也必将迎来一个时期的政策机遇期，这无疑是难得的政策利好。今年，市委办公厅、市政府办公厅联合印发了《晋中市开展“六最”营商环境建设年活动实施方案的通知》，通过开展营商环境改善活动，我们晋中的发展环境将更加优越。从政策环境上讲，位于全省综改示范区的核心区，能够充分享受政策红利；从地理环境上，紧邻省城太原，地理位置得天独厚，空港、铁路、公路四通八达，区位优势非常明显；从营商环境上讲，全市“六最”营商环境建设年活动正在开展，晋中开放包容的环境无疑是一片投资创业的热土。我们工商联作为广大非公经济人士的“娘家”，作为政府联系非公企业的“桥梁”和“纽带”，更要发挥自身职能优势，为广大晋商晋才回乡创业创造条件、创优环境。昔阳县委统战部、县工商联在这方面做了不少探索性的工作，像报告中提到的昔阳籍北京企业家陈冰峰回三都乡投资4300万元兴办东合牧丰肉牛屠宰加工厂，既紧密结合脱贫攻坚和乡村振兴战略，又全力推进“昔商昔才”回乡创业工程，可谓是一举两得，这一做法值得在全市推广借鉴。同时，我们各级工商联（总商会）也要积极加强自身建设，提升政策解读能力、服务企业能力和统筹协调能力，要立足全局服务发展，多思考工商联能做什么，总商会能做什么，如何发挥商会作用，如何引领非公经济健康发展，如何引领非公经济人士健康成长，真正发挥好工商联（总商会）作为政府的参谋助手作用，积极将党委政府的声音传递给广大民营企业家，积极将各级优惠政策传达给广大民营企业家。要深入开展民企大走访活动，做到“四到四心”人到——当好联络员，让企业感到舒心；情到——当好宣传员，让企业感到顺心；心到——当好指导员，让企业感到暖心；责到——当好服务员，让企业感到安心。我们要多为广大民营企业做“雪中送炭”的好事，让他们感受到党委和政府温暖，提振广大非公经济人士大发展、快发展的信心和决心。同时，要大力发挥各级商会的作用，通过商会这个平台吸引在外经商的优秀人士回乡创业，凝聚发展合力，为助力我市转型跨越做出新的更大的贡献！

（本文系中共晋中市委统战部副部长、市工商联党组书记郭宇佳在昔阳县工商联九届二次执委会暨非公企业助力脱贫攻坚和乡村振兴行动推进会上的讲话）

在县委统一战线工作领导小组会议上的讲话

王根元

（2017 年 7 月 19 日）

同志们：

这次会议，是继去年县委统战工作领导小组成立之后召开的又一次重要会议。对县委来讲，用这样一种形式专题研究统战工作，很有意义。今天这次会议的主要任务就是进一步深入学习贯彻习近平总书记关于统战工作的条例重要讲话精神，全面落实市委对我县贯彻落实中央统战工作会议和《条例》精神专项督查的反馈意见，安排部署今后一段时期我县的统战工作。

县委历来高度重视统战工作，特别是近年来，县委十分注重发挥统一战线的积极作用，扎实推进统战各方面工作，全县统战部门围绕中心、服务大局，全面贯彻落实中央、省委、市委关于统战工作的一系列重大决策部署，有不少亮点和特色工作得到了上级统战部门的关注和肯定。县工商联去年荣获“全国县级五好工商联”称号，全县党外代表人士综合评价工作在全国叫响，统战基层基础建设得到了省市统战部门的充分肯定。特别是县委、县委统战部的工作在全市经常受到表扬，工作具有前瞻性、创新性，县委对全县的统战工作是满意的。为了更好地做好新时期统一战线工作，在这里，我想讲几点意见：

一、深入学习贯彻习近平总书记重要讲话精神，把思想和行动统一到中央、省委、市委决策部署上来

党的十八大以来，党中央把统一战线工作提到了新的战略高度，习近平总书记对统战工作提出了一系列重要思想和重大部署，这些新理念、新举措、新要求，内涵丰富、论述精辟，我们一定要深刻领会、准确把握、融会贯通。

*一是要深刻领会统一战线的法宝地位。*统一战线是我们党的三大法宝之一。党的十八大以来，党中央基于历史传统，着眼时代要求，深刻分析了统战工作面临的新形势，科学回答了新形势下需要什么样的统一战线、怎样巩固和发展统一战线等重大问题，为我们进一步做好统战工作明确了方向。特别是习近平总书记在中央统战工作会上重申了统一战线的法宝地位，指出人心向背、力量对比是决定党和人民事业成败的关键，是最大的政治。统一战线作为重要法宝，过去需要，现在需要，将来仍然需要。《中国共产党统一战线工作条例》明确提出做好统战工作的重要原则和方法，我们要充

分认识统一战线这一法宝在新时期的重要地位，准确理解和把握正确处理一致性和多样性关系的方针，切实把思想和行动统一到中央、省委、市委、县委的决策部署上来，努力推动全县统战工作再上新台阶。

二是要清醒认识当前我县统战工作面临的突出问题。这几年来，虽然我县统战工作取得了可喜的成绩，但随着经济社会的加速发展，社会阶层更加多样，利益诉求更加多元，文化归属差异明显，统战工作面临的形势更加复杂，任务更加繁重，与此同时我县统战工作也还存在着一些不容忽视的问题：有的地方和部门的领导干部存在着统战工作干不干无所谓的错误认识，干也出不了大成绩，不做也出不了大问题，对做好新形势下的统战工作思路不清，方法不多，信心不足；有的领导干部对做好统战工作担当精神不够，工作积极性不高、主动性不强，对统战工作不会做、不去做，与统战对象牵不上线、对不上话、做不进工作；还有的乡镇和单位满足于一般程序性工作，视野不宽、方法简单、载体缺乏。这些问题与新时期统战工作的任务和要求极不适应，对全县发展大局也是有害的，我们必须引起高度重视，认真加以研究解决。

三是要充分发挥统一战线在富民强县大局中的积极作用。我们重视统一战线、支持统战工作的目的，关键是要充分发挥其作用。当前，我县正处在改革、发展、稳定的关键时期，要完成肩负的重大使命，必须凝聚起各方力量共同为之奋斗，这就迫切需要我们继续发挥统一战线这个法宝的重要作用，把一切可以团结的力量团结起来，把一切可以调动的积极因素调动起来。也就是说，新的形势下，统一战线的地位不是变轻了，而是更重了；作用不是变小了，而是更大了。各乡镇和部门要进一步增强政治意识、大局意识、责任意识，切实在思想上把统战工作重视起来，在实践中把统一战线运用起来，真正把这个法宝用足用好，用出成效，为全县改革发展稳定提供支持和保障。

二、突出重点，补齐短板，全面提升统战工作水平

中央、省委、市委先后制定了做好新形势下统战工作的大政方针，出台了关于贯彻《条例》的实施意见，对做好当前和今后一个时期各领域统战工作提出了明确要求，这些都为我们做好新形势下统战工作指明了方向。县委也印发了《中共昔阳县委关于加强新形势下统一战线工作的实施意见》，希望大家抓好贯彻落实，确保中央、省委、市委、县委的重大决策部署落地生根。

第一，全面落实市委对我县统战工作专项督查的反馈意见。去年12月，市委专项督查组对我县贯彻落实《条例》精神进行了专项督查，并以市委统一战线工作领导小组名义向县委提出了反馈意见，我们要照单认领全面整改，建立“一个问题、一个整改方案、一抓到底”的工作机制，全面梳理问题清单，主动认领认账，明确整改责任，做到真对照、真反思、真整改、真落实，确保督查反馈意见全面整改落实到位。要注重标本兼治，坚持统筹兼顾，形成长效机制，向市委交一份满意的答卷。

第二，扎实履行好统战工作小组各成员单位的职责。作为县委统战工作领导小组成员单位，我们虽然分工不同，工作岗位职责不同，但我们统战工作的对象是一致的，每一个统战成员单位一定要增强统战意识，增强履职能力，加强与统战部门的沟通配合，各司其职，各负其责，共同做好工作。领导小组各成员单位要发挥自身职能优势，创造性地开展工作，多为全县统战工作出谋划策、献计出力。统战部门要及时给大家提供一些了解统战工作的信息、渠道和业务工作的情况，更好地发挥组织协调督促落实的作用。各级党委、县直各部门要切实担负起党管统战的主体责任，党委（党组）主要负责同志要履行好第一责任人的职责，为统战工作顺利开展创造条件。

第三，紧紧围绕全县发展大局发挥好统一战线优势。统战部门不同于经济部门，也不同于其他党务部门，具有人才荟萃、智力密集的独特优势，在服务全县改革发展稳定大局上理应冲锋在前。一要全面推进民营经济快速发展。民营经济已经成为我县经济的重要组成部分，其运行状况直接决定着全县整体经济发展的好坏。所以，促进非公经济健康发展和非公经济人士健康成长，既是重大的经济问题，也是重大政治问题。我们要大力营造民营经济健康发展的环境。重点在破除体制机制障碍，进一步简政放权，优化营商环境上下功夫。为非公企业家鼓劲打气，提整他们的发展信心，创造条件让非公经济人士安心经营、舒心工作、大胆创业。要促进民营经济人士健康成长。以守法诚信教育为重点，深入开展民营经济人士理想信念教育实践活动，引导他们致富思源、富而思进，切实履行好社会责任。鼓励他们回乡创业，回报社会。要建立新型健康的政商关系，这就要求我们各级党政干部不仅要敢于和善于同企业家交朋友，更要主动到企业解难题，办实事，真正做到有交集不能有交换，有交往不能有交易。二要积极动员全社会力量广泛参与脱贫攻坚行动。脱贫攻坚是统一战线服务全县大局的重要方面，现在正值我县脱贫攻坚的关键时期，我们要积极引导广大非公经济人士以时不我待的责任感，积极参与精准扶贫、精准脱贫工作，组织实施一批有影响、有实效的扶贫工程，把参与扶贫的政策红利与改革红利结合起来，把参与扶贫行动升华为助力企业发展的动力，帮助贫困乡村群众尽快脱贫，为全县脱贫攻坚贡献力量。三要积极为全县改革发展建言献策。要充分发挥自身优势，凝聚共识、凝聚智慧、凝聚力量，积极支持党外代表人士围绕县委提出的决策部署，围绕全县的重点工作精心选题、深入调研、建言献策，充分用好政党协商、政府协商、政协协商等平台，提升“季度座谈会”品牌，开通“社情民意直通车”，引导广大党外代表人士积极参政议政，主动建言献策，加强民主监督，始终与县委同心同向，步调一致，凝聚助推发展的强大合力。

第四，强化基层基础，不断提升统战工作水平。一要狠抓好统战基层基础建设。

今年是我县统一战线基层基础建设提升年，各乡镇、县直各单位要认真贯彻好活动的《实施意见》，紧紧围绕基层统战“五有四规范三提升”的要求，进一步强化组织领导、完善工作体系、创新体制机制，搭建活动平台，全面提升基层统战的科学化水平和基层统战干部的整体素质，真正让基层统战工作动起来、活起来、强起来。二要抓好民族宗教工作。随着近年来信教群众的快速增长，民族宗教工作任务日趋繁重，我们必须高度重视、抓紧抓好，尤其宗教工作方面我们要全面贯彻落实党的宗教工作基本方针，依法加强宗教事务管理，坚持在“导”字上下功夫，突出抓好佛道教教风建设，基督教乱设聚会点和遏制非法宗教活动，积极开展“和谐寺观教堂创建”活动，真正做到宗教工作有人管事、依法办事、绝不出事。三要加强党外代表人士队伍建设。我们要把党外代表人士队伍建设纳入全县人才和干部队伍建设总体规划，把党外干部培训纳入全县干部培训计划，不断扩大选人用人视野，拓展选人用人渠道，加强党外后备干部队伍建设。有重点地安排一批优秀的党外干部到基层任职，给他们交任务，压担子，帮助他们积累经验、增长才干，进一步推动我县党外干部工作制度化、规范化、程序化。

三、切实加强和改善党对统一战线的领导，进一步构建大统战的工作格局

习近平总书记强调，“统战工作是全党的工作，必须全党重视，大家共同来做”。各乡镇党委和县直各单位要站在政治和全局的高度，主动适应新形势新任务新要求，加强和改进对统战工作的领导，形成合力，狠抓落实，确保实效。

一要落实责任，把统战工作摆上重要位置。统战工作是各级党委工作的重要组成部分，要真正把这项工作纳入重要议事日程、纳入年度目标责任考核内容、纳入宣传工作计划和干部培训计划。各级党委（党组）书记要认真履行第一责任人职责，党政主要领导要高度重视、支持统战工作。特别是要针对当前我县统战工作存在的困难和问题，深入调查研究，认真加以解决，决不能推诿扯皮，敷衍应付。今后，要把做不做得好统战工作，做不做统战工作，会不会做统战工作，作为衡量领导干部特别是党政主要领导干部政治意识、民主意识和团结意识的重要标准，作为年度考核测评的重要内容。县委已经成立了统一战线工作领导小组，各乡镇也要成立相应机构，全面加强对我县统一战线工作的组织领导。

二要协同推进，加快构建大统战工作格局。要按照中央、省委、市委和县委的要求，加快建立“党委统一领导，统战部门牵头协调，有关方面各负其责的大统战格局”。各乡镇党委、统战对象较集中的县直部门要把统战工作提高到与其他党务工作同等的位置，同部署、同检查、同落实。县里已经制定了组织部与统战部联席会议制度，县委组织部与统战部要抓紧落实这一举措，切实加强部门之间的沟通协商和协作配合，为做好党外干部培养、使用、管理工作，提供组织保障。宣传、新闻部门要积极宣传党的统一战线理论和方针政策，不断扩大统一战线的社会影响，营造全社会支持参与统战工作的良好氛围。

三要夯实基础，进一步强化基层统战力量。要加强和重视县级统战部门建设，巩固县级统战部门合署办公成效，完善运行机制，保障运转通畅。各乡镇、系统党委要配备专兼职统战委员，各村和各单位要配备统战工作联络员，统战成员集中，统战工作任务重的单位，要设置或明确相关工作机构和人员负责统一战线工作。要加强基层民族宗教部门的力量，保证行政执法主体到位，要强化两级责任制和三级网络建设，确保有人管事、有人办事。同时，还要加强工商联基层组织建设，充分发挥基层所属商会作用。

四要狠抓队伍，不断提高统战干部履职能力。新形势下的统战工作对统战干部队伍建设提出了新要求。县里要加强统战部门领导班子建设，配强配全班子成员。要加强统战干部队伍建设，加大对统战干部的培养、交流、选拔、使用工作力度。县委统战部要积极履行主体责任，按照《条例》要求，发挥好参谋助手、组织协调、督促检查的作用。广大统战干部要严格遵守党的政治纪律和政治规矩，自觉践行“两学一做”要求，始终保持奋发有为的精神状态，履行好新时期做好统战工作的光荣使命。

统战工作在全县全局工作中地位重要、任务艰巨、责任重大。让我们紧密团结在以习近平同志为核心的党中央周围，在县委的坚强领导下，进一步解放思想，振奋精神，真抓实干，努力开创我县统一战线工作新局面，为实现“全市争上游、东山创一流”的宏伟目标作出新的更大贡献，以优异的成绩迎接党的十九大胜利召开！

（本文系昔阳县委书记王根元在县委统一战线工作领导小组会议上的讲话）

在全县支持民营企业发展座谈会上的讲话

许利伟

（2019 年 4 月 24 日）

各位企业家、同志们：

今天，我们召开这次座谈会，主要任务是进一步深入学习贯彻习近平总书记在民营企业座谈会上的重要讲话精神和省、市支持民营企业发展大会精神以及县委第十五届八次全会精神，就全力支持我县民营企业发展壮大，与各位企业家零距离、面对面地交流思想、凝聚共识、加速推进。

刚才，部分企业家代表在座谈中都由衷地谈到，习近平总书记在民营企业座谈会上的重要讲话抓住了民营经济发展的“心事”，讲到了民营企业家的“心坎儿上”，非常“暖心”，感到“安心”，增强了“信心”“决心”，激发了“壮心”“雄心”。大家都有一个共同的感受，就是“民营经济迎来了又一个大发展的机遇，迎来了又一个大发展的春天”。各位企业家代表结合各自的实际分别做了很好的发言，讲了很多实在话、心里话，提了许多好建议、好办法，我听了之后很受触动和启发，从大家身上能够充分感受到我们昔阳各位企业家的思想境界、创业精神和责任担当。对大家提出的意见和建议，县直各部门要认真研究，充分吸收，拿出举措，抓好落实。刚才，各位县领导和部门主要负责同志的发言，站位高、方向准、措施实，但重点还是要抓实、抓到位、抓出成效。下面，我讲三点意见。

一、准确把握形势，进一步增强民营经济发展的责任感和紧迫感

民营经济是县域经济发展的重要力量，民营企业是转型发展的生力军，全面开创昔阳高质量发展的新局面，必须全面释放民营经济发展活力，全力推动民营经济大发展、快发展。

首先，思想认识要提高。当前，从中央到省市，支持民营经济发展的声音越来越强烈，重视民营经济发展的氛围越来越浓厚。2018 年 11 月 1 日，习近平总书记亲自主持召开民营企业座谈会并发表了重要讲话，高度评价改革开放 40 年来民营经济的重大贡献，充分肯定民营经济的重要地位和作用，重申了“两个毫不动摇”的一贯方针，再次强调了“三个没有变”，为民营经济发展敲下了“定音锤”，给民营企业家吃下了“定心丸”，传递了比黄金更珍贵的信心，也为我们支持发展民营经济提供了根本遵循。11 月 26 日，省委、省政府召开了支持民营企业发展千人大会，骆惠宁书记提出了“五个

再和五个进一步”的要求，为我们支持民营经济发展、服务民营经济壮大指明了方向和路径。12 月 26 日，市委、市政府又召开了支持民营企业发展大会，王成书记就贯彻落实中央和全省有关决策部署，推动全市民营经济发展壮大，提出了五方面要求，进一步阐释了全方位服务企业、做大做强做优民营经济的思路和举措。正月初九，在全县三级干部大会上，我和侯县长的两个报告都用大量的篇幅提出了我县抓好民营经济的具体方法，可以说从中央到省市、到县里，都充分释放了坚定不移发展民营经济的强烈信号，各级各部门、各个企业和社会各界都要切实增强责任感和紧迫感，扛起自身责任，坚决贯彻中央、省市有关决策部署，准确把握民营经济发展的时代背景和重大意义，站在全县高质量发展的高度，以更有力的行动，更务实的举措，推动我县民营经济不断发展壮大。

其次，发展机遇要抢抓。习近平总书记在民营企业座谈会上的重要讲话，正本清源、解疑释惑、振聋发聩，提出了民营经济只能壮大、不能弱化，不仅不能“离场”，而且要走向更加广阔的舞台，并提出了大力支持民营企业发展壮大 6 个方面的政策举措；省委、省政府出台了 30 条“真金白银”的硬举措，为全省民营经济发展按下了“快进键”；市委、市政府提出了实施百强千企万户工程，针对性地开出了 25 条“良方妙药”；县里也在年前召开了县委第十五届八次全会，从营造发展环境、优化资源配置、破解融资难题、推动企业创新、规范企业管理、构建新型政商环境、健全保障激励机制等八个方面，以县委全委会的决定，出台了支持全县民营经济发展的 20 条意见。在全县三级干部大会上，我们又做了重点强调和全面部署。在推动高质量发展的关键时刻，从中央到地方先后对发展民营经济发出了冲刺“动员令”，拿出了政策“干实货”，为民营经济快速发展提供了强劲动力。可以说，当前民营经济发展空间巨大，拥有的商机无限，除了省市县提出的这些政策红利、政策机遇外，还有一系列特殊的发展机遇：我们加快实施乡村振兴战略，土地、产业、人才资源重新配置，基础设施、新兴产业等领域需求强烈，为民企抢占市场提供了无限可能；我们加快转型发展，坚持改革创新，扩大对外开放，为民企发展提供更大的市场空间和更多的发展机会；我们破题经济开发区建设，完善基础设施，集聚资源要素，提升承载能力，推进产城融合，为民企发展拓展了空间，构筑了平台；我们纵深推进扫黑除恶专项斗争，筑牢意识形态阵地，强化市场主体，创优“六最”营商环境，为民企放心发展、安全发展、便捷发展提供了根本保证。希望民营企业和各位民营企业家要抢抓发展机遇，搭上发展快车，抓紧发展壮大，在新时代谱写昔阳民营经济发展的新篇章。

第三，信心决心要坚定。习近平总书记明确指出：“我国经济发展能够创造中国奇迹，民营经济功不可没”。对于我们昔阳来讲，民营经济同样地位不容置疑，作用不可替代，始终是全县经济增长的重要引擎，创业就业的主要渠道，财政税收的重要来源和社会责任的重要依托。2018 年全县民营经济贡献了全县 44% 的工业增加值、65% 的税收、70% 的固定资产投资、90% 的就业、95% 的企业数量。可以这样讲，没有民营经济的快速发展，就没有我们昔阳今天的经济发展水平，就没有全县人民的幸福感。我们坚信，只有民营经济强，昔阳经济才能强；只有民营经济活，昔阳经济才能活。我们一定要以习近平总书记在民营企业座谈会和视察山西重要讲话精神为指导，紧紧抓住民营经济发展的窗口期和机遇期，不断增强责任感和紧迫感，让民营经济在昔阳高质量发展中打头阵、做贡献。

二、竭尽全力支持，进一步提升民营企业的获得感和幸福感

应该看到，当前我县民营经济仍面临着许多困难和问题，除了刚才大家讲的，我看主要还有以下几个方面：一是总量不大龙头少。截至目前，全县注册的民营企业总数为 1663 家，仅占全市总量的 3.7%；全省百强民营企业我县仅有丰汇公司 1 家，排在 84 位，规模以上民营企业现有 14 家，仅占总数的 1%。二是结构不优后劲弱。受“一煤独大”产业结构的影响，我县民营经济结构也失重失衡，规上涉煤民营企业占到了 71%，而且还都处于产业链低端，吸引眼球的项目不多，新产业新业态才刚刚起步，科技型民营企业全省有 2500 多家，我县仅有碧洲生物科技一家。三是体制滞后人才缺。全县民营企业规范改制率不高，多数产权不清、家族管理、机制落后。特别是企业家队伍建设严重滞后，多数企业还是 60 后挂帅，能力素质有待提高，存在“青黄不接”的现象。四是环境不优办事难。融资难、融资贵仍是最大制约，土地供应、环保容量等要素保障制约明显，门好进、脸好看、事难办的懒政怠政问题在一些部门、一些工作人员身上依然存在。当然，还有一些其他困难和问题，在不同产业、不同企业也不尽相同。对这些困难和问题，省里的三十条、市里的二十五条、县里的二十条政策都制定了针对性的措施和具体的解决办法，现在最关键的是这些政策要让我们民营企业有感知、能落地、见实效。具体如何落实，我想重点抓好以下几点：

一要突出改革创新。创新能力不足仍然是民营企业面临的最大短板。我们各级各部门包括我们所有的民营企业都要借这次全省开展的“改革创新、奋发有为”大讨论活动的东风，紧紧围绕“六个破除”“六个着力”“六个坚持”要求，立足于思想解放、体制机制、结构转型、市场营销、环境创优、人才支撑等方方面面，全面起底、重新审视，开展一次全方位的大讨论，真正来一场学习的革命、思想的革命、工作的革命，来一次理念的大提升、本领的大提升、作风的大提升，力争形成一批看得见、摸得着、见成效的创新成果。县直部门要围绕入企服务、审批管理、政策支持，破除陈规陋习、创新工作思路、完善服务流程，精准对接民营企业需求，加大政策创新力度，为民营企业发展提供强大的后盾和强有力的保障；民营企业要聚焦主业，聚焦高质量发展，聚焦人才支撑，破除坐等靠的思想，打破一切旧框框、旧模式，走出去对接市场，引进来增强活力，只有舍得放下，才能赢得未来。要发扬自力更生、艰苦奋斗的大寨精神，树立“创新是第一动力”的理念，厚植创新沃土，活跃创新氛围，支持创新实践，敢于二次创业，勇于凤凰涅槃，实现浴火重生，推动家族企业向现代企业转变，传统产业向新型产业转变，通过管理创新、技术创新，生产模式和盈利模式的重构，打造“百年老店”和“常青企业”。

二要抓好政策落地。政策的生命力在于执行。近期中央、省市县密集出台了一大批针对性强、操作性强的政策措施，含金量很高，但我们大部分民营企业知晓度不高、落地率不高。所以，我们各级领导干部和广大民营企业家要共同努力、下足功夫、认真研究，切实让这些“真金白银”的政策落地开花。亲商、安商、富商，政策服务支持是第一位的。政策及时精准投放是我们政府义不容辞的责任。好政策要落地见效，首先是要提高政策的知晓度。加大政策的宣传解读，采取上门讲、请来教的办法，把政策直接传递到企业，让广大民营企业家喻户晓、人人皆知。其次要提高政策的执行力。我们各级各部门要在抓政策落地上聚焦聚神聚力，把各级党委、政府对民营企业的关心支持落实落细落深，敢于打破“卷帘门”“玻璃门”“旋转门”的阻隔，带头扛起政策落实责任，我们要把对民营企业政策的落实情况纳入部门和单位的年度目标责任制考核范畴，倒逼责任落实、政策落地。同时，我们还要讲究政策执行的方式，强化责任担当，强化分类指导，精准施策，下好绣花功夫，避免政策落实的简单化、机械化、一刀切。

三要提供要素保障。土地、融资、人才是我们民营企业普遍反映的三大难题。破解的出路，一方面要靠政府创新和支持，另一方面也要靠我们民营企业的挖潜，把企业的内生动力、市场的资源配置能力和政府的外部推动力结合起来，尽我们最大的努力，想方设法帮助大家解决。关于土地问题，去年我们争取到了1700多亩的用地指标，今年在指标争取上，只能多不能少，只要是列入县里重点项目的，我们都要千方百计保证，切实“把好钢用在刀刃上”。同时，我们还要运用市场手段，启动民营企业创业园和标准化厂房建设，为企业提供“拎包入住”的条件。关于资金问题，省市县都下足了本钱、拿出了“真金白银”。企业应急还贷资金省里拿出了50亿，市里3个亿，县里拿出了5000万；政府风险补偿金省里拿出了25亿，市里1000万，县里1000万元。同时，我们县里还设立了1000万元的民营企业发展专项资金，只要我们运作好完全可以有效化解民营企业资金紧张的困难。同时，我们还要积极鼓励和推动金融机构扩大对民营企业的信贷投放。现在我县民营企业在各银行的贷款仅有9亿元，与140亿元的全县银行存款极不成比例。我们要制定和出台一些鼓励政策，不定期召开政银企对接会，加大信贷投入，缓解民营企业融资难的问题。另外，我们民营企业也要挖掘自身潜力，以改革创新的方式盘活自身资源，变资源为资本。现在我们不少民营企业土地和房产手续不完善，所以不能在银行抵押贷款，如果我们有关部门和企业联合起来，解决好这些遗留问题，就可以大大缓解民营企业融资难的矛盾。关于人才问题，我们要落实好市里的3000万元人才发展专项资金，3000万元的科技专项资金，加强职业中学实训基地的建设，缓解民营企业用人难的问题。县财政还要专门设立民营企业家的培训经费，设立每年不少于50万元的营销专项资金，全力帮助民营企业破解发展中的各类难题，在市场竞争中打造一支有开拓精神、前瞻眼光、国际视野的企业家队伍。

四是贴心服务民企。我们要重点建立五项制度。一要建立各级领导干部联系民营企业制度。结合大讨论“干部入企进村”活动，县委、县政府决定在全县实行县级领导联系民营企业制度，“两办”已经发文，有的县级领导已经和企业进行了对接。联系领导不光要做好政策宣传落实工作，解决企业存在的问题，还要为企业出谋划策、牵线搭桥、招商引资。二要建立帮扶民营企业双向选择机制。从今年开始，我们要鼓励民营企业主动与县里退下来的老干部、离岗在职的机关干部相对接。这次机构改革分流的干部，甚至包括一些自愿为企业服务的在职干部，通过双向选择的办法，到民营企业开展帮扶工作，充分发挥他们在对外联系、企业党建和招商引资中的独特作用，建立起政企沟通的桥梁，为民营企业打造一支不走的服务队。三是建立县委政府与民营企业定期沟通协商机制。今后，县委、县政府每半年至少要组织召开一次像今天这样的民营企业代表人士座谈会，面对面地听取民营企业对县委、县政府工作和优化营商环境等方面的意见建议，了解企业发展中迫切需要协调解决的困难和问题。要充实和调整县民营经济发展工作领导组，领导组办公室要全面汇总相关意见和建议，及时跟踪反馈，做到事事有着落，件件有回音。四是建立民营企业诉求受理的政商直通车机制。建立服务民营企业的网络平台、企业投诉受理平台，重点受理民营企业的网上投诉、建议、咨询和维权，协商处置各类企业纠纷，健全完善帮扶民营企业发展联动机制，及时帮助民营企业解决实际困难。五是建立民营企业发展环境综合评价考核机制。每年都要组织全县的民营企业以无记名投票的方式，对县直相关部门和服务窗口单位进行民主评议，评议结果要作为部门和单位年度工作考核的重要内容，通报全县。我们就是要让民营企业感到面对困难，不是一个人在战斗，每个企业背后县委、县政府都在为你们撑腰做主，当后盾，做保障。

五要大力优化环境。一个地方的竞争，核心是营商环境的竞争。我们要把优化营商环境作为促进民营经济发展的重要抓手，最大限度地为民营经济发展松绑、鼓劲、助力、铺路。在全县范围内真正形成一个坚定不移支持、鼓励、引导民营经济大发展的良好氛围，要突出抓好四个重点。一要依法保护民营企业家人身和财产安全，让民营企业家安心创业。有恒产才有恒心。我们要旗帜鲜明地保护民营企业家的合法权益，严厉打击各种侵害民营企业的违法犯罪行为，对民营企业曾经有过的一些不规范行为，我们要以发展的眼光看问题，让企业家放下包袱、轻装前行。**二要全力优化营商环境，让民营企业家便捷创业。**要深化“放管服效”改革，精简审批事项，缩短审批时限，大力推行“一窗通办”服务，让企业“只进一扇门”“最多跑一次”。同时，还要坚决制止对民营企业不必要的检查督查和考核，让民营企业“宁静”生产经营。**三要构建新型政商关系，让民营企业家规范创业。**县纪委监委要牵头列出政商交往的“正面清单”和“负面清单”，划出“安全区”，鼓励各级干部大胆服务企业、与企业家正常交往。要建立容错纠错机制，旗帜鲜明地为敢为者撑腰，为担当者担当。**四要营造良好的社会氛围，让民营企业家激情创业。**要把“民营企业和民营企业家是自己人”的重大观点和要求，变成全社会的共识和行动。县里要设立民营企业家功勋奖，大张旗鼓地表彰民营企业家先进典型，大力宣传报道优秀企业家的先进事迹，真正让民营企业家在社会上有地位，政治上有荣誉，经济上有实惠，事业上有成就，给足大家面子，给足大家信心，让大家切身感受到社会的信任和尊重，县委、县政府的厚爱和关怀。

三、永葆创业激情，进一步提高民营企业家的使命感和自豪感

习近平总书记在民营企业座谈会上强调，民营企业和民营企业家都是我们自己人。今天在座的各位民营企业家，不仅是我们自己人，更是昔阳的主人。我们要始终坚持昔阳的事大家想、大家说、大家干，让广大民营企业家在新时代昔阳高质量发展中激情创业，再造辉煌。

*一要听党话跟党走。*党政军民学，东南西北中，党是领导一切的。民营企业之所以能走到今天，之所以能逐步发展壮大，不外乎两个原因，一靠党的领导、党的政策，二靠艰苦创业、抢抓机遇。今天在座的各位民营企业家都是昔阳的成功人士，都曾历经风霜雪雨才有了今天的成就，非常艰辛，非常不容易。但最根本的我们还是要感恩这个伟大的时代，感恩党的好政策，希望大家要把习总书记在民营企业座谈会上的重要讲话精神学习好、贯彻好、落实好，饮水思源，懂得感恩，听党话，跟党走，把企业党建摆在更加突出的位置，发挥党组织在企业中的政治引领作用和先锋模范作用，用党建工作的“魂”统领企业发展，让党建工作的“根”培育先进企业文化，促进企业健康成长。要切实增强“四个意识”，坚定“四个自信”，做到“两个维护”，自觉在思想上、政治上、行动上同以习近平同志为核心的党中央保持一致，发扬自力更生、艰苦奋斗的精神，心无旁骛创新创造、踏踏实实办好企业。绝不辜负县委、县政府对我们的信任和支持，绝不辜负昔阳父老乡亲对我们的期盼和厚爱。

*二要勇创新当先锋。*当前，昔阳迎来了历史上最好的发展时期，县委、县政府响亮提出了“全市争上游、东山创一流”的奋斗目标，民营企业家作为社会财富的最大创造者，推动经济发展的最大贡献者，理应在新时代争上游、创一流、再出发的新征程上当好开路先锋。希望大家要充分发挥自身优势，不断解放思想，聚焦高质量发展，

聚焦转型发展，专心专注做主业，用心用力搞创新，弘扬企业家精神，弘扬“工匠精神”，专注品质追求卓越，在昔阳改革发展的火热实践中，努力把企业做大做强。我们每一个煤炭企业都要力争在一两年时间内，争取投资上马一两个亿元以上的转型项目，真正走出一条高质量发展的路子。

三要走正道讲诚信。构建亲清新型政商关系，对于党政干部而言，要清上加亲，把企业家当成自家人，把企业的事当成自家事，花更多时间和精力关心民营企业发展，做到有交往但没有交换，有交流但没有交易，促进民营经济健康发展和民营企业家健康成长。对于企业家而言，要亲上加清，既要积极主动同各级党委政府沟通交流，讲真话，说实情，谏诤言，也要洁身自好，坚守正道、艰苦奋斗、敢闯敢干，光明正大搞经营，遵纪守法办企业，自觉抵制“潜规则”，坚决摒弃拉关系、找靠山、搞勾兑的歪门邪道，始终像爱护眼睛一样爱惜声誉，让守法诚信成为自己和企业最好的名片；要坚决守住安全生产、环保和金融安全底线，在依法依规中提高企业的竞争力。

四要有情怀敢担当。我们昔阳的民营企业家历来就有弘扬光彩精神、积极回报社会的优良传统，热心公益事业，自觉履行社会责任，为政府分忧，为百姓服务，在捐资助学、脱贫攻坚、抗洪救灾等各个战场上，都留下了我们民营企业家的光辉形象，受到社会各界的广泛赞誉，展现了新时代民营企业家的新风尚。希望大家要继续秉承义利兼顾、以义为先的理念，做到致富思源，富而思进，勇于担当、自觉奉献，不仅要承担环保、安全、节能降耗、保障职工权益各个社会责任，而且也要积极投身光彩事业、扶贫攻坚、公益慈善等各项活动，多做好事，多做善事，激扬社会正能量，展现新时代民营企业家的格局和担当。

同志们，民营经济发展空间巨大，民营企业前景一片光明。让我们紧密团结在以习近平同志为核心的党中央周围，坚决贯彻落实中央和省、市支持民营企业发展的决策部署，解放思想、改革创新，以更大的决心、更优的政策、更实的举措，推动民营经济繁荣发展，为全面开创昔阳高质量发展新局面贡献力量，以优异成绩迎接中华人民共和国成立70周年！

谢谢大家！

（本文系昔阳县委书记许利伟在全县支持民营企业发展座谈会上的讲话）

昔阳县支持民营企业发展座谈会讲话

侯文亮

（2019 年 4 月 24 日）

尊敬的各位企业家、同志们：

大家下午好。今天昔阳的企业家和县委、县政府及有关部门负责同志，其乐融融地在一起共话民营经济发展大计，我心里非常激动，也倍感亲切，中国经济应该如此，丰汇煤业的黄总来自浙江，浙江是中国民营经济的发祥地；我来自介休，介休是山西民营经济的发祥地，这样的场景在 90 年代、在 2011 年之前是习以为常的，正因如此，推动着民营经济不断由小做大、由弱到强、由厂变为公司、由公司变为集团、由集团变为上市公司。但是，一定时期内，省内、市内的一批民营企业巨头纷纷走入困境，走到破产边缘。去年，习总书记发表民营企业座谈会重要讲话以来，我认为这标志着民营经济发展第二春的到来。在县委许书记的倡导下，谋划已久的民营经济座谈会终于召开了，这次会议是一个转折点，也是昔阳民营经济逐步走向腾飞的起点。刚才，我听了各位民营企业家发自肺腑的发言，有感恩、有感谢，也有对政府的意见和建议，这一切都很亲切，好的方面我们要继续努力，不好的方面我们要真心改正，我们要建立一个彻彻底底、全心全意为人民服务的政府。一会许书记还要作重要讲话，在这里，我谈四点建议。

一、在顺应大势和抢抓机遇中做强做大民营经济。一要把握好民营经济新一轮发展的机遇。这个机遇的标志就是习总书记在民营企业座谈会上发表的重要讲话，我们能看得见、听得懂、摸得着的就是昔阳丰汇煤业和平遥煤化集团以民营企业的身份分别争得了榆社—武乡区块和武乡东区块两宗煤层气探矿权，这在之前是很难的、不可想象的，这也是山西践行习总书记重要讲话最真最实的行动，意味着我们以后的发展会在公平的轨道、公正的跑道上进行，这个机遇难得。**二要把握好谋求高质量发展的机遇。**高质量发展是转型升级，是新一轮的竞争，也是新一轮的优胜劣汰，更是民营企业家极为难得的发展机遇，我们一定要把握好。**三要把握好东部产业梯次转移的机遇。**这个机遇势不可挡，昔阳有诸多优势，而区位优势是最明显的，我们最有理由、最有条件在第一时间优先承接到京津冀、长三角甚至珠三角的产业。

二、在不断放大和发挥昔阳优势中做强做大民营经济。昔阳的优势很多。**一是国有企业多的优势。**放眼晋中，没有一个县比昔阳的国有企业多，中煤、阳煤不仅是中国500强企业，也是世界500强企业，但这个优势还没有完全发挥出来。民营企业和国有企业没有那么多的明显界限，两者可以携手发展、联合发展，可以消除壁垒、强强联合，这个优势是一般地方的民营企业发展所不具备的优势，昔阳有这样的优势。**二是外来企业多的优势。**今天参加座谈会的有闽商、浙商，还有跨区域、跨市际的企业家，有来自阳泉的赵总、北京的老总、山东的朋友，昔阳真的是块风水宝地，聚集了这么多的优秀外来企业家，他们身上有我们很期盼、很想培植的优势，如：浙商的精明、闽商的抱团、北京企业的高科技、山东企业的大气诚信、阳泉赵总的虔诚等，其他县份没有这么多的外来企业。这些企业现在还处在各自发展的状态，如何把各自的优势释放出来，嫁接优势、扩大优势、释放优势，让优势发挥出最大的效应？政府搭台企业唱戏的招商引资是其中一种途径，以商招商的招商引资途径更有说服力，我们利用闽商、浙商和江苏、山东的客商辐射全国各地，会引来更多的金凤凰，这个优势已经有了，需要我们进一步把优势发挥出来。**三是本土企业实的优势。**以厚基伟业宋以斌、鑫阳顺邢丑锁、德盛达齐培英为代表的本地企业家，经过几十年的打拼走到今天，做出了业绩、奉献了社会、赢得了名声。当前，承接民营企业第二春的优势正在谋划，昔阳的民营企业都很实，下一步要在实的基础上进一步开阔思维、开启思路、解放思想，进一步做强做大。**四是区域位置好的优势。**昔阳县位于晋东冀西，离雄安新区、北京、天津都很近，既可以融入京津冀，也可以作为晋中的一个重要城市来发展，这个优势我们已有认识，需要进一步发挥。**五是发展氛围浓的优势。这是我们最好的优势。**县委、县政府、县人大、县政协四套班子在许书记的带领下，一心一意谋发展，全力推动企业、城市、民生等各项事业发展。4月18日，我们举行了“双十”项目集中开工仪式，昨天上午，许书记安排我要一个项目一个项目地抓推进，做到问题限时办结、限时解决。昨天下午、今天上午和今天下午，县政府都在解决十大民生工程和十大转型项目中遇到的困难和问题。目前，每个问题、难题都有了答案。在许书记的带领之下，我们要埋头苦干、潜心问事，致力推进发展。**六是发展潜力大的优势。**昔阳是晋中的明星城市，阳泉的赵总、江苏的钱总都给我们提了很好的建议：昔阳应突破现在的局限，不仅要满足服务昔阳人民的需要，而且要增强辐射带动能力；城市不仅是民生工程，而且是一个经济综合体，要把这个优势发挥出来。这些建议都很好，需要我们付出努力，一步一步实施。昔阳的煤炭优势、煤化工优势、新能源优势正在逐步显现，这些优势是我们引进商人、引进企业、引进人才的资本和平台。**七是人脉资源广的优势。**昔阳在外人多，关注关心昔阳的人更多，有浓厚昔阳情结的人数不胜数，现在这个势头已经显现，一些企业家外出创业成功后，携着资金、带着人才回归故里、创业创新、谋求发展，东合丰牧就是很好的例子，以后这会成为一种潮流。

三、在不断创新和优化营商环境中做强做大民营经济。一要提升服务能力。刚才，各位企业家对政府的牢骚、意见，实际上反映了我们服务不到位、服务效率不高、服务质量不强的问题。我认为，在昔阳这个发展氛围非常好的地区，不想为、不愿为的现象是极少数的，人员是极个别的，更多的是顺应新时代新经济的发展要求需要我们提升本领、提升能力、提升研究政策的水平、提升破难解难的招数，所以请企业家们放心，在一个一个的专题会上，广大同志们是真心实意想给企业办事的，可是苦于破解不了制约的因素，又担心被问责，所以在破难招数上比较吃力，这些问题归根结底还是研究政策不多、不透，借此告诫大家，一定要潜心学习，潜心研究政策，更重要的是要学会借鉴先进。关于敢不敢担当这个问题，昔阳的同志都愿意担当，但是担当不等于蛮干，不能明知红线还要硬踩红线，我们要从左从右、从上从下、从前从后找出路。作为政府，所有同志都应该学习，持续提升我们的服务本领，昔阳的民营经济做强做大了、企业家认同了，我们的服务也就好了。*二要突破要素制约*。土地、资金、人才、项目都是要素。现在昔阳有钱的人不少，却不知道干什么，这需要政府和部门顺势引导、支持、帮助。*三要落实扶持政策*。从中央到省、市、县，关于民营经济的政策很多，目前真正落实到位的，让企业家感到有利、有效的措施和政策还不多，这是我们今后努力的方向。

四、在构筑新型亲清政商关系中做强做大民营经济。一定时期内，企业家和政府官员有了距离，走不到一块，山东省纪委出台了一个文件，就是对正面清单、负面清单做出了明确规定，包括政府官员可以出席企业的年会、可以参加企业的座谈会、可以和企业家结伴外出考察、可以在工作期间因为工作吃工作餐等等，除此之外的都不能做，我们也应该这么做，政府官员要堂堂正正走进企业、干干净净接触企业、实实在在服务企业。同样，企业家要做到政治过硬，要认真践行习近平新时代中国特色社会主义思想，始终做政治上的明白人；要做到诚信守法，晋中是晋商故里，晋商的500年辉煌，靠的就是诚信，现在的浙商、闽商的辉煌靠的也是诚信；要做到奉献社会，体现社会价值；要做到追求卓越，不断努力，做强做大。

总之，企业家和政府工作人员要构建风清气正、交往友好、和谐高效的氛围，为了昔阳的明天，为了昔阳的发展共同努力、共同奉献、共同奋斗。

谢谢大家！

（本文系昔阳县委副书记、县长侯文亮在全县支持民营企业发展座谈会上的讲话）

进一步解放思想放手调动各方面积极因素
努力开创我县统战工作新局面（摘要）

白万来

（1984 年 1 月）

同志们：

统一战线的基本方针，就是要调动一切积极因素，团结一切可以团结的力量，并且尽量化消极因素为积极因素，为贯彻和实现党的总路线和总任务而奋斗。现在，统一战线就是要为贯彻和实现党在新时期的总路线和总任务服务，也就是说，要把我们的思想统一到一个目标〔翻两番〕，两个文明〔建设社会主义物质文明和精神文明〕，三大任务〔四化建设、统一祖国、反对霸权主义〕，开创新局面上来。

1983 年，在县委的正确领导下，我县的统战工作有了新的开展，并取得了较好成绩。1984 年，根据统战工作的基本方针和根本任务，我们的指导思想是：围绕县委的工作中心，进一步解放思想，放手调动各方面的积极因素，加强思想政治工作，继续为开创我县统战工作新局面、促进四化建设和祖国统一事业做出新的成绩。

一、继续抓紧落实各项统战政策

中央领导同志指示：1984 年要继续狠抓政策的检查落实，要尽最大的努力争取在 1984 年内使各项政策的落实真正得到基本解决。1985 年进行扫尾和总结。从 1986 年起落实政策转为经常工作。

从现在开始至 5 月底，要集中一段时间，对落实统战政策进行一次自查。通过自查，把遗漏的问题和留有尾巴的问题得到处理，迎接地区后半年的互相检查，善始善终完成落实政策的任务。

要按照中央 1983 年 30 号文件和中央组织部、宣传部、统战部 1983 年 12 月 20 日的通知精神，积极参加对落实知识分子政策的检查，看一看进各级领导班子的知识分子干部，是否有职、有权、有责，应当怎样发挥他们的作用；看一看对知识分子的使用是否合理，是否做到了专业对口，用其所长；看一看对各类专业科技人员在政治学习和业务进修方面做了哪些工作，存在什么问题；看一看各部门提出的从政治上、工作上、生活上、学习上解决影响知识分子发挥作用的问题，哪些尚未解决，是何原因；看一看在发展知识分子入党方面做了哪些工作？已经具备党员条件的知识分子的入党问题有无久拖不决的情况？准备怎么解决？看一看对上级交办的有关落实知识分子政策的批件，是否及时处理和上报？有无推拖敷衍和顶着不办的现象。通过检查，澄清情况，研究办法，解决问题。

在下半年要协同县政协，对现任政协委员的落实政策情况进行调查了解，逐人登记，摸清底子，掌握情况，吃透问题，采取措施，逐一落实。

二、要认真解决政协委员和党外人士的“知情”问题

贯彻胡耀邦同志对党外人士要知情、出力的指示，一个重要方面在于让党外人士能够及时阅读有关文件，听到有关传达。为此：

1. 根据中央统战部和省委统战部对有关担任领导职务的党外人士阅读、传达文件的规定，我们要会同县委办公室，按照我县的实际情况，作出具体规定，解决及时阅读、传达有关文件的问题。

2. 要协商通气，对于党和国家及本县的大事，要请县委主要负责人出面传达、组织座谈、征求意见、协调行动。

3. 根据工作需要，列席县人大、县政府的重要会议，听取政府及政府各部门的工作汇报。

4. 组织县政协委员到工厂、农村视察参观。

通过上述途径，解决政协委员、党外人士的“知情”问题。

三、要积极解决政协委员和党外人士的“出力”问题

党的十一届三中全会以来，由于县委落实了各项统战政策，大大调动了党外各界人士的积极性，在各条战线上做出了显著成绩。为了落实胡耀邦同志关于“知情、出力、落实政策”的三项指示，我们要做好政协委员和党外人士的思想政治工作。动员他们在各自的工作岗位上为党的事业辛勤工作；要发挥政协委员和党外人士的专长，为社会服务；要发挥年事已高的政协委员和党外人士的余热，为振兴中华、致富昔阳做出新贡献。要同县政协一起，组织政协委员中的专家内行，对群众要求办的事业，如科学技术、文化教育、医药卫生等，有重点地提供咨询和服务活动。在动员和组织政协委员和党外人士为四化建设出力时，要克服“左”的影响，解决影响他们有力不能出的问题，真正做到一视同仁，支持他们大胆工作。

四、加强统战理论政策的宣传工作

就统战理论政策的宣传方面来说，我们曾做了一些工作，但很不够。所以一些干部群众对于新时期统一战线工作的重要性和必要性还缺乏应有的认识；对于统战工作的性质、任务、对象及方针政策不甚了解；对人民政协的性质、地位、任务、职能还很不明确。因此，在今年要采取各种形式，利用一切宣传工具，大力宣传统一战线的理论、方针和政策，如到县委党校讲统战课，给县有线广播站撰写有关统战工作方面的广播稿件，召开有关干部座谈会，学习有关统战工作的重要文件；趁有关会议进行统战工作的宣传等。为开创统战工作新局面大造舆论。

五、加强统战干部的学习

按照上级规定，我县统战部的干部已经配齐，县政协也已成立，正在调配干部。不论是已在岗位的干部，还是正在调配的干部，就统战工作来说，基本上都是“新兵”，很不适应新时期的统战工作。因此，除积极参加省、地委统战部举办的统战干部培训班外，要加强统战干部的在职学习。从5月份开始，每个星期五要组织县政协和统战部的机关干部学习半天。学习邓小平同志、胡耀邦同志以及中央其他领导同志有关统战工作的论述，学习中央、省、地委统战部门的文件和学习材料，以提高统战干部的思想认识和业务水平。要组织统战干部深入调查，研究新情况，解决新问题。要继续克服“左”的残余，也要防止和克服右的思想。加强同有关部门协作，加强同党外人士的联系和合作，全面贯彻落实党的十一届三中全会以来党对统一战线工作的方针、政策，努力开展统战工作的新局面。

（本文系昔阳县政协副主席、统战部部长白万来在全县统战工作会议上的讲话摘要）

为“统一祖国、振兴中华”而奋斗

王富来

（1987 年 5 月 15 日）

同志们：

我受县委委托，向大会作统战工作报告。报告共分三个部分。

一、我县统战工作回顾

党的十一届三中全会以来，党中央确定了新时期统一战线工作的方针政策，我县统战工作在县委和上级统战部门的领导下，扎扎实实开展工作，特别是 1982 年成立了县委统战部，1984 年成立了县政协以后，大大加强了专职统战干部队伍，使我县统战工作有了突破性进展，全县统一战线得到了进一步巩固和扩大，实现了从“以阶级斗争为纲”到为社会主义现代化建设服务的历史性转变。各界人士在党的领导下，心情舒畅，比以往任何时候都更积极地为党和人民的事业贡献聪明才智，统一战线为建设昔阳做的贡献越来越被人们所认识。回顾我县近几年来的统战工作，可以说做了五件事：

1. *在全县开展了统战理论、政策的宣传教育*。由于受“左”的错误影响，不少人对新时期统一战线的对象、性质、任务缺乏正确的认识，认为统战工作“可有可无”。针对这种错误认识，在县委领导下，组织各方面力量，采取多层次、多渠道、多形式的方法，在全县范围内开展了新时期统战理论、政策的宣传教育。宣传的特点是三个结合：其一，重点与一般结合。除普遍对广大党员干部进行统战理论、政策教育外，重点放在了统战对象比较多的单位和部门。其二是上下结合，包括宣传教育对象的上下结合，宣传渠道的上下结合。我们宣传教育的对象上至县五大班子成员，下至一般党员、群众；宣传渠道上有县委、政协正式文件，下有基层宣传演讲。其三，经常性的宣传与抓住机会进行阶段性宣传相结合。就拿去年说，我们抓住有利机会掀起了三次宣传教育高潮。第一次是去年 7 月，晋中地区统战工作展览在我县巡回展出期间；第二次是去年 12 月，我县“各界人士为四化服务交流会”前后；第三次是今年 1 月份，全国召开统战工作会议前后。通过广泛、深入的宣传教育，使不少干部、群众明确了对党的统战理论、方针、政策的认识，改变了对统战工作的偏见。

2. *落实了党的各项统战政策*。我县落实统战政策工作动手早，进展快，取得了很大成绩。几年来，基本完成了对原划右派分子和原国民党起义投诚人员错误处理的复查改正工作。共改正原划右派 54 人（100%），改判后撤判的 12 人，重新安排工作的 29 人，办理退休 1 人，死亡抚恤 12 人，对家庭困难的 25 人分别进行了救济，共救济 4000 元。全县共认定起义投诚人员 95 人，因历史问题受各种错误处理的 27 人，经复查全部予以纠正。恢复公职 10 人，恢复党籍 8 人，撤判 8 人，摘帽 5 人，抚恤 3 人，并对 6 人予以生活救济，共计 1200 多元。同时，还给起义投诚人员颁发了证明书，召集他们开了座谈会，进一步宣传了我党的政策，鼓励他们为四化建设发挥余热。

在落实以上人员政策的同时，还落实了原工商业者政策和台属政策。台属王会荣单身一人，生活困难很多。我们就根据本人情况，安排他到县委传达室工作，又帮助他找对象，安排了住房，使他和他的在台亲属很感激人民政府的关怀。

几年来，我们认真地落实了非党知识分子政策，有 100 多人加入了中国共产党，有 950 人定了技术职称，还有 93 人被提拔到了领导岗位。在培养、重用非党知识分子的同时，还注意解决了他们生活中的实际困难，其中转户的有 210 人，解决住房困难的 325 人，解决两地生活的 85 人。

各项统战政策的落实，提高了党和政府的信誉，促进了安定团结，调动了统战对象报效祖国的积极性。

3. **县政协的成立，推动了统一战线工作的开展**。1984 年 3 月成立了政协昔阳县委员会。三年来，县政协围绕党和政府的中心工作，深入实际，调查研究，组织全体委员和各界人士开展了为四化服务的各种活动，积极参与国家大事和我县主要决策的讨论和贯彻实施，提出了各种建设性的意见和建议，充分发挥了“政治协商、民主监督”的职能作用，为推进我县各项决策民主化、科学化做出了贡献。

4. **积极落实党外人士“知情、出力”问题**。根据中央领导的有关指示，我们经常深入有政协委员和知识分子集中的单位，了解政协委员和知识分子的工作情况，深入到乡镇和各系统对统战人物调查了解，发现问题，解决问题。当发现一些单位不能把党的方针、政策及时传达给政协委员和党外人士时，就马上向县委、乡镇党委和各单位党支部建议，按规定让政协委员和非党同志参加有关会议，阅读有关文件。通过认真解决党外各界人士的“知情、出力”问题，调动了各界人士为四化建设、振兴昔阳经济献计献策的热情。

5. **不断加强统战干部的自身建设**。提高统战干部的政治和业务素质。我县是老解放区，三中全会前没有统战部和政协组织，加之长期受“左”的影响，人们对党的统战工作普遍缺乏应有的认识。县委统战部、县政协成立后，在配备干部时，有的干部不愿搞统战工作，认为统战部门“一没权、二没钱”，又怕担风险。针对这些错误认识，我们定期组织统战干部认真学习三中全会以来中央对统战工作的一系列重要文件和中央领导同志的讲话。通过学习，提高了统战干部的工作自觉性。另外，我们还采取派出去学习和组织参观的做法，进一步提高了统战干部的政治素质和业务水平。

总之，近几年来，我县统战工作贯彻执行了党在新时期的统战工作方针、政策，取得了一些成绩，但按照上级的要求还做得很不够，不适应新时期党的统战工作开展的错误思想、糊涂认识，仍在各部门、各单位的某些党员、干部的思想中存在，轻视统战工作的思想仍然在一些党组织中存在。所有这些都极大地阻碍了我县统战工作的开展。通过这次会议要引起各级党组织的注意，克服旧观念，使我们的统战工作跟上形势的发展。

二、新时期统战工作的必要性和长期性

中国共产党领导下的统一战线从第一次国共合作算起，已有60余年历史了。党领导下的统一战线在民主革命时期，为推翻三座大山对中国人民的压迫起了非常重要的作用。所以，毛主席在总结我党能够取得新民主主义革命胜利的经验时，把党的建设、统一战线、武装斗争归结为中国革命的三大法宝，三者缺一不可。从我党领导新民主主义革命的历史可以看出，凡是统一战线工作做得好的时期，革命形势就顺利发展，反之，革命就会受到挫折。

同样，在建国时期和社会主义改造时期，各民主党派和各界党外人士同我党精诚合作，帮助党制定各项方针政策，对我国社会主义改造的顺利完成和社会主义建设都起到了积极推动作用。

党的十一届三中全会以后，我国进入了以实现四个现代化为中心的新的历史时期，统一战线也进入了一个新的发展阶段，统战工作的根本任务已经不是为阶级斗争服务，而是调动一切积极因素，为“统一祖国、振兴中华”服务，统战工作仍然是新的历史时期我党的一大法宝。对于新的历史时期统一战线的地位，中央已作了肯定。中央领导同志指出：在新的历史时期，在今后很长很长的历史时期内，统一战线将仍然是必要的、重要的，仍然具有很大的生命力，仍然是我们党的一大法宝。

在实际生活中，我们有些同志眼睛只盯着共产党员，视野太窄，圈子太小，而不懂得党的事业要靠党领导下的人民来完成。在我国，目前有四千万党员，对于全国十亿人来说仅占百分之四，是少数的。我县23万人，1万多名党员，也仅占百分之五。大家想想，如果只靠百分之几的共产党员孤军奋战，丢掉百分之九十六的人民群众、党外人士，那么我们的事业也就成了一句空话，实现四化也只能是一种美好的愿望。只有全体党员以自己的模范行动，团结带领广大党外人士去奋斗，党的目标才能实现。

当前，在党的改革开放政策指导下，祖国大陆正处在深刻的历史变革时期。改革在不断深入地发展，对外开放的步伐在稳定地、坚定不移地向前迈进。根据“一国两制”的科学构想，我国已经解决了历史遗留的香港、澳门地区问题，极大地鼓舞了一切赞成祖国统一的人们，台湾人民盼望统一的愿望更加强烈，“台湾当局”也开始现实地考虑他们的出路，这就是统一战线面临的新形势。

在新形势下，统一战线形成了新格局：第一，在民族大团结、大统一的爱国主义旗帜下，新时期统一战线的爱国主义性质更加鲜明。凡赞成祖国统一的人，无论属于哪个阶级、政党、集团，无论其政治主张、思想信仰如何，都是爱国统一战线争取的对象。第二，统一战线的范围继续扩大，新的统战对象日益增多。一个是由大陆全体劳动者、爱国者组成的，以社会主义为政治基础的联盟；另一个是广泛团结几千万台湾、港澳同胞、海外侨胞，以拥护祖国统一为基础的联盟。这两个范围的联盟构成了统一战线的整体。第三，立足大陆，面向台湾、面向港澳、面向海外，把“一国两制”方针的实施作为重点工作之一，争取国共两党第三次合作。这将是新时期统一战线格局的重大变化，需要进行长期、艰苦、细致的工作。我县虽处内地，但和台湾有关系的也还是有的，如果积极鼓励发展这种关系，就将会对实现“一国两制”起到不可估量的作用。这就是统一战线在促进“一国两制”实现中的特殊作用。

我们知道，新时期统战对象有三个特点：①他们比较有知识，有文化、科技水平高、管理经验丰富，可以说是一个智力库。他们中的许多人直接从事文化教育事业，是精神产品的生产者。②他们有比较广泛的社会联系。③有爱国心和为统一祖国，振兴中华的强烈愿望。正因为有以上特点，决定了他们的作用不能为我们所替代。实现四个现代化，科技现代化是关键，因此，真正地发挥好他们的智力优势，将对两个文明的建设和促进四化进程，产生巨大作用。

健全社会主义民主和法制，是我们党的一项重大任务。在国家政治生活中，广泛地实行民主、开展监督，是统一战线的又一用武之地，同时还可以利用他们的影响，进行宣传和普及法制知识，做遵纪守法的模范，为我国长治久安做贡献。

上述道理说明，在新的历史时期统战工作是重要的、不可忽视的。一个单位如果统战工作做好了，其他各项工作都可以搞好，这也是实践所证明了的。因为统战工作就是共产党去统一各界人士的意志，为我们的目标奋斗，一个领导者如果不知道这一点，那就是一个政治庸人，那里的工作也必然搞不好。统战工作不仅重要，而且是长期的。现在祖国还未统一,四化还没有实现，我们需要统一战线。将来祖国统一了，四化实现了，统一战线仍然需要，因为祖国和平统一以后，在我国将长期存在两种社会制度完全不同的地区长期和平共处、和平竞赛。四化实现后，我们还要进行更加宏伟的建设。总之，统一战线不但过去需要，现在需要，将来也需要。更进一步说，什么时候有无产阶级的先锋队——共产党，什么时候就不可避免地还要有党领导的统一战线。

三、团结起来，开创我县统战工作新局面

我们无论做什么工作，首先要明确对象、任务。毫无例外，开展统战工作必须先明确统战对象和统战工作任务。

对于统战工作的对象和范围，许多同志没有一个完整的概念，认为只有原来的国民党军官、右派才是统战对象，由此产生了“统战对象老的老了，死的死了，越来越少了”的看法，是不学习的表现。中央明确指出：新时期统战对象有十种：一是民主党派；二是无党派知名人士，主要是爱国人士；三是非党知识分子干部；四是起义投诚的原国民党军政人员；五是原工商业者；六是少数民族的上层人物；七是爱国的宗教领袖人物；八是去台人员留在大陆的家属和亲友；九是港澳朋友；十是归国侨胞和海外侨胞。另外，还包括个体工商业者。所以，如果我们做一番简单对比就可以看出，在我们周围统战对象不是少了，而是多了，有老一辈，也有新一辈，代表面也更广泛了。

在新时期，统一战线的任务是什么？概括起来叫一个目标、两个范围、三个服务。目标就是“统一祖国，振兴中华”。两个范围：一个是以大陆全体劳动者、爱国者组成的，以社会主义为政治基础的联盟；一个是几千万台湾、港澳同胞、海外侨胞，以拥护祖国统一为基础的联盟。三个服务是：为推进“一国两制”的实施，实现祖国和平统一服务；为改革开放，建设社会主义物质文明和精神文明服务；为进一步完善社会主义民主和法制服务。我们开展统战工作就是要搞好三个服务。

明确了开展统战工作的对象和任务之后，根据省委统战工作会议精神，结合我县实际，对今后统战工作提几点意见：

1. **更新观念，提高党委对统战工作的重视。**党委重视是做好统战工作的前提。我们必须发扬全党抓统战，党委管统战的优良传统。过去，我们某些领导同志把统战工作看作是包袱、负担，总是得推就推，得甩就甩，能躲就躲，还美其名曰“集中精力”搞四化，实际上正相反，丢掉了四化建设的同盟军。现在应该吸取教训，给予统战工作充分的重视。县直和各乡镇党委都要把统战工作列入议事日程，每年认真研究、讨论几次。在部署和检查全局工作时必须同时部署和检查统战工作。今后，党委书记都要亲自抓统战工作，各系统各单位负责同志要带头做统战工作，主动地和党外人士交朋友，亲自出面召开本系统、本单位的政协委员、各界人士座谈会、谈心会、献计献策会等，倾听他们的意见建议，虚心接受他们的监督和批评，并切实从政治上、事业上、生活上关心他们。政府部门各党组也要指定专人主管统战工作。

2. **继续加强统战理论、政策的宣传教育。**根据县委意见，在宣传教育中，除了继续使用过去有效的方式、方法外，还要采取几条新措施：一是各级党组织要把学习党的统战理论、政策当作党员学习的重要内容；二是各级党的领导同志要首先带头学习宣讲统战理论政策；三是县委党校和各乡镇党校要增设统战理论课程，每年至少举办一次统战干部培训班，二至三次统战专题报告会，要把统战理论、政策列为培训干部的必修课；四是广播站要举办统战工作方面的专题节目，增加对政协委员和党外人士的典型报道和专访。在进行统战理论、政策的宣传教育的同时，还要重视开展对统战理论的研究工作。

3. 建立统战工作新网络，促进统战工作向基层、向海外延伸。开创我县统战工作新局面，就要适应新形势，开拓新领域，建立新网络，形成新格局。

（1）建立乡镇统战工作网络：全县各乡镇要在党委书记亲自抓的基础上，责成一名副书记或宣传委员分管统战工作，在可能的情况下，配备统战委员。县直单位各支部要有一名副书记或支委管统战工作。统战对象集中的系统、单位，如教育局、卫生局及下属昔阳中学、昔阳职业中学、县医院、县中医院，要逐步配备专职统战干部。

（2）组建乡镇政协工作组。去年，我们在东冶头、皋落两镇搞了乡镇政协工作组试点，效果很好。今年要计划在八个乡镇和县直四个单位推广。第一步，组建政协工作组；第二步，把政治协商逐步延伸到基层。

（3）开展对台湾、港澳、海外统战工作。我县地处大陆内地，由于多种原因，对台、港、澳、海外统战工作一直没有较好地开展起来，这是我县统战工作的弱点。这次会议结束后，要进一步摸清全县与台、港、澳地区和海外有联系的人员底子，包括台属、侨属、在台港澳人员，海外侨胞的亲戚、朋友，在做好这部分人的基础上，尽快制定出对台湾、港澳、海外统战工作的全面计划，并付诸实施，使我县统一战线为和平统一祖国做出更大贡献。

4. 善始善终地完成落实各项统战政策和知识分子政策的任务。根据中央要求，要在党的十三大召开以前，完成落实政策的任务。从我县情况看，落实政策任务已基本完成。随着中办发 6 号和省委 29 号文件的下达，在落实政策方面有了新的任务，需要我们继续克服厌烦和畏难情绪，做到善始善终，不得遗漏，争取提前完成统战政策的落实任务。

5. 千方百计调动统战对象的积极性，为“统一祖国、振兴中华”服务。知识分子同工人、农民一样，是社会主义劳动者，是我们建设社会主义的依靠力量。在知识分子问题上，非党知识分子同党员知识分子一样，都是国家的宝贵财富，要在政治上信任他们，工作上支持他们，生活上关心他们，为他们创造各种条件，使他们无后顾之忧，在各自岗位上作出更大贡献。对于一些流言蜚语，党组织和领导同志要明确立场，敢于为他们说话。对于社会主义两个文明建设中，在我县各项事业中做出贡献的非党知识分子和其他各界人士，要给予表彰、奖励。要把符合干部“四化”标准的党外同志及时提拔到领导岗位上来。

我们要善于利用统一战线的一切优势，组织开展各种活动，各地方、单位可以从以下八方面开展活动：一是协商大事，搞好监督；二是专题调查，献计献策；三是兴办教育，培养人才；四是开展咨询，服务四化；五是联系“三胞”，促进统一；六是协助党委，落实政策；七是调查研究，参观视察；八是征集文史资料，参加文明建设。组织统战对象活动，要特别注意不能搞花架子，不能为了应付差事而活动，要切实落在实处，做出成效来。

人民政协是爱国统一战线组织，是中国共产党领导下，各民主党派、各界人士通力合作，进行政治协商，实行互相监督，发扬社会主义民主，联系各方面人民群众的一个重要组织。我们要在全县大力宣传新时期人民政协的重要作用和地位，提高广大干部、群众支持人民政协工作的自觉性，要充分发挥人民政协“政治协商、民主监督”的职能，凡是有政协委员的地方、单位，在作出重大决策、决定之前，同政协委员协商，听取他们的意见、建议，做到协商在前，决策在后。要继续发挥人民政协“综合人才库”的作用，支持和帮助政协各工作组开展活动，协助政府部门搞好各项改革，为发展我县经济、文化事业献计献策。要注意发挥政协委员在对台湾、港澳、海外统战工作中的作用，为推进“一国两制”的实施，实现祖国和平统一服务。

同志们，新时期统一战线的任务是艰巨的，也是光荣的。让我们在各级党组织的领导下，齐心协力，团结奋斗，组织最广泛的统一战线，为“统一祖国、振兴中华”做贡献。

（本文系昔阳县政协副主席、统战部部长王富来在全县统战工作会议上的工作报告）

认真贯彻落实党的统战政策
推动新时期统战工作迈向新台阶

李怀文

（2002 年 1 月）

2001 年是新世纪的开局之年，统战工作如何再上新的台阶？我们紧紧扣住中央统战工作会议主题，认真学习江泽民总书记“三个代表”重要思想，深入贯彻落实党的新时期的各项统战方针、政策，在新的一年里，使全县各个领域的统战工作蓬勃开展。具体讲，主要做了以下十个方面的工作。

一、深入贯彻落实全国、全省统战工作会议精神

结合我县统战工作的实际，我们组织全县统战系统的干部认真学习了江泽民总书记在全国统战工作会议上的重要讲话和《中共中央关于加强统一战线工作会议上的决定》，充分利用各种会议和县委党校、昔阳有线电视等新闻媒体，开展声势浩大的宣传活动。同时强化统战宣传工作，积极参与“全国统一战线知识竞赛活动”全县共完成统战知识试卷答题 1000 余份，及时向省、市统战部门反映我县贯彻落实全国、全省统战会议的情况，取得了上级部门对我们工作的支持，使我县的统战工作向纵深方向发展。与此同时，我们还组织大家认真学习江泽民总书记“七一”重要讲话，大家深有体会地说,《讲话》通篇围绕一条主线——“三个代表”重要思想，贯穿于一个精髓——解放思想，实事求是的思想路线，体现出一个使命——实现党的历史使命和中华民族的伟大复兴，经过学习，大家决心致力于本职工作，配合县委新班子，开创工作新局面。

二、进一步明确了党在新时期统一战线的理论与政策，党在新时期的理论观点和政策，集中表现在四个方面

1. *在统一战线的地位和作用方面有两点*。（1）“四个离不开”。实现社会主义现代化离不开统一战线；发展社会主义民主政治离不开统一战线；建设有中国特色社会主义离不开统一战线；实现祖国统一离不开统一战线。（2）“三个绝不能”。统一战线作为党的一个重要法宝绝不能丢掉；作为党的一个政治优势绝不能削弱；作为党的一项长期方针绝不能动摇。

2. *在统一战线基本理论方面有五点*。（1）大团结、大联合是统一战线永恒的主题。（2）统一战线的根本是争取人心，凝聚力量。（3）历史条件下，我国社会的一致性和多样性是统一战线存在和发展的客观基础。（4）统一战线的工作对象扩大为 12 个方面，即：各民主党派成员、无党派人士、党外知识分子、少数民族人士、宗教界人士、非公有制经济人士、香港同胞、澳门同胞、台湾同胞、去台湾人员留在大陆的亲属和回大陆定居的台胞，出国和归国留学人员、海外侨胞和归侨侨眷、原工商业者、起义投诚的原国民党军政人员。（5）统一战线的根本任务是“四个服务”：即为建设有中国特色社会主义的经济、政治、文化服务，为维护世界和平与促进共同发展服务。

3. *在同党外人士合作共事方面有两点。*（1）规定担任人大、政协领导职务的党外人士与担任同级职务的党内干部享受同级待遇。（2）对现在各级人大、政府、政协和司法机关中安排党外干部做出了明确规定。

4. *在加强党对统一战线工作的领导方面有四点。*（1）明确了省及省以下党委统战部部长，由于工作需要，又有条件的要由同级党委常委担任。（2）规定建立健全由党委统战部负责的协调统战机制。（3）统战部作为党委主管统一战线工作的职能部门，负责协调、监督和检查本地统战工作。（4）强调加强基层统战工作是整个统战工作的重要基础，要切实加强。乡镇党委要配备统战委员。对知识分子实行“培养人才，用好人才，吸引人才”的政策；对非公有制经济人士实行“团结、帮助、引导、教育”的方针。

三、进一步理顺了民主促进会的工作

昔阳民主促进会建会多年，现有会员 11 人，由中级知识分子为主组成。它是昔阳参政议政的唯一党派，是统一战线的一个方面。在晋中市未设立之前，他们直接受省委领导，在晋中市设立之后，他们派代表参加了晋中市民主促进会召开的第一届第一次会议。在会员中有 2 名会员成为县政协委员，1 名被选为政协常委。“民进”在撤地建市后，在领导与组织上更加规范。近期县委统战部正在帮助民进积极筹备建立党的领导班子。同时把他们发展会员的比例控制在 5% 以内。会员中的多数受到单位领导和同志们的好评，特别是昔阳中学的高三教师王新如，带高三数学，为昔阳中学的高考数连冠立下了汗马功劳，县中医院外科医师赵怀瑞是人民医院放射科主任，史董平也在医学方面做出了显著成绩。

四、大力度地狠抓了非党干部的任职和培养工作

昔阳现有非党干部 80 名，其中现已任职的 13 名，县处级干部 4 名，科级干部 9 名。他们是县政府副县长王怀荣，人大副主任王秀英，政协副主席毛新民、潘占喜，政协办公室侯巧茹，大寨进出口公司副经理毛新民，司法局副局长吴文林，广电中心副局长李玉彬，三都乡科技副乡长李康燕，皋落镇科技副镇长焦晓峰，西寨乡副乡长李海燕，昔阳文联副主席梁拉成，正在培养拟任副科级干部的有 4 人，他们是人民法院书记员梁素平，县人民检察院检察员李维政，县农广中心植保站站长耿计良，县农技中心干部眭素蝉。

五、进一步狠抓了工商联工作

在县委统战部的领导和帮助下，县工商联的工作更加规范和活跃，商会的职能进一步体现，知名度更加扩大，信誉度更加提高。工商联会长非党干部王怀荣在统战政策的规定下，经个人努力，组织关怀担任了县政府副县长。工商联所联系的非公有制经济代表人士已有17名进入政协委员，其中有2人被选为政协常委。2000年12月工商联会员周银柱被推荐为山西省光彩事业促进会理事。李吉祥被推荐为晋中市人大代表，齐培英被推荐为省人大代表。这些代表人士在参政议政开展光彩事业解决下岗职工就业方面做出了很大贡献。据不完全统计，全县较大的民营企业60余户，安排下岗职工和就业人员1000多人。开展光彩事业解决人畜吃水，捐资助学，修桥补路，通电照明，支援灾区共20多万元。县工商联同团县委、技术质量监督局共同创建青年文明号单位，2001年已有6户民营企业挂上了“青年文明号”牌匾。在全省开展的万户民营企业的问卷调查中获省里的表彰。

六、进一步规范了对口联系制度

在对口联系制度上，县四大班子领导联系50名不同界别的无党派人士。他们对领导的重大决策积极建言献策。近三年来县委统战部向检察院、监察局、审计局、教委分别派出16名检察员、监察员、审计员和教育督导员进入特聘人员领域，这些人员构成，全由无党派人士和非党干部组成，他们在这些职能单位参与重大问题的协商，监督重大的问题解决。

七、进一步狠抓了知识分子工作

昔阳有知识分子5000多名，党外知识分子3000多名，在这些党外知识分子中，高级职称的占10%，中级职称的占70%，初级职称的占20%。这些知识分子的分布大多在文教卫生和农牧系统。特别是昔阳中学、职业中学、县人民医院、县中医院和农牧系统为知识分子较多的单位。他们在60%的非党政协委员中又占35%的比例，他们在各自联系的单位代表群众呼声建言献策。在政协的组织下参政议政，对我县的“十五”战略规划提出了较多宝贵意见。如政协常委周银柱的提案“松溪河”的环保治理，受到县委和政府的高度重视，并付诸实施逐步治理。

八、进一步加强了民族宗教工作的依法管理

江泽民总书记说：“民族宗教无小事。”昔阳有蒙古族、回族、壮族、满族、侗族、土家族、畲族8个少数民族，总共55人，分布在10个乡镇，其中乐平镇有6个少数民族计31人，少数民族工作在昔阳不是重点，但在落实民族政策上，我们从来没有忽视，历届政协委员中都有少数民族代表。原政协副主席米西龙就是回族界别。现在的政协委员赵玉珍就是以蒙古族界别推荐到政协的。1992年以来，昔阳相继成立了“昔阳佛教协会”“昔阳基督教协会”和“昔阳县基督教三自”爱国运动委员会，1999年成立了“昔阳县民族宗教事务办公室”。县委统战部、县政府宗教办公室全面贯彻党的宗教政策，保障公民宗教信仰自由，依法管理宗教事务，积极引导宗教与社会主义社会相适应，宗教活动更加规范，在原有“石马寺”洪水“池塘寺”孔氏“卧佛寺”东固壁“普宁寺”的基础上，近年来，在严格审查的前提下，并上报县政府批准，赵壁乡斜峪沟“居士林”，东丰稔“金刚禅寺”为佛事活动点。佛事活动点共计 6 处，去年与今年，由政协委员释宏运投资 3 万元，文化局投资 1 万元，省民族宗教局投资 5 万元，社会力量投资 3 万元，共计 12 万元，对石马寺进行一定范围的维修。省级重点文物保护单位初露曙光。据不完全统计：全县有佛教居士 5000 多人，注册基督教信徒 500 多人，信基督教的信徒 3000 余人，全县 12 个乡镇除孔氏、西寨、沾尚外，其余 9 个乡镇都有居士和信教群众。为了加强对宗教工作的领导，全县 12 个乡镇党委都配备了党委成员分管民族宗教工作。

九、进一步加强对非公有制经济工作的领导

在今年的全国统战工作会议上，把非公有制经济人士正式纳入统战范围。他们是新时期统一战线的重要工作对象。我县现有注册登记的个体工商户 3420 户，私营企业 60 户，在非公有制经济代表人士中，有省人大代表、市人大代表、县政协委员 17 人，他们在致富昔阳的进程中，在光彩事业中，在安排下岗职工就业中，生力军的作用逐步显露出来。在“七一”前夕，我县召开了“昔阳县非公有制经济代表人士纪念中国共产党成立 80 周年座谈会”，县委、县政府的主要领导参加了会议。经过座谈，对民营企业的认识，在思想上扫清了障碍，树立起“你发展我支持、你经营我收税、你盈利我高兴、你亏损我同情”的观念。我们对他们实行“团结、帮助、引导、教育”的方针，鼓励他们致富思源，富而思进，并在非公有制经济中建立党团和工会组织。

十、进一步抓紧了港、澳、台和海外统战工作

据调查：我县有台胞 16 人，台属 8 户，住美国和澳大利亚华侨 13 人，出国留学人员 6 人，前年台湾教师赴大陆旅游团一行 70 人到大寨参观，给我们留下了很好的印象。旅美华侨王素珠在家乡赵壁乡东寨村投资 10 万元修了一座小学。当地群众无不称赞。我们要利用大寨名牌优势，邀请港澳台和海外朋友来我县投资办厂，举办各种联谊活动，以便进行经贸和科技合作。在广交海外朋友的同时，要特别注重与新一代海外侨胞和移居海外留学人员的交往，为促进昔阳的对外开放和“三引进”做出积极的贡献。

在新的一年里，我们将按照中央统战工作会议精神，在省、市委统战部门的指导下，在县委、县政府的领导下，努力把 2002 年的统战工作推向一个新的台阶。

（本文系昔阳县委统战部部长李怀文在全市统战部长会议上的发言）

认真践行"三个代表"重要思想
努力做好全县统一战线工作（摘要）

李保国

（2002 年 8 月 12 日）

昔阳县的统战工作，在市委统战部的关怀和指导下，在县委的正确领导下，全面贯彻全国和省、市统战工作会议精神，认真实践"三个代表"重要思想，与时俱进，开拓创新，为统战工作迈出新步伐做了大量工作，取得了明显成效。

一、基本情况

这次县级机构改革，县编委确定统战部的行政编制为 3 名，其中部长 1 名，副部长 2 名，内设宗教办，对台办 2 个机构，工作人员为事业编制 2 名，目前暂未到位。经费实行四项经费包干报账制。全年经费共计 9960 元，其中，办公费 160 元，差旅费 800 元，电话费 1000 元，机燃费 8000 元。办公经费较为紧张。

1. *民族宗教概况*：我县目前有蒙古族、回族、壮族、满族、侗族、土家族、畲族、苗族 8 个少数民族，53 人，分布在全县 10 个乡镇；宗教方面：1992 年以来，我县相继成立了"昔阳县佛教协会""昔阳县基督教协会"和"昔阳县基督教三自爱国运动委员会"等宗教团体。全县现有石马寺、池塘寺、卧佛寺、普宁寺、居士林、金刚禅寺等 6 处佛事活动点，常住寺庙僧人 15 人，佛教居士 5000 余人。"基督教协会"和"基督教三自爱国运动委员会"一套人马，两块牌子，已开设福音堂点 1 个，注册基督教信徒 580 人，一般基督教信徒 3000 余人。

2. *非党干部任职和培养情况*：我县现有非党干部 80 人，现已任职 13 人，其中处级干部 3 名，科级干部 10 人，在今年的机构改革中，县农业局农艺师耿计良同志被提拔为县农业局副局长，县人大法工委副主任杨顺兰被提拔为县人大教科文卫委员会主任。正在重点培养拟任职务的非党后备干部 5 人。

3. *民主党派情况*：目前，我县只有民主促进会小组 1 个，现有会员 11 人。民进小组中有 2 名会员为县政协委员，其中 1 名为政协常委。

4. *与党外人士合作共事方面*：县四套班子领导与 50 名不同界别的无党派人士建立了对口联系制度。县委统战部还向县检察院、监察局、审计局、教育局等部门派出 16 名检察员、监察员、审计员和教育督导员进入特聘人员领域，这些人员全由无党派人士和非党干部组成，分别在各自的职能部门参与重大问题的协商、监督重大问题的落实。

5. 对台工作情况：全县现有台胞 16 人，台属 6 户，25 人。

二、当前工作情况

1. 明确职责，主动工作。统战部作为党委的职能部门，对统一战线工作总体实行牵头协调，责任重大，需要坚持管总管重的原则，机构改革后，宗教办、对台办并入统战部，工作更加繁忙。我们新到位的三位部长，摆在面前的首要工作是明确工作职责，具体分工负责。在统战部比较特殊的工作情况下，主动工作更为重要。我们按照市委统战部 2002 年工作目标责任制，逐项逐条进行了细化，并制定了相应落实措施，确定了"紧扣目标责任制，统战工作起好步"的工作思路，做到了人员到位、职责到位、工作到位。

2. 学习"两会"精神，把握工作要领。贯彻全国、全省及市委统战工作会议精神是贯穿全年各项工作的主线。因此，我们新的领导班子认真学习了《中共中央关于加强统一战线工作的决定》和省委《实施意见》的意见，以及市委统战部李部长在全市统战工作会议上的讲话。通过学习讨论，进一步提高对统战工作的认识。明确了新时期统一战线的工作范围和根本任务、掌握了各项方针政策，把握了具体工作要领，为统战工作迈出新步伐奠定了基础。

3. 认真了解情况，尽快进入角色。由于我们三位部长都是新到岗位，了解情况、熟悉工作迫在眉睫，在了解掌握全县统战工作情况中，我们做到了认真细致，在经费短缺、工作环境困难的情况下，我们主动克服困难，积极开展工作。在短时间内基本掌握了情况，并开展了一系列工作，确定了工作思路，规划了全年工作，并制定了有关规章制度，调整了基层组织机构，县工商联换届准备工作就绪。

三、下一步的工作打算

为进一步贯彻落实全国、全省及市委统战工作会议精神，做到在造势中宣传"两会"精神，在办事中落实两会精神，计划在近期内要办好七件实事：

1. 协同县委组织部、县委党校开办一期非党后备干部的集中学习培训。通过民主推荐，组织考察集中培训等方式，进一步充实和健全非党后备干部队伍和相关档案，为县委、县政府选拔任用非党干部提供依据。目前，出台了非党干部培训方案，时间初步定在 9 月底以前。

2. 近期召集一次由民主党派人士、工商联代表、党外知识分子、非公有制经济代表人士参加的"迎接党的十六大"统一战线做贡献的专题座谈会。

3. 筹备召开我县工商联第六届会员代表大会，完成县工商联的换届工作。

4. 积极协助中国民主促进会昔阳县支部委员会的成立。

5. 对本县各类宗教活动及活动场所进行一次全面的调查摸底，并依法对他们进行规范管理。要进一步加强对民族宗教事务工作的领导，强化职能、积极引导宗教团体和教职人员开展宗教活动与社会主义社会相适应，推进宗教活动健康有序进行。

6. 认真贯彻 7 月 30 日全市对台工作会议精神。具体做好三项工作。一是继续抓好涉台教育。在我县自办的《昔阳报》上，定期开办涉台宣传专栏，并在适当时候开展一次较大型的涉台宣传教育活动；二是充分利用大寨这一名地的品牌优势，促进涉台、涉海的经贸、旅游、观光、访问工作的开展；三是健全台胞、台属人员档案，建立台属的定期访问制度，规范、有序、安全有效地做好台胞的接待工作。

7. 加强自身建设，增强做好新时期统战工作的紧迫感，把“四个离不开，三个绝不能”作为我们工作的总纲，认真贯彻实施；进一步完善各项规章制度，建立健全各种档案资料，完善统战工作的协调机制和方式方法，树立统战部门的良好形象。

（本文系昔阳县委统战部部长李保国在全市统战工作现场经验交流会上的发言摘要）

在全县统战工作会议上的讲话

李鹏飞

（2004 年 6 月 23 日）

同志们、朋友们：

今天请大家回来，在一起研究当前我县统战工作，特别是县委、人大、政协领导到会和贾书记的讲话，这本身就体现了县委对统战工作的重视。随着时代发展，统一战线这一法宝越来越显得重要。年初中央、省委统战工作会议之后，3 月 18 日召开了全市统战工作会议，3 月 23 日我县召开县委常委会议专题研究统战工作，6 月 12 至 14 日省委又在长治召开了全省基层组织建设现场会，所有这些都说明了对统战工作的重视。我县的统战工作近年来在县委的高度重视下，在基层统战干部的努力下，在各部门的积极配合下，取得了可喜的成绩，开创了新的局面，为此我代表县委统战部向多年来重视、关心统战工作的各位领导，在基层统战工作岗位上辛勤耕耘、踏实工作、不计名利、忘我奉献的同志们表示亲切的慰问和诚挚的感谢！

下面根据省、市会议精神，结合我平时学习工作的体会，围绕统战工作是什么？统战工作干什么？统战工作怎么干？就如何做好基层统战工作讲几点意见。

一、深刻理解统一战线的内涵，充分认识新时期统战工作的地位和作用

进入新世纪，党和国家面临的三大任务：继续推进现代化建设、完成祖国统一大业、维护世界和平和促进共同发展。完成这些宏伟而又艰巨的任务，必须坚持和发展党领导的最广泛的爱国统一战线，争取人心、凝聚力量，团结海外中华儿女共同为之奋斗。大家都知道，在建立和完善社会主义市场经济体制、全面建设小康社会的伟大实践中，整个社会的经济成分、组织形式、就业方式、利益分配都发生了深刻的变化，新的社会阶层不断产生，非公有制经济人士日趋增多，新移民、留学生队伍也在逐步壮大，所有这些，都给做好基层统战工作提出了新的更高的要求。就当前我县来说，正面临着努力实现“跃升战略、倍增计划”这一艰巨任务，特别是工业企业二次改制、农民增收、加快城镇化进程等，要完成这些任务，必须更好地团结全县人民，凝聚力量、努力拼搏、开拓进取。统一战线工作在新世纪仍然是我们的重要法宝，是完成全县经济、社会发展目标的重要保证。这就要求我们领导干部，特别是分管统战工作的在座各位，都要从历史的、时代的、全局的高度充分认识统一战线工作的地位和作用，更加自觉地重视、支持和做好统战工作。要做好统战工作，我认为首先必须了解统战知识、明

确统一战线的内涵、任务、地位和作用、主题、工作的领域、对象和职责等，这是做好工作的基础。做基层统战工作，不了解统战知识、不懂统战政策，要做好工作，无从谈起。

首先了解什么是统一战线和统一战线的任务。统一战线是一些不同的阶级、阶层、政党、集团乃至民族、国家为了实现一定的共同目标，在某些共同利益的基础上组成的政治联盟。简要地说，统一战线就是一些社会政治力量的联合。中央统战部部长刘延东同志说，统一战线是建立在共同目标基础上的政治联盟。具体到中国共产党领导的统一战线来说，它的本质是大团结、大联合，它的根本任务是争取人心、凝聚力量，也就是团结一切可以团结的力量，调动一切积极因素，为建设四化、统一祖国、振兴中华而奋斗。

在当前以经济建设为中心的新的历史时期，统一战线具有空前的广泛性和巨大的包容性，它已经发展成为全体社会主义劳动者、社会主义事业建设者、拥护社会主义的爱国者和拥护祖国统一的爱国者，包括台湾同胞、港澳同胞和海外侨胞在内的最广泛的联盟。这个统一战线将继续巩固和发展。

全国政协主席贾庆林说：统一战线是党的特殊的群众工作。是进一步密切党同党外人士的联系，实践“三个代表”重要思想的必然要求，是加强党同人民群众血肉联系的重要内容，也是尊重、维护和照顾同盟者利益的具体体现。再具体点讲，统一战线是：协调关系、化解矛盾、统一思想、理顺情绪和排忧解难，为改革、发展和经济工作减少阻力、增强助力、形成合力的一项工作。

在新形势、新任务面前，我们党所领导的爱国统一战线要大力发扬中华民族伟大的团结精神，具体讲就是努力：①把执政党的力量与参政党的力量团结起来；②把汉族群众的力量与少数民族团结起来；③把信教群众的力量与不信教群众的力量团结起来；④把大陆范围内广大人民的力量与港澳同胞、台湾同胞和海外侨胞的力量团结起来。从而最大限度地把海内外中华儿女都团结起来，形成浩浩荡荡的大军，为实现全面建设小康社会的宏伟目标提供强大力量。这就是统一战线的任务。

其次，关于统一战线的地位和作用。我们必须深刻认识统一战线的地位和作用。十六大报告中涉及统一战线和多党合作的论述有20多处，3000多字，是历次党代会报告中论述统一战线分量最重的。报告在讲成绩时肯定了统一战线和多党合作的贡献，讲经验时强调了统一战线和多党合作的重要性，讲“三个代表”时提出了对统一战线和多党合作的要求，讲奋斗目标时又明确了统一战线和多党合作方面的任务。特别是十六大从建设社会主义政治文明的高度，强调要坚持和完善中国共产党领导的多党合作和政治协商制度；坚持和完善“长期共存、互相监督、肝胆相照、荣辱与共”的方针，要加强同民主党派合作共事，更好地发挥我国社会主义政党制度的特点和优势，巩固和发展最广泛的爱国统一战线。十六大提出的建设社会主义政治文明是对我国社会主义民主政治建设实践的新总结、新概括和新要求，开拓了马克思主义政治文明的新境界，具有重大的现实意义和深远的历史意义。

概括而言，统一战线的地位和作用可以归纳为两句话，也就是江泽民同志在全国第十九次统战工作会议上指出的“四个离不开”和“三个绝不能”。四个离不开是：实现社会主义现代化离不开统一战线；发展社会主义民主政治离不开统一战线；建设有中国特色的社会主义离不开统一战线；实现祖国统一离不开统一战线。三个绝不能是：统一战线作为党的一个重要法宝绝不能丢掉；作为党的一个政治优势绝不能削弱；作为党的一项长期方针绝不能动摇。我们必须从“四个离不开”和“三个绝不能”的高度来认识，不能把统战这项工作的意义看得太小了，不能把统战干部的责任看得太轻了。

关于统战工作的领域、对象和职责的问题。

主要领域是：民族工作、宗教工作、非公有制经济人士工作、党外知识分子工作、无党派人士工作、党外人士安排工作、调查研究和宣传信息工作、民主党派工作、港澳台和海外统战工作。这九项工作我县均在开展。

主要对象：包括十二个方面：（1）各民主党派成员；（2）无党派人士；（3）党外知识分子；（4）少数民族人士；（5）宗教界人士；（6）非公有制经济人士；（7）香港澳门同胞；（8）台湾同胞、去台人员留在大陆的亲属和回大陆定居的台胞；（9）出国和归国留学人员；（10）海外侨胞和归侨、侨眷；（11）原工商业者；（12）起义投诚的原国民党军政人员。出现的新阶层：（1）民营企业的创业人员；（2）受聘于外企的管理技术人员；（3）个体户；（4）私营企业主；（5）中介组织的从业人员；（6）自由职业人员等社会阶层。就我县而言，涉及对象有民主党、无党派人士、党外知识分子、少数民族、宗教界人士、非公有制经济人士、台湾同胞、去台人员留在大陆的亲属、出国留学人员、海外侨胞和侨眷等九个方面。具体说，我县现有一个民主党派，即民主促进会，2003 年 3 月成立了支部，现有会员 12 名，支部设主委一人，副主委两人。党外知识分子在 3000 人左右。少数民族有满、蒙古、壮、畲、侗、苗、土家、回等 8 个，70 多个人。非公有制经济人士已有一定规模，且已形成一支有代表性的非公有制经济代表人士队伍，如省人大代表齐培英、市人大代表李吉祥等。台属全县有 11 户，45 人。出国留学人员据统计有 18 人，其中在美 9 人、在日 2 人、在新 6 人、在泰 1 人等等。宗教方面，有政府批准的宗教活动场所 7 个，其中基督教活动点 1 个，佛事活动点 6 个，有神职人员 3 人，住持僧人 28 名。各乡镇和系统党委也应当清楚本系统统战对象的情况，做到心中有数，以便开展工作。

主要职责是四句话，即了解情况、掌握政策、化解矛盾、安排人事，具体讲：

①全面贯彻落实党的统战方针政策和严格执行有关法律法规；②认真协调统一战线各方面成员的关系，及时排查和化解各种矛盾和纠纷；③全面了解反映统一战线各界人士的思想动态和意见建议；④注意发现、选拔、培养党外代表性人物，协助党委及有关部门做好人大、政府、政协、司法机关中党外人士的推荐和安排工作。希望大家在工作中要紧紧围绕上述职责，创造性地开展工作。

我们讲这些的目的就是让我们的基层统战工作者，更好地了解统战知识，懂得统战政策，学会做统战工作。一个没有统战观念、不懂统战政策、不会做统战工作的干部，可以说是一个不称职的干部。

二、突破观念围城、创新服务理念，积极探索新时期统战工作的途径和方法

统战工作是做人的工作的，在新的形势下，统战工作如何坚持和贯彻以人为本的指导思想，服从服务于以人为本的科学发展观，统战工作如何为当地经济建设服务是新时期统战工作的新课题。为此，我认为统战工作必须以“三个代表”重要思想为指针，突破观念围城、创新服务理念，必须大力弘扬创新精神，推进统战工作观念全面更新。

创新是“三个代表”重要思想的灵魂，也是推进统战工作不断向前发展的保证，要树立创新意识，必须使统战工作实现“四个转变”，即：一是旧观念向新观念转变。就是由过去统战工作自成体系、自我循环，转变为主动参与、全面循环，把统战工作与县委、县政府的中心工作紧密结合起来，与全面工作融为一体。二是由随意性向规范化转变。要研究探索新时期统战工作带有规律性的东西，遵循统战工作的规律，克服随意性，建立一种科学、高效的工作体系和工作机制。三是由行政化向社会化转变。目前统战工作社会化的趋势越来越明显，要大胆实践，依靠社会力量和群众力量，运用社会化工作手段，促进统战工作水平不断提高。四是由务虚向务实转变。一方面要以战略眼光看待统战工作，从政治的、战略的高度认识和做好统战工作，体现其长远的政治效益，决不能急功近利，决不能有政治短视。另一方面又要善于虚实结合，虚事实做。通过多种渠道和活动，发挥优势，多办实事，有为有位。

把统战工作的出发点和落脚点定位在服务全县经济建设为统战工作第一要务；定位在调动一切积极因素，团结一切爱国力量为经济建设服务上；定位在增进团结、维护稳定、凝聚人心、营造氛围上。

一是搞调研。去年，我们先后深入全县非公经济领域的60多个企业调查研究。一方面加强政治引导，特别是深入民企宣传和学习“三个代表”重要思想，把全县非公经济代表人士的思想统一到十六届三中全会的精神上来，统一到县委提出的“跃升战略”和“倍增计划”上来；另一方面对企业发展经营状况和面临的困难进行广泛了解，基本掌握了全县非公经济发展的状况，特别是对重点联系户，建立联系制度，采取建立档案、定期走访、组织学习、加强沟通等方法，及时为他们牵线搭桥、引资上项、排忧解难。在服务“三农”上，组织了“三下乡”活动，中央 1 号文件传达宣讲到农户等，深受农民群众的欢迎，丰富了统战内涵。

二是开渠道。广开建言渠道，充分发挥各界人士在改革发展中的作用。就是要面对全县经济形势好、政治形势好、内外环境好的局面，广纳群言，博采众议，增进理解，理顺情绪，充分体现各界人士在小康建设中的价值，激发他们关心经济、服务经济、支持经济建设的积极性，架起各界人士与政府的沟通渠道。如定期召开专题座谈会、情况通报会、征求意见会、议政现场会等形式加以落实。

三是造氛围。团结凝聚人心，全力营造关心经济、支持发展的良好氛围。如何发挥统一战线人才荟萃、智力密集、联系实际的优势，把党派团体和各界人士的注意力引导到聚精会神搞建设、一心一意谋发展上来，把方方面面的智慧和力量凝聚到全县的经济发展上来，是统战工作实现大团结、大联合的最终目标。在营造氛围方面，我认为应抓好四方面工作。一是抓队伍建设，夯实统战工作基础。抓好党外领导干部队伍、非党后备干部队伍、非公经济代表人士队伍、党外知识分子优秀代表人士队伍、民族宗教界上层人士队伍和“三胞”眷属代表人士队伍。并定期走访、组织活动等形式，广交朋友，凝聚了各方面的力量。二是狠抓党外干部培养选拔。按照党外干部队伍建设的要求，采取民主测评、单位推荐、统战部门组织考察等形式和程序，推选出一批党外后备干部，并确定了重点培养对象。通过政治安排的途径，让他们担任县政协委员、政协常委、人大代表，使他们有更多锻炼机会，进而提高素质，发挥优势。加强非党干部培训工作，提高非党领导干部和后备干部政治思想水平和分析应变能力。三是实施人才战略。统战工作是做人的工作的，必须服务于人才强国的战略。我们充分发挥统战工作具有联系、团结、凝聚各类人才的优势，建立和完善党外知识分子代表人物档案，配合有关部门积极做好党外知识分子的思想工作，支持他们干好事业。同时，要与本县在美、日、新、泰等国家工作学习的 20 多名侨胞加强联系，并积极招才引智，引导他们为昔阳经济发展献计献策。四是开展送温暖活动，利用元旦、春节期间对民主党派、工商联、非党人士、宗教人士、非公有制代表人士及台属侨眷进行了走访慰问，把党的温暖送去，同时激发他们的热情，为全县经济发展奠定良好的氛围。

三、求真务实，认真做好当前统战工作

根据省、市统战工作会议精神，结合我县实际，全县统战工作的总体思路就是围绕学习贯彻“三个代表”重要思想这条主线，抓住三个重点：民族宗教工作，党外干部的培养、发现、选拔和民营企业家素质的提高，做好五项工作：

一是做好党外人士和党外知识分子工作。就是要发挥统战人才密集、智力密集的优势，通过各种活动、形式、渠道、制度使民主党派、无党派各界人士更好地参政议政、知情出力。通过：①每季召开一次协商会，通报情况，扩大知情权，学习重要文件；②组织“三下乡”活动；③启动健康扶贫工程；④利用行风评议强化监督机制；⑤履行调研职责，认真研究新时期统战工作；⑥加大培训力度；⑦党外干部建立档案等，多种形式进一步调动智力和人才资源的积极性，使他们在教育、卫生、农业、科研和国企改革等方面发挥独特优势和重要作用。

二是做好民族宗教工作，重点在农村。农民在致富后寻找精神寄托，信教人数逐年增多，必须高度重视。①建立快捷、灵活、高效的三级网络工作机制，多渠道、多层次收集信息、广交朋友；②做好宗教活动场所的年检、挂牌、制度建设等；③解决佛教活动场所房产问题和基督教非法传教隐患问题；④支持爱国宗教团体加强自身建设，抓紧培养爱国爱教的新一代代表人士。

三是加强经济统战工作，也就是如何加强推进非公经济发展，提高民营企业家队伍素质工作。全县民营企业6160个，从业人员23000人。坚持“团结、帮助、引导、教育”方针，深化思想教育、发展光彩事业，引导他们争做优秀社会主义建设者，这是摆在各级统战部门当前的一项艰巨任务。①确定20户重点联系对象；②倡议开展争做优秀社会主义建设者活动；③建立民营企业的党、团、工会组织；④成立光彩事业促进会并积极开展工作。

四是做好海外联谊工作，加强联络，广交朋友。①建立名录；②利用大寨优势，加强海峡两岸、海外的沟通交流；③赴台宣传。

五是加强自身建设，建设高素质的统战干部队伍。统战工作形势在发展，任务在加重，统战干部的素质也应随之提高，这是现阶段统战工作面临的紧迫任务。要按照“三个代表”重要思想要求，大力加强统战干部队伍建设，造就一支学习型、研究型、创新型、实干型的干部队伍。统战干部要增强执政意识、政治意识、大局意识、忧患意识，统战系统的领导干部要在各方面充分发挥表率作用，努力做刻苦学习、增强本领的模范；做开拓创新、与时俱进的模范；做牢记宗旨、勤奋工作的模范；做发扬民主、团结协作的模范；做改进作风，求真务实的模范；做清正廉洁、严格自律的模范。

要争创学习型机关、争当学习型干部，大力倡导刻苦学习和钻研业务的浓厚风气。通过学习，不断促进知识的更新和积累，切实提高业务水平和工作能力。

要大兴调研之风，积极推进“调研兴部”。要深入调查研究，对基层出现的新鲜经验进行综合概括和提炼升华，对实践中出现的新情况、新问题进行科学分析，提出解决问题的思路和方法，指导和推动统战工作的开展。统战部作为党委的职能部门，负责联系的沟通民主党派、工商联、无党派人士和有关人民团体的责任。要主动倾听他们的意见，反映他们的愿望，广纳良言、广求善策，充分调动各方面统一战线成员的积极性和主动性。

新世纪是中华民族实现伟大腾飞的世纪，也是统一战线大有作为、再铸辉煌的世纪。我们一定要把统战部建成团结之家、民主之家、交友之家、建言之家、温暖之家，使统一战线各界人士更好地凝聚在党中央周围，在中共昔阳县委的领导下，高举邓小平理论伟大旗帜，全面贯彻“三个代表”重要思想，与时俱进、围绕中心、服务大局、奋发有为，为开创昔阳统战工作新局面而努力。

（本文系昔阳县委常委、统战部部长李鹏飞在全县统战工作会议上的讲话）

充分发挥统一战线的优势作用
为加快科学发展、建设和谐昔阳做出新的贡献

张　驰

（2007年6月29日）

同志们：

我县党务工作会议召开在“七一”前夕，意义更加深刻。新时期统一战线工作作为党委工作的重要内容，多年来，县委对统战工作是非常重视的，会前，县委常委会专门听取和讨论了全县统战工作，一会儿，县委孟书记还要对统战工作做重要指示，请大家认真贯彻，下面，根据县委安排，我着重讲两点意见。

一、过去的一年认真贯彻中央、省、市一系列统战方针政策，围绕中心，服务大局，全县统一战线呈现出团结、和谐、开拓、活泼的局面

2006年是我县经济和社会发展最好最快的一年，也是统一战线具有里程碑意义的一年。一年来，在市委统战部的指导下，在县委的领导下，全县统战工作以邓小平理论和“三个代表”重要思想为指导，深入贯彻全国第二十次统战工作会议精神，认真落实县委政府提出的“坚持科学发展、建设三大基地、构建和谐昔阳”的总目标和一系列重要部署，围绕中心，服务大局，全面推进统一战线各个领域的工作向纵深发展，为全县经济社会协调发展做出了积极贡献。概括地讲，主要体现五个特点。

（一）注重夯实基础，努力营造统战工作的良好氛围

2006年7月召开的第20次全国统战工作会议是十六大以来党中央召开的第一次全国统战工作会议，这次会议系统阐述了新世纪、新阶段统一战线的基本理论，明确了新世纪、新阶段统一战线的发展目标和主要任务，并以中发〔2006〕15号文件正式下发了《中共中央关于巩固和壮大新世纪新阶段统一战线的意见》。中共晋中市委也以市发13号文件下发了关于中国共产党领导的多党合作和政治协商的实施意见，县委对此非常重视，专门召开四套班子会议进行学习，进一步统一思想，增强了对统战工作的认识。根据县委安排和孟书记的指示，我们紧紧抓住这一契机，着重开展五方面的工作，努力营造全县统战工作的良好氛围，一是编印新时期统战工作的学习要点，组织全县统一战线各界人士认真学习领会两个文件精神，并进行讨论。二是结合昔阳实际，制定出台了中共昔阳县委关于贯彻《中共中央关于进一步加强中国共产党领导的多党合作和政治协商制度建设的意见》的实施意见。三是利用中秋、春节期间走访慰问统一

战线代表人士，体现党的温暖。四是召开各种座谈会、通报会，向统一战线各界人士通报全县的重大活动，重要会议及经济社会发展情况，使各界人士进一步增强建设昔阳的信心。五是鼓励和支持各界人士积极献言献策，动员方方面面的力量参与昔阳的建设。

（二）注重引导，努力培养非公经济人士的社会责任意识

针对我县民营经济发展迅速，广大非公经济人士有着强烈的报效家乡的思想实际，我们在非公人士中开展致富思源、富而思进的教育，引导他们扶贫济困，回报社会，全县 11 名非公经济人士慷慨解囊，捐款 5 万余元资助特困学生。同时还开展了民企帮村、共建社会主义新农村的活动。现已取得一定效果，并作为典型多次在省、市进行汇报交流。

（三）注重帮助，努力使民主党派工作迈上新台阶

一年来，积极帮助和支持民主党派发挥优势开展工作，帮助他们解决困难，与他们诚心相待、互交朋友，向他们及时传达上级及我县的大政方针。一是加强党派的思想建设，帮助他们围绕工作作风和形象建设找差距。二是在组织建设上帮助他们保持党派特色，保证支部健康发展。三是帮助他们开展社会服务工作，发挥他们自身优势，开展“三贴近”“三服务”活动。

（四）注重政策，努力维护宗教界的稳定

认真贯彻中央、山西省《宗教事务条例》，始终把“讲政策、抓管理、促适应、保稳定”作为宗教工作的重点来抓。具体讲：1. 以核准换证工作为平台，进一步规范场所管理，调整充实管理人员，健全完善各种制度。2. 坚持正确引导，引导宗教人士遵守宗教条例，引导他们广泛参与公益事业，引导他们自觉抵制境外渗透。3. 积极开展“双五好”活动，创建文明寺观教堂。全县 13 个宗教活动场所，共评出 2 个文明场所、3 个先进场所、8 个五好信教公民。

（五）注重制度，努力建设学习型机关

我们始终把创建学习型机关，培养学习型干部作为适应当前统战工作社会化、群众化的基本要求。一是完善制度，坚持党外人士情况通报制度、调查研究制度、代表人士联系制度，完善了民族宗教与对台工作的各项制度，使机关制度建设进一步规范。二是强化统战理论研究工作，机关工作人员撰写的论文多次被上级部门予以刊登采纳。三是强化信息工作，全年被上级部门登载信息 25 条，发专刊 2 篇。

2006 年，全县统战工作之所以能受到山西省委的表彰，之所以能呈现活跃、团结的局面，之所以能为全县经济社会发展做出积极贡献，离不开上级的指导；离不开县委的正确领导（孟书记多次听取汇报并给予重要指示）；离不开县政府的大力支持（李县长在县财力有限的情况下，千方百计保证统战工作的各项经费）；离不开人大、政协的

关心帮助；离不开各部门、各乡镇的努力配合；离不开社会各界的理解。在此，我谨代表县委统战部向各位领导、各位同志，向关心支持统战工作的各部门表示衷心的感谢！

当然，我们工作中还存在诸多不足和问题，主要是有些部门的统战意识淡薄、自身的素质和业务水平还不能完全适应新时期统战工作的要求、一些统一战线组织建设的力度还不够、党外干部的培养安排与兄弟县市比还有差距、宗教私设聚会点和乱传教还时有发生等。

二、紧扣第一要务，调动一切积极因素，充分发挥统一战线优势，为推动全县经济又好又快发展不懈努力

2007年是全面贯彻落实科学发展观，推进社会主义和谐社会建设的重要一年，今年我县统战工作的指导思想和主要任务是：以邓小平理论和“三个代表”重要思想为指导，以落实十六届六中全会精神和科学发展观为统领，深入贯彻全国和省、市统战工作会议精神。紧紧围绕县第十三次党代会上确定的“坚持科学发展，建设三大基地，构建和谐昔阳”的目标，以服务为中心，以建言献策、人物安排、维护稳定三项工作为重点，切实抓好“凝聚力工程”建设等六项活动，努力扩大统战影响，最大限度地调动统一战线各方面的力量，为全县经济社会的协调发展做出新的贡献。

（一）以促进经济发展为第一要务，在服务经济建设上有新思路、新模式

发展是我们党执政兴国的第一要务，也是统一战线广大成员团结奋斗的第一要务。我们要围绕县委确定的总体目标，充分发挥统一战线凝聚人心、汇集力量的重要作用，广泛联系和团结民主党派、各团体、各民族、各阶层、各界人士，想发展、谋发展、促发展。

一是积极组织引导各民主党派、工商联和无党派人士建言献策。引导他们围绕我县经济社会发展的重大问题，特别是就如何促进区域协调发展，经济结构调整，转变增长方式，三大基地建设，加强资源生态工作等方面进行调研考察，积极建言献策。充分发挥各民主党派和无党派人士“人才库”和“智囊团”的作用，为县委、县政府提供决策服务。

二是要围绕提升我县民营发展的竞争力。推动企业技术管理创新，促进做大做强，及时了解掌握和反映民营企业的热点、难点问题，主动提供服务。本着“团结、帮助、引导、教育”的方针，引导非公有制经济人士提高自身素质，树立正确的财富观和义利观，增强社会责任，做到“爱国、敬业、守法、贡献”。

三是立足引资、引智，大力开辟对外统战工作的新途径。要充分发挥“大寨”品牌优势，坚持树立“放眼天下”的统战观念，交天下朋友。健全拓宽现有的工作网络，加强与港澳台重点工商社团、专业人士以及我县海外留学人员、在外工作的代表人士的联络与交往，抓住一切机会，宣传昔阳，推荐昔阳，开展有影响有实效的招商引资活动，与他们建立友谊，增进共识，吸引和鼓励他们来我县创业。

（二）以县人大、政协、工商联换届工作为契机，在加快民主政治建设上有新作为

今年，人大、政府、政协和工商联将进行换届，我们要抓住这个契机，充分发挥统战部门督促指导，安排人事等方面的职能。注重协商、协调和沟通，稳妥细致地做好党外代表人士的安排，进一步推动政治协商、民主监督、参政议政的质量和水平，协助县委做好县政协委员的推荐工作，这项工作已完毕。一是认真抓好县工商联换届工作，按照省、市委统战部要求，结合我县实际，制定工作方案，加强对这项工作的领导。要把好人士的安排关，要坚持经济标准和政治标准的统一，以看实绩、看人品、看贡献为主要条件，真正把那些义利兼顾、德行并重、爱国、敬业、诚信、守法、奉献的非公经济人士选拔到工商联的领导机构中来。二是在实职安排上，要根据市发〔2006〕13 号文件和县委要求，按照政府职能部门和乡镇配备党外干部精神，做好党外干部实职安排和人物举荐工作。三是继续加大力度培养党外后备干部队伍，确保政治合格，业务过硬，社会认可。在此基础上，积极探索建立党外干部培养、选拔、任用、管理、监督的良性机制，保持合理结构，最大限度地把党外干部的积极性和创造性挖掘出来，发挥出来。

（三）以稳步推进四项工作为主要内容，在维护稳定，构建和谐社会中做出新成绩

1. 民主党派工作。要认真落实市发〔2006〕13 号文件精神，以思想建设、组织建设和自身建设为重点，以发挥优势和提高参政议政水平为目的，推进党派工作的制度化、规范化建设。同时要帮助他们提高理论水平、政治水平和支部的领导水平，不断健全组织生活，规范组织行为。

2. 民族宗教工作。充分利用各级培训机构的平台，加大对宗教工作重点乡、重点村干部的培训学习，提高他们对做好新时期宗教工作重大意义的思想认识；落实乡、村两级宗教工作责任制。县宗教部门要与各乡镇和重点村签订宗教工作责任状，以进一步增强乡村干部做好宗教工作责任感；依法治乱，重点治理佛教的乱建寺庙和基督教的乱设聚会点；加强宗教团体的自身建设。重点是一要组织他们加强理论学习，特别是认真学习党和国家关于宗教方面的基本理论和方针政策。二要帮助他们建立健全民主科学的领导班子议事决策规则，不断完善内部的自我监督机制，加强团结协作，互相信任，充分发挥每位成员的作用。三要夯实基础，切实加强后备人才队伍建设，加大培养力度，要针对中青年教职人员的自身特点，加强爱国主义和社会主义教育，加强道德修养，努力提高他们的政治素质。

3. 港澳台和海外统战工作。海外统战工作要继续密切我县与海外华侨、华人及留学生的联系，积极开展活动，并积极发现培养人才为今后县侨联的组建工作做好人才储备。

4. 新社会阶层统战工作。重点抓好调查摸底工作，要贯彻充分尊重、广泛联系、加强团结、热情帮助、积极引导的方针，密切与新社会阶层人士的联系，培养选拔有较高政治素质、有较大社会贡献、有较强参政议政能力、在所联系阶层中有较大影响的一支代表人士队伍。

（四）以开展“凝聚力工程”为载体，在扩大影响上有新突破

重点开展六个活动。一是围绕全县经济工作暨新农村建设工作会议确立的各项目标，在民主党派、工商联和无党派人士中开展“献良策、比贡献”活动，提高他们建言献策，参政议政的水平。二是以领导班子建设、制度建设和作风建设为重点，在民主党派、宗教团体中开展“强素质、树形象”活动。三是围绕推进民主党派和无党派人士的社会服务工作，继续开展“三下乡”服务活动。四是围绕促进宗教与社会主义社会相适应在宗教界开展“双五好”评比活动。五是围绕我县对外开放战略，积极组织非公经济人士参加招商引资活动。六是围绕社会主义新农村建设工作继续推进民企帮村活动。

（五）以“两型两化”机关建设为重点，在加强统战部自身建设上展示新形象

党的统战能力是执政能力的重要组成部分。要坚持“建设学习型机关，培养进取型干部，实行制度化管理，营造人性化氛围”的机关建设思路，进一步加强统战队伍建设。

首先要抓学习搞调研，在提高统战干部素质解决实际问题上下功夫。新的形势对统战干部提出了更高的要求，我们要用新的统战理论武装自己，找准切入点，采取各种形式，加强对政策的学习和把握，领会实质，全面掌握，不断提高自身的统战理论政策水平和运用政策解决实际问题的能力，同时要重视调查研究工作，沉下心来，研究一些问题，选准突破口，做出针对性、操作性的措施。坚持“调研工作项目化，重点项目责任化，资源整合社会化”的机制，确立重点课题，人人有具体任务，通过扎实工作，拿出一批高质量的成果，确实把调研成果转化为工作思路和措施，解决一些相关的难点问题。

其次，大力开展“热爱统战，奉献统战，树统战干部形象，建党外人士之家”活动。进一步转变工作作风，树立为党委、政府服务、为党外人士服务、为基层服务的意识，做好聚人心、暖人心、稳人心、得人心的工作，努力把统战部门建设成为深受党外人士欢迎的团结之家、民主之家、交友之家、建言之家和温暖之家。

同志们，2007年统战工作的目标和任务已非常明确，希望在座各位领导同志们一如既往地支持统战工作，大家携起手来，为我们昔阳明天的更加美好而共同努力。

谢谢大家！

（本文系昔阳县委常委、统战部部长张驰在全县党务工作会上的讲话）

在全县党外干部会议上的讲话

李怀仁

（2012 年 7 月 5 日）

同志们：

今天，我们在这里召开全县党外干部工作会议，这是一次十分重要的会议。在今年 2 月份中共中央颁发了《关于加强新形势下党外代表人士队伍建设的意见》，这是新中国成立以来，中共中央制定的第一份关于加强党外代表人士的专门性文件。无论在统一战线发展史上，还是在党外干部建设上都具有里程碑的意义。今天我们这个会议可以说既是一个党外干部的培训会，也是一个党外干部的履职交流会议，还是一个学习贯彻中央 4 号文件的动员会。今天会议我们安排了 2 位党外干部要进行履职发言，县委冯耀黎副书记还要做重要讲话，我先从统战部的角度就统一战线工作的一些基本常识、党外干部需要做好的几项工作以及我们如何做一名合格的党外干部谈一些我个人的看法。

一、充分认识统一战线工作的重要性

我们党外干部是统战成员的重要组成部分，大家有必要对统战工作有一初步的了解。统战是统一战线的简称，统一战线就是不同的社会力量为了实现共同的目标而结成的联盟。大家说统战是战争的产物，现在已经不需要了，这种观点是不对的。统一战线是人类社会懂得最早、用得最多的战略。如炎黄结盟战蚩尤、战国合纵连横、三国时吴蜀联合战魏国等都是统战的典型案例，现在我们参加的联合国就是最大的统一战线，所以说统一战线涵盖着很多范畴和内容，主要包括各民主党派、民族宗教、台胞、侨联、个体和私营企业主等共十五个方面，其中我们党外干部就是一大项。

现在我们统一战线的主题是大团结、大联合。根本任务是凝聚人心、汇聚力量。基本理念是求同存异、民主协商、和谐共进。集中到一点就是做人的工作。毛主席曾说过什么是统战，统战就是把拥护我们的人搞得多多的，把反对我们的人搞得少少的，这就是统战。延安时期毛主席曾在欢送一批赴抗日前线的青年时说，姜子牙下昆仑山前，元始天尊给了他三件法宝，杏黄旗、打神鞭、方天印。现在我也送给你们三件法宝，就是统一战线、武装斗争、党的建设。从中可以看出统一战线的重要。特别是以胡锦涛为总书记的党中央一以贯之重视统战的法宝作用。他指出，统一战线不仅是我们党夺取革命、建设、改革事业胜利的重要法宝，是我们执政兴国的重要法宝，也是实现祖国完全统一和中华民族伟大复兴的重要法宝。当然同样也是我们建设民富县强、人和政通、山川秀美、人民幸福自豪新昔阳的重要法宝。

在建党90周年时，胡锦涛总书记又提出了我们统一战线的“同心”思想，要求我们广大统战成员要与党中央在思想上同心同德，目标上同心同向，行动上同心同行。我们广大统战成员、党外干部一定要清醒地认识虽然我们政权在手，但未必人心在握，昔阳并非一方净土，统战工作任务艰巨，我们党外干部使命神圣。我们要抓住目前难得的机遇，参政议政，奋发有为，同舟共济，建功立业。

二、倍加珍惜我县党外干部发展的好势头

去年换届以来，我县党外干部发展遇上了一个千载难逢的好机遇，县委对我们党外干部工作非常重视，可以说高看一眼、厚爱一分，早搭梯子、敢给位子，给了我们发展的空间、展示的平台。现在全县副科以上党外干部已达41名，仅去年换届以来就提拔24名，其中副处4名、正科5名、副科32名。可以说我县党外干部队伍是一支年轻化、知识化、战斗力很强的队伍。我们要倍加珍惜这次机会，立足本职、发挥优势，坚定理想信念，积极履职尽责，努力做好工作，彰显人生价值。

三、扎实做好党外干部各项工作

作为一名党外干部我们除完成好自身本职工作外，今年按照省市统战部门的安排，还要具体做好以下几项工作：

*一要加强“同心”思想的学习。*深刻领会同心思想的丰富内涵，不断增进“同心”思想的自觉认同，进一步坚定“同心”思想的政治基础。

*二要增强参政议政意识。*要紧紧围绕县委的工作中心，积极参政议政、建言献策。今年市委统战部专门创办了一个党外代表人士建言献策专报，直接向市委市政府主要领导呈报，大家要踊跃参加积极参与。

*三要召开党外干部履职交流座谈会。*省市安排每年年终都要在党外干部中举办一次履职交流会，对每位党外干部的履职情况进行交流考核，从而提高我们的履职能力，今年年底我们也要开展这项活动，大家要做好准备。

*四要积极开展“我为建设人民幸福自豪新昔阳做贡献”活动。*大家要立足本职，为建设幸福自豪新昔阳多做贡献。

*五要建立健全党外领导干部选拔任用机制、培训、人才储备、考核、关怀等工作机制。*进一步规范党外干部的管理，进一步强化党外干部队伍建设。

四、努力做一名合格的党外干部

我们现在正处在一个非常好的发展时期，县委对我们党外干部高度重视，分管领导冯书记对大家关爱有加，我们决不能辜负党组织及县领导的厚爱，努力工作，积极作为。借此机会我给大家提几点希望，与大家共勉。

一要同舟共济，共谋发展。党外干部虽不是中共党员干部，但同样是党的干部，是国家干部队伍的重要组成部分，是国家的宝贵财富。我们要始终坚持正确的政治方向，坚持党的领导，主动适应新形势、新任务、新要求，始终做到人在党外，心在党内，自觉与党同心同德、同心同向、同心同行。党外干部要多出主意不出难题，多提建议不闹意气，要处理好与党组织的关系，自觉服从党组织的安排，在本单位党组织领导下开展工作。要处理好与一把手的关系，做到到位不越位，服从不盲从，决断不武断，解难不推难，时刻注意摆正位置，树立良好形象。

二要团结协作，凝聚合力。团结出凝聚力、战斗力，团结出好环境、好干部。我们在座的各位必须把加强团结作为一个课程，作为一项重大的政治任务，珍视团结，维护团结。"海纳百川，有容乃大"，我们要像大海一样，有容纳百川的胸怀，不但要和自己意见相同的人搞好关系，也要善于和自己意见不同的人搞好关系。"互相补台，好戏连台；互相拆台，一起垮台"。我们要做到求大同存小异，大事讲原则，小事讲风格；多学别人长处，少看自己的长处；多找自己的缺点，包容别人的缺点。不断完善自己、改造自己、塑造自己，以团结促和谐，以团结求进步，以团结谋发展。

三要谦虚谨慎，低调做人。希望大家要正确地认识自己，把握自己，完善自己，修养自己。过去的成绩受到了群众的认可和组织的肯定，才有了今天的提拔，但过去的只能说明过去，新的工作平台需要自己用新的实绩去塑造新的威望；在过去的岗位上自己是能者和内行，工作轻车熟路，但职位变了、环境变了，自己应当按照新的岗位职责要求进行自我完善。尤其要清楚，职位的升迁有自己的拼搏的结果，也具有机遇性和偶然性，身边的同事包括自己的下级，都有值得自己学习的地方。谦虚是一种美德也是一个良好的工作态度。作为一名领导干部，要把自己的姿态放低点，请教别人时的态度更要诚恳一点，只有这样才有利于我们做好工作，取得成绩。

四要勤奋学习，增强素质。每一位同志都要按照建设学习型机关的要求，把学习作为当前第一的任务，不断拓宽知识面，增加新本领。同时要学以致用，学有所思，学有所得。努力把知识、经验转化为谋划工作的思路、加快发展的举措、为民惠民的成果，真正做到学有所成。使学习成为一种自觉的行为、一种良好的习惯和一种精神追求，坚持不懈，持之以恒的学习不断提高自身能力。

五要严格要求，有所作为。从科员到科级干部，是人生的一次跨越，大家要珍视这一进步，严格要求自己，努力工作，开创新的业绩，树立领导威望。要以德树威。强化道德修养，树立正确的世界观、人生观和价值观，做到公而忘私、公道正派，严于律己、宽以待人。要以廉树威。做到自重、自省、自警、自励，做一个廉洁的干部。要以敢树威。做到坚持真理、敢抓敢管、迎难而上、有所作为。要以干树威。事业是干出来的，我们昔阳正处于经济发展的跃升期，实干尤为重要，党外干部要崇尚实干，不仅要当好参政议政者，还要做真抓实干者，树立奋发向上的精神风貌。

同志们，我们正处在一个大有作为的时代，党外领导干部责任艰巨而崇高，希望同志们在县委的正确领导下，振奋精神，坚定信心，立足本职，发挥优势，积极献计出力贡献才智，为建设人民幸福自豪的新昔阳做出我们新的更大的贡献。

（本文系昔阳县政协副主席、统战部部长李怀仁在全县党外干部会议上的讲话）

在民进昔阳支部第四次会员大会闭幕时的讲话

李怀仁

（2013 年 4 月 19 日）

各位领导、各位会员、同志们：

刚才，中国民主促进会昔阳支部第四次会员大会经过全体会员代表的共同努力，圆满完成了各项议程，选出了新一届的领导班子，现在就要闭幕了。这次大会从筹备到召开，始终得到了民进晋中市委和县委四套班子领导的高度重视和关心，得到了有关方面的大力支持和帮助。这次大会开得非常成功，非常圆满。

对于这次民进昔阳支部的换届，昔阳县委和民进晋中市委始终高度重视，按照德才兼备、以德为先的标准，选出新的一届符合时代要求、公认度高的领导班子，切实推动中国共产党领导的多党合作事业的可持续发展，更要保证通过换届，把民进“民主与爱国”的优良传统和精神实质弘扬下去，把“同心、同向、同行”的“同心”理念传承下去，不断增强中国共产党领导的多党合作事业的生命力、凝聚力和创造力。我们坚信，新产生的民进昔阳支部新一届领导班子一定能够继承和发扬优良传统，适应时代发展要求，坚定不移地坚持和完善中国共产党领导的多党合作和政治协商制度，坚定不移地走中国特色社会主义政治发展道路，坚定不移地巩固和发展统一战线，坚定不移地围绕县委、县政府工作重点和目标要求，充分调动全体会员的积极性和创造性，更好地发挥自身优势和自身特点，更好地履行参政党的职能作用，为昔阳又好又快发展多建良言、多献良策、多干实事。在此，我对民进昔阳支部今后的工作讲三点意见：

一是要在自身建设上下工夫。致力于建设适应新形势新要求的参政党，坚持把加强自身建设放到重要位置，以贯彻落实三干会精神为契机，积极组织广大会员学习中国特色社会主义理论体系，学习统一战线的基本理论，学习中国共产党领导的多党合作历史和优良传统，不断提高参政党的整体素质，进一步增强自身的责任感和使命感，采取各种有效措施，建立和完善各种制度，特别是在选人用人上要严格按照民进的章程和要求选好人、选精英，不要为一己之利而用人，不要搞什么团团伙伙，要把全县关心热爱民进事业，具有中高级技术职称的人吸收进来，充实我们的队伍，为更好地履行参政党职能提供保障。

二是要在调查研究上下工夫。致力于履行参政议政、民主监督职能，紧紧围绕中共昔阳县委的中心工作，不辱使命，不负重托，励精图治，凝心聚力，重点关注经济结构调整、城乡居民增收、区域协调发展、促进科技创新等重大问题，献计献策，献智出力；选择人民群众关注、党委政府重视的热点、难点问题，深入基层，深入实际，深入人民群众中去，摸实情，讲实话，办实事，研究新情况，解决新问题，探索新思路。

三是要在发挥优势上下工夫。围绕大动作、大发展、大变化的工作思路，进一步团结和带领全体会员，鼓励他们在美丽昔阳、平安昔阳、幸福昔阳建设中充分施展才华，再立新功；充分发挥民进昔阳支部卫生教育界人才集中的优势，把社会服务融入全县文化教育发展的大格局中，整合资源、集智聚力，努力开创民进昔阳支部社会服务工作的新局面。

四是在增进团结上下工夫。民进昔阳支部是我县唯一的一个民主党派，从成立到现在，有过辉煌和成功，也有过曲折与迷惘。这次换届之后，新一届班子一定要把班子团结、会员团结作为头等大事来抓，人心齐泰山移，团结是我们的法宝，对于每个主委和会员来说，团结是一种美德、一种境界、一种责任，每个会员都要拿别人的优缺点常比比，取人之长，补己之短。对我们整个班子来讲，团结才能干成事，才能干大事，不出丑事。我们要善于团结一切力量，虚怀若谷，容人容事，团结一心，形成合力，做好我们的各项工作。

各位会员、同志们，展宏图，前程似锦；创伟业，任重道远。让我们携起手来，共同谱写统一战线和中国共产党领导的多党合作事业的崭新篇章！为实现美丽昔阳、平安昔阳、幸福昔阳的宏伟目标再立新功！

（本文系昔阳县政协副主席、统战部部长李怀仁在民进昔阳支部第四次会员大会闭幕时的讲话）

在工商联八届二次执委会上的讲话

李怀仁

（2013 年 7 月 25 日）

同志们：

今天，我们在这里召开县工商联八届二次执委暨全县非公经济人士理想信念教育实践活动推进会议。刚才，黄祥苗主席代表县工商联作了一个很好的报告，符合县委、县政府的要求，符合我县的实际，希望大家认真贯彻落实。同时，我们以县委、县政府的名义对去年以来在全县光彩事业和“民企联三农　共建新农村”活动中做出突出贡献的优秀企业和民营企业家给予表彰奖励，这是县委、县政府继全县三干会之后第一次以县委、县政府的名义进行的表彰，这充分表明了县委、县政府对我们非公经济的重视，对民营企业家的厚爱，特别是今天的会议市政协副主席、工商联杨定旺主席、县委冯耀黎副书记、政协王录文主席、人大李明科副主任、政府耿计良副县长在百忙之中又亲临会议，更加说明了各级领导对我们工商联工作的支持、关爱和认可。一会儿，杨主席、冯书记还要作重要讲话，大家要深刻领会、认真落实。我先就近段乃至今后一个时期，县工商联的几项重要工作讲几点不成熟的意见。

一、统一思想，抓住重点，确实把非公有制经济人士理想信念教育实践活动引向深入

按照中央的统一部署，今年中央统战部、全国工商联要在全国非公有制经济人士中开展理想信念教育实践活动，前段我们已进行了统一的安排部署。这项活动主要精神是“突出一个主题，解决三个问题”，就是引导非公有制经济人士自觉地把个人梦、企业梦融入中国梦之中，争当新晋商，突出转型做贡献这个主题，解决好对中国特色社会主义的信念、对党和政府的信任、对企业发展的信心这三个问题。

为什么要在全国范围内开展这项活动？主要是针对当前国际国内形势所发生的复杂变化，党中央审时度势提出的。在去年年底，新华社向党中央发了一份内参，重点反映部分民营企业家对当前形势的困惑、担忧和对下一步改革的期盼，习近平总书记、俞正声主席阅后非常震惊，立即做出了重要指示，要求全国工商联要重点抓好非公经济人士的信心信念问题。目前，在全国民营企业发展中有两个问题比较突出：一是民营资本大量外流。二是民营企业家大量海外移民。中国成了海外移民最多的国家。我们沿海的大批民营企业家成了裸商，把债务、污染和问题、隐患留给了国内人民，把资金、技术、人才和财富带出国外。为此，我们要在非公经济人士中开展理想信念教育，解决大家存在的小富即安、大富不安的困惑，解决对中国特色社会主义失去信念，对党和政府失去信任，对发展前途失去信心的问题。引导我们广大非公经济人士把企业的发展梦、个人的成功梦与实现13亿人民的小康梦和中华民族的复兴梦紧密地联系起来，自觉地把个人奋斗融入实现中国梦的历史潮流之中。特别是我们在座的各位作为企业的当家人，工商业的带头人更应该责无旁贷地走在时代的前列，做中国道路的实践者、中国精神的承载者、中国力量的主力军，同力打造昔阳经济的升级版，同心共筑中国梦。这期间我们工商联要重点搞好三个教育活动：

*一要以信念来引领梦想。*我们每个企业的成功固然离不开个人的奋斗，但更重要的是这个时代给了我们每个人人生出彩、梦想成真的机会。没有党的领导，没有改革开放，没有家乡人民的付出，就没有我们企业家的今天，我们必须坚定中国特色社会主义道路不动摇，深刻领会“方向决定道路，道路决定命运”的科学论断，不断增强道路自信、理论自信和制度自信。把我们的思想和行动统一到党中央的要求上来，始终做到与党委、政府思想上同心同德，目标上同心同向，行动上同心同行。

*二要用责任来激发梦想。*我们大家作为改革开放的见证者、参与者和受益者，要时刻牢记责任意识，不仅要讲社会责任，更要讲发展责任，不仅要强企，更要强国，实现中华民族的伟大复兴，实现“企业梦”“个人梦”与“国家梦”“民族梦”合二为一，我们要秉持爱国爱民的情怀，用个人的人格魅力、道德品行缓解社会仇富的心理，多怀爱民之心、多办为民之事，充分认识个人在实现伟大的“中国梦”“富县梦”“小康梦”中所处的角色和所承担的历史责任，永远充满奋斗的激情和动力，确实把智慧和力量奉献给社会、奉献给人民。

*三要凭实干来成就梦想。*中华民族的发展历史，尤其是改革开放三十多年来我们昔阳民营企业的发展历史，充分证明只有苦干实干，只有坚韧不拔的艰苦奋斗，才能创造幸福，才能成就梦想。我们大多数企业家都是从小商品、小企业做起的，从做人家不愿做的事做起的，从干人家不敢做的事干起的，历经艰辛，才有了今天的成功。今后，我们同样需要这种务实创新的精神来创造未来，成就梦想，特别是要用这种务实创新的精神来克服现在浮躁的社会心态，度过寒冷的经济冬天。时刻牢记空谈误国、实干兴邦的理念，努力做理想信念的建设者，振兴实体经济的建设者，履行社会责任的建设者和构建幸福昔阳的建设者。

二、励精图治，勇于担当，积极为建设“美丽　平安　幸福”新昔阳做出贡献

当前我们昔阳正面临转型发展，提质争位的关键时期，民营经济发挥着不可替代的作用。但是我县民营经济长期以来一直存在着数量少、规模小、结构趋同、资金外流的突出问题，尤其今年市场疲软、投资乏力，更使我们的民营企业雪上加霜。如何渡过这一难关是摆在我们各位面前的头等大事，因此，我们必须认清形势、坚定信心，鼓足干劲、勇于担当，为全县的转型跨越发展做出我们更大的贡献。

一要在招商引资上有更大作为。民营企业是招商引资的主体，我们要充分发挥自身优势，勇于招大商、引大资，积极与外地企业开展联合，进行强强协作，集聚外部资源和要素，加快自身的转型升级，激活本地创业，实现借力发展，为县域经济做贡献。

二要在创新创业上有更大作为。创新是一个企业发展的持久动力。我们民营企业要注重培养自身“偷不去，买不来，拆不开，带不走，溜不掉”的竞争力，不断追求观念创新、产品创新、技术创新、管理创新，大办实体经济、大兴本地企业，实现资金回流、人才回流，推动二次创业，加快做强做大，在转型升级中争取主动。

三要在奉献社会上有更大作为。这几年，我们的许多民营企业家致富不忘社会，在扶危济困、扶贫助学等社会光彩事业上踊跃奉献爱心，赢得了全县人民的广泛尊重和认可。希望我们各位会员要向刚才表彰的那几位企业家看齐，牢记社会责任，为构建和谐昔阳多做贡献。我们要积极报效家乡，振兴昔阳。昔阳这片热土养育了大家，也为大家的创业兴业提供了广阔空间；昔阳的繁荣需要大家，而繁荣的昔阳也是大家实现更好更快发展的基石。我想，二者之间是共存共荣的关系。大家应该把“报效家乡，振兴昔阳”作为一项责无旁贷的自觉行动，为昔阳的又好又快发展做出应有的贡献，为昔阳的美好明天增光添彩。我们要诚实劳动，依法经营。守法是每个公民必备的基本道德，也是企业持续发展的内在要求。我们广大非公企业家要牢固树立劳动致富、依法经营的理念，自觉遵守国家法律法规，遵循市场规则和行业规范，建立新型的劳动关系，尊重和维护企业员工的合法权益，依靠诚实劳动，倡导公平竞争，坚持社会正义，推动非公经济的健康发展。我们要致富思源，奉献社会。致富不忘本，饮水当思源。广大非公企业家要自觉承担起对社会以及子孙后代负责的社会责任，致富思源、富而思进，热心公益事业，积极参与社会活动，踊跃投身光彩事业，为政府分忧，为百姓解困。今年省市要求我们统战部、工商联在非公企业中成立光彩事业促进会，募集光彩基金，实施光彩行动，我们考虑到去年刚刚筹集了慈善基金，今年市场行情又不太好，所以我们想延后募集。成立光彩事业促进会是我们工商联系统自上而下的一项主要任务，是我们广大非公经济人士应尽的义务和责任，我们义不容辞、责无旁贷，我们要把这项工作做好做实。去年，工商联换届之后，我们没有向所有的会员单位收取任何会费，目的就是要大家把这个钱攒起来，回报社会、奉献爱心。这几年我们昔阳已经享受了全国光彩事业基金给我们带来的好处，援建了我县 3 所学校、15 个卫生所、资助了 100 多名在校学生，总计 150 多万元。最近太谷一个民营企业家通过省光彩事业促进会又要为我县定向捐赠 100 多万元的心脑血管药品。我们作为本地的民营企业更应该为当地的百姓办事，为上不起学、看不起病的贫困农民献上我们的一份爱心。过去，我们不少企业家也投入了不少资金用于公益事业，每年大约也在几千万元，但是我们的平台没有搭好，品牌没有树起来，在社会上缺乏影响力。今后，我们就是要在光彩事业这面旗帜下打造我们的光彩品牌、树立我们的光彩形象、成就我们的光彩人生，真正体现我们民营企业家的爱国爱民情怀。现在，我县光彩事业促进会正在前期准备阶段，待成熟后希望各位民营企业家积极踊跃捐资，积极参与管理，把这件利在当代、功在千秋的好事办好。

三、立足自身，奋发有为，努力为全县的非公经济发展搞好服务

工商联作为党和政府联系非公有制人士的桥梁和纽带，具有统战性、民间性、经济性的特征。去年，我县工商联班子换届之后做了不少工作，但与发展的要求，与会员的期待还有不少差距，我们要以这次会议为契机，全面加强自身建设，不断提高亲和力、影响力和凝聚力，使工商联真正成为党委、政府联系和管理非公经济的助手，成为深受广大非公有制企业和非公人士欢迎和信赖的会员之家。

一要强化服务职能，提高工商联的亲和力。工商联是非公经济的朋友和服务员，我们要把为会员服务作为立会之本，把工商联机关变成“会员之家”，要在工作理念、工作方法上不断创新，积极探索工商联工作的新路子，多为企业办好事、办实事，以优质的服务赢得广大会员的更多信赖，以出色的工作取得县委、县政府的更大支持。现在我们要重点搭建好六大平台：一是培训教育的平台，我们要组织大家走出去学、请进来教，提高我们的整体素质。我们准备组织大家出去看看，哪怕去记住一句话，看人家一个企业也是一种收获，都会给我们启示的。二是宣传表彰平台，今后，我们要大力宣传表彰我县非公经济组织和非公经济代表人士在经济转型发展中取得的显著成绩，扩大我们的知名度和影响力。我们准备与电视台联合，只要大家做出成绩、有贡献，我们就要大力宣传、大张旗鼓地表彰，不让大家心寒。三是政银企合作平台，努力为企业融资提供优质服务，前几天我们已经搞了一次，今后还要继续搞下去，进一步增进我们与政府、银行之间的沟通和联系。四是信息共享平台，今年我们工商联专门创办了《昔阳工商联》报刊和工商联网站，我们就是要通过这个平台为广大会员企业提供信息服务，进行宣传报道，大家有什么信息，有什么工作需要宣传的，我们要积极提供服务。五是法律服务平台，我们工商联已成立了法律服务中心，专门为会员企业提供法律咨询和法律服务。六是光彩事业促进平台。就是广泛动员和鼓励我们非公经济人士积极投身光彩事业，更好地回馈社会、报效人民。

二要发挥政治优势，提升工商联的影响力。我们统战部、工商联今后要做好民营企业的靠山和后盾，要在全县营造一个“企业家是老大，企业是我们的衣食父母”的社会氛围。充分扩大我们每位会员的社会话语权，提升我们的社会地位。重点是要做好三项工作：一是积极帮助我们非公企业组建党、团、妇联基层组织；二是积极举荐我们的民营企业家进入人大、政协组织，参与劳模先进的评选，引导我们非公经济人士为昔阳发展参政议政、建言献策；三是要积极组织我们非公经济人士参与全县的各项重点工程、重要工作，我们准备建立一个县领导与民营企业联系结对机制，让大家近距离与县领导接触，真正在全县营造一个亲商、爱商、富商的氛围，从而提高我们工商联的社会影响力。

三要积极开展活动，提高工商联的凝聚力。今年以来，我们要积极响应上级的安排部署，紧紧配合县委、县政府的工作大局，重点开展好五项活动：一是扎实开展好中央统战部、工商联安排部署的非公有制经济人士理想信念教育实践活动，力争取得明显成效；二是积极开展好市委统战部、工商联确定的“同心·双引双赛”主题活动，努力完成各项阶段性目标；三是继续引深“民企联三农　共建新农村”活动，让更多的企业到农村中到农民中去；四是积极筹划开展光彩事业促进活动，使光彩事业成为一个亮丽的品牌；五是积极开展工商联基层基础年活动，吸引更多的非公企业和非公人士加入我们工商联组织，并尝试成立几个行业分会。通过这一系列活动来提高我们工商联的凝聚力、号召力和社会影响力。

同志们，工商联的工作责任重大、使命光荣，在座的各位既是全县民营企业家的杰出代表，也是县工商联的主席、执委、会员，这不仅仅是一个称谓，更是一份肯定、一份信任、一份荣誉，工商联组织能否充满生机和活力，能否有更大的影响力和话语权，关键在大家，希望大家要牢记担负的责任和使命、坚定理想信念、增进党政信任、增强发展信心，把我们“个人梦”“企业梦”和“昔阳梦”“中国梦”融为一体，共同梦想成真！谢谢大家！

（本文系昔阳县政协副主席、统战部部长李怀仁在工商联八届二次执委会上的讲话）

在昔阳县第一次归侨侨眷代表大会上讲话

李怀仁

（2015年7月3日）

各位领导、同志们、朋友们：

今天，昔阳县第一次归侨侨眷代表大会在这里隆重举行，这是我县侨界群众政治生活中的一件大事，借此机会，我代表县委、县政府向大会召开表示热烈的祝贺！向全县广大归侨侨眷和海外侨胞、港澳台同胞致以崇高的敬意和亲切的问候！

侨联是党领导的由归侨侨眷组成的人民团体，侨联组织是党和政府联系归侨侨眷与海外侨胞的重要桥梁和纽带。我县第一次归侨侨眷代表大会的召开，是广大归侨侨眷、海外侨胞和县侨联工作者政治生活中的一件大事，它对团结、动员全县广大归侨侨眷、海外侨胞和侨联工作者继往开来，与时俱进，进一步凝聚侨心、汇集侨智、发挥侨力、维护侨益，为昔阳县科学发展、赶超跨越，具有十分重要的意义。下面，我提三点希望：

一是希望广大归侨侨眷和海外侨胞为推进昔阳科学发展作出新贡献。当前，国内经济受“三期叠加”的影响以及新常态的新变化，特别是我县作为资源型经济主导的县份，经济增长面临的困难比去年更多、更大。要运用好、保护好、发展好海内、海外“两个平台”和财力、智力“两大资源”的优势，积极配合政府和有关部门，搭建招商引资、招贤引智的平台，为引进海外资金、技术及各类专业人才和智力资源牵线搭桥。特别是要深入学习习近平总书记系列重要讲话精神，紧紧围绕县委、县政府稳中求进的总基调，紧扣“四地一城”发展定位，加快构筑“三川两轴四园”发展格局，为我县经济社会发展献计出力。

二是希望广大归侨侨眷和海外侨胞为维护昔阳和谐稳定作出新贡献。构建和谐昔阳，既是全县人民的共同愿望，也符合归侨侨眷和海外侨胞的根本利益。广大归侨侨眷要正确处理个人利益与集体利益、当前利益与长远利益的关系，自觉维护全县改革发展稳定大局。全县广大海外侨胞要发扬乐善好施、扶危济困的优良传统，热心慈善事业，参与公益活动，为社会和谐稳定提供更广泛、更有力的支持。要旗帜鲜明地维护国家统一和民族团结，坚决同破坏祖国统一、民族团结的行为做斗争，为巩固和发展各民族共同团结奋斗、共同繁荣发展的大家庭尽心尽力。

三是希望广大归侨侨眷和海外侨胞为提升昔阳形象作出新贡献。广大归侨侨眷和海外侨胞要充分发挥海外联系广泛的优势，广交新朋友，深交好朋友，积极宣传昔阳科学发展的新思路、新举措、新成就。要努力拓展侨联海外联谊工作，加强对政治上有影响、社会上有地位、经济上有实力、专业上有造诣的海外侨胞工作，充分发挥他们在海外华侨华人社会中的影响力。要引导海外侨胞融入当地社会，多做牵线搭桥、穿针引线的工作，为我县的发展营造有利的外部环境。

同志们、朋友们，让我们更加紧密地团结在以习近平总书记为核心的党中央周围，在县委的坚强领导下，高举中国特色社会主义伟大旗帜，转变作风、扎实工作，锐意进取、勇立潮头，为昔阳的改革开放和现代化建设事业，谱写侨联工作新篇章！

预祝昔阳县第一次归侨侨眷代表大会圆满成功！

（本文系昔阳县政协副主席、统战部部长李怀仁在昔阳县第一次归侨侨眷代表大会开幕时的讲话）

在昔阳县新的社会阶层人士联谊会第一次会员代表大会暨成立大会上的讲话

李怀仁

（2017 年 7 月 26 日）

各位代表、同志们、朋友们：

昔阳县新的社会阶层人士联谊会今天正式成立了。这是我县新的社会阶层人士中的一件好事实事，也是我县统战工作中的一件大事喜事。刚才经过全体代表的共同努力，圆满完成了昔阳县新的社会阶层人士联谊会第一次会员代表大会的各项议程，现在就要闭幕了，在此，我代表中共昔阳县委对新的社会阶层人士联谊会的成立表示热烈的祝贺，对新当选的会长、副会长、秘书长及各位理事表示热烈祝贺。联谊会的成立，标志着我县新的社会阶层人士统战工作进入了一个新的阶段，对于充分调动全县新的社会阶层人士的积极性、主动性和创造性，实现昔阳经济社会振兴崛起必将起到积极的促进作用。

当前，我县正处于改革发展稳定的关键时期，新的社会阶层人士联谊会作为党和政府联系新阶层人士的桥梁和纽带，一定要明确定位、牢记责任，按照“充分尊重、广泛联系、加强团结、热情帮助、积极引导”的二十字工作方针，充分调动广大新阶层人士的积极性，为全县经济社会发展凝聚人心、汇聚力量。借此机会，我提三点希望：

一、强化组织建设，增强新的社会阶层人士联谊会的凝聚力

新的社会阶层人士联谊会是党领导下的社会团体，是基层统战工作新的着力点，它不同于一般的社团组织，也不是俱乐部，更不是沙龙。我们要充分发挥党联系新的社会阶层人士的桥梁和纽带作用，发挥政府创新社会管理的助手作用，切实加强对我县新的社会阶层人士的思想教育引导工作，努力践行社会主义核心价值观，教育和引导广大新的社会阶层人士爱国、敬业、诚信、守法、贡献，做合格的中国特色社会主义事业建设者。要加强联谊会组织的覆盖面。近几年来，我县新社会阶层人士不断增加，人才资源十分丰富，我们要加强与这些新阶层人士的沟通与联系，为他们搭建好组织平台和活动载体，逐步形成纵向到底、横向到边的工作网络。要充分发挥联谊会自我管理、自我服务、自我教育的功能，加强对联谊会工作的统筹与协调，提升联谊会的凝聚力。服务是联谊会工作的宗旨，我们要在服务会员、服务社会的双向服务中体现存在的价值。特别是要协调好联谊会与各乡镇（社区）、各职能部门和会员间的关系，让广大会员了解基层情况，了解社会需求，了解党的政策，让他们有序参与民主协商，充分展现社会责任。

二、发挥优势作用，提高新的社会阶层人士联谊会的贡献力

“充分尊重、广泛联系、加强团结、热情帮助、积极引导”二十字方针是联谊会工作的基本方针，我们广大会员要认真贯彻全国新的社会阶层人士统战工作会议精神，积极参与到全县统一战线助力振兴崛起“六大行动”中来，紧紧围绕全县发展大局建言献策、建功立业。要顺势而为，发挥昔阳经济社会发展的助推剂作用。改革开放以来，我县的非公经济得到了迅速的发展，广大会员在助推全县经济和社会发展方面作出了积极贡献。面对目前经济发展的严峻形势，广大会员要顺势而为，加强自主创新能力，提升企业的核心竞争力，紧抓机遇，发展企业。要拓宽渠道，扩大有序的政治参与。联谊会的成立为我县政治文明建设搭建了一个新的舞台。在座的各位会员要充分认识肩负的责任，围绕县委、县政府的中心工作，在参政议政中发挥正能量，在政治协商中发出好声音，在民主监督中展示新风采。要传承传统，推进昔阳统战文化建设。我县新的社会阶层人士身上具有与党同心、风雨同舟，积极承担社会责任，诚信守法经营等优秀品质，这是我们联谊会发展的宝贵财富。我们要从这些财富中吸收营养，赋予联谊会新的文化内涵。坚持“致富思源、富而思进、扶危济困、乐善好施、义利兼顾、德行并重、发展企业、回馈社会”的光彩精神，在发展企业的同时勇于承担社会责任，服务弱势群体，积极推进阶层关系的和谐发展。

三、增进沟通联谊，提升新的社会阶层人士联谊会的影响力

新的社会阶层人士联谊会是反映新阶层人士意见建议和利益诉求、沟通党和政府与广大新阶层人士联系的桥梁和纽带，具有独特的、不可替代的地位和作用。我们要积极引导广大会员与党同心同德，不断提高对党的基本路线、方针、政策的认同度。要进一步加强同新阶层人士的联系，了解和反映他们的利益需求，倾听他们的愿望和呼声，并及时向党委、政府和有关方面反映，做到在政治上关心、生活上关照、工作上帮助和支持，更好地维护他们的合法权益。要做好新阶层人士的宣传教育工作，通过各种渠道，宣传党和国家的方针、政策，宣传我县经济社会发展新的成就，宣传新阶层人士的先进典型事迹，增强他们的凝聚力以及对党和政府的向心力。联谊会的生命力在于活动，要通过举办形式多样、内容新颖、切实有效的活动，及时向广大会员传递信息，通报情况，以此广交朋友，联络感情，增进了解。通过广泛联谊，让广大新阶层人士能够更加深切地感受到党和政府的关心和爱护，促进更多的新阶层人士团结在党和政府周围。总之，新阶层人士联谊会要广泛联谊，与时俱进，服务中心，充分发挥“教育”作用，打造成新的社会阶层人士提高素质的重要园地；充分发挥“团结”作用，打造成新的社会阶层人士彰显作为的重要阵地；充分发挥“引导”作用，打造成新的社会阶层人士健康成长的重要基地；充分发挥“服务”作用，打造成新的社会阶层人士维护权益的“温暖之家”。我相信，联谊会在全体会员的共同努力下，在社会各方面的关心和支持下，一定能办成党和政府信赖、对我县改革发展稳定有所作为、热心为广大新阶层人士服务的有生机和活力的社会团体。

各位会员、各位朋友，今年是中共十九大的召开之年，全县经济社会发展的美好前景鼓舞人心，昔阳新的社会阶层人士联谊会发展前途光明远大。我衷心地希望联谊会在一届理事会的领导下，团结一心，凝聚力量，发挥优势，开拓创新，为创造美好的未来而不懈努力！为昔阳经济社会发展作出新的更大的贡献！

最后，祝大家事业昌盛，身体健康！

谢谢大家！

（本文系昔阳县委常委、统战部部长李怀仁在昔阳县新的社会阶层人士联谊会第一次会员代表大会暨成立大会上的讲话）

在昔阳县党外知识分子联谊会第一次会员代表大会暨成立大会上的讲话

李怀仁

（2017年8月1日）

各位代表、同志们、朋友们：

昔阳县党外知识分子联谊会今天正式成立了。这既是全县广大党外知识分子盼望已久的一件好事，也是我县统一战线工作中的一件大事。值此，我谨代表中共昔阳县委对联谊会的成立表示热烈的祝贺，对关心支持联谊会成立的各级领导、有关部门和各界朋友表示衷心的感谢！向来自全县各条战线的广大党外知识分子致以亲切的问候！

知识分子作为先进科学技术、文化知识、精神文明的重要传承者、传播者和创造者，是促进经济发展和社会进步的重要力量。近年来，我县知识分子人数增长较快，其中党外知识分子占到多数，在社会主义政治、经济、文化、生态和社会建设中发挥着积极作用。今天，我县党外知识分子联谊会的成立，充分表明了县委、县政府对党外知识分子工作的高度重视，标志着我县党外知识分子工作站到了一个新起点，进入了一个新阶段。习近平总书记在今年3月4日的政协联组会上就党外知识分子工作发表了重要讲话，充分肯定了我国知识分子对国家和人民所做的历史贡献，精辟论述了尊重知识、尊重知识分子的重大意义，对广大知识分子更好地报效祖国、服务人民提出了殷切希望和明确要求，也为我们做好新形势下党外知识分子工作明确了新方向、确立了新坐标、提出了新任务、注入了新活力。我们党外知识分子一定要增强紧迫感和责任感，积极作为，开拓进取，为全面建成小康社会凝聚人心、贡献力量。借此机会，我提四点希望和要求：

一要增进政治共识，争做中国特色社会主义事业的支持者、捍卫者

我们广大党外知识分子要积极开展坚持和发展中国特色社会主义学习实践活动，认真学习习近平总书记系列重要讲话精神和治国理政的新理念新思想新战略，牢固树立“四个意识”，始终坚定“四个自信”，在立足岗位、发挥作用，发挥专长、服务社会的实践中，不为任何风险所惧、不为任何干扰所惑、不为各种噪音所扰、不为各种暗流所动，不断增进政治共识，强化内心认同，争做中国特色社会主义事业的支持者、捍卫者，坚定不移地与中国共产党同心、与中国特色社会主义同行、与中华民族伟大复兴同进。

二要继承优良传统，努力践行社会主义核心价值观

广大党外知识分子在践行和传播社会主义核心价值观的过程中承担着特殊的责任和使命，我们要深刻理解和高度认同社会主义核心价值观，自觉把个人专业与国家需求、个人抱负与民族理想、个人才智与人民期盼相结合，从我做起、从现在做起、从日常生活做起，把核心价值观内化于心、外化于行，既要体现在科学研究、学术探索、著书立说、文化传播、教书育人过程中，更要身体力行带动全社会自觉遵循，用自己的一言一行、一举一动引领风气、做好示范，在为祖国、为民族、为人民立德立言中成就自我、实现价值。要关心关注社会发展，主动架好连心桥，发挥线上线下的号召力，敢于向模糊认识和错误观点说不，讲好昔阳故事，传播昔阳声音，弘扬主旋律，传播正能量，为维护意识形态领域安全、促进社会和谐稳定寻找最大公约数。

三要发挥优势作用，努力为全县经济和社会发展做贡献

我们广大党外知识分子要坚决贯彻习近平总书记重要讲话精神，积极参与到全县统一战线助力振兴崛起“六大行动”中来，紧紧围绕全县经济和社会发展的各项工作，建言献策，贡献智慧，帮助党委政府科学决策。要心怀强国之心、激扬报国之志，围绕经济发展的核心关键、社会进步的瓶颈制约，不断强化创新意识，着力提升创新能力，积极投身创新发展实践，努力做科技创新的时代先锋。要发挥专业特长，努力把自己的专业做实、做深、做精、做强，利用人才优势、资源优势、平台优势，积极为党和人民述学立论、教书育人、科学研究，以敢为天下先的志向，在独创独有上下功夫，不断推进各领域理论创新、制度创新、科技创新、文化创新。要以踏石留印、抓铁有痕的精神，撸起袖子加油干，不辜负伟大时代赋予党外识分子的光荣使命。

四要加强沟通联系，努力把知联会建成知识分子的“温馨家园”

联谊会要认真学习借鉴先进县市的好经验、好做法，结合我县实际，大胆实践、努力创新，充分发挥桥梁纽带作用，努力为党外知识分子的健康成长、施展才华创造条件。联谊会要结合党外知识分子的思想、工作实际，用他们喜闻乐见的方式、方法，开展扎实有效的学习活动，特别要利用正在开展的“双学一跟”主题教育实践活动，组织和引导党外知识分子深入学习领会中国特色社会主义理论体系，提高接受中国共产党领导的自觉性，坚定走中国特色社会主义道路的信心和决心，把联谊会建设成为党外知识分子的学习园地。要紧紧围绕全县的工作大局，利用和发挥自身人才荟萃、智力密集、联系广泛的特点和优势，鼓励和支持广大党外知识分子立足本职、建功立业，同时积极参加调查研究、建言献策等活动，为全县经济社会发展做出贡献，把联谊会建设成为发挥党外知识分子作用的舞台。要加大工作力度，努力在实践中发现人才、延揽人才、培养人才，把联谊会建设成为培养和输送优秀党外代表人士的重要基地。

同时还要及时了解和反映党外知识分子的意见和建议，努力为他们排忧解难，不断增强联谊会对党外知识分子的凝聚力，把联谊会建设成为党外知识分子之家。

最后，预祝昔阳县党外知识分子联谊会第一次会员代表大会取得圆满成功！祝各位代表工作顺利、身体健康！

谢谢大家！

（本文系昔阳县委常委、统战部部长李怀仁在昔阳县党外知识分子联谊会第一次会员代表大会暨成立大会上的讲话）

强基层　打基础　抓基本
全力打造统战工作升级版

李怀仁

（2017 年 9 月 29 日）

同志们：

这次全市统一战线加强“三基”建设暨“强基固本”行动（昔阳）现场推进会在我县召开，不仅是对我县统战工作的一次大检阅，更是对我们统战部门的有力鞭策。下面我就我县如何加强“三基”建设，实施“强基固本”行动作一简要汇报。

今年以来，昔阳县委统战部紧紧抓住当前统战工作的重要“窗口期”，深入贯彻落实习近平总书记系列重要讲话精神和中央、省委、市委关于统战工作的一系列重大决策部署，始终坚持问题导向、目标导向和责任导向，扎实开展以“五有四规范三提升”为主要内容的“统一战线基层基础建设提升年”活动，突出加强“基层组织、基础工作和基本能力”的“三基”建设，努力激发基层统战工作活力，全面提升统战工作水平，全县统一战线呈现出全面发力，多点突破，亮点纷呈的良好态势。

一、强化基层组织建设，着力构建统战大格局

近年来，昔阳县委、县政府高度重视统战工作，全面加强基层统战组织建设，积极整合社会资源，延伸统战链条，着力解决基层统战工作“无人管事、无钱办事、无章理事”的问题，努力使基层统战工作动起来、活起来、强起来。

一是建立区域化领导体制。我们按照“哪里有党的工作，哪里就有统战组织”的要求，加强和充实了县、乡（镇）两级统一战线工作领导小组，实现了县乡两级统战工作领导体系全覆盖，县乡村三级统战工作队伍全覆盖。13 个乡镇（社区）和县直八大系统党委副书记兼任统战委员，335 个行政村党支部书记兼任村级统战工作联络员，121 个县直单位明确了分管统战工作的班子成员，31 个统战重点部门和单位配备了专门的统战工作联络员，做到了基层统战工作有人管、有人抓、有人干。

二是建立网络化组织体系。充分发挥基层统战组织优势和力量，全面构建“三线作战”的基层统战组织网络，推动统战工作向农村、向社区，向医院学校，向“两新”组织和其他社会团体延伸。即一条以县委统战部、乡镇统战委员、村级统战联络员为主的统战工作组织体系；一条是以县民族宗教局、乡镇民族宗教副乡（镇）长、村民族宗教信息员为主的民族宗教工作组织体系；另一条是以县工商联、乡镇商会、非公经济人士为主的工商联（商会）工作组织体系，“三条线”在落实统战工作目标任务中互联互通，共建共享。同时县里还积极组建各领域统战社会团体，2015年组建成立了科级建制的县侨联；2016年县工商联、民进昔阳支部、县佛教协会、基督教“两会”顺利换届；2017年新成立了县新的社会阶层人士联谊会和党外知识分子联谊会，实现了县工商联、侨联、新的社会阶层人士联谊会、党外知识分子联谊会、基督教“两会”和佛教协会“六位一体”的县级各领域统战社会组织全覆盖，形成了纵向到底、横向到边、覆盖全县、特色明显的基层统战工作组织网络体系。

三是建立综合化工作机构。注重整合基层统战工作资源，加强和规范统战部门合署办公机制。县委统战部与工商联、侨联和民宗局实行“1+3”的合署办公模式，统战部门领导职数比原来增加了3名，编制增加了5名，进一步壮大了统战部门的工作力量，办公条件也得到了极大改善。各乡镇（社区）都建立了统战工作办公室，与基层商会、民宗办实行“几块牌子、一套人马、合署办公”，配备了专兼职统战干事具体抓统战工作，构建了“多个部门、交叉任职、统一管理、集中办公”的基层统战组织新格局。

二、做实打牢基础工作，努力优化统战大环境

近年来，昔阳县委自觉履行主体责任，把加强基层统战工作放在全县党的建设大局和统一战线事业发展全局中统筹谋划，强化顶层设计，创新工作机制，努力为推进基层统战工作提供重要保障，营造良好环境。

一是立足高站位，统揽统筹统战工作。县委牢固树立“抓好统战是本职，不抓统战是失职”的责任意识，进一步完善了“县委书记亲自抓、常委部长具体抓、政府领导协调抓”的统战工作领导机制，出台了《中共昔阳县委关于进一步加强统一战线工作的实施意见》，实现了县委统战部长由县委常委担任。县乡两级党委始终把坚持党对统战工作的领导放在首位，既抓谋划落实的“最先一公里”，更要打通具体落实的“最后一公里”，坚持做到了“五个定期、四个纳入和三个同步”，就是定期向党委主要领导汇报统战工作，定期提请党委会议研究统战工作，定期邀请主要领导到统战系统单位现场办公，定期邀请党委主要领导参加统战活动，定期邀请知名专家学者讲统战课；将统战工作纳入党委重要议事日程，纳入基层工作年度考核内容、纳入中心组学习内容和宣传工作计划，统战经费纳入各级财政预算之中；实现了基层统战工作与党建工作同步安排部署、同步实施落实、同步考核奖惩，在全社会营造了一个重视、关心和支持统战工作的浓厚氛围。

二是着力补短板，建立健全运行机制。去年以来，我们以市统一战线工作领导小组开展的督促检查为契机，用刚性的要求，硬性的措施，进行“翻箱倒柜式”的自查自纠，并针对市委的反馈意见，跟踪督办，销号管理，创新机制，补齐短板，不断推进统战工作制度化、规范化建设。进一步建立健全县乡两级统战工作领导小组工作制度，全面统筹全县的统战工作；坚持完善各级党政领导干部与党外代表人士联谊交友制度，每位领导班子成员至少联系2～3名党外代表人士；推行党外代表人士综合评价制度，实现了党外代表人士“逢奖必评”“逢用必评”“逢进必评”；落实统战工作年度目标管理考核制度，做到了统战工作与其他工作同部署、同检查、同考核、同奖惩；规范党外干部和党外知识分子培养选拔管理制度，完善了统战部与组织部联席会议制度、议事规则和党外后备干部培养管理办法，进一步强化了党外干部队伍建设；建立统战工作例会制度、坚持每周一次统战部务会议，每月一次县级统战成员单位工作例会，每半年一次全县统战工作例会雷打不动；落实民族宗教工作联席会议制度、推进民族宗教工作各成员单位信息共通、资源共享、品牌共建；不断完善统战工作各项内部管理制度，坚持用制度管人，以制度办事，进一步推动统战工作的规范化管理，科学化运行。

三是突出精细化，筑实筑牢基层基础。今年，我们在全县开展了以“五有（有机构、有人员、有场所、有制度、有经费）、四规范（组织规范、工作规范、活动规范、保障规范）、三提升（提升基层统战干部素质、提升基层统战工作科学化水平、提升基层统战工作的凝聚力和影响力）”为主要内容的“统一战线基层基础建设提升年”活动。一方面，抓硬件强化阵地建设。全县各乡镇（社区）和统战对象较为集中的县直单位都按照“五有”的要求，统一设立了统战工作办公室，列支了专门经费，配备了专兼职人员，制定完善了各项规章制度，并将制度上墙，达到了“规范统一、美观实用、一目了然”的效果。同时，县里还建立了“一网（统一战线网站）、一刊（昔阳统一战线）、一微信（统一战线微信公众号）”三个宣传信息平台，为统战工作发声造势营造氛围。我们还依托乡镇、县直有关单位和统战成员所在单位建立了12个“统战之家”，以确保基层统战工作经常化开展。另一方面，抓软件规范台账管理。我们对全县所有统战成员进行了全面的调查摸底，建立了民主党派、党外知识分子、信教群众、少数民族群众、侨胞侨眷、台胞台属、非公有制经济人士、新的社会阶层人士、党外干部等十三个方面的“大数据”档案和工作台账，及时掌握情况，实行动态监管，真正做到了底子清，情况明，信息实。

三、不断创新活动载体，全力实施统战大行动

今年以来，我们围绕中心，服务大局，充分发挥统战优势，不断创新平台载体，精心打造亮点品牌，重点实施“凝心、聚力、转型、促和、惠民和强基”六大行动，为广大统战成员既给讲台，又搭平台，更建舞台。

一是实施“凝心”行动，开展主题教育。组织引导广大统战成员继续开展“双学一跟”学习教育，牢固树立“四个意识”，坚定“四个自信”；支持民进昔阳支部推进“不忘合作初心，继续携手前进”专题教育，画好最大同心圆；深入开展以“守法诚信、坚定信心”为重点的非公经济人士理想信念教育实践活动；在新的社会阶层人士中启动开展“坚持和发展中国特色社会主义主题教育活动”，进一步引导广大统战成员发出好声音，传递正能量。县委统战部连续五年免费为县四套班子领导、统战工作领导小组成员和各乡镇党委书记、乡镇长免费订阅《中国统一战线》杂志100本，发放《党政干部统一战线知识读本》《统一战线知识手册》《条例》解答1000多本，组织党外知识分子和新的社会阶层人士分别赴西柏坡、延安等地进行主题实践教育活动，进一步引领广大统战成员和统战干部凝聚共识，在全县改革发展的大局中做到统一战线不缺位、不游离、不落伍。

二是实施“聚力”行动，放大统战优势。进一步落实党外代表人士“季度协商座谈会”制度。县委常委会年初为今年党外代表人士专题协商确立了“决战脱贫攻坚、提升教学质量、建设美丽乡村”三个议题，县委统战部组织党外代表人士进行分组调研，现已写出调研报告5篇，向县委、县政府提出建议案3个。鼓励广大统战成员加强民主监督，建立了建言献策直通车制度，支持他们创办聚金湾民营经济创业园、电子商务淘宝园，激发他们创业创新的热情。同时，我们还在统战成员中积极开展“双岗履职、双岗奉献”活动，激励他们在转型崛起中建功立业。

三是实施“转型”行动，引深“双引双赛”。我们实施民营企业家培养工程，组织40多名非公企业家到温州党校进行为期一周的封闭式学习，邀请北京国科汇金公司董事长李丽梅、山西安华建筑项目公司工程师孙海燕、湖北山西商会常务副会长霍爱文为我县非公经济人士进行招商引资、PPP模式等专题培训，县工商联还编印《民营经济政策汇编》1000本，发行《昔阳工商联》杂志3000余份，宣传党的政策，发布企业信息，进一步提升全县民营企业家的整体素质。推进服务民企帮促工程。建立县四套班子成员联系非公经济项目、联系非公企业、联系非公企业家制度，为非公企业家鼓劲打气，排忧解难，提振他们转型发展的信心和决心。组织人员对全县重点民营企业进行了为期半个月的集中走访调研，梳理共性问题12个，个性问题26个，并及时与相关部门会商，绝大部分问题得到了妥善解决。县工商联与县信用联社联合召开银企对接会，为5家民营企业签订融资意向2500万元。与县人社局联合举办“民营企业招聘周”活动，为非公企业解决用工难问题。积极将四通润农菌业有限公司食用菌种植加工示范园区建设项目申报为“全国光彩事业重点项目”，此项目全省三家，晋中仅此一家。大力推进“昔商昔才”回乡创业工程，充分发挥我县异地商会的作用，鼓励引导昔商昔才回乡投资创业。昔阳籍北京企业家陈斌峰回三都乡投资4300万元兴办肉牛屠宰加工厂、太原昔阳商会副会长毛永江投资8个亿在东冶头镇兴办50万头养猪项目。同时，我们还积极参与全县招商引资活动，5月26日县委、县政府在北京召开了招商引资推介会，在京的昔阳籍企业家积极踊跃参加，共签约项目8个，签约金额136.6万元。鼓励和支持县内非公企业以商招商，大力发展实体经济。县工商联主席黄祥苗投资5亿元新上光伏、瓦斯发电项目和活性石灰项目，副主席朱晋投资1亿元兴建鼎丰瓦斯发电厂，副主席王维银投资1.2亿元兴建大寨药业有限公司，到目前全县现有工商联会员企业已落实和正在落实项目32个，进一步促进了全县非公经济的快速发展。

四是实施“促和”行动，破解发展难题。我们针对我县民族人口少，居住分散的实际，重点加强对少数民族流动人口的服务与管理，建立相关制度，实行网格化管理。在宗教领域，深入开展“和谐寺观教堂创建活动”，努力在“导”字上狠下工夫，在全县宗教活动场所开展升挂国旗仪式，依法依规治理基督教乱设聚会点和农村乱建小庙小庵，努力解决宗教领域中的各类矛盾和问题，为消除崇教寺消防隐患，县政府出资50万元为僧人购买僧舍120平方米；金刚禅寺交通不便，政府投资200多万元铺设了3公里柏油路。同时我们还引导宗教界人士与社会主义社会相适应，组织参与石马寺古庙会，举办印悟法师血经血画书法展。一系列措施的采取和活动的举办，进一步促进了全县民族宗教领域的和谐稳定。

五是实施“惠民”行动，着力改善民生。我们抓住脱贫攻坚决胜时期这个机遇，重点开展了“民企联三农　帮扶贫困村”活动，引导广大非公企业积极投身扶贫攻坚主战场，组织实施了一大批有影响、有实效的精准扶贫工程。全县81个非公企业深入贫困村进行多渠道、多形式、多内容的扶贫活动，13个重点企业帮扶13个深度贫困村实施精准脱贫。全县非公企业为贫困村联建合作社68个，落实扶贫项目116个，投入扶贫资金13595万元。扩大工商联公益群，继续开展以“善行昔阳　爱心传递”为主题的助学助残助困活动，全县参与的工商联会员企业和商户由原来的22户发展到186户，服务群众11000多人次。精心打造民进昔阳支部送医下乡活动品牌，赢得了社会的广泛赞誉。组织民营企业家开展对农村留守儿童“一对一”精准帮扶和各项社会公益慈善活动。继续加强与省委统战部海联处和市侨联的沟通联系，拓展“金桥”爱心工程成果，今年又争取到40万元资金投资新城小学建设，进一步扩大了统一战线在全社会的影响力。

四、全面提升基本素质，强力彰显统战大作为

统战工作是做“人”的工作的，不仅要求我们要抓住“人物”，壮大队伍，画好最大的“同心圆”；而且要努力强化自身、提升基本素质，锻造一支想干事、能干事、干成事的“主力军”，不断增强统战工作的存在感、统战成员的获得感和统战干部的自豪感。

一是全面提升统战干部队伍能力素质。借助大培训、大调研、大考核三大平台，推动统战干部和统战成员基本能力和素质的全面过硬。分领域、分专题对统战干部和统战成员进行大培训。我们先后举办了温州民营企业家培训班、浙大统战成员培训班和全县党外干部培训班，全面提高统战干部的政治业务素质，真正让他们知统战、懂统战、会统战。抓重点、抓关键，开展统战大调研。制定出台了昔阳县统一战线大调研工作方案，组织全县统战干部和统战成员深入基层一线，精选题目，精心调研，积极参与省委统战部和省宗教局组织的基层统战工作和宗教中国化大调研活动。同时，我们还注重调研成果的转化和落地，释放出统一战线智慧力量的重大影响。严责任、严奖惩，对统战工作进行大考核。制定具体的考核办法和细则，将统战工作列入各乡镇、各单位年终目标责任制考核内容，实行奖惩兑现。同时，还在全县大力选树先进典型，开展统战工作“同心”品牌和示范点创建活动，有效地激发了各级统战干部和统战成员干事创业的动力和热情。去年以来，县委统战部先后有 1 名干部提拔为副处、2 名提拔为政府组成部门的一把手、1 名提拔为正科，2 名提拔为副科，统战部门成了县里干部眼中的“香饽饽”。

二是大力加强党外代表人士队伍建设。今年以来，我们下大力气狠抓党外代表人士队伍建设，在党外干部发现、培养、选拔、使用、管理上大胆创新，建立了统战部和组织部联席会议制度；完善了党外代表人士安排和统战部门干部管理工作制度、党外后备干部培养管理制度。规范了党外代表人士综合评价办法，实现了党外代表人士综合评价的制度化、程序化。今年我们还建立了党外人士数据库、党外代表人士优秀后备人才库，全县 113 名党外代表人士和 143 名党外后备人选筛选入库，做到了培养有目标、推荐有对象、实现了适度储备、动态管理。积极推动党外代表人士的选拔使用和政治安排，去年以来，全县共提拔使用副科以上领导干部 13 名。全县副科以上党外干部达到 44 名，其中副处 4 名、正科 5 名、副科 35 名。在政治安排上，64 名党外代表人士推选为人大代表，97 名党外代表人士推荐为政协委员，使更多的党外代表人士奋进有机会、干事有舞台。同时，我们还进一步完善了党外干部的履职交流、定期汇报、廉政建设和跟踪服务制度，努力把统战部门建成“党外人士之家”。

三是不断强化统战部门自身建设。今年以来，我们紧密联系昔阳实际，继续开展“双学一跟”和“一联双争”活动。开展了统战干部联系统战对象“1+6”送温暖行动，统战部门联系服务品牌“1+3”送项目行动，统战志愿者联系示范点“1+5”送服务活动，积极帮扶赵壁乡巩家庄村精准脱贫。与此同时，我们还举办了“不忘合作初心　继续携手前进”统一战线书画展，开展了昔阳县“丰汇杯”统一战线“学讲话、学条例”知识竞赛，着力打造学习型、服务型、高效型统战干部队伍，努力把统战干部培养成为令人信赖、令人尊敬的“党外人士之友”，把统战部门建设成为团结和谐、名副其实的“党外人士之家”。县委统战部先后被中央统战部宣传办授予“统战宣传工作先进集体”，被晋中市委统战部授予“统战工作先进集体”，民进昔阳支部被民进中央授予“坚持和发展中国特色社会主义学习实践活动先进基层组织”，县工商联被全国工商联授予

“县级五好工商联”等荣誉称号。

成绩代表过去，奋斗成就未来。我们将以此次会议为契机，向兄弟县市学习，向一流目标奋进，全力推动我县统一战线工作再上新台阶，以优异成绩迎接党的十九大胜利召开。

谢谢大家！

（本文系昔阳县委常委、统战部部长李怀仁在晋中市统一战线“三基建设”暨强基固本（昔阳）现场推进会上的交流发言）

在昔阳县佛教协会第三次代表会议上的讲话

李怀仁

（2017 年 12 月 29 日）

尊敬的释圣翔会长、各位法师、各位居士、各位代表：

在 2018 年即将到来之际，昔阳县佛教协会第三次代表会议今天在这里举行，我代表中共昔阳县委、昔阳县人民政府对大会的圆满成功和新当选的新一届县佛教协会领导班子表示热烈的祝贺，向全体与会代表并通过你们向全县广大佛教信众表示诚挚的问候！

昔阳县佛教协会第二次代表会议以来的五年，在一然师傅的带领下，全县佛教四众弟子高举爱国爱教、团结进步的旗帜，发扬中国佛教的优良传统，充分发挥了党与政府联系信教群众的桥梁和纽带作用，在协助政府贯彻落实党的宗教信仰自由政策，维护佛教界的合法权益，加强佛教协会自身建设，积极引导佛教界人士和广大信教群众与社会主义社会相适应，在促进全县社会稳定、和谐发展等方面做出了积极的贡献。这些成绩是有目共睹的，县委和政府是十分满意的，这些成绩的取得是我们在座各位和全县广大佛教信众共同努力的结果。在此，我代表县委统战部、县宗教局向你们表示衷心的感谢。

我们这次会议是在全国上下认真学习党的十九大精神，全面贯彻落实新的《宗教事务条例》的大好形势下召开的，我相信，通过这次会议，县佛教协会必将以崭新的面貌，以与时俱进的精神，更好地服务社会、造福众生。党的十九大报告四处提到宗教和宗教工作，明确强调要“全面贯彻党的宗教工作基本方针，坚持我国宗教的中国化方向，积极引导宗教与社会主义社会相适应”。希望新一届佛教协会要以高度的历史责任感和使命感，充分认识和思考佛教发展中面临的机遇与挑战，始终坚持佛教中国化的正确方向，与时俱进、开拓创新，进一步促进我县佛教工作健康有序地发展。以更大的创新勇气和使命担当为新时代中国特色社会主义提供智慧启迪、慈悲能量和信仰力量。借此机会，我提几点建议，供大家参考。

一要强化政治意识。我们大家虽然是佛教弟子，但首先是共和国公民。我们必须要有政治意识，牢固树立国法大于教规的意识，首先做好一名合格的公民，然后才能做一个合格的教徒。要坚决拥护中国特色的社会主义制度，拥护中国共产党的领导，拥护以习近平为核心的党中央权威；自觉贯彻执行党的各项方针政策，自觉遵守法律法规和各项宗教工作的规章制度，坚决奉行爱国爱教原则，坚决抵制国外势力和邪教渗透；尤其要不断加强对教职人员的教育和引导，充分认识依法管理宗教事务的必要性和重要性；要增强法治意识，加大宣传力度，使《宗教事务条例》深入人心，落到实处；我们佛教协会要协同县统战、宗教部门运用法制的手段来管理和处理宗教事务，依法开展宗教活动，向广大信教群众宣传正确的教规教义，使广大信教徒都能够遵纪守法，依法活动。

二要强化责任意识。佛教从西汉传入我国，至今已有2000多年的历史，佛教文化已成为中国传统文化的一部分。我们佛教协会的全体代表和居士们，一定要有强烈的责任意识和主人翁精神，发扬弘一大师提倡的“念佛不忘救国”的谆谆教诲，发扬“六和”精神，倡导人间佛教，坚决遏制佛教领域的商业化之风，推动“文明敬香、合理放生”，深入开展“和谐寺观教堂”创建活动，推动寺庙规范化管理。我们中国佛教与中华民族伟大复兴的中国梦同愿同行，与社会主义核心价值观有着共同的中华文化价值源头，我们所奉行的“庄严国土、利乐有情”的努力目标与习近平总书记提出的“永远把人民对美好生活的向往作为奋斗目标”二者异曲同工，特别是佛教主张利益人群与十九大提出的“建设人类命运共同体”有着高度的一致性。我们要持续不断地学习优秀的传统文化，传承弘扬佛教文化，切实把佛教文化融入新时代中国特色社会主义优秀文化之中，使佛教真正成为“中国佛教”，而不是“佛教在中国”。我们在佛教传承上，要以戒为师、以德为先，立足正信、弘扬正法，充分体现中国风格，讲好中国故事，融入中华文化，真正使佛教更好地与社会主义社会相适应，真正使佛教在中国发扬光大。

三要强化服务意识。佛教协会要充分发挥好桥梁和纽带作用，及时向信教群众传达党和政府的方针政策，同时也要反映信教群众的愿望和要求，维护他们的合法权益。要进一步发挥佛教界的优良传统，以实现人间净土为己任，充分利用自身的力量，用出世心做入世事。佛教讲求修心修来世，我们要进一步倡导慈悲为怀、善行善举，拯救一切苦难，为创造美好的未来尽心尽力，从今世做起，从个人做起，在政府的引导和管理下，大力从事有益于社会发展的公益慈善、扶贫济困活动，发扬佛教慈悲为怀的优良传统，为经济社会发展而努力，树立新时代佛教服务社会的良好形象。

四要增强学习意识。佛教人才是续佛慧命、荷担如来家业的中坚力量，广大信众期盼佛门龙象辈出，但现在佛教界人才短缺、人物匮乏，需要我们各位师傅、居士要紧跟时代步伐，加强自身建设，不断提高自身素质。养成学习的风气，形成学习的氛围。希望佛教协会和各寺庙的负责人要带头学习和掌握党的宗教工作方针政策和新的《宗教事务条例》等法律法规，学习现代科学文化知识，学习佛教的基本教理教义，依法加强对教职人员的管理，勤修戒定慧，熄灭贪嗔痴，养成研读经典、讲经说法的风气，引导和教化广大信众讲求真知真见，奉持正信正行，反对迷信和盲信，真正做到内强素质、外树形象，使佛教真正能够实现传灯续焰、继往开来，让党和政府放心，让佛教信众满意，让全县人民认可。

最后，希望新一届县佛教协会的领导班子，要在习近平新时代中国特色社会主义思想的指引下，带领全县信教群众，开拓创新，与时俱进，庄严国土，利乐有情，为促进全县经济社会和谐发展，决胜全面建成小康社会做出应有的贡献。

元旦即将到来，提前祝各位新年快乐、身体健康、六时吉祥！谢谢大家！

（本文系昔阳县委常委、统战部部长李怀仁在昔阳县佛教协会第三次代表会议上的讲话）

在昔阳县光彩事业促进会第一次会员代表大会暨成立大会上的讲话

李怀仁

（2018 年 1 月 25 日）

各位代表、同志们：

昔阳县光彩事业促进会经过几个月的积极筹备，今天正式成立了。这是我县脱贫攻坚工作的一件好事实事，也是我们统战工作的一件大事喜事。刚才经过全体代表的共同努力，圆满完成了各项会议议程，选举产生了我县首届光彩事业促进会理事会的领导班子。在此，我代表中共昔阳县委对县光彩事业促进会的成立，向新当选的会长、副会长、秘书长及各位理事表示热烈的祝贺，向长期以来关心、支持、参与我县光彩事业和统战工作的非公有制经济人士和社会各界表示衷心的感谢！促进会的成立，标志着我县光彩事业工作进入了一个新的阶段，广大非公有制经济人士可以通过这一平台，为县委和政府分忧，为贫困村和贫困群众造福，为实施乡村战略，全面建成小康昔阳建功立业。借此机会，我提三点希望：

一要弘扬光彩精神，做光彩事业的引领者

光彩事业是 1994 年全国工商联为响应党的号召，参与国家“八七”扶贫攻坚计划而发起实施的一项社会扶贫事业，旨为发挥广大非公有制企业的市场优势、人才优势、技术优势、资金优势，助力贫困乡村开发资源、开办项目、扶贫济困、脱贫攻坚，为实现贫困户脱贫、贫困村退出、贫困县摘帽献出一份真情，献上一份爱心。特别是我县从 2014 年开展脱贫攻坚工作以来，我们广大非公有制经济人士积极响应、广泛参与、主动担当，在全县脱贫攻坚中当先锋、打头阵，做出了突出的贡献，尤其是在 2017 年全国扶贫日期间，我们在座的各位民营企业家大力弘扬“义利兼顾、以义为先”的光彩精神，共筹集光彩事业基金 1680 万元，全部用于了全县的精准扶贫工作，为我县 2017 年率先脱贫摘帽发挥了积极的作用，得到了全县人民的广泛赞誉。实践证明，光彩事业已经成为全县广大非公有制经济人士致富思源、回报社会的有效载体，成为乐善好施、扶贫济困，弘扬中华民族传统美德的广阔舞台，成为贫困地区脱贫致富奔小康的重要力量。光彩事业促进会的成立必将更好地促进我县光彩事业蓬勃发展。我们光彩事业促进会要始终站在政治和全局的高度，高举光彩事业旗帜，弘扬时代精神，把全县广大非公有制经济人士动员和团结起来，真正做到与党委政府思想同心，目标同向，工作同行，积极投身扶贫济困、捐资助学等社会公益事业，自觉履行社会责任，充分彰显新时代民营企业家的新形象，我们要不断增强对新时代中国特色社会主义的理想信念，对党和政府的充分信任，对企业发展的坚定信心，对社会诚实奉献的良好信誉，要以此次会议为新起点，把扶贫济困、服务民生作为光彩事业促进会的重点所在，把共同富裕奔小康作为目标所向，为贫困乡村和贫困群众办更多的实事，上更好的项目，捐更多的资金，不断把我县光彩事业推向一个新的台阶。

二要践行光彩精神，做光彩事业的实践者

加入光彩事业行列，为的是民生，求的是民心。人心向背，力量对比是决定党和人民事业成败的关键，是最大的政治。因此，我们做好光彩事业既光荣又神圣，更伟大。我们每一位会员必须时刻牢记先富帮后富、实现共同富裕的根本宗旨，大力弘扬爱国敬业、遵纪守法、艰苦奋斗的精神，弘扬创新发展、专注品质、追求卓越的精神，弘扬履行责任、敢于担当、服务社会的精神，进一步增强责任意识，激发担当精神，更加坚定听党话、跟党走、感党恩、报党情的决心，自觉把企业梦、个人梦与昔阳梦、中国梦结合起来，把推动脱贫攻坚作为实践光彩事业的着力点，积极投身到我县精准扶贫的伟大实践中去，坚持“输血”与“造血”相结合，立足我县资源禀赋，找准企业自身发展与扶贫开发的结合点、着力点，变单纯给钱给物的“输血”式扶贫为项目投入的“造血”式扶贫，以产业化发展带动经济增长和群众致富。扶贫是一篇大文章，我县是省定贫困县，全县有建档立卡贫困村 151 个，4 万贫困人口，扶贫攻坚任务十分艰巨，虽然在这个月我们已通过了省政府第三方评估验收，受到了评估组的一致好评，实现了户脱贫、村退出、县摘帽的既定目标，但要让广大贫困群众过上富裕的生活，实现全面小康任务仍十分艰巨，希望我们广大非公经济人士要通过各种方式带动贫困户脱贫致富，为精准脱贫作出新的贡献。同时，我们也要鼓励每一位理事会员以企业、个人的名义一对一、点对点，精准对接进行精准帮扶，提升光彩事业的品牌价值。光彩事业促进会要充分发挥职能作用，积极统筹配置资源，团结带领广大非公有制经济人士勇于担当、敢于奉献，在广阔的舞台上大展拳脚，施展才能，不断拓展光彩事业的覆盖面，提高光彩事业的社会影响力，使我们光彩事业更加光彩。

三要发展光彩精神，做光彩事业的促进者

团结和引领越来越多的非公经济人士参与光彩事业，形成一支朝气蓬勃的光彩事业队伍，是光彩事业永续发展的根本保障，也是我们光彩事业促进会的一项重要任务。我们促进会作为反映非公经济人士意见建议和利益诉求、沟通党和政府与广大非公经济人士联系的桥梁和纽带，具有独特的、不可替代的地位和作用。我们要积极引导广大非公有制经济人士自觉把自身企业的发展与国家的发展结合起来，把个人富裕与全体人民的共同富裕结合起来，把遵循市场法则与发扬社会主义传统美德结合起来，按照市场经济规律开展扶贫活动，达到企业经济行为与企业家道德行为的有机统一，实现了中国传统文化道义观与现代市场经济利益观的紧密结合，在脱贫攻坚这场硬仗中彰显我们企业家的力量。各位新当选的光彩事业促进会会长、副会长和理事要清醒地认识到，今天我们选出的职务，不仅仅是荣誉，更是一份责任，一份担当，我们每一位企业家除了更好地把企业做大做强，为社会服务以外，还要做道德的标兵、守法的标兵、信用的标兵，应该在各个方面都起到模范带头作用，这样才能与我们的职位相配，身份相符。所以大家肩上的责任和担子很重，我们就是要通过大家的模范带头作用，把全县非公有制经济人士团结起来，凝聚起来，真正成为昔阳转型发展的火车头，招商引资的主力军，承担社会责任的领头雁，富而有德的慈善家，共同为昔阳经济社会发展做出更大的贡献。同时，我们还要进一步加大对光彩事业的宣传力度，利用各类媒体，广泛宣传光彩实践中涌现出的先进典型和先进事迹，不断提高光彩事业的社会影响力和美誉度，营造“人人知晓光彩事业，人人宣传光彩事业，人人支持光彩事业，让光彩人有光彩”的良好社会氛围，让大家自豪、自信，激情干事，让大家富得光荣，捐得舒心，干得顺心。

各位会员、同志们：发展光彩事业责任重大，书写光彩人生使命光荣，让我们在县委、县政府的正确领导下，以更加坚定的态度践行光彩理念，以更加有效的措施打造光彩品牌，以更加扎实的作风开展光彩实践，不断开创我县新时代光彩事业蓬勃发展的新局面，为昔阳经济社会发展作出新的更大的贡献。

最后，祝各位会员、各位理事事业昌盛，身体健康，也借此机会给大家拜个早年，祝大家春节愉快，阖家欢乐！

（本文系昔阳县委常委、统战部部长李怀仁在昔阳县光彩事业促进会第一次会员代表大会暨成立大会上的讲话）

在昔阳县 2018 脱贫攻坚暨乡村振兴动员大会上的讲话

李怀仁

（2018 年 4 月 19 日）

各位领导，同志们：

按照会议安排，我就全县民营企业助力脱贫攻坚和乡村振兴行动做一说明。

实施乡村振兴战略，打好脱贫攻坚战是以习近平同志为核心的党中央做出的重大战略部署。广泛动员和组织民营企业助力脱贫攻坚，投身乡村振兴行动是县委、县政府交给我们广大非公经济人士的一项重大政治任务。目前，我县脱贫攻坚已进入连战连胜、巩固提升的决胜阶段，乡村振兴已到了谋篇布局、示范引领的关键时期，我们民营企业和广大非公经济人士必须积极响应县委、县政府的号召，立即行动起来，冲锋在前、主动作为，在助力脱贫攻坚和乡村振兴的行动中受教育，尽责任，显身手，做贡献。

民营企业具体怎么帮？如何扶？县委办、政府办已印发了《非公有制企业助力脱贫攻坚和乡村振兴行动实施方案》，方案已做了具体安排，在这里我想重点强调三点：

一、助力脱贫攻坚和乡村振兴民营企业义不容辞，我们必须主动担当，争做助力行动的排头兵

长期以来，我县广大非公经济人士富而有德、富有爱心，致富不忘乡亲，勇于承担社会责任，热情参与光彩事业、扶贫济困和慈善公益活动，成为我县扶贫开发事业不可或缺的重要力量。特别是在去年扶贫日期间，44 户民营企业捐款 1680 余万元，在我县脱贫摘帽的军功章上有你们一份沉甸甸的功劳。巩固提升脱贫成果，聚焦助力乡村振兴是当前摆在我们面前的头等大事和第一民生工程，它不仅仅是农村、农业、农民的事，也是全社会的共同责任，更是我们共同的发展机遇。我们民营企业参与脱贫攻坚和乡村振兴既能为农村带来先进生产力，帮助农民转变发展观念，从根本上激发农村的发展活力，增强农民的自我发展能力；又能帮助企业树立良好社会形象，拓展新的发展空间。扶贫向善，帮助别人，提升自己，引领风尚这是一个互利双赢的制度设计，值得我们共同奋斗。在这场伟大的行动中，我们失去的是贫困，换来的是全县人民的全面小康，是昔阳民营企业更好更大的发展。我们广大民营企业家都是靠党的改革开放好政策富裕起来的，没有党的好领导，没有家乡人民群众的支持认可，就没有我们非公经济健康发展的今天。致富思源、富而思进是我们的传统美德；扶贫济困、共奔小康是我们的历史使命。我们民营企业和广大非公经济人士在这场攻坚战中决不能退缩、决不能缺位、决不能落伍。我们要首当其冲，听党话、跟党走、感党恩、报党情，自觉地把企业梦、个人梦与中国梦、昔阳梦结合起来，主动扛起责任，积极投身到助力全县脱贫攻坚和乡村振兴的行动中去，伸出扶助之手、献出关爱之心，与全县人民一道同舟共济、守望相助，手拉手、肩并肩，在脱贫攻坚的战役中当好先锋，在乡村振兴的广阔舞台上大显身手，让光彩事业更加光彩。这次助力行动，我们按照企业就近帮扶、企业家回乡帮扶、村企自愿帮扶的原则，共筛选出77家重点民营企业，主要包括工商联会员企业、各级人大代表、政协委员企业，精准对接全县12个乡镇112个行政村，占到全县总村数的三分之一，再加上部分国有煤炭、化工和风力发电企业，基本实现了60个美丽宜居示范村企业帮扶全覆盖，5个未脱贫村煤炭企业全帮扶。在这些企业中，有的帮扶一个村，有的帮扶近10个村。有的企业块头大、实力强；有的企业才刚刚起步，企业发展还有这样那样的问题，但我们绝大多数的民营企业和非公经济人士都是艰苦创业的成功人士、社会的公众人物，用习总书记的话讲：大家都是本地有头有脸的人物，你们的举手投足、一言一行对社会有很强的示范带动作用。助力脱贫攻坚和乡村振兴行动，不单是单纯的政治任务，也不是农村奔小康的主要渠道，如何把这件好事办好、实事办实，我们一定要有客观的预期和准确的评价。现在有不少村对企业帮扶有非常高的期望，一些企业也对参与这次行动顾虑重重。我们可以说，这次脱贫攻坚和乡村振兴农民是主体，党委政府是主导，企业参与是补充。首先“帮”不能“替”，民营企业帮扶不能代替政府，民营企业来了，单位帮扶不能松劲，政府该做的事政府还要做；其次“帮”不能“代”，民营企业不能代替农民去脱贫，必须激发农民的内生动力，不仅帮他们富口袋，更要帮他们富脑袋，帮助他们解放思想、敢想敢干，培训他们提升能力，能干会干，鼓励他们艰苦奋斗、苦干实干，增强他们对致富项目的拥有感，帮扶效益的获得感；再次“帮”不能“包”，民营企业签约结对帮扶村不是包村，签订协议并不意味着包揽一切。民营企业在这次行动中，实力不论大小、贡献不分多少，重在响应号召，贵在积极参与。关键是要尽力而为，量力而行，把好事办好。我们民营企业和广大非公经济人士要从政治、全局、战略的高度提高认识，大力弘扬致富思源、富而思进、扶危济困、乐善好施、义利兼顾、以义为先、发展企业、回报社会的光彩精神，不断增强对中国特色社会主义的信念、对党和政府的信任、对企业发展的信心和对社会的信誉，在这场助力行动中有所担当、有所作为、有所成就，争当乡村振兴的排头兵、脱贫攻坚的奉献者、助力行动的实干家。

二、助力脱贫攻坚和乡村振兴民营企业大有作为，我们必须精准施策，争做助力行动的奉献者

民营企业助力脱贫攻坚和乡村振兴贵在精准、重在精准，成效之举也在精准。我们必须发挥企业自身优势，综合运用产业帮扶、就业帮扶、智力帮扶、公益帮扶等多种方式，把民营企业资金、技术、人才等优势与帮扶村的生态、土地、劳动力和特色资源有机地结合起来，对症下药、精准施策、靶向治疗，力求做到帮扶村缺什么、补什么；帮扶企业有什么、帮什么；农民群众需要什么、给什么。

在具体帮扶上要重点把握好以下三点：

*一是因地制宜，找准精准帮扶的切入点。*每个村的情况不同，每个企业的经济实力也有大小，民营企业开展精准帮扶不能搞“一刀切”“拉郎配”。只有因企、因地制宜、选准切入点，体现差异性，才能达到同频同振，共同发展。不管是产业帮扶、就业帮扶，还是智力帮扶、公益帮扶，都要体现和落实在项目上，从项目入手、用项目帮扶。在项目的选择上，要善于从实际出发，与企业转型升级、创新发展紧密结合起来，实现经济效益、社会效益与生态效益的统一；要把帮扶行动深深地扎根于市场经济，以市场思维和市场方式运作，做与企业自身产业类型、规模能力相匹配的事情，做真正适合帮扶村发展条件的事情，宜农则农，宜林则林，宜牧则牧，宜游则游，发展一批特色产业可以、解决一批贫困户劳动力就业可以、落实一批公益扶贫济困捐赠项目也可以。

*二要创新模式，做实精准帮扶的着力点。*帮扶要精准、成效要持久，造血式帮扶是关键，产业帮扶是首选。实践证明，过去那种捐一点钱、盖点房、修点路可以解决一时的困难，但无法从根本上解决贫困问题。只有产业帮扶才是帮助农村脱贫致富的指路明灯，兴办一个产业帮扶项目就等于是点亮了一盏灯，可以达到照亮一大片的效果。每个帮扶企业要结合自身的实际，坚持长短结合、种养互促、三产融合，帮扶村里实现“一村一品一主体”，通过建设“扶贫车间”，吸纳农民就近或居家就业，采取“公司＋基地＋合作社＋农户”的模式，发挥互联网＋的优势，发展产业、兴办企业、扩大就业，建立起村企合作的长效机制，进一步提升帮扶效应。

*三是通力协作，扩大精准帮扶的闪光点。*我们每一个示范村都有一个企业来对结，同时也鼓励有条件的民营企业同时结对帮扶多个示范村，形成脱贫帮困的合力。帮扶企业要创新帮扶方式，不光是企业与示范村结对，企业内部组织也可以与农户结对，特别是要发挥党、团、工会组织的优势和作用，鼓励支持企业党员、团员、工会组织员工到帮扶村去，群策群力、齐帮共扶。还可以把示范村转变成企业的农产品生产基地、社会实践的教育基地、培育起爱国兴企助贫的企业文化。同时要充分发挥非公有制经济人士的个人影响力，吸引更多的帮扶资源参与到行动中来，用好绣花针，练好绣花功，

拓展行动覆盖面，扩大行动影响力，让助力行动有更多的特色和亮点。

三、助力脱贫攻坚和乡村振兴民营企业使命光荣，我们必须精心组织，争做助力行动的实干家

民营企业助力脱贫攻坚和乡村振兴为的是民生，求的是民心。组织和引导广大非公有制经济人士参与脱贫攻坚和乡村振兴是县委、县政府交给我们统一战线重要和光荣的任务，是新时代非公有制经济人士实现社会价值、树立良好社会形象的一次集中展示。我们非公制经济人士开展助力行动，既光荣，又神圣，更伟大。尤其我们民营企业家中的各级人大代表、政协委员和工商联执委、常委要率先垂范带好头，带着感情去帮扶，进一步坚定舍我其谁的信念，勇当尖兵的决心，保持敢于担当的使命感，干事创业的责任感，加强领导，精心组织，在精准施策上出实招、在精准推进上下实功、在精准落地上见实效。

一要强化组织领导建机制。县委统战部和工商联专门成立了活动领导组，专责专业负责活动的推进工作。这次助力行动要紧紧依靠所在乡镇的党委、政府，坚持问题导向、实践导向、基层导向，把民营企业精准帮扶行动纳入当地脱贫攻坚和乡村振兴的整体规划，指导企业因地制宜、因村施策，实现精准对接、精准帮扶。我们这次助力行动虽然坚持的是企业自愿、尽力而为的原则，但自愿不等于放任，所有民营企业都要实实在在地为帮扶村办些实事、做些好事，各民营企业的董事长、总经理是帮扶的第一责任人，并确定一名企业负责人和一名联系人负责帮扶工作，年底要向县委、县政府交账。乡村两级要主动与帮扶企业多联系、多沟通，争取他们的大力支持，发挥他们懂经营、会管理、联系市场紧密的优势，为村集体发展献计出力，同时乡村两级还要注重凝聚乡贤乡才力量，发挥在外能人的优势，最大限度地赢得乡贤对家乡的真心支持和反哺，推动资金回流、项目回归、企业回迁、人才回乡、信息回村。帮扶企业要与帮扶村签订帮扶协议，建立帮扶台账，做好年度报告制度，自觉接受帮扶村所在乡镇的领导。

二要做好统筹协调强服务。各乡村要坚持“政府主导、农民主体、部门联动、民企帮扶、市场引导、互利共赢”的原则，充分发挥民营企业的作用，把助力行动与其他帮扶力量有效衔接，确保精准帮扶行动落地生根、开花结果。县直各有关部门要强化服务意识，加强跟踪服务，对参与行动的民营企业给予政策、项目、资金等方面的配套支持。对参与行动且取得帮扶实效的企业，落实公益扶贫捐赠所得税前扣除，吸纳贫困人口就业企业税收优惠以及项目补助、土地优惠、龙头企业认定等特殊支持政策。对帮扶资金的使用监管一定要从严，确保每一分钱都用在刀刃上，让民营企业家帮得放心、捐得安心、干得专心。

三要抓好宣传表彰造氛围。民营企业助力脱贫攻坚和乡村振兴行动是非公有制经济人士参与光彩事业的一项重要内容，我们要作为对非公有制经济人士综合评价，履行社会责任考核的一项重要指标，作为企业评优评先的主要依据，作为发现、培养非公有制经济代表人士的重要途径，善于发现一批行动中的先进典型，总结一批帮扶的成功事例，并适时召开现场观摩、经验交流和表彰奖励会议，大力表彰、广泛宣传，向全社会传递民营企业的正能量，真正把我县非公有制经济人士团结起来、凝聚起来，成为全县转型发展的火车头、乡村振兴的生力军、脱贫攻坚的奉献者、承担社会责任的领头雁、富而有德的慈善家，让他们在社会上受尊重，在事业上有发展，努力在全社会营造一个帮扶工作人人愿为、人人可为、人人能为的良好氛围。

各位领导、同志们，实施民营企业助力脱贫攻坚和乡村振兴行动任务艰巨、责任重大、使命光荣。让我们在县委、县政府的坚强领导下，同舟共济、砥砺前行，撸起袖子加油干，众志成城同心干，全力投入脱贫攻坚和乡村振兴大会战，为我县打赢脱贫攻坚战，书写乡村振兴的时代荣光，全面建成小康昔阳做出新的更大贡献。

谢谢大家！

（本文系昔阳县委常委、统战部部长李怀仁在昔阳县脱贫攻坚暨乡村振兴动员大会上的讲话）

在县委工作会议上的讲话

李怀仁

（2019 年 4 月 2 日）

各位领导、同志们：

按照会议安排，我就全县统战工作讲两点意见：

一、2018 年工作回顾

2018 年，我县统战工作在县委的坚强领导下，立足全面创新、提升、超越的奋斗目标，抓重点、补短板、强弱项、造亮点，不断引导“六大行动”，多项统战工作在全市统战系统首开先河，走在前列，连续多年我县荣获“全市统战工作先进单位”殊荣。

过去的一年，是我县统一战线全面加强党的领导，扎实构建大统战工作格局取得重大突破的一年。我们以“三基建设”为抓手，不断创新统战工作体制机制，打造基层统战工作升级版，全县全部建立了县乡两级党委统战工作领导小组、商会组织和县乡村三级宗教网络工作体系，实现了乡镇统战委员专兼职全覆盖和县级各领域统战组织全覆盖，完善了管用有效、合理健全的精细化管理机制，培育了“1+4+ X ”的基层统战工作新模式，统战工作“半径”不断扩大。

过去的一年，是我县统一战线深入贯彻中央重大决策部署，着力破解重点难点问题取得显著成效的一年。全面贯彻关于宗教工作的重大决策部署，扎实开展宗教工作大督查，集中整治佛道教商业化、基督教私设聚会点和乱搭乱建小庙小庵现象，推动整改任务全面落实。积极响应党中央号召，启动统一战线助力脱贫攻坚“双百”工程，开展了统一战线“ 1 + N”精准扶贫行动，投入 1300 多万元光彩事业基金用于 53 个村的脱贫攻坚和乡村振兴，统一战线的社会影响力越来越大。

过去的一年，是我县统一战线聚焦主责主业，巩固深化“六大行动”取得创新发展的一年。我们深入开展统战各领域主题教育活动，精心开展了纪念“五一口号”70 周年“五个一”系列活动，组织全县党外代表人士赴延安、梁家河学习考察，切实增强了对中国共产党和中国特色社会主义的政治认同、思想认同、理论认同、情感认同。成立统一战线智库，提升党外代表人士“季度协商会”品牌，征集意见建议 138 条，“云创孵化中心”“新媒体活动站”两个新的社会阶层人士特色实践创新基地被选树为省市典型，为新征程凝聚了新力量。认真落实全省支持民营经济发展大会精神，出台了昔阳县扶持民营经济发展政策 20 条，制定了县级领导干部联系民营企业制度，召开政银企对接会，鼓励昔商昔才回乡创业，丰汇煤业入选全省民营企业百强榜，两名民营企业家当选晋中最美创业者。组织75户民营企业开展助力脱贫攻坚大行动，继续推进“善行昔阳，爱心传递”活动、拓展提升“金桥爱心”工程，全年累计争取海外捐助资金19.3万元，昔阳统一战线助力脱贫攻坚典型经验在《团结报》上做了长篇报道。广泛宣传新修订的《宗教事务条例》，取缔了两处基督教非法聚会点，全县宗教活动场所实现了“四进”全覆盖，大寨村被命名为“全市民族红色文化传承基地”。不断巩固“三基建设”成果、分领域开展了统战干部和统战成员大培训，党外代表人士综合评价工作叫响全国，荣获“全市统战宣传工作先进单位”“全市统战信息工作先进单位”。

这些成绩来之不易，非常感恩县委、县政府对统战工作的重视和厚爱，衷心感谢各级各部门的大力支持和积极参与，由衷感激广大统战成员单位和统战干部奋发有为、辛勤付出，我们将不忘初心、倍加珍惜、奋力奔跑、携手追梦，在实现昔阳经济社会高质量发展的奋斗征程中，开创新局面，干出新业绩，建功新时代。

二、今年统战工作的主要任务

2019年全县统战工作的总体思路是：以学习贯彻党的十九大精神和习近平新时代中国特色社会主义思想为主线，在支持民营经济发展、强化宗教督查整改落实、推进新的社会阶层人士统战工作提档升级上求突破，不断引导凝心、聚力、转型、促和、惠民、强基“六大行动”提质增效，为我县决胜“四大目标”、决战全面小康贡献统战智慧、凝聚统战力量、交出统战答卷，以优异的成绩庆祝新中国成立70周年。

关于今年全县的统战工作，要点已印发给大家，核心可以归纳为“136”。

*“1”就是一条主线。*全县统一战线要继续把学习贯彻党的十九大精神和习近平新时代中国特色社会主义思想作为当前和今后一个时期的首要政治任务和工作主线，把习近平总书记关于加强和改进统一战线的重要思想作为指导和推动新时代统战事业发展的根本遵循。

*“3”就是三个突破。*就是对标全国统战工作先进县市，跳出晋中，引领系统，创造昔阳经验，进入全省统一战线第一方阵。一要在支持民营经济高质量发展上有新突破。统战部门作为民营企业和非公经济人士的“娘家”，既要做好宣传员，又要当好服务员，强化“自己人”的意识，把支持民营经济高质量发展作为今年统战工作的“一号工程”，积极推动“省30条”“市25条”“县20条”真金白银政策落到实处。要扎实推进领导干部联系民营企业、帮扶小组入企服务、政企沟通协商、民企评价营商环境等制度的落实，提振民企发展信心、激发民企发展活力。二要在强化宗教督查整改落实上有新突破。去年中央、省、市开展了建国以来第一次宗教工作大督查，今年中央明确规定宗教督查要再延长一年，我们要把宗教工作督查整改落实作为今年统战工作的重要内容，主动靠前、积极作为，针对省、市宗教工作督查反馈的意见，扎实开

展百日攻坚行动，制定落实整改清单，建立长效整治机制，确保我县宗教工作督查整改落实到位。三要在推进新的社会阶层人士统战工作提档升级上有新突破。进一步健全体制机制，强化教育引导，完善联谊交友制度，打造学习实践平台，通过双向融入、双向发力、双向服务实现同频共振、互促双赢。

“6”就是继续实施好“六大行动”。一是以巩固共同思想政治基础为着力点，实施“凝心行动”。结合全省正在开展的“改革创新、奋发有为”大讨论，扎实开展统战各领域的主题教育活动，引导广大统战成员和统战干部牢固树立“四个意识”，坚定“四个自信”，做到“两个维护”，开展好庆祝新中国成立70周年系列活动，始终与县委、县政府的决策部署保持高度一致，寻求最大公约数、画出最大同心圆。二是以党外代表人士队伍建设为着力点，推进“聚力行动”。抓住党政机构改革机遇，推动党外干部的安排使用，力争在党外干部选配上取得新进展，激发党外干部干事创业的热情和激情。开展好党外知识分子和新的社会阶层人士“五个一”素质提升活动，以“昔阳新力量”为统领，完善四级联动机制，打造2～3个新的社会阶层人士活动站。坚持党外代表人士“季度座谈会”制度，完善建言献策直通车制度，争做“为党代言，为民请命”的表率。继续引深“金桥爱心工程”，做好侨务基础性工作，培育新侨力量，扩大朋友圈，增强影响力。三要以促进非公经济“两个健康”为着力点，引深“转型行动”。主动对接省委统战部促进民营经济发展的“十大行动”，继续在引深“四大工程”上发力，重点抓好“民企活力提振”工程，积极引导非公经济人士传承晋商基因、弘扬工匠精神，创业创新、回报社会。抓好“昔商昔才”回乡创业工程，突出“招商引资、招才引智”，构建亲清政商关系，积极营造有利于民营经济发展的良好环境。抓好“民企塑造工程”。搞好优秀青年企业家的系列培训，做好年青一代“接力计划”。抓好“基层商会组织提质工程”。加强非公企业党建工作，强化异地商会建设，培育选树典型，争创全国“四好商会”。四是以助力脱贫攻坚“双百”工程为着力点，巩固“惠民行动”。在全县统一战线继续开展“民企联三农，帮扶贫困村”和民营企业家“百人帮百户”、党外代表人士“百人帮百名”的“双百”工程，为全县脱贫攻坚和乡村振兴贡献力量。五是以破解民族宗教领域重点难点问题为着力点，强化“促和行动”。认真抓好中央、省委、市委宗教工作督查反馈意见的整改落实，扎实推进整改落实“回头看”，开展《宗教事务条例》进机关、进社区、进场所的“三进”活动，推进佛道教商业化和基督教私设聚会点专项治理工作，引深“民族团结进步创建”和“和谐寺观教堂创建”活动，进一步提升民族宗教工作管理水平。六是以构建大统战工作格局为着力点，创新“强基”行动。今年是机构改革统战、民族宗教、侨务合并后新时代统战部门履行职责的开局之年，我们要继续保持统战部门合署办公的延续性，努力使改革后的统战部门合编合心合力，积极履行县委统一战线工作领导小组、县宗教工作领导小组办公室职能，按照“三个三”工作思路，聚焦主责主业，持续强化“三基建设”，发挥“一网一微信”作用，做好统战信息调研宣传工作，激发基层统战活力。

同志们，统战工作是全党的工作，我们必须维护核心、服务中心，唱响统一战线的好声音。统战工作是特殊的群众工作，我们必须固守圆心、凝聚人心，画好最大的同心圆。统战工作更是我们大家的工作，我们必须不忘初心、勇于创新，种好自己的责任田。让我们在县委的坚强领导下，以“136”奋斗目标为统领，以“三个三”工作思路为抓手，站位全局、对标一流、主动作为、奋发有为，努力争当全市统一战线的排头兵，为昔阳经济社会高质量发展做出“统战贡献”，以优异成绩庆祝新中国成立70周年。

（本文系昔阳县委常委、统战部部长李怀仁在县委工作会议上的讲话）

在昔阳县基督教第五次代表大会上的讲话

李怀仁

（2019年5月9日）

各位代表、朋友们、同志们：

在这春意盎然、充满生机的美好日子，我县基督教“三自”爱国运动委员会、县基督教协会第五次代表大会在全体代表的共同努力下，选举产生了新一届“两会”领导班子，精心谋划了今后一个时期的工作重点和努力方向，圆满完成了大会的各项议程，是一次承前启后、继往开来的大会，是一次凝心聚力、团结奋进的大会。在此，我代表中共昔阳县委、昔阳县人民政府对大会的成功召开和新当选的新一届“两会”领导班子表示热烈的祝贺，向与会代表并通过你们向全县广大基督教信教群众表示诚挚的问候！

长期以来，县基督教“两会”始终高举爱国爱教的旗帜，坚持独立自主自办的原则，围绕建设和谐平安、健康发展的教会目标，充分发挥桥梁纽带作用，在加强教会规范化管理，自觉抵制境外宗教渗透，开展公益慈善事业，引导基督教与社会主义社会相适应等方面做了大量卓有成效的工作，应当给予肯定。

新一届“两会”肩负着新时代基督教中国化的历史重任，承载着广大基督教信众的殷切希望，我们必须要始终高举爱国爱教的旗帜，坚持基督教中国化方向，坚定不移地走与社会主义社会相适应的道路，紧密地团结在中国共产党周围，团结和带领全县广大基督教人士、教职人员和信教群众，在促进全县经济社会发展中发挥我们积极的作用，为实现中华民族伟大复兴的中国梦做出我们应有的贡献。借此机会，我提三点希望：

一要常怀大爱之心，做一个守法的公民

基督教的核心是爱，原则是爱神和爱人的统一，《圣经》讲：爱是恒久忍耐，又是恩慈。爱是不嫉妒、不自夸、不张狂，不做害羞的事。不喜欢不义，只喜欢真理。凡是包容，凡是相信，凡是盼望，凡是忍耐，爱是永不止息。希望我们要按照耶稣的式样做人，将上帝的大爱彰显出来。爱教是立教之本，爱国是兴教之要。党和政府始终奉行宗教信仰自由的方针政策，我们教会要坚定不移地走“自传、自治、自养”的三自爱国道路，坚持走基督教中国化的道路。信仰无国界，信徒有祖国，只有爱国才是爱教，爱教必须爱国，爱国必须拥护中国共产党的领导，拥护社会主义制度，抵制一切与基督教相违背的各种邪教的侵入和境内外非法宗教势力的干扰，始终树牢公民意识，依法行使公民权利，自觉履行公民义务，自觉适应社会、服务社会、履行社会责任。要引导正信正行，增强“四个意识”，坚定“四个自信”，做到“两个维护”，带头抵御境外渗透，带头引导信教群众感党恩、听党话、跟党走，多做善事，多干好事，多办实事。我们的爱不是停留在“言语和舌头上”的，要体现在爱的担当上。要把上帝的信实转化成内在的品格，用具体的行动体现在爱岗敬业上，做新时代守法的好公民。

二要常存感恩之心，做一个虔诚的教徒

基督所启示上帝的最高属性不是它的无所不能，无所不在，无所不知，而是它的大爱之心和感恩之举。耶稣基督道成肉身，降生复活为的就是感恩、感激和平安。我们作为一名虔诚的教徒，必须深刻领会《圣经》的真谛，按照《圣经》的要求，常怀感恩之心，用我们的信仰感化他人、约束自己，作光作盐、荣神益人，我们不但要注重教会的发展，更要注重教会的成熟；不但注重人数的增加，更要注重信徒灵命的牧养；不但要追求身量上的增长，更要追求智慧上的增长。学会感恩、学会回报。我们要感恩祖国、感恩党、感恩政府，没有祖国的强盛就没有我们今天的幸福，没有民族的强大就没有我们宗教的尊严和信教的自由。我们要感恩父母、感恩朋友、感恩我们身边每一个人，是他们给了我们关心、关爱和力量，是他们给我们带来快乐、走向成功。我们要感恩社会、感恩生活，学会理解、学会包容，用我们的真情和忠诚，用我们的智慧和汗水，用我们的大恩大爱，做一名虔诚的基督教徒，坚决与异端邪说和境外宗教渗透作斗争，积极开展和谐教堂创建活动，为共同打造一个平安的昔阳、和谐的昔阳、美好的昔阳做出我们应有的贡献。

三要常有敬畏之心，做一个合格的教牧

积极引导宗教与社会主义社会相适应，既需要全体信教群众的共同努力，更需要我们“两会”班子成员发挥好组织带头作用。目前，我县基督教领域还存在许多突出问题，比如：境外渗透时有发生，私设聚会点屡禁不止，爱国爱教的高素质教牧人才缺乏，部分教牧人员和信徒法律意识淡薄等，亟须我们积极应对，加以解决。我们“两会”班子成员要坚定政治立场，提高政治自觉，充分认识我们教会姓“中”不姓“西”，坚持基督教中国化方向不动摇，这既是党和政府的殷切期望，更是教会健康发展的必然选择。去年，中国基督教第十次代表会议召开并制定了《推进我国基督教中国化五年工作规划纲要（2018—2022）》，为在更高起点上推进基督教中国化打下坚实的基础。站在新的历史起点上，我们要抓住历史性机遇，从更深层次上推进基督教中国化进程。要深入学习习近平总书记关于宗教工作的重要论述和中国基督教第十次代表大会精神，学习贯彻新修订的《宗教事务条例》，以社会主义核心价值观为引领，开展形式多样的教育实践活动。常怀敬畏之心，既要敬畏教规，更要敬畏法律，牢记法律底线不可逾越、法律红线不可碰触。我们要坚持“保护合法、制止非法、遏制极端、抵御渗透、打击犯罪”的原则，决不允许有法外之地、法外之人和法外之教。要不断消除我国基督教的“洋教”烙印，在神学上实现真正的“自我”，让基督教在中华文化的沃土中扎好根，真正与社会主义社会相适应，使我们每一位教牧人员做到“政治上靠得住、宗教上有造诣、品德上能服众、关键时候能起作用”，主动协助党和政府化解社会矛盾，积极引导信教群众处理好各种关系，认真践行“作光作盐、荣神益人”的圣训和精神，防止偏执狂热，抵制歪理邪说，不负重托，不辱使命，做堪当重任的爱国爱教举旗人，促进和谐的引领人，守法守规的带头人，信教群众的贴心人，不断增强基督教“两会”的影响力和凝聚力，把教会和信徒团结在我们身边，共同为办好教会，为经济发展、社会和谐、文化繁荣做出应有的贡献。

各位代表、同志们、朋友们，新时代、新使命需要我们新担当，新作为，希望大家要抓住历史机遇，紧扣时代脉搏，认真学习贯彻习近平总书记关于宗教工作的重要论述，大力弘扬“和谐、奉献”的理念，积极推进基督教中国化进程，规范教会管理，打造公益品牌，做一名信念坚定、爱国爱教的守法教徒，奋力谱写基督教“三自”爱国运动的新篇章！

最后祝各位平安吉祥，喜乐健康！

（本文系昔阳县委常委、统战部部长李怀仁在昔阳县基督教第五次代表大会上的讲话）

凝心聚力新时代　彰显统战新作为

李怀仁

（2020年11月13日）

尊敬的各位领导、同志们：

今年以来，昔阳县委统战部坚持以习近平新时代中国特色社会主义思想为指引，锚定新时代新使命，围绕市委统战部提出的“1143”总体思路，着力强化“三基建设”，推动“三个创新”，落实“三个提升”，进一步汇聚新力量，助力新发展，不断推动新时代统战工作提质增效。

一、强化“三基建设”，筑牢统一战线之本

我们深入贯彻落实习近平总书记关于加强和改进新时代统一战线的重要思想，按照“哪里有党的工作，哪里就有统战组织”的要求，不断夯实基层基础，激发统战工作活力。**一是整合力量，构建大统战格局。**实行“一调整、六纳入”，进一步强化基层统战工作组织领导体系，实现了县乡两级统战工作网络全覆盖，县乡村三级统战工作队伍全落实，确保全县统战工作有人管、有人抓、有人干。**二是建立体系，形成全覆盖网络。**进一步规范县委统战部与民宗局、工商联、侨联“1+3”合署办公模式，全面构建统战、宗教、商会、乡贤会“四位一体”的基层统战工作网络，实现了工商联、侨联、新联会、知联会、光促会、基督教“两会”和佛协等七个县级各类统战社会组织无遗漏。**三是完善机制，推进规范化运行。**坚持以制度管人，以制度办事，建立健全了19项统战工作制度，推动统战工作精细化管理。**四是搭建平台，强化软硬件建设。**一手抓硬件，创建了14个共享、共商、共用的“统战之家”，搭建了“一网一刊一微信”统战宣传工作平台，确保基层统战工作阵地化、经常化、规范化开展。一手抓软件，编印了《昔阳县统战工作文件制度汇编》，建立了13个方面的“大数据”档案和工作台账，初步构建起了管用有效、合理规范的工作机制。积极探索“1+4+X”的基层统战工作新模式，以“一乡一品牌”“一团体一特色”创建活动为载体，打造了一批基层统战工作新亮点。

二、着力“三个创新”，汇聚统一战线之力

紧密结合我县统战工作实际，充分发挥统战优势，着力推进需要抓好的大事要事、需要破解的难点难题、需要创新的重点领域，进一步推动新时代统战工作创新发展。**一是激活民营经济高质量发展新动能。**全面贯彻落实中共中央关于加强民营经济统战工作的文件精神，紧紧围绕“两个健康”工作主题，扎实推动服务民企“六项工程、八大平台、十个机制”建立与落实，收集编印了《支持民营经济发展政策汇编》，组织召开支持民营企业发展座谈会、政银企对接会、政法机关助力民营企业发展恳谈会，出台政策措施，帮助民营企业减税降费，复工复产。积极推进“企业家队伍建设、以商招商、优化发展环境”三项任务落实。三次组织非公企业为抗击疫情捐款捐物共计 594.14 万元。县工商联荣获 2018—2019 年度全国“五好”工商联和“2019 年民营企业调查点工作示范单位”，全县民营企业改革和发展按下了快进键。**二是汇聚新的社会阶层人士新合力**。建立了由统战、组织、民政、财政等 10 家统一战线领导小组成员单位在内的联席会议制度，通过召开联席会、座谈会、信息交流会，逐步完善了齐抓共管、协调联动的工作机制，不断拓宽新的社会阶层人士工作面。推出了“昔新我行”工作品牌，明确了活动站点的功能定位，打造了以自由职业人员为主的云创电商“创业型”活动站、以新媒体从业人员为主的晋美新媒体“学习型”活动站，以民营企业管理技术人员为主的晋祥新天地“创新型”活动站。组建了 5 个活动小组，完善了各级领导对口联系和交友制度，纳入进“季度协商座谈会”“建言献策直通车”等参政议政平台。联合县工商联、光促会，组织新阶层人士中的“网红”“主播”，开展“电商直播扶贫行动”，“老乡严选”电商平台、“未来严选”快手直播，网上帮助农村销售农特产品 60 多万元，进一步把新的社会阶层人士组织起来、凝聚起来、作用发挥出来。**三是拓展乡贤统战工作新领域**。今年以来，我们按照“跳出统战抓统战，跳出区域抓统战，跳出部门抓统战”的思维，把乡贤统战工作作为构建“大统战”格局的重要抓手，以乡愁乡情为纽带，以乡贤联谊会为平台，积极开展乡贤统战试点工作。坚持高位推动，试点先行，探索新时代基层统战工作新路子。县委、县政府出台了《关于进一步加强新时代乡贤工作推进乡村振兴战略的实施意见》，县委统战部配套印发了《关于在全县建立乡贤联谊组织的实施方案》，成立了由县委书记任组长的乡贤统战工作领导组，精心指导乡贤资源丰富的三都、大寨、李家庄等 3 个乡镇，先行先试，成立乡贤联谊会，形成了“县委领导、统战统筹、乡镇主体、延伸到村”的乡贤工作机制，确保了有专人干事，有场所联谊，有制度理事，有经费保障，有活动引领。建强组织，创新机制，打造汇集乡贤力量的聚宝盆。坚持“以德为先，全面摸排，精准筛选”的原则，按照“六有”标准，全县建立了 1668 名在外乡贤名录库，3 个乡镇并延伸到 18 个村成立了乡贤联谊会。依托昔阳总商会北京联络站创建了北京“乡贤驿站”。健全乡贤联络联谊机制，抓住春节、清明、中秋等重要节日，组织“节点式”线下联谊，把乡贤“返乡日”打造成乡贤“走访日”。建立乡贤微信群、QQ 群等“线上”渠道，定期不定期开展线上联谊，把乡贤会打造成为乡贤志士的“温暖之家”。设立 1000 万元的招商引资奖励资金，全流程最大化服务乡贤回归，资金回流。建立乡贤关爱激励机制，大寨镇建设乡贤馆，西峪村开辟乡贤榜，李家庄乡修缮了二月河故居，大打“暖心牌”，让见贤思齐蔚然成风，让乡贤感受到更多的归属感和荣誉感。发挥优势，汇聚力量，画好乡村振兴的最大同心圆。通过“乡贤＋两委”的治理模式，把乡贤组织纳入党建统领的治理体系。鼓励在外乡贤回村担任村主干，聘请乡贤担任乡村发展顾问，解决乡村振兴人才缺乏短板。组织乡贤设置建言献策“智囊组”、产业扶持“致富组”、纠纷调解“协调组”、乡风文明“督导组”、公益服务“志愿组”等功能小组，组团实施乡贤助力乡村发展、参与乡村治理、引领乡风文明、投身社会公益行动。三都乡通过乡贤领办和牵线，兴办各类企业和合作社46家，落实项目24个，引进投资13884万元，提供就业岗位310个，帮扶贫困户1164户。大寨镇发挥乡贤引领作用，打造出红色大寨、花画河南、生态潘掌、儒雅孔家沟等特色鲜明的示范村。乡贤统战工作的开展打通了基层统战服务中心大局的“最后一公里”，实现了由“统战部门抓统战”向“全党抓统战”“全社会抓统战”的转变，蹚出了一条新时代基层统战工作的新路子。

三、聚焦“三个提升”，彰显统一战线之为

聚焦聚力新时代统一战线面临的新机遇、新挑战、新任务，在“深”字上做文章，在“实”字上下功夫，进一步提升统一战线治理能力和治理水平，推动统战工作进一步统起来、活起来、强起来。**一是在政党协商效能上实现新提升。**贯彻落实支持民主党派加强组织建设的五项制度精神，协助民进昔阳支部强化自身建设，解决每年办公经费2万元，投资5万元添置办公设备，落实驻会公益性岗位1人。支持民主党派履行职能，完善了党外代表人士“季度协商座谈会”制度，落实县委出题的“订单式”政党协商议题，新建了30多人组成的县统一战线智库，政党协商效能进一步提升。民进昔阳支部被授予民进全省五星级基层组织、民进全国先进基层组织。**二是在宗教管理水平上实现新提升。**认真落实中央和省委、市委宗教督查整改“回头看”意见精神，延伸“百日攻坚”行动，落实“八个纳入”主体责任，建立了“四表三册一卡”宗教大数据档案和工作台账，形成了横到边、纵到底、全覆盖的宗教事务管理网络，实现了宗教活动场所中国化“六进”全覆盖。开展“三治三零”创建，依法查处境外基督教渗透，着力解决民族宗教领域突出问题，撤销基督教固定处所2处，打击取缔合并基督教传教点7处，没收非宗教活动场所功德箱11个，全县民族宗教和谐稳定。**三是在统战队伍建设上实现新提升。**加大党外干部培养选拔力度，全县副科以上党外干部达到40名，其中副处4名、正科5名、副科31名。加强党外代表人士队伍建设，规范党外代表人士综合评价办法，建立了党外代表人士数据库、党外代表人士后备人才库，62名党外代表人士推选为人大代表，95名党外代表人士推荐为政协委员。不断强化统战干部思想淬炼、政治历练、实践锻炼和专业训练，开展统战干部联系统战对象“1+6”送温暖行动，统战部门联系服务品牌“1+4”送项目行动，统战志愿者联系示范点“1+5”送服务行动，下大力气狠抓统战理论研究、宣传、信息三项工作，积极启动《昔阳统战志》编撰工作，努力打造一支政治坚定、业务精通、作风优良的统战干部队伍。

［本文系昔阳县委常委、统战部部长李怀仁在晋中市“汇聚新力量·助力新发展”基层统战工作（昔阳）现场推进会上的交流发言］

第三章 报纸杂志文章选

树好形象才能建好家

——谈如何把统战部建成党外人士之家

翟章信

近年来，党外人士常常把县委统战部称作“党外人士之家”或“党外人士之娘家”。诚然，在近几年来，特别是在县委常委任统战部长的近二年来，县委统战部确实为党外人士办了不少好事实事，进而赢得了党外人士发自内心的尊敬。然而在新时期漫长的统战工作岁月中，统战部如何进一步真正成为名副其实的党外人士之家，还有待于做大量的而且是卓有成效的工作。积多年之统战工作经验，调党内外人士之研究，不妨实话实说，力求我们统战部门的领导和干部在以下四个方面探索一些统战工作之经验。

一、形象要有高标准

形象面貌很重要。一个单位、一个机关形象好就有感染力、吸引力、感召力。那么，如何在党内外、社会上树立起统战部良好的形象呢？我们认为应在以下七个方面树立好统战部门的新形象。

一是常委任统战部长是树立形象的根本。自县委常委任统战部长以来，我们深感在不长的时间里给统战部门带来了许多新的变化。县委研究统战工作变“快”了，统战部牵头协调的作用变“强”了，财政经费变“足”了，办公环境变“优”了，统战部门变“忙”了，统战干部变“勤”了。所有这些变化都给统战部门树好形象打下了坚实的基础。

二是办公条件要有新面貌。社会进步了、时代变新了，统战部门必须有一个崭新的办公场所、较好的工作用车、现代化的工作设备、舒适的工作环境，给党内外，特别是给党外人士一个很好的直观感觉。

三是编制职数要合理。从目前来看，统战部门编制职数相对偏少，今后在职人员的职数应当适当增加。

四是在职的或调入的统战干部都必须是从内心中实实在在热爱统战工作的干部。热爱统战工作是搞好统战工作最基本的先决条件。如果身在曹营心在汉，势必难以搞好统战工作，党外人士也就很难向往统战部门。

五是统战部门的干部一定要保持相对稳定。在职的一定要体现以老带新，调入的必须是心甘情愿做统战工作的，不愿做统战工作的绝对不能调入。对做统战工作有突出成绩的干部要提拔重用，借以在社会上树立统战部门的良好形象，给党外人士具有说服力的影响。

六是统战部门的干部必须是一支学习型、思考型、民主型、创新型、实干型的队伍，是联系党内、广交党外朋友的队伍。

七是统战部门的干部必须是真正懂得统战部门的职能，真正清楚统一战线的对象，真正理解党在新时期的统一战线理论、方针、路线和政策并且能把其转化为实际行动，转化为统战成果的队伍。

二、认识要有新飞跃

对党在新时期统一战线工作的认识不能停留在一般的认识上，必须从深层次上真正认识。这一认识首先体现在党委、统战部门的干部，要做好这一工作的责任还在统战部门的干部。从现实状况看，在认识问题上必须解决好以下问题。

党内少数干部对统战工作的认识问题。有的认为统战部门的工作与其他部门的工作相比不太重要，没有多少工作可做，是其他工作的陪衬，甚至冷眼看待。而长期造成这一思想状况的原因仍然在统战部门。统战部是县委的统战部，是代表县委做统战工作的，就应该营造各种环境、创造各种条件，利用可能利用的场合向党内宣传好党的统一战线工作，特别是使党内干部都清楚和懂得党的统战政策。

群众对统战工作的认识。部分群众不懂得统战工作，不知道统战部是干什么工作的，有的还认为统战部是安排老干部休息的地方。面对群众对统战工作的片面理解，统战部门应该有意识地在县、乡、村三级组织加强对群众的统战培训，以提高群众对统战工作的认识。

统战干部对统战工作的认识问题。在个别统战干部中，特别是部分新的统战干部对党在新时期的统战工作不甚理解，知其然不知其所以然，满足于一知半解。有的甚至连统战工作的基本情况也不清楚，对党的统战理论、方针、政策就更难理解。因此解决好统战干部对统战工作的认识问题也是尤为重要的。

统战队伍对统战工作的重要性、必要性、紧迫性的认识问题。在解决好统战理论、方针、路线、对象和政策的认识的同时，必须解决好统战干部对统战工作的重要性、必要性、紧迫性的认识问题。通常情况下，对统战工作认识有多高，热爱程度有多深，工作力度就有多大，对党外人士的吸引力就有多强，党外人士之家就越充满活力。

三、工作要有热心肠

对统战工作摆花架子不行，耍嘴皮不行，抱冷心肠更不行。做统战工作的干部对统战对象、党外人士必须抱有热心肠。假若对党外人士冰冷无情，统战机关势必形成钟馗开店的局面。要使统战机关门庭若市、朝气蓬勃、生龙活虎，统战部门的领导和干部必须对党外人士抱有一个热的心肠。具体来讲对党外人士要有爱心，在政治上工作上做到很关心，在思想工作上有耐心。

党外人士本身是一薄弱的群体，在当前情况下，党内党外对其仍有一种偏见，或者说是一种错误的看法。我们做统战工作的机关干部要完成大团结大联合这一统战目标，就必须从内心中真心实意地热爱党外人士。如果不热爱党外人士，党外人士对统战机关、统战干部将会避而远之。统战部机关就很难形成党外人士之家。

在政治上、工作上统战部都要关心党外人士。关心他们的成长、关心他们的家庭、关心他们的生活、关心他们的工作。要解决他们的实际困难，要给他们创造宽松的工作环境。特别要关心他们的政治前途，要按照政策规定落实他们的政治待遇、生活待遇，使他们在政治生活、社会活动中，像党员干部一样放心大胆地工作，像党员群体一样满腔热情地参与社会活动。

在思想工作中要对党外人士耐心说服引导。理解他们的心情、了解他们的心愿，民族宗教方面要尊重他们的信仰。对他们的思想工作要做得耐心、细致，鼓励他们积极参政议政，在致富一方经济中发挥重要作用。

四、创新要有新举措

新世纪、新时期统战部门如何进一步开创统战工作新局面，如何激励党外人士积极投身统战工作。我们深感必须有超常规的举措，具体来讲需要做好以下工作。

1. *设立统战委员*。过去县委只有统战部代表县委做统战工作，统战部也只有几个人做统战工作。近十年来，统战工作较前有了许多新的变化，所以统战措施应随着形势的变化而变化。当前多数统战对象分布在乡（镇）村、知识分子集中在机关单位、城镇居民归居委会管辖。所以应当在各乡（镇）党委中设立有专门分管统战工作的统战委员，各村支部中设立分管统战工作的支部委员，居委会中设立统战员，县级各大医院和各大中学设立统战支委，以此加强对统战工作的领导。

2. *加大培训力度*。过去的培训多在市县两级进行，而且人员和次数很少。今后应在中央、省、市（县）、乡、村六级分层次按渠道加强对统战干部和统战对象的培训，特别是在乡（镇）村两级对统战对象的培训。

3. *组织参观考察*。过去有领导有组织地组织党外人士参观考察的次数几乎没有或者说很少。今后应作为一项任务像党员干部外出考察那样组织他们参观考察，以提高和增强党外人士在社会主义事业建设中的信心。

4. *组织调查研究*。过去给党外人士下达调研任务较多，组织党外人士中的代表人物调查研究较少。今后应组织他们调查研究，然后向县委、县政府写出有参考价值和决策参考的调研报告。

5. **大力度提拔非党干部**。过去一批非党干部陆续进入一些部门的领导班子，而且大部分任副职。今后在提拔非党干部的过程中，在注重素质的前提下，要把其中的优秀人才提拔为正职，借以增强非党干部的知名度，提高其在工作中的积极性。

6. **统战部要对党外人士的提案落实发挥积极作用**。在历届历次政协会议上，好多届别的党外政协委员写了不少提案，经政协的督办有的落实，有的创造条件落实，但个别的单位出现了打击报复的现象，说到底统战部门应对党外人士的提案敢于撑腰做主。

总之，县委统战部门在党内与党外人士之间起着桥梁和纽带作用。统战机关、统战干部只有用正确的思想武装人，用良好的环境凝聚人，用骨干的作用激励人，用有益的活动升华人，才能使统战部门真正成为名副其实的党外人士之家。

（本文选自2005年6月24日《山西政协报》，作者系昔阳县委统战部副部长）

企农合作是推进社会主义新农村建设的有效途径

孟希雄

建设社会主义新农村是党中央在新的历史条件下从全面建设小康社会的全局出发作出的一项重大战略决策。我们昔阳县认真贯彻中央决策和部署，紧密结合自身实际，积极探索新农村建设的有效途径，走出了一条企农合作，推进社会主义新农村建设的新路子。

一、企农合作开辟了我县新农村建设的崭新路径

推进社会主义新农村建设，需要开辟一条既符合中央要求，又符合当地实际的有效途径。从昔阳实际来看，我县是个山区农业县，工业发展相对落后，经济基础比较薄弱，新农村建设缺乏雄厚的物质基础，脱离实际，急于求成，行不通；而听天由命，等待观望，势必丧失宝贵的历史机遇。当然，在我国总体上进入“以工补农、以城带乡”的发展新阶段之后，随着国家对农村“多予少取放活”方针政策的推进，国民收入分配格局将不断调整并向农村倾斜，国家将把基础设施建设的投资重点逐步转向农村，社会各个方面也将更加关心和支持农村建设事业，这为新农村建设带来了千载难逢的政策机遇，但毋庸置疑，国家财力仍然是有限的，对新农村建设的投资只能逐步增长，不可能短期内大幅度增加，“等靠要”，一味依赖政府同样行不通。推进新农村建设，既要尊重客观条件，又要积极有所作为，就必须结合新的时代背景、历史任务和自身实际，以新的理念，超常的措施，开辟全新的路子。正是基于上述思考，近年来特别是去年以来，我们在新农村建设的实践中，放手鼓励、引导和支持民营企业家广泛参与新农村建设，民营企业家和个体业主所到之农村面貌迅速改变，成为我县新农村建设一道亮丽的风景。实践证明，企农合作是加快推进新农村建设的一条新路子。

企农合作推进新农村建设，是市场经济条件下企农互惠、共同发展的双赢选择，具有可行性。就民营企业来讲，农村广阔的土地、丰富的资源和廉价的劳动力，以及农业产业开发、商品市场建设、基础设施改善、公共服务事业等方面巨大的发展需求，既为其提供了必要的发展条件，也为其提供了广阔的发展空间；就广大农村来讲，民营企业家回农村投资创业，为农村带去了脱贫致富的新思路，带去了雄厚的启动资金，带去了先进的技术与管理，推动了农村劳动力的迅速就业和各项事业的快速发展。企农合作，优势互补，互惠互利，共同发展，具有强大的生命力。

二、我县开展“企农合作”的主要形式

企农合作不能强求固定的模式，总的原则是因地制宜，因企制宜，因村制宜，产业投资与公益事业相结合，企业经营与扶贫慈善相结合，企业自愿与乡村接纳相结合，普通参与，重点推进，注重实效，稳步开展。从我县实践来看，主要有以下几种形式，我们概括为“三带”模式。

一是企官带村官。就是积极鼓励和支持民营企业家和个体业主回村担任或兼任村党支部书记或村委主任。这些人从家乡走出来，在市场经济的风口浪尖，经过多年的摸爬滚打，取得了成功。一般来讲，他们目光超前，思想开阔，熟悉市场，能力较强，也有为家乡出点力、做一点贡献的心愿。目前，我县已有26名民营企业家和个体业主回村，挑起了带领群众致富的担子，受到了群众的欢迎。

二是企业带农村。就是企业法人代表不一定到村里任职，但他们看准了农村发展的潜力，主动到农村去投资创业，企业与农村结成合作对子，优势互补，互利互惠，共同发展。今年我们推动50个骨干企业与50个村结对子，从实践看，双方都有积极性，企业在开发产业的同时，为农村做了大量好事。据初步统计，1年来企业用于农村道路、学校等公益性投资达500余万元，平均每个企业都在10万元以上。

三是富村带穷村。经济实力较强的村与贫困村结对帮扶。去年以来，大寨村主动帮扶井沟、石山、水磨头三个偏僻山村致富，全国人大常委、大寨村党总支书记郭凤莲拿出国家发给她的考察经费补助奖金和工资6万元，其他党员、村民捐资20万元，村里还捐赠了拖拉机等物资，帮助3个村上马了养殖、生态、旅游等项目。目前，全县有32个富裕村与50个贫困村结成了帮扶对子，并展开了实质性的合作。

三、我县开展“企农合作”的主要成效

一是推进了农村基础产业的快速发展和农村劳动力的广泛就业。县银鑫装饰总汇公司是我县最大的一家装饰公司，在晋中也小有名气，特别是他们制作的花灯在晋中已占有一席之地，并开始远销北京、上海等大城市。公司总经理马怀兰回到偏僻闭塞的三都乡井沟村后，被村民推举为村主任。她充分发挥企业特长，组织全村劳力制作花灯，村民至此“乡村无闲人”。同时，他们利用村里山大沟深的天然条件，上马了10万只绿壳蛋鸡养殖项目，现在已发展种鸡1.5万只，产品已上市销售，并打入了大型超市。群众在过去的一年里，铺设了水泥路，改善了村容村貌，95%的农户安装了程控电话。如今的井沟村真所谓“跟往年不一般，换了人间”。大寨镇北井沟村也是这样，县兴发广告公司总经理李彦军自己拿出6万元钱，修通了北井沟村的通村桥，也由此搭起了他与群众之间的连心桥。公司投资70万元，在村里辟出140亩荒地，发展柴鸡养殖。公司提供饲料、技术，农户饲养，产品由公司收购销售，目前已发展到1万只，村民迅速走上了致富之路。

二是推进农村基础设施的迅速改善。企业家返回农村，大多把农村作为自己新的发展基地来对待，加强农村基础设施建设，既是凝聚人气、争取群众支持的需要，也

是事业发展的需要。老党员、县锦胜洗煤实业有限公司总经理王宜文回到王家山村挑起村支部书记的担子，带领乡亲们兴修了公路，硬化了街道，兴建了文化广场，建起了新学校，安装了自来水，栽植了生态林，贫困的王家山村发生了翻天覆地的变化。民营企业家回到村里，往往把通路、通水、通电、通讯等作为突破口，像井沟、巴洲、南界都等村都是这样，一大批农村的村容村貌及生产生活条件得到了迅速改变。

三是推进了农村文化资源的深度开发。昔阳历史悠久，千百年来留下了大量的民间传说和人文景观，大量古建筑散落农村，成为我县宝贵的文化遗产。50年代曾是全国文化县，群众文化源远流长，拥有像作曲家史掌元等全国著名的农民艺术家以及底蕴深厚、留有鲜明时代烙印的大寨文化。在新时期充分挖掘这些文化资源，对于增加农民收入，改善村容村貌，建设和谐农村都具有现实意义。我们在以“六通四化四改”为重点的村容整洁入手的同时，抓了文化这一内涵。民营企业家回村后，积极搞文化节，搞一室一场建设，弘扬了农村文化，丰富了群众生活，群众的幸福指数大为增加。目前，全县有97支锣鼓队、66支宣传队。阳泉劲松旅行社总经理程世亮回到南界都村任村主任后，从村里文化资源丰富的实际出发，制定了建设文化村、生态村、旅游村的规划，发挥公司搞旅游的优势，挖掘修缮了南界都村保存完整、古色古香、文化韵味独特的清末一条街，同时建起了“一个文化中心，三个文化大院，十二个文化之家”，成功举办了首届文化节。今年以来，成批接待省内外游客3000余人次，向“文化旅游村”的目标迈进。

四是推进了和谐农村建设。民营企业家担任村党支部书记或村主任后，用自己的积蓄为村民办好事办实事，回报社会，回报家乡，回报父老乡亲，体现自己的人生价值，群众得到了实惠，也为企业家的人品境界和奉献精神所感动，群众对党和政府的感情拉近了，凝聚力大大增强。企业家在开拓市场上的眼光、能力和手段，以及创业的意志，也极大地推动了村民思想的解放和观念的更新，激发了村民加快发家致富奔小康的信心，使大家感到开拓进取就会有出路。农村面貌的迅速改变，各项事业的快速发展，使村民人心顺了，信心足了，路子宽了，群众在党支部的带领下集中精力建设自己的和谐家园。

四、我县开展“企农合作”的保障措施

去年以来，在我县广泛兴起的民营企业家返乡发展，开展“企农合作”的现象绝不是偶然的，而是有着全新的时代背景和全国经济社会发展的深刻的内在推力，具有很多新的特点和内容，为使这种势头能够发展下去，必须采取有效措施予以扶持和保障。

一是政策保障。县委出台了《关于鼓励、引导和扶持民营企业家参与社会主义新农村建设的意见》，将民营企业家参与新农村建设纳入全县经济社会发展整体规划，将民营企业家纳入全县表彰体系，在政策、资金、待遇等方面制定了具体扶持措施，要求各级各部门对民营企业家返乡、企农合作大开绿灯，提供优质服务。

二是资金保障。充分发挥国家支持和财政资金的引导作用，明确新农村建设的各个领域，除国家政策和法律不允许的领域之外，全部向民营企业开放，各类项目优先考虑民营企业，国家、省、市扶持资金与项目捆绑，随项目下拨。民营企业享受县财政在农村产业开发、基础设施、农民培训等方面的资金补贴和贷款贴息政策，享受新农村建设专项资金扶持。

三是政治待遇保障。返乡任职村党支部书记或村委主任的民营企业家或个体业主，享受农村干部一切待遇，对在新农村建设中做出突出贡献的民营企业家，政治上给予荣誉，优先推荐当选省、市、县人大代表、政协委员，同时在子女上学、招工、聘干、就业安置等方面给予优先解决，以此吸引更多的非公经济人士参与到新农村建设中来。

四是法律保障。当前，通过一定的行政手段推动企业家到农村创业是必要的，但长远看，还是要更多地依靠经济和法律手段，事实上不少民营企业与农村签订了比较规范的合作合同，明确了双方的权利和义务，使合作建立在法律保障之上，保证企农合作的健康推进。

五、我县开展“企农合作”的几点有益启示

我县开展“企农合作”、推进新农村建设的探索虽然刚刚起步，但留给我们的启示是多方面的，认真总结经验，摸索规律，对于进一步完善这种合作方式，加快推进新农村建设是很有裨益的。

启示之一，要切实从实际出发，充分尊重群众的首创精神。我县是个山区农业县，全县335个行政村，只有54个村有集体企业，仅占农村总数的16%，而且集中在城郊附近，其余281个村为纯农村，特别是不少边远老山区村正常运转都难以保证，投资搞建设困难可想而知。但实践总是丰富多彩的，群众中蕴藏着巨大的创造力，他们总能在“山重水复”中辟出“柳暗花明”。作为一级党委，我们及时发现、总结和推广了企农合作这一群众首创的有效方式，从而打开了边远山区新农村建设的一片新天地。今后，仍然要一如既往地保持敏锐性，及时总结群众的好做法、新创造，并用以指导工作实践。

启示之二，建设新农村根本的还是要改变人，有了新型的农民，没有路可以闯出新路子来，没有基础的穷村同样可以建设好新农村。像井沟、王家山、南界都等村都是我县有名的穷村，民营企业家、个体业主或机关事业单位退休的老党员回村任职后，在过去看来的山村的劣势似乎一下子变成了优势，工艺制作、养殖、旅游等产业迅速发展起来，村里很快就变了样，新农村建设反而走在了富裕村的前面。这启示我们，新农村建设关键还是人的问题，人心凝聚起来了，人们的创造热情激发起来了，就能

找到好路子，就能加快推进新农村建设。人是建设新农村最根本的决定因素。

启示之三，群众中蕴藏着巨大的积极性，在市场经济条件下，精神力量仍然是推进新农村建设的巨大推动力。以经济建设为中心，物质利益是重要的，但我们任何时候都不能忘却和忽视精神的巨大作用。企业家回村一方面是寻求发展空间，但另一方面也是家乡父老乡亲的热切呼唤，奉献同样是企业家们永恒的精神追求，而这种追求一经和人民群众的根本利益相结合，就会成为新农村建设强大的推动力量。像周艮柱、马怀兰夫妇身患癌症，但他们扑下身子带领群众致富，为村里投资160多万元。60多岁的老党员王宜文放下自己的企业，回到村里带领群众苦干实干，改变家乡面貌，精神令人感动。作为一级党委，我们必须把这种积极性调动好、引导好、保护好、发展好，从而激发起新农村建设的内在动力。

启示之四，要按规则办事，把“政府主导”与“民间主导”有机结合起来。企农合作，重在使合作双方互惠互利，实现双赢，唯其如此，合作才具有生命力。社会主义新农村建设具有长期性、艰巨性，在起步阶段，政府要充分发挥主导作用，动员和组织更多的社会力量和民间资金投入新农村建设，但也不能急于求成，搞“拉郎配”，重蹈六七十年代搞“大呼隆”，单纯行政推动的覆辙，而应提供更多的服务和有利条件，引导这种合作向纵深推进，并由此推动新农村建设持续深入健康发展。

（本文选自《山西统一战线》2007年第5期，作者系昔阳县委书记）

一位县委书记的统战故事

丁怀斌

山西省昔阳县，因大寨而闻名于世。改革开放30年来，昔阳全方位跨越崛起再次引起世人关注，其中也包含着统战工作的不凡业绩，2007年该县被山西省委评为统战工作先进县，这在全省是屈指可数的县份之一。谈起昔阳统战的响亮牌子，人们说，这是因为有一支坚强有力的统战队伍，更是由于一位县委书记深深的统战情结。

一次难得的见面

2005年5月，昔阳新一届县委、县政府刚刚成立。一次既定的与党外人士的座谈会即将举行，可是，开会时间已过去十几分钟，孟书记却迟迟未能到来。人们开始议论起来，有的说，新书记上任伊始就抓统战工作，历史上还不曾有过呢。更多的人则猜测这次会议又跟以前的多次会议一样，县委书记又因为忙不会再来了。正在大家感到有些失落的时候，会场的门开了，孟希雄风尘仆仆地走了进来。他说："我迟到了，刚刚送走了市领导。统战部长刚才还打电话征求我的意见，我说这个会我一定要参加。大家知道，我们昔阳是大寨所在地，我们有过辉煌，但也有过曲折，虽然这些年我县有了很明显的变化，但与先进地区比发展相对落后是显而易见的，在这样欠发达的情况下，调动各方面的积极性，尤其是抓好非公经济发展，对于我们推动干部群众解放思想，加快县域经济发展具有战略意义，统战工作在我们昔阳具有特殊性，不可等闲视之。"孟希雄平易近人的开场白和对统战工作的独特视野让与会人员耳目一新，精神为之一振。孟希雄掷地有声地说："统战工作事关全局，大家要放手工作，我来管后勤。"这次座谈会，大家对孟书记有了一个全新的认识。

孟希雄说到做到，有诺必践。几年来，他逢会必讲统战，利用各种机会宣传统战，一如既往地参加党外人士座谈会，和他们促膝交谈，谋划未来；每逢重要节日，他总是亲自带领班子成员探望退休的党外人士，一次在探访途中，他听说民进支部的一位老主委卜银福家庭遭遇不幸和困难，外孙女又身患重症的情况，他特意嘱咐统战部长张驰登门慰问，拨付专款解决老同志的困难，还安排教育部门和学校发动大家为患病学生捐款2万余元。他频繁下乡调研，了解民营企业家生产经营情况，及时解决他们的困难，不少企业家为此宁肯多投资也要在昔阳发展。由他开辟的倾听党外人士心声的"绿色通道"从来没有中断过。几年来，全县党外人士提出的建议和议案共1000多件，采纳800多件，责成相关部门研究和落实的达80%以上。目前，昔阳非公经济所占比重由2005年的12.7%上升到2007年的67%，在财政收入的贡献份额达到了66%以上。

非公经济的蓬勃发展成为推动县域经济加速跨越的重要引擎，全县统战工作也一举跨入了全省先进行列。

一次执着的挽留

在县级财力有限的情况下，如何加快推进社会主义新农村建设，是孟希雄一直以来苦苦思索的课题。

2006 年 8 月，偶然一次机会，听说在阳泉经商的本县漳漕村民贾保全，要到邻县投资农副产品加工业，他当即就和贾保全挂了电话。但是，让他没想到，贾保全已经起程，并且在当日要签订合作意向书。孟希雄二话没说，迅速坐车追赶贾保全。在一个小山头，他把贾保全拦了下来，不等贾保全开口，孟希雄说："咱们昔阳有闻名于世的大寨，是个得天独厚的农业品牌，全县农副产品加工业开发虽刚刚起步，但潜力巨大，农村投资领域广阔，与大寨品牌对接起来，不愁赚不到钱。你到邻县，无非人家那里环境现在比较好一点，但环境是由人来改变的，你是昔阳人，我希望你留下来，为家乡父老出点力，有什么困难和问题，我负责解决。"贾保全望着孟希雄诚恳而坚定的目光，激动得一句话也说不上来，一位县委书记和一位民营企业家的手紧紧地握在了一起。之后短短的两年，贾保全在偏僻的西寨乡漳漕村投资 400 多万元，建起了酸菜加工厂和獭兔养殖厂，吸收村里 50 多名劳动力就业，带动农户 100 多户，全村农民人均收入由不足 800 元猛增至 1500 元，小山村变成了闻名全县的新农村建设典型。

这件事后，孟希雄对非公经济有了更为深刻的认识，昔阳经济特别是昔阳农村的发展，缺资金，缺人才，但县财政难以拿出足够的资金用于新农村建设，而如果有贾保全这样有头脑、有资金的能人回乡发展，这些问题不就迎刃而解了吗？之后，孟希雄马不停蹄走访专家，走访非公企业，走访农村，调查研究的结论是企业家既有到农村开辟发展空间的需要，也有为家乡父老作贡献的心愿，而广大农村则迫切需要企业的帮扶和投资，于是县委关于鼓励和扶持民营企业家和个体业主回村担任或兼任村党支部书记或村主任的政策应运而生。在政策的号召和鼓励下，县银鑫装饰公司总经理周银柱、马怀兰夫妇、平顺煤业董事长刘春庆、鑫阳顺建筑公司经理邢丑锁、创业有成人员王宜文等一批民营企业家纷纷回到了农村。他们有的担任村书记，有的兴办村企业，有的帮助农村发展特色产业，有的改善基础设施……所到之处，农村面貌迅速发生了巨大变化，成为昔阳新农村建设的一道亮丽风景。据统计，全县民营企业家回村担任或兼任村主任的人数已达 86 人，昔阳非公经济人士近 3 年来直接投入新农村建设的资金达 5000 余万元。在此基础上，孟书记把这个经验总结为"企官带村官、企业带农村、富村带穷村"的"三带模式"，在全县大力推广，受到了省市的高度关注和充分肯定，全国 10 多个省市 40 多个县前来学习取经。

一次超常的举措

2006年，县乡两级政府、人大、政协换届，党外人士和统战干部的任用成为这次换届关注的焦点。在一次干部任免讨论会上，有人认为，提拔党外干部时机还不成熟，即使要提拔，在数量上和职位上也要慎重考虑。面对前所未有的压力，孟希雄力排众异，用一件件生动的事例，消除大家的疑虑。

在孟希雄的倡导和支持下，2名党外副科干部推荐提拔到人大、政协担任正科实职，4名优秀党外后备干部提拔到县直部门和乡镇中担任副职。经县委推荐，10名非公经济人士，成为省市人大、政协代表或委员。

在抓队伍建设的同时，孟希雄十分重视改善和保障统战部门的办公条件。每年县财政都会在办公设施、教育培训、后勤保障上给予统战部门很大的支持。今年，县里为统战部配备了专车，县财政拨付专项经费3万元，用于购置电脑、更换办公用品。办公条件的改观，极大地提高了统战部门的工作效率。孟希雄常说，“统战工作遇到的困难要优先解决，统战部门的重要活动要优先安排，优秀的统战人才要优先提拔”。孟希雄是这样说的，也是这样做的。

人心顺，事业兴。据不完全统计，近3年来，非公人士共出资1000余万元，用于帮助困难学生和社会救济，在社会上产生了很大反响。特别是汶川地震发生后，昔阳广大非公经济人士在第一时间作出反应，无论大企业，还是小商铺，都纷纷解囊相助，支援汶川抗震救灾，短短几天，捐助款项达到了313万元，走在了全市前列。

孟希雄说，统战工作在基层做好了，就能开辟统战工作一片艳阳天。我们期待着昔阳更加辉煌的统战业绩，也期待着更多发生在这个县委书记身上传奇而精彩的故事。

（本文选自《中国统一战线》2008年第12期，作者系昔阳县委办公室副主任）

昔阳县委统战部凝心聚力促发展
四大乐章唱响主题歌

任秀萍

去年以来，昔阳县委统战部深入贯彻落实科学发展观，不断创新工作思路，发挥统战优势，凝心聚力促发展，以“四大乐章”唱响了服务经济社会又好又快发展主题歌。

广泛开展“统战知识进万家”活动有成效。该县通过印发宣传资料，在县电视台开辟统战专题，充分发挥统战网络作用，多渠道、多形式在全县开展了“统战知识宣传月”活动。在此基础上，由县委统战部牵头成功举办了由县直八大系统、十二个乡镇党委共20支代表队参加的昔阳县“国土杯”统战知识竞赛，昔阳电视台对竞赛活动进行了全程直播，决赛场录像做成专题在电视台连续播出，在全县形成了“学习统战知识、了解统战内容、关心统战工作”的良好氛围。

大力实施“凝聚力工程”结硕果。该县县委统战部组织召开了非公经济人士“纪念改革开放三十周年”座谈会，与会人员以亲身经历和感受畅谈了改革开放30年来全县经济、政治、社会等方面发生的深刻变革，并相互交流了各自的看法和体会，同时表达了自觉接受中国共产党的领导，坚定走中国特色社会主义道路的信心和决心。开展了以非公经济的成长历程为主要内容的征文活动，广大非公经济人士积极参与，收到了良好效果，共评出优秀征文11篇，并在电视台做了专题访谈节目。这些活动极大增强了统一战线的凝聚力。凝聚力工程的另一个方面体现在积极组织动员非公经济人士参与新农村建设。鑫阳顺建筑公司总经理邢丑锁投资400余万元为家乡兴修水利。平盛煤业公司董事长刘青春在偏僻的西寨乡投资650万元与西寨、武家川两村联手打造生态园林村，发展生态旅游、农家旅游产业。目前万亩荒山已绿化过半，栽植油松60万株，栽植新疆杨2.5万株，完成投资260万元。凝聚力工程的另一个突出亮点是引导非公经济人士积极参与慈善事业，5·12四川大地震后，统战部迅速组织各界人士投入抗震救灾，短短8天时间，就为灾区募集资金310万元，有的民营企业家一次就捐献10万、20万元。

集中开展“七个一”活动，引深无党派人士主题教育活动。该县通过“七个一”活动把主题教育活动开展得有声有色。一是进行了一次深入调查走访，了解和掌握无党派人士的基本情况、工作及思想动态等。二是开展读一本好书活动，向无党派人士赠送了《无党派人士主题教育活动学习资料汇编》一书，并组织认真学习。三是举办了一次“三下乡”活动，邀请农工民主党山西省人民医院总支委员会的23名专家前来开展“凝聚力工程基层行扶贫义诊活动”。四是组织了一次外出学习考察活动，通过到左权麻田、黎城黄崖洞、武乡八路军总部等红色景点参观学习，进一步坚定跟党走的信心和决心。五是提供了一个建言献策平台，在无党派人士中开展“我为昔阳发展献良策”活动，收集各类建议 14 条。六是召开了一次心得交流会议，同时征求如何做好无党派人士工作的意见。七是健全了一项联系制度，加强与无党派人士联系，并充实了党外后备干部人才库，使党外人才队伍建设进一步规范。以开展“双五好争星创先”活动为载体，充分发挥宗教在和谐社会建设中的积极作用。努力引导宗教与社会主义相适应，该县有效加强了宗教管理队伍建设和对宗教活动的监管力度，对正常的宗教活动给予合法保护。

（本文选自 2009 年 2 月 18 日《晋中日报》，作者系昔阳县新闻中心主任）

扎实做好统战工作为我县转型跨越发展提供有力保障

杜建刚

统一战线作为我党在长期革命斗争实践中形成的“三大法宝”之一，新时期的地位和作用越来越突出。如何抓好统战工作，使其更好地服务经济社会，是我们面临的新课题。特别是我县正处于转型跨越发展的关键时期，实现“民富县强、人和政通、山川秀美、人民幸福自豪新昔阳”的美好愿景，需要以新的思想、新的途径、新的举措全力做好统战工作，促使统一战线在经济社会转型跨越发展中有更大的作为。

一、准确把握统战工作的重要地位

（一）做好统战工作是任务所需。国际上，经济全球化、世界多极化向纵深发展，国际金融危机引发国际体系深刻变革，经济较量更趋激烈。国内，随着各项改革任务的深入和经济结构的调整，社会的经济成分、组织形式、利益关系呈现多样化趋势，社会阶层正发生深刻变化，人民的生活日趋多元化，民营经济蓬勃发展，涉及群众切身利益的人民内部矛盾明显增多，并且大量存在于基层统一战线，因此，需要有一个良好的发展环境，需要凝聚方方面面的意志、智慧和力量。

（二）做好统战工作是人心所向。随着我国社会主义民主政治建设不断推进，广大人民群众的民主意识、参与意识、竞争意识和法治意识明显增强，社会各阶层、各党派、各团体和各界人士的参政议政的热情越来越高。及时、准确、全面地了解和反映各界人士的意见和要求，满足他们政治参与的愿望，成为统一战线一个重大的政治课题。

（三）做好统战工作是大势所趋。随着爱国统一战线的不断发展壮大，统战工作将从上层延伸到基层，从政治领域扩展到经济、科技、文化、教育等各个领域，从公有制经济拓展到非公有制经济，工作内容也正在由凝聚人心、凝聚人力的作用，向服务经济社会发展大局延伸。同时，承担统战工作的社会团体和部门逐渐增多，统战工作越来越凸显出社会化的发展趋势。

二、充分发挥统战工作的独特优势

（一）在实现凝心聚力上要有新突破。近年来，昔阳扩大开放，抢抓机遇，成功走出了跨越式发展的新路子，但我县发展不足的基本县情没有改变，加快发展的任务十分艰巨。因此，必须充分发挥统一战线争取人心、凝聚力量的作用，在加快推进经济社会转型跨越中贡献力量。

1. 鼓励建言献策。要高度重视和充分发挥统一战线人才荟萃的优势，积极引导和支持他们围绕社会保障、城市建设、安全生产、民生改善等重大课题，特别是结合在全县开展的“十二五”规划大调研活动，多搞实地调研，多做深入研究，多谋发展大计，多献务实之策，为县委、县政府提供科学决策参考，使昔阳工作更好地把握规律性，增强预见性，富有创造性。

2. 加强沟通联系。统战工作说到底是做人的工作。要加强与各界人士的交流，建立党政领导与各界代表人士联系制度，了解他们的情况，倾听他们的意见和呼声，把握他们的思想脉搏，进一步加强联系、增进友情。要加强教育引导，尤其要加大对新一代代表人士的教育培训力度，在新老党外人士中开展“传、帮、带”活动，把好的传统和做法延续下去。要通过举办培训班，有计划地进行系统的统战理论学习，并形成制度，进一步提高他们的政治理论水平，增强团结合作意识，提高参政议政能力。

3. 创新工作载体。要通过开展丰富多彩的活动，运用多样的方法，使统战工作变得生动活泼，使各个层面的统战对象都愿意参加。要结合全县换届工作，公开选拔一批有代表性、高素质、有层次的党外人士参政议政，为县委政府决策发挥积极作用。要通过建立联谊会、民营企业协会、行业协会等统战组织，定期举办座谈会、茶话会、联谊会等活动，延长工作手臂，把各方面的代表人士团结组织起来，推进统战工作，扩大社会影响。

（二）*在推动“民富县强”上要有新成效*。实现“民富县强”是我们当前的中心任务。统战部门要把握工作重点，找准结合点，把社会各界的力量凝聚起来，形成推动转型跨越发展的强大合力。

1. 发挥非公经济的拉动作用，在激发活力上想办法。随着改革开放的不断深入，县及县以下企业国有成分逐步退出，非公有制经济作为县域经济新的增长点，在实现“民富县强”宏伟目标中，作用越来越显著。我们要充分发挥工商联桥梁和助手作用，强化服务意识，切实维护非公有制经济人士的合法权益，为非公有制经济排忧解难。尽快出台《昔阳县关于推动民营经济加快发展的实施意见》，引导和鼓励从煤炭行业退出来的煤老板，投资非煤领域，推动民营经济实现转型发展。

2. 发挥扶贫济困的帮扶作用，在富民利民上求实效。要深入开展以改善民生为主题的光彩事业系列活动，特别是结合全省统一战线开展的“新晋商万企联万户感恩行动”，引导非公经济人士开展结对帮扶，为困难群众和弱势群体办实事、做好事、解难事。要充分发挥非公经济安置就业的渠道作用，努力创造更多的就业岗位，鼓励多种力量通过提供实用技术、技能培训等形式，帮助发展特色种植、养殖等致富项目，促进农民增产增收。

3. 发挥联系广泛的桥梁作用，在招商引资上作贡献。招商引资上项目是“民富县强”的关键和基础，要强化招商意识，把招商引资、牵线搭桥作为工作的重中之重，抓在手上。要抢抓机遇招商。紧紧抓住国家投资的政策机遇，利用好山西综合改革试验区的历史机遇，充分挖掘和培育统战资源，在加快推进我县转型跨越发展中搭建平台，争取更多的项目、资金落户昔阳。要发挥优势招商。舍得拿出最好的资源，让别人发财，让自己赚钱；要善于借助大寨的名地名人优势，引导和帮助有条件的非公有制企业和老板“走出去”，拓展发展空间；要发挥“民间外交”优势，加强与港澳台同胞以及全国各界人士的经贸交流，宣传推荐昔阳，进一步联络感情，为招商引资提供良好的环境。

（三）在确保和谐稳定上要有新作为。统一战线是维护社会稳定的重要力量，统战工作是促进和谐发展的有效途径。要注重团结各界人士，特别是宗教界人士，使他们能够比较准确地理解和把握我党的政策、法律、法规，引导他们在凝聚人心、促进团结上多做贡献。同时，要通过多种方式鼓励他们为全县和谐稳定多做鼓劲的工作，多做化解矛盾的工作，多做凝聚人心的工作，利用自己的影响和威望，自觉做好政策的“宣传员”，反映社情民意的“信息员”，邻里纠纷的“调解员”，及时消除不和谐因素，努力营造和谐有序的政治局面。

三、深入挖掘统战工作的内在潜力

（一）把统战工作提上主要位置。要坚持“两个纳入”，“健全四项制度”：要把统战工作纳入党委的重要议事日程，定期研究，及时解决统战工作中的重大问题；纳入综合目标管理和考核内容，作为选拔任用领导干部的重要依据。要建立和完善党员领导干部联系党外代表人士制度和党政领导联系非公经济人士制度；坚持重要决策，重大事件和重要人事变动向党外人士通报协商制度；建立健全考核督查机制，加强对统战工作的年度考核；建立统战工作专项经费的保障机制，确保统战工作顺利开展。

（二）放心地让党外干部挑重担。抓住今年县乡村换届这一契机，探索有序政治参与的途径和方法，对那些政治上靠得住、经济上有实力、社会上有影响、对国家和人民有贡献的优秀非公经济人士，积极稳妥地通过人大、政协、工商联等作出重要安排。特别是党外干部正职的配备和使用上要取得突破，邀请党外人士列席县委全委会，担任政府经济顾问、政风行风评议员和社会监督员，加强非公企业党建工作，注重吸收优秀企业主和优秀员工加入党组织，为非公经济发展增添活力。

（三）为统战部门履行职能创造条件。要增加统战工作经费，逐步改善统战机关的办公条件，为统战工作开展创设良好条件。要切实加强统战干部队伍建设，选好配强统战部门领导班子。要加大统战干部与其他部门干部交流的力度，切实增强履职能力。要建立和完善统战干部培育、选拔、任用的机制，努力确保统战干部工作有舞台、提拔有空间、社会有地位，不断从边缘走向中心，从幕后走向前台，在服务社会、促进发展、构建和谐的舞台上大展身手，有位有为。

（本文选自《晋中统一战线》2011 年第 1 期，作者系昔阳县委副书记）

靠制度创新推进党外干部队伍建设

李怀仁

去年以来，我们以县乡换届为契机，认真贯彻落实中央文件精神，主动作为，健全机制，扎实推进党外干部队伍建设。截至目前，全县副科级以上的党外干部41名，占到全县干部总数的8.15%，党外干部提拔使用达到了历史最好时期。

建立党外干部工作运行机制，通力合作识人。我们抓住去年县乡换届干部调整的有利时机进行认真调研，向县委做了专题汇报。县委高度重视，明确批示将党外干部培养选拔工作纳入全县干部工作的总体部署，一并落实。我们与县委组织部建立党外干部工作联系会议制度，做到一同制订方案、一同拟定人选、一同组织考察。我们与12个乡镇和8大系统党委及有关部门及时沟通，筛选更多的优秀党外后备干部，研究解决党外干部所面临的各种问题。

健全党外干部人才储备机制，广开视野选人。多层次荐才。通过建立党员干部联系党外干部制度让领导选才；充分发挥组织、统战部门的职能作用，让主渠道荐才；坚持“党管干部”的原则，让各级党组织举才；引入竞争机制，公开考试招才。定向式选人。我们注重从基层一线挑选后备干部，注重从新经济组织和“80后”优秀大学生中发现人才，注重从行业标兵、劳动模范、优秀党外知识分子中选拔人才，真正把德才兼备、有发展潜力和专业特长的党外干部纳入视野。动态化管理。我们对党外后备干部不以一次选拔定终身，建立了党外干部人才库，对党外后备干部实行“一年一走访、一年一调整”的动态管理机制，保证党外后备干部队伍的数量、质量和活力。

创新党外干部选拔任用机制，不拘一格用人。政策倾斜，优先使用。县委对党外干部提拔使用制定了相对宽松的政策，在班子换届时，同步考虑党外干部选配；机构改革时，尽量不裁减党外干部；同等条件下优先使用党外干部。实职安排，敢给位子。采取了先进后出、“加长板凳”和党政职务分设“腾位子”的做法，让党外干部应配尽配。公开选拔，竞争上岗。全县有6名“80后”的党外干部通过公开选拔走上领导岗位，目前全县党外干部平均年龄37.4岁，30岁以下9名。

强化党外干部教育培训机制，多措并举育人。加大培训力度。与县委组织部、党校联合举办党外干部培训班。同时还在各类干部培训班中，有目的地安排一定数量的党外干部参加，培训党外干部110人次。加强实践锻炼。我们采取下派锻炼、上派跟班、外派取经等多种方式，使党外干部进一步磨炼意志、增长才干。搭建参政平台。去年换届以来，全县61名党外代表人士推选为人大代表，92名党外代表人士担任了政协委员，同时46名党外干部分别担任人民陪审员、监督员、评议员，使更多的党外代表人士奋进有机会，干事有舞台。

完善党外干部监督考核机制，严格标准管人。强化日常监督管理。实行党外干部定期汇报制度，落实统战部长约谈制度，推行跟踪考察制度。规范考核评价体系。将党外干部综合考核纳入全县干部考核的大盘子，一并严格考核，一起捆绑管理。同时在考核主体和考核方式上根据不同岗位的党外干部，抽调民主党派干部参与考核。落实履职交流制度。在每年年初每位党外干部都要以书面形式向统战部汇报全年的工作计划，年终召开全县党外干部履职交流会议，从而提高党外干部履职尽责的能力和水平。

落实党外干部激励关怀机制，满腔热忱护人。建立“3+1”联系党外干部制度。即每一位县级领导、单位“一把手”和统战干部同时联系一名党外干部，主动与他们谈心交友，关心关爱其成长。建立党外干部跟踪服务制度。我们始终坚持人性化管理，跟踪式服务，全方位管好用好党外干部。为每一位党外干部和后备人选都建立了一份电子档案，基本实现了党外干部动态情况全掌握、监管责任全覆盖、个性服务无遗漏。建立“党外干部之家”。我们自觉与党外干部真诚合作共事，努力做到政治上关心、生活上照顾、工作上支持、待遇上落实，把统战部建成“党外干部之家”。

（本文选自《中国统一战线》2012年第9期，作者系昔阳县政协副主席、统战部长）

民企联“三农”共建新农村

李怀仁

新农村建设是一个系统工程，需要全社会各方面力量的共同参与，我们充分发挥民营企业家理念新、能量大、实力强的优势，主动出击，积极引导，为民营企业参与新农村建设创新载体，搭建平台，鼓劲造势，提供服务。

精心组织，努力营造“民企联三农，共建新农村”的良好氛围

分类指导推动。在“联建”活动中，我们始终以“村企结对”为先导，以“地缘、人缘、业缘”为基础，坚持“自愿、互补、双赢”的原则，按村企各自需要，组织双方对接，实现“一对一”“一对多”或“多对一”结对共建，努力做到情投意合，选择性对接。同时，我们主动同民营企业家交朋友、与乡村牵线搭桥，积极引导在乡镇的企业对接企业所在的村；城区企业对接新农村建设示范村；企业老板对接原籍所在村，实行指导性对接。

主席会长带动。在“联建”活动中，我们充分发挥县工商联主席、会长的表率作用，通过他们的率先垂范、典型带动，来积极推动此项活动的蓬勃开展。县工商联主席、丰汇煤业有限公司董事长黄祥苗十几年如一日，先后出资3000多万元，帮助13个村发展产业，完善基础，改善民生；每年出资10万元创建祥苗助学基金；先后投资870万元为全县5000多名中小学生每天免费提供一个鸡蛋、半斤牛奶；去年又投资1个亿，建设集老年公寓、卫生保健、康复训练、心理咨询、临终关怀于一体的千人敬老院。工商联副主席、厚基伟业集团公司董事长宋以斌在企业所在村大寨镇毕家岭村挂职党支部书记，他先后投资3500多万元为毕家岭、阳坡等村发展了3000亩核桃经济林、5万头种猪场和30万头屠宰厂，帮助村民脱贫致富，在全县民营企业中被誉为“雷锋式的好党员”。正是因为有这样一批实力强、社会责任强的好主席、好会长做表率、树榜样，才使我县众多民营企业家主动投身于新农村建设大潮。

优惠政策调动。为进一步引导和鼓励全县的民营企业家参与帮扶新农村建设，县委、县政府先后出台了《关于鼓励、引导和扶持民营企业家参与社会主义新农村建设的意见》和《关于加大产业扶持力度推进特色农业大县建设的意见》，将民营企业家参与新农村建设纳入全县经济和社会发展整体规划，将民营企业家纳入全县表彰体系，在产业政策、资金投入、土地使用、政治待遇等方面制定了具体的扶持措施，为民营企业参与新农村建设广开绿灯。明确规定：新农村建设的各个领域全部向民营企业开放，各类项目优先考虑民营企业，民营企业享受县财政在新农村建设上的各类资金扶

持，对返乡任职村主干的民营企业家享受农村干部的一切待遇，对在新农村建设中做出突出贡献的民营企业家政治上给予荣誉，优先推荐为省市县人大代表、政协委员，以此吸引更多的非公经济人士积极参与全县的新农村建设。

部门合作联动。为把与“联建”活动引向深入，我们充分调动“联建”活动领导组各成员单位的积极性，整合资源、形成合力。与县委组织部合作，将领导干部驻村帮扶“十个一”活动与“联建”活动相结合，推动县级领导、县直单位和乡镇包村干部统筹联系结对项目，提升“联建”活动的社会影响力。与非公党建工委合作，在加强村企结对、产业对接、项目共建的基础上，着力从组织设置、党员管理、人才开发等方面联合，形成城乡一体、齐抓党建的工作格局。与县新农办合作、在新农村产业政策、技术培训、项目对接、信息发布上提供全方位服务，引导企业更好地参与新农村建设。与金融部门合作，促进银企联合、产销对接，提高“联建”活动的整体效果。去年以来，我们共组织村企对接会2次，有18个企业与农村结成了对子。银企对接会1次，落实资金1.8亿元。举办项目对接会2次，落实项目10个，有效地促进了“联建”活动的深入开展。

多元对接，积极探索“民企联三农，共建新农村”的全新模式

新农村建设千头万绪，在“联建”活动中我们充分挖掘统战系统的潜力，积极引导广大民营企业因地制宜、因企制宜，多渠道沟通、多样化对接，多形式联建，初步探索和形成了一些符合实际并行之有效的“联建”形式和成功典型。主要有以下六种类型。**一是直接参与型**。就是民营企业家直接担任村两委主要领导，用企业经营管理的理念、方式，建设和管理村庄，并通过个人捐资、安排村民在企业就业、企业参与村级公共事业建设等途径加快农村的建设和发展。目前，全县有89名民营企业家和个体老板回村担任村官，这些人的引入大大加快了所在村的发展。**二是产业带动型**。就是企业通过在农村建设农业原料基地、产品配套基地和劳动力供应基地等形式，带动当地产业发展和农村劳动力转移就业，增加农民收入。**三是合作开发型**。就是以项目合作开发建设为纽带，民营企业出资金，村提供土地、劳动力资源，实现企业拓展发展空间与新农村建设，发展和壮大集体经济，增加农民收入。**四是帮助自立型**。就是民营企业充分发挥其技术、信息和市场等方面的优势，不断加强新品种、新工艺、新技术的开发、推广和应用，充分利用农村劳动力资源丰富的特点，采取建立示范基地、举办培训班等多种形式，加强对农民的科技培训与指导，使农民成为产业工人或技术农民，增加农民收入。**五是整体迁建型**。就是地产企业与城中村联合进行整村开发或者露天煤矿与所在村合作开发地下资源，村庄进行整体搬迁，这样既帮建了新农村，还发展壮大了企业，实现了双赢。**六是公益捐助型**。这是我县民营企业参与新农村建设最为广泛的一种形式。就是企业家和个体老板源于地缘、乡亲和亲情捐资参与家乡、企业所在地的各类公益设施和福利项目建设。

互惠双赢，力求取得“民企联三农，共建新农村”的明显成效

“民企联三农，共建新农村”活动的开展，进一步顺应了民营企业家回报家乡，反哺“三农”的意愿，激发了民营企业的积极性和创造力，推动了民营资本参与“三农”发展，从自发走向自觉，从单纯与贫困村合作走向村企合作双赢，从“一事一合作”走向结对共建的持续合作，使民营企业参与新农村建设更趋常态化、规范化和制度化，其作用和效果也更趋多样化、具体化和长效化。

加快新农村建设的步伐。“联建”活动的有效开展，充分调动了广大民营企业家参与新农村建设的积极性，他们以其开拓市场的眼界、能力和手段，有效地带动了农民思想的解放、观念的转变、思路的创新，民营企业家兼任村两委主干，强化了农村基层组织建设，激发了广大村民加快发家致富奔小康的信心。大量民营资本投入新农村建设，加快了社会各类资金投向农村，弥补了新农村建设过程中政府投入和农民自身积累的不足。全县共有89个民营企业与102个村结成了对子，投入各类资金达到了3.34亿元。民营企业参与新农村建设，进一步加快了农村劳动力的培训转移。同时，“联建”活动也促使民营企业从单一推进经济发展转向加快农村社会公益事业发展和农村精神文明建设，不少民营企业帮助农村投资新建了学校、公园、文化设施和敬老院等公益设施，共同开展系列文明创建活动，进一步改善了广大农民的生产生活条件，让广大农民深切感受到民营企业家回报家乡的真实情感，在一定程度上弱化了部分村民由于收入差距引发的不平衡心理，尤其是部分因企业发展失地的村民过上了比以往更加稳定、富裕、舒适的生活，大大缓解了失地农民与企业的矛盾，减少了农村基层不稳定因素，促进了社会的和谐稳定。

促进民营企业的转型发展。“联建”活动的深入开展不仅加快了全县新农村建设的步伐，而且实现了民营企业与广大农村的资源共享、优势互补、互相合作、共同发展的双赢目标。全县一批从煤炭领域退出的煤老板先后将资金投入到了农村和农业，在农业产业化中找到了转型发展的空间，全县累计有近3亿元的煤炭资本进入了农业，新发展农业项目32个，并取得了良好的经济效益和社会效益。

提升统战系统的社会影响力。“联建”活动的开展为我们统战系统服务经济建设搭建了平台、丰富了载体，得到了县委、县政府的高度重视和社会的广泛认可。特别是乡村两级干部自“联建”活动开展以来，把统战部和工商联当作他们的后盾，有的要求帮助村里找企业结对、有的要求帮助村里上项目资助，彰显了统战的作为和力量，提升了统战系统的社会影响力。

（本文选自《山西统一战线》2013年第5期，作者系县政协副主席、统战部长）

凝心聚力抓统战　众志成城谋发展

丁雪钦

昔阳具有光荣而悠久的统战传统，大寨精神更是做好统战工作的重要法宝，而面对新形势、新任务、新要求，我们始终坚持“统一战线无所不在”的理念，充分发挥统战工作资源密集、联系广泛、协调关系的独特优势，不断为改革发展集聚智力、激发活力、增添助力，努力开拓县域经济社会发展新路径。

夯实基础，顺势而为，构建统战大格局

以自身建设挖潜力。近年来，县委牵头成立了统战工作领导组，配备了 461 名统战委员、信息员与联络员，乡镇副书记兼任统战委员，村支书担任联络员，统战队伍建设进一步加强。坚持统战经费纳入财政预算，及时足额划拨，并不断拓宽筹资渠道，予以有力的财力保障。建立联席会议、联系通报、季度会商等制度，推行无缝隙台账式管理，实行“精品化”工作标准，形成了规范有效的工作秩序。通过努力解决了统战工作“无人管事，无钱干事，无章理事”的问题，实现了资源共享、信息互通、品牌共建，统战工作合力进一步增强。

以党建支撑促发展。近年来，县委坚持“围绕发展抓党建、抓好党建促发展”的总思路，通过单独组建、联合创建、行业统建、园区联建等方式，不断规范非公党建的组织运行、服务内容、经费保障与阵地建设，取得了明显成效。截至目前，全县 396 家非公企业建立党组织 85 个，覆盖率达 100%。

以教育引导聚人心。学习贯彻十八大及十八届二中、三中全会和习近平总书记系列讲话精神，以“双引双赛”活动和“同心”教育活动为引领，深入开展非公有制经济人士理想信念教育，进一步扩大思想教育覆盖面，统一战线共同思想政治基础更加夯实。同时，举办党外干部培训班，定期组织学术交流，建立了 150 余人的干部信息库，选派优秀干部到外地基层挂职，有效促进了党外干部成长。2013 年，昔阳党外干部培养经验被《中国统一战线》在全国推广。

创新载体，激活优势，打造统战大品牌

为新农村建设助力。县委结合“四化”率先发展要求，因地制宜开展了“同心·民企联三农、共建新农村”活动，鼓励引导民企按照就近便利、对口支持、优势互补、自愿互利的原则，围绕组织联建、项目带动、产业延伸、资源开发、公益慈善、基础建设和创业就业等方面与乡村开展“一联一、一联多、多联一”的共建活动，推动民企扎根农村，支持新农村建设。截至目前，全县 89 家民企与 102 个村结对，已投资 3.36

亿元，建设项目32个，新建卫生所、学校18所，为3800多农民解决了就业问题。

为社会稳定聚力。近年来，县委全方位组织开展了“同心·民族团结宗教和谐”活动，采取“网格化管理、跟踪式服务、经常性教育”的办法，将网络化社管模式向民族宗教领域延伸。全县339个村社分为相同数量的网格，民族宗教事务被分类纳入网格，进而建起了“县—乡镇（管委会）—村（社区）—网格”“四位一体”的服务平台，实行跟踪式、个性化、经常性的教育服务，实现了管理机制创新，推进了民族宗教工作科学化水平。同时，引导民族宗教人士为社会稳定积极发挥作用，实现了“一网打尽”的格局，民族团结、爱国兴教的环境进一步巩固。

为民生改善尽力。坚持“把好事办好，实事办实”的宗旨，实施“同心·金桥行动”。坚持统战重点村、中心集镇、扶贫村优先，保证项目资金、工程质量、时间进度、设计标准“四到位”，突出捐赠效应，提升工作影响力。两年来，民企累计捐资3800多万元，接受香港社团资金128万元，新建农村卫生院15个，新建希望小学3所，帮助贫困学生1100人，受益群众2.1万人。

应势谋远，提升境界，彰显统战大作为

以举贤用能聚英才。近年来，县委以贯彻落实中央要求为契机，坚持“立足基层、依靠支部、注重实绩”的原则，大胆创新形式，扩大选人视野，打破职位和部门局限，党外人才的储备任用管理渐入佳境。既坚持严格标准，又力避求全，注重实绩潜力，量才而用，善搭“梯子”，早选“苗子”，敢给“位子”，使党外人士奋进有机会，干事有舞台，广大成员参与改革、推动发展的热情高涨。截至目前，全县副科级以上党外干部共37名，其中80后副科级干部5名，61名党外代表人士被选为人大代表，92名党外代表人士担任了政协委员。

以创业奉献聚活力。坚持以招商引资为重点，以筹建民企园区为依托，鼓励非公企业投资创业，加快非公经济转型跨越发展。以光彩感恩行动为平台，引导非公企业捐款，共筹集善款580万元。同时，搭建服务非公企业的学习培训、信息交流、招商引资、融资担保、法律服务、党的建设六大平台，举办企业管理培训班，给予政策、资金、技术支持，引导企业创新发展、和谐发展。截至目前，全县81位民营企业家、个体业主担任或兼任村主干，引资6亿元，组建合作社15个，带动3000多农民脱贫致富。

以民主协商聚智慧。紧扣经济社会发展主题与民生重大问题，引导党外人士深入开展调查研究，积极建言献策，各民主党派、民族宗教人士、无党派人士以“直通车”的形式向县委、县政府提出建议320多件，统一战线有序参与政治的渠道进一步拓宽。

（本文选自《晋中统一战线》2014年第1期，作者系昔阳县委书记）

生态昔阳尚待精雕细琢

尹彦斌

“我们一定要更加自觉地珍爱自然，更加积极地保护生态，努力走向社会主义生态文明新时代”，这是党的十八大报告中提出的号召。近年来，昔阳县居民在城乡生态化建设方面获益颇多，县城的集中供暖、集中供气净化了生活环境；昔日污浊不堪的松溪河、思乐河、北河三条环城河道美丽转身为环城风景；投资2500余万元的环城绿化、奥垴山森林公园等林业生态工程，造林4万余亩，让昔阳县森林覆盖率达到20.6%、城市绿化率达到40.36%；2013、2014两年昔阳县空气质量二级以上天数分别达到了334天、244天……这些努力，让当地居民更加热爱自己的家乡，幸福指数直线上升。但在成绩面前，我们也要清醒地认识到，昔阳县在城镇生态建设方面存在较大的提升空间。在近期的调研中，昔阳县群众提出的意见和建议也非常中肯。结合调研结果分析，诸如政府保护生态的投入和力度不断加大，而群众的生态化意识普遍淡薄，参与生态保护的积极性与主动性不高；县城及环城环境卫生改善明显，而农村的环境治理还没有形成长效机制，存在很大的反弹风险；昔阳经济发展仍然以资源型、粗放型为主，亟需节能型、环保型、科技含量较高的产业支撑，这些问题严重制约了昔阳县的生态化建设。因此，笔者认为推进昔阳城乡生态化建设，还需多方发力，更需精雕细琢。

群众生态意识觉醒 政府加强鼓励引导

政府在加大投入的同时，应更加重视唤起全民的生态保护意识，引导群众自觉自愿地参与到这一“功在当代、利在千秋”的工程中来。当前不少居民自觉减少雾霾天气外出、县城居民专程到山区取山泉水饮用等，说明群众的生态意识正在觉醒，并开始采取一些自我保护措施。

建议政府部门及时加强鼓励和宣传，号召人人都从小事做起，从节水、节能，选择公交或自行车绿色出行方式，自备购物袋，减少使用不可降解的塑料袋等小事入手，引导居民养成日常生活垃圾分类处理等良好习惯，并且配合落实相关配套保障措施，增设公益广告，包括在学校开设环境保护课，增加城市公交，设立公共自行车系统，严格禁止一次性塑料袋的使用等，群众的生态环保意识一定会有一个质的飞跃，全面爱护生态环境的社会氛围就会更加浓厚。

拓展“绿色道路”培植生态化产业

生态环境的改善，离不开循环发展这一法宝。昔阳矿产资源丰富，今后首先应该在煤炭深加工及综合利用上做文章，充分利用煤炭开采过程中产生的伴生品、废弃物开发生态产业，实现经济发展和环境保护的“双赢”。其次，实现传统产业的生态化发展也势在必行。昔阳县地处太行山区，适合推广传统的耕作方式，减少农药、化肥、地膜等污染，积极探索有机食品的规模化生产，这样既可增加土地收益，又利于保护生态环境。

创建园林城市　打造生态小城

“蓝天碧水”是生态昔阳建设的有力抓手，应继续强力推进。具体包括生活垃圾的分类回收、集中处理等，既可预防二次污染，又可实现变废为宝；在新农村建设过程中，用好扶贫项目，增大集镇规模，在有条件的地区实行集中供暖、供气，以及加强节能路灯、专业环卫队伍、农村改厕等项目建设。

总之，城乡生态化建设不可能一蹴而就，需要群策群力、长治久功。昔阳发展既要金山银山，更要绿水青山。在促进经济增长、群众增收的过程中，我们应该不断强化生态意识，全面推进城乡生态化建设，力争取得环境保护和经济增长的“双赢”，努力把昔阳建设成为美丽、宜居的明星小城。

（本文选自2015年7月16日《晋中晚报》，作者系昔阳县委统战部常务副部长）

创新综合评价体系
加强党外代表人士队伍建设

李怀仁

近年来，山西晋中昔阳县委统战部紧紧围绕“评什么、怎么评、谁来评、怎么用”这一主线，积极探索符合科学发展观要求、适应党外代表人士健康成长的综合评价体系。

实行差异化分类，增强综合评价的可比性。我们对全县党外人士进行了全面调查摸底，建立了“两表两库”：党外代表人士登记表与党外代表人士信息表和党外代表人士信息库与党外代表人士后备人才库。通过定性分析，最后筛选出66名党外代表人士作为综合评价对象。具体坚持三个原则：一是差异化分类。将全县党外代表人士队伍分成四类进行评价，即民主党派、无党派、非公经济人士和宗教界代表人士，根据不同类型制定不同的评价指标进行评价，以确保评价的可比性。二是代表性原则。凡是纳入综合评价的对象不仅政治上有代表性、具备坚定正确的政治方向，有较强的参政议政愿望，而且在所从事的工作领域要具有代表性，在专业上有较深造诣和成就。同时在群众中也要有代表性，有一定的群众基础、广泛的社会联系和一定影响的知名度。三是相对合理的数量。数量既不能太多，带来不必要的烦琐，也不能太少，使评价失去应有的客观性和真实性。

设置科学化指标，体现综合评价的导向性。评价内容体现了全面性。在评价指标确定上我们重点突出了政治性、专业性和群众性三大方面，“德、能、勤、绩、廉、学”六项主要内容。同时我们又根据不同类型将“德、能、勤、绩、廉、学”进一步分解细化为6～9项一级指标和18～21项二级指标，尽可能使内容更加全面，内涵更加明确，外延更加清楚。还针对不同领域党外代表人士的特点情况，设计不同的指标体系。在指标体系的设计上十分注重利用评价指标的目标导向作用，在指标选取、分值分配、增设加分项目和一票否决上力求其对党外代表人士队伍建设能够予以引导。

实施规范化考评，提高综合评价的准确性。我们始终坚持定性考评与定量考评相结合，对能量化的评价指标，全部细化为数值形态，对不能量化的指标，先进行定性评价，再通过一定方式转化为量化分数。坚持工作实绩与社会评价相结合，对工作实绩按照岗位目标责任进行考评，社会评价按照知情度、责任度和关联度的原则，把自我评价、单位评价、社会兼职评价与相关职能部门评价结合起来，全方位、多角度地了解和评价党外代表人士，实现“一把尺子量到底”。

落实多元化评价，强化综合评价的真实性。一是依据工作关系开展实绩考核。由所在单位领导和同事以其工作实绩进行评分，实现了“干什么、评什么”“谁布置、谁考评”。二是依据熟悉程度开展满意度测评。由所在单位、党派、社团对评价对象进行民主评议，严格规定谈话测评的人数及各个方面、各个层次的代表性，力求使评价结果客观真实。三是依据关联度开展社会评价。重点涉及监察、工商、税务、质检、环保、计生、安监、综治等部门，由此提供必要的信息资料，做出相应的社会评价。四是考察组开展综合评价。每个考察组根据实地考察和各类评价指标得分情况，用优秀、良好和一般、较差四个等次进行分类，最后报县综合评价领导组审定。

坚持刚性化运用，提升综合评价工作的权威性。一是评价结果与评奖评优挂钩。我们建立了党外代表人士综合评价工作档案，把综合评价结果作为党外代表人士年度考核的重要依据。二是评价结果与提拔任用挂钩。去年以来，全县先后有 1 名党外代表人士提拔为副处级领导干部,1 名提拔为正科级领导干部,2 名提拔为副科级领导干部，4 名补选为县政协常委，6 名入选市党外代表人士人才库。三是评价结果与教育培养挂钩。去年以来，我们对全县 60 名参与综合评价的党外代表人士进行晋中轮训，有 3 名参加了市里举办的党外干部培训班。

（本文选自《中国统一战线》2015 年第 10 期，作者系昔阳县委常委、统战部部长）

13 号界碑，我的哨位

——一个共产党员的战火经历

孔令贤

六年戎马生活，是我人生中当兵的历史。军营内外，“毛主席的战士最听党的话，哪里需要到哪里去，哪里艰苦哪安家”的旋律，至今仍在脑海回响，不敢忘记。

永远记着 1985 年入党时的情景。农村出来的兵，能吃苦，肯做事。1983 年入伍头一年，就学老兵的样子，争着做好事，刻苦练本领，积极要求加入中国共产党。申请入党的人多，像过独木桥，竞争相当激烈。我却幸运，第二年当班长，第三年便走进了党的队伍，年底立了三等功，是同年的 30 个兵、同乡的 6 个兵中，最先入党、最先立功的一个。转正时，先个人写申请，三四个党员老兵面对面审查评说，提意见，正不足，指方向，弄得人精神紧张心直跳。至今犹记我的入党介绍人、新兵班班长、河南人葛增启，手把手教我党的知识，膀靠膀跟我谈思想，提要求，一步步帮我向合格共产党员的标准迈进。也不会忘记在营部举行的入党宣誓仪式，营教导员亲自参加，全连 80% 党员庄严地站在党旗前，齐声喊出对党的承诺：“我志愿加入中国共产党……”

“为共产主义奋斗终生，随时准备为党和人民牺牲一切，永不叛党。”当最后一句誓词读完，我就下定决心，党叫干啥就干啥，党的需要就是我的哨位。

13 号界碑，是我军旅生涯刻骨铭心的哨位，也是人生难以忘怀的地方。

位于中越边界的 13 号界碑，原先足有乒乓球桌大，石灰岩构成，而我们见到时，上半截已无，只留下身深深戳进土里。残碑上隐约可见“中国”和越文“越南”字样。底部标：13。

显然，这里是战场，是党和国家呼唤热血男儿捍卫祖国领土主权完整、奉献青春的疆场。

世间有些事，往往在人的意志之外，是灵与肉的博弈。一切取决于转瞬间的一个决定。

1986 年，按照义务兵有关规定，服役期满可以复员回乡，重新开始新的生活了。

我怀念在家同父母一起的日子。当年我参军走后，母亲天天惦念儿子，忧思过度，终成疾病，瘫痪在床上。复员回家，我可以在她膝下尽尽孝子之心。

我憧憬着即将到来的小家庭幸福生活。那年 2 月，我和北关村毛计祥走进婚姻殿堂，新婚燕尔又匆匆离开，还没来得及长相厮守，说尽悄悄话呢。

我梦想着复员后再找一份工作，或者在农村也行，拼搏创业，凭着自己的聪明刻苦，说不定能在故乡打拼出一方新天地。

然而，一道军令让一切美好梦想戛然而止。12月，北京军区部队开赴老山前线。作为炮兵骨干，我被调入步兵尖刀连，配合作战。那时节，我所带的开赴南疆的新兵尚未结束训练。

是去，是留，两难命题横亘在面前。

从驻地河北平山到广西边界，遥遥数千公里，距离家乡愈来愈远。而这是军令，军人以服从命令为天职。

从平时训练转入战场作战，宁静平安的生活从此被打破。而这是党和国家的需要，一个共产党员任何时候都必须将人民利益挺在前面。

军人的使命，共产党员的蕴含，使我毫不犹豫地选择了后者。

出发前三天，我和两个十七岁的新兵背着背包到作战连报到。连长、指导员紧盯着我，问："老光，就要上前线了，你有什么要求？"

我毫未掂量便说出欲回家探望的想法。

连长沉吟了，"离出发仅有三天，赶得来吗？"

我保证，"三天头上准时回来报到。"

平山与昔阳，两县相距几百里，当时昔阳的运煤汽车很多都从我们营房门前经过。搭了个顺脚车，回到家里。

看到我回来，躺在炕上、吃饭起卧都得靠人照料的母亲忽然精神了很多，问我转业手续办了没？回来就好，回来就好。妻子笑眯眯地不说话，脸上显露一阵阵的红晕。父亲忙东忙西，张罗饭食，五十多岁的人了，手脚还那么利索。看着他们乐呵呵的样子，我真不愿说出那令他们不快不安的消息。

但时间很紧。我是个现役战士，必须服从命令，听从部队安排。当我说出即将赴老山前线参战的消息，三个人都愣住了。母亲自此不再说一句话，不停地唉声叹气。妻子倒通情达理，说了些鼓励的话。我说，你就在家里待着，等我回来。她却说，我的肝不好，医生让服药，在家不方便，我还是回北关娘家吧。看着妻子无助、无奈的样子，心中几多纠结。

在家里住了一天两夜，临行父亲送我出门，边走边说，"你这一走，你妈还不知能不能熬到你回来。"听得出，他的眷恋心情。父亲也情感丰富，只是男儿有泪不轻弹。

听后，一阵悲凉，泪由心出。

然而，我不仅是儿子、丈夫，更是革命军人，共产党员。在国与家的选择题面前，我懂得孰轻孰重，何去何从。

挥泪诀别父亲，义无反顾踏上归队途程。

从家里返回，部队已整装待发。紧接着是连续六昼夜的火车和三昼夜汽车的长途跋涉。从华北到最南边的中越边境，时空完成了从和平到战争的穿越。先经过两个月艰苦而紧张的模拟训练，便全副武装开向炮火连天、危机四伏的东山战场。

那天夜晚，我们每人身背40公斤重的背包和机械、武器、弹药，徒步行走在仅有七十厘米宽的陡峭山路上，周边双向铁丝网后面就是敌军。天漆黑，路坎坷，人不敢说话，车不能开灯，稍有不慎就会暴露目标，一不小心就会踏响四周的地雷。头上，机枪弹、炮弹像萤火般不时飞过；脚下，毛毛细雨将土石搅拌成一片泥泞。部队像一支夜袭的神探，只能靠一个接一个向后传递口令，前后左右相互帮扶牵引，艰难行进。整整九小时，急行军60多公里，终于到达接防阵地。

这里是东山战区的52号阵地。哨位背后1.5公里处矗立着的13号界碑，像楚河汉界，将中越分割成两个天地。又像一面威严、壮丽的旗帜，时刻提醒我们承担好保家卫国，不准敌人侵犯一寸国土的神圣责任。

但这里太险要了。左倚号称“八十年代上甘岭”的高地，右邻万丈悬崖的盘龙江，悬崖陡立，密布着不透风的热带针叶林。

接防那天，原先驻防的兰州军区某部一个军人向我们介绍情况，看起来他心情忧郁，神色疲惫。说完，长长叹了一口气。事后才知道，我们到来之前，这里刚打了一场恶仗，坚守阵地的将士艰苦奋战，整个掩体几乎全被摧毁，人员伤亡殆尽，他是唯一留下的健全人。进入接防的哨所，摸摸床上的被子，潮潮湿湿，黏黏糊糊，不是水，就是血，不由得打个寒噤。

前方52个哨位曲曲折折来回穿插排列，隐蔽在密密丛林中。距此5公里的最前沿阵地–52号，深陷于地下，同敌方直线距离仅200米，用40倍的望远镜观察，敌军就在眼前，我的60迫击炮就架设于此。而用作平时观察、休息的哨所，不到两平方米的空间，以薄纹钢丝做支撑，上面覆盖13层沙袋，狭窄而逼仄，人只能弯着腰钻进钻出，一洞规定住6人，除两人轮流站岗，其余人也只能蜷曲着坐卧，即所谓的“猫耳洞”。洞外，用沙袋垒成的30厘米宽的土床，上面铺个垫子，便是战士站岗执勤的地方。

热带气候炎热潮湿。平时，无论干部、战士，从头到脚全一丝不挂。阴暗的洞内光线极差，必要时，只能用蜡烛照明。后勤供应倒有保障，肉、菜、米、面、饼干、罐头，应有尽有，但因为敌军炮轰时有封锁，用水困难，一个哨所一礼拜供应25公斤水，根本不够用，洗米水留着洗菜，清水不来泔水不敢倒，一遍遍沉淀，直到用干；配备做饭用的煤油炉，基本派不上用场。战士们口干舌燥，浑身喷火，消费最多的是橘子罐头。至于猪肉、羊肉、牛肉之类，一根铁丝绳吊在洞内，风干了，抑或臭了，烂了，也无人问津。倒是自然环境养育的热带动物多如蝼蚁，大得吓人。当地流传的民谣，“三个蚊子一盘菜，四个老鼠一麻袋，五人就餐一条蛇”，并非狂言。因为缺水，米攒着喂了老鼠，肉喂了蛇，能不胖吗？因为缺水，战士们长期不能洗漱，浑身汗臭，蚊子能不多吗？

最大的危险在于敌军不定时的炮击，隐蔽不好就容易伤亡，阵地上炮弹坑比比皆是。我方当然也必须还击，我的炮位在 –52 阵地，担任哨长，执行指挥部命令，从哨所步行至阵地，瞄准指定目标，向敌军开炮。而在敌军炮击时，我必须在炮位上射击，别的战士能隐蔽，我只能暴露。

永难忘 1987 年 4 月 23 日夜晚 10 时许，敌军为掩护特工偷袭我方阵地，对准 51 号哨所疯狂炮击近一小时。我方猝不及防，奋起应战。炮声轰鸣，土石乱飞，山峦丛林顿时变成一片火海。战斗中，机枪手倒下了，那是一个刚入伍半年的湖南小伙，还没来得及过一把当兵的瘾，就血洒疆场。和我同年入伍的天津人韩映秋，刚满 25 岁，活泼，开朗，那次在哨位执勤，一块弹片正好打在喉咙处，大动脉被割断，鲜血如注，直往外喷，卫生员只得用急救包挡住，血从胸腔腹部穿流而下。第二天，我在营部看到他的遗体，腹部鼓胀得如同宰杀时的猪肚子，血黏稠而臭，令人唏嘘。而在那时，他远在天津的妻子生下个儿子，从后来在营部看到的报喜信推测，儿子降生正好与他牺牲同时。

那次炮袭，51 号哨所被炸毁了。整个东山战区也不安稳，到处有炮弹降落，火光四起。我方牺牲 4 名战士，其中有昔阳籍的李文平，他是留庄人，与我同年战友，战斗中头部中弹，永远长眠在了异国他乡。

“4·23”战斗只是对越自卫反击战中的一例。在战场上，战士们每天都会与死神会面，每一次出发到前沿阵地，都准备着流血牺牲。但祖国的热血男儿个个是英雄好汉，共产党员处处是楷模先锋；生死关头，危急时刻，有担当，有义气，勇敢以对，不怕牺牲，排除万难，争取胜利。共产党员韩映秋、李文平就是榜样。

其实，战场上环境恶劣，危险丛生，时时处处都是考验。那天黑夜，我按照命令，从哨所到炮阵地接防，沿山坡而下净是针叶林丛，像刀一样锋利的针芒，不时会对人造成伤害。天黑如漆，摸索着前行。突然，觉着右腹部被什么刺了一下，到达阵地一看，竹针般的针叶刺向腹部，鲜血直流。炮击正紧，直等到天明才戴钢盔和急救包，被送往八里远的营部救治。从此被定为七级战残。养伤两个月后，又重返战场。

1988 年 12 月，部队从前线撤离。至此，在 13 号界碑的哨位整整为祖国站岗两年。

撤出阵地那天，我面向界碑举手敬礼，为我们英雄的祖国，为那些洒满青春热血值得怀想纪念的时空，为那些长眠于此的战友……

年底，我从部队复员，回到久违的故乡怀抱。

家里，瘫痪已久的母亲尚在，而两年前送我出发的父亲却因操劳过度，又性格封闭，忧郁成疾，严重的眼病伤及脑动脉，不久便撒手人寰。悲痛中我没有后悔，因为我在党和国家需要的时候，没有迟疑后退。

如果当时我如期复员，本来可以有个好身体重新打拼创业，三年后以伤残之躯归来，看着同龄伙伴活蹦乱跳，我却心有余而力不足。对此，我坦然面对，因为在华夏历史的悲壮大戏中，有我一份贡献，没有缺席。这是人生难得的财富。

夫妻团聚姗姗来迟，家庭新生活开始的有点晚。1996 年，我 34 岁时女儿才出生，而此时我的同龄人，都有了十来岁的孩子。但我心里坦荡，因为我把人生最好的青春年华献给了党的事业，人民的事业。

如今，我担任村党支部书记，13 号界碑的哨位在新天地里延续。

无论时空怎么轮回，我骄傲，我曾是守卫 13 号界碑的解放军战士。

无论世事如何变幻，我欣慰，经过战斗淬火的共产党员称号，将光辉永续。

（本文选自《晋中统一战线》2016 年第 3 期，为全市统一战线“岁月 · 梦想”主题征文，作者系原昔阳县人大主任）

筑牢统战基石　开启崭新征程

王根元

党的十九大报告把“巩固和发展最广泛的爱国统一战线”纳入习近平新时代中国特色社会主义思想的重要内容，成为做好新时代统战工作的行动指南和根本遵循。昔阳县委坚持以学习贯彻党的十九大精神为主线，牢牢把握新时代统战工作的新要求，按照中央、省委、市委的总体部署，在学懂弄通做实上下功夫，对标党的十九大精神，抓重点，补短板，强弱项，努力把党的十九大决策部署转化为推动昔阳改革发展的具体举措，推进新时代统一战线工作创新发展。

抓实“三大载体”，筑牢共同思想基础，找到最大同心圆。共同的思想政治基础是统一战线存在和发展的根本，实现中华民族伟大复兴是海内外中华儿女的最大公约数。全县统一战线牢牢把握这个根本，坚持把深入学习贯彻党的十九大精神作为当前和今后一个时期的首要政治任务，学深悟透，融会贯通。*一要组织大学习。*通过丰富多彩、富有特色的学习宣传形式，读原著、学原文、悟原理，坚持领导带头宣讲，成立3个宣讲组，深入乡镇、党派机关、宗教活动场所、非公企业等单位，面向党外人士宣讲十九大精神，用习近平新时代中国特色社会主义思想教育引导广大统战成员，增进对中国共产党和中国特色社会主义的政治认同，以看齐追随的信心决心，共同致力于开创新时代昔阳振兴崛起崭新局面。*二要落实大活动。*紧紧围绕学习宣传贯彻党的十九大精神，支持民主党派和无党派人士开展“不忘合作初心，继续携手前进”主题教育活动，在非公有制经济人士中深入开展理想信念教育实践活动，在党外知识分子和新的社会阶层人士中开展践行社会主义核心价值观主题活动，教育引领广大统战成员牢树“四个意识”，坚定“四个自信”，不断夯实建成小康昔阳的共同思想政治基础。*三要开展大调研。*坚持学以致用，知行合一，动员广大统战成员和统战干部深入基层，深入一线，坚持目标导向和问题导向，紧紧围绕深化供给侧结构改革、区域协调发展、乡村振兴、民营经济发展和基层统战工作等重大发展战略，开展深入调研，谋划明年工作，积极建言献策，努力推动党的十九大重要决策部署在昔阳落地生根结果。

突出“三个重点”，发挥统战工作优势，画好最大同心圆。坚持一致性和多样性统一，千方百计、最大限度地扩大团结面，做到不忘初心、维护核心、固守圆心、凝聚人心、服务中心，充分发挥广大统战成员在中国特色社会主义事业建设中的重要作用。*一是放手调动一切力量谋发展。*统一战线是人才密集、知识密集、智力密集之地。统战工作要充分发挥这一优势，坚持求同存异，体谅包容的原则，创造性地履行沟通感情、化解矛盾、凝聚人心的职能，善于团结一切可以团结的力量，调动一切可以调动的因素，让一切有利于改革开放的新鲜思想充分活跃起来，让一切有利于促进发展的社会成员充分活跃起来，让一切有利于社会进步的发展要素充分活跃起来，形成万众一心推动转型发展的生动局面。二是放胆让非公有制经济唱主角。民营经济最富活力、最具潜力、最有希望，统战工作要切实做好非公有制经济代表人士的工作，构建亲清新型政商关系，激发和保护企业家精神，促进非公有制经济健康发展和非公有制经济人士健康成长。引导非公有制经济人士勇于担当社会责任。开展“民企联三农 帮扶贫困村”活动，全县81个非公企业与贫困村结对扶贫，13个重点企业帮扶13个贫困村助力精准脱贫，落实扶贫项目116个，投入扶贫资金13595万元。与此同时，发动本地企业家捐助善款1680余万元，为全县脱贫事业积极贡献力量。三是放心让党外领导干部挑重担。县委始终对党外干部高看一眼，厚爱一分，在政治上充分信任，工作上放手使用，生活上关心照顾，积极支持他们的工作，充分发挥他们的作用。今年以来，提拔党外干部8人，到乡镇一线挂职锻炼6人。目前全县党外干部44人，其中处级干部4人，正科级干部5人，副科级干部35人，为昔阳近年来党外干部成长最快的时期，真正使党外干部在政治上受尊重，在社会上有地位，在事业上有作为。

加强“三基建设”，激发基层生机活力，汇聚最大正能量。“三基建设”是党的建设的基础工程，必须以习近平新时代中国特色社会主义思想为统领，持续用力，久久为功，凝聚人心，汇聚力量。一是切实加强基层统战组织建设。落实基层统战工作主体责任，按照“哪里有党的工作，哪里就有统战组织”的要求，实现县乡两级统战工作领导体系全覆盖，县乡村三级统战工作队伍全覆盖，县级各领域统战社会组织全覆盖，建成“统战之家”12个，筑牢基层统战组织阵地。二是努力夯实统战基层基础工作。坚持重心下移、力量下倾，建立健全统战工作体制机制，努力在精细化管理、规范化建设、标准化创建上求突破，不断夯实乡村两级工作基础。三是不断提升统战干部基本能力。增强各级统战干部“四个意识”，引导统一战线各界人士自觉用习近平新时代中国特色社会主义思想武装头脑、推动工作，先后组织了延安、清华、苏州等6期培训班，让统战干部学习“充电”。围绕经济、社会、民生、文化、产业等19个重点课题，出实招，建硕果，以“踏石留印，抓铁有痕”的劲头和钉钉子的精神，为创新发展新时代统一战线工作，实现昔阳新时代振兴崛起新局面发挥法宝作用，贡献智慧力量。

（本文选自《晋中统一战线》2017年第4期，作者系昔阳县委书记）

不忘初心 砥砺奋进

宋希平

春夏秋冬，四季更迭，岁月的齿轮不停地轮回，轮回的辗转，岁月的蹉跎，让我们不禁感叹，勾起了美好的回忆和憧憬，云卷云舒，花开花落，透露着岁月无情的喜忧。纯真与坚强，理想和期待见证了我们无知的青涩、成熟的果敢。那就是我们不忘初心，砥砺奋进，创新创业，无愧人生。

党的“十九大”给社会的发展指明了一条光明的大道，民族复兴的中国梦，已经扬帆奋进，祖国的繁荣昌盛，人民的安居乐业都彰显出新时代中国特色社会主义思想的主要内涵和基本方略的正确性。厚基伟业集团公司，作为一家民营企业，在这改革开放的长河中，坚守初心，不忘真本，一步一个脚印，跻身于实现伟大民族复兴的大军之列，走创新创业之路，行关注民生之本。秉承“厚德诚信，强基富民”的经营理念，以“转型创业，跨越发展”为谋略，致力于“致富思源，回馈社会”的善心善行，弘扬“自力更生，艰苦奋斗”的大寨精神，践行“不屈不挠，砥砺奋进”的企业家精神，走出了一条“发展企业、富不忘本、富而思进、回馈于民”的创新创业之路。

岁月蹉跎，创业艰辛。厚基伟业集团公司从走向商海，到开办煤炭产业、到经营商贸、到发展农牧产业园，经过四次产业转型，赢得四次发展。是党的政策给予民营企业创新发展的机遇，我是一个农民子弟，一个大学毕业生，受父辈的创业精神感染，2015 年我放弃了北京创业发展的机遇，毅然返回家乡，子承父业，撑起山西厚基伟业集团公司这片蓝天，走自己的创业之路，圆我的创业之梦。

兴建电商园区为回乡青年搭建创业平台

2015 年 8 月，回昔阳办的第一件事就是，兴建“昔阳县电子商务产业园、昔阳县青年创新创业基地”，成立“昔阳县云创电子商务运营服务中心”，在昔阳县政府的关怀下，创建了“昔阳县农村淘宝园区”。园区建设初期，举步艰难，没有场地，就将公司厚基伟业商贸大厦三楼腾出作为电商办公、工作场地，没有资金，就利用公司资金周转，贷款装修店铺、购置办公设备，由于创客都是年轻人，没有经费创业，2016、2017 年两年实行免房租，两年公司减少房租收入 100 多万元。两个园区吸纳 46 家电商企业入住，园区建设投入 460 多万元，均由公司承担。为了加快昔阳电商业的发展，鼓励农村青年创客自主创业，为农民提供服务，助力农民脱贫致富，入住园区的电商企业实行了三免费：前两年免费出让工作店铺或低费提供各种店铺，免费培训电商人员，免费提供信息服务。大力发展农村淘宝，努力拓展农村青年创新创业平台，实施农村青年电商培育工程，三年来先后免费培训农村电商青年 1600 多人次，吸纳大中专青年 50 多人参与电商工作，配合政府建立村级电商服务中心 260 多个，农村体验店 36 个。为了让农民了解电商，园区走出园区，贴近乡村每月定期举办“昔阳电商节”，把实惠让给农民。不定期举办“昔阳电商沙龙”，让入住电商企业相互交流经验，以促进电商企业的发展。努力挖掘本县农副特产，在加工、包装、质检上做文章，使农民的土特产作为上行产品，通过电商平台，走出县域，走向全国。目前已经可以上行的特产有 20 多种，为农民致富提供了新的财路。大力扶持园区内经营农资的电商企业，鼓励他们以农村种、养殖为工作重点，走出去搜集优良品种，走下去到田间地头为农民服务，让他们利用电商信息在种子、果林树苗的优选给农民提供便利服务，使电商企业真正为农民服务。三年来，两个电商园区已经孵化出 20 多家电商企业，使他们有基础发展自己的企业。

利用“大寨”网络践行昔阳扶贫公益

2016 年公司开辟了“大寨网”公众服务平台，三年来坚持配合政府脱贫攻坚，给农民免费提供信息服务，传播大寨人文故事，鼓励农民发扬大寨人“自力更生，艰苦奋斗”的精神，自主创业，勤劳致富。及时发布致富、商业、淘宝、房产等信息，收集昔阳特色农产品，推销昔阳果品、蔬菜、药材、棚菇、核桃、特色小吃等上行产品，为农民精准服务。“游太行、买太行、卖太行”，公司开辟太行山脉“一带一路”农旅线路，采集太行山区特色农副产品，对接太行沿线 62 个县域政府、加工厂家，签订销售意向书，利用“大寨网”将这些特色产品销往全国，帮助山区农民脱贫致富。公司成立“大寨网”公益团队，践行公益扶贫，2016 年昔阳遭受洪涝灾害，我就带领公益团队，亲临灾区，捐资 2 万多元进行灾情救助、扶贫捐资；其次还向 10 名贫困学子捐助资金，帮助他们完成学业；慰问农村贫困老党员、老干部。发挥了电商企业扶贫优势，精准为农民服务。

建立农企养殖合作社帮助农民脱贫致富

厚基伟业集团公司，积极配合县政府扶贫攻坚，利用公司的养殖基地，先后成立了两个养殖合作社，吸纳 18 个贫困村，1300 多户贫困户入社，帮助他们参与养殖，脱贫致富。这两个合作社是“大寨绿草湾奶牛、肉牛养殖合作社”“安家沟鹿泉神肉鸡养殖专业合作社”。

“大寨绿草湾奶牛、肉牛养殖合作社”位于昔阳县赵壁乡黄岩村，占地 480 亩，投资 2063 万元，建筑牛棚面积 24000 平方米，建有养牛大棚 12 个，采用“基地 + 农户 + 服务”经营模式，成立黄岩村肉牛养殖合作社，吸纳黄岩村 116 户贫困户入社，合作养牛 1200 多头，经营实行三免费：免费提供养殖基地，免费提供养殖技术，免费提供销售服务。两统一：统一饲料加工，统一管理圈养。该贫困户入社半年，每户已经分得红利 2000 元。2017 年这些贫困户全部脱贫。

大寨镇安家沟村“鹿泉神肉鸡养殖专业合作社”是公司重点扶贫项目，采用“企业基地 + 贫困农户 + 资金统筹 + 养殖分红”的方式，投资 2400 万元，建有机械化养殖房舍 21 个，建筑面积 46000 平方米，年养殖肉鸡 360 多万只，年创收入 400 多万元。吸纳大寨镇、界都乡 17 个贫困村，1194 个贫困户加入合作社，带动贫困人口脱贫致富，年底我亲自深入合作村，发放分红资金，入社贫困户每户已经分红 2000 元，脱掉了贫困帽子，今后继续合作养殖，将带动这些贫困户走向富裕，直奔小康。仅 2017 年两个农牧种养殖园区，发放扶贫资金 300 多万元，安置贫困劳力 80 多人。这两个合作社建在农村，服务农民，让利农户，是公司精准扶贫基地，也是公司致富思源、回馈社会的扶贫惠民工程。

2018 年按照县政府的安排，昔阳县云创电子商务运营服务中心的定点扶贫村是昔阳县赵壁乡巩家庄村，公司制定扶贫项目，利用村土地资源，实行农业转型；利用高科技资源，种植纯天然优质营养小米。该项目和山西农科院合作试种，公司投资 26000 多元，在种、管、检验、加工、包装上做文章，试验成功后每亩地可增收 600 多元。心系农村，情牵农民，真扶贫，扶真贫，公司的扶贫项目受到政府的表扬。

兴办文化活动　彰显企业魅力

企业的发展，在于企业文化的发展，三年来，厚基伟业集团公司，领略了文化活动的魅力，先后举办了 12 次大型的文化活动，打造了企业文化，彰显了企业魅力。昔阳地处太行山西麓，有丰富的崖柏资源，2016 年公司成立了“昔阳县崖柏商会”，吸纳 66 家崖柏企业入会，建起了“太行崖柏博物馆”，成功举办了两届“太行文化艺术节”；配合昔阳县统战部、昔阳县政协，举办了四次书画摄影展；承接了三次“晋中市中式台球排名赛”，举办了两届“昔阳县青年创新创业演讲赛”；举办了“厚基伟业巴洲采摘园垂钓比赛”；这些文化活动，打造了企业形象，推动了县域文化事业的发展。

创业路漫漫，发展路长远，作为非公企业，我们将继续贯彻践行党的“十九大”精神，紧跟党的决策和战略走，不断强化“四个意识”，不忘初心，牢记使命抓好企业发展，勇担社会责任，践行“扶危济困、回馈于民”的光彩精神。创新创业，致力于乡村振兴的伟大事业中。

（本文选自《晋中统一战线》2018 年第 4 期，作者系昔阳县新的社会阶层人士联谊会会长）

发挥统战优势　助力脱贫攻坚

——昔阳县统一战线助力脱贫攻坚的实践与思考

李怀仁

昔阳县属省定贫困县，脱贫攻坚任务十分艰巨。近年来，昔阳县委统战部充分发挥统一战线优势，整合资源力量，搭建平台载体，培育攻坚品牌，积极投身脱贫攻坚主战场，形成了多点出击，各方出力，尽锐出战，统一战线助力脱贫攻坚的新格局。

一、聚力民主监督，打通政策落地“最后一公里”

脱贫攻坚民主监督是中共中央和习近平总书记赋予民主党派的一项重要任务，昔阳县委统战部把脱贫攻坚民主监督工作作为政治任务，摆上重要议事日程。成立了领导小组，制定工作方案，主动与乡村对接联系，开展脱贫攻坚专项监督，把开展民主监督的过程变成发现问题、解决问题、推动政策落实的过程，变成调查研究、建言献策、精准帮扶的过程。

（一）坚持问题导向，开展调查研究。组织民进昔阳支部和无党派人士中的相关专家学者，深入3个乡镇6个村围绕脱贫攻坚责任落实，政策措施执行，扶贫资金管理使用，贫困人口精准识别、精准退出开展全面督查调研。召开专题座谈会，查看台账资料，走访贫困户，既“挑刺”又出招、既“找茬”又补短，并邀请民进晋中市委、九三学社晋中市委到我县调研考察，为脱贫攻坚把脉问诊，现场进行具体指导。在调研的基础上，县委统战部利用“季度协商座谈会”平台，就全县的脱贫攻坚进行专题协商研讨，最后形成了《关于进一步加强深度贫困村脱贫攻坚工作的建议》，报送县委、县政府，许多意见在《关于坚决打赢全县脱贫攻坚三年行动计划的实施意见》中采纳。

（二）找准突出问题，精准建言献策。各级统战成员单位始终把脱贫攻坚作为最大的民生工程，作为参政议政、民主监督的重要内容，紧紧围绕扶贫领域重点、热点、难点、焦点问题，撰写社情民意，提交调研报告，谏好言、尽好责、履好职。去年以来，全县统战成员共提出扶贫领域的合理化建议21条，提交提案11篇，社情民意信息24篇，调研报告15篇，都引起了县委、县政府的高度重视，促进了各项扶贫政策措施的落地生根。

（三）实行寓监于帮，解决实际困难。民进昔阳支部和全体统战成员努力做好主动参与和民主监督两篇文章，把民主监督与脱贫攻坚有机结合起来，坚持当帮手、不旁观，积极开展送文化、送医疗、送科技“三下乡”活动，为全县脱贫攻坚提供力所能及的帮助和应有的贡献。民进昔阳支部组织20多人的医疗服务队，连续三年深入25个贫困村开展义诊，受益群众达到8000多人次。

二、落实“双百”工程，助力攻坚深度贫困“硬骨头”

认真贯彻落实全省攻坚深度贫困现场推进会精神，积极响应省委统战部“关于实施统一战线助力攻坚深度贫困‘百千百’工程”的号召，进一步发挥统一战线优势，在进一步引深“民企联三农，帮扶贫困村”活动的基础上，在全县统一战线中组织开展了“助力攻坚深度贫困‘双百’工程”，动员和组织全县经济实力最强的5户民营企业结对帮扶5个未脱贫的深度贫困村，100名民营企业家结对帮扶100个深度贫困户，100个党外代表人士帮扶100名深度贫困户子女。活动开展以来，5个企业投资50多万元帮扶结对村发展脱贫产业，山西丰汇煤业有限公司投资20万元帮助沾尚镇谷兴沟村发展羊肚菌大棚48个，带动46户贫困户脱贫。山西厚基伟业公司投资15万元帮助三都乡旮旯口村发展肉鸡养殖，带动86户贫困户脱贫。全县100个民营企业家帮助56户贫困户到所属企业打工就业，为61户外出打工提供信息并进行技术培训。100名党外代表人士共捐资25万元，资助贫困户在校子女完成学业，为大学毕业后未就业的48个贫困户子女解决了劳动就业。昔阳县光彩事业促进会会长唐绍袍捐资12万元资助贫困户子女上学。同时，我们还指导和扶持结对村牵头组建农村合作社11个，激发贫困群众自我脱贫的内在动力，动员所属单位和企业的党团组织开展志愿者服务和各类扶贫慰问活动，最大限度地提升贫困群众自主发展的能力。

三、实施民企帮扶，打造精准扶贫的“生力军”

民营企业是打好脱贫攻坚战的重要力量，我们充分发挥民营企业家理念新、能力大、实力强的优势，在全县民营企业中开展了工业反哺农业，民企帮扶农村，企业家关爱农民的“民企联三农，帮扶贫困村”扶贫活动，争当脱贫攻坚的生力军。

（一）精心组织，结对帮扶企业数量越来越多。动员和引导民营企业以地缘、人缘、业缘为基础，坚持自愿、互补、共赢的原则，找准“农村所需”“农民所盼”与“企业所长”的结合点，通过双向推进、双向对接，实现“一对一”“一对多”或“多对一”的结对帮扶，不搞强迫命令，不搞“拉郎配”，把民营企业的资源、资金、技术、人才、管理、信息、市场等生产要素向贫困村投放。2016年全县确定了13户民营企业帮扶13个贫困村，2017年发展到51个民营企业与62个贫困村结成帮扶对子，2018年我们通过主席会长带动、优惠政策调动、部门合作联动的方式，广泛动员全县各类民营企业、各级工商联会员、政协委员和人大代表中的非公经济人士所属的企业积极投身脱贫攻坚和乡村振兴主战场，全县81个民营企业与112个村对结，开展了民企助力脱贫攻坚和乡村振兴行动。县委、县政府出台优惠政策，鼓励民营企业参与脱贫攻坚和乡村振兴行动。工商联主席黄祥苗所属的丰汇煤业公司1个企业结对帮扶11个村。统战部门积极协调与涉农部门合作，在脱贫攻坚的产业政策、技术培训、项目对接、信息发布上为民营企业提供全方位服务，先后为25户民营企业提供1.26亿元的低息贷款和扶贫周转金。组织召开政银企对接会，先后为15户民营企业签订贷款意向7.033亿元，与5户企业签订金融服务协议书。从而使全县参与脱贫攻坚的民营企业逐年增加，有力加快了全县贫困乡村的脱贫步伐。

（二）**精准对接，帮扶成效越来越好**。我们积极引导广大民营企业因地制宜、因企制宜，多渠道沟通、多元化对接、多形式帮扶，探索了许多好的模式，走出了不少好的路子，涌现了一批好的典型，为贫困群众带来了实实在在的收益。一是鼓励民营企业家回村担任村“两委”成员，用先进的理念、方法建设和管理农村。目前全县有126名民营企业家和“能人”回村担任了村官。民营企业家朱蝉良面对家乡界都乡柏叶底村发展落后的现状，回村担任村党支部书记，带领全体村民整村容、兴产业、解难题、暖民心，一年摘掉了贫困村的帽子。二是产业扶贫。坚持以“一村一品一主体”为抓手，大力推行“民营企业 + 合作社 + 贫困户”模式，实现贫困村有主打产品产业、有新型经营主体。山西厚基伟业公司与大象农牧集团合作，投资2400万元，建立了肉鸡养殖扶贫基地，17个村组建了专业合作社入驻基地，年饲养肉鸡330万只，1194户贫困户每年入股分红2000元。三是劳务就业扶贫。民营企业家王秀芳投资成立山西秀芳仿真花制品有限公司，在全县建立了20个仿真花“扶贫车间”，吸引800多名妇女参与生产，贫困户不出村就能实现就业。万通、洁城两家民营清运公司帮助476名贫困人口实现稳定就业。四是合作开发扶贫。民营企业以项目建设为纽带，投资19232万元与贫困户联合组建合作社144个，帮扶贫困户788户，在全县打造了一批不走的扶贫队。五是帮助农民自主脱贫。民营企业充分发挥其技术、信息、市场等方面的优势，通过建立示范基地、组织培训班，让农民成为产业工人和技术农民，增加农民收入。山西金谷阳光食品公司、大寨华源中药材饮片厂采取为贫困户免费提供种苗、技术服务、订单保底收购等方式，鼓励贫困户发展黄桃2000亩、玉露香梨1000亩、樱桃400亩、中药10000亩、食用菌50万平方米，成为当地农民稳定脱贫的重要途径。六是公益捐助扶贫。这是全县民营企业参与脱贫攻坚和乡村振兴最为广泛的一种形式，民营企业家和个体老板源于地缘、乡亲和亲情，捐资参与家乡、企业所在地的各类公益设施和福利项目建设。鑫阳顺建筑公司董事长邢丑锁投资600万元为南营村打坝造地300亩，使全村人均新增水浇地0.5亩，仅此一项村民就能实现稳定脱贫。四通工贸有限公司董事长王维银投资500万元回家乡白羊峪村建设48亩的双孢菇种植大棚，为全县菇民提供菇种、培训、销售等一条龙服务。

（三）**互惠共赢，帮扶影响力越来越大**。民企助力脱贫攻坚行动的开展，进一步顺应了民营企业家回报家乡，反哺“三农”的意愿，激发了广大民营企业的积极性和创造力，推动了民营资本参与“三农”发展从自发走向自觉，从单纯与贫困村合作走向村企合作双赢，从“一事一合作”走向结对共建的持续合作，使民营企业参与脱贫攻坚和乡村振兴更趋常态化、规范化和制度化，其作用和效果也更趋多样化、具体化和长效化。截至目前，全县民营企业共投入各类帮扶资金达到了1.34亿元，吸纳贫困户劳动力就业达到了8900多名。同时，活动也促使民营企业从单一推进经济发展转向加快农村社会公益事业发展和农村精神文明建设，不少民营企业帮助农村投资新建了学校、公园、文化设施和敬老院等公益设施建设，共同开展系列文明创建活动，进一步改善了广大农民的生产生活条件，实现了乡村经济破零，让广大农民深切感受到民营企业家回报家乡的真实情感。活动的开展也为统战系统服务经济建设搭建了平台、丰富了载体，得到了县委、县政府的高度重视和社会的广泛认可。广大民营企业家把统战部、工商联当成自己的娘家，遇到困难想请统战部门帮助“解决解决”，有了苦处找统战人员“诉说诉说”，开展工作向统战部门“汇报汇报”，切实增强了统战系统的凝聚力和向心力。特别是乡村两级干部自“统一战线助力脱贫攻坚”活动开展以来，把统战部和工商联当作他们的后盾，有的要求帮助村里找企业结对、有的要求帮助村里上项目资助，统战部、工商联发挥自身优势，用心耕耘，用爱播种，用情收获，甘当牵线者，勇做热心人，积极为民营企业回报社会，铺路搭桥，为脱贫攻坚和乡村振兴倾心尽力，进一步彰显了统战的作为和力量，提升了统一战线的社会影响力。

四、凝聚攻坚合力，搭建脱贫攻坚的“大舞台”

助力脱贫攻坚是统一战线的一件大事，是围绕中心、服务大局的具体体现，也是新时代、新担当、新作为的生动实践。我们积极整合统战资源，搭建统一战线助力脱贫攻坚的“大舞台”，开展了统一战线“1＋N”精准扶贫行动。一是成立光彩事业基金会，动员全县44户非公企业募捐光彩事业基金1680万元助力脱贫攻坚。县光促会去年拿出85万元对全县深度的贫困户进行了走访慰问，今年又拿出1140万元对60个脱贫示范村给予了项目帮扶。二是先后组织186户工商联会员企业和个体工商户开展以“善行昔阳，爱心传递”为主题的助学、助残、助困活动，服务群众11000多人次，“昔阳县工商联公益群”被县里授予“优秀公益事业组织奖”。三是组织部分民营企业家和党外代表人士开展“1＋1关爱留守儿童志愿行”活动，资助他们完成学业，走出去到太原科技馆开展科普学习，为27名留守儿童送去温暖和关爱。四是在宗教领域开展“公益慈善周”活动，县佛教协会捐款15万元帮扶贫困村，基督教三自教会利用宗教传统节日等时间节点，动员信众为山区贫困群众捐献衣物，慰问孤寡老人，提供力所能及的帮助。五是加强与香港华革会等海外友好社团的沟通联系，累计引进海外资金330万元，帮助贫困村新建学校4个，农村卫生室25所，资助299名贫困学生完成学业。六是实施“归雁”工程。鼓励和引导在外的昔商昔才回村投资创业，目前全县已有13

名昔阳在外企业家回乡投资创业，昔阳籍北京企业家陈冰峰回三都乡投 4300 万元兴办清真肉牛屠宰加工厂。太原昔阳商会副会长毛永江投资 8 个亿在东冶头村兴办 50 万头的养猪扶贫项目，带动家乡贫困户脱贫致富。七是发挥统一战线人才荟萃、智力密集、联系广泛的优势，积极引导全县各乡村筹办乡贤会，为广大农村脱贫攻坚提供服务。八是昔阳县委统战部领导带头，率先垂范，积极为所帮扶的赵壁乡巩家庄村发展肉牛养殖、种植富硒小米、强化基础设施和公共服务建设，得到了当地群众的赞誉。全县各级统战组织、民营企业和广大党外代表人士都结合自身实际积极开展多种形式的脱贫攻坚工作，特色明显、亮点纷呈，都取得了显著的成绩，得到了领导的认可，赢得了贫困地区广大干部群众的一致好评。

在统一战线助力脱贫攻坚的实践中我们有三点经验启示：

一是敢担当，上下同欲则能胜。几年来，统一战线助力脱贫攻坚的实践，让我们深深体会到：团结就是战斗力。面对昔阳率先脱贫摘帽的艰巨任务，我们举全县统一战线之力，为打好打赢脱贫攻坚战体现统战的责任与担当。成立了由县委常委、统战部长任组长的统一战线助力脱贫攻坚领导组，先后下发了《关于统一战线助力脱贫攻坚的实施意见》《关于在全县民营企业中开展“民企联三农，帮扶贫困村”活动的通知》和《统一战线助力攻坚深度贫困“双百”工程实施方案》，召开了六次统一战线助力脱贫攻坚工作动员会、推进会和现场会。县委统战部先后 10 余次研究脱贫攻坚工作，做出顶层设计，绘出总体蓝图，破解系列难题，层层压实责任，级级传导压力。同时，还向全县统一战线成员单位、民营企业和党外代表人士发出了倡议书，组织乡村两级干部与民营企业家和县直相关单位召开村企见面会、项目对接会、银企座谈会，鼓励和引导广大民营企业和党外代表人士冲在一线、合力攻坚，凝聚起脱贫攻坚的强大力量。

二是重实干，汇聚涓流成江河。统一战线助力脱贫攻坚，功夫在引导，关键靠实干。为了保证工作成效，我们赴兰考，到长治，观摩学习，用各地典型经验焕发“昔阳光彩”；我们坚持把推进“两个健康”与脱贫攻坚有机结合，探索形成了村企互动双赢促脱贫的工作思路；我们致力于向最难处攻坚，在最痛处发力，签订帮扶协议，建立工作台账，实现统一战线助力脱贫攻坚工作常态化、长效化；我们建立助力脱贫攻坚考评激励机制，对统战成员单位、民营企业和党外代表人士的帮扶工作每年进行一次考评验收，考评结果作为其政治安排和表彰奖励的重要依据，2018 年“五一”期间，县委、县政府对全县统一战线助力脱贫攻坚的 14 户民营企业颁发“特别贡献奖”；我们积极营造舆论氛围，在昔阳报、昔阳电视台、昔阳统一战线微信平台开辟了专栏专题，努力形成浓厚的助力脱贫攻坚氛围。

三是在路上，而今迈步从头越。统一战线助力脱贫攻坚，万里长征路，我们刚走出第一步。我们将继续按照上级统战部门的总体要求，锚定昔阳创建“乡村振兴示范县”的目标，坚持统一战线“做贡献、促发展、受教育”相统一，坚持脱贫摘帽与乡村振兴相衔接，坚持村企合作互动双赢相融合，坚持强化农村“三基”建设与提升统一战线科学化水平相促进，着力打造统一战线脱贫攻坚“升级版”，奋力抒写统一战线助力乡村振兴“奋斗篇”，为全县脱贫攻坚和乡村振兴彰显统战力量。

（本文选自《山西统一战线》2018 年第 4 期，作者系昔阳县委常委、统战部部长）

凝聚新力量 推动新发展

——昔阳县探索新的社会阶层人士统战工作纪实

田志芳

改革开放以来，随着社会分工和产业结构的深刻变化，出现了许多新的社会阶层人士，他们主要是由自由择业的知识分子组成，大多数是无党派人士，集中分布在新经济组织、新社会组织中。据统计，截至去年底，昔阳县共有新的社会阶层人士2821人，分布在私营企业、中介组织、社会组织、民办非企业、新媒体等行业企业，他们是推动发展的重要力量。如何团结和凝聚这股力量，充分发挥其在经济社会建设中的推动作用？昔阳县委统战部高度重视，坚持“充分尊重、广泛联系、加强团结、热情帮助、积极引导”的工作方针，强化组织领导、整合力量资源、搭建平台载体、积极引导服务，努力探索了一条推进县域新的社会阶层人士统战工作的有效途径。

强化组织领导，着力在体制机制上夯实基础形成合力

加强领导。昔阳县委将新的社会阶层人士统战工作纳入全县党的建设的总体布局，出台了《关于在新的社会阶层人士中加强统战工作的意见》，建立了由县委统战部牵头，组织、宣传、经贸、公安、司法、民政、文联等15个部门参加的联席会议制度，形成了统战部挂帅、多方联动配合的新的社会阶层人士统战工作机制。

建立机构。昔阳县率先在全市成立了新的社会阶层人士联谊会，对全县新的社会阶层人士进行了全面摸底、重点调研，建立了新的社会阶层人士信息库，选拔39名政治素质好、社会认同度高、影响力大的同志吸纳为会员，并根据每个会员所从事的业务特点，完善了内部架构，设立了民营企业、文化艺术、社会组织、新媒体和电子商务5个活动小组，汇聚了更多的新生力量。同时，发挥三级统战网络优势，在乡镇、社区和村成立了新的社会阶层人士联络服务小组，组织引导新的社会阶层人士参与乡镇、社区和村的各项活动，实现新的社会阶层人士统战工作有人管、有人抓、沉到底、落得实。

健全机制。建立了新的社会阶层人士信息管理机制，将全县新的社会阶层人士录入系统，建立起了数量充足、结构合理的新的社会阶层人士信息库。建立了联谊交友机制，把新的社会阶层代表人士纳入各级党政领导联系交友范围，每位领导挂钩联系交友一名以上新的社会阶层代表人士，坚持定期交流联系，掌握思想动态，关注利益诉求，倾听意见建议。建立对口联系制度，由县委统战部牵头，建立政府相关行业主

管部门与新的社会阶层人士反映情况、表达意见的渠道，充分发挥他们在协商民主方面的作用。

搭建平台载体，着力在服务大局中发挥优势献计出力

搭建参政议政平台。在新的社会阶层人士中开展“聚力”行动，将新的社会阶层人士纳入“季度座谈会”“建言献策直通车”“社情民意信息”等参政议政平台，定期组织他们开展外出考察、专题调研，同时，县里制定下发了《关于加强与民主党派、工商联和无党派人士协商联系的意见》，对口单位定期邀请他们听取意见和建议，县委统战部联合公检法等部门下发了《关于加强特约人员工作的通知》，对单位聘请的特约人员进行规范和管理，为新的社会阶层人士发挥作用提供了平台。新的社会阶层人士紧紧围绕全县经济社会发展中的难点、热点问题，定期深入开展调查研究，积极建言献策，目前全县新的社会阶层人士共提交提案 18 件并受到了县委、县政府的重视和采纳。

搭建社会服务平台。充分发挥新的社会阶层人士的人才智力优势，以举办各类特色活动为载体，开展“惠民”行动。实施民企助力脱贫攻坚和乡村振兴行动，75 家民营企业精准帮扶全县 12 个乡镇 112 个村，13 个重点企业帮扶 13 个深度贫困村，联建合作社 68 个，落实扶贫项目 116 个，捐赠光彩事业基金 1680 万元，投入扶贫资金 13595 万元。开展“善行昔阳，爱心传递”为主题的助学助残助困活动，全县参与的新的社会阶层人士所属企业 186 户，服务群众 1.1 万余人次。组织新的社会阶层人士开展对农村留守儿童“一对一”精准帮扶和各项社会公益慈善活动。精心打造民进昔阳支部送医、送文化、送科技“三下乡”活动品牌，赢得社会广泛赞誉。

搭建创新创业平台。支持新的社会阶层人士积极创办聚金湾民营经济创业园、电子商务淘宝园、新媒体产业孵化园，激发他们创业创新的热情。同时，我们还大力推进“昔商昔才”回乡创业工程，通过微信平台向昔阳在外老乡发出邀请函，鼓励和引导“昔商昔才”回乡投资创业。目前，共引回 13 名在外成功人士回乡投资创业。

注重教育引导，着力在培养使用上凝心聚力激发活力

注重思想引导，增进政治共识。将新的社会阶层人士纳入全县统一战线教育培训主体班次，深入开展理想信念教育活动，推荐代表人士参加省市组织的培训班，累计培训人员 50 多人次。组织广大新的社会阶层人士赴红色革命圣地进行参观学习，进一步树立“四个意识”，坚定“四个自信”。通过举办各种学习会、读书会、研讨会，搭建微信平台等载体，组织新的社会阶层人士学习习近平总书记重要讲话精神、党的十九大精神，不断增进他们的政治认同感和社会责任感。

加大培养力度，搞好管理服务。一方面定期组织新的社会阶层人士开展理论学习、政治思想汇报、履职情感交流，培养工作榜样，树立示范标杆，进一步提高他们的综合素质和履职能力。另一方面，把监督管理贯穿于新的社会阶层人士培养使用工作的全过程，实行定期汇报制度，落实谈话谈心制度，推行跟踪考察制度，建立管理服务制度，实现新的社会阶层人士动态情况全掌握，监管责任全落实，个性服务无遗漏，做到政治上关心、生活上照顾、事业上支持、待遇上落实，努力把统战部建设成为新的社会阶层人士之家。

实行综合评价，大胆提拔使用。将新的社会阶层人士纳入全县党外代表人士综合评价的范畴之中，一并严格考核，一并提拔重用，充分调动其发挥作用，引导找准定位，正确认识不足，实现健康发展。截至目前，全县各级人大安排新的社会阶层人士有 11 人，政协组织安排新的社会阶层人士有 28 人，有 3 人被评为县以上学科领军人才，有 6 名当选为晋中市新的社会阶层人士联谊会会员，新的社会阶层人士正在昔阳县政治生活中扮演着重要的角色。

（本文选自 2018 年 9 月 13 日《晋中日报》，作者系昔阳县委统战部副主任科员）

发挥统战优势　助力脱贫攻坚

——访中共山西昔阳县委常委、统战部部长李怀仁

近年来，中共山西昔阳县委统战部充分发挥统一战线优势，整合资源力量，搭建平台载体，培育攻坚品牌，积极投身脱贫攻坚主战场，取得显著成效。目前，中共山西昔阳县委常委、统战部部长李怀仁就相关问题接受采访。

聚力民主监督，打通政策落地“最后一公里”

记者：脱贫攻坚民主监督是中共中央和习近平总书记赋予民主党派的一项重要任务。中共昔阳县委统战部是如何把握好这一任务开展工作的？

李怀仁：从脱贫攻坚战役开始的那一天起，昔阳县委统战部便把脱贫攻坚民主监督工作作为政治任务，摆上了重要议事日程。我们成立了领导小组，制定了工作方案，主动与乡村对接联系，开展脱贫攻坚专项监督，把开展民主监督的过程变成发现问题、解决问题、推动政策落实的过程，变成调查研究、建言献策、精准帮扶的每一秒、每一天、每一月。具体来说，我们主要分为“三步走”。

一是坚持问题导向，开展调查研究。组织民进昔阳支部和无党派人士中的相关专家学者，深入3个乡镇6个村围绕脱贫攻坚责任落实，开展全面督查调研。召开专题座谈会，查看台账资料，走访贫困户，同时利用“季度协商座谈会”平台，就全县的脱贫攻坚进行专题协商研讨，为县委、县政府科学决策提供智力支持。

二是找准突出问题，精准建言献策。全县统战成员共提出扶贫领域的合理化建议21条，提交提案11篇，社情民意信息24篇，调研报告15篇，引起了县委、县政府的高度重视，促进了各项扶贫政策措施的落地生根。

三是实行寓监于帮，解决实际困难。把民主监督与脱贫攻坚有机结合起来，坚持当帮手、不旁观，积极开展送文化、送医疗、送科技“三下乡”活动。民进昔阳支部组织20多人的医疗服务队，连续三年深入25个贫困村开展义诊，受益群众达到8000多人次。

落实“双百”工程，助力攻坚深度贫困“硬骨头”

记者：据了解，落实“双百”工程，是中共昔阳县统战部门助力脱贫攻坚的又一抓手。你们在这方面进行了哪些有益的尝试？

李怀仁：我们充分发挥统一战线优势，在进一步推进“民企联三农，帮扶贫困村”活动的基础上，在全县统一战线中组织开展了“助力攻坚深度贫困‘双百’工程”。即

100 名民营企业家结对帮扶 100 个深度贫困户，100 个党外代表人士帮扶 100 名深度贫困户子女。活动开展以来，5 个企业投资 50 多万元帮扶结对村发展脱贫产业。全县 100 个民营企业家帮助 56 户贫困户到所属企业打工就业，为 61 户外出打工提供信息并进行技术培训。100 名党外代表人士共捐资 25 万元，资助贫困户在校子女完成学业，为大学毕业后未就业的 48 个贫困户子女解决了劳动就业。同时我们还动员所属单位和企业的党团组织开展志愿者服务和各类扶贫慰问活动，最大限度地提升贫困群众自主发展的能力。

实施民企帮扶，打造精准扶贫的“生力军”

记者：民营企业是打好脱贫攻坚战的又一“生力军”，昔阳县是如何创新推进民营企业精准扶贫行动的?

李怀仁：民营企业作为脱贫攻坚战的一支主要力量，我们充分发挥民营企业家理念新、能力大、实力强的优势，在全县民营企业中先后开展了工业反哺农业，民企帮扶农村，企业家关爱农民的“民企联三农，帮扶贫困村”扶贫活动，实现了三个“越来越”。

*一是精心组织，结对帮扶企业数量越来越多。*动员和引导民营企业以地缘、人缘、业缘为基础，坚持自愿、互补、共赢的原则，找准“农村所需”“农民所盼”与“企业所长”的结合点，通过双向推进、双向对接，实现“一对一”“一对多”或“多对一”的结对帮扶，把民营企业的资源、资金、技术、人才、管理、信息、市场等生产要素向贫困村投放。

*二是精准对接，帮扶成效越来越好。*鼓励民营企业家回村担任村“两委”成员，用先进的理念、方法建设和管理农村。实施产业扶贫，大力推行“民营企业 + 合作社 + 贫困户”模式，实现贫困村有主打产品产业、有新型经营主体。落实劳务就业扶贫。推广合作开发扶贫。帮助农民自主脱贫。民营企业通过建立示范基地、组织培训班，让农民成为产业工人和技术农民，增加农民收入。开展公益捐助扶贫。

*三是互惠共赢，帮扶影响力越来越大。*民企助力脱贫攻坚行动的开展，进一步顺应了民营企业家回报家乡，反哺“三农”的意愿，激发了广大民营企业的积极性和创造力，推动了民营资本参与“三农”发展从自发走向自觉，从单纯与贫困村合作走向村企合作双赢，从“一事一合作”走向结对共建的持续合作，使民营企业参与脱贫攻坚和乡村振兴更趋常态化、规范化和制度化。

凝聚攻坚合力，搭建脱贫攻坚的“大舞台”

记者：脱贫攻坚是当前一项重大的政治任务和重大的行动部署，助力脱贫攻坚也是统战部门的一件大事。那么，中共昔阳县统战部门除了以上的做法，还在哪些方面发挥统一战线的优势，助力脱贫攻坚的?

李怀仁：助力脱贫攻坚是统一战线的一件大事，也是新时代、新担当、新作为的生动实践。我们积极整合统战资源，搭建统一战线助力脱贫攻坚的“大舞台”，开展了统一战线“1+N”精准扶贫行动。

一是成立光彩事业基金会，动员全县44户非公企业募捐光彩事业基金1680万元助力脱贫攻坚。二是先后组织186户工商联会员企业和个体工商户开展以“善行昔阳，爱心传递”为主题的助学、助残、助困活动，服务群众11000多人次。三是组织部分民营企业家和党外代表人士开展“1+1关爱留守儿童志愿行”活动，资助他们完成学业，为27名留守儿童送去温暖和关爱。四是在宗教领域开展“公益慈善周”活动。五是加强与香港华革会等海外友好社团的沟通联系，累计引进海外资金330万元，帮助贫困村新建学校4个，农村卫生室25所，资助299名贫困学生完成学业。六是实施“归雁”工程。鼓励和引导在外的昔商昔才回村投资创业，目前全县已有13名昔阳在外企业家回乡投资创业。七是发挥统一战线人才荟萃、智力密集、联系广泛的优势，积极引导全县各乡村筹办乡贤会，为广大农村脱贫攻坚提供服务。八是昔阳县委统战部领导带头，率先垂范，积极为所帮扶的赵壁乡巩家庄村发展肉牛养殖、种植富硒小米、强化基础设施和公共服务建设，得到了当地群众的赞誉。

在今后的工作中，我们将积极发挥统战优势，整合各方资源，不断探索扶贫攻坚的新路子，为打赢脱贫攻坚战、实现乡村全面振兴，作出我们应有的贡献。

（本文选自2019年1月8日《团结报》）

山西昔阳工商联交出战贫亮丽成绩单

王晓丽

山西省昔阳县工商联聚焦脱贫攻坚主战场，把助力脱贫攻坚作为工商联履行职能的首要政治任务，作为非公有制企业履行社会责任的第一政治要求，发挥民企优势，创新帮扶载体，尽锐出战、尽显担当。

凝聚合力　吹响“百企帮百村”集结号

昔阳县工商联充分发挥民营企业家理念新、能力大、实力强的优势，先后出台了《昔阳县工商联“百企帮百村”助力精准扶贫行动实施方案》，组织乡村两级干部、民营企业家和县直相关单位负责人举行村企见面会、项目对接会和现场推进会，向全县民营企业家发出了助力脱贫攻坚倡议书，动员和引导广大民营企业以地缘、人缘、业缘为基础，坚持自愿、互补、共赢的原则，找准“农村所需”“农民所盼”与“企业所长”的结合点，通过双向推进、双向对接，实现“一对一”“一对多”或“多对一”的结对帮扶，把民营企业的资源、资金、技术、人才、管理、信息、市场等生产要素向贫困村投放。

昔阳县75个民营企业与112个贫困村实现无缝对接，共投入各类帮扶资金13595万元，帮扶项目116个，直接带动8900多建档立卡贫困户脱贫致富。

2018年，昔阳县率先脱贫摘帽，14家民营企业被县委、县政府授予全县助力脱贫攻坚“特别贡献奖”。“百企帮百村”精准扶贫成为昔阳工商联助力脱贫攻坚的“第一品牌”。

产业帮扶　打造精准脱贫新机制

昔阳县工商联因企制宜、因村施策，坚持以“一村一品一主体”为抓手，大力推行“民营企业＋合作社＋贫困户”帮扶模式，探索以产业发展为主的精准扶贫新途径，逐步实现了贫困村有主打产品产业、有新型经营主体的良性发展。

山西昔阳丰汇煤业有限公司投资20万元帮助沾尚镇谷兴沟村发展羊肚菌大棚48个，带动46户贫困户脱贫；山西厚基伟业有限公司投资2400万元，成立了安家沟“鹿泉神养殖专业合作社”，建立肉鸡养殖扶贫基地，联合17个贫困村组建专业合作社入驻基地，年饲养肉鸡330万只，1194户贫困户每年每户入股分红2000元。昔阳县金星硫化厂帮扶沾尚镇广阳村，投资1186万元新造地1300亩，建温室大棚20个，每年为贫困户增收120万元。

昔阳县民营企业累计投资7200万元与贫困户联合组建合作社144个，帮扶贫困户达1928户，真正兴办了一批“离土不离乡，稳定能脱贫”的致富产业。

就业解困　拓展农民增收新途径

昔阳县工商联组织和引导民营企业发挥自身优势，搭建就业帮扶平台，开展免费职业技能培训，通过定点务工就业扶贫拓展贫困户增收渠道。

昔阳县阳春供热公司对接界都乡柏叶底村，吸纳15户11人入股晋裕农牧合作社，种植各类经济苗木1000棵，带动劳务用工27户70人，每户每年增收4000余元；昔阳县鑫泰养殖公司帮扶东冶头镇天圣庙村，吸收63户贫困户带资入企、劳力入股，带动贫困户每年增收3万余元；昔阳县万通、洁城两家民营清运公司优先招收贫困户就业，帮助476名建档立卡贫困人口实现稳定就业；民营企业家王秀芳成立山西秀芳仿真花制品有限公司，在全县建立了20个仿真花“扶贫车间”，吸纳800多名妇女参与生产，帮助贫困户不出村就能实现就业增收。

公益奉献　着力补齐“两不愁三保障”短板

昔阳县民营企业紧盯贫困村“两不愁三保障”，慷慨解囊，以扎实有效的举措切实提升贫困群众的获得感。

昔阳县工商联组织44户非公有制企业成立了昔阳县光彩事业促进会，募集光彩事业基金1700万元，累计帮扶53个贫困村实施各类公益扶贫项目78个，完成了680公里旅游扶贫登山健身步道建设。

昔阳县工商联还组织186户工商联会员企业和个体工商户开展以“善行昔阳，爱心传递”为主题的助学、助残、助困活动，受益贫困群众1.1万人次。组织部分民营企业家开展“1+1”关爱留守儿童志愿行活动，资助27名贫困留守儿童完成学业。不少民营企业还帮助贫困村投资新建了学校、公园和敬老院等公益设施，进一步改善了贫困村的生产生活条件，实现了乡村集体经济破零。

“百企帮百村”扶贫行动不仅为昔阳县脱贫攻坚交出了亮丽的成绩单，而且也让参与扶贫企业更有尊严、更有获得感，进一步彰显了工商联的社会影响力。

（本文选自2020年12月8日《中华工商时报》，作者系昔阳县工商联专职副主席）

打造乡贤统战工作“昔阳样本”

中共昔阳县委统战部

今年以来，昔阳县委统战部按照“跳出统战抓统战，跳出县域抓统战，跳出部门抓统战”的战略思维，把乡贤统战工作作为构建“大统战”格局的重要抓手，积极开展乡贤统战试点推进工作，倾力打造乡贤服务中心大局、助力脱贫攻坚和乡村振兴的统战实践创新“昔阳样本”。

一、建强乡贤联谊组织，探索新时代基层统战工作新路子

1. 建立乡贤组织。县委、县政府高位推动，出台《关于进一步加强新时代乡贤工作推进乡村振兴战略的实施意见》。县委统战部配套印发了《关于在全县建立乡贤联谊组织的实施方案》，精心指导乡贤资源丰富的三都乡、大寨镇、李家庄乡三个乡镇先试先行，成立由乡镇党委书记任组长的工作领导组，率先成立了乡贤联谊会，打造了一批特色鲜明、亮点突出、成效显著的乡贤工作示范点。坚持“以德为先、全面摸排、精准筛选”的原则，按照“有品行、有声望、有能力、有影响、有热情、有贡献”六有的标准，全县建立了1668名在外乡贤名录库，3个乡镇18个村成立了乡贤联谊会，为全县乡贤联谊组织全覆盖提供了样板。

2. 有效开展活动。试点乡镇乡贤联谊会针对乡村振兴的薄弱环节，引导乡贤立足自身资源或专业特长，发挥各自在引资引智、社会治理、乡风文明、公益慈善等方面的优势和作用，分类设置建言献策“智囊组”、产业扶持“致富组”、纠纷调解“协调组”、乡风文明“督导组”、公益服务“志愿组”等功能小组，组团为脱贫攻坚和乡村振兴开展服务。三都乡积极推进“乡贤 + 两委”乡村治理方式，探索“乡贤 + 三色”发展模式，开展“乡贤 + 四进”活动形式，推动治理能人进村两委、创业达人进合作社、公益名人进乡贤会、孝善好人进村史馆，发挥乡贤榜样力量，打通了基层统战服务中心大局的“最后一公里”，蹚出了一条新时代基层统战工作的新路子。

3. 广泛联络联谊。建立乡贤联络联谊工作制度，组织“节点式”联谊，抓住春节、中秋、清明和当地庙会节日，加强与在外乡贤的联络，把乡贤“返乡日”打造成为乡贤“走访日”。通过建立乡贤微信群、QQ群等“线上”渠道，定期不定期开展线上联谊，依托昔阳总商会北京联络站延伸建立北京“乡贤驿站”，通过“乡贤驿站”进行“线下”活动，进一步增进乡贤与家乡的日常联络，有效带动了在外乡贤抱团取暖、共同发展。发出《乡贤助力脱贫攻坚和乡村振兴行动倡议书》，动员乡贤回乡创业，引领广大乡贤建功立业。支持乡贤参与乡村社会治理，践行“共谋、共建、共治、共享”的发展理念，

培养和选树一批有情怀、有担当、有贡献的最美乡贤，努力把乡贤会打造成为乡贤志士的“温暖之家”。

二、发挥乡贤引领作用，画好乡村振兴的最大同心圆

1. 实施乡贤助力乡村发展行动。通过乡贤组织牵头引线，三都乡兴办各类企业和合作社 46 家，落实帮扶项目 24 个，引进投资 13884 万元，提供就业岗位 310 个，帮扶贫困户 1164 户，通过“乡贤 +”模式走出了一条服务中心大局，带动乡村发展的新路子。大寨镇围绕“七型乡村振兴”模式，发动乡贤回村，打造红色大寨、花画河南、生态潘掌、儒雅孔家沟等特色鲜明的示范村，成为全县样板。

2. 实施乡贤参与乡村治理行动。通过“乡贤 + 两委”的治理模式，把乡贤组织纳入基层党建治理体系，鼓励在外乡贤回村担任村主干，解决了乡村振兴人才缺乏、“领头雁”缺失的燃眉之急。聘请乡贤担任发展顾问，发挥老党员、老干部等乡贤群体的作用，推进乡贤参与乡村协商议事机制落实，组织引导乡贤参与村里重大事项和重要工作的论证讨论，化解纠纷矛盾，助力善治安村，群众满意度高，“补位”作用非常明显，成了连接党和政府与人民群众的重要纽带。

3. 实施乡贤引领乡风文明行动。在乡贤会发动下，路家峪村乡贤大力传习省级非遗文化“昔阳拉话”；西峪村乡贤筹资修缮“刘、白、王”三姓家族祠堂，孝善模范刘虎林当选“山西好人”，孔家沟、罗庄等村孔氏乡贤修订族谱家训，认祖归源训示后人；南庄村重修著名作家二月河故居；“中国最美村官”马怀兰兴建井沟村村史馆，以践行社会主义核心价值观为要义，弘扬孝善文化，引领乡风民俗，好人好事不断涌现，民间文化兴盛繁荣，民风乡俗为之一新。

4. 实施乡贤投身公益事业行动。组织引导乡贤以各种形式参与美丽乡村建设、扶贫开发、捐资助学、扶弱济困、服务基层等活动。在乡贤会倡议下，乡贤所在非公企业深入开展“万企帮万村”精准扶贫行动，通过“民营企业 + 合作社 + 贫困户”模式，帮扶带动贫困户脱贫摘帽。抗击新冠疫情期间，三都乡贤会组织三都煤业、东合丰牧等乡贤企业积极履行社会责任，慷慨解囊捐资捐物总计 54 万余元。

三、创新乡贤工作机制，形成育贤兴乡的强磁场

1. 健全组织运行机制。昔阳县委、县政府高度重视乡贤统战工作，坚持顶层设计，高位推动，试点先行，在县、乡两级建立由党委统一领导、统战部门统筹协调、有关方面各负其责的新乡贤工作领导小组。由县委书记任组长，县委常委、统战部长为常务副组长，形成了“县委领导、统战统筹、乡镇主体、延伸到村”的乡贤工作机制。以乡镇成立乡贤联谊会，逐步完善乡贤联谊会的工作规则和管理制度，确保有专职人员干事，有固定场所联谊，有规章制度理事，有主题活动引领，有专门经费保障。将新乡贤工作纳入乡村年度综合考核内容，确保乡贤联谊组织实体化、规范化运作。

2. 完善政策保障机制。以“最多跑一次”改革为引领，加强对乡贤回归的政策支持力度，县里拿出 1000 万元奖励资金，全流程最大化服务乡贤回归，项目回流。对返乡创业乡贤提供项目用地、融资贷款、建房审批等方面优惠政策，在就医就学、落户定居等方面提供便利服务，落实乡贤参与融入机制和示范引领机制，激发和调动他们回乡创业奉献的积极性。

3. 强化联络关爱机制。建立党政领导同乡贤代表人士联谊交友制度，抓住春节、中秋等重要节庆日开展走访慰问活动，在主要节日向会员发送祝福短信和回乡参加联谊活动的邀请信息，通过线上活动和“乡贤驿站”加强与在外乡贤的联络。建立培养培育和荣誉授予机制，大寨镇建设乡贤馆，西峪村开辟乡贤榜，培育富有地方特色和时代内涵的乡贤文化，发现讲好乡贤故事，让见贤思齐蔚然成风，使乡贤获得更多归属感和荣誉感，在全社会营造了评乡贤树典范、颂乡贤立标杆、学乡贤当先进、用乡贤促和谐、当乡贤助发展的良好风尚。

（本文选自《山西统一战线》2020 年第 6 期）

第四章　统战理论研究论文选

县级统战工作贵在落实重在认识

李保国

加强统战工作，县级是基础。县级统战工作，作为党的统战工作的有机组成部分，是做各方面统战对象的工作，是加强统战工作的基层基础建设，对于密切党与广大统一战线成员联系，贯彻落实党的统一战线方针政策，完成各领域统战工作任务，具有十分重要的作用。当前，随着改革的深化和开放的扩大，统战工作对象大量增加，统战团体不断产生，因此，县级统战工作面临着许多新情况、新问题亟待研究解决，统战干部的理论政策和工作水平亟待提高，统战工作的薄弱状况亟待改变。而要做好这些工作，关键在于使统一战线各项工作任务在基层真正落实。

应该说近年来，在党中央的率先垂范下，各级党委对统战工作的领导普遍加强，各级政府和社会有关方面也非常关心，支持统战工作，统一战线形成了团结、稳定、振奋、活跃的政治局面。特别是党的“十六大”，对统战工作的重要地位和作用更加明确，十六大报告涉及统一战线方面论述有 20 多处，3000 余字，是历次党代会报告分量最重的。目前，从中央到省、市、县各级领导讲话和各个会议文件，都在讲统战工作的重要。新世纪统一战线可以概括为“四个不离开”，“三个绝不能”，即实现现代化建设三步走战略目标离不开统一战线；发展社会主义民主政治离不开统一战线；繁荣有中国特色社会主义文化离不开统一战线；实现祖国完全统一离不开统一战线。统一战线作为党的一个重要法宝，绝不能丢掉；作为党的一个政治优势，绝不能削弱；作为党的一项长期方针，绝不能动摇。可以说当前是统一战线历史上最好的时期之一。

但是，有一个问题必须引起我们重视，那就是对统战工作“高高举起，轻轻放下”的问题在基层还没有很好解决。对统战工作的重要性，中央强调得具体，下边讲述得笼统；会上调门很高，会后没人落实；总体安排有位置，具体工作难兑现。比如，在机构改革中，县里的统战部合并了原来的宗教办和对台办，工作量加大，而人员反倒减少，仅有 3 ～ 5 个统战专干，乡镇、社区一个统战专干也没有。面对 12 个界别，多种职责，要把统一战线各个领域的工作落实到基层，其困难可想而知。再比如经费问题，一个统战系统，全年用车、电话、订书报、办公费总共不上一万元。不用说想开展多项活动，就连日常工作都很难开展。加之办公设备简陋，既没有文印打字，又没有福利优待，“统战部不如一个小卖部”，至今仍是不可否认的现实。还比如，中央明确规定“有条件的县要由党委常委担任统战部长，未担任党委常委的统战部长，应担任同级政协副主席，并列席党委常委会”。但是在个别县、市仍未执行，更有甚者，统战部长莫不说列席不了党委会，就连好多县委扩大会议，统战干部也未能“扩大”进去，平时好多本应由统战干部参与的工作也不能参与，何谈工作，何谈地位！又比如，省委《实施意见》和市委〔2002〕2号文件都明确要求，市、县、政府部门要有50%选配党外领导干部，而现实情况是非党干部的选配不达15%的县仍大量存在，不是没有干部源，而是重视不够，门槛太高。

出现上述问题原因固然是多方面的，但归根到底是一些领导同志对新时期统一战线重要地位和作用的认识仍存在误区：一是认为我们党在力量弱小时确实需要统一战线，现在已经是六千多万党员的大党了，统战工作不很重要了。二是认为在没有夺取全国政权时确实需要统一战线，现在我们党已经有了五十多年的执政经验，已经不需要统战工作了。三是认为搞革命时确实需要统一战线，现在搞建设、搞改革，以经济建设为中心，统战工作无关紧要了。四是认为，就全国而言，民主党派多，统战对象多，中央和省级加强统战工作切实需要。而在县级，民主党派寥寥无几，宗教人士屈指可数，统战没有多少工作可做。这些认识，我认为其实质就是毛泽东、邓小平同志多次批评过的清一色思想，其危害就是最终导致放松、削弱乃至放弃党对统一战线的领导，不能够实现最广泛的大团结大联合。有了这些错误认识，对统战工作自然就是“讲起来重要，做起来次要，甚至不要”，这是统战方针政策在基层不能落实的真正原因。

实践已经证明，加强县级统战工作，落实是关键，提高领导认识是保障。哪里的党委领导真正重视统战工作，哪里的统战工作就有声有色得以落实。从新闻媒体看，全国各地有许多好的典型经验和做法，需要我们很好学习。有一位党的书记高度重视统战工作，他讲到“在新时期，不重视统战工作是脱离群众的表现，是否重视统战工作，也是是否真正做到‘三个代表’的一个试金石，在一定意义上说，重视不重视统一战线工作，也是衡量一个党委，特别是党委主要领导同志是不是合格的称职的领导干部的一个主要标准”。如果各级党委领导干部都能够真正认识到这一点，何愁做不好统战工作！去年晋中市委提出了“响响亮亮为统战工作造势，实实在在为统战工作办事”，在造势中宣传“两会精神”，在办事中落实“两会精神”，确实产生了很好效果。特别是市委统战部，实施的“五个一”活动在全市各县影响很大，对统一战线工作开展起了很好的推动作用。为了进一步改变县级统战工作当前的被动局面，确实解决好统战工作在基层落实难的问题，特提出如下建议。

建议之一，由市委直接督促县委落实“四个纳入”：一是是否把统战工作纳入各级党委的重要议事日程，听取了多少次统战工作汇报，研究过多少次统战工作，为统战工作办了哪些实事，解决了哪些问题；二是是否把统战工作纳入县相关目标管理考核内容，是否作为选拔任用干部的一个依据；三是是否把统一战线理论政策纳入党校的教学内容，是否作为培训党政领导干部的必修课程；四是是否把统战宣传纳入党委年度宣传工作计划，明确宣传部门是否有一位领导负责联系协调，并努力做到经常化、制度化和规范化。

建议之二，由市委分管书记与市委统战部协同督促县委分管书记，落实"分管领导工作责任制"。一是分管领导对统战工作的思想认识是否到位；二是分管领导对本县统一战线工作了解如何，工作是否到位；三是分管统战的工作成效如何。

建议之三，由市委统战部直接督促县委统战系统，落实统一战线在基层的贯彻执行。一是县委统战部是否坚持重要原则，主动向县委请示汇报；是否主动工作积极争取党委领导的重视和以突出工作赢得领导支持；是否围绕县委工作中心服务大局，争取人心凝聚力量，为改革、发展、稳定做出成绩。二是县委统战部是否全面贯彻落实党的各项统一战线方针政策；把基层各方面统一战线成员紧紧团结在党的周围，努力开创统战工作新局面；是否健全和完善组织体系，坚持协调机制，保证工作有序运行；是否工作有重点、有突破、有创新；是否能够完成上级组织安排的各项任务。三是县委统战系统是否加强自身建设，开展各项宣传培训教育活动，做到"五个倡导，五个力戒"；是否能按照"政治上坚定、理论上成熟、作风上过硬、业务上精通、工作上勤奋、纪律上严明"严格要求自己；是否班子团结，队伍坚强，做到"人格好、人缘好、形象好"。

（本文获 2003 年晋中市统战理论优秀成果二等奖，作者系昔阳县委统战部长）

非公有制企业党建的出路在哪里

李非忠

近年来，昔阳县各级党组织高度重视非公有制企业的党建工作，根据“非公企业发展到哪里，党的建设就延伸到哪里”的方针，因企制宜，分类指导，积极引导非公企业组建党、团、工会等组织，非公企业党组织在促进企业发展生产、树立良好形象、维护社会稳定等方面发挥了一定作用，涌现了一些典型，取得了一定成效。但从总体上看，目前，非公企业党建工作仍存在许多不容忽视的问题。我们通过针对性的调查研究，从中得到了一些启示。

一、存在的主要问题

一是思想认识还不到位。在非公经济组织中，党的工作理念与一些业主的思想观念有着较大距离。企业业主对党建工作认识不一，心态复杂，因为相当一部分企业主自身不是党员，对党建工作只是被动应付，搞形式主义。

二是组织活动难以开展。在非公经济组织中，业主和党员对党组织在企业中的职责、地位把握不准，党组织开展活动常有无所适从之感；一些非公经济组织行业跨度大、地域跨度广，企业中党员比例较低，并分散在各个地区，难以召集和组织。

三是党员管理逐步淡化。非公经济组织的规模大小不一，相当一部分非公经济组织没有或只有数量很少的党员，党建工作难度较大，建立党组织后发挥作用更困难；不少党组织作用不明显，活动范围小。

二、加强非公企业党建工作的几点思考

十六届四中全会《决定》就非公经济组织的党建工作提出了“调整组织设置，改进工作方式，创新活动内容，扩大覆盖面，增强凝聚力”等要求。这就要求组织形式和活动方式的创新，从而为经济的可持续发展营造健康、有序、规范的环境，奠定良好的政治基础和思想组织保证。

一要转变观念，切实提高对非公企业党建工作的思想认识。首先作为各级党组织负责人要认真履行第一责任人的职责充分认识抓好非公企业党建工作的重要性和必要性。其次要通过各种途径，运用各种手段对非公企业广泛宣传党的方针、政策，加深非公企业主对党建工作的理解和认同，帮助他们正确理解抓好企业党建与促进经济发展的内在关系，促使他们积极主动地支持企业党建工作。

二要因企制宜，积极组建非公企业党组织。要从企业规模、党员人数、构成情况的实际出发，采取不同措施，在非公企业中积极建立党的组织，一是独立组建。对于规模较大、党员在3人以上的非公企业，尽快建立独立党支部。二是联合组建。对于暂不具备单独建立党组织条件的，采取与邻近企业建立联合党支部。三是挂靠。对党员少，规模小、流动性大的企业，按照属地管理的原则，党员关系查挂靠在邻近的党支部。

三要教育培养，加强非公企业党员和积极分子队伍建设。按照“坚持标准、保证质量、改善结构、慎重发展”的方针，进一步加大在非公企业中培养发展党员的力度，注重在企业一线职工、企业管理人员和生产技术骨干中发展党员，不断壮大非公企业党员队伍。非公企业主入党问题也应予以重视，要按照党的十六大和十六届四中全会的要求，做好非公企业主的教育和引导工作，提高非公企业主入党的主动性和自觉性，以扩大党的群众基础。

四要扣紧特点，灵活开展非公企业党建工作。非公企业党组织要紧扣企业特点，根据企业生产经营中心和形势的要求，创造性开展工作。企业党组织要以办实事、做好事入手，时刻关心职工的冷暖，真正把解决员工的思想问题同解决实际问题紧密结合起来。从而使党建工作真正为企业所需要，为业主所理解，为职工所欢迎。

五要健全机制，促进非公企业党建工作落到实处。要建立健全非公企业党建联席会议制度。通过召开座谈会、交流会等形式，帮助企业分析研究新形势下遇到的新情况、新矛盾，共同探索解决问题的新方法和新途径；要建立健全领导干部联系企业制度。通过定人员、定任务、定目标，经常深入非公企业调查了解情况，广泛听取企业职工意见；要建立健全分类指导制度。上级党组织要充分发挥工会、共青团、妇联等群团组织的桥梁和纽带作用，制定分工明确、协调配合的党建工作目标责任制，从而推动非公企业党建工作健康发展。

（本文获2005年度全市统战理论研究优秀成果一等奖，作者系昔阳县人民政府县长）

党外代表人士综合评价体系初探

程海滨

在新的历史条件下，如何建设一支高素质的党外代表人士队伍，是巩固发展爱国统一战线亟待研究解决的一个重大课题。建立科学合理的党外代表人士综合评价体系是完成好这一课题的前提条件。

一、构建评价体系是新时期加强党外人士队伍建设的迫切需要

党外代表人士队伍建设关乎其能否继承老一代无产阶级革命家和党外人士共同开创的、并在党的支持和领导下并肩战斗、生死与共光荣传统的传承和交接，同时也是关系到新时期统一战线这一法宝能否巩固发展，并在社会主义现代化进程中发挥不可替代作用的重大问题。

（一）*从社会发展趋势看，党外代表人士队伍的作用将会更加重要*。伴随着改革开放的深化和社会转型的进程，许多单位人成为流动的社会人，行政干预越来越少，市场化程度越来越高，党和政府越来越多地需要通过中介组织和民间社团来管理、引导社会，只有把各个方面、各个阶层的党外代表人物牢牢抓住，才能更好地坚持和加强中国共产党的领导。

（二）*从党外人士成长环境看，加强党外代表人士队伍建设的任务将会更加艰巨*。统一战线新成员大多是在市场竞争的环境中成长起来的，身份、背景、素质等情况差异较大，在思想观念、价值取向和行为方式日趋多样化，特别是在经济全球化、信息社会化加速发展的条件下，党外人士成长环境越来越复杂。在这种情况下，只有不断加强党外代表人士队伍建设，才能确保他们更好地与共产党合作共事。

（三）*从国际政治斗争，加强党外代表人士队伍建设对于抵制“西化”“分化”具有重要意义*。敌对势力“西化”“分化”的一个重要手段就是不惜重金收买、培植“代表人物”。在国际政治斗争愈演愈烈的情况下，我们党只有在不断加强自身建设、最大限度消除不稳定因素的同时，高度重视党外代表人士队伍建设，才能确保他们坚定不移地跟着党走。

党外代表人士队伍建设，不仅需要从根本上解决好认识问题，还必须建立健全加强此项工作的长效机制，综合评价体系就是此项机制的一个重要环节。

二、构建评价体系，必须以科学发展观为指导，尽量达到科学合理

以人为本，统筹兼顾，是科学发展观的精髓，也是构建评价体系的主导思想，评价体系设计的原则也必须坚持科学性原则、系统优化原则、实用性原则、通用可比原则和目标导向原则。评价的指标体系是以评价目标和评价对象为基础建立的。既要避免指标体系过于庞杂，又要避免单因素选择，追求的是评价指标体系的总体最优或满意，在评价指标体系时，应该兼顾到各方面的指标。党外代表人士评价指标体系应该包括以下几个方面的内容：

1. 思想道德素质，应通过调查问卷、走访了解、长期观察、交心谈话等方法给出切合实际的评语评价。

2. 个人业绩，包括职称、学历、专业水平、论文专著、专利、特殊贡献以及国家级、省、市级的重要奖励等。

3. 参政议政，参政议政的积极性和参政议政能力两个方面去考核。

4. 综合素质，包括把握大局的能力、调查研究能力、创新思维能力、宏观管理能力、行政执行能力、沟通协调能力、掌握政策能力、说明动员能力、应急能力等。

根据上述指标，按照不同的比例进行量化打分，然后进行打分、综合，最后就能得到比较直观的评价。

三、构建评价体系，必须要注重实效，与时俱进、多措并举

评价体系只是手段，目标还是要建立一支高素质的党外代表人士队伍，要在实践中检验评价体系的合理性，并不断完善、调整，注重实效、多措并举，开展对党外代表人士的优化培养，进一步夯实党外代表人士队伍建设良性发展的基础。

1. 全面培训，突出政治引导，帮助他们善于从政治上认识和处理问题，不断提高政治把握能力，培训内容上在突出共性培训的基础上，针对不同界别、不同层次的不同需要，科学设置相应的培训内容、不断创新培训方法，采取灵活多样、乐于接受的培训方法，建立健全培训档案、考核登记制度，实行目标管理。

2. 加强锻炼，与组织部门密切配合，共同协商，把党外干部的实践锻炼纳入后备干部培养工作总体规划，把那些优秀的党外干部安排到重要岗位并委以重任。

3. 真诚服务，着眼于平等互动关系，贯彻以人为本精神，努力使每个党外代表人士都能成为党的挚友、诤友。

4. 树立形象，利用大众传播媒体，大力宣传党外代表人士的事迹，扩大社会影响树立良好的形象。

（本文获 2009 年晋中市统战理论研究优秀成果二等奖，作者系昔阳县委统战部副部长、宗教局长）

关于加快非公经济转型发展的调研报告

翟素明

对于昔阳县这样一个产业结构以能源原材料工业为主、经济社会发展水平比较落后的县份来说，在煤炭资源整合、煤矿兼并重组取得重大阶段性成果之后，实现非公有制经济发展方式转变，就成为应对后金融危机时代各种挑战，实现县域经济发展方式转变，保持经济社会平稳较快发展的战略选择。

一、非公经济的崛起已成为县域经济发展的重要增长极

沐浴改革开放的春风，伴随市场经济的风雨，昔阳县的非公经济从无到有，从小到大，不断发展，与时俱进，已成为全县经济社会发展的重要力量，在繁荣经济、增加就业、推动创新、改善民生等方面，发挥着越来越重要的作用。

1. 非公经济已成为昔阳县经济增长的主力军。据有关统计资料显示，到2009年底，全县个体工商户发展到8555户，非公企业815户，其中农民专业合作社达到244户。以非公有制经济为主体的民营经济，创造的最终产品和服务价值相当于全县生产总值的70%左右，完成的社会消费品零售总额已经占到全县社会消费品零售总额的80%左右。基本形成了以煤电、化工、建材、农副产品加工、交通运输、建筑、商贸餐饮、旅游等8大产业为重点，工商个体户遍布城乡的非公经济发展格局。

2. 非公经济已成为昔阳县财政收入的主阵地。2009年全县非公经济缴纳税金36002万元，占全县财政总收入的56.3%，非公经济纳税从2003年的6041万元，到2009年六年间净增29961万元，年均增长82.7%，贡献份额大幅增加。

3. 非公经济已成为昔阳县城乡就业的主渠道。非公经济的快速发展，为社会提供了大量的就业岗位，新增就业量占全社会新增就业的比重不断上升。据不完全统计，目前，全县个体工商户和非公企业从业人员已达4.9万余人。近年来，每年新增就业岗位上千个，成为农村富余劳动力和城镇新增就业的主渠道。

4. 非公经济已成为昔阳县公益事业的主角色。1996年之后，非公经济人士积极参与社会公益事业和光彩事业，共捐款捐物1160万元，实施光彩事业项目6个，到位资金7876万元，带动脱贫人数2.3万人。从抗击非典到抗震救灾，从捐款助学到扶贫济困，都有非公经济人士的爱心捐献。2008年向四川灾区捐款453万余元，为晋中市各市县非公经济人士捐款之首。为“让共和国功臣共享改革发展成果”，2010年6月，全县19名非公经济代表人士积极响应省委统战部和省工商联发起的“新晋商万企联万户感恩行动”，在县委统战部和县工商联的组织下，深入全县12个乡镇和居民社区，对

65户老八路、建国前老党员进行结对、走访，以精神关怀和物质帮助的形式给帮扶对象送温暖。他们的善举，为构建维护社会稳定和谐社会发挥了积极的作用。

二、非公经济的转型已成为县域经济转型发展的探索者

“保增长、保民生、保稳定”，首先要保住非公经济这半壁江山。近年来，昔阳县委、县政府全面落实科学发展观，以市场为导向、以增加总量和优化结构为主线，鼓励、支持、引导非公经济抓住机遇转型发展，并不断向前推进。

1. *由小到大的转型增强了企业内在活力。*昔阳县的煤炭企业经过资源整合和兼并重组，改变了过去“多、小、散、低”的粗放发展格局，形成了两大主体企业，一是丰汇煤业有限责任公司，二是安顺煤业有限责任公司，年设计生产能力均在300万吨以上。整合后，企业的整体实力得到了加强。安全、技术、管理等各项工作稳定推进。特别是丰汇煤业有限责任公司，属于我省目前唯一外省籍民营企业集团，受到全国各界及各大媒体广泛关注。公司积极创建富有丰汇特色的企业文化，为企业的发展提供精神动力，逐步实现生产规模化，技术装备现代化，职工队伍专业化和管理手段信息化，向建设大型集团企业目标迈进。他们提出，要学习大寨，创业昔阳，将温州经验与大寨精神有机结合，加速企业发展，力争在三年内煤炭产量达到400万吨/年，各项指标达到国有统配煤矿的管理水平。

2. *由“黑”到“绿”的转型，拓展了企业发展空间。*近年来昔阳县非公经济人士，积极响应县委、县政府的号召，在本乡本土调整产业结构，转型发展，回报家乡，回报社会，回报人民。非公经济代表人士宋以斌从煤炭企业退出后，在毕家岭村投资4800多万元，建起了2万头种猪场，开荒造地栽下1600亩核桃树，既为企业寻求到了新的发展领域，又解决了当地100多村民的就业问题。旅游服务业的石马寺景区，服务三农贷款的四通小额贷款公司等企业都是由煤炭领域退出的民营企业家投资兴办的。以大寨农牧、晋阳乳业、大寨绿草湾养殖、清漳源酸菜等企业为龙头的农副产品加工业表现出良好的发展势头。企业的绿色转型，不仅带动了当地经济的发展，也使企业走上了良性发展的轨道。

3. *承担责任的转型，提升了企业社会形象。*随着非公经济的发展壮大，不少非公企业家的经营理念也在与时俱进，不断发展。安顺北坪煤业是一个露天矿，年产能已达60万吨，上缴各种税费2000多万元。去年以来，企业坚持经济效益和社会效益并重的原则已在采空区填沟造地800多亩。三都露天煤业公司年生产能力90万吨，2008年上缴税金4872万元，进入全市50强；2009年上缴税金9000余万元，名列全市第十二位。去年投资600多万元，为西大街小学新建教学楼一座，投资100多万元新建街心花园。今年又出资200多万元，绿化道路3千米。几年来，全县非公经济人士，以实际行动向社会表达一种良好愿望和自觉责任，加深了企业家对县情、乡情的了解，增强了企业家的社会责任感，扩大了企业的知名度，也提升了企业的社会形象。

4. *结对帮村的转型，实现了企农优势互补*。社会主义新农村建设，给民营经济带来了新的发展机遇，企业和农村结对帮扶，一方面发挥了企业的资金、技术、人才优势，另一方面利用农村的市场、资源、劳动力，找到了企农合作、互惠互利的结合点，实现了优势互补、共同发展的目的。如鑫阳顺建筑公司投资640多万元，为南营村打坝500米，造地400亩，荒山绿化300亩，路旁栽树5000株，建起小学校，铺设水泥路，装上自来水。平盛煤业出资133万元为武家川村建起了村委办公室和文化大院，投资34万元绿化了村庄，还投资100万元建起了平盛生态园。四通公司出资15万元为白羊峪村修路，为静阳小学、北关小学、白羊峪小学捐资达20万元。近3年时间，有50个企业与50个村结对，有81位民营企业家回村担任村官，全县民营企业家累计为“三农”投资近2亿元，开创了企农共赢的新局面。

三、非公经济在转型发展中面临的困难

非公经济为县域经济社会发展作出了突出的贡献，但从整体上看，无论是经营管理水平还是发展的规模与质量，都处于相对落后的位置。非公企业的生存情况要比我们掌握的严重，他们的困难要比国有企业大得多。

1. *融资矛盾突出*。融资难一直是困扰非公经济发展的一道难题，更是大多数中小非公企业绕不过去的“槛”。就拿昔阳县来说，去年全县居民储蓄存款额高达40多亿元，而银行对全县非公企业的贷款总额却不足6亿元。造成这一困局的主要原因：一是银行贷款门槛太高，贷款条件比较苛刻；二是企业缺乏信用担保；三是部分投资商受所掌握的信息资源所困，找不到合适的投资项目。这些都严重制约着非公经济的发展。

2. *产品技术偏低*。现有非公企业以生产能源原材料为主的传统企业占相当大比重。基本上走的是一条以能源原材料为主、高度依赖能源资源的路子，不仅导致产品的科技含量和附加值不高，而且严重同质化，更谈不上自主研发，导致企业链条短，产业规模小，产品级次低，处于初加工阶段，形不成强有力的市场竞争力，抵御市场风险的能力十分脆弱。

3. *品牌意识不强*。非公企业由于后续开发能力不足，市场营销力度不大、产品销售渠道不畅、市场占有率很低。昔阳县虽然已有70余户企业对所生产的产品进行了商标注册，包括以大寨这个金字招牌冠名的产品，销售半径都不宽，市场也仅局限于本县范围，要真正让产品升级换代，走向全省，走向全国，实现市场目标的新跨越，还有很长的路要走。

4. *人才短缺严重*。一是各类专业技术人员，尤其是中高级专业人员占企业人数的比例太低。二是企业管理人才缺乏，导致一些先进的管理技术、经营理念在企业中得不到有效应用和推进。三是企业职工队伍的整体素质和专业技术水平不高，企业人气指数不足，形不成强有力的人才聚集效应。近年来，在人事劳动部门和工商联、总工会的积极引导下，多次组织开展了民营企业招聘周活动，起到了一定的积极作用，但由于企业自身的不足，用人难，留人难的问题难以从根本上解决。

四、加快全省非公经济转型发展的意见建议

1. *尽快出台配套措施，落实支持民营企业转型发展的各项政策*。非公经济在我省转型发展中具有重要的地位和作用，希望各级部门进一步贯彻落实《国务院关于进一步促进中小企业发展的若干意见》和省政府《关于促进民间资本进入我省鼓励类投资领域的意见》，加快对转型发展规律的研究，明确放开市场准入、放宽投资的领域，引导民间资本加快进入。在完善产业政策的同时，从企业、社会、人才等层面出台完善相关配套实施细则，加强对民营企业转型发展的指导和引导，确保各项优惠政策落到实处，见到实效。

2. *优化发展环境，营造民营企业转型发展良好氛围*。在鼓励支持民营经济发展的政策上要保持稳定性和有效性，以增强企业发展信心。简化行政审批手续，建立和完善投资信息和转型项目发布机制，优化政务环境，增强责任意识和服务意识。建立和完善联系会议制度，充分发挥工商联桥梁助手作用，倾听企业的意见和建议。加大对转型发展中优秀企业的表彰和宣传力度，宣传他们的做法和经验，形成良好的舆论氛围，将山西建成民营经济快速发展的高地，民营经济发展资源聚集的洼地，民营经济发展环境优越的湿地。

3. *加大财税扶持力度改善民营企业转型发展的金融环境*。要对中小企业给予更多的关心和支持，从提供财政税收优惠政策、设立中小企业创新基金等方面，解决成本、创新、融资等方面的问题。量身定制有关优惠政策，通过税收减免、社保费用补贴等财政税收优惠方式，调整在一次分配中国家、企业和个人之间的分配比例，让利给民营企业。加大金融改革和金融创新力度，完善中小企业信用体系和担保体系，规范财务管理制度，建立良好信用，培养优秀企业早日走向资本市场。帮助企业强化市场融资观念、加强上市辅导培训、选好战略投资者和中介机构，尽可能降低上市成本，打通上市通道。

4. *注重培育新兴产业集群，创造民营企业转型发展的聚集效应*。政府应该制定和狠抓区域特色产业规划，提供产业集群发展的基础条件，规范集群企业间竞争秩序，建立集群联系平台，鼓励发展集群要素，大力发展产业集群。培育和发展新能源、新材料、信息网络等战略性新兴产业，发展低碳经济和绿色经济，培育新的经济增长点，抢占经济发展的制高点。引导企业走专、精、特、强的发展路子，鼓励他们与大型企业协作配套，在产业集群纵向链条中找到自己的合适位置。

5. *在出台产业调整振兴实施细则时，注重保护民营企业的权益*。对涉及企业利益的相关政策调控措施出台要把握好节奏和力度，尽量考虑企业在转型发展中的承受能力，争取让多数中小企业有一个转型、转移的适度时间和空间，有一个缓冲期。要有保有压，选择一批符合相关产业政策，成长性良好的中小企业进行系统性服务和配套政策支持。

6. **民营企业要抓住机遇，在转型发展中主动作为。**民营企业家要树立战略眼光，密切关注国内外形势和市场变化，由主要依靠增加物质消耗为主向依靠科技进步、提高劳动者素质、管理创新为主转变；由速度、规模型向质量、效益型转变；由只注重当前发展向既注重当前又谋求长远转变。

民营企业必须转变发展思路，不能一味地在拼资源、拼劳动力、拼环境上走下去，要时刻关注政策变化，研究把握吃透精神。规划发展路径，强身健体，苦练内功，把目标放到当前倡导的低碳经济、绿色经济上来，在技术创新、管理创新、机制创新方面取得新突破，在调整结构中占得先机。民营企业家要有责任和奉献意识，致富思源、回报家乡、奉献社会，把心留在山西、把根留在山西，积极响应省委、省政府号召，按照科学发展观要求，进一步解放思想，抓住机遇，尽快投入政府鼓励类领域等新兴产业中来，为我省“三个发展”做出新贡献。

（本文获2010年晋中市统战理论研究优秀成果三等奖，作者系昔阳县委统战部副部长、工商联党组书记）

贯彻落实科学发展观
引导全县民营企业健康发展

毛新民

改革开放以来，我县民营经济逐渐走上了稳步健康发展的轨道，成为我县国民经济的重要组成部分。目前，我县民营经济创造的增加值已占到全县GDP的一半多；近年来，民营企业培训农民工26万余人次，用于培训经费300余万元，安排的就业人数已达到3万多人，已经成为当前社会就业的主渠道；民营企业还为社会公益事业和扶贫救灾做出了重大贡献。2007年，民营企业家参与县政府组织的“阳光助学工程”，捐资50多万元；2008年“5·12”汶川大地震，全县非公经济人士捐款、捐物达453万元之多。我县非公有制经济人士在参与社会主义新农村建设方面累计实施光彩事业项目249个，“三农”投资达1.87亿元，在救济贫困、捐建、捐修学校、修路建桥、改善人畜饮水等社会公益事业方面累计投资1095万元。民营经济在促进我县经济和社会发展方面功不可没。然而，近年来，因政策调整和城市建设因素给我县民营企业的发展带来了很大的压力，据了解：全县大部分民营企业遇到了原材料紧张、资金严重短缺、经营范围萎缩、经营成本急剧上升等问题，表现为生产开工不足、民营企业发展停滞、效率低下、盈利水平没有达到预期目标等情况。为此我们要：

一、坚持科学发展，引导民营企业要正确认识和应对国家宏观调控政策，把握好企业发展与国家和社会发展间的关系

发展是科学发展观的第一要义。当前，金融危机把经济快速发展中存在的问题暴露出来，国家及时采取了宏观调控措施，经过努力，取得了明显的成效。剖析这次金融危机的原因，经济结构不合理，发展方式粗放，规模盲目扩张是成因，经济结构调整、转变经济发展方式已经刻不容缓。所以，今后一段相当长时期内，宏观调控这只手随时会发挥作用，只不过调控的方向、重点和力度会根据经济运行情况有所变化。国家的调控措施是遵循经济规律的，是符合科学发展要求的，各级各部门要引导民营企业随时保持对国家政策的学习了解，要不断总结经验教训，把自身企业的发展科学地融入国家和社会的发展整体中来，企业的发展要符合国家的产业政策，遵循整体规划，能够适应资源和环境承载的要求。同时，民营企业在经营中一定要按照“爱国、敬业、诚信、守法”和科学发展观的要求发展企业，做到依法经营，诚信纳税，自觉维护市场秩序。

二、坚持以人为本，引导民营企业家要重视员工的全面发展，注重构建企业和谐的劳动关系

以人为本是科学发展观的核心。坚持以人为本，一切从员工的根本利益出发，促进员工的全面发展，对构建民营企业和谐的劳动关系尤为重要。按照科学发展观的要求，化解企业内部矛盾，构建和谐的劳动关系，是当前民营企业应该引起足够重视的问题。我们要引导民营企业家把关心人、爱护人、尊重人作为管理工作的重点，把提高员工思想道德素质和科学文化素质作为一项战略任务，营造一个共创财富、共同发展、共享文明进步的内部环境，促进企业与员工结成利益共同体，从而实现双赢。在我县民营企业中开展的“关爱员工、实现双赢”“创建学习型企业和知识型员工”的活动，得到了广大民营企业家和员工的积极响应。

三、坚持全面协调可持续发展，引导民营企业要重新审视企业发展战略和投资观，处理好当前和长远的关系

全面协调可持续是科学发展观的基本要求。我们要积极引导民营企业把发展放在全局利益中来考虑，发展不仅为了自己，更要造福人民，为造福子孙后代着想，不能再以牺牲环境和后人的幸福安康为代价。昔阳在探索循环经济模式走可持续发展之路方面有：县工商联副主席、厚基伟业公司董事长宋以斌从大寨前进煤矿退出后，积极响应县委、县政府的号召，大力调整产业结构，实现转型发展，最大限度地回报社会、回报人民，在挂职毕家岭村党支部书记后，累计投资1770万元，在村里建起了2万头种猪场，栽下1600亩核桃树，解决了100多位村民的就业问题，带领全村群众共同发展。全县的民营企业家一定要在这次转型发展中，主动调整发展思路和投资观念，走出重经验轻市场、重利益轻责任、重权利轻法律、重扩展轻积累的畸形发展思路，要按照科学发展观的要求，选择是科技含量高、经济效益好、资源消耗低、环境污染少的新型工业化道路，尽快走上全面协调可持续发展道路。

四、坚持义利兼顾，引导民营企业树立社会主义价值观，把握好企业与社会的关系

统筹兼顾是科学发展观的根本方法，党的改革开放政策最终目的是实现共同富裕。民营企业一方面要努力为社会创造财富，另一方面也必须积极承担起维护社会稳定和推动社会进步的责任。当前民营企业家的眼光要更多地关注贫困地区，关注弱势群体，做到义利兼顾；要积极响应党和国家的号召，积极开展光彩事业，到贫困乡村投资办企业，吸纳当地的劳动力和下岗职工再就业，带动群众脱贫致富；要热心公益事业，积极参与社会慈善事业和公益设施建设，救助贫困群众，捐资助教，捐款救灾，特别是在重大自然灾害或重大疫情面前，像为抗击非典、抗洪救灾、抗震救灾一样慷慨解囊。民营企业家要以自己对社会的关爱和贡献赢得全社会更多的理解和支持，营造更加宽松的发展环境，从而实现企业和社会共进，效益和环境双赢。

（本文获2013年晋中市党外处级优秀调研文章，作者系昔阳县人大副主任）

促进劳动就业　构建和谐昔阳

杨海燕

我县长期存在劳动力供大于求的矛盾，就业结构性矛盾十分突出，新成长劳动力就业、农村劳动力转移就业、经济结构调整出现的失业人员再就业等问题相互叠加，就业压力巨大。所以，促进就业是我县一项长期的战略任务，建设民富县强、人和政通、山川秀美、人民幸福自豪新昔阳，必须坚持以改善民生为重点，只有解决好民生问题，广大群众才能安居乐业，整个社会才能和谐稳定。就业是民生之本、安国之策，它不仅关系到广大劳动者及其家庭的切身利益，也是社会和谐发展长治久安的重要基础。

我县历来高度重视就业再就业工作，尤其是近年来，针对实际，实施了积极的就业政策。通过小额担保贷款、财政贴息、减免税费等措施，积极扶持劳动者自主创业、自谋职业；通过定额税收减免、优惠贷款等措施，鼓励企业吸纳下岗失业人员就业；通过开发公益性岗位和社会保险补贴等措施，建立健全就业援助制度，帮助4050、零就业家庭、残疾等困难人员实现就业；通过加快社区社会保障工作机构和劳动力市场的建设，不断完善市场就业导向，初步建立了“劳动者自主择业、市场调节就业、政府促进就业”的市场机制；通过加大职业培训机构改革和工作力度，健全就业再就业服务体系等，较好地控制了失业率，就业总量稳步增长，为促进我县经济持续较快增长和社会和谐稳定发挥了重要作用。但是，在取得成绩的同时，要保持清醒的头脑，我县的就业形势还不容乐观，仍存在劳动力素质不够高，结构性就业矛盾突出、产业结构不够合理，就业需求空间有限、市场培育不够健全，服务机制有待完善、就业培训针对性不强，供需矛盾仍然较大等一些问题。

鉴于我县劳务经济暨就业再就业所面临的严峻问题，做出以下提议：

一、增强培训实效，提升职业技能

1. *改善培训操作模式*。强化对培训质量的监管，进一步探索日常监督的有效办法，调动培训机构和受训人员双方的积极性，保障“培训促进就业”目标的实现。要认真贯彻落实山西省委省政府关于开展针对返乡农民工的特别职业培训文件精神，坚持培训与就业相结合、培训促进就业的方针，针对政府提出的“建设新型工业强县，加快发展现代产业体系”的方针战略，实行项目化运作；针对新创办企业、缺工企业用工需求，开展订单式培训，提升返乡农民工就业能力，为用人单位培训储备技能人才。

2. *结合产业发展，大力培训农村实用人才，继续做好劳务经纪人和致富带头人的培训工作*。建立和完善信息网络体系，打造农村劳动力转移平台，扩大输出规模。积极拓展境外技术型劳务经济，以数控、家政、电焊、服装、驾驶、建筑等行业为重点，打造有地方特色的劳务品牌，实现劳务输出由体力型、数量型向技能型、稳定型转变。

二、创业带动就业，拓宽外输渠道

1. 鼓励和指导下岗失业人员、大中专毕业生、退役军人、农民等自主创业。鼓励和支持外出务工人员回乡创业。

2. 采取“请回来和走出去”的办法，进一步加强与外出创业人士的交流和联系，鼓励他们适时返乡创业，一时不能返乡创业的要带动更多家乡劳动力外出就业。

3. 抓住对口支援机遇，务实推进劳动力转移。积极开展“就业服务月”“春风行动”“民营企业招聘周”“高校毕业生就业服务周”和“高校毕业生就业服务月”五项就业服务专项活动。

三、加强就业援助，补充就业渠道

1. 加强对适合就业困难群体就业的岗位收集工作，帮助他们通过企业吸纳和灵活就业等方式实现就业。

2. 加大公益性岗位开发力度。要通过多渠道开发公益性岗位，全方位提供就业服务，力争为每一名重点援助对象提供适合的就业岗位。

四、加强公共服务，维护合法权益

1. *加大宣传力度，营建创业氛围*。注重舆论宣传，充分利用各种新闻媒体，采取举办创业座谈会、创业成果展示活动、编辑创业明星事迹集锦等多种方式，大力宣传政府鼓励劳动者创业和就业的政策措施，弘扬创业精神，宣传自强自立、奋发图强、成功创业的典型事迹，树立一批在社会上起导向作用的创业标兵，引导和带动更多城乡劳动者走自主创业、能力创业、自谋职业的道路，逐步在全社会形成“能人创大业、富人创产业、百姓创家业、干部创事业”的氛围。

2. *加大劳动保障监察执法力度，全面推行网格化管理*。认真贯彻实施《劳动合同法》，加强对用人单位劳动用工的监督管理，规范用人单位的劳动用工行为。进一步加强街道和乡镇劳动关系协调机构和队伍建设，搭建基层劳动关系工作平台，按照网格化管理模式，形成自上而下的组织体系，将协调劳动关系工作向基层延伸。通过全面推行劳动监察网格化管理，推动劳动合同和集体合同签订、协助监督执法和调处简单劳动争议，实现管理和服务重心的下移，发挥在劳动合同制度实施中的基础性作用，为构建和发展和谐稳定的劳动关系提供组织保障。

（本文获 2013 年晋中市党外处级优秀调研文章，作者系昔阳县政协副主席）

关于确保双孢菇产业健康发展的思考

王录文

近年来，我县双孢菇产业方兴未艾，生产规模逐年扩大，涉及农户逐年增加，已经成为我县农村又一新兴主导产业。为了促进双孢菇产业的可持续发展，我们深入赵壁乡黄岩底、川口及皋落镇库城、南庄四个村和白羊峪的四通润农菌业有限公司，通过实地查看，走访农户和召开座谈会等形式，围绕双孢菇产业发展进行了专题调研。

一、基本情况及发展现状

双孢菇别名白蘑菇，是色、形、味俱佳的食用菌，具有食疗保健作用，被誉为21世纪的绿色保健食品，也是我国出口食用菌的主要品种。目前世界各国和国内对食用菌的需求不断加大，人们对食用菌的需求逐渐增加，双孢菇产品有着巨大的开发潜力，具有很强的市场竞争力。

双孢菇在我县落户及推广，最早始于2010年赵壁乡后口庄村农民吴保军，当时他凭借多年在外打工的经验和技术回到家乡，兴建了全县第一家双孢菇种植二代大棚，立体种植双孢菇600平方米，当年试种成功，并取得可观的经济效益，在他的带动下整个赵壁川的十里八村都建起了双孢菇种植大棚，并且还延伸到了邻近乡镇。2011年全县二代棚种植面积发展到了8.5万平方米。去冬今春全县又新发展二代棚14.5万平方米，2012年出菇总面积达到23万平方米。该产业目前涉及5个乡镇26个村，每年可生产鲜菇345万公斤，实现产值3450万元。目前白羊峪、高家岭两个村引进了较先进的三代棚双孢菇种植技术，打破当地自然气候限制，通过反季节周年性生产，引领了双孢菇产业发展的方向。全县三代棚已建起开始生产的和正在建设的面积已达到3.7万平方米，7—10月底可相继出菇，三代棚一周年生产三季，每平方米三季可生产鲜菇45公斤，3.7万平方米可生产鲜菇166.5万公斤，产值可达到1665万元。全县2012年末双孢菇面积26.7万平方米，年产鲜菇400万公斤，预计产值可达4000万元，仅此一项，全县农民人均增收200元。

二、发展优势及潜力

我县双孢菇产业经过两年的发展，从无到有，从零星种植到规模不断壮大，虽然起步晚，但发展速度快，发展势头迅猛。产品远销上海、山东、河北、长沙、重庆等地，市场销路广阔，发展前景十分看好。特别是双孢菇产业的经济效益、社会效益、生态效益日益凸显，双孢菇产业有望成为全县调整农业产业结构，实现农民稳定增收的新兴特色产业。

1. *经济效益非常可观*。根据调查，一个生产 500 平方米二代棚投资需 5.5 万元，使用期 5 年，年折旧 1.1 万元，原材料一季成本 1.29 万元，每个生产周期劳动用工成本 0.97 万元，总成本为 3.36 万元。每平方米产菇 15 公斤，一个棚产菇 7500 公斤，鲜菇平均售价每公斤 10 元，每棚毛收入 7.5 万元，除去成本，纯利润 4.14 万元。一个 500 平方米三代恒温棚投资需 12.5 万元，使用期 7 年以上，年折旧 1.79 万元，加上原材料和用工用电的成本，单季总成本为 4.39 万元。每平方米三季产菇 45 公斤，每棚可产菇 22500 公斤，产值可达 22.5 万元，除去三季总成本 9.74 万元，一个 500 平方米的三代棚纯利润 13.03 万元。南庄村联发专业合作社去年投资 24 万元建 3 个大棚种植了 2000 平方米双孢菇，去年秋菇收入 16 万元，春菇收入仍达 8 万元，一个生产周期就拿回了全部投资，效益非常可观。由此可见，种植双孢菇周期短，见效快，可实现当年投资，当年见效，是一个短平快并有利于快速推广的好项目。

2. *基础条件得天独厚*。首先是气候条件适宜。我县属温带大陆性气候，海拔高、积温低，四季分明。特别是 9—10 月，棚内自然温度是双孢菇生产的最适温度，正好填补了此时南方的双孢菇生产基地高温高湿无法生产的空档，有效弥补了全国双孢菇产品的市场空缺，而且价格看好。其次是原料资源丰富。双孢菇生产所需原料主要是牛粪和玉米芯。我县是个农业县，以玉米种植为主，年产玉米芯可达到 2250 万公斤，可支撑 100 万平方米双孢菇生产。同时畜牧业也很发达，奶牛黄牛养殖初具规模，并且与河北、山西的几个大型养殖基地相距不远。再加上十分便利的交通条件和充足的农村劳动力资源，为我县发展双孢菇产业奠定了坚实的基础。

3. *生态优势良性互动*。种植双孢菇的原料牛粪和玉米芯都是农畜副产物，可变废为宝；出菇后的培养基含大量的营养成分，经加工处理后可作为绿色有机肥料施入农田，改善土壤结构，从而实现了资源的循环利用，形成了循环农业和可持续生态农业发展的新格局。除此之外，双孢菇产品节水效果明显。我县农业发展的突出问题是水资源严重匮乏，双孢菇生产是典型的节水型农业，1 个 500 平方米的种植大棚用水在 50 立方米左右，是日光温室蔬菜大棚用水量的五分之一，符合现代农业和节水农业的需要。同时，修建双孢菇大棚可充分利用山坡地、河滩地等空闲地，有利于节约耕地，实现效益最大化。

三、面临的问题

1. *发展资金缺口大，生产规模小*。广大农户通过产出效益对比，现已认识到双孢菇产业的发展前景，但由于目前大多农户经济基础薄弱，加之受物价上涨等因素影响，建造双孢菇大棚的材料、劳动力等生产成本大幅度上涨，单纯依靠农户自主发展存在资金上的制约，双孢菇产业亟待政府扶持和引导。今年皋落村菇农马占国，由于贷款手续复杂且额度较小，致使筹措资金迟缓且不足，在建起两个二代大棚后，不能及时购买竹竿和菌种，造成工期顺延，秋季出菇推迟半个月，少收入 4 万元左右。目前我县双孢菇产业还处于初始阶段，主要以农户分散种植为主，小打小闹作坊式的生产模式，规模总量都不大。无法吸收更多客户来投资双孢菇产业，没有形成规模效益，参与市场竞争的能力还不强。

2. 组织化程度低，标准化生产程度差。目前我县双孢菇生产基本处于自发状态，缺乏统一规划管理。生产基地的场地布局、原辅材料选用、菌种引进、栽培模式均呈现出无序状态。选址自由，缺乏统一合理规划；县内没有专业的菌种生产企业，菌种都由外地盲目引进，良莠不齐，菌种质量和纯度无法保证；没有集中拌料场地，土地浪费严重，环境污染隐患重重；生产过程和栽培模式缺乏严格的技术流程，没有标准化生产意识，整体生产水平低下。

3. 技术力量薄弱，缺乏规范化管理。双孢菇生产技术含量高，规范化管理要求严格，但是目前我县没有专门从事双孢菇产业开发的机构和队伍，缺乏掌握双孢菇生产技术人员。高薪聘请的山东、福建 4 名技术员只管操作指导，不传授带徒，主要靠吴保军一个人在各个生产基地来往指导，根本忙不过来。种植农户急需专业性的技术服务，技术力量薄弱制约了双孢菇生产技术的普及推广，影响了双孢菇产业的健康发展。今年秋季，赵壁乡前东峪菇农王维云，由于技术员指导不及时和不当，致使死了一茬菇，损失 2 万元。据不完全统计，今年秋季有 21 户菇农，受生产技术所限，造成了不同程度上的损失。

4. 营销渠道单一，加工保鲜设施滞后。目前种植户主要是自产自销，依靠外地客商上门收购，销售渠道单一，生产者没有定价权，一旦产品过剩，种植户之间价格无序竞争，销售商压级压价或拒收，农民的损失将不可估量。今年秋季，来自上海、深圳、长沙的收菇人员，在我县设点八九处进行收菇，“水洗菇”最高行情为每公斤 3.5 元，最低价格每公斤 2.25 元，“篮子菇”最高价格是每公斤 2.5 元，最低价格到每公斤 1.75 元，价格变动随便，压价现象严重，价格垄断突出。流通领域内缺乏稳定的营销渠道和有效的信息媒体服务，存在销售风险，一定程度上影响种植户稳定增收。再加上双孢菇保鲜难度大，存放时间短，在目前规模不断扩大的情况下，双孢菇的保鲜储存成为实现双孢菇产业保值、增值的关键。现在我县还没有专门的双孢菇保鲜、加工企业，加之双孢菇保鲜库建设一次性投资大，广大种植农户无力自筹资金建设，严重制约了双孢菇产业的长足发展。

四、几点建议

1. 加强政府引导。目前我县的双孢菇产业尚处于初级阶段，政府引导行为对基地建设和龙头企业形成有着不可替代的作用。县乡各部门要把发展双孢菇产业纳入工作的重要议事日程。县里应尽快成立以分管领导为组长，农委、财政、水利、科技等部门负责人为成员的领导小组，全面协调指导双孢菇产业健康发展。县农委要设立双孢菇产业办公室，具体负责全县双孢菇产业发展规划制定、扶持政策落实、种植技术指导与科技培训工作。县乡两级政府部门应当为双孢菇产业发展创造条件，制定相应的配套政策，提供必要的财力物力支持。

2. *强化技术培训*。县农委要加强与省级科研单位和大专院校的协作，加大科技攻关力度，根据我县的气候资源条件，加强对品种选育和栽培技术的研究，提供优良菌种和技术。要依托职业中学强化双孢菇产业技术人员的培训力度，采取走出去、引进来等方式，分期分批培训菌种生产人员、科技服务人员、市场销售人员、质监人员、管理人员、农民技术骨干，建成一支多层次、结构合理的双孢菇专业技术队伍，帮助菇农解决农业生产中的实际问题，做到产前、产中、产后系列化服务。要实施“能人带动”战略，注重发现和培养“能人”，发挥好“能人”的示范带头作用，做到以户带村，以点带面，全面普及，推动我县双孢菇产业健康发展。

3. *加大扶持力度*。要坚持以社会资金投入为主，政府扶持引导为辅的原则，建立多元化投入机制，重点扶持双孢菇菌种产业，基地建设和加工企业建设。县政府要继续制定扶持政策，协调贴息贷款，整合项目资金，加大对双孢菇产业的扶持力度。乡镇政府也要制定相应的扶持政策，充分调动农民发展双孢菇的积极性，积极鼓励有条件的企业、个人参与双孢菇产业建设，重点扶持科技研发中心、菌种生产、产品加工企业、储存保鲜设施。县政府每年从财政预算中列支一部分资金，专门用于双孢菇高产高效栽培技术创新，示范推广和科技培训补贴，并对在双孢菇产业发展中做出突出贡献的科技人员、运销大户、加工企业给予重奖。

4. *健全服务体系*。一是培植行业协会。由县农委负责，组建以加工企业、运销大户、种植大户为主的县乡两级双孢菇产业协会，提高菇农的组织化程度，靠协会组建双孢菇营销队伍，创建自己的终端市场，促进全县双孢菇产业健康有序发展。二是实施龙头企业带动战略。着力引进和培育双孢菇产业龙头企业，引导企业和农户之间建立良好的利益联结关系。同时，要在双孢菇深加工上寻找突破口，提高产品附加值，做到鲜品、干品和加工品并重。乡政府协同村委会要本着依法、自愿、有偿的原则，帮助种植户搞好土地合理流转，推进双孢菇产业适度规模经营。三是推进产业化进程。大力发展双孢菇生产协会和农民专业合作组织，发挥其在规范生产、信息技术服务、开拓市场、联结龙头企业等方面的作用，努力形成“公司＋协会（合作社）＋农户”的产业化经营格局，做大做强双孢菇产业，提高市场竞争力。

（本文获2014年晋中市统战理论研究优秀成果一等奖，作者系昔阳县政协主席）

积极探索　创新机制
昔阳县开展党外代表人士综合评价工作

耿建明

近年来，昔阳县委高度重视党外代表人士队伍建设工作，积极探索党外代表人士管理和考核办法，在全县推行党外代表人士综合评价工作，并逐步在我县人大、政协、民主党派、工商联、统一战线有关社团换届人事安排的工作程序中实施。截至目前，我县副科级以上的党外干部38名，占到全县干部总数的7.1%，其中副处3名，正科5名、副科28名，人大代表和政协委员中非公经济人士19名。全县党外干部的整体素质明显增强，党外代表人士的参政议政水平明显提高，党外干部提拔使用达到了历史最好时期。综合评价工作首次将党外代表人士纳入考评范围，得到广大党外人士的拥护和认可，它为县委和政府提供了大力选拔使用党外代表人士的决策依据，创造了党外代表人士公平竞争、脱颖而出、健康成长的氛围环境，最广泛最充分地调动了党外代表人士在全县经济社会跨越发展中的积极作用。我们的主要做法是：

一、明确责任，加强党外代表人士综合评价工作领导

党外代表人士综合评价工作，是一项政治性、政策性很强的工作，为加强对党外代表人士综合评价工作的领导，县委成立由县委副书记任组长，统战部长任副组长，统战部门、人大、政协、统战部、组织部、宣传部、纪检委、政府相关部门和有关党派团体参与的党外代表人士综合评价领导组。领导组多次召开专门会议，讨论、制定综合评价办法和指标，协调解决综合评价工作中的问题，对综合评价结果进行审定，并运用评价结果对党外代表人士拟选拔任用、评优、表彰作出决定。

领导组下设办公室，办公室设在统战部。由统战部门牵头、各乡镇、有关部门和社会团体密切配合，加强调查研究，制定综合评价工作总体规划和政策措施。县委统战部做好党外代表人士的考察工作，负责人大代表和人大常委会委员中党外候选人名额分配的提名工作。县政协委员的推荐工作，党内的由县委组织部提名，党外的由县委统战部提名，建议名单由县委统战部汇总，在征求县委组织部、政协党组意见后报县委审定，然后按有关程序规定办理。届中政协委员工作如有变动需要增补的，由县委统战部提名推荐，按程序予以办理。

二、充分酝酿，科学制定综合评价方案和方法

2013年，县委统战部在充分调研讨论、酝酿的基础上，出台了《昔阳县开展党外代表人士综合评价实施方案》和《昔阳县党外人士综合评价办法》，进一步明确了党外代表人士综合评价由县委统战部牵头，与综合评价对象所在单位、党派、社团及与其有密切关联的部门共同实施，综合评价的范围是我县无党派代表人士、新的社会阶层代表人士和各类代表人士后备人选，重点是县级人大、政协中的党外代表和委员，在政府及其职能部门、司法机关、国有企事业单位担任副科级（或相当于副科级）以上职务的党外干部，工商联各级组织负责人，及在相关社会团体担任一定职务并发挥较大作用的党外人士。方法主要有民主推荐、民主测评、个别谈话、综合评价等。

三、细化标准，严格程序，对党外代表人士进行全面考核

1. 制定《综合评价考核细则》

我县根据党外代表人士自身特点，参照中组部《干部任用条例》，制定了《昔阳县党外代表人士综合评价考核细则》。《细则》详细规定了综合评价从德、能、勤、信、绩、廉、学七个方面进行，其中无党派代表人士评价分为政治素质、思想素质、能力素质、身心素质、工作作风、出勤情况、主要业绩、廉洁自律、学习素质九方面；非公经济党外代表人士评价分为政治素质、公共道德、能力素质、身心素质、社会信用、主要业绩、廉洁自律、学习素质八方面考核。

2. 严格程序

综合评价工作严格按照：召开综合评价测评大会、民主测评、个别谈话、综合评价、结果评定等程序进行。

①召开综合评价测评大会

综合评价前由党外代表人士综合评价领导组指定派出综合评价小组，并发布人事综合评价预告。综合评价小组到评价对象单位或企业组织召开综合评价测评大会，听取被评价人的述职，述职主要包括综合评价指标完成情况、采取的主要措施、未达指标要求情况和存在问题及原因分析、下一步努力方向。参加会议人员范围是：所在单位、企业全体干部职工，直属、下属或相关单位、企业负责人。各乡镇参加测评大会人员还包括各村党支部书记或村主任。

②民主测评

开始民主测评时，综合评价小组发放《党外代表人士民主测评表》，由参加综合测评大会的全体人员以无记名方式进行填写，随后由综合评价小组负责收回并进行统计分析。

③个别谈话

综合评价小组根据需要抽取相关人员进行谈话，了解评价对象工作能力、团结协作、廉洁奉公等内容。综合评价测评大会少于20人（含20人）的，全部人员进行谈话；多于20人的，谈话对象为评价对象、所在单位或企业中层干部和相关单位、企业主要负责人。

④综合评价

综合评价小组根据考核情况写出综合评价报告，报县委统战部，县委统战部对评价结果进行总体分析、比较研判、统筹平衡和综合评定后，根据《评价细则》，对评价对象打分，提出评价等次意见，报县综合评价领导组审定。

3. 全面考核

2013 年 11 月，昔阳县对党外代表人士进行了全面考核。综合评价小组由评价对象分管领导、统战部副部长、工作人员组成。评价对象为党外干部、人大代表、政协委员、非公经济的人士，工作人员分别从组织部、人大、政协、工商联抽调。综合评价小组历时 20 天，联系 5 个乡镇、22 个单位、18 个企业，对我县 33 名党外干部、5 名民主党派人士、18 名非公经济人士、8 名党外代表人士后备人选、2 名宗教界人士、1 名基督教人士，共计 64 人进行了综合评价。其中 1 名党外代表人士综合评价为差，目前停职检查。

四、创新机制，健全和完善党外代表人士综合评价工作

1. 建立党外代表人士履职报告制度和党外代表人士工作联系会议制度

为认真贯彻落实《中共中央关于加强新形势下党外代表人士队伍建设的意见》和省委、市委关于加强党外代表人士工作的有关要求，2012 年，昔阳县委统战部在深入调研与广泛征求意见的基础上，出台《党外代表人士管理制度》，在党外代表人士队伍建设和管理工作中推行“党外代表人士履职报告制度”和“党外代表人士工作联系会议制度”。即每年 12 月 31 日前，党外代表人士就本年度在本职和社会兼职工作岗位上的政治素质、工作实绩、合作共事、参政议政、廉洁自律等五个方面的履职情况向统战部做出报告，由统战部做出评定意见，评定意见将运用到党外代表人士年度考核工作中，作为评先评优及提拔任用的重要依据之一。根据工作需要，每半年召开一次由县委组织部、统战部参加的党外干部工作联系会议制度，讨论制定全县党外干部队伍建设规划、培训计划，办理党外干部入党手续，研究对党外领导干部和党外后备干部的考核情况，并提出调整、补充意见，以及讨论决定涉及党外干部的其他问题。

2. 建档立案，完善党外代表人士综合评价信息库

县委统战部抽调专人负责收集、整理党外代表人士基本信息，填写《党外代表人士登记表》，根据不同领域党外代表人士的特点，采集相应信息，建立综合评价人事档案，作为对党外代表人士客观准确评价的重要依据。建立信息库的对象包括科级以上党外领导干部、民主党派骨干、党外知识分子、少数民族、宗教、非公有制经济（含新的社会阶层人士）等领域党外代表人士。

截至 2013 年底，进入信息库的党外代表人士共 113 人，其中，党外干部 33 人，中国民主促进会昔阳支部主委、副主委 5 人，少数民族干部 2 人，宗教界代表人士 3 人，

非公经济代表人士 62 人，党外知识分子代表 8 人。

五、合理使用党外代表人士综合评价，大胆推荐，打造党外代表人士脱颖而出的平台

安排重用是党外代表人士综合评价的最终目的。我们把党外代表人士的安排作为一项重要的政治任务来对待，严格按照《党政领导干部选拔任用工作条例》的有关规定，加大力度、打破常规，不拘一格、大胆推荐。**一是主动请示汇报。**我们抓住干部调整的有利时机，利用综合评价考察报告和综合评价结果向县委进行了专题汇报。**二是争取实职安排，敢给位子。**为了打破党外干部“一副到底”的尴尬局面，让党外干部有职有权，我们积极与县委协商，在一些综合或重要部门留出相应职位安排党外干部。采取了先进后出、“加长板凳”和党政职务分设“腾位子”的做法，让党外干部应配尽配。近 2 年来，全县党外干部正职安排实现了“零突破”，有 3 名党外干部分别担任县卫生局长、宗教局长、法制办主任，政府职能部门中有 10 个政府序列局安排了党外领导干部，人大、政协机关和司法部门全部安排了党外干部，全县党外干部比上届增加了一倍多。**三是公开选拔，竞争上岗。**针对党外代表人士后备干部年龄较低、文化较高的特点，我们建议县委拿出相应的岗位公开考录，并推荐党外代表人士后备干部参加选拔竞争。2011 年以来，我县共有 27 名非党后备干部被提拔重用，25 位非公经济代表人士推选为人大代表或政协委员。目前全县党外干部平均年龄 37.4 岁，30 岁以下 9 名，最小的仅为 26 岁。

（本文获 2014 年晋中市统战理论研究优秀成果二等奖，作者系昔阳县委统战部副部长）

当前自然村消失的调查与思考

刘立斌

自然形态的居民聚落即自然村，往往是一个或多个家族聚居的居民点。自然村是农民日常生活和交往的单位，但不是一个社会管理单位，农村社会基层管理单位依照法律规定是行政村。自然村与行政村的区别，不只是规模的大小区别，根本区别在于行政村建立村委会组织、建立党的支部委员会，而自然村则只是建立村民小组，类属于村委会。近年来，随着经济社会的不断发展，自然村的消亡已成了不争的事实。中国几乎每年都会消失将近 9 万个自然村，每天消失 300 个自然村。

昔阳也不例外，经过半年多的实地走访调研，1984 年全县行政村共计 423 个，自然村大约 299 个，到 2001 年时，17 年间，423 个行政村合并为 335 个行政村；299 个自然村基本消失，每年大约消失 17.5 个自然村。目前统计，昔阳县共有自然村 99 个，从 2001 年到 2015 年间，15 年来，昔阳县共消失自然村 9 个。这意味着某些农业文明的骤然消失，许多家族将没有记忆，许多故事将失去传说，许多手工艺将没有传承，许多精美的建筑群将日渐破落，还有许多……

一、自然村现状

20 世纪 90 年代初以来，改革开放释放出来的巨大能量使中国经济和社会发展突飞猛进。20 年间，青壮年农民大规模进城打工、做生意，中国农村“男耕女织”的传统生存方式在许多地方已不复存在。但由于受户籍、住房、教育等约束，打工农民要携家带口在城市立足并非易事。所以，许多农民工不得不把家人留在农村，自己单枪匹马到城市闯荡。由此，农村便形成了一个以妇女、儿童和老人为主体的庞大留守群体——“386199”部队，“38”即妇女，“61”指小孩，“99”代指老人。在我对全县自然村的调查过程中，最多人口的自然村 100 多人（常住人口为 40 多人），多数自然村人口都在 40 人左右，还有 20 多个自然村 3 ～ 7 人，1 个人自然村 3 个。

1. *基础设施落后*。自然村相对行政村来说，地理位置大都偏僻。以昔阳县为例，全县 99 个自然村通水泥路占到 80%，昔阳县在农村通路方面全国领先。吃水、通讯自然村就很困难，80% 的自然村没有自来水，没有信号。所有自然村都没有卫生室，没有学校，农民看病、孩子上学都要跑十几里路到乡镇所在地去。自然村基础设施重建设轻管理现象尤为突出，大多数是“空壳村”，没有村级集体经济积累，甚至部分村还有历史债务，难以为农村基础设施建设提供配套的资金保证。道路交通、农田水利、人畜饮水等基础设施无人管护，导致多次投资建设，仍未能彻底解决问题。特别是自然村公路经常是晴通雨阻，管护环节薄弱，管养不到位，公路形成只修不护，严重影响了自然村基础设施效用的发挥。

2. **大量土地荒芜**。自然村大都是农村“少、边、穷、高”地方，生存环境恶劣，基础设施落后，90% 的青壮年不得不选择离开故土，外出打工谋生。自然村人口的急剧流失，造成大量土地荒芜。以昔阳县为例，全县 99 个自然村，二坡地甚至耕地大片荒芜，平均每个村大约 100 多亩土地无人耕种，全县自然村粗略估计，大约有 1 万多土地变成荒地。东冶头镇静阳村的一个自然村名叫岭东，原先 80 多人的村子只剩下 2 个老人，200 多亩的荒地只有老两口耕种着四五十亩。

3. **大批青壮年外出打工**。自然村落后偏僻，农民收入低，40% 的自然村农民收入不足千元，多数农民外出打工是迫不得已。主要原因是农业的效益较低，仅靠农业农民是很难富裕的。由于土地边际收益递减，增加对农业的投入并不能明显提高农作物的产量，而提高农作物产量又会使农产品的价格降低，因此靠农业增产也很难大幅度提高农民的收入。进城务工的农民呈现以下特征，一是所从事的工作较为低级，大部分为又苦又累的低层次工作。进城务工的农民所从事的工作一般集中在建筑、劳力、服务业等行业，其次为文教卫生、零售业、机械制造、餐饮业等行业，比例极少。而在公司销售部门、人事行政管理、文秘、通信工程、财会等工作的农民更是极少，特别是在计算机、金融保险、人事行政管理等行业部门工作的农民基本为零。据统计，2005 年，昔阳县外出打工人数达到 3 万人，目前估计，全县外出打工的大约 6 万人。

4. **大批房屋倒塌**。农民外出打工，常年不回家，还有一部分人搬离，多数房屋大门紧锁，杂草丛生。有的院墙倒塌，有的窑洞滑落，有的屋顶见天，让人看了很是惋惜。不少村是古村落，建筑风格很有代表性，也都坍塌一片。昔阳县界都乡的长岭村，孔氏乡的南泉村、沾尚镇的水峪沟村，都是清末典型的北方民居，有石雕、砖雕、木雕，有门楼、石狮子，有匾额等。很多传统村落就是一本厚厚的古书，只是很多还来不及翻阅，就已经消亡了，保护传统村落成了迫在眉睫的事情。

二、自然村存在问题

1. **自然村组织涣散，无人过问**。目前，在基层干部中，还有许多是在农村成长起来的老干部，他们文化偏低，不善于开展农村经济工作，缺乏引导群众脱贫致富的能力，对新形势下如何发展农村集体经济认识不足；另一方面，有些基层干部，整天忙于应付日常事务，精力难以集中到沟通、引导农民转变观念上来；部分镇、村干部待遇偏低，工作积极性不高。自然村相对于行政村来说，更是没人管，一些村干部只顾及自己的行政村，对于自然村而言，只是名义上的事，他们也很少去自然村过问，甚至本应该享受的惠农政策，90% 的自然村享受不到，惠农政策都去了行政村。

2. **自然村看病、上学困难**。根据我们的实地调查了解，自然村都没有卫生室和学校。

农民生病、上学，只能跑十几里山路，去乡镇所在地就医、上学。农民的“小病拖，大病忍”现象严重，因病死亡人数不断增加；农民大都在县城、乡镇租房子上学，产生了很大的费用。看病、上学占据了农民收入的70%，因此返贫的人数越来越多。

3. *自然村的贫富差距逐渐拉大*。现如今，农村的贫富差距已经到了非常严重的地步，不但在不同地区有很大的差别，就是在同一地区同一村庄差别也是非常的明显，并且这种差别有进一步拉大的趋势。多数自然村收入不足千元，应有的开销不能少，一是看病上学花去很大费用；二是每年的农业投入花去一部分，遇上灾年，就很吃力；三是日常的家族往来的开支。比如昔阳县孔氏乡的一个自然村黄安，居然有一户一年的电费是0.5元，看了让人心痛。

4. *自然村农民增收困难*。从农村整体经济结构看，农业产业比较单一。就昔阳县来说，主要以传统的玉米种植为主。许多自然村农民不愿向畜产品、水产品、蔬菜、水果等具有价格竞争优势的高效农产品转型，一是由于种植业产品价格较低，附加值不高，比较效益低下，难以提高农业的综合效益；二是也没有足够的资金去转型。从总体上说，贫困村主要分布在偏远地区，人多地少，缺水、行路难，生产和生活条件差。农村基础设施落后，交通不便，通讯缺乏，信息闭塞，农副产品运输通道不畅，加上农副产品开发与市场需求局部脱节，在一定程度上影响了群众开发农副产品生产的积极性，以致难以脱贫。

三、自然村今后发展对策与建议

通过以上的论述，认为自然村从总体上来说还很贫穷，问题依然很多，并有继续严重的趋势。自然村的发展仍很缓慢，农民的生活仍很困难，农业的前景令人担忧。自然村的落后与农民的受教育水平有着密切的关系，正是由于农民的低教育水平，才使得农村的各项事业进展缓慢，这又反过来使农村的教育大大落后于城市的教育，从而形成一个恶性循环，使农村与城市的差距越拉越大了。因此，本文提出以下建议：

1. *统筹农村基础设施建设*。突出抓好水利、能源、交通、通讯设施和康居工程建设。逐年实施重点水利工程项目，完善供水、防洪和水生态环境保障体系，搞好水资源的综合开发和保护利用，建设节水型社会；加大投入力度，健全完善农村道路、广播电视和通讯网络，增强基础设施的承载能力；着力推进农村康居工程建设，切实改善农村人居环境。

2. *统筹农村社会事业发展*。进一步调整教育布局，优化资源结构，改善农村办学条件，全面提高九年义务教育水平，大力普及农村高中阶段教育，发展职业教育和成人教育；整合城乡卫生资源，健全以乡镇卫生院为主的乡村卫生服务网络。深化农村医疗卫生体制改革，全面落实医疗卫生保障措施，逐步建立以大病统筹为主、兼顾基本医疗的新型农村合作医疗制度；以先进文化为导向，创新体制、机制，配套完善设施，巩固文化阵地，发展文化产业，促进城市现代文明向农村扩散。

3. **给予从事工商业服务业的农民以优惠政策待遇。**政府部门应积极拓展渠道，提供便利，共享信息，成立专门的创业指导机构帮助农民选择项目，帮助农民创业，提高农民独立创业的积极性。对农民创业贷款提供便利和优惠，给农民提供优质的服务。

4. **鼓励民营企业家积极开发生态庄园经济。**多数自然村自然环境优美，山清水秀，特别适合生态庄园经济开发。政府应鼓励民营企业家到农村去，生态庄园的发展，实现了“老板进村、资本进村、产业进村”，使荒山增绿、荒地改良，使“空心村”变成了“新庄园”，使闲置的资产变成了“赚钱机器”，使农民走上了致富道路，呈现出经济、社会、生态三重效益。

（本文获2015年晋中市统战理论研究成果优秀奖，作者系昔阳县委统战部副部长、工商党组书记）

新时期基层统战工作现状与思考

李怀仁

基层统战工作是党的建设在基层工作中不可或缺的重要部分，也是整个统战工作的基石。随着我国经济社会的不断发展，各种阶层、利益、文化、信仰、政治需求的重组分化，给新时期基层统战工作带来了巨大而深刻的影响，基层统一战线呈现出许多新特征，面临了不少新问题，同时也为我们做好新形势下的基层统战工作提出了新挑战、新要求。

一、新时期基层统战工作呈现的新特点

改革开放以来，特别是进入新世纪之后，伴随着经济的迅速发展和社会的转型加快，我国经济社会结构发生了重大变化，社会阶层日益分化，组织形式日趋多样，价值取向更加多元，文化归属差异明显，使基层统战工作呈现出空前的广泛性，鲜明的多样性，纷繁的复杂性和显著的社会性。具体体现在：

（一）统战领域多元化。表现在三个扩展上。一是统战工作领域从过去的政治领域扩展到经济、文化、教育、科技等各个领域。二是统战范围从过去的各民主党派、无党派人士、党外知识分子、民族宗教人士、港澳台和归国留学人员等扩展到了非公有制经济人士、私营企业和外资企业的管理技术人员、中介组织从业人员和自由职业人员等“两新”组织成员。统战对象不仅面上在拓展，数量也大为增加，党外知识分子越来越多地进入社区乡镇，大量的农民和城镇无业人员不断转移到个体民营经济中，非公经济和自由职业者从业人员迅速增加；基督教的无序蔓延，使信教群众数量大为增加，少数民族通婚增多，人员不断扩散；海归人员和“三胞”亲属在我们内陆县份也从无到有。三是统战工作重心下移，正逐渐从上层向基层扩展，出现了点多、线长、面广、量大的局面，原来以条块分割为主的统战网络无法实现对统战成员的有效服务和引导，出现了很多的空白点。

（二）统战对象复杂化。统战对象的复杂主要来自当前统战对象的人员流动性、地域差异性与思想多元性并存。随着社会转型升级，全体社会成员的流动导致了为数不少的统战对象在不同地域、不同所有制、不同行业、不同阶层中频繁流动，且数量还在逐年增加，再加之统战对象由于出身、教育及地域上的明显差异，致使他们的思想观念、价值取向、行为方式和利益要求都有很大的不同，他们的主动性、独立性、务实性和社会影响力在日益增强，政治参与的积极性不断增强，维护自身权益更加强烈，这给我们统战部门掌握情况、建立组织、开展活动、做好工作增加了难度，使传统的

统战工作方法方式难以适应。

（三）统战资源分散化。由于长期的条块分割、城乡分割，基层统战资源分属不同系统、不同层级，相互之间缺乏协调与统筹，制约了资源的整合和人才优势的发挥，其功能得不到充分的挖掘和利用。特别是随着工业化、城镇化的发展，一批大中型企业在县城落户开工，大量城中村和社区出现，而社区内各类社会组织相互之间没有隶属关系，它们各自的统战资源得不到有效的整合利用，无法为统战成员提供优质的服务，使得统战成员对社区缺乏归属感和认同感，更没有服务社区发展的强烈意愿。所以，统战资源的分散化使统战资源难以整合，人才优势难以发挥，服务质量难以提高，从而削弱了统战工作的效果和影响力。

（四）统战任务艰巨化。当前我国经济正面临着难得的发展机遇和巨大的下行压力，需要统一战线更好地发挥优势，服务当地经济社会发展；同时，随着社会转型的加快，各类矛盾进一步凸显，不同社会阶层、不同利益群体、不同信仰、不同民族等不同社会成员之间的矛盾趋于复杂化，并且大量存在于基层，需要统战成员去化解；再加之非公有制经济人士和党外知识分子队伍不断扩大，新的社会阶层人士越来越多，他们分布的领域和行业广泛，流动性比较大，思想比较活跃，素质参差不齐，其代表性人士在人生观、价值观以及政治信仰、政治诉求等方面具有多样性。做好他们的思想政治工作，正确引导他们发挥积极作用，已成为新时期基层统战工作的重要任务。另外，境外宗教势力的渗透活动也日益频繁，渠道多样，形式隐蔽，这些都给新形势下的基层统战工作带来了新的挑战，其工作任务将更加繁重。

二、新时期基层统战工作面临的新问题

近年来，随着党中央对统战工作的进一步加强，特别是中央统战工作会议的召开和《统战工作条例》的颁布实施，基层各领域统战工作不断推进，统战工作的地位变“高”了，办公环境变“优”了，协调作用变“强”了，统战工作在社会上的影响力不断提升。但面临新形势、新任务，基层统战工作还存在着一些新情况、新问题。

（一）思想认识不够，统战氛围不浓。当前，一些基层党委领导甚至还有些主要领导同志对统战工作重要性和必要性的认识不够，统战工作仍停留在“说起来重要、做起来次要、忙起来不要”的境地，在一些地方的党政主要领导那里排不上队、挂不上号。一些基层统战干部不同程度地存在着统战工作“过时论、上层论、多余论”的片面认识。认为基层统战工作“可有可无”，对工作缺乏信心和激情，从而在不同程度上影响了基层统战工作的创新和发展。在一些统战成员中也存在思想认识不到位、参与意识不强、参政议政能力差等问题，对统战方面的政策规定不熟悉、不了解，对统战活动不积极、不参与。同时，由于统战宣传不到位，社会对统战工作和统战知识知之甚少，全社会支持基层统战工作的氛围有待进一步加强。

（二）管理体制不顺，统战力量分散。一是部门设置五花八门、多头管理。统战部、民宗局、台办、工商联、侨联等统战部门分属县委、县政府不同系统管理，由多个县级领导分管，造成统一战线“不统一”的现象，不仅不利于工作的统筹协调，而且制约了资源的整合和人才优势的发挥，形不成统战合力。二是组织网络不健全。乡镇一级受党委委员职数的限制，没有专职统战委员，只能由其他乡干部兼任，投入统战工作的时间和精力十分有限。村级统战网络普遍不够健全。缺少专职人员，工作缺档短腿处于自由状态。社区统战受人员、经费所困，举步维艰，严重滞后于形势发展的需要。三是统战部自身调控能力差，职能作用难以发挥。统战工作许多不是单靠统战部本身可以调节的，而是涉及方方面面的合作，需要协调许多有关部门，在涉及不少统一战线工作中，常常碰到一些棘手问题，要办的事多而办成的事少，难以形成统战工作活跃局面。同时，由于统战工作对象具有多重社会属性，许多部门都有责任做他们的工作，一定程度上降低了统战部门的地位和作用，从而导致统战部门出现了“非公经济人士不理你，民主党派人士不认你，党外干部不由你，民族宗教人士不听你”的尴尬局面。

（三）统战队伍不精，工作缺乏活力。一是人员编制总体偏少。部门多人员少，兼职多专职少，“官多兵少”的现象普遍存在。乡镇和单位除明确一名领导分管统战工作外，没有专门的工作人员，处于“单枪匹马”“光杆司令”和“孤军作战”状况。二是基层统战干部“无为自轻”意识严重。工作不积极、不主动、缺乏活力与激情，安于现状、得过且过，开展工作缺乏主观能动性，存在“等靠要”思想，等上级安排任务、靠别人帮助支持、要政府给予财物。三是部分统战干部素质不高。他们缺乏学习和交流的渠道，缺少有关统战理论政策方面的学习培训，到了统战部门工作往往是“从一而终”，升不了、调不出；不少统战部门成为领导干部的“养老院”，一些年纪偏大在其他部门难以提拔或临近退休的干部，就被安排到统战部门安享“晚年”，他们既不熟悉统战理论政策，工作上又往往力不从心。

（四）创新意识不强，方式方法单一。一是工作缺乏有效载体。工作载体过于陈旧，大多停留在简单化、说教式、程序性的旧模式中，即使创新也过于注重形式，与基层群众的接受程度相去甚远，导致工作苍白无力，没有生气。二是服务没有过硬实招。宏观指导思想还不明确，在统战工作新阶层、新领域中缺乏工作经验，缺乏探索精神，对民族宗教工作的新问题调研不足，对新情况把握不准，对统战工作如何更有效地服务当地经济建设等方面还缺实招。三是创新机制不够完善。常委兼任统战部长后，统战部与政协的工作联络、人事安排、协调关系机制有待加强；统战成员政治参与意识不断增强，但参与的途径、人数及频率不相适应；非公领域的统战工作空间进一步扩大，但基层商会和非公党工委的作用没有凸显出来，尤其在工商局设立非公党工委欠妥；党外干部缺失、后备干部缺少、旗帜性代表人士缺乏严重制约了党外干部队伍建设；

农村宗教狂热与管理手段弱化反差明显；社会流动性增强，外来少数民族人口快速增加给基层统战带来新的压力；统战政策原则性强、硬性规定少、操作无所适从，也不同程度地影响了统战政策的落实和统战事业的科学发展。

三、新时期基层统战工作的对策建议

面对新时期基层统战工作存在的突出问题，我们必须以习近平总书记系列重要讲话精神为指导，准确把握时代背景和工作任务，认真贯彻中央统战工作会议精神，全面落实《统战工作条例》，进一步强化领导、增进共识、完善机制、创新载体、打造亮点、重塑形象，进一步提升基层统战工作科学化水平，更好地为经济社会发展服务。

（一）树立新理念。统战工作是党的特殊群众工作，我们必须以理念创新引领统战工作，进一步打破思维禁区，树立大团结大联合、大民主大和谐、大服务大发展的理念，用全面、系统、发展的眼光来思考和谋划统战工作。要立足全局看统战，跳出统战抓统战，虚功实做搞统战，积极寻求新时期经济社会发展与统战工作的结合点、切入点和创新点，学会相知人心、善与人同、和风细雨、潜移默化，靠民主谦和感化人，靠平等尊重凝聚人，靠真诚服务打动人，既要锦上添花，更要雪中送炭，多从机制层面想问题，善从政策层面提建议，在良性互动中引导和感召他们，进一步提高统战工作的影响力和社会认可度。

（二）完善新机制。一是全面推动县委常委担任统战部长体制。同时建议统战部长要进入同级政协党组，非公党建机构与工商联党组合并，有利于贯彻党委意图，有效开展统战工作，对于及时了解情况，协调解决问题，增进各界人士的交流将起到积极的作用。二是建立“多个部门、交叉任职、集中办公、统一管理”的基层统战工作牵头协调机制，构建大统战的格局。认真落实县级统战工作机关部门合署办公，统一归党委口负责。乡镇一级可以尝试把统战委员和工商联分会会长的力量捆绑在一起使用，协调做好统战工作。三是建立县乡村（社区）三级统战组织网络，配齐配强统战专干和统战信息员，重点解决乡村及社区统战工作无人抓、无人管和无人干的问题。四是建立统战工作定期联系会议制度、年度目标考核制度、党委主要成员与党外代表人士交友制度，以及党外代表人士综合评价机制和选拔任用监督考核机制。五是建立统战工作宣传教育和学习培训机制，注重去神秘化和专业化，进一步增强全民统战意识。六是建立统一战线协商民主机制，搞好相应的制度设计，进一步扩大统战成员的有序政治参与。

（三）搭建新平台。在新形势下抓好基层统战工作的关键是要以方式创新为依托，发挥统战优势，整合社会资源，搭建活动平台，打造亮点品牌。一要整合善用资源。积极探索运用“资源共用、平台共建、成果共享”的工作模式，借势而为，借梯搭桥、借力而行，或牵头主导，可参与配合，积极介入政治、经济、社会、文化等相关领域，进一步延伸统战工作触角，丰富统战工作内容，大力发展经济统战、文化统战、和谐统战、民生统战、人物统战，增强统战工作的生机与活力。二要主动适应新形势新任务的要求，依托互联网络建立统战理论政策宣传教育平台、维护稳定信息反馈平台、统战成员资源共享平台、招商引资引智平台、基层统战工作网络督查平台，推动工作手段和工作方式的信息化。三要积极寻求服务中心大局和服务统战成员的结合点，加强活动载体、联谊载体、宣传载体的创新，经常开展一些对外有影响力，对内有凝聚力的“同心”品牌系列活动，并将其打造成为一次统战干部的“大练兵”，不断提升干事创业的能力和水平；打造成为一次统战理论的“大宣传”，让党的统战方针政策更好地进机关、进社区、进农村、进企业；打造成为一次统战风采的“大展示”，让统战工作上媒体、上网络、上银幕、上舞台；打造成为一次统战资源的“大合唱”，让统一战线更加巩固、发展和壮大，从而由点做成线，由线做成面，做成统一战线的工作品牌，做成统战部门的工作“名片”。

（四）打造新团队。“打铁还需自身硬”，好的理念、好的机制需要优秀的团队来实践，强有力的组织来保障。因此我们必须要把统战队伍建设抓在手上，苦练内功、外树形象，切实打造一支政治素质高、业务能力强、社会形象好的统战干部队伍。要对上懂“天气”。根据中央、省、市要求，以开展教育实践活动为契机，认真查找“四风”突出问题，牢牢把握统战工作方向，知行合一，脚踏实地，有所作为。要对下接“地气”。紧密结合当地实际，做到贴近中心有价值、贴近发展有作为、贴近基层有活力、贴近成员有影响，满足统战对象的合理诉求，全面解决统战对象的困难问题，下大力气培养党外代表人士中的领军式人物。要中间聚“人气”。注重把那些与党同心同德，政治上有影响，经济上有实力，代表性强和社会知名度高的各界代表人物，团结在自己周围，注重与各部门的沟通协调、联合行动、积极营造全社会共同参与的大统战氛围。要对内树“正气”。通过大培训、大调研、大讨论活动，加强党性修养、树立良好形象，营造相濡以沫的干事环境。要对外造“和气”。树立以人为本的理念，注重在工作中化解矛盾、理顺情绪、凝聚力量，真正发挥出统一战线润滑剂、黏合剂、稳定器的作用。努力把统战部门建设成为“团结、民主、温暖、守纪”的党外人士之家，把统战干部建设成为“政治上坚定、精神上振奋、业务上精通、作风上过硬”的党外人士之友，不断增强统战工作的存在感、统战成员的获得感和统战干部的归属感。

（本文获2016年晋中市统战理论研究优秀成果一等奖，作者系昔阳县委常委、统战部部长）

发展养老服务业　温暖孤独老人心

耿计良

昔阳是晋中东山的一个人口大县，全县县域面积 1954 平方千米，总人口为 23.65 万人。据统计，全县 60 岁以上老年人口为 4.32 万人，占全县总人口的 18% 以上；65 岁以上老年人口为 2.95 万人，占全县总人口的 12% 以上。按照联合国人口老龄化标准，一个地区 60 岁以上的老人达到总人口的 10% 或者 65 岁以上的老年人口达到总人口的 7% 就被视为进入老龄化社会。我县 60 岁以上老年人和 65 岁以上老年人分别比联合国规定标准高出 8 个百分点和 5 个百分点。根据近几年老龄人口的年增长幅度计算，预计到 2020 年，全县 60 岁以上老龄人口将达 6 万以上。可见，我县人口老龄化趋势越来越明显，人口老龄化给我们的经济社会发展所带来的挑战将更加严峻。

一、发展养老服务业是必然趋势

随着生活水平的提高和医疗技术的进步，人口平均寿命不断延长，我们正处于一个前所未有的老龄化时代。正视面临的老龄化社会的严峻挑战，近年来从国家到省、市都对老龄工作和社会养老事业的发展十分重视，党的十八大报告也提出了“积极应对人口老龄化，大力发展老龄服务事业和产业”。一系列政策措施相继出台，推进各级老龄工作机构和老年群团组织建设，开展养老服务工作，做好老年人优待工作，组织开展关爱老人心理健康活动等等，不断推进老龄事业发展，使老年人生活质量逐步提高。

二、我县养老服务业发展现状

我县现已形成了县有晋祥敬老院、乡有养老服务机构、村有老年人日间照料中心的三级养老服务体系。广大城乡老年朋友的晚年生活幸福指数逐步提升，特别是农村五保单身老人的基本生活需求得到了有效保障，他们生活得更有尊严。

作为县级龙头养老服务机构的晋祥养老院，是县委、县政府实施的一项重点民生工程，由昔阳丰汇煤业集团晋祥能源投资有限公司和昔阳县人民政府共同投资建设，是一所集养老服务、卫生保健、文化娱乐、心理咨询等于一体的综合性社会福利园区。总占地面积 40000 平方米，总建筑面积 21000 平方米。第一期工程建设从 2012 年下半年动工兴建，到 2014 年上半年完满收官。建筑面积 6000 平方米，投入资金 3000 万元，现有床位 400 余张，200 余名农村五保对象入住，各类管理、工作人员 46 名。二期工程建设于 2015 年 3 月正式启动，新建四层综合楼，建筑面积 11975 平方米，设计床位 500 张，主要包括老年人用房、行政办公用房、附属用房以及相关基础设施建设，总投资 2164 万元，预计在 2016 年底全面完成项目建设任务。乡村两级养老机构继续得到巩固。全县乡村两级养老机构达到 6 所（处），床位 620 余张，每千名 60 岁以上老人拥有床位 15 张，是“十一五”末的 5 倍。

2014 年，我们在全县农村实施开展的“7+1”工程建设，又为广大农村居民，尤其是广大农村老年朋友提供了一个集休闲、娱乐、生产、生活为一体的公共服务平台。所谓“7”就是在千人以上行政村、中心村建设一所标准化幼儿园、一所大众食堂、一所大众澡堂、一个村级卫生室、一个街心公园、一个村民活动室、一个红白理事会议事大厅；所谓“1”，就是在全县千人以上村及符合条件的千人以下村建设一所老年人日间照料中心。2013 年，我县启动了农村社区老年人日间照料中心建设工程，截至目前，共建成老年人日间照料中心 120 个，覆盖三分之一的行政村，2000 余名高龄老人、空巢老人和五保低保对象享受服务。

三、我县发展养老服务业的主要做法

我们在发展养老服务的政策支持方面，积极落实国家、省、市的有关规定，加大财政资金支持力度，动员社会力量投资兴办养老服务机构，在资金投入、财政补贴、人才培养等方面为养老服务业，特别是养老服务机构建设给予优惠。

（一）拓宽资金投入渠道。积极动员社会力量和乡村两级投资兴办养老服务机构。2012 年至今，一共投入养老服务机构建设和运行的各类资金 5350 万元，其中争取上级专项资金 1100 万元，县财政 1800 万元，晋祥能源有限公司 2000 余万元，乡村两级筹资 450 万元，形成了财政、社会、企业等多渠道筹资的良好格局。

（二）完善财政补贴支持政策。根据养老服务的实际需要，加大财政补助支持力度。财政部门在财力十分紧张的情况下坚持民生第一，安排“七个一”工程建设补助资金 450 万元，按大众澡堂 500 元 / 平方米，其余按 300 元 / 平方米的标准予以补助，工程开工后先补助 50%，工程完成结算后按实际完成投资补助其余部分。积极支持乡村两级建设老年人日间照料中心，千人以上村享受省市补助政策，每个补助 10 万元，不足千人的县财政每个补助 5 万元。日间照料中心建成后，县财政每年每个补助运行经费 2 万元。在补助方式上，变事前补为事后补，即工程完工后，经县乡村三级组织验收，验收合格后，将补助资金及时下达。县级财政的大力支持，带动了乡村两级的筹资及投资积极性。据统计，乡村两级用于老年人日间照料中心的建设资金达到 450 万元。

（三）完善人才培养政策。采取“走出去”“请进来”的办法扩大人才培养规模，加快培养老年医学、康复护理等方面的专门人才。县医院、各乡镇卫生院积极聘请省市有关专家，定期组织讲课，30 余名医护人员参加网上学习，并且定期选派医护人员到阳泉第一人民医院、省人民医院和外省医学机构学习深造，老年人的医学、康复护理成为必修内容。

四、养老服务业发展存在的主要问题

尽管近年来养老服务业发展取得了一定的成绩，但客观地讲，还面临一些困难和问题。

（一）*养老机构运行难度大*。一是现在多数老年人主要靠家庭养老，由于青壮年大都外出打工，更是加大了老年人的劳动负担，七八十岁还需参加劳动，以劳动谋生。微薄的收入除了日常生活支出外还需负担医药费用，现有的养老机构虽然都不是盈利性机构，且对老年人收费很低，但是仍然有不少老年人由于经济原因选择居家生活。二是传统、观念、舆论方面，老人和子女两方面都不愿意到养老机构去。三是养老机构的硬件设施方面不健全，难以适应和符合老年人生活的特殊需要，管理和服务等软件方面也有待提高。

（二）*老人服务和养老方式面临挑战*。随着独生子女家庭增多、家庭小型化和市场经济的发展，传统家庭养老已面临挑战，代际之间的孝道、赡养、照料老人的观念日益淡化，家庭对老人提供最基本生活保障的传统不断削弱，在精神慰藉方面更为缺乏，还有一些虐待老人和侵权、占据房产、财产的现象时有发生，对老人身心健康带来较大冲击，一些孤独老人因无人照料导致早亡等现象应引起社会关注，传统的养老方式和观念应向社会养老转变，而当前社会养老和社区服务都还较为薄弱，远远满足不了老年人的需要，但当前也存在养老机构总量满足不了需要和养老院利用率不高的矛盾。

（三）*老年服务需求增加而社会文化福利事业发展相对滞后*。老年人发病率高、生活不能自理的比重高，老年病又多为慢性病，花费大，对医疗、保健、护理以及生活服务的需求大大超过其他人，消耗医疗卫生资源多，而现有的社会福利及社会保障体系尚不完善，远远不能满足老龄化社会中老年人日益增长的需求，老年人的医疗保健护理系统首当其冲面临挑战。

五、对养老服务业发展的意见建议

从我县实际出发，针对存在的问题，我们可以在以下几方面进行尝试和探索，以促进养老服务业的全面发展。

（一）*建立多种养老形式并存的养老制度*。一是不断完善家庭养老。加强法制宣传教育力度，强化子女孝敬父母的意识，老人可以尽早做好自我养老经济储备，尽量经济独立，另外要加强法制监管，必要时运用法律手段督促子女履行赡养父母的责任。二是搞好养老服务机构建设。在乡镇增加老年福利机构数目，扩大养老服务范围，针对老年人的不同需求，提供短期入住、看护等服务。在农村充分发挥日间照料中心的作用，使其覆盖面更广，功能更完善，服务更到位。三是依托资源开辟养老新途径。立足农村乡镇敬老院和卫生院，积极探索医养结合的农村机构养老服务新模式；积极推行农村互助养老，即由村集体提供安排场所，把老人相对加以集中，充分发挥每个老人力所能及的作用，取长补短，相互帮衬照顾，也是山区农村养老的一种有效形式。

（二）**积极鼓励和引导社会力量发展养老服务业。**要破除在养老服务上政府大包大揽的传统习惯，通过政府购买服务、公办民营、民办公助等形式，逐步使社会力量成为发展养老服务业的主角。鼓励社会力量举办或运营城乡社区居家养老服务中心、老年人活动中心等养老服务设施，举办家政服务企业、居家养老服务专业机构或企业；支持社会力量采取股份制、股份合作制、PPP（政府和民间资本合作）等模式，建设或发展养老机构；支持有条件的民办养老机构内设医疗机构或与医疗卫生机构签订协议提供医疗卫生服务；鼓励和引导社会力量提供针对老年人的文化娱乐、健身、休闲、健康等服务。

（三）**加强养老服务队伍及志愿者队伍建设。**全面加强现有养老服务队伍的自身建设，制定养老服务管理、服务人员系统业务培训计划，对所有从事养老服务工作的人员开展学习教育培训，实行资质认定、持证上岗，提升养老服务队伍的整体水平；为志愿者服务老年人提供一个平台，使他们能够根据老年人的需要做一些在家庭中才能享受到的事情。通过活动加以引导，利用节假日、休息日等业余时间组织志愿者到养老机构为老年人服务，并进行广泛宣传，营造氛围，从而促进志愿者队伍的发展壮大。充分发挥党员在志愿者队伍中的先锋模范作用，带动整个志愿者队伍的建设和发展。

（本文获2016年晋中市统战理论研究优秀成果三等奖，作者系昔阳县人大副主任）

关于基层宗教界代表人士队伍建设的思考

卜晓娟

一、昔阳县宗教界代表人士队伍建设现状

我县现有佛教、基督教 2 种宗教，信教群众约 7600 人。有佛教协会、基督教协会 2 个宗教团体。宗教活动场所 16 处，其中：基督教活动场所 3 处，佛教活动场所 13 处。现有教职人员 44 人，其中：基督教长老 4 人、传道员 20 人，佛教比丘 11 人、比丘尼 9 人。民族宗教界有县人大代表、政协委员 4 名。

目前我县宗教界人士的总体状况是好的，主要表现为：一是思想基础比较牢固。始终坚持爱国爱教旗帜，与党和政府同心同德，正确处理好爱国与爱教、国法与教法、出世与入世、公民与信徒的关系。坚持独立自主自办原则，坚决抵制渗透与邪教。主动做好信徒工作，宗教领域总体稳定。二是组织建设基本健全。目前全县宗教团体齐全，人大代表、政协委员落实，各宗教活动场所管理委员会、安全工作领导小组和财务管理小组基本组建到位。三是服务社会总体不错。在宗教界人士的带动下，帮困、扶贫、助残、救灾、支持新农村建设等都取得了很大的成效，社会反响较好。但是从新形势新任务来看，存在的问题不少，主要表现为：一是宗教界代表人士后继乏人。以佛教为例，目前教职人员中 50 岁以上人员占三分之二，领导班子新鲜血液很难补充。二是宗教教职人员学识较低。我县教职人员中大部分只有初中以下文化程度，经过佛学院、神学院学习后获得大专以上文凭的也很少。当前，宗教教职人员的接触对象已从低层次走向高层次、从单一性走向多元性、从区域性走向国际性。还有近年来有的领导、知名人士和新闻媒体对宗教人士也越来越关注，这说明随着宗教在社会生活中的影响有所扩大，一些宗教人士进入了公众视野，开始受到社会的广泛关注。宗教日益扩大的社会影响与宗教教职人员学识低下的矛盾日趋明显。三是一些教职人员素质不高。有些教职人员思想不纯，敛财思想严重，败坏社会风气；有的政治品行不端正，严重影响宗教部门对教职人员的管理；有的作风不端正，戒律松弛。四是信徒需求不足。现代社会由于价值取向多元化、各种思想相互激荡；社会结构复杂化、各种矛盾相互并存，一些信徒希望在宗教上得到心理慰藉和情绪调节，从而对宗教教职人员的期望值很高。当前宗教教职人员的培养方法是封闭的、单一的、传统的，随着宗教规模的扩展，宗教教职人员的现代管理理念、管理方式、组织能力、协调能力和处理复杂问题的能力明显显得不足。

二、存在问题的原因分析

*一是认识和观念上有偏差。*少数宗教干部对宗教了解较少，没有全面正确地了解党的宗教工作方针政策，没有准确掌握国家的宗教法规，对宗教的发展对经济社会的影响认识不够，对本地宗教情况了解不多，对信教群众的诉求不够关心，对宗教团体和宗教界代表人士的基本情况了解较少。一些基层宗教干部主观认为宗教对社会经济发展无关紧要，忽视了宗教工作的长期性、群众性和复杂性。放松了对宗教界代表人士的培养和使用工作，形成了宗教界代表人士注重本教的发展而不能正确引导信教群众服务社会和社会共同进步的倾向。

*二是服务和管理上的偏差。*有的将信教群众作为社会普通群众来对待，将信教行为作为普通社会现象来对待。忽视了依法管理和服务，更没有看到信教群众是社会上的弱势群体，他们还面临着许多困难和问题，放松了政治上的引导、思想上的疏导、生活上的关心，形成了宗教界代表人士政治上模糊，宗教学识造诣不高，品德修养欠缺，影响了宗教界代表人士的队伍建设。

*三是素质和学识上有偏差。*基层宗教信教人员普遍属社会上的弱势群体，在文化层次、宗教学识、个人修养等方面素质较低，其教职人员也只是在其内部通过短期培训而取得的最低层次的教职资格，不能正确地阐释本宗教的教义教规，造成宗教与社会发展的不适应，同时也给基层党委政府依法管理宗教事务增加了难度。从而造成了宗教界代表人士队伍建设选拔人才困难。

三、对加强基层宗教界代表人士队伍建设的建议

*（一）发现与培养并重。*宗教干部要努力提高对宗教工作的认识，充分认识宗教工作长期性、群众性和复杂性。首先要充分了解本地宗教的发展规律和信教群众的诉求，认真听取信教群众的意见，发现和选拔一批政治上靠得住、学识上有造诣、品德上能服众的宗教界代表人士，为他们创造一个宽松的环境，让他们在带领信教群众积极参加社会主义建设活动中提高才干，在信教群众中树立威信。切实达到依法管理宗教事务和依托宗教界代表人士带领信教群众促进社会经济发展和抵御境外宗教势力渗透以及治理宗教活动场所私设乱建的目的。确保社会政治大局稳定。

*（二）教育与提高并抓。*要完善教育培训机制，努力提高宗教界代表人士的综合素质。宗教界代表人士队伍建设，关系到依法管理宗教事务、关系到宗教与社会经济的同步发展、关系到社会的安定和谐，要从战略的高度完善宗教界代表人士教育培训机制，努力提高宗教界代表人士的综合素质。定期举办宗教界代表人士政策法规培训班，帮助他们提高宗教政策法规水平和依法信教、传教的能力。推荐部分代表人士到各宗教院校，系统学习各宗教的宗教学识，真正培养一支拥护党的领导和社会主义制度，遵纪守法和具有较高宗教造诣的宗教界代表人士队伍，确保宗教和谐稳定。

（三）安排与使用并举。切实做好宗教界人士的政治安排，充分发挥宗教界代表人士的桥梁与纽带作用。宗教界作为社会的特殊群体，将长期与社会共存并能影响当地的社会经济发展和社会政治大局稳定，在政治上妥善安排，能充分发挥宗教界代表人士在各级党委政府依法管理宗教事务中的桥梁与纽带作用。因此，对宗教界人士交往必须要信仰上相互尊重，政治上不歧视，在县乡人大代表、政协委员推荐时注意一定比例的宗教界人士的政治安排，造就一支政治上靠得住的宗教界代表人士队伍，共同促进社会经济发展。

（四）稳定与保障并行。要确保宗教界代表人士队伍建设的稳定，切实增强宗教界代表人士队伍建设的活力；同时要真正做好宗教教职人员的社会保障工作；各宗教团体和宗教活动场所要组织好宗教界代表人士办理社会养老保险和医疗保险，以此来增强宗教界代表人士队伍建设的活力，同时激发他们积极进取，充分发挥他们在经济、社会发展中带领信教群众共同进步的积极作用。

总之，加强宗教界代表人士队伍建设，指导他们增强自身能力，依法依规搞好自我管理，使他们真正成为党和政府联系、团结、教育宗教界人士和信教群众的桥梁和纽带，鼓励他们发扬爱国爱教、团结进步、服务社会的优良传统，支持他们为民族团结、经济发展、社会进步、社会和谐多做贡献，支持他们对宗教教义作出符合社会进步要求的阐释，支持他们增进对党和政府的理解，支持他们反对和抵制利用宗教危害社会和人民利益的非法活动，真正打造一支政治上靠得住、学识上有造诣、品德上能服众的宗教界代表人士队伍，实现宗教与社会主义社会相适应。

（本文获2016年晋中市统战理论研究优秀成果优秀奖，作者系昔阳县民族宗教局副局长、主任科员）

坚持中国化方向是我国宗教发展的必由之路

李丽萍

党的十八大以来，以习近平同志为核心的党中央高度重视宗教工作，特别是在中央统战工作会议和全国宗教工作会议上，习近平总书记明确指出："积极引导宗教与社会主义社会相适应，一个重要的任务就是支持我国宗教坚持中国化方向"，进一步深刻揭示了宗教生存发展的客观规律，丰富了党的宗教工作基本方针的内涵，发展了中国特色社会主义宗教理论，为我国宗教坚定不移地走中国化道路指明了方向。

一、坚持我国宗教中国化方向的重大意义

坚持我国宗教中国化方向是积极引导宗教与社会主义社会相适应的出发点和落脚点，也是全面提高新形势下宗教工作水平的重要任务，对正确处理我国宗教问题具有重大的现实意义和深远的历史意义。

（一）坚持中国化方向是我国宗教自身发展的内在要求。宗教是一定社会历史环境下的产物。纵观世界宗教发展史，它的生存和发展无不取决于特定的历史环境和社会文化背景，随着人类社会的不断变化，宗教也必须随之进行改革调适，不然也会被边缘化甚至淘汰。人类历史上曾产生过很多宗教，但能够存续至今的并不多，大多数因"水土不服"而销声匿迹。就我国现有的五大宗教也充分证明了这一点。佛教在经历"法门不敬王者"讨论之后，由印度佛教发展成了中国佛教；天主教从"礼仪之争"到"百年禁牧"，从新中国成立后的反帝爱国运动到民主办教；基督教从"骑着炮弹飞过来"到自立运动、本色运动，从新中国成立后的"三自革新"运动到神学思想建设，无不伴随着中国化程度的加深，逐渐摆脱了"洋教"现象，走上了良性发展的轨道。历史的经验教训告诉我们，中国化是我国宗教的优良传统，是不以人的意志为转移的。作为外来宗教，只有适应中国的基本国情，切切实实地融入中国文化、中华民族与中国社会之中，通过汲取中华民族固有文化来合理地诠释其教理教义，使之真正成为具有中国精神、中国作风、中国气派的宗教，才能在中国这方水土落地生根。即使我们本土的道教，也还必须保持中国本色，注重时代更新，实现自我净化，防止"水土流失"，才能达到返本开新的效果。

（二）坚持中国化方向是我国宗教适应社会的根本出路。积极引导宗教与社会主义社会相适应，是宗教工作的根本方向，走与社会主义社会相适应的道路是我国宗教的根本出路。习近平总书记提出的坚持我国宗教中国化方向的重要论断，使积极引导宗教与社会主义社会相适应有了更加清晰的具体目标、实现途径和重要标准。近年来，

我们在积极引导宗教与社会主义社会相适应方面做了大量工作，诸如佛道教的讲经交流，伊斯兰教的解经，天主教的民主办教，基督教的神学思想建设以及宗教界人士积极融入社会、服务社会、承担社会责任等。这些工作并不是要“改造宗教，改变信仰”，而是要使各种宗教更好地适应社会，引导各宗教在宗教思想、教义教规、道德文化、组织体系等方面，与时俱进地同我国社会主义社会相适应，始终沿着中国化的方向传承发展，在我国社会发展进步中发挥积极作用。

（三）**坚持中国化方向是我国宗教破解难题的治本之策**。新中国成立以来，我国宗教逐步摆脱了外国势力的控制，迈出了与社会主义社会相适应的坚实步伐。特别是改革开放以来，在党的宗教工作基本方针指引下，我国宗教中国化进程发生了积极的变化，取得了重要进展。但是，目前随着国际国内形势发生了深刻变化，宗教领域也出现了这样那样的问题，诸如：佛道教商业化倾向严重，拜金主义、借教敛财现象屡禁不止；基督教、天主教和伊斯兰教借口信息化、全球化，鼓吹“去中国化”“逆本土化”，其危害不容小觑；境外利用宗教进行渗透活动进一步加剧，造成“三股势力”、天主教地下教会、基督教私设聚会点和非法组织，甚至引发暴力恐怖事件，严重影响到国家安全和长治久安。这些问题不解决，不仅会严重阻碍我国宗教健康发展，还会给我国经济社会带来不良影响。所以，支持我国宗教坚持中国化方向并非完成式，不可能一蹴而就，必须克服因思想保守而产生的对中国化的误解和抵触情绪，防止被境外宗教原教旨主义所误导，把宗教中国化作为解决这些问题的战略举措和治本之策，高举爱国爱教旗帜，自觉抵御境外利用宗教进行渗透，遏制宗教极端思想蔓延，治理“逆中国化”现象，循序渐进，行稳致远，打造人类命运的共同体。

二、制约基层宗教中国化的现实困境

宗教的中国化进程并不是一帆风顺的。当前就基层宗教工作而言，制约我国宗教坚持中国化方向的因素有很多，主要表现在以下几方面。

（一）**宗教人才匮乏是制约基层宗教中国化的最大瓶颈**。宗教人才既包括懂宗教、会引导的党政干部，善工作、有办法的宗教工作者，又包括宗教造诣高、信众影响的“大师”级宗教界人物。在县一级真正懂得宗教政策、懂得主动引导，坚持宗教中国化方向的党政干部不多。一些干部抓宗教工作仅仅停留在“不出事、少惹事、办好事”的层面，对如何引导想得不深、看得不透，把握得不准。其次是作为基层管理宗教工作的县一级宗教局，机构设置不到位，力量十分薄弱，工作人员仅仅 1 ～ 2 个，执法工作举步维艰，在推进宗教坚持中国化方向上能力不足、措施不硬、办法不够。再次是基层既有学术造诣又有信众威望，能积极与党和政府合作的宗教教职人员不多，特别是在国内外有重大影响的“大师”级人物更是缺乏，多数教职人员年龄老化，素质较低，文化程度不高，大局观念较差，良莠不齐，有的还存有两面性，与党和政府不同心、不配合。宗教界高端人才更是有青黄不接之虞。

（二）经济利益侵蚀是实现基层宗教中国化的最大冲击。受经济利益的驱使，宗教被商业化、庸俗化，污蔑“中国化”。有的宗教场所“被承包”，乱建寺庙、滥塑造像、乱设功德箱，教职人员不潜心精研教义，而是终日为名利所迷惑，涉及宗教的利益纠纷不断，侵财贪财现象时有发生。有的宗教场所贪大图洋，不伦不类。有的宗教活动讲排场，讲攀比，活动越搞越大，安全隐患突出，资金浪费严重。还有的宗教活动低俗化、媚俗化、庸俗化，渲染封建迷信，搅乱宗教秩序，破坏了社会和谐，与社会主义核心价值观格格不入。

（三）团体建设滞后是影响基层宗教中国化的最大问题。宗教团体是连接党和政府与信教群众的桥梁纽带，在宗教坚持中国化方向中扮演着重要的角色。然而，基层宗教团体建设相对滞后，作用不明显。有的机构不健全、办公无场所、无经费来源、工作人员没有积极性，团体依赖场所、团体依赖宗教管理部门的现象较为普遍。有的重活动、轻管理，发挥连接、引导、示范作用有待提高。还有的宗教团体内部宗派势力活跃，严重影响宗教团体在信教群众中的威信，在落实党和政府政策措施上大打折扣。

（四）非法宗教滋生是挑战基层宗教中国化最大的难题。近年来非法宗教活动屡禁不止，国外敌对势力、境外分裂势力和邪教势力同流合污，加速在农村的渗透。他们利用信教群众辨识力不强，跟风媚外和好奇心理，不断降低入教门槛，简化入教仪式，通过宗族、血缘关系、扶弱济困之名，将脆弱的基层宗教组织和朴素的信众引入歧途。“藏密东渐”现象日益明显，自由传道人活动频繁，私设聚会点不断增多，境外组织渗透有增无减，信众人数在持续增长。再加之随着互联网等新兴媒体的普及，传教活动突破了“红墙”限制，“网上传教”“网上烧香”“网上礼拜”日渐频繁，利用微信、QQ群的方式加入宗教组织更具迷惑性、隐蔽性和煽动性，为宗教坚持中国化方向带来了极大的考验和挑战。

三、实现宗教中国化的对策措施

坚持中国化方向，引导宗教与社会主义社会相适应既是一个具有战略性、长期性、政策性和实践性的重大社会问题，也是一个不断破解难题、循序渐进的历史过程，要做的事情很多，要破解的难题也不少，需要党和政府、宗教界以及全社会的共同努力，综合施策、精准发力。

（一）把握正确方向，强化“三个自觉”。坚持中国化方向是我国宗教发展的必然趋势，所以，各个宗教组织必须因势利导，顺势而为，进一步强化“三个自觉”，即政治上自觉认同、文化上自觉融合、社会上自觉适应。这“三个自觉”既是我国宗教实现“中国化”过程的重要标志，也是做好新时期宗教工作的关键所在。首先在政治上要自觉认同。各宗教的经典教义都要求信奉者热爱自己的祖国，服从国家政权。既然身处中国，是中国的宗教组织，就要坚决拥护中国共产党的领导，拥护社会主义制度，坚定走中国特色社会主义道路的信念和决心，坚定不移地走爱党、爱国、爱教的发展道路，在维护法律权威、社会稳定、民族团结、祖国统一等一系列重大问题上达成广泛共识。广大宗教界人士和信教群众要充分认识到祖国利益高于一切、人民利益高于一切，牢固树立公民意识，首先要做一个合格的公民，然后才能做好一个合格的教民。牢固树立“国法”大于“教规”的意识，自觉履行法律赋予的义务，牢牢把握坚持党的领导、巩固党的执政地位、强化党的执政基础这个根本，进一步夯实政治认同这个基础。其次在文化上要自觉融合。我国是具有五千年历史的文明古国，我国宗教不仅要适应社会主义先进文化，也要融合中华传统文化，形成具有中国特色的宗教文化，而不是照搬外国模式，更不能将外国价值观奉为圭臬。要自觉践行社会主义核心价值观，自觉接受中华优秀传统文化的浸润，以“仁恕中道”的精神和“多元通和”的文化引导广大信教群众正信正行，并在经典教义阐释上、宗教制度建设上、宗教活动方式上、音乐服饰建筑中充分体现中国风格，讲好中国宗教故事，融入中国优秀文化，真正成为“中国宗教”，而不是“宗教在中国”。否则，轻则“水土不服”，重则产生冲突，对宗教不利，对社会有害。再次在社会上要自觉适应，宗教是社会的一分子，必须适应社会、服务社会，履行社会责任，不能本末倒置，让社会去适应宗教。要鼓励宗教界发扬济世利人的优良传统，不断探索和拓展服务社会的新途径，促进社会和谐。要引导广大信教群众正确对待现世和来世，神圣与世俗的关系，积极投身改革开放的伟大实践，爱岗敬业、勤劳致富，同不信教群众一道，共同创造人间美好生活，为促进经济社会发展做出积极贡献。

（二）坚持问题导向，实现“三大创新”。宗教坚持中国化方向没有固定的模板，关键在于结合各宗教的实际情况，抓住主要矛盾，解决突出问题，勇于创新、善于引导，牢牢把握宗教工作主动权。首先在宣传教育上要创新。宗教思想中国化是宗教中国化的灵魂。我们要在全社会加强辩证唯物主义、历史唯物主义、中国特色社会主义宗教理论和无神论的宣传，始终保持马克思主义无神论作为主流意识在人民群众中占据主导地位，切实维护意识形态安全。坚持用社会主义核心价值观引领宗教，紧紧围绕爱国主义教育、法治宣传教育和公民道德教育三大主题，引导宗教界开展培养和践行社会主义核心价值观学习实践活动，使“三大主题”教育与教规教义阐释相结合，与宗教人才培养相结合，与集体宗教活动相结合，与教徒日常生活相结合。积极支持基督教、天主教开展神学思想建设，支持伊斯兰教开展“解经”工作，支持佛道教开展讲经交流活动，把宗教理论思想教育的重点聚焦到“中国化”上来，用广大信教群众喜闻乐见的方式讲深讲透，不能用强制命令的方式，不能搞运动，不能瞎折腾，要因地制宜、因时制宜、因事制宜地推进宗教中国化。其次在管理引导上要创新。依法对宗教事务管理是世界大多数国家的通行做法，也是我们引导宗教与社会主义社会相适应的必由之路。我们要增强法治意识，引导宗教教职人员正确认识和处理守法与从教的关系，用法律来规范政府管理宗教事务的行为，用法律来调节涉及宗教的各种社会关系，划清宗教问题与其他问题的界限，确保宗教团体和宗教事务不受外国势力干涉。要坚持保护合法、制止非法、遏制极端、抵御渗透、打击犯罪，决不允许有法外之地、法外之人、法外之教，不断提高依法管理宗教事务的水平。同时还要坚持“导”的态度，采取“导”的措施，在“导”上想得深、看得透、把得准、做到“导”之有方、“导”之有力、“导”之有效，针对性地采取措施，实现管理工作的全面创新。佛道教领域要禁止商业资本进入，切断借教敛财利益链，突出解决“商业化”的问题；伊斯兰教要深化“解经”工作，防止“清真泛化”现象，重点“去极端化”；天主教要加强自身建设，独立自主自办教会，牢牢掌握中国天主教的领导权；基督教要依法治理非法传教和私设聚会点，把更多的基督教徒吸引到合法堂点过正常宗教生活；民间信仰要推进规范化建设，遏制“宗教搭台、经济唱戏”之风。再次在强化服务上创新。一方面政府要高度重视和帮助宗教团体和信教群众解决实际困难，改善各寺观教堂的用水、用电、供暖、供气、通讯等基础设施条件，进一步将宗教教职人员纳入社会保障体系，解决他们的后顾之忧，关心信教群众工作生活，多为他们办实事、办好事，推进宗教界人士的政治安排，使他们切实感受到党和政府的温暖。另一方面，各宗教团体也应本着为民排忧解难的态度，弘扬仁者爱人、讲信修睦、慈悲为怀、守望相助等宗教传统美德，认真履行社会责任，积极从事公益慈善事业，为大众百姓服务。

（三）夯实基层基础，抓好“三支队伍”。宗教坚持中国化方向，核心是人的问题，没有人的坚持和引导，宗教中国化就是纸上谈兵。党政干部、宗教干部、宗教人士是做好宗教工作的中坚力量，这三支队伍建设的好与坏决定着宗教坚持中国化方向的成效。各级党委、政府要牢固树立政治意识，大局意识、忧患意识和责任意识，进一步扛起宗教工作的主体责任。党政主要负责人是本地区宗教工作的第一责任人，各级党政干部都要加强教育学习，知宗教、懂宗教，增强担当意识，真正把责任扛在肩上、工作抓在手上、任务落到实处。要高度重视基层宗教部门的工作，增强县级宗教部门执法力量，加强宗教工作干部队伍建设，提高他们的执法水平和工作热情。宗教干部要善于与宗教界人士交朋友，重在交心、重在平常，努力在政策上引领，在依法管理宗教事务和强化引导上主动跟进。要按照“政治上靠得住、宗教上有造诣、品德上能服众、关键时起作用”的标准，加强教职人员队伍建设。尤其要加强宗教“大家”“大师”级人物的管理和引导，牢牢抓住上台“讲经”者这些“关键少数”，让他们及时传播宗教正能量，发出宗教好声音，要适应新形势、新任务的要求，不断创新培养方式、完善培养机制、拓宽培训渠道，全面提高广大教职人员的政治觉悟、宗教学识、道德品质和法律知识水平，努力培养一批扎根中国土壤、传播中国能量、传承中国宗教、维护中国利益、促进中国和谐、符合中国方向的高素质的宗教教职人员队伍。同时要关心和支持宗教团体建设，明确宗教团体的职能定位，厘清其与党政部门、宗教活动场所和社会其他方面的关系，形成协调顺畅的体制机制，帮助解决办公场所、经费等问题，不断提升宗教团体的自我管理、民主管理的能力和水平，鼓励他们在坚持我国宗教中国化方向中发挥主体作用，进一步增强在广大信教群众中的影响力和凝聚力。

（本文获 2017 年晋中市统战理论研究优秀成果一等奖，作者系昔阳县人民政府副县长）

关于我县义务教育均衡化发展情况的调研报告

梁素平

根据市委统战部市统发〔2017〕11号文件安排，我们认真组织、精心安排，抽调机关人员组成调研小组，从6月中旬开始，协调县教育部门、深入部分中、小学校就我县义务教育均衡化发展情况进行了深入调研，整个调研工作历时半个月，调研采取听取汇报、查阅资料、实地走访等多种形式进行。通过调研，对我县义务教育均衡化情况进行全面了解，总结了取得的成绩，也发现一些存在问题，现将有关情况报告如下：

一、基本情况

昔阳县位于山西省晋中市东部，太行山西麓。国土面积1954平方公里，12个乡镇，335个行政村，总人口23.76万人。全县现有义务教育阶段学校71所，其中初中11所，九年一贯制学校4所，小学56所，另有教学点26个。在校学生19926人，专任教师1740人。

近年来，昔阳县委、县政府把教育作为最大的民生工程，努力增加教育投入，持续深化教育改革，着力促进教育公平，不断提高教育质量，有力地缩小了城乡之间和学校之间的教育差距。从2015年上级部门验收我县情况来看，取得了比较满意的效果，全县义务教育办学条件达标情况：按照《山西省义务教育阶段中小学办学基本条件督导标准》、义务教育薄弱学校基本办学条件项目编制规划内容、山西省中小学后勤装备基本标准、山西省中小学校校容校貌建设内容及晋中市中小学校校容校貌建设基本标准、晋中市农村教学点办学条件基本标准、普通教室要求、专任教师办公室要求，经过了县级自评、市级复核和省级评估，认定我县有55所小学，11所初中，3所九年一贯制学校达到了标准，占全县小学总数的100%、初中总数的100%。

全县义务教育校际间资源配置均衡情况。按照2014年度教育事业统计数据，全县小学综合差异系数为0.467，初中综合差异系数为0.377，达到国务院教育督导委员会办公室要求。小学、初中单项差异系数无超过0.8的。

二、均衡措施

（一）改善办学条件，缩小设施差距。努力均衡城乡每一所学校的教育资源，我县坚持教育优先发展的原则，下大力气改善学校办学条件，进一步缩小校际差距，均衡配置全县教育资源，坚持两个持续：持续优化学校布局。加大农村寄宿制学校建设力度，保留单人校，办好教学点，并充分尊重群众意愿，恢复了部分教学点，满足了学生的就学需求。经过几轮调整，全县义务教育阶段形成了初中、九年一贯制学校、小学、教学点纵横交错、布点合理的学校新布局。持续推进基础建设。实现义务教育均衡发展，校舍达标是基础条件。我县紧紧抓住国家实施薄弱校改造、标准化学校建设、全面改薄的机遇，克服财政困难，用三年时间，义务教育阶段先后投入2.3亿元，新改扩建学校64所，改造面积10万平方米。在改造校舍的同时，投入272万元配备学生课桌椅20819套，实现了一生一桌一椅。投入175万元，为34所寄宿制学校配备了39种1384件现代化食堂设备。2012至2015年先后投入3685万元，按标准为中小学校配备教育教学设施设备，全县中小学装备水平得到进一步提高。其中，2014至2015年实施的“全面改薄”工程包括校舍建设和设备购置两大部分。校舍建设规划项目49个，实际实施47个（示范中学厕所、南渡海小学操场因用地原因两个项目调整未实施）；规划资金4873.52万元，实际投入5916.52万元（县财政追加资金1043万元）。建筑面积24374.72平方米，运动场地86484平方米。设备购置总投资2342.78万元，为97所项目校（包括教学点）按标准配备计算机3448台、电子白板144套、学生用床428支、储物柜1325个、课桌椅3513套，锅炉15台，电热开水器11个，网络服务器54台，文科器材93套，配齐了理化生、音体美卫、综合实践活动等学科的教学仪器和实验室。另外投资354万元，购置教师办公桌椅、学生电脑桌椅3871套，仪器柜2957个。目前，全县义务教育中小学校办学条件全部达标。

（二）合理调配教师，缩小师资差距。一是抓交流。通过交流来缩小校际间师资差距。2008年以来，实施义务教育阶段校长、教师交流制度，交流校长、教师784名，交流比例达到11.4%，使优师分布更加均衡，校校有骨干教师。二是抓补充。针对音体美、信息技术等专业教师数量短缺的问题，我们在教师补充录用时侧重于专业教师补充，近四年补充新教师184名，其中义务教育阶段136名。三是抓培训。县教科部门组织开展中小学校长培训、农村骨干教师培训、教师学历提升、继续教育等多种业务培训和千名教师大练兵活动，全县1740名专任教师中，高于规定学历1347人，占到77.4%，城乡基本实现一体化。不断提高教师待遇。从2009年开始，县财政每年表彰奖励100名模范教师、优秀班主任和先进教育工作者。对在农村长期从教、贡献突出的教师给予奖励，农村教师每人每月增加100元补助，为市级以上学科带头人、教学能手和骨干教师每人每月发放100～200元特殊津贴，每年组织教师进行免费体检。2013年、2015年、2016年先后将600套房源以低于市场价让教师优先购买，鼓励长期从教。

（三）创新办学体制，缩小城乡差距。一是积极推行联盟办学。教科部门在全县组建了8个教育联盟，实行教学研究、课程改革、教育管理、资源配置、督导评价“五位一体”机制。通过联盟办学，优质教育资源得到了均衡配置，城乡学校办学水平差距逐步缩小，办学效益明显提高。二是阳光招生、均衡编班。从2012年开始，教科部门坚持每年8月28日统一时间、统一程序，为新生电脑随机均衡编班，现场公布编班结果。从2013年开始，把优质普通高中招生指标100%分配到每一所初中学校，进一步稳定了农村学校生源，提高了农村学校教育质量，缩小了城乡教育差距。阳光招生和均衡编班政策的落实，杜绝了择校择班乱象的发生，100%学生实现了免试就近划片入学，为每个孩子创设了公平受教育的环境。三是大力扶助弱势群体。突出体现为“三保障三资助”。“三保障”：保障进城务工随迁子女受教育权利，实施“三个一样对待”政策，即在招生政策上和当地学生一样对待，在优质高中招生录取上和当地学生一样对待，在享受资助政策上和当地学生一样对待。保障农村留守儿童健康成长，建立了农村留守儿童关爱服务体系和动态监测机制，建成了心理健康咨询室，配备专兼职心理健康教师，定期给家长通电话，加强家校沟通与联系，为留守儿童健康成长创设良好环境。保障三类残疾儿童、少年受教育权利，采取随班就读和送教上门的方法，努力提高三类残疾儿童、少年入学率。2015年，全县三类残疾儿童、少年入学率达到90.8%。“三资助”：一是从2007年开始，县财政每年拿出50万元，实施阳光助学工程，共资助近万名家庭困难中小学生完成学业。二是从2009年开始，为2197人（次）农村撤并校进城就读初中生每生每月补助生活费50元，视路程远近每生每月补助车费10～20元。三是连续三年投入650万元实施“蛋奶工程”，为全县所有寄宿学生和边远山区走读生每天免费提供一个鸡蛋、一袋牛奶。

（四）增加教育投入，缩小经费差距。面对经济下行压力，在“保底线、保民生、保运转”的前提下，优先“保教育”，足额安排教育发展资金，教育经费实现了“三个增长”。“两附加一计提”足额征收，足额用于义务教育均衡发展。学校标准化建设、教师培训、信息化建设等教育专项经费足额落实到位。

三、存在问题

（一）学科之间教师配备仍然不均衡。从学科分布来说，语文、数学等常规性课程教师基本能满足教学需要，而音乐、体育、美术等专业教师数量严重短缺，从地域分布来说，县城学校音体美教师基本配备齐全，而农村学校音体美教师缺乏，这种不均衡状态造成一些学校只能由其他非专业教师兼职，或者根本就不开设此类课程。不能实现德、智、体、美、劳全面均衡教育，一些有此类天赋孩子也失去了受教育的机会。

（二）学校教学设施仍然不均衡。主要表现在一些学校操场需要进一步按标准要求改造升级。一些寄宿制学校学生浴室不能满足需求。全县还有24所学校锅炉配置不到位。全县学校校医配备不到位。按照600 ∶ 1的比例和寄宿制学校必须配备专职校医的要求，全县应配备专职校医44名，但现在仍然无法配备。全县农村教师补助需进一步提高，学校临时用工、后勤人员和安保人员工资未列入财政预算。

（三）教师年龄结构不均衡。合理的年龄结构是搞好教学工作的基础，从我县情况来看，担任一线教师群体整体年龄老化，据统计，50 周岁以上占 26.9%，30 周岁以下仅占 7.6%。骨干教师年龄结构偏大在农村中、小学表现十分突出，受编制限制等原因，新的教师补充十分困难，造成学校教师结构更新换代慢，有些学校往往出现“断茬”问题，老教师到了退休年龄却无人接替而无法退休，或者只能聘用临时教师暂时顶替。

（四）学校经费仍然不均衡。学校的教学经费主要来自财政拨款，县城的学校经费相对宽松，基本能够满足学校各项开支。对于农村学校来说经费仍然不足。一些学校所在地乡、村经济条件好的，在财政拨款的基础上，乡、村一级还能在水、电、暖方面给予帮助，所在地经济条件不好的乡镇完全靠学校自己解决，这些学校往往捉襟见肘。

（五）城乡学生容量仍然不均衡。由于受乡村撤点并校、城镇化进程加快、人口出生率低等多种因素影响，出现城乡学校学生容量不均衡的问题，县城学校学生多的超过学校的承载量，在轨制不变的情况下不得不一再扩大班容量，有的初中学校一个班达到 60 人左右。而农村学生数量一降再降，特别是一些小学，一个班不到 10 个学生，浪费了学校教学资源。

四、提出建议

（一）提高基层教师工作待遇、保持稳定的农村教师队伍。县教育行政部门应在深入调查研究的基础上，出台相应政策，采取积极、有效措施，保障农村教师在评职、晋级和评优方面优先，稳定农村学校、乡镇薄弱学校的骨干教师队伍。积极改善农村中小学教师的工作、居住、生活条件，建立边远教师、骨干教师补贴制度，对工作在边远山区的农村教师、县级骨干教师在乡镇学校任教的给予相应的补贴，以此鼓励教师安心山区工作，促进农村教育事业的发展。县人事、财政部门应根据农村教师严重老化和部分教师不适应新课改要求的现状，提早做好新教师的聘用工作，特别是大力招聘音、体、美教师，对优秀毕业生应先充实到农村中小学任教，从而改善农村教师队伍结构，以促进农村教师整体水平的提高。

（二）稳步提高乡村教育教学质量，吸引农村学生就近入学。目前城乡之间存在的教育质量的差别是公认的事实，义务教育均衡发展最终所要解决的就是缩小城乡教育差距的问题。“两基”规划的顺利实施，农村教育经费保障机制的建立，为全县的基础教育抓质量创造了较为有利的环境。但是最根本的是要合理配置城乡教师资源，逐步缩小城乡师资队伍的差距。县教育行政部门要切实履行职能作用，加强对教师的统筹管理，合理配置城乡教师资源，选拔任用好校长，推行中小学教师人事制度改革。要组织开展评选“名师”和“名校长”活动，着力培养学者型、专家型的教师和校长群体，实施“名师、名校长带动”工程。要加强对现代信息技术和远程教育技术的应用，积极开发优秀教师示范课远程教育课件，将城镇优质教育资源送到农村学校，实现城乡优质教育资源的共享，提高农村教育质量。

（三）**继续加大教育经费投入、建立健全监督制度**。积极向政府建议在现有基础上，逐年加大教育经费投入，继续完善不达均衡教育验收标准的在建或扫尾工程，协调县、乡、村三级在教育经费投入上能够充分满足教学需要。同时，制定切实可行的监督办法，并要求义务教育责任人定期向县级人大提交关于教育财政经费投入、管理和使用方面的专题报告，自觉接受监督，并交上级财政部门备案。把监督评价的结果作为对政府的政绩评估、表彰奖励或者追究行政责任的重要依据，督促政府依法落实农村义务教育经费投入、管理和使用方面的责任。加快教育政务公开步伐，建立教育经费信息发布制度，促进教育投入、管理等接受群众监督，努力激活义务教育均衡发展潜力。

（本文获2017年晋中市统战理论研究优秀成果三等奖，作者系昔阳县政协副主席）

关于发展壮大我县文化旅游产业的调研报告

邓建梅

文化是增强一个国家和地区软实力的重要因素，旅游业是国民经济的重要产业。文化与旅游具有天然的内在联系，文化是旅游的灵魂，旅游是文化的重要载体。推动旅游与文化产业融合发展，大力发展文化旅游业，有助于加快文化产业发展，促进旅游产业转型升级，推动社会和谐发展。近年来，我县充分利用自身丰富的自然资源和人文资源，坚持文化与旅游有机结合，采取突出地方特色、科学规划定位，坚持项目带动、形成强力支撑，着力优化环境、提升服务水平，强化宣传促销、拓宽客源市场等有效措施，不断发掘石马寺古庙、大寨红色旅游景点、瓮山、龙岩大峡谷等旅游景点，探索出了一条发展文化旅游产业的新路子，为县域经济全面发展增添了新的活力。但是如何进一步发展壮大文化旅游产业，已成为全社会各界关注和探讨的课题。

一、我县旅游产业发展存在的困难和问题

1. 开发层次不高。我县旅游资源开发仍存在着开发面积小、容量不足，尚未形成规模旅游等问题，旅游区点缺乏统筹规划和有机整合，分布零散，规模较小。另外，对旅游文化内涵挖掘不够深，配套设施不完善，综合服务功能较弱。

2. 管理服务机制还不够完善。在现有管理体制下，旅游行业主管部门难以管理和协调旅游要素中的主体，涉及旅游产业开发的相关部门、单位之间，缺乏协调配合机制，在景区规划、建设和旅游要素管理上，还没有完全形成合力。部分旅游点的管理方式相对比较落后，市场扩张和竞争能力不强，自身发展创新缺乏活力。

3. 特色优势没有得到充分发挥。旅游产业的特色优势尚未发挥出应有的作用和效益，旅游经济总量不大，仍不能适应旅游业大发展、快发展的需要。

二、发展壮大我县旅游业的建议

（一）发展壮大文化旅游产业，必须坚持科学规划，彰显特色，解决好路子问题

文化所带有的民族和区域的独特信息，往往是不可再生和不可替代的。突出旅游的文化特色，形成区域间旅游文化特质，是培植旅游经济核心竞争力的关键。我县既具有悠久的石马寺古庙、得天独厚的大寨红色文化等旅游资源，又有丰富的自然资源，文化旅游产业方兴未艾，前景广阔。我县旅游发展要注重前瞻性，坚持高起点、高标准规划，站在更高层次和起点上，准确把握旅游消费的趋向和规律，努力发挥和放大优势，把文化和旅游更加紧密、融洽、有效地结合起来，让游客充分领略到自然与文化交相辉映的独特魅力。

（二）发展文化旅游业，必须以项目为依托，强化载体，解决好抓手问题

文化旅游业涉及方方面面，是一项复杂的系统工程，必须以项目建设为载体，依托文化、旅游特色优势，针对旅游各要素统筹谋划，配套完善，加大招商引资力度，加快文化旅游业协调发展。在“游、娱”的问题上，要着力抓好主体景区、景点的建设，开发有特色的文化旅游观光娱乐项目，以新、奇吸引游客；在“吃、住”的问题上，要着力增强景区内宾馆饭店和“农家乐”的接待能力，面向不同的消费群体，规划建设不同档次、各具特色的服务场所，以满足各类游客和各种会展接待的需要，同时，引导群众大力发展家庭宾馆，以满足中低端游客的需求；在“购”的问题上，要注重特色文化旅游产品的开发，让游客“游”有所“购”；在“行”的问题上，要加大投入，加强交通基础设施建设改造力度，提高畅通能力。

（三）发展文化旅游业，必须创新管理，规范服务，解决好机制问题

旅游业与其他行业的关联度高、涉及部门多，要从有利于活跃市场、发展经济、促进社会和谐的角度，审视已有的体制、机制，不断进行创新和完善，实现科学管理、规范服务。要适应文化旅游业大发展的形势，建立统一组织、协调、指导文化旅游业发展的领导组织和工作机构，形成规范高效的管理体制和经营机制。要在总结前几年文化旅游业发展体制、运作机制的基础上，通过成立管委会，统一开发、保护、管理和经营资产资源，确保旅游市场的规范、有序运营，大幅提升游客的满意率。要注重加强旅游产业一线服务人员的教育培训，确保为游客提供周到、细致的规范化服务。同时，要强化治安环境保障工作，及时有效解决影响文化旅游的治安突出问题，预防和减少侵害游客人身、财产案件发生；坚持以人为本、人文包容，及时有效化解矛盾纠纷，切实维护和保障游客权益。

（本文获2018年晋中市统战理论研究优秀成果二等奖，作者系昔阳县文化旅游局总工程师）

坚持“三性”基本原则
探索商会改革发展之路

霍爱文

全国工商联通过电视电话会议传达了中共中央办公厅，国务院办公厅“关于促进工商联所属商会改革和发展的实施意见”文件精神，这是新中国成立以来“两办”第一次对工商联所属商会发布的文件，意义特别重大。“两办”文件指出，坚持“三性”有机统一，牢牢把握统战性，充分发挥经济性，切实体现民间性，培育和彰显商会的独特优势。很明显，“三性”基本原则就是商会改革和发展的方向，正确理解和处理“三性”之间的关系才能促进商会的改革和发展。

一、工商联新时期的新使命，商会有了统一的主管部门

新中国成立时就有了全国工商联，它是党和政府联系工商业者的主渠道，是统战工作的重要组成部分。后来由于国内经济结构发生了一些变化，民营及私营企业者逐步减少，工商联的工作对象也随之改变，工商联好像是一个行政机关，基本无直属单位。改革开放以后，随着民营经济的崛起，商会组织迅速发展，由于统战工作需要，各级工商联开始与商会建立联系，为新时期的工商关系注入了新的活力。从全国范围看这种工商关系并不统一，甚至连商会的主管部门也不一样，有的商会是由商务厅或发改委等部门主管。这次“两办”文件标题是工商联所属商会，从字面理解，不属于工商联的商会就不在此文件范畴，如果是这样，“两办”文件就无法做到全覆盖，这也为下一步改革提出了线索（从注册登记开始就确定工商联为主管部门）。“两办”文件明确把商会纳入统战工作，由工商联承担工作职责，这是中国特色社会主义国情所决定，商会应认同和拥护“两办”文件精神，主动加入工商联，接受工商联的指导和管理。

“两办”文件凸显了党中央国务院对商会的重视，它赋予工商联的不仅是权力，更重要的是责任。与改革开放之前相比，商会是一个全新的工作对象，必须规范工商联与商会的关系，寻求最合适的工作方法。工商联与商会不应该是上下级关系，也不是行政隶属关系，它是社会组织关系。2016 年 2 月 6 日国务院第 666 号令社会团体登记管理条例第五章第二十五条曾经对业务主管单位的监督和管理职责做过明确规定，从“两办”文件精神看，这个条例规定有点不适应了，商会的改革，只有原则不行，必须要有细则，我们期待工商联的具体实施意见。

二、商会的经济性应体现经济职能

商会本来就是商人的组织，其本质是服务经济的社团机构，我们当前遇到的问题就是商会的经济性不强，其原因主要是政府没有赋予商会一定的职能，商会自身努力不够，没有找准自己的定位。商会的经济性一般应体现在对内服务会员，对外服务社会。否则，对内就没有凝聚力，对外缺乏影响力。怎样才能让商会具有经济活力，目前还没有现成的范本，这也是商会改革的新课题，建议工商联优先考虑以下几点：

1. 加快推进政府向社会组织购买服务，切实把一些政府职能转移给商协会代办。

2. 明确商会协会为地方政府代理的招商等服务应为有偿服务。

3. 政府部门，尤其是发改委、经信委应定期向商协会介绍本地投资及产业信息。

4. 商会应该以经济工作为中心，尽量减少那些不必要的社会活动，防止“超载”，避免把商会办成街道办事处，失去了经济性就失去了根本，失去了商会的活力。

5. 建议积极推动开门办会，开放各种共享信息，鼓励商协会会员交叉入会，从交换经济信息入手，避免商协会封闭化。

三、必须维护商会的民间性

“两办”文件明确商会改革和发展要坚持民间性的原则，提示相关部门要尊重商会依据章程做出的决定，确保商会的权益。商会主管部门对商会的指导和管理也应依章进行。比如，对商会领导的综合评价应该有明确的标准和程序。

商会的改革和发展也离不开社会组织登记机关的支持，从现有的规定看，有些条例也需要讨论。比如，商会设几名副会长，设多少名理事或者常务理事，可以有一个参考比例，没有必要硬性规定。再如条例规定会长，副会长最多只能连任两届，现实情况是，选合适的会长、副会长、监事长、秘书长是非常难的事。特别是异地商会，会员净流入不多，不是很多人愿意当会长或适合当会长。连任几届应该由会员投票选择，最好不做限制。特朗普 70 岁可以任美国总统，92 岁的马哈蒂尔可以选为马来西亚总理，就是在中国，70 岁以后只要身体符合条件仍然可以开车上路。但是，这样的年龄就不能当商会会长，难道当会长比当总统更重要，身体条件要求比开车更严格？因此，尊重商会的民间性就不能用选拔干部的思路去挑选商会会长。

坚持统战性就是坚持党对商会的领导，工商联作为商会的业务主管部门就是把党和国家的政策方针通过商会落实到民营工商企业，同时把广大工商业者的诉求传递给相关部门。坚持商会的经济性就是坚持商会特点，让商会保持活力，始终把发展经济放在第一位，引导会员正确处理国家，集体和个人利益的关系，让民营经济为社会做贡献。商会的民间性是社会组织的基本特征，坚持商会民间性要落实到具体条款中，主管部门对商会的指导和管理既不失位也不越位，以服务赢得信任。

（本文获 2018 年晋中市统战理论研究优秀成果二等奖，作者系昔阳县工商联名誉主席、湖北省晋商商会秘书长）

政银企协同发力　破解民企融资难
关于解决民营企业融资难融资贵问题的调查研究

黄祥苗

融资难融资贵，是多年以来困扰民营企业发展的一道难题，也是一个世界性、长期性的难题。如何破解这一难题？有关方面及媒体不计其数、不厌其烦地为之呐喊与求解，但真正能够奏效的办法却是凤毛麟角、少之又少。本文从目前我国民营经济的现状及民营企业所面临的融资困境谈起，就如何对症下药，有的放矢，化解民营企业融资困局，让金融更好地为民营经济服务，推动民营经济快速发展进行探讨。

一、我国民营经济发展现状

今年两会政协新闻发言人在回答记者提问时表示：民营经济是社会主义市场经济的重要组成部分，在稳定增长、促进创新和增加就业、改善民生等方面发挥着不可替代的重要作用。2012 年以来，民间投资占全国固定资产投资比重已连续 5 年超过 60%，民营企业用近 40% 的资源，缴纳了 50% 以上的税收，创造了 60% 以上的 GDP，贡献了 70% 以上的技术创新和新产品开发，提供了 80% 以上的城镇就业岗位和 90% 以上的新增就业岗位。

据有关机构分析，目前民营经济占中国 GDP 的 2/3 左右，10 年后可能占 3/4，达到 75% 左右，今后可能长期保持这个比例。

同时，大部分的民营企业盈利能力并不差，部分甚至比国企还高效。在 2017 年的民企报告中显示，中国的民企总资产是 25 万亿人民币，净资产达到了 12 万亿人民币，利润高达 2.38 万亿人民币，收益率接近 20%，超过了大部分人的想象。而 2017 年国企的总资产超过了 42 万亿人民币，创造了 1.66 万亿人民币的财富，收益率只有 9.9%，不到民企的一半。

综上所述，我国民营经济继续保持蓬勃创新活力和强劲发展动力。随着发展环境进一步优化，民营经济将在中国经济高质量发展进程中作出更大贡献，赢得更多发展机遇。

但是，目前民营经济也面临前所未有的新环境。国际上，世界经济仍将长期处于结构调整期，贸易保护主义有所强化，金融市场动荡不稳，全球贸易持续低迷等不确定不稳定因素增多。在国内，我国经济发展进入以速度变化、结构优化、动力转换为主要特征的新常态，资源环境约束日益趋紧，消费向个性化、多样化、多层次的方向转变，人口老龄化加快，“互联网 +X”业态不断丰富，经济运行中结构性矛盾凸显，供求关系新的动态均衡正在形成。在此背景下，中国民营经济发展面临一系列严峻挑战。

虽然我国民营经济发展的政策不断宽松，但不可否认，有些发展瓶颈并没有完全破除，依然还存在许多体制性限制与障碍，特别是民营企业融资渠道不通畅，普遍存在“融资难融资贵”现象，严重抑制了民营企业的投资行为，极大迟缓了民营企业的发展势头。

据有关数据统计，现在银行业贷款余额中，民营企业贷款仅占25%，而民营经济在国民经济中的份额超过60%。民营企业从银行得到的贷款和其在经济中的比重还极不相匹配、很不相适应。国内银行的总资产高达250万亿人民币，可以说市场资金很充足，但是大部分民企的资质相比国企要差上很多，而且大部分银行愿意优先把贷款借给经营收入稳定的国企，而不愿意借给民企。在银行融不到钱，民营企业只能通过其他途径借钱，根据对部分民营企业调查了解，通过其他途径融资综合成本普遍在12%以上，高的甚至达到20%。由此可见，民营企业融资难融资贵令人瞠目结舌。

二、民营企业融资难融资贵的困境与成因

时下，民营企业融资难融资贵的困境主要表现在以下四个方面：

首先，融资环境不理想。从内部融资环境看，民营企业绝大多数为中小企业，自有资金少，人力资源匮乏，经营稳定性差，抗风险能力弱，生产技术水平低，管理水平落后，缺乏核心竞争力，因此，民营企业内源融资能力低下。从外部环境看，当前国家对民营企业融资立法支持力度还不够，为民企服务的社会中介机构偏少，而且许多法律法规之间也存在冲突，更主要的是其执行度很低，加上目前严峻的宏观经济形势也对民营企业外源融资造成极大的不利影响。

其次，融资结构不合理。一是民营企业内源融资比例偏高。我国民营企业无论是其初创期还是扩张期都严重依赖业主自有资金和留存收益，民企内源融资比重太高，负债率较低，则难以达到企业市场价值最大化。二是直接融资比重过低。目前我国资本市场还不成熟，大量民企被拒于股票市场和债券市场之外，民企通过发行股票、债券等方式直接融资的比重很低，尤其是中小企业。三是间接融资受阻。求“资”若渴的民营企业很难得到金融机构的信贷支持，即使得到银行贷款，也基本上属于短期贷款，几乎没有中长期的信贷。另外，抵押担保贷款难度很大。

再次，融资渠道狭窄。在融资方式上，民营企业主要采用银行贷款、非银行金融机构贷款、非正式金融借贷等间接融资方式，而很少采用发行股票、债券等直接融资方式，其他如融资租赁、票据贴现、应收账款融资、风险投资、基金融资、信托融资、短期融资等融资方式也很少使用，这就造成了民营企业融资渠道的单一与狭窄。

最后，融资成本高昂。今年2月份，中国社会融资成本指数公布，指数显示，目前我国企业平均融资成本为 7.6%。其实，只有银行贷款、承兑汇票、企业发债等融资方式低于或等于平均水平，而这几种融资方式对民营企业来说几乎不可能，即使有银行可以借贷也带有一些附加条件，综合成本绝对超过 10%。融资租赁和保理的平均成本在 12% 以上（还不包括中间费用）；小贷公司和互联网金融的平均成本在 21% 左右；民间借贷的成本更高。民营企业在银行贷不了钱，只能通过其他融资方式融资，融资成本自然高得离谱。

融资是一种经济交易行为，受多种因素影响，形成“融资难、融资贵”问题的原因是多方面的。

第一，民营企业经营波动较大。民营企业普遍存在资本缺乏、资产规模小、持续经营能力弱等问题。当市场出现变化时，抗风险能力较差。民营企业的高风险在客观上导致其融资的难度和偏高成本。尤其是信用评级低、经营效益差的企业更突出。

第二，可抵押物较少。即使属于新兴产业或国家重点战略支持产业的民营企业，虽然科研能力强、具有核心知识产权，企业经营状况良好，但是由于企业轻资产特点，现有评价体系很难准确价值评估，无法通过知识产权抵质押获得信贷，同样面临“融资难”问题。

第三，资信程度欠缺。民营企业财务制度不健全或不规范现象比较突出，导致金融机构难以获得企业真实可靠的财务信息，无法对企业的盈利情况和真实性作出准确判断。同时，民营企业容易发生合同违约、制售劣质产品、披露虚假信息、侵犯知识产权等情况，银行不愿贸然给民营企业贷款，进一步增加了企业贷款难度。

第四，融资存在不理性现象。有的民营企业忽视企业成长规律，盲目扩张，过度融资，或将贷款资金用于与企业经营无关的用途等，导致银行贷款不良率上升，被迫采用收缩单户贷款规模或限制企业合作银行家数等措施控制贷款风险。

第五，信息不对称导致银行放贷意愿降低。很多民营企业采用家族式管理方式，财务制度不健全，信息透明度不高，金融机构和投资者较难判断企业实际风险，或获得相应信息成本过高，迫使银行业机构强化抵质押要求，提高交易成本或惜贷。解决信息不对称是解决企业融资难问题的关键。

第六，信贷管理方式与民营企业融资特点不匹配。一是民营企业生产经营受季节性、临时性因素影响较大，申请贷款存在短、少、频、急的特点。但是银行对民营企业贷款多采用集中管理的办法，而且审批体制相对烦琐，环节多、流程长，不符合企业资金需求的特点。二是银行在审批贷款时，更注重对企业的财务信息、流动资产、产品数量、质量和价格等“硬”信息的考察，民营企业相比国有企业存在明显劣势。三是民营企业核心竞争力多为人才、技术或设备优势，而现行贷款信用风险审核重点是土地、房产等“重”资产的支撑，企业与银行在经营理念与风险控制方面存在较大差异。

第七，国有商业银行对民营企业的歧视。今年2月底，银保监会下发《关于进一步加强金融服务民营企业有关工作的通知》，要求商业银行贷款审批中不得对民营企业设置歧视性要求，同等条件下民营企业与国有企业贷款利率和贷款条件保持一致，有效提高民营企业融资可获得性。这从另一个角度明确告诉人们，长期以来国有商业银行普遍存在对民营企业的歧视，这一现象必须得到根本性的转变。

第八，资本市场不健全。中国多层次资本市场还不健全，非常多的民营企业想到证券市场去上市融资，但是很困难。的确相对于巨大的需求，我们的市场发展还太慢，我们的IPO（首次公开募股）暂停得太突然，让我们很多已经达到上市标准的民营企业在门外徘徊，等待很多年。我们应该有更多的市场化程度更高、多层次的资本市场，为我们各类企业提供资本市场的服务。

三、破解民营企业融资难融资贵的对策建议

民营经济在我国国民经济中占有重要地位和作用，融资难融资贵的问题已经严重影响到了民营企业的转型升级、高质量发展甚至日常经营。为此，笔者在剖析民企融资难融资贵原因的基础上，提出进一步破解民营企业融资难融资贵的对策与建议。笔者认为，只有充分调动政府及监管部门、金融机构、民营企业三方的积极性，三方相互配合、相互协调、相互促进、协同发力，才能形成全面高效的民营企业融资服务支持体系，破解民营企业融资难融资贵的难题。

（一）政府部门要发挥主导作用，创造良好的营商环境和金融生态

民营经济发展要靠政策，更重要的是制度安排、法治环境，关键是实施竞争中性的原则。政策稳，企业才能预期稳、信心足。鼓励民营经济发展壮大，切实为民营企业解忧纾困，关键要为民营企业营造良好的法治环境、营商环境和金融生态，取消、减少各类阻碍民间投资的不合理附加条件，加大对民营企业融资支持力度。

1. 充分发挥政府和监管机构的主导作用。从长远发展考虑，在防范系统性风险的前提下，发展多层次融资市场，鼓励创新融资新模式，拓宽民企直接融资渠道，提高直接融资比重，解决因杠杆率过高导致的融资困难问题。主导建设良好的营商环境和金融生态环境。政府职能部门要积极倡导并推进企业诚信文化建设，改善区域信用环境，加大对失信企业和个人的惩处力度，解决贷款案件判决难执行难的痼疾。主导建立民营企业数据库，建立民营企业信用评级体系，使金融机构能及时拿到企业的真实信息，破解银企信息不对称的难题。加强对互联网金融等新机构新业态的监管，整治各种乱象、规范经营行为，适当提高网络借贷机构的准入门槛。

2. 消除所有制歧视的顽疾。要坚决维护民营企业与国有企业平等的市场主体地位。金融机构对各类所有制经济应当一视同仁，坚决消除贷款“国企违约政府兜底，民企

违约终身追究”的错误认识，客观和平等对待民营企业融资需求。信用评级机构不应把企业所有制作为评级内容，坚决消除同等条件下国企评级高，民企评级低的普遍现象。监管部门应规范金融机构信贷行为，切实解决“不敢贷、不愿贷、不能贷”的问题，坚决消除民营企业融资的各种隐形壁垒，为民营企业营造公平竞争、健康发展的市场环境。

3. 切实提高民营企业直接融资能力。监管部门应逐步增加民营企业发债的额度，鼓励民营企业在资本市场直接融资，提高民企融资效率，降低融资成本。为保障民营企业债券顺利发行，监管部门要考核金融机构投资民营企业债券的比重，按年考核，逐年提高，防止债券投资集中投向国有企业和政府融资平台，导致民企债券到期需刚性兑付，而新债发行极其艰难，流动资金短缺引发债务违约。

（二）金融机构要坚定服务实体经济的初心，站高定位、不断创新、突破瓶颈

金融机构要认真落实国家关于金融支持民营经济的政策措施，建立“敢贷、愿贷、能贷”的民企支持长效机制，提升服务水平，落实民企融资公平待遇，提高民企融资可获得性，鼓励企业通过债务融资、股权融资等直接融资工具拓宽融资渠道。

1. 金融机构要多管齐下提升民营企业金融服务水平。一是在思想认识上要解决“不愿”的问题。充分认识到全国民营企业是金融机构经营发展的“蓝海”，支持民营企业发展就是支持整个国民经济发展，加大业绩效考核同支持民营经济发展的挂钩力度。二是在机制保障上要解决“不敢”的问题。建立信贷从业人员尽职免责机制，鼓励基层机构和员工放下包袱、轻装上阵。三是在发展方向上要解决“不明”的问题。客观评判民企的市场前景和阶段性困难，帮助渡过难关，灵活运用不同金融产品组合，提供差异化金融服务。四是在信贷经营能力上要解决“不会”的问题。着力将信贷业务开展与经济转型升级的步伐、民营企业的金融需求实现协同和匹配。五是在服务创新上要解决“不活”的问题。尝试运用应收账款质押、保理等产品和手段，在保证真实性的基础上提供融资支持。

2. 坚持过程管理，有效控制风险。金融机构不可高高在上，要深入民营企业一线，及时跟踪民营企业经营状况，立足于“既融资也融智”，通过现场指导，提高企业资金使用效率，帮助企业管控各类金融风险，打造“相伴相长、共融共荣”的新型银企关系，助推民营经济良性发展。

3. 有效加大民营企业中长期贷款力度。商业银行要提高对民营企业流动资金周转贷款额度，对生产经营正常且按时支付利息的企业，允许借新还旧，应续尽续，减轻企业倒贷压力，实现民营企业新旧贷款的无缝衔接，保障企业正常经营资金需求，避免企业为了还贷借入高成本过桥资金，加重企业负担。

4. 加强多层次融资市场建设。与国有企业相比，民营企业对非标融资和非银融资

的依赖性更强，所以，要充分发挥银行表外融资、证券、保险、基金、信托、租赁、社保等多种融资模式的作用。影子银行是传统银行业务的必要补充，近年来，对民营企业融资起到了积极的推动作用，为此，建议在规范的前提下，要给影子银行留有适度的发展空间，希望监管机构对理财非标资产给予一定豁免或政策支持，引导理财资金更好地服务民营企业、服务实体经济。

（三）民营企业要加强自律、加快转型，稳健经营、增强实力

打铁还需自身硬，当前民营企业出现融资难融资贵的难题，既要看到有外部因素，更要从企业自身查找原因。比如，有的企业法人治理结构不健全；有的企业野蛮生长，盲目铺摊子，盲目多元化经营，冲淡主业；有的企业信息透明度低等等。民营企业要全面提升自己的品质，壮大自己的实力，才能增强融资吸引力。

1. 坚定信心，保持定力。中央经济工作会议已经做出判断，我国仍处于并将长期处于重要战略机遇期。习近平总书记在民营企业座谈会上再次强调“两个毫不动摇”与“三个没有变”，为民营经济敲下了“定音锤”，给民营企业家吃下了“定心丸”。在加快经济体制改革部署中，国家出台了一系列帮助并推动民营企业发展的利好政策，各级政府也相应出台许多促进民营企业发展的有力措施。广大民营企业家必须始终保持定力，坚定发展信心，踏踏实实走好发展每一步，抢抓机遇、迎难而上，努力把企业做强做优。

2. 加强自律，珍视信用。人无信不立，企业更是如此，民营企业要像珍视眼睛一样珍视自身的信用。首先，要树立诚信意识，好借好还，再借不难。其次，出了问题要勇于直面应对，不能转移资产、恶意逃废债，要与金融机构密切配合，共渡难关。第三，要做到财务信息透明。很多银行不愿、不敢给民营企业贷款，很大程度上是因为看不透、吃不准民营企业财务状况。民营企业需要健全财务管理制度，不搞“两本账”，同时要清晰股权结构，使金融机构能够全面了解企业的真实情况。加强自律，坚持合规经营，珍视信用，履行社会责任，才能树立民营企业良好形象。

3. 转型升级，提升品质。民营企业普遍存在实力不强、层次不高、环境不优、市场不活等问题，企业发展要跟上经济转型的脉搏，要学会伴着音乐节拍跳舞。要发扬“千方百计提升品质、千方百计拓展市场、千方百计自主创新、千方百计改善管理”的四千精神，化压力为动力、化挑战为机遇，聚焦主业，苦练内功，要准确识变、科学应变、主动求变。品质是企业的生命线，要从人力（员工素质）、设备（生产效益）、流程（工作效率）等方面加强培训与改进，全面提升企业品质。

4. 专注主业，行稳致远。企业的核心竞争力在于主业经营，民营企业家要心无旁骛，埋头苦干。要提高对企业经营的风险认识，做到量力而行，避免过度融资、短贷长用等问题；民营企业应理性发展、增强定力、固守本业，避免过度扩张，粗放发展，盲

目布局。把自己的长板发挥到极致，聚焦实业，长期耕耘，专业制胜，做精主业，只有这样，才能行稳致远。

5. 慎用杠杆，理性投资。对于企业而言，金融杠杆有如“魔杖”，用得好可以“撬动地球”，用不好可能会把企业推向万丈深渊。民营企业要慎用杠杆。何为慎用？慎用就是要把握好“度”，尤其不能通过高负债搞盲目扩张、收购开疆拓土。要围绕自身核心主业，处理好“产”和“融”的关系。“产”是主导、主业，“融”是支撑、辅助，“融”要围绕“产”做服务，而不能以“产”为媒，把工作重心放到“融”上。

解决民营企业融资难融资贵的难题不可能一蹴而就，这是一项事关多方的系统工程，需要政府及监管部门、金融机构、民营企业各方心往一处想，劲往一处使，各方风雨同舟，和衷共济，齐心协力，方可形成合力，破解难题，迎来民营企业融资经营发展的春天。

（本文获2019年山西省工商联系统优秀调研成果三等奖，作者系昔阳县工商联主席、山西昔阳丰汇煤业有限责任公司董事长）

构建亲清新型政商关系之我见

王晓丽

政商关系是政治与经济的关系、政府与企业的关系、官员与企业家的关系。健康的政商关系是推动社会经济发展的正能量，扭曲的政商关系将极大地阻碍社会经济发展。为推动非公有制经济健康发展，政府与企业不仅要从认识上理清政商关系，更要从制度上加以规范，构建亲清新型政商关系，既防止“亲”而不“清”，权钱交易，又防止“清”而不“亲”，为官不为，共同营造守法诚信、风清气正、交往有道、和谐高效的良好政商环境。

一、深刻认识构建亲清新型政商关系的重要意义

习近平总书记指出，新型政商关系，概括起来就是“亲”“清”两个字。对领导干部及其公职人员而言，所谓“亲”，就是要坦荡真诚同民营企业接触交往，特别是在民营企业遇到困难和问题情况下更要积极作为、靠前服务，对非公有制经济人士多关注、多谈心、多引导，帮助解决实际困难。所谓“清”，就是同民营企业家的关系要清白、纯洁，不能有贪心私心，不能以权谋私，不能搞权钱交易。对民营企业和企业家而言，所谓“亲”，就是积极主动同各级党委和政府及部门多沟通多交流，讲真话，说实情，建诤言，满腔热情支持地方发展。所谓“清”，就是要洁身自好、走正道，做到遵纪守法办企业、光明正大搞经营。

党的十八大以来，为了筑牢预防官商勾结的“防火墙”，相继出台了一系列法规制度，习近平总书记也作出了一系列重要论述。2013 年 3 月 8 日，习近平在参加十二届全国人大一次会议江苏代表团审议时告诫各级领导干部，面对纷繁的物质利益，要做到君子之交淡如水，“官”“商”交往要有道，相敬如宾，不要勾肩搭背、不分彼此，要划出公私分明的界限。2014 年 6 月 26 日，习近平在中央政治局常委会听取中央巡视组 2014 年首轮巡视情况汇报时指出，现在矿产资源、土地出让、房地产开发、工程项目、惠民资金、科研经费管理等方面腐败问题频发。领导干部插手工程项目、亲属子女经商办企业问题突出查处惩戒力度还要加大。习近平代表第十八届中央委员会向党的十九大作报告，要构建亲清新型政商关系，促进非公有制经济健康发展和非公有制经济人士健康成长。2016 年 10 月，习近平在广东考察后指出：要继续推进作风建设，整治各种隐形变异“四风”问题，防范商品交换原则向党内渗透，规范政商交往行为，加快构建亲清新型政商关系。

大贤秉高鉴，公烛无私光。在市场经济环境下，正常的政商交往不可避免，我们

既不能将政商完全隔绝开来，也不能容忍消极、腐败、堕落的政商关系继续存在，唯一的解决办法就是构建积极、健康、向上的新型政商关系。新型政商关系本质上就是处理好政府与市场的关系，在行为上做到守底线、分公私、讲责任，在结果上实现交往有道、于公有利、发展有益。

二、政商关系中的两个极端及其危害

党的十八大以来，以习近平同志为核心的党中央重拳出击、铁腕反腐，一些腐败窝案被挖出，畸形的官商关系衍生出的官商勾结、权钱交易的利益同盟不断被查处曝光，这些窝案大多与不良“政商关系”有关。近期查处的一些领导干部违规从事营利活动，利用职务便利，为他人谋取利益，收受巨额财物，政商关系“亲清不分”，肆意权钱交易，贪图享乐等问题的违纪违法案件，为我们持续敲响了加强构建“亲、清”新型政商关系的警钟。与此同时，我县仍有外来企业反映项目落地慢等问题，说明转变政府职能，建设服务型政府的改革仍然任重道远，党员干部积极作为、靠前服务的意识有待进一步增强。

构建新型政商关系关键要解决好“政商勾结”和“为官不为”两方面的问题。

（一）“亲”而不“清”，“亲亲热热”的“政商勾结”

少数不法官员，理想信念丧失，错把公权当私权，拿党和人民赋予的公权力牟取私利，在行使行政审批权、工程建设、土地使用权转让等过程中，吃拿卡要，以权谋私，用权力当筹码，搞权钱交易、权色交易，中饱私囊、贪图享受。一些不法商人不谋主业、不谋发展，专研歪门邪道，处心积虑“围猎”党员干部，拉拢腐蚀不择手段，花样层出不穷。主要表现为一些官员与商人交往中不分彼此、称兄道弟，“利益捆绑”“勾肩搭背”，结成利益共同体，在见不得光的交易中各取所需，寻求利益的平衡点，形成了异化的所谓“亲亲热热”的政商关系。这样的关系破坏市场经济的公平竞争秩序，阻碍社会经济的发展，损害国家及公众利益，导致国有资产的流失，诱发腐败，严重腐蚀党员干部队伍，对地方政治生态造成严重破坏，甚至引发社会矛盾。

（二）“清”而不“亲”，“清清白白”的“为官不为”

在中央反腐高压态势下，“不敢腐”的目标初步实现，腐败蔓延势头得到有效遏制，但庸政、懒政、怠政开始出现抬头甚至蔓延。有的干部求稳怕乱，规避风险“做样子”，空喊口号，不见行动“唱调子”，安于现状，庸碌无为“混日子”，回避矛盾，遇到问题“绕弯子”，不能担当，急难险重“撂挑子”，掩盖问题，欺上瞒下“捂盖子”，甘做“孙连成”式的干部。这样的官员对企业的发展漠不关心，不能想企业所想，急企业所急，对企业家避而不见，抱着多一事不如少一事的心理，能躲就躲、能避就避，搞软拒绝，慵懒懈怠，形成所谓“清清白白”的政商关系。主要表现为因能力不足而“不能为”，因动力不足而“不想为”和怕出事的“不敢为”。这样的关系表面上会导致企业家遇到困难不愿去找政府，政府官员对待企业家也是退避三舍，刻意远离，实际上会挫伤商人投资创业的积极性，损害企业利益，贻失发展良机，对整个县域的经济发展造成无法挽回的损失，同时也会造成政治生态的恶化，形成不健康的官场文化，降低行政效能，最终影响本地区的改革发展大局。

三、构建“亲、清”新型政商关系的几点建议

领导干部“亲”的应该是“民营企业”，“清”的是“民营企业家”。反之，如果领导干部“亲”的是企业主，“清”的是企业，混淆了界限，颠倒了对象，则必然会扭曲政商关系，终将逾越公与私的界限、纪与法的红线，或将企业拒之门外，阻碍发展。

构建亲清新型政商关系要做好以下几点：

（一）加强诚信守法教育

1. 加强政治引领。引导广大企业家树牢“四个意识”、坚定“四个自信”、做到“两个维护”，不断提高思想道德素养，坚守中国特色社会主义共同理想和正确的义利观。加强对优秀企业家的宣传，激励和保护企业家精神，弘扬劳模精神和工匠精神，推荐评选各级劳模、先进人物时适当向非公企业倾斜。

2. 加强党建工作。建立健全非公企业基层党组织，推动非公有制企业党的组织覆盖和党的工作覆盖，加强企业党员队伍建设，注重抓好在企业中发展党员工作，充分发挥企业党组织的战斗堡垒作用和党员的先锋模范作用。注重发挥工商联组织作用，合力推进非公有制企业健康发展。

3. 建立失廉惩戒机制。对市场经济活动中有行贿记录的企业，依法依规限制其有关经济活动，对不廉洁企业或有行贿记录的非公有制企业负责人，在相关规定期限内不得授予政治荣誉或给予政治安排。

（二）完善政商联系沟通机制

1. 畅通政商沟通协商渠道。建立党委、政府与非公企业联系制度，每半年至少召开 1 次座谈会，通报经济运行情况，听取有关企业和商会意见建议，研究解决企业发展中的重大问题。邀请企业家和商会负责人代表参加党委、政府有关经济工作会议。注重加强与企业的沟通，制定涉及企业及其经营者重大利益的政府规章及规范性文件，作出涉及企业及其经营者重大利益的决策，采取听证会、座谈会等方式，充分听取有关企业和商会的意见。

2. 落实领导干部联系非公企业制度。县四套班子领导成员与服务管理企业密切相关的职能部门主要负责人，每人至少要联系 1 至 2 家非公有制企业。不光要做好政策宣传落实工作，了解生产经营情况，还要帮助解决实际问题，为企业出谋划策，招商引资。

3. 打造服务企业新平台。建立政商联系沟通服务平台，梳理党委、政府及各部门支持企业发展的相关政策，在符合相关规定前提下统一进行发布。依托该平台，受理和解决企业诉求，限时办理，及时反馈，跟踪督促问效。各相关职能部门要设立政策联络员，负责做好对企业的政策沟通和解释，确保各项政策宣传解读到位。

（三）提升服务非公企业水平

1. 深化政务服务改革。深入推进放管服改革，削减行政审批事项，简化优化办事流程，做实“只进一扇门”“最多跑一次”等便民服务，当好为企业服务的“店小二”。大力发展“互联网 + 政务服务”，增强政务服务透明度，打造“审批事项少、办事效率高、服务质量优、企业获得感强”的一流营商环境。

2. 依法保护企业和企业家合法权益。全面推行涉企行政执法公示制度、执法全过程记录制度、重大执法决定法制审核制度，促进行政执法公开透明、合法规范。依法打击侵害企业合法权益和企业经营者人身、财产权利的各种违法犯罪行为，保证企业依法平等使用生产要素、公平参与市场竞争、同等受到法律保护。进一步破解涉企案件执行难问题。强化对涉及企业及其经营者诉讼活动的法律监督。鼓励支持工商联和商会依法维护会员合法权益，积极开展法律援助活动。

3. 完善营商环境评价考核机制。开展“非公企业评议政府部门”工作，每年在年度综合考核时，统一组织非公企业进行抽样调查，开展社会评价，评议结果要作为部门和单位年度工作考核的重要内容。进一步推动政府部门转变作风、改善服务、提高效能。

4. 推动政策落地落实。认真贯彻促进非公企业发展的有关法律法规和政策文件，细化相关配套措施，抓好政策落实的督查工作。各级党委、政府要建立涉企政策落实情况第三方评估制度，强化对政策落实情况的监督。

5. 降低企业成本和负担。依法依规清理和规范涉企收费，完善收费目录清单制度，切实减少涉企收费。加大审计、督查力度，坚决取消机关事业单位不合理收费，防止重复收费，让非公企业“宁静”生产经营。

6. 鼓励支持商会建设。落实中央有关部署和省、市、县工作要求，加强工商联所属商会建设，改进商会管理服务，规范商会自身建设，发挥商会职能作用。

（四）规范党政机关服务行为

1. 教育警醒广大党员干部必须心有所惧，坚守政治底线、法纪底线、原则底线和道德底线，修清正廉洁之气、兴干事创业之风。强化党员干部理想信念教育，补足精神之“钙”，树立正确的权力观、价值观，自觉遵守党规党纪，养成廉洁从政和艰苦奋斗的作风，坚持把“清廉为官、事业有为”作为自觉追求和价值取向。不断加强警示教育，深刻剖析已查处的典型案件，发挥反面教育作用，用身边事教育身边人，不断提高党员干部的党性修养，筑牢自觉抵制拜金主义、享乐主义的思想堤坝，培养领导干部甘当公仆、主动作为的为民情怀。

2. 党政机关及其公职人员要加强同企业和企业家的接触交往。在依规依纪依法，守住底线、不踩红线、不碰高压线的前提下，公职人员要大胆开展工作，积极与企业和企业家接触交往，主动热情搞好服务。经批准，可参加或组织以下活动：为了解行业发展状况、听取意见建议，参加商会或企业举办的座谈会、茶话会、年会等活动；参加商会组织的旨在推动企业发展壮大的外出考察调研活动；组织商会或企业参加旨在推广企业产品或服务的展销会、推进会等经贸交流活动；组织企业相关人员参加政策宣传、产业提升、人才培养和推广应用新技术、新模式等培训活动；上门服务企业或开展调研，确需企业提供用餐的，可按照员工就餐标准在企业食堂安排工作餐；邀请企业界人士就事关地方经济、企业发展重要工作进行调研和商议时，为加强沟通、提高效率、节约时间，可按照公务接待标准安排公务用餐；其他符合有关规定的活动。参加或组织上述活动，要遵守住宿、交通、就餐等公务管理有关规定，不得向企业转嫁应由所在单位承担的费用支出。

3. 落实容错纠错机制。认真落实支持民营企业发展的各项工作机制，健全完善政商交往中的容错纠错机制，列出政商交往的“正面清单”和“负面清单”，划出“安全区”，营造支持改革、宽容失败、鼓励担当的良好氛围。

（五）加大惩治问责力度

1. 强化责任担当，从严查处“为官不为”。强化作风建设，促进作风整顿规范化、常态化、长效化。对执行党纪政令打折扣、做选择、搞变通的，守摊子、混日子，工作不担当的，谋人不谋事，结小圈子的，解决企业和群众实际困难推诿拖拉、态度生硬，不尽责的一律严肃问责。开展解放思想、转变作风专题研讨活动，引导党员干部认清形势、坚定信心、主动作为。对为官不为者，坚决打板子、挪位置、摘帽子。出台支持保护干部履职担当干事创业容错纠错相关办法，坚持细化目标考核评价体系，作风效能考核细则等，完善“能上能下”的选人用人机制，旗帜鲜明地为改革者鼓劲、为实干者撑腰。营造争先进位的工作氛围，让千方百计为企业谋发展，出点子想路子，甘做企业发展“垫脚石”的干部有机会、有平台，以干事创业的清风涤荡“为官不为”的浊气。

2. 加大问责力度，坚决遏制“官商勾结”。坚持惩治腐败力度不减，“零容忍”的态度不变，保持压倒性态势决绝不松劲，进一步强化“不敢腐”的氛围。加强对反腐败工作的统一领导，充分发挥反腐败协调机构的作用，对以权谋私、贪污腐化、官商勾结等问题，严格落实“一案双查”，既追究当事人责任，也追究相关领导责任以及监管部门责任，对典型问题坚决曝光，达到问责一个、震慑一批、教育一片的效果。突出执纪审查的重点，增强行政问责的针对性和可操作性，对不收敛不收手，问题线索反映集中、群众反映强烈，现在重要岗位且可能还要提拔使用的领导干部紧盯不放，对苗头性、倾向性问题要抓早抓小，坚决铲除“官商勾结”这个毒瘤，不断净化优化政府系统的政治生态，全面提升党要管党从严治党水平。

（六）引导企业家树立正确经营理念

积极引导民营企业家树立正确的经营理念，站在企业发展的战略高度来思考、谋划，树立“可持续经营”理念。要坚定不移地解放思想，以更加开放的心态，创新经营理念、创新实践、创新发展，实现从赚钱“靠关系”到“靠本领”的思维转变，主动建言、谋求发展、放眼长远、守住底线，恪守商德、诚信经营、洁身自好、遵纪守法、勇于奉献，走正道、守规矩，光明正大搞经营，一心一意求发展。

（本文获2019年山西省工商联系统优秀调研成果三等奖，作者系昔阳县工商联专职副主席）

大寨的特色小镇建设与旅游产业发展

吴建国

自20世纪80年代以来，在改革开放和市场经济发展的过程中，大寨这个曾经风光无限的先进典型陷入沉寂，逐渐被人遗忘。那么，曾经的老先进如何能够重新焕发青春，再显辉煌？这成了摆在我们面前的一项重要课题。近年来，特色小镇建设迅速在全国兴起，大寨也成了山西省三个入选城镇之一。充分利用发展特色小镇建设，重振大寨，发展昔阳是一个很好的发展契机。市级乃至省级都给予了大寨特色小镇建设高度的重视和各方面的支持。沉寂已久的大寨更加迫切地想要赶上特色小镇这趟“快车”，将大寨精神赋予新时代的含义，在社会主义现代化建设中实现自身的转型发展。

一、大寨的发展历程及现状

大寨是昔阳的宝贵人文旅游资源，近年来，县委政府明确提出了深挖和利用大寨的文化资源，利用大寨这块金字招牌来发展文化旅游业，提升文化旅游软实力，实现昔阳文化旅游的大发展、大繁荣的构想。大寨是中华名村，这里承载着时代变迁的印记。20世纪六七十年代，虎头山下的大寨人凭着一双手和两个箩筐不分昼夜地苦干，山坡造梯田，花去了十年的工夫，改造了大寨的七沟八梁一面坡，修成了亩产千斤的高产、稳产海绵田，在陈永贵同志的带领下开展了自力更生、艰苦奋斗建设家园的热潮。毛泽东对大寨精神非常重视，大寨精神在党和政府的号召下名扬天下，和大庆精神、雷锋精神、焦裕禄精神等时代精神一同成了激励着全国人民建设社会主义的重大精神力量。此后，受到了毛泽东主席、周恩来总理等老一辈无产阶级革命家的高度赞扬的这个小山村，成了众多中央领导、军界将领、社会名流及130多个国家政坛要人参观交流的地方，大寨村不仅是中国，甚至是全世界知名度最高的村庄，是一个时期全国农业建设的先进典范。这是大寨的巨大历史财富、文化财富、精神财富。

20世纪80年代，全国农村掀起了声势浩大的落实联产承包责任制改革浪潮，大寨也终于迈出了改革的步伐。从此，大寨也慢慢卷入了改革开放的潮流之中，时至今日，大寨这个经历了大起大落的村镇也逐渐地有了新时期的模样。

1. 农业产业优势突出，在改进中成长

大寨以农业闻名，历史传统影响深，“农业学大寨”成为一个时期每一个中国人都熟知的口号，是中国农业发展中的一面旗帜。目前，镇域产业仍以农业为主，农业仍占农村经济收入的半壁江山。近年来，大力发展特色农业、生态农业、观光农业，加快建设以中部粮食生产基地、规模养殖基地和核桃生产基地，建设了集农耕文化展示、

农业观光、无土栽培等精品种植等为一体的农耕文化园区，培育了大寨农业、鑫泰养殖、大寨酒业等农业产业化龙头企业，农业产业化发展态势初步形成。

2. 红色旅游业发展势头较好，农业观光旅游逐步拓展

大寨是山西省四大红色文化圣地之一。大寨凭借深厚的历史文化和宜人的生态环境入选了全国十佳避暑小镇。大寨村 80% 村民从事旅游产业，旅游带动村民收入达到人均 1.9 万元，是中国乡村旅游模范村，中国十大名村，中国传统古村落。大寨精神是发展大寨旅游的灵魂，具有唯一性和不可复制性，贯穿在旅游的方方面面。大寨景区是大寨镇的高品质旅游资源，被评为国家 4A 级旅游景区、全国农业休闲观光示范点和全省十佳红色旅游景区，成为昔阳对外交流的一张亮丽名片。近年来，大寨镇以红色文化为龙头，结合虎头山森林公园、现代农业园和汽车文化主题园形成“三园联动”的大寨旅游新格局。红叶文化旅游节、石马寺古庙会文化旅游节等丰富了大寨的旅游内容，提高了大寨品牌的知名度。大寨镇整体的旅游要素内容越来越丰富、质量水平也有所提高。立足资源优势，多年来，大寨镇都把发展文化旅游业作为一项朝阳产业，作为调整产业结构的突破口。

3. 大寨品牌初具规模，带动了旅游产业的融合发展

山西大寨集团目前有大寨森林公园、大寨羊毛衫有限责任公司、大寨旅游开发有限责任公司等 5 家控股企业，形成大寨核桃露、大寨牌羊毛衫、大寨衬衫、大寨醋、大寨黄金饼、大寨酒等 40 多种“大寨”品牌系列旅游产品，有 29 大类 190 件注册商标，销售收入达到 10.36 亿。大寨农耕文化产业园，以中国农耕历史为背景，华夏家族变迁为主线、时间为视角，运用民间艺术与现代高科技手段相结合，打造成为集古近代农耕文化展示，现代农业生产生活，青少年文化科普，农产品销售及休闲度假，农业观光旅游为一体的功能化、产业化的现代农业示范园和旅游风景区。

二、大寨特色小镇建设与旅游发展的目标定位

（一）镇区用地空间发展的规划目标

大寨特色小镇空间用地的规划目标是打造山地宜居宜业宜游——全国著名红色小镇。其中空间结构要建设以道路为取向的集中组团式城镇空间布局，城镇空间向沿大寨旅游路发展，形成高品质山地园林城镇；公共设施要规划形成分级完善、布局合理、设施水平优良的人性化公共服务设施体系，打造高品质人居环境；绿化环境将按照生态优先的原则，构筑城镇生态绿地系统的空间结构，结合梯田，构筑组团间的绿化隔离带，彰显山地特色绿化环境；道路交通方面，形成良好有序的城镇道路交通系统，打造高品质的道路环境，建设与镇区整体发展需要相适应的镇区道路交通系统。

（二）小镇建设的产业发展定位

区域产业发展定位既是对本镇未来发展可能承担的最重要的职能的确切表达，也

是对区域自身战略地位的规划。综合考虑大寨镇经济发展阶段、资源与区位优势、产业市场条件等区域发展背景，通过大寨在昔阳县及区域范围内的产业比较优势分析，将大寨镇定位为全国知名的农旅红色小镇，昔阳县旅游组织中心和旅游发展桥头堡。

根据上述功能定位，镇域产业发展定位为以“大寨”品牌为引领，红色文化为主线，绿色农业为载体，三产业融合，集农业、休闲、教育、文化、生态等功能为一体的农业旅游产业集群。其产业发展目标为通过三年提升建设，到2020年建成主导产业链条完整、业态丰富、创新创业活跃，能够较强带动相关产业发展和周边农村劳动力就业的红色文化旅游与绿色农业融合发展的农业旅游产业集群，成为全国知名的农旅红色小镇，太行山区现代旱作农业示范镇，山西省旅游强镇和昔阳县旅游发展的桥头堡。

（三）小镇建设的旅游发展定位

总体定位：“大寨农谷特色小城镇”“农业景观旅游地”。

形象定位：“忆火红年代，游大寨农谷”。

产品定位：以大寨红色文化为核心，融汇农业生态景观、美丽多村的多产业集群。

功能定位：集大寨红色旅游、农业产业链、生态休闲、研学教育为一体的旅游目的地。

市场定位：对“大寨精神”文化有感情、消费能力较强和距离上有优势的人群为主要客源市场。

构建“一心、三区、多节点”的空间规划布局：

“一心”即大寨农谷特色旅游小镇。“大寨农谷”是对大寨文化的精炼、提纯，将大寨特色产品、特色产业提纯到一定范围，围绕农业重新提炼的主题。农谷中涵盖了红色文化、农业生产、研究基地、美丽乡村、生态农业等多元内容，是对大寨资源的重新认识和主题发展，是大寨镇域中的主要旅游区和中国农业的旅游示范区。

“三区”主要有：一是“大寨红旗”文化保护区。位于大寨农谷北部，是旅游的重要组成部分，涵盖了11个大寨文化村。传承和弘扬大寨精神，寻求旅游发展的切入点，大寨田的激活再现与提升至关重要，重塑大寨田，将大寨田赋予新的时代内涵，再现大寨田景观，焕发大寨田的价值。二是美丽乡村连片区。深入挖掘当地的历史文化，依托传统的建筑风貌和周围的田园风光，完善旅游服务设施，打造美丽乡村连片区，延伸旅游产业、休闲产业等关联产业。重点展示特色乡村文化，带动农村的发展活力，促进农民增收，为游客提供完善的旅游接待和丰富的乡村生活体验。三是大寨生态示范园区。以潘掌村为核心的潘掌生态园，目前产品形态初具规模，重点对该区域进行提质增效。规划依托良好的植被条件和清凉的小气候环境，因地制宜发展绿色农业，将生态自然景观与农业景观有机结合起来，打造集休闲娱乐为一体的生态旅游精品区。

“多节点”主要包括：核心区的大寨、虎头山、狼窝掌等节点，“大寨红旗”文化保护区的龙凤坡、蒙山、河南等大寨文化村落节点，大寨生态示范园区的潘掌生态园等，以及石马寺、郭庄水库、汽车文化主题公园、杨家坡水库、杜庄烽火台等等。

三、大寨特色小镇建设与旅游产业发展面临的问题与挑战

（一）主导产业链不完善，农业亟待拓展

大寨农业是传统优势，在三大产业中所占比重也最高，但农业功能单一，没有充分发挥“农业学大寨”时期的旱作高产田和灌溉设施的优势，现代农业功能零散，缺乏主线，创新不足。大寨镇休闲农业的发展模式和经营主体单一，休闲农业项目单一，产业链短，以观光性质为主，面积小，季节性强，缺少对于20世纪五六十年代的农耕旱作模式更深层次的挖掘，未待完善的基础配套设施不能为游客提供充分的生活体验，导致消费者的需求得不到满足。例如虎头山上的百亩采摘园在2015年国庆期间虽然已向游人开放，但是相关的配套设施并没有完善，至今县域民众对其知之甚少。

（二）龙头企业带动作用不够，特色品牌优势尚未转化为特色旅游产品优势

大寨集团、大寨旅游开发有限公司、德兴隆酒业、华通农业科技园、大寨制衣厂等企业是大寨镇的主要企业，但企业间缺乏联系，产品零散，未能形成产业合力，对当地就业的带动能力也较弱。“大寨”品牌知名度高，但产品知名度并不高，缺乏具有省内或国内市场影响力的产品。大寨酒、大寨醋、大寨黄金饼等当地农产品加工品牌的市场也大部分在当地，知名度低。例如：大寨核桃露。大寨核桃露是有一定市场影响力的，但大寨核桃露企业驻地和产地都不在大寨镇，而位于阳泉市盂县。这不论对于昔阳县县域经济的拉动还是大寨品牌的打造来说，其影响都是杯水车薪。

（三）旅游链条环节缺失，急需提质增效

由于客观原因，大寨镇仍然没有完全摆脱传统农业大镇的影子，历史包袱较重，停留在原有大寨品牌的塑造上，并没有随着时代的发展对大寨有新的定位。同时，对大寨镇域内旅游资源认识不足，发展定位不准，产品塑造不足。虽有一个4A级景区虎头山森林公园，整体来讲，旅游资源未得到有效的开发利用，十几年如一日，且创新不足。旅游项目单一且空间用地浪费，配套设施不全面，特色资源一般化发展，与国内旅游发展不同步，资源利用不平衡。旅游宣传欠缺，市场影响力和占有率有限。大寨的知名度与其在我国旅游业中的地位不匹配，没有发挥较强的辐射带动作用。旅游缺乏整体的科学规划，资金投入不足，没有形成具有吸引力的旅游核心和附加值较高的旅游消费链。大寨村是镇区所在地，建筑的保护和整改工作不到位，且建设用地已趋于饱和，大寨村的空间会随着转型建设而出现承载能力不足、功能服务不配套的问题，制约大寨镇未来的建设。

四、大寨特色小镇建设与旅游发展的社会基础

（一）根据中央的有关政策精神，地方政府结合本地实际也出台了一系列的文件，

指出要统筹推进特色小镇建设。山西省人民政府鼓励有条件的地区规划建设特色小镇，继续实施“大县城战略”推进产城融合，建设一批特色城镇。昔阳县2017年政府工作报告提出，要加速推进特色小镇，紧抓大寨特色小镇发展机遇，力争到2020年建成文化特色鲜明、产业布局合理、宜居宜商宜游的综合性特色镇。

（二）大寨村历史发展奠定的经济社会基础

1. 镇域经济增长稳定，城乡差距相对较大

大寨全镇有57个行政村，14个自然村，15451户，35431人。镇域总面积186平方公里，耕地2397.6公顷，林地10108.56公顷，森林覆盖率为14.39%，林草绿化率为35.12%。镇区现状建成面积约为0.6平方公里，人口约为2767人。

从经济方面来看，镇域GDP为11800万元，占昔阳县的21.8%；公共财政收入达到3153万元，其中本级公共财政收入616万元，上级补贴2537万元；城镇居民人均纯收入为31454元，农村居民人均纯收入是6802元，城乡差距较大。

2. 区位条件优越，交通联系便利

大寨位于太原都市圈、石家庄两小时交通圈内，交通区位优势较为明显。同时位于阳泉城镇群经济辐射圈内，紧邻太石经济发展轴，其经济发展潜力优势明显。大寨目前的对外交通通道主要有207国道、阳涉铁路、阳左高速。从区位来看，方便大寨与这两个区域中心城市联系，并且保证旅游线路的通畅。区域现状主要交通网络为太旧高速、天黎高速及207国道。“十三五”时期将完成榆衡高速公路昔阳至衡水段，高速公路建成将打通与河北的联系，有效解决昔阳（大寨）东西方向的交通闭塞问题；同时阳大铁路的修建，将改变大寨及昔阳无铁路交通的历史。以公路交通、铁路交通为主导的交通条件的改善，为旅游业和农业现代化发展提供了较为良好的支撑条件。

3. 小城镇人口产业集聚基础较好，设施保障和社会服务业相对优良

大寨镇的发展多年来走在山西省小城镇的前列，拥有全国重点镇、全国特色景观旅游名镇、国家卫生乡镇、省级重点镇、省级卫生乡镇、省级美丽宜居镇。其他称号：省级生态乡镇、省级文明乡镇、省级园林乡镇等称号，基础设施和社会事业发展水平相对较高。2015年末，自来水供水率为95%，自来水卫生达标率100%，生活垃圾无害化处理率达90%，生活污水达标排放率93%；具有污水处理设施的行政村比例为55%，垃圾得到有效治理的行政村比例为90%；街头小公园、绿地有41处；各类产业用地780公顷，镇区人均建设用地面积125平方米；教育方面，拥有小学7所，初中3所；医疗服务方面，拥有乙级甲等医院1所，养老服务设施12处；金融信息方面宽带入户率85%，银行（信用社）网点4个，大型连锁超市或商业中心3处；文化服务方面，文化活动中心场所54处，三星级标准以上酒店2家。这些基础设施均为未来发展第二、三产业提供了坚实的保障。

（三）大寨拥有的独特条件和优势资源

大寨的资源禀赋独特，区域品牌知名度高，其中当属品牌优势和文化优势最为突出。

1. 品牌优势

大寨曾经是全国农业战线的一面旗帜，据可靠资料显示，大寨村在 2016 年中国名村影响力 300 强中名列第四位，“大寨”品牌的知名度较高，对于大寨产业发展和旅游产品开拓市场具有无形的广告传播力和品牌营销效应。目前已有大寨核桃露、大寨醋、大寨黄金饼、大寨金鹿酒等 30 多种商品贯有“大寨”名称，其中大寨核桃露在一定程度上已成为中国核桃饮料市场的第一品牌。

2. 文化优势

大寨是红色文化旅游基地，山西省“五大红色教育”基地之一。大寨红色文化核心精神是“自力更生、艰苦奋斗”，当然这种精神在当今经济社会发展之中依旧拥有其独特的价值意义。“农业学大寨”遗存的红色文化资源成了大寨旅游产业发展的基础。大寨的农业发展模式曾经作为我国北方旱作农业的典型代表，通过植树造林、整修良田、修建蓄水池和盘山水渠等措施，实现了农业机械化、水利化。在虎头山上，一大批红色文化旅游景点贯穿其中，比如周恩来纪念亭、陈永贵墓地、郭沫若墓地、孙谦纪念地、大寨展览馆、陈永贵雕像等。除此之外，一大批反映当地民居特色的火车皮窑洞以及当年战天斗地留下来的梯田都保护得很好，依托着历史悠久的农耕文化、优美的虎头山风光以及淳朴的民风民俗，大寨休闲农业资源得天独厚。

五、促进特色小镇建设与旅游产业发展的策略

大寨发展旅游不能背历史包袱，要展望未来，大寨红旗是历史阶段艰苦奋斗的红旗、中国人战天斗地的红旗，是特殊时代农业改天换地的历史，只停留在传承层面难以转变成产业，因此要以“大寨农谷”形象对大寨特色资源进行包装，不仅要激活再现大寨田风貌，也要延伸发展相关产业。

1. 做好做强大寨旅游品牌

“农业学大寨”的名声大，大寨的名气大，是人们认识、了解这个城镇的第一印象。高品质旅游资源的集聚是发展旅游的依托，充分挖掘当地的红色资源，设计包装形成具有特色的旅游产品，重新塑造大寨旅游品牌，摆脱历史包袱，真正做好大寨的旅游品牌。远期依托品牌效应、交通优势、地标性产品拓展中远程游客。

2. 做精旅游产品及路线

精准定位，开发具有针对性的产品和特色线路，实现差异化发展。通过对大寨旅游市场的详细调研，弄清目标群体的喜好，针对不同的市场推出相应的旅游产品和旅游路线，从而达到满足不同游客消费需求的目的，避免与周边旅游产品的直接竞争。

与周边的高品质旅游资源强强联合，将大寨纳入知名度较高的经典旅游线路中。

3. 接待能力的提质增效

通过强化服务质量和提升配套要素质量，从软实力和硬件设施上做好旅游接待。高质量的服务和设施供给既能保证旅游区的旅游秩序和可持续发展，又有助于提高顾客的满意度和对旅游区的品牌传播，是发展旅游的基本任务和拓展市场的前提条件。

4. 融入旅游市场创意营销

加强合作，与县域和市域比较成熟的旅游基地相结合，逐步增强自身的影响力。加大营销力度，通过使用创意较强、耳目一新的主题口号和标志，多方式、多途径宣传，树立旅游区的整体形象，加深大寨在游客心中的印象。

（本文获2019年晋中市统战理论研究优秀成果优秀奖，作者系昔阳县统计局副局长）

加大专业合作社扶持力度
进一步提升全县农业产业化经营水平

李 鹏

农业产业化经营的关键是农民专业合作社的带动，而连接农户与市场、农户与企业、农户与政府的有效中介和纽带是农民专业合作社。集中力量抓好全县农民专业合作社发展有其特殊的意义。

一、进一步强化合作社健康发展意识。农民专业合作社的创办，大前提是依托当地特色农产品资源优势，开发别具特色的产品，使优势资源、优势产业与合作社得到有机的结合。然而，我县合作社自身的科技含量、精深加工能力、产品档次、市场竞争力、现代合作社经营管理水平、资本运营水平、盈利水平等都还不高，其经营理念、经营行为和管理方式仍未完全向现代市场经济转变，在一定程度上制约着企业的进一步发展。为此，今后要加强对合作社负责人的素质培训教育，引导他们树立现代合作社经营理念，同时在对合作社扶持中一定要严格把关，把有限的资金投入有发展前途、辐射带动能力强的合作社。

二、多形式创办合作社，不断壮大实力。培育有竞争优势和带动能力的合作社，是发展农业产业化经营的关键。目前，我县农业产业化经营还处于初期阶段，现有合作社不论在数量和规模上，还不能满足千家万户发展市场农业的需要。因此政府要通过民间、个人和组织创办，乡村集体组织创办，引进外资创办等多种渠道来培育和壮大合作社。着眼发展起点高、效益好、带动能力强的合作社，引导合作社对现有加工能力进行技术改造和产品升级，提高农产品加工的精度和深度，致力开拓市场，占领市场。

三、加大资金投入，扩大合作社规模。资金和信贷等政策是农业合作社关注的焦点。金融部门要把扶持农业合作社作为信贷支农的重点，加大资金投放力度，在资金上向农业合作社倾斜。着重解决农业合作社农产品收购环节流动资金不足，并考虑行业特点，适当放宽担保抵押条件，切实解决农业合作社季节性收购资金紧张难题，并在贷款利率上适当优惠。

四、支持合作社基地建设，提高带动农户能力。农产品生产基地是农业合作社发展的基础。政府要结合我县资源优势，把加强农产品基地建设，改善生产环境作为财政支农的重点，加强农业基础设施建设，为合作社建立生产基地提供基础条件。积极探索有偿转让、转包、返租倒包等多种形式，加快土地经营流转机制的形成。把扶持农业合作社的扶持措施逐步转向对建设基地的支持上，对合作社建立一定规模以上的农产品原料基地予以补助和奖励。

五、推动合作社加快科技创新，提高市场竞争能力。合作社的竞争很大程度上表现为科技竞争。政府要发挥合作社在科技创新中的主体作用，积极探索农业合作社开展科技创新的有效途径。鼓励有技术、懂管理的机关干部进入合作社或自办农业科技服务组织，成为科技创业的生力军。加大对农业合作社科技创新的扶持力度，从技改贴息、科技创新补助、税收减免等方面予以倾斜和扶持。重点加快培育农业高科技合作社、外向型农业合作社发展，制定扶持措施，明确认定标准，设立发展基金，进行集中扶持，不断增强农业合作社的市场竞争力。

六、加大宣传培训力度，进一步提高合作意识。发展农民专业合作社，基础工作就是要宣传合作思想，培养合作意识。政府要加强对农村基层干部和合作社带头人的培训，使农村基层干部充分认识合作社的重大意义和作用，使农村干部、农民经纪人、专业大户带头领办、创办合作社，依法引导和促进专业合作社规范健康发展。农业、林业、畜牧等部门要开展送科技下乡服务，尽可能地为合作社提供技术支持，提高合作社的发展水平。

七、坚持正确发展导向，加强合作社规范管理。合作社的发展水平和规模决定因素是当地的生产力发展水平。政府要把这项事业的兴起、发展看作是一个长期工程，从实际出发，循序渐进，切忌一哄而起，违背农民意愿，人为地超越合作社的发展进程，违背合作社发展的自身规律。要坚持一边发展合作社，一边帮助其建立健全内部管理制度，使其逐步走向规范，成为带领农民走向市场，发家致富的重要组织。

八、转变扶持方式，实现政府、银行、合作社有效对接。目前，我县农民合作社发展还比较脆弱，财政资金扶持很有限，只能起到提高农民办社积极性的作用，对合作社的发展起不到真正的扶持作用；金融部门的贷款条件高，即使贷到款，利息也很高，合作社很难得到金融部门的资金支持。这就需要政府与金融部门以及合作社共同努力寻找融接点，实行金融部门给予资金支持，促进农民专业合作社的快速健康发展。

（本文获2019年晋中市统战理论研究优秀成果优秀奖，作者系昔阳县工商联秘书长）

一颗红心归民进　满腔热血践初心

赵建国

滚滚长江奔流不息，日月星辰周而复始。中国民主促进会1945年成立至今，已走过风雨七十五周年。老一辈志士先贤已远去尘封，新一代会员不忘与中国共产党合作初心，依然在砥砺前行。昔阳民进支部副主委史董平，虽年逾花甲，但其爱国之心，报国之志恰如这深秋之红叶，绵延不断，漫山红遍。

他医德高尚，身先士卒

年幼时，在其父亲耳濡目染下，深深懂得患者之痛，患者之困，一颗慈悲大爱之心从此萌发。工作后，便开始全身心投入治病救人。2003年那突如其来的“非典”，让人闻之色变，避之不及。可史董平面对危险，毅然选择了向前。他积极投身一线，抗击非典，被评为抗击非典优秀会员。2020年“新冠”又肆虐江汉遍及全国，这时身患高血压、糖尿病的史董平，不能亲赴前线，但他一如既往坚守工作岗位，毫不松懈。疫情蔓延，形势紧迫，抗疫物资短缺时，他慷慨解囊，为前线白衣战士送去一份安全。

他热爱自然，倡导环保

从小在绿水青山间度过童年的史董平，工作后，面对家乡乱砍滥伐，私挖乱采。他忧心忡忡，多次向政府建言，保护环境。为了让社会更关注，让群众有觉悟，他积极组织会员，多方筹措资金，协调各方力量，在昔阳县瓮山景区开辟了“民进林”。通过媒体，大力宣传绿水青山的重要，提高人民群众的环保意识。每年组织会员去植树、锄草、浇水、修剪，一片生机盎然，郁郁葱葱的果木林日渐长成。可天有不测风云，意想不到总在发生。一天，有人汇报说“民进林”部分果木树被人偷窃，史董平立马驱车奔赴瓮山，面对树去地空的场景，当下晕厥，双目暂时失明。

他参政议政，心系苍生

在形势复杂，矛盾不断涌现的今天。史董平深入基层，走进群众，及时体察民情，化解矛盾。随着城镇化步伐的加快，农村青壮年进城定居和农村医疗体制改革的不完善，乡下百姓“看病难、看病贵”的问题日渐凸显。他经过深思熟虑，果断向主委建言：民进牵头，下乡义诊。要弥补乡下医疗条件的不足，化解群众与政府的矛盾，确保百姓健康，维持一方和谐与稳定。2008年至今，他带领民进会员，无惧风雨，无惧艰险，深入僻野乡村，为留守老人问诊把脉，开方抓药，使昔阳民进受到了省、市、县各级领导的充分肯定和高度赞扬。

他甘当绿叶，乐于奉献

十几年来，昔阳民进从筚路蓝缕，走到今天的欣欣向荣，一年一个台阶，受到民进中央连年表彰。其间，离不开史董平的默默付出。昔阳民进主委崔海军曾说："我实事求是地告诉大家，如果支部没有史董平同志，就没有我们昔阳民进支部的今天！"尽管如此，史董平仍然践行一名民进会员的职责，做崔主委忠诚的参谋者和支持者，从不居功自傲，从不脱离群众。他教育年轻会员：要时刻牢记自己是一名中国民主促进会会员，不说有损祖国的话，不做有损国家的事，和中国共产党精诚团结，为民请愿，为党建言，不负组织，永不叛国。

昔阳民进在史董平的积极配合和周密策划下，由群众眼里的乌合之众，变成了百姓点赞的民主人士，变成了政府高度认可的参政议政党派，变成了人人想加入的社会组织。他无愧于中国民主促进会，无愧于这个伟大的时代，无愧于这个伟大的祖国。他始终以"立会为公"为初心，无私奉献，尽职尽责；他始终以爱国为民为己任，胸怀天下，克己奉公；他始终以言传身教为宗旨，言为士则，行为世范。他就是这样一位德高望重，竭忠尽智的民进人。

（本文获2020年中国民主促进会成立75周年——民进情缘征文一等奖，作者系昔阳民进支部秘书长）

营造新型政商关系 增强年轻一代非公有制经济人士政治认同

张 伟

非公有制经济是我国社会主义市场经济的重要组成部分，年轻一代非公有制经济人士作为一个新的社会阶层，是建设中国特色社会主义的一支重要力量。在2015年5月的中央统战工作会议上，习近平总书记明确指出："促进非公有制经济健康发展和非公有制经济人士健康成长，要坚持团结、服务、引导、教育方针"，"引导非公有制经济人士特别是年轻一代致富思源，富而思进，做到爱国、敬业、创新、守法、诚信、贡献"。在此次会议上，"年轻一代"的提法格外引人注目。因此，准确解读"年轻一代非公有制经济人士"内涵，了解其政治认同情况，做好他们的意识形态引导工作，培育他们健康成长为合格的中国特色社会主义事业建设者，是新时代统一战线工作的重要研究方向重要发力点。

一、年轻一代非公有制经济人士是中国特色社会主义事业的建设者

（一）民营经济是中国特色社会主义事业的重要组成部分

改革开放40年，也是中国民营企业发展40年。40余年来，中国经济增长创造了人类经济史上不曾有过的奇迹。在社会主义市场经济条件下，民营企业从无到有，从小到大，不断发展壮大成为最主要的动力之一，在中国成长为世界第二大经济体的伟大成就中做出了杰出贡献。

1. 民营企业税收贡献超50%，民营企业是政府税收和国家财力的最大贡献者。1985年，全国工商税收中，全民所有制占比71.7%，集体所有制占比24.1%，个体经济仅占3.0%；2019年1—7月，民营企业税收占比56.9%。

2. 民间投资占比超60%，制造业投资中占比超85%，民营企业是投资的最大推动力。1980年，全社会固定资产投资中，国有经济占比81.9%，集体经济占比5.0%，个体经济占比13.1%。2019年，民间固定资产投资占比60.3%，在制造业投资中占比更达到85%以上。

3. 民营企业发明专利占比超75%，民营企业是中国科技创新的主力军。2000—2017年，中国规模以上工业企业专利申请数、发明专利申请数和有效发明专利数分别由2.62万、0.80万和1.53万件快速上升至81.70万、32.06万和93.40万件。2017年，民营企业专利申请数占比77.8%，发明专利申请数占比77.4%，有效发明专利数占比75.8%。

4. 民营企业就业存量占比近80%，增量占比超100%，民营企业是城镇就业的

最大保障。1978 年城镇就业人数 9514 万人，其中国有单位和城镇集体单位分别为 7451 万人和 2048 万人，而个体经济仅有 15 万人，占比 0.16%。2017 年城镇就业人数 42462 万人，其中私营企业和个体经济占比 53.4%，全部民营企业占比近 80%，增量占比更是超过 100%。

5. 民营企业数量占比超 95%，民营企业是中国经济微观基础的最大主体。1978 年，全国个体工商户只有 15 万户，没有私营企业；2017 年，个体工商户增长至 6579.37 万户，私营企业增长至 2726.28 万户。2017 年，全国企业法人单位数为 1809.77 万个，民营控股企业占比 97.0%。

2018 年 9 月，李克强总理在浙江台州主持召开座谈会，听取企业家关于实体经济发展的意见建议。他明确指出：我国的基本经济制度以及社会主义市场经济早已写入宪法，必须坚持“两个毫不动摇”，对各类所有制企业一视同仁，这一点绝不会有任何变化。民营经济和国有经济一样，都是社会主义市场经济的重要组成部分。民营经济的管理者、经营者和生产者，都是中国特色社会主义的建设者。

（二）年轻一代非公有制经济人士是民营经济发展的继任者

2005 年，中央统战部发布《关于规范使用统一战线中若干重要称谓的意见（试行）的通知》，对“非公有制经济人士”进行了界定，指出“在泛指个体工商户、私营企业主、股份制公司中的自然人股东等非公有制经济人士群体时，宜用‘非公有制经济人士’称谓”。据此，“非公有制经济人士”主要是指个体工商户、私营企业主、股份制公司中的自然人股东这三类人士，一般不包括外国投资者、港澳台侨胞投资者。而对于“非公有制经济人士”，我们通常认为在改革开放初期下海创业经商的人是“创一代”，他们多数出生在 20 世纪五六十年代，年龄处于 55 岁至 70 岁，由于年龄、身体等原因正在退出企业经营管理的第一线。那么，按照 30 年左右为一代来计算，“年轻一代”主要是指出生在 20 世纪八九十年代的新生代“非公有制经济人士”群体，他们主要是已经继承或正在继承家庭企业的接班人及新的创业者。相对于他们的父辈而言，可以称他们为“年轻一代”。具体来说，“年轻一代”主要是指年龄在 45 岁以下（这一界定也与联合国教科文组织对于“青年”的界定相符合），出生在 20 世纪 70 年代以后的“非公有制经济人士”。从财富类型看，年轻一代非公有制经济人士主要由两部分组成，一为继承型的个体、私营企业接班人；二为自主创业型的青年创业者。

早在 2013 年 3 月，习近平总书记在十二届人大一次会议上就提出：“一切非公有制经济人士和其他新的社会阶层人士，要发扬劳动创造精神和创业精神，回馈社会，造福人民，做合格的中国特色社会主义事业的建设者”。当前，正是年轻一代非公有制经济人士接班上岗、继承社会财富的重要时期，他们也已经成为中国经济发展主流舞台的一股重要新生力量。因此，加强对“年轻一代”的教育、培养和引领，在非公企业的代际传承中，促进“富二代”向“创二代”转变，是事关国民经济发展后劲、扩大我们党的执政基础和增强新时代中国特色社会主义事业力量的大事。

二、年轻一代非公有制经济人士政治认同现状及其成因

习近平总书记强调，人心向背、力量对比是决定党和人民事业成败的关键，是我们党治国理政必须花大心思、下大气力解决好的重大战略问题。当前，随着经济社会文化的全球化、市场化，人们的思想和思维方式不断呈现出新的变化，对于身处市场经济浪潮中的非公有制经济人士来说，很容易受到西方资产阶级意识形态的影响，在价值观上与社会主义主流意识形态有差距，这就需要党和政府加强对年轻一代非公有制经济人士意识形态教育，引导他们树立正确的世界观、人生观和价值观，进而增强其对国家的政治认同。就年轻一代非公有制经济人士而言，其政治认同情况有如下特点。

（一）社会经济发展决定了基本的政治共识

年轻一代非公有制经济人士出生、成长在改革开放新时期，普遍受过高等教育，拥有大学本科及以上学历，部分人有出国留学经历，尤其是当今多元化、碎片化为主要特征的微文化的存在与影响，生活方式多样、价值观念和价值取向多元，思想多变。改革开放 30 多年来，我国始终坚持以经济建设为中心不动摇，把发展作为第一要务，经济建设取得了举世瞩目的伟大成就。这一过程中，由于个体生活条件在成长过程中发生了肉眼可见的变化，他们对改革开放 30 多年取得的成绩普遍持肯定看法，对中国共产党领导全国人民开展的改革开放持赞同态度，这种认识在年轻一代非公有制经济人士群体中已经成为共识。他们的这种共识是基于其对我国改革开放以来党领导人民在经济、政治、文化、社会、生态等各个领域所取得的成就的认可，特别是在经济成就认可方面。在他们看来，改革开放解放了生产力，发展了生产力。改革开放不仅使非公有制经济得到了快速发展，也为年轻一代非公有制经济人士提供了广阔舞台，使他们更加积极地关心党的政策，更加关注国家大政方针。

（二）社会责任和政治参与意识不够积极

民营经济的发展不可能脱离市场规律，追逐利益最大化的本能使得年轻一代非公有制经济人士在成长过程中耳濡目染地受到了更多自由主义影响，对国家富强、企业发展与个人富裕之间内在关系的深层认识存在不足，社会舆论也为继承型的年轻一代非公有制经济人士更多地贴上了“富二代”的标签。在社会主义核心价值取向和经营理念的一致性追求上，年轻一代非公有制经济人士对“奉献社会”的责任感相对淡化，更加注重的是自身价值实现，需要更多的引导。同时，由于非公有制经济人士成分复杂，人员各有特点，思想差异大，年轻一代非公有制经济人士在政治参与上带有较明显的经济观照性，缺乏理念性的自觉参与。这种参与更多的还是从个体利益尤其是个体经济利益实现角度来考量，而不是基于一个公民所具有的公共理念与社会责任的自觉参与，诉求表达也带有个体性和分散性的特点。在表达自身利益诉求方面，社会公共价值理念不强，更多的是从企业“小我”出发，带有明显的利己主义倾向。

（三）年轻一代非公有制经济人士对政治参与有更高期望

当前民营企业在一定程度上依然遭遇显性或隐性的所有制歧视：一是思想上仍有些极左言论引发恐慌。改革开放已经40年，“民营经济离场”“新公私合营”等荒谬言论却依然能够引发社会广泛争论和民营企业家恐慌，表明计划经济落后观念尚未完全清除。二是政策上民营企业尚未获得完全公平公正的对待。国有企业与政府关系紧密，享受各种政策倾斜，例如政府采购和市场准入等，尤其是部分行业的行政性垄断。而像去产能、环保限产等政策，初衷都是好的，大方向也是对的，但在执行和度的把握上存在一定偏差，民企受到的冲击更大。三是融资上民营企业受到一定程度的所有制歧视。国有企业享受政府隐性担保，预算软约束使其具有大幅举债的投资冲动，金融机构也愿意为其提供充足且廉价的资金支持，对民营企业造成挤出。近期在金融去杠杆、信用扩张放缓的背景下，民企融资环境恶化。民营企业为国民经济贡献了巨大力量，却只占用了40%左右的信贷资源，与其经济贡献完全不匹配。

众所周知，年轻一代非公有制经济人士政治活动的核心体现就在于其权利，也就是围绕自身的利益、主张和要求进行一系列政治活动。他们对政治体系的认同，就在于政治体系能够为其带来基本利益。基于上述现状，年轻一代非公有制经济人士对国家的政治参与的期望比其他新的社会阶层人士更高。这一考虑是研究年轻一代非公有制经济人士政治认同问题的前提性因素。

三、增强年轻一代非公有制经济人士政治认同的主要路径

（一）发挥非公有制企业党组织的思想引导作用，加强意识形态教育，增强政治意识。当前，非公党建工作是夯实党的基础的重要环节，也是做好年轻一代非公有制经济人士思想政治工作的组织保障。一是要加强非公有制经济企业党组织的建设，在非公企业中实现党的组织全覆盖的基础上，全面提升党组织的作用。特别是突出党组织对年轻一代非公有制经济人士的思想引领，通过对年轻一代非公有制经济人士意识形态教育和引导，逐步增强他们的政治意识，引导他们了解马克思主义，进而按照马克思主义的立场、观点和方法去分析问题、解决问题，使其逐步接受、认同、信仰、践行社会主义核心价值观，用社会主义核心价值观引导年轻一代非公有制经济人士的价值选择和追求。积极发展年轻一代非公有制经济人士优秀分子加入党组织，增强其信心，牢固其信念，凝聚其共识，同党在思想上同心、目标上同向、行动上同行，使他们切实认识到只有把个人价值融入社会价值之中，个人的价值才能得以真正实现，从而实现个人价值与社会价值的完美结合，树立正确的世界观、人生观和价值观，进而

增强其对国家的政治认同。

（二）**全面加强统一战线工作，在营造“亲”“清”新型政商关系的过程中凝聚政治共识。**统一战线是我们党取得革命、建设、改革伟大胜利的重要法宝。建党百年以来，我们党不管是处于顺境还是逆境，始终把统一战线作为制胜法宝。随着时代的发展，统一战线工作也面临许多新的挑战，各种错误思潮在国内风起云涌，人们的思想观念日益多元，统一战线凝聚共识、汇聚力量的难度不断加大。年轻一代非公有制经济人士是在改革开放后成长起来的，这一阶层大都游离于体制之外，其政治素养、文化素养、价值取向千差万别。总体来看，大部分非公有制经济人士符合社会主义道德法治要求，能够诚实劳动、守法经营，但是也不乏见利忘义、弄虚作假、破坏社会主义市场经济秩序者。这就需要加强统一战线工作，特别是加强对年轻一代非公有制经济人士的思想政治工作，把他们引导到共同建设中国特色社会主义大道上来。习近平总书记指出：新型政商关系就是“亲”“清”两个字。对统战干部而言，所谓“亲”，就是要坦荡真诚同民营企业接触交往，特别是在民营企业遇到困难和问题情况下更要积极作为、靠前服务，对非公有制经济人士多关注、多谈心、多引导，帮助解决实际困难，真心实意支持民营经济发展。所谓“清”，就是同民营企业家的关系要清白、纯洁。因此，新时代统战工作要树立在政治上教育、工作上支持、思想上引领、生活上关心年轻一代非公有制经济人士的整体思路，引导年轻一代非公有制经济人士通过正常渠道反映问题、解决问题，依法经营、依法治企、依法维权，做践行“亲”“清”新型政商关系的典范和代言人。

（三）**健全法律法规和制度规范，为民营企业发展营造良好的政治认同氛围。**改革开放以来，我国非公有制经济健康迅速发展，这取决于党和国家对非公有制经济的大力支持、鼓励、引导和规范。随着全球化和世界多极化的进一步发展，原有的制度已不能完全适应当今非公有制经济的发展状况，还存在着诸如制度不完善、政治沟通渠道不畅通、利益表达机制缺失、政治运行不公正等问题。习近平总书记在民营企业座谈会上强调，要毫不动摇鼓励支持引导非公有制经济发展，支持民营企业发展并走向更加广阔舞台。因此，进一步完善体制机制，加强制度建设，保证各项制度有效贯彻落实是增强年轻一代非公有制经济人士政治认同的重要保障。

一是打破各种各样的“卷帘门”“玻璃门”“旋转门”，在市场准入、审批许可、经营运行、招投标、军民融合等方面，消除限制非公有制经济发展的体制性障碍，为非公有制经济健康有序发展提供制度保障，按照市场经济的规则和规律制定政策和完善政策，为民营企业打造公平竞争环境，给民营企业发展创造充足市场空间。二是建立健全年轻一代非公有制经济人士工作帮扶联动机制，形成合力，搭建起银企、政企沟通互动的平台，在融资、法律、技术、人才、外事等方面帮助年轻一代非公有制经济人士解决企业实际困难，抵御各种风险，助力企业发展。三是构建良好政商关系，全面促进“两个健康”。要增强政策的含金量和可操作性，确保各项政策落到实处，继续认真贯彻落实党中央关于民营经济发展的方针政策，不断提高配套措施的针对性、有效性和可操作性，帮助企业“搬三山”“开三门”，推动各项政策落地、落细、落实，彻底打通“最后一米”，努力推动广大非公有制经济人士做合格的中国特色社会主义事业建设者，把政治认同真正写进年轻一代非公有制经济人士的发展基因里。

（本文获2020年晋中市统战理论研究优秀成果二等奖，作者系昔阳县委统战部副科级干部）

关于新时代统一战线优势和作用发挥的调研报告

张东锋

做好新时代县级统战工作，事关我们党的执政基础、县域经济发展和基层社会治理。近年来，昔阳县统战工作以习近平新时代中国特色社会主义思想为指引，深入学习贯彻习近平总书记关于加强和改进统一战线工作的重要思想，把巩固共同思想政治基础作为首要任务，把落实中央和省、市、县委决策部署作为自觉行动，锚定新时代新使命，围绕中心、服务大局、主动作为，不断推动新时代统一战线优势和作用发挥。尤其是，新冠肺炎疫情发生以来，全县统一战线积极响应号召，迅速行动起来，发挥特色优势，踊跃捐款捐物，广泛凝聚携手同心战“疫”情、同舟共济克时艰的统战力量，为防控疫情和推动经济社会发展发挥了重要作用。

一、昔阳统一战线优势和作用发挥实践和探索

（一）强化“三基建设”，筑牢统一战线之本

认真贯彻落实习近平总书记关于加强和改进新时代统一战线的重要思想，按照“哪里有党的工作，哪里就有统战组织”的要求，不断夯实基层基础，激发统战工作活力。一是整合力量，构建大统战格局。实行“一调整、六纳入”，进一步强化基层统战工作组织领导体系，确保全县统战工作有人管、有人抓、有人干。二是建立体系，形成全覆盖网络。全面落实统战、宗教、基层商会“三线作战”的基层统战工作网络，实现了“七位一体”县级各级各类统战组织全覆盖。三是完善机制，推进规范化运行。认真贯彻《条例》精神，进一步建立健全19项工作制度，进一步推动统战工作的精细化管理。四是搭建平台，强化软硬件建设。一手抓硬件，建立了14个“统战之家”，确保基层统战工作阵地化、经常化、规范化开展。一手抓软件，编印了《昔阳县统战工作文件制度汇编》，建立了13个方面的“大数据”档案和工作台账，初步构建起了管用有效、合理规范的工作机制。积极探索“1+4+X”的基层统战工作新模式，以“一乡一品牌”创建活动为载体，打造了一批基层统战工作新亮点。

（二）实施“三大行动”，汇聚统一战线之力

紧密结合我县统战工作实际，充分发挥统战优势，着力推进需要抓好的大事要事、需要破解的难点难题、需要创新的重点领域，进一步推动新时代统战工作创新发展。一是实施支持民营经济高质量发展行动。全面贯彻落实中央关于加强民营经济统战工作的政策精神，紧紧围绕“两个健康”工作主题，扎实推动服务民企六项工程、八大平台、十个机制建立与落实，收集编印了《支持民营经济发展政策汇编》及《续编》，

组织召开支持民营企业发展座谈会、政银企对接会、政法机关助力民营企业发展恳谈会，积极帮助民营企业复工复产，减税降费，出台《关于积极应对疫情支持民营企业共渡难关若干措施的通知》，推出涉及金融支持、租金减免、税费减免缓缴、社保支持、账款清欠、“五金”保障等方面 12 条含金量十足的“硬核”扶持措施，开展全县“百强千企万户”企业复工复产服务工作，积极推进“企业家队伍建设、以商招商、优化发展环境”三项任务落实。三次组织非公企业为抗击疫情捐款捐物共计 594.14 万元。丰汇煤业位列全省百强民营企业第 77 位，2 名民营企业家荣获“山西省五一劳动奖章”，县工商联荣获 2018—2019 年度全国“五好”工商联和“2019 年民营企业调查点工作示范单位”，全县民营企业改革和发展按下了快进键。二是实施助力脱贫攻坚和乡村振兴行动。深入推进“双百”工程，75 家民营企业与 112 个村结对子，开展民企助力行动；126 名民营企业家和“能人”回村担任了村官；实施产业扶贫、劳务就业扶贫、合作开发扶贫、公益捐助扶贫，共投入各类帮扶资金 13595 万元，吸纳贫困户就业 8900 多人，代销农副产品 2167 万元。开展“善行昔阳，爱心传递”活动，县工商联组织爱心企业家在皋落小学、东关小学等举行助学捐助活动，万通物流董事长李斌武为本村 7 名大学新生发放了助学金，丰汇煤业董事长黄祥苗为 32 名困难职工子女每人发放助学金 1000 元。充分发挥县光彩事业促进会功能和作用，累计下发光彩事业基金 1403.76 万元，帮扶 53 个乡村振兴示范村实施各类项目 78 个，完成 680 公里登山健身步道建设。积极探索开展“乡贤会”试点工作，为脱贫攻坚和乡村振兴提供有力支持，贡献统战力量。三是实施宗教工作督查整改专项行动。认真落实中央和省委、市委宗教督查整改意见，延伸“百日攻坚”行动，开展“8+5”专项整治，落实“八个纳入”主体责任，建立“四表三册一卡”宗教大数据档案和工作台账，形成了横到边、纵到底、全覆盖的宗教事务管理网络，实现了宗教活动场所中国化“六进”全覆盖。依法管理宗教事务，15 个宗教活动场所配齐了财务人员，开展佛道教商业化治理，没收非宗教活动场所功德箱 11 个，依法整治基督教私设聚会点，协调 2 处家庭聚会点与县“三自”教会合并，全县宗教督查整改工作取得了实质性进展。

（三）着力“三个提升”，创新统一战线之举

聚焦聚力新时代统一战线面临的新机遇、新挑战、新任务，在“深”字上做文章，在“实”字上下功夫，进一步提升统一战线治理能力和治理水平，推动统战工作进一步统起来、活起来、强起来。一是在政党协商效能上实现新提升。贯彻落实支持民主党派加强组织建设的 5 项制度精神，协助民主昔阳支部加强自身建设，帮助解决每年办公经费 2 万元，协调解决办公场所 5 万元，落实驻会公益性岗位 1 人。支持民主党派履行职能，完善党外代表人士“季度协商座谈会”制度，落实县委出题的“订单式”政党协商议题，组建了 30 人组成的县统一战线智库，政党协商效能进一步提升。民进

昔阳支部被授予民进全省五星级基层组织、民进全国先进基层组织。二是在新的社会阶层人士统战工作水平上实现新提升。建立了由统战、组织、民政、财政等10家统一战线领导小组成员单位在内的联席会议制度，通过召开联席会、座谈会、信息交流会，逐步完善了齐抓共管、协调联动的工作机制，不断拓宽新的社会阶层人士工作面。推出了“昔新我行”工作品牌，明确了活动站点的功能定位，打造以自由职业人员为主的云创电商“创业型”活动站、以新媒体从业人员为主的晋美新媒体“学习型”活动站，以民营企业管理技术人员为主的晋祥新天地“创新型”活动站。组建了5个活动小组，完善了各级领导对口联系和交友制度，纳入了“季度协商座谈会”“建言献策直通车”等参政议政平台，开展了精准帮扶、助学助残助困、科技卫生文化“三下乡”等社会公益活动，进一步把新的社会阶层人士组织起来、凝聚起来、作用发挥出来。三是在侨务工作创新上实现新提升。持续深化“金桥爱心”工程，加强与省委统战部海联处和市侨联的沟通联系，开展好香港华革会吴祺光夫妇来昔资助对接服务。去年，昔阳县新城香港华革会学校揭牌落成。2012年至今，已累计为我县捐资268万元，共修建了3所学校，8所农村卫生室，资助350名高中、大学的贫困生完成学业。加强与侨界重点人士的联系，更广泛地争取人心、凝聚力量。

（四）抓好“三支队伍”，扛起统一战线之责

统战工作要抓住“人物”，壮大队伍，而且要努力强化自身、提升基本素质，锻造一支想干事、能干事、干成事的“主力军”，不断增强统战工作的存在感、统战成员的获得感和统战干部的自豪感。一是加强党外干部队伍建设。加大党外干部培养选拔力度，做好党外干部的发现、培养、使用和管理工作，加大党外年轻干部配备力度。全县副科以上党外干部达到40名，其中副处4名、正科5名、副科31名。二是加强党外代表人士队伍建设。深入推进党外代表人士培优工程，规范了党外代表人士综合评价办法，完善了党外代表人士安排和统战部门干部管理工作制度、党外后备干部培养管理制度，积极从新的社会阶层等领域发现党外人才，强化队伍建设。建立了党外人士数据库、党外代表人士优秀后备人才库，62名党外代表人士推选为人大代表，95名党外代表人士推荐为政协委员，使更多的党外代表人士奋进有机会、干事有舞台。三是加强统战干部队伍建设。坚持党管统战原则，压紧压实各级党委主体责任，着力构建党委统一领导、统战部牵头协调、有关方面各负其责的大统战工作格局，不断推进“不忘初心，牢记使命”主题教育常态化、制度化，在民进昔阳支部和无党派人士、非公经济人士、新的社会阶层人士中分别开展三项主题教育活动，进一步夯实团结奋斗的共同思想政治基础。强化统战干部思想淬炼、政治历练、实践锻炼和专业训练，积极开展统战干部联系统战对象“1+6”送温暖行动，统战部门联系服务品牌“1+4”送项目行动，统战志愿者联系示范点“1+5”送服务行动，下大力气狠抓统战理论研究、

宣传、信息三项工作，积极启动《昔阳统战志》编撰工作，建立健全统战部机关各项管理制度，完善规范岗位目标责任，坚持把思想政治教育、业务水平提高放在首位，加强统战干部理论武装、党性教育和能力培训，努力打造一支政治坚定、业务精通、作风优良的统战干部队伍。

二、新时代统一战线优势和作用发挥的几点思考

新时代赋予统一战线新使命、新任务，这就要求我们做好新时代的统战工作要有新的思考、新的思路，与时俱进、勇于创新。

一是突出政治引领，凝聚统战共识。人心是最大的政治，共识是奋进的动力。新时代统一战线的社会基础更加广泛、工作领域更加宽广、工作内容更加丰富。我们要坚持以习近平新时代中国特色社会主义思想武装头脑、指导实践、推动工作，在统一战线深入开展各类主题教育，举办专题培训班、开展统战理论大宣传、组织统战知识大奖赛等，引导统战成员在深学笃行中增强践行“四个意识”“四个自信”“两个维护”的思想自觉、政治自觉和行动自觉，不断夯实统一战线团结奋斗的共同思想政治基础，增强统一战线的凝聚力和感召力，找到最大公约数，画出最大同心圆。

二是服务发展大局，展现统战担当。党的中心工作推进到哪里，统一战线就要跟进到哪里，智慧和力量就要汇聚到哪里。全县统一战线要深入贯彻落实习近平总书记重要讲话重要指示精神，特别是要将习近平总书记关于高质量转型发展、生态文明建设、脱贫攻坚等理念融入统战工作中，引导统战成员发挥献计献策、创新创业、引智引资等优势作用，凝聚全县统一战线各领域资源，为我县早日蹚出转型发展新路子汇聚智慧和力量。

三是推动提质增效，彰显统战优势。努力推动统战工作从注重“做了什么”“做了多少”向“作出了什么效果”转变。进一步彰显统一战线独特优势，充分发挥统一战线人才荟萃的智力优势，民主协商的政治优势，联系广泛的资源优势，为县域治理减阻力、添助力、聚合力。进一步健全大统战工作格局，把党的领导体现在统一战线各领域各方面。进一步强化统战部门政治担当，牢固树立高质量意识，不断提高履职尽责的能力水平。

四是有效化解风险，筑牢统战底线。在实现中华民族伟大复兴过程中，我们面临着各种各样的风险，其中不少都与统战工作相关。我们要强化底线思维和忧患意识，增强斗争精神，提升斗争本领，充分发挥县、乡、村三级民族宗教工作网络作用，妥善处理好宗教问题，充分发挥民营企业家、无党派人士的特殊重要作用，做好向群众解疑释惑、协调关系、化解矛盾等工作，认真梳理和排查统一战线各领域可能存在的风险隐患，切实守好统战工作防风险阵地，为县域经济社会高质量发展营造良好社会环境。

五是提升治理成效，贡献统战力量。十九届四中全会提出，要坚持和完善共建共治共享的社会治理制度，保持社会稳定、维护国家安全。统一战线要深入学习贯彻党的十九届四中全会精神，积极参与基层社会治理，切实发挥“人才库”“智囊团”作用，紧紧围绕“三治三零”、五地一产入市改革等重点工作，深入实地调查，及时了解群众关切，掌握群众诉求，传递群众意见，为县委、县政府提供科学决策参考，使全县的工作更好地把握规律性、增强预见性、富有创造性。坚持问题导向、目标导向和质量导向，把大统战工作格局落到实处，把大统战工作效应发挥出来，推动各领域统战工作取得新成效、实现新发展。

（本文获2020年晋中市统战理论研究优秀成果三等奖，作者系昔阳县委统战部常务副部长）

增强农民群众抵御境外宗教渗透能力的几点思考

杨晓君

随着我国改革开放的推进，境外敌对势力加紧利用宗教对我国进行渗透。农村处于抵御渗透斗争的“一线阵地”，广大农民群众能否经受住这一严峻的考验和挑战，直接关乎基层社会的安全稳定。因此，抵御境外势力利用宗教在农村进行渗透，增强农民群众抵御渗透的能力，是做好新时代农村宗教工作面临的一项十分重要的任务。

利用宗教对我进行渗透是指境外团体、组织和个人利用宗教从事各种违反我国宪法、法规和政策的宣传和活动。农村社区经济、科技、文化、教育相对落后，精神文化生活比较匮乏。历史上民间信仰、民间崇拜、封建迷信的观念在民众中根深蒂固，这给宗教信仰提供了深沉的文化背景。不少人在遭遇挫折或不幸时，把改变命运的希望寄托在神灵的力量上。有些人受到了“信主可以免灾”“祷告可以治病”“信耶稣得永生”等歪理邪说的拉拢与蛊惑，倒向宗教一边。贫困、愚昧既是宗教存在和发展的社会根源，也为境外利用宗教渗透提供了土壤。有的基层党员干部对境外利用宗教渗透的危害性认识不到位，在抵御非法宗教渗透上发挥作用不够，使非法宗教渗透有空可钻、有机可乘。非法宗教渗透在农村社区运用宗教宣扬西方价值观念，否定中国的传统文化，鼓吹贫弱是因为不信教所致；扶持地下宗教组织，在农村社区开展非法宗教活动。就昔阳县的情况来看，县域内主要有佛教、基督教两大宗教组织，境外利用宗教在我县渗透主要表现在利用基督教进行渗透。据不完全统计，全县基督教信徒从20世纪90年代初不到200人增加到现在的2600余人，且半数以上分布在农村，农村基督教信徒数量近年来增长较快，对社会影响有扩大趋势。

宗教历来是境外敌对势力对我国实施西化、分化的一个重要突破口。农村要太平，农民要幸福，必须对农村宗教事务管得住、管得好。2018年12月，中共中央印发了《中国共产党农村基层组织工作条例》，第十八条明确指出：“党的农村基层组织应当加强对党员、群众的无神论宣传教育，引导党员、群众自觉抵制腐朽落后文化侵蚀，弘扬科学精神，普及科学知识。做好农村宗教工作，加强对信教群众的工作，管理好宗教活动场所，依法制止利用宗教干涉农村公共事务，坚决抵御非法宗教活动和境外渗透活动。必须在意识形态上站稳立场，旗帜鲜明反对各种错误观点，同一切歪风邪气、违法犯罪行为作斗争。”这为我们做好农村宗教工作提供了根本遵循。抵御境外利用宗教在农村渗透，增强农民群众抵御渗透能力，应该做好以下五方面工作：

一、筑牢农村意识形态主阵地

（一）用中国梦筑就广大人民群众的共同理想

理想决定行动，共同理想决定共同行动。改革开放以来，利益主体、生活方式和价值取向多样化冲击着人们的理想信念，导致有些人理想迷失或信仰动摇。这就需要一个能被各方面认可和接受的共同理想，来凝聚社会各阶层的力量。党的十八大以来，以习近平同志为总书记的党中央提出：到中国共产党成立100年时全面建成小康社会，到新中国成立100年时建成富强民主文明和谐的社会主义现代化国家。这个共同理想，就是在党领导下，坚持走中国特色社会主义道路，实现中华民族伟大复兴的中国梦。中国梦把国家富强、民族振兴、人民幸福和个人追求融合为一体。实现中华民族伟大复兴的中国梦，我们要把思想行动统一到实现这一伟大目标上来，坚持用民族复兴、国家富强、人民幸福的中国梦鼓舞和激励人民群众，坚定跟党走的信念，使实现中国梦成为人民群众自觉投身于中国特色社会主义建设事业的精神力量，这是解决少数人存在信仰危机问题的根本途径，也是抵御境外利用宗教渗透的有效办法。

（二）用社会主义核心价值观凝心聚力

任何社会都存在多种多样的价值观念，要把社会各阶层凝聚起来，需要有一套与经济基础和政治制度相适应，并形成广泛社会共识的核心价值观。核心价值观是国家的重要稳定器。习近平总书记指出："人类社会发展的历史表明，对一个民族、一个国家来说，最持久、最深层的力量是全社会共同认可的核心价值观。"如果没有共同的核心价值观，一个民族、一个国家就会魂无定所、行无依归。

当代中国，我们应该坚守的核心价值观，就是十八大提出的"富强、民主、文明、和谐，自由、平等、公正、法治，爱国、敬业、诚信、友善"。社会主义核心价值观把涉及国家、社会、公民三个层面的价值要求融为一体，深入回答了我们要建设什么样的国家、建设什么样的社会、培育什么样的公民的重大问题。习近平总书记指出，要"用社会主义核心价值观凝魂聚力，更好构筑中国精神、中国价值、中国力量，为中国特色社会主义事业提供源源不断的精神动力和道德滋养"。习近平总书记在中央统战工作会议上的重要讲话中指出："要用社会主义核心价值观引领、用中华文化浸润我国各宗教，支持宗教界对宗教思想、教规教义进行符合时代进步要求的阐释，坚决防范西方意识形态渗透，自觉抵御宗教极端主义思潮影响。"这是党的宗教工作基本方针的重要发展，蕴涵着丰富的理论政策内涵。用社会主义核心价值观引领宗教，对防范境外利用宗教渗透、抵御宗教极端思想的影响至关重要，是提高人民群众增强抵御境外利用宗教渗透免疫力的对症良方。我们要大力宣传社会主义核心价值观，深入挖掘农耕文化蕴含的优秀思想观念、人文精神、道德规范，大力传承发展提升农村优秀传统文化，充分发挥其在凝聚人心、教化群众、淳化民风中的重要作用，提高农民群众对宗教文化入侵的抵制能力，将有倾向到宗教中去寻找寄托和救助的困难群体凝聚到主流文化中来。

（三）站在意识形态安全的高度来认识境外宗教渗透

意识形态是一个国家的灵魂，意识形态安全是国家安全体系的重要组成部分。宗教是人类社会发展到一定历史阶段出现的一种文化现象，属于社会特殊意识形态。境外敌对势力利用宗教对我进行渗透，其根本目的就是要传播资本主义的文化价值观念与精神信仰，从根本上动摇以社会主义核心价值观为核心内容的主流价值观，最终用宗教思想和西方价值观来控制人民的思想、意志、价值观念，动摇党的执政基础，弱化党的执政能力。现在境外利用宗教渗透愈演愈烈，已对国家意识形态安全构成威胁，给我国社会主义意识形态建设健康发展带来了严峻挑战，成为新时代中国特色社会主义建设事业面临的重大问题。所以，我们要站在国家意识形态安全的高度来看待宗教渗透的问题，坚决抵制境外利用宗教渗透的蔓延趋势。

二、切实加强党对农村宗教工作的领导

农村基层党组织是我党联系群众、服务群众的第一代言人。强化农村基层党组织自身建设，加强党对农村宗教工作的领导，增强农村基层党组织在群众中的向心力和凝聚力，是做好新时代农村宗教工作的根本保证。农村基层党组织要认真履行党管宗教责任，落实三级网络、两级责任制，提高做好农村宗教工作的责任感、紧迫感，提升基层党组织教育群众、服务群众、团结群众的能力和水平，最大限度把群众团结在党的周围，下大力气解决群众关心的热点、难点问题，最大限度地减少群众因贫、因病信教的现象，让全社会认识到能够带领群众创造幸福生活的是党，而不是宗教和神的力量，提升党在群众心中的威信和形象。各级党委和政府要定期分析研究宗教工作，每年对基层农村干部进行一次宗教政策培训，使他们成为马克思主义宗教观、党的宗教政策和有关法律法规的“明白人”，让他们把农村宗教工作与其他工作结合起来做实做好，密切了解群众动态，熟悉情况，掌握政策，向农民群众宣传党和国家的宗教政策，增强农民群众识别和抵御境外敌对势力利用宗教进行渗透的能力，同时还要加强对农村党员的管理和监督，教育党员不能信仰宗教。

三、广泛开展抵御境外利用宗教渗透宣传教育

境外敌对势力利用宗教渗透是在同党和政府争夺群众、争夺思想阵地，妄图实现其推翻党的领导、颠覆社会主义制度的罪恶目的。及时揭露和批判其新旧罪行，始终是防渗透工作的重要任务。搞好宣传揭批是教育群众、警醒受害者的有效方法，也是孤立和打击非法渗透组织的重要手段，必须审时度势，持续全面推进。让广大群众充分认识，依法取缔和打击渗透组织，就是保护人权、促进社会团结和维护改革发展稳定。我们要注重发挥职能部门的作用，把宣传揭批作为经常性任务来抓，建立健全宣传队伍，把重点放在对渗透本质及其危害性、欺骗性、虚伪性的揭露和批判上，进一步提

高广大群众对打击渗透组织的重要意义的认识和支持度。开展宣传揭批工作，要利用下发图书、张贴挂图、陈列展板、悬挂横幅等多种宣传方式，供群众观看和阅读，起到教育和熏陶作用；要在新闻媒体上开辟宣传揭批专栏，定期刊出有关文章和报道最新动态，不断擦亮群众眼睛，让广大农民群众认识到非法宗教渗透活动的危害性，增强他们抵御非法宗教渗透的主动性。

四、加强乡村文明建设，着力营造崇尚科学的社会氛围

乡风文明建设具有浸润人心、引领向善、规范行为、凝聚力量的积极作用。加强乡风文明建设，既要继承和发展优秀传统文化，更要发挥好先进文化的引导作用。随着物质生活水平的提高，人们对精神生活的追求和参与群体活动的欲望也在日益增强。我们要适应这一客观形势的需要，积极开展形式多样的文体活动，不断满足群众多层次、多样化的文化需求。在农村组建秧歌队、棋社、鼓乐队等文娱组织，并积极开展活动，农民群众在一起切磋技艺、休闲娱乐，满足他们的精神需求，丰富他们的业余生活，让农村成为安居乐业的美好家园，使境外宗教渗透失去滋生的土壤。

加强科学技术普及，是提高公众的思想境界、生活情趣、人文素质的有效手段。我们要大力普及科学知识、倡导科学方法、传播科学思想、弘扬科学精神，营造崇尚科学的社会氛围。以此有效地提高广大农村群众的科学文化素质，使他们能用科学态度、科学眼光对待与审视宗教，提高他们分辨是非的能力，增强他们抵御宗教渗透的能动性。

五、发展农村经济，全力打好打赢脱贫攻坚战

一穷生百患，贫穷落后为非法宗教活动和境外渗透活动提供了有利条件。在农村信教群众中，经济收入低、家庭生活贫困是他们信仰宗教的一个重要原因，他们信仰宗教具有一定的盲目性和功利性。因此，我们要大力发展农村经济，坚决打好打赢脱贫攻坚战。加强职业技能培训，促进农民工多渠道就业，积极引导扶持发展乡村特色产业。特别是在那些比较贫困和信教群众相对多的乡村，全面落实扶贫政策，千方百计地增加农民收入，帮助困难群众解决实际问题，使他们切身感受到，只有靠自己、靠党和政府才能摆脱贫困，信教脱贫是靠不住的。基层稳则全局稳，根强则盛，本固则安。加强党对农村宗教工作的领导，强化主流意识形态教育宣传，把广大信教群众紧紧团结在党和政府周围，挤压境外利用宗教在农村社区渗透的条件和基础，增强农民群众抵御境外利用宗教渗透的能力，开创农村宗教与乡村振兴和谐发展的新局面。

（本文获 2020 年晋中市统战理论研究优秀成果三等奖，作者系昔阳县委统战部副部长、民宗局局长）

第五章　重要史料（回忆录）

抗战前后我在昔阳工作的回忆

赵武成

一、七七事变后我在昔阳的工作情况

一九三七年八月一日，山西牺盟总会在党的领导下，将国民兵军官教导团改编为山西青年抗敌决死队，共成立了四个纵队。教五团改编为三纵队，驻地由平定转移到长治一带。路经昔阳时上级决定由我带一个连到昔阳东冶头要道警戒日本侵略军向太原进攻，于是在东冶头住了近一个星期。后奉部队之命我留昔阳开展抗日救亡工作。大约在九月上旬，根据晋中特委指示，成立了中共昔阳县工作委员会，简称“工委”。我任工委主任，李经麟任组织部长，宋乃宽任宣传部长。工委成立后，县城形势日趋紧张，城内的群众陆续疏散，商店、饭馆停业，吃饭都有困难。我住在南关李一清家，到最困难时把他家的粉条都烧吃了。鉴于这种情况，我们分别深入到城关附近村庄活动。

十月中旬，一二九师师部驻扎钟村。一天晚上，我见到了张浩政委，汇报了工作情况。张浩政委对当前工作做了指示，并且询问了干部和工委住址等情况。此后工委研究面向全县开展工作，决定李经麟在一区，宋乃宽到四区，我到三区。

十月下旬，我前往皋落，路经本村回家看望父亲，不幸父亲去世。我安葬了父亲正准备到皋落，县牺盟会特派员赵光寅、陈颉宇（女）两位同志到我家找我汇报了八路军在黄岩底伏击胜利的情况，真是大快人心。旧政府官员企图逃跑，被阻返回皋落，抗日民主政府已成立，要我赶快到皋落去。我到皋落后，大约在一九三七年十一月中旬，晋中特委决定原“工委”改为中共昔阳县委员会。我任县委书记，周壁任组织部长，李经麟或马希贤任宣传部长。县委机关没有固定地址，县委对外名称叫八路军办事处，当时部队还派桂干生、陈金堂（陈金堂现任北京军区副参谋长）住在办事处帮助搞扩军，组建自卫队、游击队等工作。县委成立后，开展了有组织有计划的活动，不断壮大党的力量，迅速打开了昔阳抗日斗争的新局面。

二、根据地的政权建设

一九三七年十月三十日，旧县政府官员获悉日寇要侵占昔阳，便弃城逃到和顺县紫罗村。县牺盟会特派员李之实和旧公安局中的牺盟会员在八路军一二九师派的代表

的支持下，经过据理斗争，迫使旧政府官员于十一月四日返回皋落，接受守土抗战，与昔阳人民共存亡的要求。五日，成立昔阳县抗日民主政府。当时晋中特委指示，大敌当前，为了搞好统一战线，团结一切可以团结的力量，共同抗日。新政府仍沿用旧政府的机构和人员，阎聚宝仍任县长，符文翰任公安局长，郭玉润任公道团长，李绍光任一科（民政）长，王跃文任二科（财政）长，××任三科（教育）长，承审暂缺。不久，派牺盟特派员李之实任公道团长，郭玉润任承审。

为了加强党的领导，大力动员和组织全县人民开展抗日运动，县委认为抗日民主政府虽然成立，但机构人员仍是旧的，鉴于这一特点，必须采取“利用控制、逐步撤换”的策略，对于区村基层政权则必须是掌握实权。为此，首先选派坚强得力的党员干部出任各区领导工作，组建抗日民主区政府，由牺盟会提名，县长同意，然后由县长和牺盟会特派员共同签署，任命：王子元（又名王一、党员）为一区区长；宋志兴（党员）为二区区长；赵武成（县委书记）兼三区区长；宋乃宽（党员）为四区区长。各区政府于十一月中旬相继成立，接着成立了区动委会，由区长兼动委会主任。这样区一级政权都控制在党的领导之下，缩小了县政府的管理权限。其二，抗日民主县政府下命令，出布告，必须由县长和牺盟会特派员联合签署，方能生效。因为县牺盟会是在县委领导下半政权性质机构，有发号施令的权利。其三，调整和改造村政权，那时各编村公所的村长都还是旧政府委派的，县委逐渐对编村村长进行了调整，派党员干部去编村当村长，当时的重点工作是发展党员，建立基层党支部，充实、调整、改造村自卫队。

县、区、村三级政权已建立，区村政权县委已全部掌握，重点是对县长阎聚宝在实际工作中要采取既团结又斗争的方针。如一九三八年一月底，县长阎聚宝私自放了一个嫌疑犯，县委便召开机关干部会，对此说理斗争，并通知党员干部，如阎回答的不好就退席。会议由阎聚宝主持并讲了话。当他谈到释放犯人一事时，共产党员赵邦汉便质问阎县长为什么私自释放犯人，阎态度生硬地说是逃难人，并说我是县长，就没有权放一个人？还问赵邦汉是什么人，把他抓起来，气怒之下赵邦汉退出会场，一部分党员也退出了会场，因为我没有退席，所以大部党员还在。后来李一清出面讲了话才收拾了僵局。

这次会议我们还布置了其他工作。会后我们认为这种斗争方法不策略，既暴露了我们党员，又不利于统战工作和共同抗日。

在政权建设过程中，不仅县里有斗争，村里的斗争也很尖锐。皋落村有个地主叫冀瑞林（表字冀良道，外号叫冀疯狗），曾在山西徐沟县当过多年区长，是个开口骂人、动手打人的恶霸。我们宣传八路军抗战，他讽刺八路军是“灰人”（身穿灰服装）；我们发动妇女抗战，他讽刺是“尖脚抗战”。并散布他出的小米堆在青沙岩岭能堵住日本人，骂我们是怕死鬼。日本人一来就跑了，光能吃小米，没有用等……冀瑞林的反动言行激起了群众的强烈反对，于是我们通过调查，发现他家不仅有粮款，还有枪支。党支部决定首先向他提出捐粮捐武器的要求，但他无理抗拒，村公所自卫队就把他送到县政府，并组织自卫队到县政府请愿。最后迫使他交出一支手枪，一把洋刀，一千九百元钱，但他不满，为了教子复仇，给他孙孙起名为“千九”，由于他不接受改造，在反奸清霸时被政府镇压。

一九三八年四月，阎聚宝借开会到专署未归，上级决定由一科长李绍光（民主人士）代理县长。一九三八年十二月底，抗日民主县政府才进行了改组。赵邦藩（党员）任县长，赵邦荣（党员）任一科长，刘用光（党员）任二科长，翟红（党员）任三科长，桐步清任武装科长，张子友任副科长，李证明（党员）任承审，郭红林（党员）任公安局长。县政府成立了党组，赵邦荣任党组书记，各群团组织也成立了党组，赵光寅为党组书记。

三、发展党员，建立基层党组织

根据地初创时期，既缺干部，也缺党员。因而发展党员，搞好基层党组织建设就成了县委当时的一个重要任务。为了慎重地搞好这项工作，县委研究要面向农村发展党员，创建基层党组织，并决定首先在皋落村发展党员，建立党支部，大约在一九三七年十一月下旬，我和马希贤在皋落三高寺院小殿内，举行小型入党仪式，接受赵邦汉、焦玺铭、赵文彬三人为中共正式党员。当场宣布成立皋落村党支部，赵邦汉任党支部书记，焦玺铭任组织部长，赵文彬任宣传部长，创建了昔阳县第一个基层党组织——皋落党支部。

皋落党支部成立后，大约在一九三七年十一月底，彭真同志到冀察晋，随同十几人和马。从平东路经皋落驻扎。彭真问我皋落有没有党支部，我说不久才建立。彭真提出要参加皋落党支部生活会。当晚我便召集全体党员召开会议，彭真同志在会上征求群众对八路军的意见。我和赵邦汉谈了八路军待人和气、买卖公平、遵守纪律、不打人骂人，还帮助群众办好事等优点，同时提了几个缺点。彭真同志很虚心地接受了我们的意见，还询问了皋落党支部的人数和党员思想状况，最后说要大刀阔斧地发展党员，革命就得有力量，人多才有力量，有了革命力量才能带领群众战胜日本侵略者，建设我们的新中国。次日，彭真同志到七六九团团部做了指示，住了两三天，离开了皋落。

根据彭真同志的指示，县委决定以皋落为基地，面向全县发展党员，壮大党的基层组织，具体采取了五种办法：

第一，组织流动宣传队，在宣传队中发展党员。

第二，举办小学教员和流亡人员训练班，在训练班内发展党员。

第三，小教训练班结束后，选派有独立工作能力的党员到偏村任村长和村政协理员。

第四，从县级机关中发展党员。

第五，派骨干分头到农村发展党员。

通过上述办法，从创建皋落党支部起到一九三八年一月近两个月时间里，全县发展的党员约有二百余人（机关党员在内），较大的村庄都建立了党支部。党的力量壮大，不断扩大党在群众中的影响。并积极创造条件筹建了区委，任命李子荷为一区书记，赵文彬为二区书记，赵子荣为三区书记，武珂枫为四区书记。基层党组织和党员的大发展，不仅为广大农村创建革命根据地培养了领导骨干，而且在组织上有了党的保证，在这些基层党员干部的积极努力下，全县的党员发展工作更加蓬勃发展，到一九三八年七月，据冀晋豫省委组织部统计数字，昔东已建立基层党支部三十八个，发展党员三百五十名。平昔西建立基层党支部五十一个，发展党员一千二百八十九名。这个时期是党的建设的大发展阶段。

在党的基层组织建立之后，为了广泛发动群众，组成浩浩荡荡的抗日民族统一战线，在全县掀起抗日热潮，县委研究要组建各抗日群团组织，并于一九三八年二月间召开了有一百余人参加的全县群众代表大会，我和赵光寅同志主持了这次会议，县长阎聚宝也出席了会议。会上用领导提名，大会举手表决的办法，产生了全县各抗日群团组织的代表名单。这次会议后，于七、八月间各群团组织都先后召开了代表大会，正式选举通过组成人员名单，工救会主席是耿万庆，农救会主席是耿连玉，青救会主席是尚维藩，妇救会主席是王维贞，儿童团由青救会领导，这样全县各救会都统一在党的领导之下，成为一支群众性的抗日救亡骨干力量。

四、捐粮捐款，全力解决军需民用

抗战初期，八路军七六九团，冀西民训处进驻皋落宣传抗日救国，帮助地方工作，开展游击战争。加上我县地方游击队和机关干部共一千多人，摆在我们面前的首要任务是搞好后勤供应问题。为了解决好这个问题，县委决定在三区政府成立一个“粮秣处”，配备了强有力的党员干部专管筹集粮食，核定人数，办理领粮手续，搞好后勤供应，粮秣处直接在三区动委会领导下进行工作。

开始上级有个想法叫合理负担，但没有具体办法，我们号召地富为了抗日，有粮出粮，有钱出钱，经过动员，这项工作还比较顺利，保证了军政的供给问题，后来粮食问题紧张啦，县委又提出两个口号：一个叫倾家救国，就是把家里的粮食除了自己用外，全部拿出来救国，一个叫捐款捐粮抗日。为了保证供给，县委还召开了开明绅士会，我当时还兼三区区长，把三区地主请到一起，预先有目的有计划地做了铺上村大地主乔登科（乔增禄之父）的思想工作，让他带头“倾家救国”。在大会上我们首先向乔增禄烈士默哀，乔登科在会上发了言，他说：“这会开得很好，兵是谁的兵，马是谁的马，都是八路军的，八路军是救国救民的，我们就得支持八路军”。接着他提出了自己倾家救国的爱国志，自动拿出X石粮食，X元款X亩土地支援抗战。为了搞好鼓动工作，县委在会场上当众贴出倾家救国，捐粮捐款光荣榜，凡是倾家的户写在前面，第一名就是乔登科，捐粮捐款户依次排列，这次会议捐献到一大部分粮和款。

为了带动有粮有款户都为抗战捐献，我把我家里的粮食，除了自己食用外，全部拿出支援抗日，我还把我父亲放的债统统宣布取消。当时任三高校长的赵邦藩也带头把自己家的余粮捐献出来。在领导带头下，也确实捐到了不少粮食。

对个别顽固不化的地主富农要开展斗争，亲自到他家查看，我到车寺动员大地主李万箱，他承认捐粮捐款，但不主动拿出，我就亲自到他家查看，粮食可多啦，大窑套小窑，一层又一层。后来在斜峪沟大地主田中元家中发现很多小米，但上层已霉烂积块，刨去上层把下层取出来解决了一些问题。

采取上述办法解决了军需民用的暂时困难，以后实行了合理负担政策，形势才逐步好转起来。

五、根据地的武装建设

抗战初期，我县地方游击队很多，有大的、有小的，但昔阳县游击队是从一九三七年九月开始成立的。当时县牺盟会特派员赵光寅、李之实等人在县城主持召开了组建游击队大会，但只是搭起了干部架子，有了游击队的名，接着分头到各村扩充兵员，随后四个区相继成立了游击大队，我记忆第一游击大队长是李经麟，政委是邹善芳（部队派去的老红军）。

抗日民主政府成立后，不久便以区游击队为基础成立了昔阳县游击纵队，下辖四个游击大队，一个直属中队。纵队长是县长阎聚宝兼任，副纵队长由公安局长符文翰兼任，实际是虚名空架子，实权都在各大队。

一九三七年十二月底，地方游击队大队改编正规军。二、三大队改名为九龙支队和太行支队，成为当时昔阳的地方武装。一、四大队近千人改编为正规军开到皋落一带，一九三八年二月底正式编为汪乃贵独立支队第二营（到六月又编为新三八五旅二团、十四团）改编后进抵和顺县城驻扎。一九三八年四月四日，日寇援兵三万，分九路向晋东南我八路军总部驻地辽县、武乡一带大举进攻，刚改编的我县第一游击大队士气很高，积极配合七六九团在和顺县高邱、牛川一带拖住敌人，配合反九路围攻，有力地打击了敌人。

晋东游击队的组建是从一九三七年十二月底开始的。李一清和我联名出了布告，以李一清从决死队带来的三十名干部为基础进行了组织筹备，通过一般思想发动准备工作，于一九三八年二月二十八日在皋落召开了大会，宣布晋东游击队成立，李一清任司令员，我兼政治部主任（后宋志兴接任），秦进络任参谋长，赵增益任副参谋长。

原昔阳县的九龙、太行两个支队编入晋东游击队管辖，全队共一千余人，活动在昔阳境内。晋东游击队直属太行二军分区领导。在分区司令员曾少山、政委赖际发的不断帮助指导下，游击队发展很快。后来到一九三九年底就发展到一千五百余人，成为我县抗日根据地对敌斗争的主力军。

为了培养军政干部，晋东游击队政治部举办了军政训练班，调赵邦汉任政治部组织部长，还有李进军、赵增益等人共同负责。

为了解决武器不足问题，晋东游击队从农村中动员了二十余名木铁匠在水磨沟成立了一个铁工厂。由吴贵祥负责领导，专门制造砍刀、苗枪等土武器，后来自力更生发展到能成批制作曲把手枪，还试制出两支七九步枪，受到司令部的嘉奖。

晋东游击队成立近二年时间，一九四〇年初改编为一二九师正规军，九龙支队编为二十九团，太行支队编为三十团。成为太行山抗日根据地歼灭敌人的一支坚强部队。

为了培养更多的军事人才，一九三七年冬在皋落成立了昔阳抗日军政学校，赵邦荣担任校长，李慰、凌尔寿、赵方洲等都是学校的组织者。抗日军政学校后改为抗高，为抗日战争培养了不少人才。

当时工作的失误：

当时我县工作上有“左”的错误。如公安局工作就有扩大化因素，把知识分子的正常接触当成国民党特务活动，致使一些知识分子和小学教员蒙受不白之冤。

对待地富及其子女亲属问题上也有不加区别的倾向，这个影响一直延续到解放后。

还有些干部处理不当，造成冤案。

因时隔多年，有些事情回忆不一定准确，希望知情的同志给予修改补充。

一九八四年六月于昔阳

（注：本文根据赵武成同志座谈录音整理，作者曾任中共昔阳县委书记，中央顾问委员会委员，中央城乡建设环境保护部副部长。）

抗战初期在昔阳工作的回忆

王殿邦

我是昔阳县安坪乡杏庄人，家庭出身贫农。初小毕业后在县立一高读书二年，后到阳泉煤矿担水糊口。由于年幼身矮，时间不长就又回到昔阳县城染坊当徒工，九个多月后经同学介绍到伪公安局当冬防队员（站岗）。一九三六年底参加了牺盟会。一九三七年十月参加工作。一九三八年四月在车寺底村经陈金钰介绍入党。现将抗战初期在昔阳工作情况回忆如下：

一、昔阳县牺盟会成立及活动情况

一九三六年冬，山西省牺盟总会派出五名村政协助员来到昔阳，分别深入全县各区和较大村庄，一面宣传动员群众参加抗日救亡活动；一面在农村发展牺盟会员，凡报名者都填写了表格即承认是牺盟会员。他们活动了一段时间，大约发展了数千名会员就回了省城，为以后成立昔阳县牺盟会组织打下了基础。一九三六年底和一九三七年初，省牺盟总会派特派员赵光寅（共产党员）赴昔阳开展牺盟会工作。时任教五团（驻平定县城）政治部主任李一清同志，从平定县城亲临昔阳县城帮助成立了“昔阳县牺盟会执委会”，执委会由五人组成即：赵光寅、李之实任特派员，赵邦荣（时任县一高校长）、李正明（时任旧政府新生周报社社长、总编）、赵鼎臣（时任教育局督学）为执委委员。

牺盟会成立后，抓了两件事：一是广泛宣传发动群众开展抗日救亡活动。二是在全县大量发展牺盟会员，建立基层组织。在原有会员基础上，特别注重发展进步知识分子，同时在旧政府、旧公安局下层人员中发展一批会员。我就在这时即一九三六年底由李之实介绍参加了牺盟会的。后在赵光寅、李之实的指导下，由我在旧公安局内发展了十一名牺盟会员，他们有：卜鸿文、刘树田（已去世）、梁启才（已去世）、梁启*、聂云智、凌尔忠（已去世）、赵鸿福（已去世）、陈建*、赵锦龙、王**（已去世）。当时李正明、张子荣在旧政府中办着一种昔阳新生周报，报社为会馆，许多活动接头都在会馆。记得有一天晚上，听一位巡官说：公安局夜里有行动，秘密捉拿共党要犯李一清。我立即在夜深人静时去会馆找到李正明，把情况作了汇报，李正明又把情况转告在旧县政府一科工作的李聪明（李一清侄儿），李聪明又转告给李进军，凌晨三点，当旧公安局包围了李进军家时，李一清早已无影无踪了。

一九三七年十一月一日（农历十月二十九日），旧政府县长阎聚宝、公安局长符文翰等旧政府官员，听说日军将要侵入昔阳县境，便带了大量烟土、钞票、银洋等国库贵重物资向南逃跑，当晚住到西寨，二日到达和顺县紫罗村。旧公安局一个牺盟会员在符文翰那里得知，阎、符二人企图在今晚上大家入睡之后，从紫罗偷往临汾撤退，投奔阎锡山。这个企图在他们县城撤退时，李正明同志就亲自对我说："旧政府官员把昔阳人民的库存银洋、法币及大烟土等贵重东西都带走了，这是属于国家的，昔阳人民的，但阎聚宝一伙想私吞和奉送其主子阎锡山。你是牺盟会会长，可把公安局的牺盟会员组织起来，把这部分财产交给八路军作为抗日经费"。得知上述消息后，我一方面派牺盟会员（警察）分别监视县长阎聚宝、公安局长符文翰，不让他们自由行动，并派牺盟会员（警察）看守旧政府带出的四驮东西；另一方面我亲自找到县牺盟会领导人李之实报告了这一情况。所以在这一事件中，旧公安局的牺盟会员是起了内因作用的，破坏了旧政府官员的行动计划，保住了昔阳人民的重要钱物。

然而，斗争取得最后胜利还靠驻防在紫罗村的八路军一二九师大力支持。当时阎聚宝很狡猾，他要求跟他的警察（牺盟会员）到一二九师师部，当然他去师部是不能阻止的，因为是搞统一战线，县长到八路军师部是正当要求，但他到了师部后，向师部首长告了警察的状，说什么警察要造反，不让他自由行动，不让他和公安局长符文翰见面等，要求八路军把监视他的警察全部抓起来。但是八路军并没有按他的要求办，而是派了八路军一个连去做工作，连指导员把全部警察集中起来，很和气地问话和讲话。大意是：先问大家为什么要派人限制县长的自由行动？大家齐声回答："因为他要把我们拉到临汾去，并把昔阳人民的大量贵重财物带走，我们不同意，我们的家属都在昔阳县，县城被敌人占了，但广大农村还在农民手里，我们平时赚的是昔阳人民的钱，吃的是昔阳人民的粮，为什么不保护昔阳十三万人民生命财产，而要往临汾撤退呢？况且阎司令长官提出是'守土抗战'，为什么他们不按命令照办呢？"八路军听了大家的回答后表示很满意，并对大家讲了话，主要是鼓励大家对抗战要有信心，实际上也揭穿了阎聚宝等少数旧官员的逃跑主义嘴脸。所以我认为没有八路军的大力支持，这场斗争是不会和平解决的。

二日斗争取得胜利，三日八路军派部分军队保护赶晚住在水峪，四日到达皋落镇，五日在八路军代表和牺盟会的主持下，昔阳抗日民主政府成立大会在皋落召开。具体过程我就不知道了。

二、昔阳县游击纵队的成立及活动情况

昔阳县抗日政府成立不久，大约在一九三七年十一月中旬，为了扩大地方武装，开展抗日游击战争，中共昔阳县委、抗日县政府在八路军大力支持下，将昔阳县游击队扩建为昔阳县游击纵队。纵队下辖四个游击大队，一个直属中队。八路军还委派了若干名干部到游击队内担任政治领导干部。纵队长由县长阎聚宝兼任，政委由李之实兼任，副纵队长由公安局长符文翰兼任，副政委由陈金钰担任（军队派的）。第一游击大队长李经麟（党员），指导员邹善芳（红军）；第二游击队大队长武珂枫（党员），指导员康先海（红军）；第三游击大队长李克寿，指导员 XXX；第四游击大队长赵步崇，指导员 XXX；直属中队长王殿邦，指导员李书田（红军）。

纵队成立时，除原有各游击大队队员外，还吸收了旧公安局带回的一百多人和枪，发展了地方武装，这是我党搞统一战线的英明决策。

游击纵队成立后，在配合主力部队作战开展游击战争，保卫党政府机关安全和人民群众的生命财产上起了很大作用。例如一九三七年十二月中旬，日寇对我八路军总部和太行根据地实行六路围攻时，我县第一游击大队配合七六九团、秦赖支队，将和顺、昔阳之敌拦截在半路，拖住敌人的后腿，配合反六路围攻作战，有力地打击了敌人。

同年十二月下旬，一、四大队开进皋落一带驻扎，准备编入正规军。二、三大队改名为九龙支队和太行支队，直属中队编入太行支队。仍为当时昔阳县的地方武装。

一九三八年二月底，一、四大队从皋落开到和顺牛川村正式编为八路军一二九师汪乃贵支队第二营，以后又改为三八五旅二团、十四团。九龙、太行支队编入晋东游击队，全队共一千余人，经常活动在昔阳、和顺、平定一带开展游击战争，属二军分区管辖，昔阳县游击纵队从此结束。

三、昔阳县抗日公安局的成立及部分干部名录

昔阳县游击纵队整编后，原来的大部分公安人员又归公安局，一区巡官 XXX，二区巡官王殿邦，三区巡官李之实，四区巡官高立芳，新组约有二百余人。

大约在一九三八年一月间正式成立了昔阳县公安局，局长符文翰，三个月后他病了，晋东游击队司令员李一清同志又从部队派郭洪林接任公安局长。他干了四个月，因军阀主义作风，便调回晋东游击队司令部。一九三八年七月，由王殿邦接任公安局长，并配备了其他干部，张子荣任指导员，工作员宋云成在一股负责，田同林在二股负责，梁启才任警卫队长。

四、在昔东县“点线工作委员会”

一九四〇年五月，上级调我到一二九师师部轮训队学习（培养营团级干部），八月间的一天刘师长给我谈话，调我回区党委举办的特训班学习，一个月后我就病了。十月间，正是百团大战第一阶段，上级介绍我返回昔东县“点线工作委员会”负责开展工作，兼任一区区长。

上述回忆供作参考。

一九八六年十月二十九日

（注：本文根据王殿邦同志座谈录音，由县党史办整理，未经本人审阅。作者曾任昔阳县公安局长，山西省气象局副局长，已离休）

干部。1937年3月，昔阳县牺盟分会成立，抗日宣传深入各个角落，例如，思乐村唱戏时，执委李进军、王久敬在开戏前就公开登台讲演，宣传抗日救国十大纲领；又如八路军一二九师路经昔阳晚上在县城城隍庙演戏，七六九团宣传股长漆远握同牺盟特派员赵光寅在台上讲演后，向大家征求意见时，李进军、李经宽、王久敬在台下紧密配合，要求政府实行“合理负担”“减租减息”，实行“有钱出钱，有粮出粮，有力出力，有枪出枪”，减轻人民负担，等于开了一次抗日动员大会，使党的抗日政策渗透到千家万户，有力地推动了抗日工作。

2. *利用合法身份，保护我党抗日干部*。1936年冬，山西省牺盟总会派往昔阳的临时村政协助员赵光寅、李之实，在旧县政府下层人员中发展了一批牺盟会员，其中在旧公安局警察中发展了11名，成立了牺盟小组。王殿邦任组长。以他们为核心，在旧县政府内开展抗日宣传。当时已发展为牺盟会员的李正明、张子由，在旧县政府中主办着一种刊物，叫《昔阳新生周报》，为方便抗日工作，他们秘密商定把报社作为会馆，把会馆作为牺盟会员活动和接头的地方。一天晚上，王殿邦听一位巡官透露，公安局夜里有行动，秘密捉拿共党要犯李一清，王当晚在夜深人静时到会馆找到李正明汇报了情况，李当即转告在旧县政府一科工作的李聪明（李一清侄儿），李聪明又转告李进军。凌晨三点，旧公安局把李一清和宋立志的家团团包围，进行搜查，李一清却无影踪了。

3. *组建地方武装，配合八路军，开展游击战争*。1937年9月下旬，山西省牺盟总会在太原召开了牺盟代表大会，出席大会的昔阳代表有牺盟分会村政协助员王久敬等二人。会后，为了抗击日本侵略军，开辟昔阳抗日根据地，在县工委领导下，按照会议精神，以县牺盟分会的公开身份出席，由特派员赵光寅、李之实，执委李进军（党员）等人主持，在县城圣庙（现人民礼堂旧址）召集县级机关各阶层人员参加会议，宣布成立昔阳县游击队。游击队首先搭配了干部架子，共七人组成，正副队长由赵光寅、李之实兼任，其他人员有牺盟分会执委李进军、李经麟（党员）、王一（党员）、李经宽（党员）、王久敬。当时驻在平定城的省教五团资助了部分武器，每人发了一支枪，10发子弹，并组织群众街头游行。会后在县城动员了一批游击队员，随即深入乡村宣传我党抗日救国十大纲领，号召民众执行合理负担政策，有钱出钱，有粮出粮，有力出力，有枪出枪，为八路军募捐粮物；同时帮助乡村建立动委会。通过一段艰苦发动工作，在八路军支持下，于1937年10月，昔阳县第一游击大队首先成立（营级编制），下设中队、分队，队员近400人，大队长李经麟，政委邹善芳（红军）。

同年11月间，在八路军帮助，二、四游击大队相继成立。这时中共昔阳县委、抗日县政府、县牺盟分会，为加强地方武装领导，配合八路军开展游击战争，将昔阳县游击队扩建为昔阳县游击纵队。设纵队部，下辖三个游击大队，一个直属中队，队员近 1000 人。纵队队长由县长兼任，政委由牺盟特派员兼任，八路军还派了一批干部到纵队、大队、直属中队担任政治领导。活动在昔阳范围内，1937 年 12 月底纵队撤销，一、四游击大队扩充了八路军，三大队和直属中队改为九龙支队和太行支队，仍为昔阳的地方武装。

昔阳县地方武装成立后，在配合八路军作战，保卫根据地建设等方面起了应有作用。例如 1936 年 12 月间，日军调动大量兵力向我根据地合击，我县第一游击队大队配合七六九团、秦赖支队，将和顺、昔阳之敌拦截在半路，拖住敌人的后腿，配合反六路围攻作战，有力地打击了敌人，粉碎了敌人的六路围攻。

4. **以民族革命《十大纲领》为武器，坚持又团结又斗争的原则，同旧政府官员进行斗争，为建立昔阳县抗日民主政府发挥了重要作用。**1937 年 9 月，战争气氛日趋紧张。县里各机关开始疏散，县牺盟分会工作人员一部分由特派员赵光寅带领武珂枫、陈颉宇（女）等人撤退到东冶头镇一个教堂里办公；一部分由特派员李之实等人留在县城坚持工作，最后撤退。11 月 1 日（农历十月二十九日），旧政府县长阎聚宝，公安局长符文翰等官员，获悉日军入侵昔阳县境，便带了保卫人员和昔阳人民库存的大量银洋、法币及烟土等贵重物品向南撤退，投靠阎锡山。临行前牺盟分会执委李正明正向王殿邦透露："旧政府官员把昔阳人民的库存银洋、法币及烟土等贵重物品都带走了，这是属于国家的，昔阳人民的，但阎聚宝一伙想私吞和奉送其主子阎锡山，你是旧公安局内牺盟会员中的组长，可把大家发动起来，把这部分财产交给八路军，作为抗日经费。"王得知后，便暗地观察其动向。2 日到达和顺县紫罗村，这时昔阳县牺盟分会特派员李之实等一批牺盟会员也退到这里。王殿邦便把阎聚宝、符文翰等官员企图在今晚大家入睡后从紫罗往临汾逃跑，把带出的贵重物品私分和奉送其主子阎锡山的详细情况报告给李之实，并指派牺盟会员（警察）分别监视阎聚宝和符文翰，不让他们自由行动。同时派专人看守他们带出的贵重物品。李之实掌握情况后，一面启发随从爱国警察一起同阎聚宝斗争；一面找到进驻子罗村的一二九师师部反映了情况。阎受到行动监视后，便道一二九师师部告了警察的状，说什么警察要造反，限制他自由行动，不让他和公安局长见面等。要求师部把监视他们行动的警察抓起来。师部听了李之实的反映，又听了阎聚宝的告状，便派了一部分军队去做工作，大意是，先问警察为什么要派人员限制县长的行动，大家齐声回答：因为他要把我们拉到临汾去，并把昔阳人民的大量贵重物品带走，我们不同意。我们的家都在昔阳，县城被敌人侵占，但广大农村还在人民手里，我们平时赚的是昔阳人民的钱，吃的是昔阳人民的粮，为什么不保护昔阳 13 万人民生命财产，而要往临汾撤退呢？八路军听了大家的回答表示很满意，并对大家讲了话，主要是鼓励大家对抗战要有信心，实际上也揭穿了少数旧官员的逃跑主义嘴脸，阎聚宝被迫接受回昔抗日。随后八路军派部队保送返回皋落镇，5 日在八路军支持下，共同商量，在皋落镇召开了群众大会，会上由阎聚宝代表政府，马希贤代表县牺盟分会，李进军代表县自卫总队讲了话，最后宣布“昔阳县抗日民主政府”成立。为搞好统一战线，新政权仍沿用旧政府的架子和人员，阎聚宝仍任县长，符文翰仍任公安局长，其他机构领导人大部由原旧政府人员担任。

撤退在东冶头镇坚持斗争的特派员赵光寅等人，在八路军帮助下做了大量的工作。10 月间一二九师政治部经东冶头镇，王新亭（时任一二九师政治部组织部长）召开了干部会议，帮助成立了二区动委会，进入了紧张的战斗状态。月底，三八六旅七七一团取得了七亘战斗胜利，路经东冶头镇时，召开了庆祝大会，驻东冶头镇的县牺盟分会成员，借此机会动员群众慰问八路军，参观战利品，并向群众宣传共产党、八路军的抗日政策，在街头张贴标语等。部队撤走后，形势更加紧张，他们便撤回东冶头镇，在赵壁、黄岩底等村找到了部队，一二九师政治部主任宋任穷给他们讲了形势，鼓励他们坚持奋斗，并抽调七名军队干部配合他们一起返回东冶头镇一带打游击。不久，七六九团进驻皋落镇，县抗日民主政府也在此成立，县委领导也到了皋落镇，赵光寅及时取得联系，在特委彭涛、县委书记赵武成的指示下，行动有了方向，工作有了重点，信心足了，劲头大了，根据指示回来后：第一，成立二区党的领导小组，由赵光寅、宋志兴、武珂枫三人组成，赵光寅任组长。第二，成立二区抗日政府，任命赵光寅为区长。当时首要任务是动员当地知识分子出来参加区政府工作，很快便组成了 20 余人的区政府工作机构，开展了工作。第三，成立脱产自卫队（后改为第二游击大队），制定武珂枫任大队长（后为李进军），康先海（红军）任指导员。由于群众抗日情绪高涨，自卫队很快发展 100 余人，不断在三教河、里沙窑等农村活动。

此外，县牺盟分会为了推动全县抗日救亡工作的广泛开展，在县委领导下，在动员和组织县区、村工农青妇等抗日群众组织中做了大量的工作。

（注：本文根据李一清、赵武成、武珂枫、陈颉宇（女）、王久敌、王殿邦、赵邦荣、赵邦汉（已故）、刘用光等同志的回忆录由县史志办整理。）

昔阳县抗日民主政府的创建及根据地建设情况

昔阳县委史志办

一九三七年十月三十日，日本侵略军一〇九师团约两千余人，由井陉分路窜入太行山脉，踏入昔阳县境九龙关，并向我内地进犯，十一月二日，我八路军一二九师三八六旅七七一团、七七二团在黄岩底村打了游击战。日军失利后，一部取道虹桥关，夜宿阎庄窝、厚庄，次日晨侵占昔阳县城，大部从黄岩河返回，夜宿南界都，三日全部侵占县城。

当时，旧县政府县长阎聚宝（阎锡山委任的县长），公安局长符文翰，公道团长郭玉润等官员，不顾民族存亡，不管昔阳人民生命财产安全，带着保卫人员和全县人民的财富——银洋、法币、大烟土等贵重物品，早于十一月一日弃城离职撤退了。他们的行动引起了县牺盟会和旧公安局内进步爱国人士的注视，县牺盟会执委李正明在他们准备撤退时就把情况透露给随同人员王殿邦（牺盟会员），果然，撤退到和顺县紫罗村时，一个牺盟会员（警察）从符文翰那里得知，当晚大家入睡之后，他们要偷往临汾撤退，投奔阎锡山。王殿邦立即把上述情况汇报给县牺盟会特派员李之实，同时派警察（牺盟会员）分别监视阎监视阎符二人，不让其自由行动，派专人看守他们带出的贵重物品。李之实得知情况后，当晚找到驻紫罗村一二九师师部反映了情况，阎受到行动监视后，便到一二九师师部告了警察的状，说警察要造反，限制他自由行动，不让他同符文翰见面，要求师部把监视他们的警察全部抓起来。师部听了李之实的反映，又听了阎聚宝的告状，便派了一个连去做工作，把全部人员集中起来，很和气地问话和讲话，大意是：先问警察（牺盟会员）为什么要派人限制县长的行动？大家齐声回答：因为他要把我们拉到临汾去，并把昔阳人民的大量贵重物品带走，我们不同意。我们的家属都在昔阳县，县城被敌人占了。但广大农村还在农民手里，我们平时赚的是昔阳人民的钱，吃的是昔阳人民的粮，为什么不保护昔阳十三万人民生命财产，而要往临汾撤退呢？况且阎司令长官提出是："守土抗战"，为什么他们不按命令办呢？八路军干部听了大家回答表示很满意，并对大家讲了抗战形势，鼓励大家对抗战要有信心，实际上也揭穿了少数旧官员的逃跑思想，阎聚宝被迫接受"守土抗战"，建立抗日民主政府。在八路军的大力支持下，取得紫罗斗争胜利，挽救了昔阳政权。

三日，八路军派部分军队保护，赶晚住水峪，四日返回皋落镇，五日，在八路军代表和县牺盟会的主持下，在皋落镇召开了群众大会，会上由阎聚宝代表政府，马希贤代表县牺盟会，李进军代表县自卫总队讲了话，最后宣布："昔阳县抗日民主政府"成立。

为了团结一切可以团结的力量，结成广泛的抗日民主统一战线，按照党的统战政策，新政府仍沿用旧政府的机构和人员。县长仍由阎聚宝（旧政府县长）担任，公安局长仍由符文翰（旧政府公安局长）担任，公道团长仍由郭玉润（旧政府公道团长）担任，旧政府人员大部继续留任。这是太行区最早成立的抗日民主县政府。晋冀豫区委在一九三九年三月关于十七个月来的工作总结中说："娘子关失守到太原失守，这时期的特点是一二九师转入昔阳、和顺一带，取得七亘战斗胜利及总部指挥下的广阳战斗胜利，阻止了敌人前进与纷扰，挽救了昔阳政权，兴奋与稳定了人民情绪，成为全区工作发展的始基"。

十一月上旬，中共昔阳县工委书记赵武成和中共晋中特委彭涛同志相继到了皋落镇，中旬中共晋中特委决定将中共昔阳县工作委员会改名为中共昔阳县委员会，从此，抗日民主县政府在县委的直接领导下，迅速开展了轰轰烈烈的建立抗日根据地工作。

1. 加强党对政府的领导，组建各级抗日政权。县委认为，抗日民主县政府虽然成立了，但机构和人员仍是旧的一套，要动员和组织全县人民开展抗日运动，必须采取争取利用和逐步改造的政策，而对区一级政权和编村一级基层政权，则要真正掌握在我党手里。为此，首先派出得力的党员干部出任各区区长，组建抗日民主区政府。王子元（又名王一）任一区长，宋志兴任二区长，赵武成（县委书记）兼三区长，宋乃宽任四区长，四个区政府相继成立。紧接着各区都成立了"动委会"，由区长兼任动委会主任，并调整和改造了村政权，这样区、村政权都置于党的领导下。与此同时，八路军工作队分赴各村一面宣传抗日救国的道理，宣传我军平型关大捷和我县黄岩底、广阳伏击战胜利，宣传党的抗日民族统一战线政策，极大地鼓舞了人民群众的抗日热情；一面帮助建立和改造各村政权，使我县抗日救亡运动走向了一个新阶段。经过一段艰苦细致的思想改造和争取利用工作，到一九三八年十二月，昔阳县抗日民主政府进行了改组，第三行政公署任命共产党员赵邦藩为昔阳县抗日民主政府县长。政府各科科长都配备了共产党员担任，并建立了党组，一科科长赵邦荣为县政府党组书记，牺盟会特派员赵光寅为群团组织党组书记。

2. 扩建地方武装，配合主力部队开展游击战争，巩固抗日根据地。抗战初期，群众抗日热情高涨，纷纷参军参战，群众性的游击战争蓬勃发展。昔阳也成立了县的游击队。为了加强根据地的武装建设，在八路军的大力帮助下，抗日县政府成立以后，便于十一月中旬将原县游击队扩建为昔阳县游击纵队，纵队下辖四个游击大队，一个直属中队，总共一千五百余人。纵队长由县长阎聚宝兼任，政委由牺盟会特派员李之实担任，为了加强党的领导，一二九师抽调了一些精明强干的党员干部到纵队大队、直属中队担任政治干部职务，第一游击大队长李经麟，指导员邹善芳（红军），第二游击大队长武珂枫，指导员康先涛（红军），第三济南大队长李克寿，指导员XXX，第四游击大队长赵步崇，指导员XXX，直属中队长王殿邦，指导员李书田（红军）。

几个月后，县游击纵队的四个大队都有变动：一、四大队近千人改编为八路军正规部队，二、三大队改名为九龙支队，太行支队。还是昔阳县地方游击队。一九三八年四月份，日寇出动三万人发动九路围攻，向我八路军总部驻地辽县（左权县）、武乡一带进发，刚改编的县第一游击大队，积极配合主力部队在和顺县高丘、牛川一带截击敌人，有力地配合了反九路围攻的胜利。第四游击大队有一次夜袭县城敌人，缴获一门小炮（掷弹筒）。一、四游击大队还不断到正太路阳泉至寿阳段破坏铁路，袭击车站，二大队不断到娘子关附近割敌人的电话线。

3. 执行党的统战政策，搞好党的统一战线工作，团结一切可能团结的力量，一道抗日。抗日民主县政府成立后，除团结沿用旧政府人员外，还团结了广大的社会各阶层力量。例如松塔（原属昔阳县，后划寿阳县）村地主李兼恭是个进步的开明绅士，抗战一开始他就拥护共产党的主张和政策，主动拿出不少银洋交给抗日县政府，支持抗日运动，受到了政府的表扬。后来他爱国有志，投身革命，参加了中国共产党，并于1938年5月担任了平昔西县委第一任宣传部长。

4. 全力开展宣传活动，号召有粮出粮，有钱出钱，有人出人，支援抗日救亡活动。抗战初期，皋落镇成为全国抗日基地，晋冀的交通枢纽，八路军七六九团直属机关，冀西民训处，晋东游击队直属机关，加上县、区政府机关干部共一千余人驻在这里，为了保证军需民用，县委和政府在三区设立了一个“粮秣处”，配备了强有力的党员干部专管动员粮秣，核定人数，办理领取粮秣手续等后勤供应工作。

同时认真执行上级“合理负担”指示，和“有粮出粮”“有钱出钱”“有力出力”的号召，动员地主富农捐粮捐款，抗日救国，保证了军政的粮秣供给问题，后来县委和政府又提出两个口号，一个叫“倾家救国”，就是自动留下自己生活必需的钱、粮、土地外，其余统统捐献出来，抗日救国；一个叫“倾粮抗日”，就是自愿捐粮。为了落实这两个口号，县委书记兼三区长赵武成在三区召开了开明士绅会议，预先做了铺上村地主乔登科（乔增禄之父）的思想工作，让他带头“倾家救国”。会上首先向乔增禄烈士默哀，然后做了动员报告。乔登科在会发了言，他说：“这会开得很好，兵是谁的兵，马是谁的马，都是八路军的，八路军是救国救民的，我们就得支持八路军。”接着他提出了捐献粮、款、土地的数目，积极支援抗战。在他带动下，参加会议的人纷纷捐献，为了鼓励大家和未到会的人继续捐献。在会场上当众贴出“倾家救国”“倾粮抗日”的光荣榜，凡是“倾家救国”的写在前面，第一名就是乔登科，“倾粮抗日”的则按数目多少为序，依次排列，这次会议捐献到一大部分粮和款。

为了推动抗日捐献运动的进一步开展，县委书记赵武成主动捐献了自己家的粮食，还把其父在世时放的高利贷债务，统统宣布取消。三区动委会副主任赵邦藩（介人）也带头把自己家里的余粮捐献出来。在会议动员、干部带头下，捐到了不少粮食。而对少数顽固地主则要开展斗争，如车寺大地主李万箱，对抗捐献号召，拒不交出粮食，曾被扣押过。斜峪沟大地主田中元，有大批小米，藏在窑洞里，拒不捐献，政府则宣布没收。在粮食问题上采取了对自动捐献者表扬，对顽固地主抗拒者没收的政策。采取捐献办法，只解决了军需民用的暂时困难，以后为坚持长期抗战，进一步实行了合理负担政策，形势才逐步好转起来。

在捐献运动中，有粮出粮，有钱出钱，而缺粮缺钱的贫雇农则把自己的亲生儿子送上前线，勇敢杀敌，1937 年底到 1938 年初，两个月时间全县就有 2000 余名青壮年参加了八路军。

5. 成立抗日群团组织，动员全县人民投入抗日运动。1938 年后半年我县抗日运动进入新高潮，在县委县牺盟会和抗日县政府的领导下，于 7、8 月间昔阳县工人救国会、农民救国会、妇女救国会、青年救国会相继成立。在县各抗日群团组织的发动下，全县区、村两级基层组织也很快成立了抗日群团组织，县、区、村三级约 50000 余人组成了抗日斗争的骨干力量，遵照县委抗日县政府的指示，组织和带动全县人民投入了轰轰烈烈的抗日救国运动。参军参战支前运输站岗放哨，反霸除奸，和平建设等各项抗日工作出现了新局面。抗日根据地开始实行减租减息，执行合理负担政策，团结和启发了各阶层群众的抗日斗争积极性。广大农民群众为表达自己对县委和抗日政府政策的衷心拥护，再次掀起了参加八路军和拥军优属高潮。

昔阳县抗日民主县政府在抗击日本帝国主义侵略和同阎锡山的反共防共斗争中成立，在斗争中进一步得到巩固和发展。昔阳人民在斗争中认识到，只有共产党领导的八路军才是人民的军队，只有八路军大力支持，才保证了昔阳抗日民主县政府的建立。

（注：本文根据赵武成、赵邦汉、王殿邦、刘用光、赵邦荣等同志回忆录由县史志办整理。）

我对昔阳党史一些史实的回忆

陈子万

一、知识分子首当其冲，播下了红色种子

昔阳县的党史、昔阳县党的最早最大的影响，应该首先从李一清说起。他的影响不仅仅是在抗战时期当过晋东游击队司令员。早在第一次国内革命战争时期，他就参加了革命活动。他是1927年在太原进山中学入的党，抗战前他影响了昔阳县一大批知识分子，并且影响到劳动人民。像我们这些初通文字的小学教员，对他印象很深。他的影响对许多中小知识分子参加革命起了很大作用。李一清是大学生。解放前昔阳文化落后，像我们这些小知识分子一听说是大学生，就敬重、仰慕。大学生等于清朝社会的状元，昔阳能有几个呢？那时城里有李一清、马长寿，再就是黄岩的王桐、东寨的王志均，只有少数几个。又听说李一清是共产党员，这四个字就更牵动人心。特别是1936年初红军东渡黄河时，旧政府公安局还抓过他，因为他是共产党员，真是个大人物。在他的领导下，曾发动过打倒“西老天爷”“玉皇爷”的斗争，发动过打官盐店、讨伐赵福成的斗争等。当时我们这些人就是从这些事情上受到共产党的影响的，也是从这里知道共产党的，共产党的影响在人们思想上有了个轮廓。

其次，就是从大知识分子到中小知识分子。中小知识分子的特点是数量多，光景穷，影响面大。昔阳的抗战最后就落在这些人的肩上。首先是有个铺上的乔增禄、官道嘴的赵武成。乔增禄在太原国民示范上学，因为领导学生开展抗日救亡运动，被阎锡山以“宣传共产，吊打官警”的罪名枪毙在太原。当时，赵武成也在太原国民示范上学，枪毙乔增禄时，在布告上也点了他的名，到处抓捕，他才暂时回到昔阳。乔增禄被杀害，引起了昔阳人民的议论，影响最深，他在人们的心目中深受敬仰，在昔阳县早期的革命中起了推动作用。当时，昔阳县中小知识分子的革命活动是以“三高”为重点。为什么是这样呢？因为乔增禄和赵武成都是从三高毕业的。1933年春，赵武成从太原国民师范回昔，串联宋乃宣等人，发动了一次反对三高校长王绍海的斗争。他编了《金字塔》说：“哎，绍海生下来就是奴才，校长未三载，一心想把校风来改，如若你再不悔改，就把你像杀猪来宰。”而后来又和反对恶霸地主王守荣（王绍海父亲）的斗争结合了起来。这股革命的力量起源于三高。当时我在第三班，王子元、王希圣在第一班，赵武成在第二班，还有宋乃宣、赵邦汉、焦汤铭、焦玺铭等。所以说三高是基础，是发源地。当时组织这些革命活动是依托于三高的。核心是乔增禄、赵武成撒些了红色种子。这就是知识分子同工农相结合，在抗战时期起到了中流砥柱的作用。

第一炮就是这样打响的。这是昔阳的历史，这是事实。

二、八路军开进昔阳，昔阳人民认识了共产党

1936 年 2 月中旬，红军东渡黄河，进入山西。那时，共产党确实来了。县城里到处是反攻防共，特别是旧政府县长阎聚宝修筑城墙，在西城组织插圪针，怕红军来了。旧政府公安局到处抓共产党人。凡是带着一条红线就是共产党人，结果抓了三个讨吃的。有一个是瞎子，身上搜出几条红线来，就证明是共产党人。有一个是凤居村人，叫“北斗星”，还有一个是讨吃的。当时我进城时正碰上在县衙门大堂上公审。头天晚上公审，第二天晚上就把那个瞎子枪毙了。一个富共产党是李一清，三个穷共产党是三个讨吃的人。这时共产党在人们的思想上印象加深了。但是，究竟共产党人是个什么面目，人们的思想认识是模糊不清的。1936 年红军东渡黄河，很快又走了，人们很失望。到 1936 年 2 月“西安事变”后，人们认为杨虎城、张学良也是共产党，因为他们把蒋介石抓起来了。在日本侵略军大肆侵占我国土的危急时刻，国民党军队节节败退，人们对蒋介石不抗日救国失去了信心。直到 1937 年“七七事变”后，抗日战争全面爆发了，我党领导的八路军开往山西前线抗日，首战平型关告捷，八路军的威望一下子提高了。紧接着，八路军在昔阳境内打了两个漂亮仗，一个是黄岩底伏击战，一个是广阳伏击战。日军入侵昔阳县境是在 1937 年的 10 月底，11 月 2 日，在黄岩底吃了败仗后，次日凌晨侵占昔阳县城的。11 月 2 日这一天，我八路军一二九师三八六旅在刘伯承师长、徐向前副师长和陈赓旅长的指挥下，在黄岩底摆下了布袋阵，诱敌进入，打了个漂亮的伏击战。这次战斗对建立昔阳抗日根据地是起了决定作用的。从此，共产党、八路军在昔阳人民的心目中有了威望，深得人心，童叟皆知。这次战斗不仅仅是在昔阳打了一仗，当然这是最主要、最直接的成果，更重要的是经过战斗，广大群众深深了解了八路军，知道了八路军是抗日的，看到了八路军的战术，看到了八路军的纪律。当时群众认为：从古至今没有听过，更没有见过这样严格的军队。战斗技术、战斗纪律、作风勇敢，在以前人们只是从神话、小说中听说过，这次真正看到了。八路军当时住在黄岩底附近，人们还有些害怕，怕这些兵打人、杀人、抢东西。结果，八路军吃了老百姓的粮食，等战斗结束后发现，他们都给留下了钱，水缸也担满了水，群众没见过这样好的军队，都十分感动。因此，过去是一见到兵就跑，现在八路军一到就腾出房子，烧水做饭。归根结底是政治影响，人们对共产党、八路军有了深刻的印象。另外，八路军在抗日战争中采用的游击战术也深得人心。游击战术的要领就是四句话，叫“敌疲我打、敌困我扰、敌进我退、敌退我追”。八路军打黄岩底就是游击战术。八路军战士化装成老百姓背上粪筐拾粪，给敌人引路，到黄堺底、南峪沟口侦察员一闪走，前头后头一封口，就把敌人装进了布袋阵，消灭了日寇 300 余人，打了一个漂亮仗。当时黄岩底村农民快板家叫陈货妮，编了个顺口溜说：八路军摆下布袋阵，一布袋就把敌人装干净……可见八路军这一仗不仅提高了威信，而且昔阳人民开始认识了共产党八路军。群众性的抗日斗争热情和觉悟也是由此开始的。

三、“牺盟会”组织在抗战中的作用

抗日战争时期，山西的“牺牲救国同盟会”（简称牺盟会），是中国共产党人同阎锡山“联合抗日”的群众性统战组织，是党的抗日民族统一战线政策的产物。当时，正当蒋介石政府残酷镇压抗日爱国运动的恐怖时刻，山西首先出现这样一个统战组织，是十分令人振奋的。主要是以薄一波同志为首的一批共产党人，充实和掌握了牺盟会，牺盟会不但在全省各地深入发动群众、组织群众开展抗日救亡运动，而且还普遍发展了党的组织，在群众中牢牢地扎下了根。昔阳县的牺盟会组织最早是在 1936 年 11 月，我就是在 11 月参加的牺盟会。后来上级派来赵光寅、马希贤、李之实、武珂枫等人，他们是牵头的，是领导人。我参加牺盟会是在昔阳城西门坡旧政府教育局（科）登记的。我当时是高小教员，有时候到城里办些事，由于受到抗日救亡运动革命思想的影响，民族革命的意识强了。当时县里有两套（个）组织，一个是公道团，一个是牺盟会。旧军都随公道团，新军（就是教导五团）是属于牺盟会。所以要抗日就要参加牺盟会。我到城里有事，逐步熟悉和了解了这些情况，就下决心参加了牺盟会。“民族救亡先锋队”（简称民先队）只是填了张表，没有音信，后来这个组织归了牺盟会。1937 年 3 月我去西峪当教员，西峪的公道团、牺盟会组织同时建立。牺盟会发展就是通过编村填些表，那时编村村长姓宋，村公道团团长是王运德，我是小学教员，也都参加了牺盟会，抗日思想比较坚定。牺盟会组织的头头是叫秘书，秘书是王本福，我是自愿担任文书，既是公道团文书，又是牺盟会文书。公道团文书是法定的，牺盟会文书是自觉的。后来在西峪那里发展牺盟会（员）有积极分子王本祥，一发展王本祥，（就）带动了若干人。王本祥的掌柜叫王福柱（实际是共产党员），也参加了牺盟会。

四、党的组织与抗日政权的建立经过

我是 1937 年 11 月正式参加革命工作的，同年 12 月加入中国共产党。昔阳县党的组织与抗日政权的建立，是在八路军开进昔阳，经过黄岩底一战，给建立敌后根据地、成立抗日政府打下了基础。时间是非常快的。八路军（以）组织宣传队、工作队的形式，到全县各村、镇帮助建立基层政权，基本上是县、区、村同时开展。从县里来讲，八路军和牺盟会做通了旧县长阎聚宝的工作，搞统一战线，11 月 5 日在皋落成立抗日民主县政府。这是（共产党）八路军搞统一战线的成果，是太行地区最早的抗日民主县政府。阎聚宝还担任县长，人员还是旧的，里边掺的新东西就是加了个牺盟会。人们都知道赵光寅、李之实，他们是抗日政府的当然成员。当时主要是组建区一级政权，赵武成是昔阳县第一个县委书记，他兼任第三区的区长，一区的区长是王子元。开始建立区政权，首先抓什么？首先抓住任命区长。区长很重要，有了区长才能组阁。区长下来选择编村村长，一个边村 500 户，这是旧编村制。村长怎么找，实际是依靠区长、牺盟会来找。原来的旧村长，到“七七事变”跑了个干干净净，当时就找有点文化的，有抗日思想的，有点威信的。当时一区就找了一批小学教员当编村村长。我开始（就）在黄岩编村当村长。后来，为了适应抗日斗争形势的需要，县、区村都组织（成立）了“战地动员委员会”，把各阶层的人员请来参加，任务是动员、组织和武装群众进行抗日，为八路军捐献粮款，有了区长、村长和“战委会”，抗日群众运动就发展起来了。比如成立自卫队，建立农、工、青、妇救会等组织，最核心的是村长和农会主席，他们是组织者、领导者。党的支部当时是不能公开的，都是秘密的地下活动，所以公开的是建立区政权。其实在建立政权后，党的支部也就建立了，多数的农救会主席或者村长就是党支部书记，那时的牺盟会会员差不多都是发展后备党员对象。黄岩编村是比较活跃的编村，包括凤居、黄岩底、斜峪沟、南峪沟。基层政权建立后，主要的抗日活动是贯彻有钱出钱、有粮出粮的方针，开展合理负担，减租减息运动，开展扩兵运动，动员青壮年参加八路军，参加地方游击队等。县、区、村的抗日政府都是从旧政府脱胎而来的，是经过斗争而获得领导权的。一开始新旧混杂，实际上旧人还掌权。随着开展新旧斗争，改造旧政权，一切从抗战出发，一切决定于对抗战的态度。各级政权从实际上被党的领导所掌握，这样开展起工作来就得心应手。比如西峪村的抗日工作就开展得很好，是全县的抗日模范村。我是 1938 年到西峪编村当村长的。当时一区区公所虽然在石子峪，后来到井沟，但是实际上前方阵地在西峪村，这里是个重点。为什么这个村发展得这么好？历史原因是党支部和政权组织都是在牺盟会的基础上发展的。尽管牺盟会组织比较粗，不强调什么成分，但牺盟会首先一条抗日上是积极的，是正派的。“七七事变”后昔阳县的建党工作，就是在牺盟会的基础上建党，党的活动都在牺盟会的掩护之下进行。这种形式很巧妙，成分纯洁，活动有力，抗日工作开展得就很好。因此，西峪在敌人那里挂了号、出了名，以至于演变到后来的西峪事件（惨案）。这看起来并不偶然，这是西峪人民的光荣历史。

五、昔阳的土改运动

1945 年 8 月，抗日战争胜利了，9 月 1 日昔东和昔西县重新合并为昔阳县，人民欢庆胜利，欢庆被日军侵占了 8 年的昔阳解放了。人民获得了解放，昔阳解放合并县委时，县委书记是陈洁，副书记是冯秦镇，马兴元是在 1947 年 5 月任县委书记。当时县政府也合并成一个，我仍担任县长，到 1948 年 1 月马兴元调走后，由我接任了县委书记。县长由李如意担任。抗战胜利后，党中央和晋冀鲁豫中央局，决定在 1945 年到 1946 年冬春两季，展开大规模的发动群众和组织 1946 年的生产。这一决定于 1945 年底传达到晋中各县，太行二地委部署了在全区重点搞反奸清霸，减租减息和冬季生产运动，以及支部整风与时事教育。当时，通过这些工作的开展，党的基层组织更加纯洁了，解放区的生产运动空前高涨。到 1946 年 5 月，当的土地政策就不是减租减息了，党中央发了个“五四指示”，减租减息转为土地改革。当时昔阳县开展土地改革主流是对的，但也产生了一些麻烦。主要是由于“九条照顾”引起的，开始是不彻底，后来又有过火现象，不应该打死的打死了，杀人过多。“贫农掌天下，说啥就是啥”，普遍来了个“左”的倾向。搞得好的也有，比如当时东冶头镇的赵起明，他是出色的思想领导者，他当时 24 岁，任东冶头镇长，在领导群众开展土地查减运动中，善于不断了解群众思想情绪与要求，耐心地从思想上启发诱导群众自己起来斗争。他领导东冶头群众进行查减，合理分配了斗争出来的果实，并帮助了其他村的群众。在查减告一段落后，积极开展生产运动，组织起 13 个互助组，新买了 74 头牲口，将各种手工业劳动者组织了合作社，开展了广泛的冬季生产。他被评为太行翻身一等英雄，出席了太行区第二届群英大会。还有东风稔的张振华，他是东风稔合作社的主任，他领导合作社由 80 人发展到 230 人，股金由 800 元增加到 130 万元。他领导群众从困难中生产致富，成绩很大，也出席了太行区第二届群英大会。昔阳的土改运动是成功的。据 1946 年的数据统计，当时全县办起了 267 个合作社，入社的社员有 34768 人，合作社占行政村 93%，社员占人口总数的 23.8%，农民翻身做主人，组织合作化运动的形势掀起了高潮。

对于土地改革中“左”的问题，是到 1947 年“冶陶会议”以后纠正的。1947 年 10 月 2 日至 12 月 26 日晋冀鲁豫中央局在河北武安冶陶村召开土地会议，贯彻全国土地会议精神，会议一直进行了 85 天。当时我参加了这个会议。会议按照全国土地会议精神，对全区土改运动进行了全面检查，同时在会议中进行了整风，各级干部都进行了批评和自我批评，端正了思想路线和作风，加强了政策观念。尤其对土改中贯彻贫雇农路线，杀人过多等问题进行了检讨和纠正。昔阳县在 1947 年的土改中也出过乱子，这一段执行了“贫农掌刀把，说啥就是啥”的错误政策。县委当时的力量是比较强的。县委委员、武委会主任庞润林，他是宁“左”勿右。我们参加会议走以前对情况作了分析，安排县委委员、县联社主任尹兴文负责，结果走后庞润林掌了权，尹兴文靠边站了。首先杀了个卜洪亮，本来这是非要保护下来的人。再一个把城市工商业都干了。开会回来后，县委立即制止了这些做法，实行填平补齐政策，纠偏工作取得了成绩。在这以后就是开展了“肃反”工作。土地改革到 1948 年以后逐步纳入正轨了，我党有了土地法大纲，政策正确，又有了 1946 年、1947 年翻身解放的基础，逐步防止了“左”的右的倾向，土地改革的斗争才在全县获得了彻底胜利。

一九八五年八月十八日

（本文根据陈子万同志座谈录音整理。作者曾任昔阳县委书记，任山西省经委副主任。已离任）

“七七”事变前后的昔阳（节选）

寒 声

1936年10月，据说有几位村政协助员来县工作，其实就是要把抗日战争的准备工作深入基层，那时军政机关学校、厂矿都竖了一根高高的旗杆，上挂青天白日满地红国旗。阎锡山每日印发升旗训话。昔阳县也是这样，每天早晨旧县政府与小学校升旗时，先唱升旗歌“中国人民志气宏，披星戴月去务农，犁尽世间不平地，收得五谷稻粱丰，地权平等，革命成功，人群进化，世界大同。青天。白日。满地红。”如果是工人就唱“顶天立地……”村政协助员宣传抗日道理，发展牺盟会员。年底以前牺盟会特派员赵光寅、李之实来了，昔阳城挂出了县牺盟会的牌子。寒、假期间，留省学生们也回来了，牺盟会适应了群众抗日救国的迫切要求，尤其在青年学生中发展得很快。县牺盟机关所在地设在十字街以西路南的一个院落里，真是门庭若市，时间不到一周年。昔阳县好像经了一场暴风雨。当初黑云经天，如今开始有点晴了。

1936年底至1937年，七七事变前，山西抗日救亡运动进入高潮，最大的特点就是牺盟会发展深入工农商学兵，各界救亡歌咏活动遍及城乡，“工农兵学商，一齐来救亡……”或者“我的家在东北松花江上……”到处可以听到这样的救亡歌声。诸如《救亡进行曲》《流亡三部曲》《东北义勇军进行曲》《五月的鲜花》《大众歌手》《枪口对外》《牺牲已到最后关头》等歌曲，形成了这一时代的心声。城乡青年与爱国民众，似乎不会几首救亡歌曲就不足以表现他们的爱国热忱，救国志向。太原市的五一劳动节，牺盟会组成了庞大的游行队伍，如工人合唱队、青年歌咏队。还有五百人的口琴演奏队，民众教育馆的宣传队等等，浩浩荡荡，十分壮观。昔阳县的牺盟会同样非常活跃，四个区已成立了区牺盟分会，城关、集镇与赵壁、思乐、北掌城等大批村庄成立了牺盟支部。同样以歌咏开路，县牺盟会还表演《放下你的鞭子》。

那时候我们在昔阳县牺盟会的工作，主要是组织群众，一次次地在城隍庙戏台前召开军民联欢会，欢迎八路军前来抗战。昔阳县人民曾经过直奉战争、阎冯倒蒋等多次军阀混战，吃过不少兵灾的苦头，八路军初次前来，还有点摸不清水深水浅。八路军第一次到昔阳城的情形，记忆犹新，战士们分组进出宣传，满口南方话，滔滔不绝地讲述团结抗战的道理，宣传抗日救国十大纲领，教唱国共合作歌，“今天大家都来想一想，大革命时代中国情形是怎样？……国民党，共产党，两党合作中国不会亡，两党合作中国求兴旺！”起初，妇女们不敢出头，忽然发现八路军里还有女兵，并且找青年妇女们讲道理，拉家常，人们常说“三个女人一台戏”。谈不了几句就融洽了，让在热炕头问长问短，群众最惊讶的是八路军战士为房东担水扫院，住上一夜，第二天清早起来，八路军早就没影了。不要人畜支差，不骚扰群众，公买公卖，不拿群众一针一线，老汉们惊异地说，“从来没见过这样的仁义之师”，群众是讲实际的，有些人在街上大骂红军东渡时主张公道团的胡说八道，弄得公道团长不敢露面。当然，我们不算旧账，只要团结抗战，一律欢迎。

为了加强党的领导，赵武成同志调回昔阳，以他为核心，建立了中共昔阳县工作委员会，简称“工委”（相当于中共县委），我只记得陈颉宇（女）任工委妇委，我任青委，牺盟会工作也由工委领导。

1937 年的七八月间，昔阳县牺盟会的组织机构就比以前完善得多了，除了特派员，还组织了昔阳牺盟会执委会，有什么工作民主讨论。当时按照八路军七六九团民运干事干桂生同志的提议，大家商议组织游击队。由于时间仓促，单我们这些毫无军事经验的青年学生是搞不成的。因此在昔阳城失守之前，毕竟没有组织起来。

日本帝国主义分几路进攻山西，不论大小城市，一律狂轰滥炸。第一次轰炸昔阳城的那天，我正为葬埋同学李金声的父亲办丧事，敌人在城南河滩扫射了羊群，东关炸伤了一位青年妇女，由于伤势太重，次日牺牲了。伴随着这种战争的恐怖，同时也有鼓舞人心的消息传来，一一五师平型关战斗胜利了，消灭了日本坂垣师团一个旅团，阳明堡战斗烧了敌人飞机多少架，一二九师在平定石门、七亘、东会、马山打了胜仗，缴获了敌人大批军用物资，八路军骑着日本大洋马，穿着日军大衣回到昔阳城庆祝胜利，大批粮食送给牺盟会干部。不久，又在昔阳的黄岩底打了伏击战，这些大小不同的战斗，大大挫伤了敌人的锐气，打破了日军不可战胜的神话。

我没记昔阳城失守的具体日期，据他们讲是 1937 年 11 月 3 日。但是，日军占领昔阳城的前两天，我和赵武成同志还在城里李一清家暂住。那几天，我们与一二九师民运干事干桂生一块动员群众疏散，进行空室清野。这个动员难呐，没有经过战争洗礼的群众，真是穷家难舍。到县城失守的前两天，大部群众转移了，我们两人在城外周围散步。夕阳西下，远处炮声隆隆，商店都关门了，饭店的人也散了，城里城外异常沉寂。我们回到李一清家，家里人早转移了，房门钥匙交给了我们，晚上没有饭吃，只能在二号煤油灯上烧几根粉条充饥。第二天，县牺盟会把教导团支援的十来条三八式大盖枪分配给同志们，我也领了一支，但枪无背带，子弹也无弹袋，只能把子弹装进衣兜里。第二天移住钟村，第三天，也就是日寇占据昔阳城的那天，我们移住洪水村。

赵武成同志要先回官道嘴安排一下家务，我押运着牺盟会的办公用品随干桂生转移西寨。随后他让我转由和顺返回皋落，他却又随部队参加广阳战斗去了。临别时说了一句：“对不起，我让你绕路了。”

行至和顺紫罗，我们县牺盟会的大部同志会合了，其中有李之实、李经麟、宋志兴、李登寿、赵步崇、李跃文等十三人（记得当晚一盘炕挤了十二个人，我在长板凳上睡了一夜）。同时，又遇上了旧政府县长阎聚宝一伙，包括他的师爷们，公安局长符文翰，公道团长郭XX，满载着十来驮行李和好多沉甸甸的麻袋和小木箱，由县公安局十余名警察护送而来，也停留在紫罗打尖。因为退出昔阳城前，并没有一个统一的行动计划，大家第一步先向和顺方面退却，这个意图是一致的，八路军的民运干部也都随部队走了。我们问县长阎聚宝他们向哪里去？阎说："我们大家一块走，也像冀西游击队一样在太行山打游击。"他所谓"冀西游击队"就是指在昔阳城失守以前，宋任穷、吴砚农、杨秀峰一批人从赞皇上岭，路经昔阳向一二九师师部驻地辽县转移的事。路经昔阳时号称"蒋委员长第三行营"和"冀西游击大队"。其中一部分人如程世兰、李XX暂留昔阳，大批人马只是过路。而旧县长阎聚宝也后撤离昔，便引起了我们的怀疑。再加以保镖的队伍——昔阳县公安局警察守卫的牲口驮不让我们接近。那时我们县牺盟会有个李XX，脾气烈，他偏要搬搬驮的轻重，很沉。县政府李跃文同志悄悄对我们说，驮的尽是现洋和戒烟药饼，所谓戒烟药，实际就是大烟土。这是山西省阎锡山政权把大烟土由私卖转为官卖所玩的花样。我们县牺盟会的人商量了一下，一面找当时驻扎在紫罗的一二九师政治部联系，同时决定分头动员县公安局警察停止护送，转回昔阳打游击。我们道理就是"养兵千日用兵一时，昔阳百姓现在有难了，我们怎么能离开昔阳？""阎聚宝是利用你们做保镖，到目的地把你们一扔，你们讨吃也没有门路""现大洋和戒烟药饼都是老百姓身上的血汗，要扣下当抗战经费……"。警察中虽然牺盟会员不多，但还有一些，如王殿邦等，也一块做说服工作。因为警察都是昔阳人，不多一会儿都说服了，便集体和阎聚宝谈判。那时他有一位师爷，非常蛮横无理，说他们"奉的是阎督军的命令，不能听你们的""大路朝南，各走一边，我们要找阎督军交代"等等。在僵持不下时，我们在周围一拉栓，枪上膛了，这时候阎聚宝才软下来，回昔阳抗战，又经一二九师政治部研究，并派军队押送，和我们一路回昔阳皋落镇，由七六九团帮助建立抗日根据地。

皋落是昔阳县旧建制第三区所在地，当时七六九团团部就已驻扎在这里了。我们这支浩浩荡荡的地方机关回到皋落时，原三区旧区长已跑得无影无踪了。当时牺盟会住东街路北一个高台阶院里，县政府驻南街路西一排露明柱的原商店后院。各机关正在忙于安排驻地时，赵光寅也从冶头赶来了，阎聚宝与牺盟会商量，先派一个人代理区长，经考虑先由我去代理。抗日区署设在车寺，我有点初生牛犊不畏虎，相跟几个人上任去了。上任第一件事就是为八路军动员粮草。那时已是有钱出钱，有力出力的合理负担政策，向车寺土财主万元堂动员粮食，还确实费了点劲儿的。

不几天，赵武成同志到皋落了，彭涛同志也赶来了，要我马上撤回皋落镇，在晋东特委与八路军七六九团的帮助下，迅速重新调整了根据地草创布局。全县四个区都派了抗日区长，并且在一区（暂住三都、井沟）、二区（冶头）、四区，建立三个游击大队，三区皋落是后方，未建游击队。每个游击大队部只派了大队长和政治主任，七九团还抽出几位得力的军事干部，协助工作。如一区区长王一，第一游击大队长为李经麟，八路军军事干部为邹善芳、宋志兴……四区区长为吴珂枫，大队长为赵 XX。八路军军事干部为杨白连，二区记不准了，可能区长为赵光寅兼任，宋志兴任大队长，三区区长由赵武成担任，我任动委会主任。机关设在赵邦俊家院里。三区没成立游击大队，所动员的兵员，向一大队输送。县公安局警察回皋落后，拟成立治安中队，后来认为不需要，便开了一次欢送会，把他们欢送在一大队了。一大队有三区做后盾，他们自己工作又很活跃，一九三七年底，便发展到了七八百人的队伍。动委会又称战委会，全名为“第二战区民族革命战争战地总动员委员会”。一九三七年八月底，在太原成立。它是一个由各军政机关，各民众团体代表的共同组织，是一个抗日民族统一战线较高级的组织形式。如果把牺牲救国同盟会看作抗日民族统一战线的群众组织，动委会则囊括了军政机关和各个抗日民众团体的代表，如接着成立的青年救国会（简称青救会），妇女救国会（简称妇救会），农民救国会（农救会），工人救国会（工救会），也包括“学联”和主张公道团。当时由续范亭担任主任，还有若干委员，它的作用，就是为了战争的需要以统一后方工作，加强军民团结抗战力量。它实际是在共产党、八路军的建议与推动下组织起来的。那时全国抗日战争已划分了战区，山西、绥远、察哈尔等地为第二战区，动委会属第二站区司令长官行营领导。其实领导班子内有不少共产党员与国民党左派党员。并决定各县区、街、村都成立动委会，县级动委会由县长公道团、牺盟会各派代表一人，当地驻军代表与各民众团体代表若干人组成。它的任务是组织农救会、青救会、妇救会、抗日儿童团等各种群众组织，动员新兵上前线，组织人民抗日自卫队，动员粮秣运输，侦察敌情，接待伤病员，铲除汉奸。在晋西北一带实际成了形似抗日联合政府的半政权性质，在昔阳，则主要做动员新兵，动员粮秣一类工作了，抗日群众团体一开始就由中共昔阳县工作委员会（简称“工委”）领导。进入一九三八年，昔阳县的抗战工作中心有两条：一条是大量扩充新兵，壮大抗日人民武装力量；一条是大力发展党员，健全党组织，目的都是为了坚持持久抗战，开创抗日根据地。民众救亡团体，如工救会、农救会、青救会、妇救会、儿童团也都相继建立起来了。

（本文根据寒声同志回忆录整理。作者寒声，原名李经宽，戏剧家、戏曲音乐家、人民艺术家、山西大学文学院兼职教授、硕士生导师。昔阳北掌城村人，1936 年加入牺盟会，曾担任昔阳三区代理抗日区长，区动委会主任，昔东县抗日宣传队队长兼政治指导员。）

我在统战部工作十七年

王富来

1986 年 10 月，我从城关公社党委书记的位置上调回县政协统战部工作，任县政协副主席、县统战部部长，直至 2002 年退休，在这个工作岗位上工作了十七年。

我县在建国以来，没有设专门的县委统战部，统战工作由县委宣传部代管。直到“文化大革命”结束，党的十一届三中全会以后的 1983 年才成立了县委统战部。第一任统战部长是白万来同志，工作了三年，初步有了统战工作的框架。我是第二任统战部长，当时有四五个工作人员，翟丙午任统战部副部长，他是一个十七级老干部，是以前在宣传部负责统战工作的一位老同志。当时，我对统战工作很生疏，不知道抓什么，怎么抓，很是茫然。我便向从事多年统战工作的翟丙午同志请教，并阅读了统战方面许多书刊杂志与文件。1987 年夏，全省在太原晋祠举办县级以上统战部长培训班，为期半个月。培训班上听取了中央统战部部长阎明复同志的报告，这才懂得了统战工作的重要性和必要性，才知道了统战工作应该抓什么、怎么抓。也就是在那时，我才真正进入了统战工作的角色。

我初到统战部工作后，首先是调查研究，对全县的统战对象进行了摸底调查，造册登记。通过半年多时间的调查了解，基本上掌握了统战对象及其信息情况，大体上有十四五个界别，各界别的代表人物约有五六百人之多，这就使我有了工作对象和目标。在十七年政协统战工作的生涯中，就活动在这一既复杂又活跃的人群中。并通过家访、个别交谈、召开座谈会、茶话会、政协工作会议等形式，交朋友，谈心思，增进了感情，并鼓励他们积极地参政议政，做好本职工作，为昔阳的建设发展出力献策，确实成了县委政府联系各统战对象的纽带和桥梁，使这一社会群体为昔阳的社会主义建设贡献了不小的力量。

与此同时，根据上级的指示和昔阳县各界人士的分布情况，组建起了工商联、佛教协会、基督教协会和民进支部等组织机构。

一、组建昔阳县工商联合会

工商联，在共产党执政后就有了这个工作机构，“文化大革命”一开始就被解散取消了。到 1991 年，我亲自主持了工商联的恢复组建工作。在我任职期间共有三任工商联会长，第一任是阎保全，第二任是郭壮生，第三任是王怀荣。当时还没有一家新型私营企业，大都是个体工商户。会员的组成除老的私营企业者外，大部还是国营集体企业和个体工商户。随着形势的发展，集体和国营企业的转型改制使私营企业蓬勃发展起来。工商联的建立对此起到了至关重要的作用。

二、组建佛教协会

昔阳自古以来就没有佛教协会这个组织。20 世纪 80 年代，昔阳就有一些僧人在民间活动。为了使佛教活动合法化，于 1998 年左右组建了佛教协会。第一任会长是悲实和尚，此人是本县瓦邱乡南沟掌人，其祖辈信佛，故此人于 20 世纪 80 年代就出家到五台山剃度当了和尚。经过几年的修炼后，回到昔阳家乡传播佛教。昔阳佛教协会的建立，对保护寺庙和历史文物起到了至关重要的作用。到 20 世纪末，昔阳已有十几个僧人，其中有一个尼姑，法名悲光，是一名大学生，长期住在东固壁寺庙。当时共有 400 多名皈依弟子信徒在宣扬佛教佛法，像北寺（崇教寺）、石马寺、界都的梵乘寺，洪水的池塘寺、孔氏的卧佛寺、东固壁的普宁寺、东风稔的金刚禅寺等寺庙均有和尚进驻，并对寺庙进行了筹资修缮，保护了寺庙。

三、组建基督教协会

昔阳基督教最初是由氮肥厂一个名叫路海鱼的女职工引进的。后来窑头村的张怀祥也加入了基督教，其他村庄也有了基督教信徒在活动。为了使基督教活动合法化，约在 20 世纪 90 年代初成立了昔阳县基督教协会，选举张怀祥为协会会长，组织管理基督教的活动，主要活动地点在东关教堂。当时信徒 300 多人。

四、成立民进支部

昔阳从来没有民主党派组织。在 20 世纪 80 年代，昔阳职中教师张振华（该人是 20 世纪 50 年代大学毕业生，侯马人）在太原加入了民进，后来在昔阳吸收了三四个成员，在 1989 年前后组建了民进昔阳小组。此后，随着成员的增多，组建了民进支部，张振华任主委。这是晋中市东山各县第一个民进支部，是我县唯一一个民主党派组织，在参政议政、建设昔阳中起到了一定的作用。

港澳台海外侨胞，是统战部统战工作的主要对象，做好他们的统战工作是和平解放台湾，教育海外人员、台胞树立热爱祖国、热爱家乡、为建设祖国出力的大事，所以，我们很认真地抓了这项工作。当时，昔阳的海外人员不多，我们所掌握的大约就是十几个。我们逐门逐户走访了他们在昔阳的家属与亲友，并通过他们的家属亲友与之取得了联系，对他们了解家乡变化，树立热爱祖国、热爱家乡的乡情起到了一定的作用。台属王会荣是凤居东寨村人，其父王志强是过去昔阳有名的大财主，也是有名的旧知识分子，曾在阎锡山督军府任过秘书，后又到北京任职，解放前夕随蒋介石逃往台湾，留在大陆有其两个儿子，一个在石家庄供职，一个留在村里，那就是王会荣。该人是村里劳动改造管制对象，未娶妻生子。党的十一届三中全会以后，为其落实了政策，并给他安排了工作，帮助他找下了对象，解决了住房，过上了幸福美满的生活。县委统战部鼓励其到台湾探亲（当时其母亲 90 多岁，仍健在），他于 1990 年赴台，当时其母亲和弟、妹知情后，对故乡的善行十分感激，曾多次来信道谢。其妹妹是一位学者，还从美国回来，亲自向县人民政府表示谢意，并自己捐资，在东寨村新建一所小学校。赵家沟台属杨贵荣夫妇、陡川村台胞张武子、南界都台胞（名字记不清）也多次回乡探亲，我们均热情接待，并召开了座谈会，大大激发增强了他们热爱祖国、热爱家乡的情怀。

国民党投诚人员和日伪投诚人员的工作也是统战部的主要工作之一。这一类人在昔阳为数不少，大部分是上级分配在昔阳工作的。这些人大多数有学识有能力，但在以阶级斗争为纲的历史时期，均不同程度地受到过歧视、打击，甚至惩处。尽管党的十一届三中全会后给他们平反昭雪，但其仍心有余悸，思想复杂。我通过个别走访，开座谈会等形式，与他们真诚交流思想，疏通认识，说服动员他们放下包袱，大胆工作，使他们逐渐放开了思想，工作热情积极，为建设昔阳起到了不小的作用。尹澄，岚县人，燕京大学高材生，在国民党统治时期，任阎锡山督军府秘书，解放后投诚过来，分配在昔阳中学任数学教师。“文化大革命”期间受红卫兵冲击，后平了反，并担任县政协副主席。他谨小慎微，不敢放手大胆工作。我便经常和他接触，促膝谈心，不仅见面就聊天，礼拜天还常登门拜访，成了无话不谈的好朋友。在闲聊时，我向他询问在督军府工作时的情况，包括对阎锡山的印象，薪水待遇等等。通过沟通与交流，对他消除思想顾虑，解放思想，放手工作大有好处。后来，他不仅敢说敢道，还能提出合理化建议。他当时虽已是 60 多岁的人了，但仍坚持在一线给学生上课，带高中补习班课程，对工作非常认真，直到 68 岁时才休息。昔阳中学 20 世纪八九十年代高考成绩在晋中连续夺得“十连冠”，也有尹澄同志的一份功劳。县医院的张永生，原是国民党少校军医，当时已 60 多岁，他不顾自己年老体弱，仍坚持给老百姓看病。食品公司的王家广是从傅作义部队投诚过来的，他不仅努力做好自己的本职工作，而且在县政协的平台上积极建言献策，在参政议政上发挥积极作用。

少数民族人士在我县不多，只有几个回族人，一个满族人。回族人士米西龙在县剧团工作，我们推荐她担任县政协副主席。那个满族人（阮庭波）推荐担任县政协委员，使县政协成员补齐少数民族代表的短板。

社会各界新老非党知识分子乃是统战对象中比较多的一个群体。当时，新的知识分子较少，大多是 20 世纪五六十年代毕业的老知识分子。我在时间上、精力上主要活动在他们中间，经常找他们谈心，了解他们的思想与工作情况，和他们交朋友，并积极推荐优秀的非党知识分子到县政协及各部门任职，极大地调动了他们的工作积极性，使他们成为各条战线上的人才。如曲正来，他是 20 世纪 50 年代的大学毕业生，山东潍坊人，70 年代调昔阳氮肥厂工作，一直扎根在昔阳没有离开，为昔阳的化肥生产贡献了一辈子，我们推荐他任县政协副主席。李观万，本县东关村人，20 世纪 60 年代毕业于山西农大，一直在农业系统工作，为昔阳农业科技发展默默奉献了一生，后来也推荐他担任了县政协副主席。王怀荣，本县阎庄村人，20世纪80年代山西农大毕业，是当时的一个年轻非党知识分子。参加工作后工作积极热情，是我县一名农业科技工作者系，推荐其担任县政协副主席，县工商联主席，后调到市里任市工商联主席，现调任省中小企业局任副局长。

我做统战工作十七年中，在县委的正确领导下，和同志们一道做了一些工作，其中有艰辛，也有喜悦，有成绩，也有遗憾。这十七年，也许并不为世人所看重，但我感觉活得很充实，在与各界人士的接触中扩大了视野，增长了知识，懂得了难以懂得的知识，知道了难以知道的事情，使我在精神上愉悦之至。

（本文节选自原昔阳县政协副主席、统战部部长王富来回忆录，略有删节）

同心向前行　共圆中国梦

（我与民进结缘三十载自述）

卜银福

中国民主促进会昔阳县基层组织的建立与发展，从 1984 年 8 月的张振华老师一名会员，到 1985 年 6 月建立的民进山西省委直属三人小组，再到民进小组、支部，发展至今已拥有 36 人的支部，走过了整整 30 个年头。这 30 年，正是国家实行改革开放、各项事业飞速发展的时期。昔阳民进在这 30 年里，乘风展稚翅，与时往前行，不断发展壮大成熟，到现在已经成为多党合作和政治协商的一支不可或缺的力量。回首这段历史，我们深感昔阳民进今天的喜人局面来之不易。这是在各级党委特别是在昔阳县委、统战部的直接领导和民进省、市委的直接指导下，传承民进老一代优良作风，凝聚着全体会员的智慧与汗水，不断开拓进取的结果。

现在就以时间为序，将各个不同时期的工作情况进行回顾。

第一阶段　三人小组　个个出力　全心全意　服务社会

在 1984 年 8 月，经原民进中央名誉副主席、山西大学校长、山西民进筹委会主任委员陈舜礼介绍张振华老师入会。1985 年 6 月，民进山西省委第一届主委、山西大学教授丁裕超到昔阳大寨进行学习调研，县政府选派科协的孔存义工程师和县苗圃主任卜银福工程师陪同进行工作。在二十多天交往中，我俩深感这位德高望重的老前辈平易近人、和蔼可亲、热情投入、工作严谨、举重若轻。在工作之余，教导我俩要坚决拥护中国共产党的领导，勤奋学习，努力工作，同时又详细地介绍了中国民主促进会的组织情况与奋斗目标，介绍我俩在 6 月 20 日加入民进，丁老语重心长地说："你们二人与去年加入民进的张振华老师，组成民进省委直属三人小组，张振华老师任组长，你们要多与县委统战部取得联系与支持。俗话说'三人一条心，黄土变成金'。你们三人要团结一致，齐心协力，做好工作。今后你们的一切工作亦是代表民进组织在做工作，彰显组织形象。同时，要加强组织建设，把德才兼备的以教师队伍为主的科技、文化、卫生等行业的骨干、优秀者介绍加入民进。"我们牢记谆谆教诲。从此，我们与民进结下了不解之缘，不论是本职工作还是社会服务，都是兢兢业业的努力去做好。

张振华老师在昔阳县高级职业中学担任语文教师，还是昔阳县第一届政协副主席，除了自己的本职工作之外，还要参加政协的各种会议和活动。县教育系统的教师集中学习、培训等活动都要请他去作报告，他以高度的责任感和生动的事迹，质朴语言的报告，受到领导的重视和全体教师的欢迎。在 1989 年光荣地加入了中国共产党。此后，他不仅是参政党的一名会员，更是执政党的一名党员。

孔存义职称为机械工程师，对全县普通机械的推广、使用做了大量工作。1989 年 8 月为昔阳县冶头镇办农场设计安装了骨粉加工厂，次年投产，解决了当时畜禽人工饲养骨粉添加剂比较紧张，购买困难的问题。

我的技术职称是林业工程师（1981 年国家开始实行技术职称制度，通过考试、考核、论文答辩获此职称，颁发"国务院科学技术干部局"印章的红色工程师证书（13340 号），首批昔阳县获此职称共有 10 人）。1983 年任县苗圃主任。1985 年 6 月加入中国民主促进会，1986 年 4 月当选昔阳县第一届政协委员、政协农业工作组副组长。1985 年 2 月至 1986 年底进行了"昔阳县林业资源清查及林业区划规划"调查设计工作。任此项目的总工程师兼技术组组长，负责专业人员培训、外业调查、网点布控、内业计算、统计、制图等全部技术工作，最后编撰了设计文件，按时保质保量完成了任务，此项目获得省科技成果二等奖。1987 年 3、4 月份，受县委书记指派对昔阳县丁峪、王寨乡全部及皋落镇大部分的四旁树、河滩杨、柳等阔叶树的树叶被虫吃光的严重虫害进行了现地调查。经查系以柳毒蛾幼虫为主，还有铜绿金龟子、黑绒金龟子等多种害虫综合性为害的结果，拟定了灭虫护树的防治方案，挽回了损失，使树木重现生机。1987 年 3 月赵壁乡科技下乡服务，赵壁村的 20 多亩果园由于经营管理不善，果园荒芜，果树腐烂病严重，采取了彻底的刮治、嫁接更新、修剪培育、除草灭荒、病虫防治等措施。次年果园生机勃勃，面貌一新。同时指导梭罗峪村油松育苗三亩、植树两千余株，荒山油松造林二百多亩。1990 年 1 月至 1992 年底皋落镇科技扶贫服务期间，在青岩底村扶持养猪专业户一户，存栏生猪 60 余头，为村里规划设计建成二十亩果园，为群众传授核桃增产、病虫防治等技术知识。为库城村发展优种核桃苗圃十亩。为罗家庄村果农传授果树修剪、病虫防治等技术措施。在此期间先后被评选为昔阳县"苗圃先进工作者"、科协"科普先进工作者"。1985 年获"振兴昔阳经济"二等奖、"昔阳县先进工作者"、给予两个文明建设记功奖，奖励便携式收音机一台。同年出席了晋中地区先进工作者"为四化服务经验交流大会"，受到省、市领导的接见，颁发荣誉证书、物质奖励。

我们三人小组始终牢记组织建设工作。小组重温了 1990 年 2 月 8 日《人民日报》全文发布的《中共中央关于坚持和完善中国共产党领导的多党合作和政治协商制度的意见》，坚持贯彻各民主党派《关于组织发展若干问题座谈会纪要》精神。万事开头难，经过几年的努力，终于在 1993 年 8 月 9 日，民进省委批准了王兰小、韩文科、赵玉明三位同志为民进会员。此后便是有 6 名会员的民进省委直属"三人小组"了。6 名会员具有高级职称 3 人、中级职称 3 人，其中教育界 2 人、科技界 4 人。

从 1985 年 6 月至 1996 年 6 月，走过了漫长的 12 个年头。没有办公地点，只好在张振华老师家里（因为他年纪最大）组织学习民进省委文件、学习资料、研究工作、布置任务。没有办公经费，尽量不花钱、少花钱，必须开支的由个人出钱。三人之中我年龄较小，不好意思让年长者出钱，只好自己掏腰包了。最为头疼的是，当时昔阳全县除了统战部部长白万来及个别县领导之外，谁也不知道昔阳还有个“民进小组”。名不正言不顺，那就只好硬着头皮先干好本职工作，再做力所能及的社会服务工作，以此显示昔阳大地上有“民进小组”的存在，我们也就心满意足、心安理得了。三人小组中张振华、孔存义都70多岁，早已退休了，大事小事由我一人去办，因为没有办公经费，有需要与民进省委汇报工作时，自拿差旅费或在去太原办私事时向民进省委汇报情况、反映问题、请求指导。事事难办，举步维艰，在这种情况下走过来，其不易之程度是可想而知的。

民进山西省委直属“三人小组”，在这十多年来，始终坚持立会为公、参政为民的理念，以坚韧不拔的毅力，发扬民进老一辈拥护党、爱祖国、勤问政、精于业的光荣传统，在各方面都取得了一定的成就。在此期间，我多次被民进省委评选为“模范会员”。

第二阶段　薪火相接　巩固为主　服务发展　同步向前

第一阶段的最后近四年时间，可以说是最困难的时期。没有办公地点、没有办公经费，会员年龄结构老化，大都是六七十岁以上的人了，组织生活、学习等都很不方便；思想僵化，接受新事物困难，跟不上形势。民进小组的全部工作，基本上是大家研究决定后由我去具体执行，坚持不懈，继续前进。我经常找时任县委统战部长及县委分管的副书记张世英反映问题、汇报情况，引起了重视。终于在1996年6月6日责成县委统战部长主持，在县人大小会议室召开了二届一次会议，宣告民进昔阳小组成立。选举张振华老师为组长，卜银福为副组长。张世英副书记出席大会并语重心长的讲话，说：“支部不大，小组不小，你们现在虽然人数不多，但我知道你们是昔阳县的精英，是各个行业的骨干技术力量，以后要发展组织，增加力量，做好工作，为昔阳县的经济社会建设贡献力量”。从此，昔阳民进便进入了第二阶段。

民进昔阳小组正式成立后，至2000年底的四年半时间，仍属于民进省委直属领导。2000年12月26日晋中行署撤地建市后民进晋中市委成立，民进昔阳小组由民进省委直属改变为民进晋中市委领导。

民进昔阳小组成立后，虽然依旧“双无”（办公地点与经费），全体会员仍是热情地投入民进的组织工作中来。根据民进中央和民进省委关于民进以“团结、谦逊、务实、求新”的工作作风，把整顿、调整、巩固、发展为重点的组织建设精神，结合小组的具体实际情况，在抓组织建设的同时，积极开展以做好本职工作为主的社会服务，以展示民进昔阳小组的形象与作用。

民进昔阳小组成立不久，即是昔阳县传统的“八一”物资交流大会。为了在物资交流大会上搞一次科普宣传活动，我主动与新华书店、农业局联系，进行十多天的准备，如期举办了科普宣传周活动。据统计，在七天的物资交流会期间，发放科普书籍及单行资料 1500 余份，科技咨询人数每日可达 100 余人次。因为这样的活动在昔阳县是第一次，群众争先恐后，围得水泄不通，此次活动受到了群众的欢迎、领导的好评。

在此期间，组织会员认真开展理论学习，主要以邓小平理论、“三个代表”重要思想和科学发展观为主，引导新会员系统学习《会章》、会史。通过学习激发了会员的精神活力与热情。在做好本职工作的同时，不计报酬，不讲得失，无悔无怨地积极开展科学研究与社会服务。赵玉明工程师所在的李夫峪煤矿是个开采 60 多年的老矿，粉尘特别严重，他提出了喷水开采法。实施后，粉尘浓度减少了 70% 以上。使矿井下面从事采掘作业工人的粉尘吸入量大大减轻，有效地提高了健康水平。为了节约用煤，方便群众，积极推广型煤生产，为煤炭的合理利用、完全燃烧，创造了不可估量的经济价值。机械工程师韩文科，利用业余时间为交通管理部门组织汽车、拖拉机司机讲机械构造、性能、操作规程、安全事项、交通规则等，进行了三次培训，受训人数达 300 余人次。当时在教育战线方面，正是职业教育的兴盛期，大力提倡教（教育）、科（科技）、农（农业）一条龙办学。我受县教育局之邀请，积极参与。在李家庄乡、界都乡、凤居乡、三都乡等乡镇组建了第二中学——职业初中，每校都创建了实验基地，分别以优质品种大枣、核桃、花椒等各有侧重的专业科目和粮菜生产基地，基本上解决了学校师生的粮、油、菜补助问题。我本人调查设计独立完成了“昔阳县适地适树优质树种筛选培育试验”科研项目工作。身为会员，不辱使命，主动要求，经批准到皋落镇青岩底村进行科技扶贫。三年时间内，积极向县教育局反映，维修了校舍，将原始的大小便坑改造为安全的文明厕所。与交通局协商将昔皋公路原靠居民区一边的危险路段改迁于村中间，远离村民的地方，长达一公里。既为村里增加了经济收入，又保障了村民的交通安全。

1999 年 2 月，在县委统战部的主持下，在县政协办公室召开了民进昔阳县二届二次全体会员大会，对小组三年以来的工作进行了总结。会上张振华老师主动辞去了领导职务，选举我为组长，韩文科为副组长。会上决定，在组织建设工作中，坚持贯彻各民主党派《关于组织发展若干问题座谈会纪要》精神，按照会中央提出的“巩固老阵地，开拓新领域”的思路，认真执行积极谨慎、严肃认真、注重质量、思想先行、德才并重、稳步发展的方式方法，巩固与发展相结合的发展方针，根据民进中央和民进省委“组织建设以巩固为主”的精神，积极稳妥地开展工作。在此期间，发展会员 6 人。1999 年 2 人，2001 年 4 人，去世 1 人，会员总数为 11 人。其中教育界 3 人、医卫界 4 人、科技界 4 人。改变了会员老化的现状，组织结构趋于正常，仍无办公地点与经费，一切花销均由我自己掏钱。张振华老师、韩文科工程师及会员崔海军父亲去世后，均由我个人掏钱，买了花圈，代表组织以示悼念。

2002 年 11 月 17 日，由县委统战部李保国部长主持，县委、县政府及有关部门领导参加的“学习中共十六大精神座谈会”，在县委宣传部会议室召开，全体会员参加了座谈会，会后对换届事宜进行了协商。

从“三人小组”至此十七年多的时间里，全体会员心往一起想，劲儿往一处使，不论在组织建设、服务社会等许多方面为会组织付出艰辛的努力。在经济方面，仅在向第三届新班子移交工作时，有据可查的支出就有 560 多元，我为会组织做了慷慨奉献。为此赢得了领导的信赖与会员们的支持，多次被评选为民进省、市委的“模范会员”。1995 年 12 月以“模范会员”的身份参加了民进省委举办的中国民主促进会成立 50 周年座谈会，并给以奖励。1997 年 6 月当选代表参加了民进省委第四次代表大会。

第三阶段　步入正轨　履职担责　众志成城　任重道远

在民进晋中市委领导秉承民进省委的精神，多次与市委、县委统战部沟通、协商，同意将民进昔阳小组升格为支部，定于 2003 年度召开换届会议。

2003 年 3 月 21 日，民进昔阳县第三次全体会员大会在县政府招待所小会议室举行。民进省委发来贺电，民进晋中市委主委蒋德宁莅临。由于这是晋中市东五县首个民主党派县级基层组织成立，在昔阳县历史上是空前的，所以受到了县委、县政府的高度重视。昔阳县四套班子主要领导光临大会，县委统战部和有关单位负责人出席了会议。民进晋中市委有关领导及晋中市兄弟民进支部负责人到会祝贺。大会听取了组长卜银福代表民进昔阳基层组织做了《以“三个代表”重要思想为指导，围绕中心，团结奋进，为建设高素质参政党而奋斗》的工作报告。根据中国民主促进会章程规定，经民进晋中市委请示，晋中市委统战部、昔阳县委统战部批准，由小组升格为支部。以无记名投票的方式选举了民进昔阳县第三届支部委员会，主委赵怀瑞，副主委史董平、王新如，秘书长崔海军，委员高存祥，我为顾问。会上晋中市政协副主席、民进晋中市委主委蒋德宁，昔阳县委书记刘志宏分别作了重要讲话。县委统战部部长李保国宣布在旧政府四楼分配给两间办公室，并每年拨付办公经费 3000 元的决定。这次大会继承并发扬了民进老一辈的优良传统，顺利地实现了新老交替、政治交接。

这次会议应该说是昔阳民进发展史上一个转折点。组织步入了正轨，受到了市、县领导的重视，应该是团结一致，扬帆起航踏征程，凝智聚力做奉献的时候。但不久由于主要领导到太原、北京等地搞个人业务进修，民进昔阳的组织工作就落在了副主委史董平、秘书长崔海军的肩上，带领全体会员参政议政、服务社会。由于多种原因，他俩一干就是十年。十年中，发展会员五人，其中教师三人、民营企业家二人。十年中，为支部开展各项活动必须支出的都由副主委史董平、秘书长崔海军个人支付。为了促进大家的学习，作为顾问的我自己花钱购买了十七个笔记本和十七支高级钢笔（每支

10元），赠送会员每人一份。十年在人类历史长河中只是短暂一瞬间，可对民进昔阳支部来讲，正是长翅翱翔搏击长空，奋勇向前的关键时刻。

2013年4月19日，民进昔阳县支部第四次会员大会在大寨旅行社五楼会议室举行。民进晋中市委李兴国主委，程耀武、赵春喜副主委，李晓欣副秘书长，昔阳县政协主席王录文，中共昔阳县统战部部长、政协副主席李怀仁出席会议，民进晋中市兄弟支部负责人到会祝贺。大会听取并通过了史董平副主委代表第三届支部委员会所作的工作报告，顺利地进行了政治交接，以无记名方式选举产生了新一届领导班子。主委崔海军、常务副主委史董平兼秘书长，副主委王新如，委员孔瑞祥、耿润兰。会上政协主席王录文，中共昔阳县委统战部部长、县政协副主席李怀仁同志分别讲了话。民进晋中市委主委李兴国语重心长的讲话，使全体会员深受感动。这次大会是成功的大会，胜利的大会，十年来踏步式的状态宣告结束。在新班子的带领下建立了各项规章制度，支部全体会员精神面貌为之一新。从此民进昔阳支部实现了正规化、制度化、常态化。为组织的继续发展奠定了良好的基础。年终支部在龙翔会所三楼会议室举行了四届二次会员大会，主委崔海军对八个多月的工作进行了总结。中共昔阳县委统战部部长、政协副主席李怀仁对民进支部仅仅八个月所取得的成绩比作“十年磨一剑”，给以高度的评价。支部号召大家坚持不懈地自觉接受中国共产党的领导，坚持中国特色社会主义道路，认真执行中共统一战线精神，再接再厉，再创辉煌。

截至现在，支部共有会员24人，其中教育界6人，医卫界5人，科技界5人，企业及其他界8人。具有大专以上学历16人。年龄结构为60岁以上2人，50岁以上3人，40岁以上6人，30岁以上7人，30岁以下6人。其中女会员4人，县政协常委2人，政协委员5人。

昔阳民进由民进山西省委直属三人小组发展到现在的支部，始终贯彻执行“在中国共产党领导下的多党合作”方针，坚持走中国特色社会主义道路，坚持以邓小平理论、“三个代表”重要思想、科学发展观为指导，认真学习贯彻十八大、民进十一大和中共中央召开的全国统一战线工作会议精神，团结带领全体会员“以党为师、立会为公、参政为民、服务为本”的工作思路统揽昔阳民进全局，为昔阳经济社会发展做出了应有的贡献。

一、加强思想建设，积极参政议政

思想建设是参政党建设核心内容。30年来，始终牢记把握正确的政治导向，坚持党的领导，与中国共产党保持高度一致，结合不同时期党的思想政治工作，学习了《中共中央关于坚持和完善中国共产党领导的多党合作和政治协商制度的意见》《关于民主党派组织发展若干问题座谈会纪要》，“树立和践行社会主义核心价值观”等，认真讨论，深刻体会，加深印象，付诸实践。通过学习领会精神，使参政议政工作方面思路广阔。广大会员从实际出发，紧紧围绕全县的中心工作，深入调查研究，反映社情民意。在崔海军主委、史董平副主委的带领下，王新如、张雪梅、耿润兰、孔瑞祥、张青勇、李华亮、铁润丽、贾翼云和我等会员积极撰写提案和信息，累计60多件，其中被历届政协及有关部门采纳20件。特别是2013年昔阳民进第四次会议后，更是积极建言献策，议案及信息数量空前增加，质量不断提高。民进支部的《关于减轻中小学生课外负担的建议》，昔阳县政协委员、民进支部委员孔瑞祥的《关于民营经济发展方面的意见》定为2013年县政协重点提案。另外孔瑞祥的《关于城乡建设的整改建议》、张青勇的《关于加强城市环境卫生管理的建议》、史董平的《西寨乡公路状况需改善》、铁润丽的《关于整治车辆违章停车违法占道》等4件议案，提交县政协八届三次会议并全部采纳。部分会员参加了政风行风评议监督工作，增强了会员的政治意识、党派意识、参政议政意识和社会责任意识。会员史董平、铁润丽、贾翼云和我等会员都是一人撰写提案、信息多份。李华亮会员的《谈谈教师的绩效考核》《小学教育工作中存在的问题及其对策》《由"景观灯被损坏"想到的学生思想品德教育问题及对策》均上报民进晋中市委、昔阳县政协及县委统战部。会员李华亮撰写的《我的梦，中国梦》获得晋中市委统战部"我的梦，中国梦"征文活动优秀奖。入会三十多年的老会员民进昔阳支部顾问卜银福撰文《民进昔阳县支部的成立与发展》《民进——我的家》被民进山西省委2015年《纪念民进山西省委成立30周年征文》采纳入选。

二、立足本职，发挥专长，积极开展社会服务

我会会员本着实事求是、尽力而为的原则，30年来一直把积极服务社会作为自己应尽的责任。特别是在民进支部成立后，充分发挥了集体组织优势。2003年全民抗击"非典"的战役中，我支部不甘落后，主动参与，充分发挥医卫界会员的优势，竭智尽力，发倡议，安定人心，稳定民情。尤其是史董平副主委，夜以继日，积极参与抗击"非典"，支部的行为受到了县委和上级的表扬。在每年8月中旬的"阳光助学工程"活动中，广大会员心系贫困学子，积极捐资助学，几年来捐款共达14500余元。企业家孔瑞祥等会员慷慨解囊向沾尚镇小学捐献价值5000元的学习用品，并为沾尚镇小学生及村民带去一台丰富多彩的文艺节目共同联欢。

汶川大地震发生后，我支部会员积极行动。虽然不能亲身于抗震救灾现场，但我们用实际行动加倍努力做好本职工作，心系灾区群众，积极捐款捐物，全支部共计捐款达15900元。

昔阳县历来有一年一度的春节、元宵节文艺游行娱乐活动的传统习俗。在支部资金非常缺乏的情况下，广大会员不计报酬，积极主动设法自备车辆，自找设备，装饰彩车。充分利用会员的各自人缘优势，联络同学、同事、朋友等组成文艺游行队伍，排编节目，参与庆祝活动，给节日增添了新的亮点。

民进昔阳支部成立后，会员人数增加，组织有所发展，医疗卫生、农林科技、文化教育等各类人才齐备。支部领导根据中共中央、民进中央提出的“科技、医疗、文化”三下乡的精神研究决定，为及时解决广大农民群众生产生活中遇到的困难和问题，我支部组建了一支以会员为主，包括农林专家、优秀教师及经验丰富的内、外、儿、妇、五官、中医、B超、心电图等科的医生、专家参与的“三下乡”活动小分队，经常活动在乡村。先后在乐平镇庞家峪村、大寨镇留庄村、沾尚镇沾尚村、口上村、西寨乡武家川村、冶头镇静阳村、界都乡团大庄村、孔氏乡孔氏村、红川村等共20多场次的三下乡活动。特别是2013年支部四次会议后的孔氏乡丁峪村三下乡活动，除了给群众身体检查、医疗疾病、文化讲解、科技咨询外，特地为丁峪乡办小学捐献价值15000元的书籍和学习用品，并表演了丰富多彩的文艺节目。“三下乡”活动始终作为支部的一项重要社会服务，坚持至今。我已年近八旬，还坚持参加这项活动。

通过“三下乡”活动，贴近了群众，深入了解了社情民意，既送去了科普知识，又现场解决了群众的科技难题，还为农民解除了疾病的痛苦，受到了县委、县政府的表扬，乡镇领导的大力支持和广大群众的热烈欢迎。

加强理论学习是我支部的优良传统，是参政党抓好自身建设的重要基础。30年来，始终把学习放在突出位置。结合中共中央、民进中央各个时期重要会议决议、文件指示精神进行集中学习，深刻领会，贯彻执行。特别是昔阳民进第四次会议以后，昔阳民进向前迈进了一大步，昔阳县政府下拨活动经费5000元，民进市委下拨2000元。进入新班子、新结构、新时期、新常态。支部制定和完善了一系列相关制度，收集整理会议记录及各种资料，设卡片，建档案。使支部建设走上了规范化、制度化的道路。

众志可成城。支部团结带领全体会员，学习了中共十八大以来各个会议精神，特别学习了习近平总书记提出的到2020年全面建成小康社会，实现“两个”100年的伟大复兴中国梦，会员热情空前高涨。人人建言献策，个个不甘落后。历年获得民进省、市委表彰的“模范会员”达三十多人次，民进昔阳支部多次被授予“先进支部”。仅2014年度获得民进省、市委表彰的“模范会员”“信息先进工作者”就达十人次，民进昔阳支部被民进中央授予中国民主促进会基层组织——“先进支部”。2015年7月15日纪念民进晋中市委成立15周年庆祝会上，受奖“模范会员”共计12人次，昔阳民进支部被授予民进晋中市委“先进支部”。从而民进昔阳支部步入了黄金时期。

回顾过去，硕果累累，展望未来，任重道远。我们将继续高举邓小平理论伟大旗帜，深入学习“三个代表”重要思想，积极践行科学发展观，为了实现习近平总书记提出的2020年全面建成小康社会，实现“两个”100年伟大复兴中国梦，为一带一路建设发展添砖加瓦，尽责尽力。学习重温民进与党“同心同德、同心同向、同心同行”的光荣历史，弘扬“爱国、民主、团结、求实”的优良传统，深化“以党为师、立会为公、参政为民、服务为本”的价值观念。在民进晋中市委及中共昔阳县委的直接领导下，围绕县委“大动作、大发展、大变化”的工作思路，扎扎实实开展工作，为实现美丽昔阳、平安昔阳、幸福昔阳的宏伟目标再立新功。

我入会30年，光阴飞度，弹指一挥间，作为一名老会员，能和全体会员一道忠诚于党、奉献于国、效力于会、服务于民，全心全意、履职尽责、尽己所能，感到无比荣幸。我一定与全体会员团结一心，贯彻践行新思想、新观念。

聚力勇向前，共筑中国梦。

（本文获2020年中国民主促进会成立75周年——民进情缘征文一等奖，作者系民进昔阳支部会员，曾任民进省委昔阳直属小组副组长、组长）

后 记

《昔阳统战志》是昔阳县首部统一战线志书，是对昔阳统一战线工作的历史记忆和文化传承，也是向中国共产党诞辰100周年奉献的一份厚礼。

本志编纂出版，是集体智慧的结晶。自2017年10月正式启动，历时三载，几易其稿，编纂成书。全志书共分7篇26章68节80万余字。本志初稿由梁永胜同志整理大量资料、文献完成，后由县委常委、统战部部长李怀仁同志亲自执笔，对全部文稿进行逐章修改，通篇审编。之后，编委会将本志征求意见稿分送有关领导、专家以及历任从事统战工作的同志进行审阅，2021年元月召开《昔阳统战志》终审会，各级领导和专家对志书的内容进行了严格把关，反复审核验校，最终交付出版。

《昔阳统战志》能够顺利成书付梓，得到了各级领导的高度重视，县委书记许利伟，县委副书记、县长侯文亮多次听取编纂工作汇报，指导资料收集整理工作，并协调解决经费问题；得益于各有关单位和同志的关心支持，县委组织部、县政协办公室、县史志研究室、县档案馆以及统战系统各个方面和社会各界人士对志书资料收集、编纂工作给予了积极配合和帮助；编纂过程中，还参考了《昔阳县志》《中国共产党昔阳县组织史资料》《昔阳县人大志》《昔阳县政协志》《昔阳人物录》等资料，在此一并表示衷心感谢！

本志编撰时间跨度较大，查阅资料众多，受编纂人员水平所限，难免存在疏漏和错误，敬请读者不吝赐教，批评指正。

《昔阳统战志》编纂委员会

2021年4月